经君健选集

经君健 著

中国社会科学出版社

图书在版编目（CIP）数据

经君健选集/经君健著 . —北京：中国社会科学出版社，2011.7
ISBN 978 - 7 - 5004 - 9954 - 1

Ⅰ . ①经… Ⅱ . ①经… Ⅲ . 社会科学—文集— Ⅳ . ①C53

中国版本图书馆 CIP 数据核字(2011)第 134276 号

责任编辑 冯 斌
责任校对 王雪梅
封面设计 郭蕾蕾
技术编辑 王炳图 王 超

出版发行 中国社会科学出版社
社 址 北京鼓楼西大街甲 158 号 邮 编 100720
电 话 010—84029450(邮购)
网 址 http://www.csspw.cn
经 销 新华书店
印 装 北京君升印刷有限公司
版 次 2011 年 7 月第 1 版 印 次 2011 年 7 月第 1 次印刷
开 本 710×1000 1/16
印 张 40.5
字 数 685 千字
定 价 88.00 元

作者近照

经君健　原籍江苏仪征，1932 年生于北平。先后就读于北京南堂中学初中部、崇德中学高中部、燕京大学、北京大学经济系，1954 年毕业后，进中国科学院哲学社会科学部经济研究所（现为中国社会科学院经济研究所），学术专业为中国经济史。历任研究实习员、助理研究员、副研究员、研究员。2004年退休。

目　　录

明清两代"雇工人"的法律地位问题

　　在关于中国资本主义萌芽问题的讨论中，不少同志根据历史文献上关于"雇"、"佣"的记载，来考察中国资本主义生产关系的"萌芽"时代，我们认为这是很必要的。问题在于如何运用马克思列宁主义的理论，正确地判断这些"雇"、"佣"劳动的性质。事情很清楚，资本主义的剥削关系虽然采取资本家阶级对工资劳动者阶级的雇佣关系的形式，但雇佣关系却并不就等于资本家阶级对工资劳动者阶级的剥削关系。我国不同时期的历史文献上所见到的"雇"、"佣"，到底是什么性质，是需要结合当时各种条件认真研究的。在这篇文章中，我们仅就明清两代的雇工人这种雇佣关系的性质问题，提出一点看法。

　　马克思主义所说的资本主义雇佣关系，是"自由劳动"的雇佣关系。"自由劳动和这种自由劳动对货币的交换……是雇佣劳动的前提与资本的历史条件之一。"① 所谓"自由劳动"包含双重意义。第一，劳动者已从前资本主义的人身隶属关系中解放出来，成为一个有权出卖自己劳动力的"自由"的人；第二，劳动者已被夺去生产资料，"自由"得一无所有。前者使劳动者出卖劳动力成为可能，后者使劳动者出卖劳动力成为必要。当这种"自由"的劳动者在劳动力市场上和资本家进行交易时，双方"彼此作为身份平等的商品所有者发生关系，所不同的只是一个是买者，一个是卖者，因此双方是在法律上平等的人。"② 这里的"平等"，当然就是买卖双方都有根据自己的"自由意志"成立交易契约——雇佣契约的同等权

---

　　① 马克思：《资本主义生产以前各形态》，人民出版社1956年版，第3页。
　　② 马克思：《资本论》，第1卷，见《马克思恩格斯全集》，第23卷，第190页。

利的意思。

在鸦片战争以前的中国历史上，早就出现了大量的被夺去生产资料的劳动者。这些贫苦劳动者，绝大部分都是破产农民。我们在明清历史文献上所看到的"雇"、"佣"字样，主要就是指他们被雇佣的现象。

在中国资本主义萌芽问题的讨论中，有个别同志，把这些劳动者的被雇佣，不加区别地一概看成是资本主义的雇佣关系。理由是，这些劳动者的被雇佣，已经是"自由的契约关系"，或者说是"赤裸裸的货币关系"，等等。但是，事情并不这样简单。

马克思主义经典作家在分析双重"自由"的意义时，是以劳动者仅仅出卖劳动力，同资本家成立资本主义雇佣关系为前提的。资本主义是这样一种人对人的剥削制度，在这种制度之下，资本家阶级"要购买别人劳动力来增殖自己所占有的价值总额"①，即从事于剩余价值的生产。在资本主义关系下，资本家是向劳动者购买"在一定时间内对他的劳动力的使用"②，而不是购买劳动者本身；资本家需要的是劳动者以"法律上的平等"地位和他成立雇佣契约关系，而不是使这种劳动者在雇佣期间和他发生人身隶属关系。这当然不是由于资本家阶级对工资劳动者阶级怀有什么善良心肠，这是资本主义的历史特征，是不以人们意志为转移的资本主义生产关系的客观规律。

但是，如果在前资本主义的各种人对人的剥削制度之下，事情就不会是这样的。明清文献上所说的"雇"、"佣"现象，情况到底如何，我们应该深究。

现在，我们试就明清法典上有关"雇"、"佣"的规定来探讨劳动者在受雇期间的身份地位问题。法典反映生产关系是通过"折光"作用的，是和实际生活有距离的。可是法典毕竟是统治阶级压迫被统治阶级的工具，法典上面剥夺被统治者任何权利的规定，都是统治阶级束缚人民的绳索，是经常有效的、随时可以动用的现实的统治工具。因此，我们对于明清雇佣劳动者身份地位问题的探讨，可以从明清法典的有关规定开始做起。实际生活中的具体情况，我们在这里暂不涉及。

---

① 马克思：《资本论》，第1卷，见《马克思恩格斯全集》，第23卷，第782页。
② 马克思：《资本论》，第2卷，见《马克思恩格斯全集》，第24卷，第42页。

一　明清法律上的雇工人

在明清两代，贵族、缙绅和地主为了生产劳动，为了家庭服役，都需要役使劳动力。在当时的社会经济条件下，他们常常采取购买劳动者的方式来获取劳动力。买来的劳动者就成为奴婢，有的则在名义上称作义男、义女。他们的这种人身购买往往也采取"自由交易"的雇佣契约形式。这种雇佣的交易和奴婢买卖的主要差异，只在于"雇与奴虽同隶役，实有久暂之殊"，"雇工人者，雇倩役使之人，非奴婢之终身从役者"；① 就是说奴婢的卖身契约终身有效，世代有效，而雇佣契约只在约定的年月时限以内对雇佣劳动者有约束力。明清两代的法律术语把这样被"雇"、"佣"的劳动者称为"雇工人"②，称雇主为"家长"，认为雇主和雇工人之间"应有主雇之谊"③，具有所谓"主仆名分"；从而，这种关系在实际上成为主仆关系的一种。

明清法典并不承认雇工人和雇主之间有什么平等的身份地位，所有的只是从属的人身隶属关系。当时的法典是把雇工人看作一个特殊的社会等级，对雇工人的许多罪行的判处原则，和"凡人"、"奴婢"分别对待，列有专门条款。但法律条文和许多法学家的著作则往往"奴"、"雇"并提。而雇工人确实也是一种和奴婢虽有若干不同但又极相类似的社会等级，"盖亦贱隶之徒耳"。④

根据现存文献，我们知道，迟至万历十六年（1588 年），明政府才第一次对雇工人这个法律术语下了正式的定义。这个定义说，"今后官民之家，凡倩工作之人，立有文券，议有年限者，以雇工人论；止是短雇月日，受制不多者，依凡论"。⑤ 这时法典才明文规定把"止是短雇月日，受制不多者"

---

① 张楷：《律条疏议》，明天顺间刊，卷 20，第 21、25 页。

② 明清法典没有指明雇工人是农业雇佣劳动者还是手工业雇佣劳动者。我们所见清代成案中涉及的雇工人，绝大多数都是农业雇佣劳动者；也有少数判例涉及手工业劳动者，特别是尚未脱离农业的手工业劳动者，如烧炭工、砖瓦工等，他们也受有关雇工人的法律的约束。

③ 聂尔康：《濂江公牍》，咸丰九年广东石城县冯亚五案，见《为宰公牍》，第 23 页。

④ 张楷在《律条疏议》中按道："雇工人非奴婢之比，亦必倍减以科刑。〔家长〕致死〔雇工人〕而与〔致死〕奴婢同徒，失之轻也；〔家长〕故杀〔雇工人〕而与〔故杀〕凡人同斩，失之重也。故其死及故杀，则均坐以绞刑，过失杀伤并不论罪，盖亦贱隶之徒耳。"见卷 20，第 21 页，"良贱相殴"律后。

⑤ 刘维谦：《明律集解附例》（以下简称《明律》），光绪三十四年（1908 年）修订法律馆重刊本，卷 20，"斗殴"。

排除在雇工人的范围之外。万历十六年以后，朱明政府未曾对雇工人的含义再次作过修改。清代法典也继承了这个定义。不过，清政府在乾隆二十四年（1759年）、三十二年（1767年）、五十三年（1788年）、嘉庆六年（1801年）和宣统二年（1910年），分别做过几次修改或补充。关于这个问题，我们将在本书《明清两代农业雇工法律上人身隶属关系的解放》一文中专门讨论。在这里，我们只想指出一点，即从万历十六年以后，并不是所有的雇佣劳动者都被看成是法律上的雇工人；法律术语雇工人所指的社会成员，并不是一个固定不变的社会等级。但是，另一方面也必须强调指出，明清法律对于雇工人所犯各种罪行的判刑等级，自从洪武三十年（1397年）最终编定《明律集解附例》的时候起，到宣统二年（1910年）纂修《大清现行刑律》的时候止，除个别罪行外，一直没有变动，前后历时五百多年。这就是说，随着社会经济情况的发展，构成法律上雇工人身份的条件虽然在发生着变化，但是，只要雇佣关系适合当时的雇工人的含义，构成法律上的雇工人身份，那么，他就得受到雇工人的法律约束。五百多年以来，历朝的统治者对于如何惩处雇工人的犯罪行为这个问题，前后一致，极少发生异议，他们对待雇工人的那副凶残面貌是一直没有改变的。①

二 被当作子孙、卑幼判刑的雇工人

明清统治阶级是把雇工人编入雇主的宗法家长制体系以内，对雇工人侵犯雇主及其有服亲属的行为，比照子孙或卑幼侵犯其父母、尊长的罪行来权衡处刑的。

明清时代的统治阶级和法学家并不承认雇主和雇工人之间是什么简单的劳动力买卖的交易行为，而称雇主是雇工人的家长，强调支付劳动报酬的行为是雇主"恩养"雇工人，就和家长之"恩养"其子孙一样。家长和雇工人之间具有一种名分关系，这种名分，类比作伦理关系中"亲子"、"尊卑"、"上下"的名分。对于这一点，所有明清两代的法学家都是一贯坚持

① 因此，我们可以根据任何一部明清律例来研究两代雇工人的法律地位。明清两代，尤其是清代，现存的律例很多，主要可参阅：(1)《明律》；(2)吴达海：《大清律集解附例》，康熙年间修补顺治原版刊本；(3)吴坛：《大清律例通考》，光绪十二年刊本；(4)《大清律例增修汇纂大成》，光绪二十四年刊本等。

的。例如，明代的刘维谦就强调说，"雇工人虽无伦理，而名分之重与子孙不异"；① 清代的李柟说，"雇工人虽不在伦常中，而名分之重，则与子孙不异"；② 清代的万枫江又说，"雇工人虽不同服属，而名分之重与子孙不异"。③ 当然，明清两代的统治阶级决不是把雇工人真正当作子孙，赋予他们以子孙的权利，例如，遗产继承权等。这一点是无需说明就可理解的。雇工人和子孙的另一差异，就是在一个家族中，某代子孙对上代固然处在子孙、卑幼的地位，对其下代却又是父母、尊长，而雇工人则对雇主的任何亲属都处在子孙、卑幼的地位。他只是在犯罪处刑时比照子孙、卑幼的地位，而不享有子孙、卑幼的任何权利。总之，在明清两代的统治阶级看来，"奴仆、雇工人之于家长，实属分严情疏，非卑幼亲属可比"。④

这种把雇佣劳动者编入雇主的宗法家长制体系以内来确定其判刑等级的"主仆"制度，和资本主义制度下资本家和工资劳动者之间的关系决不应该混淆起来。这是明清封建主义生产关系的一种特殊现象，是一个必须认真研究的问题。现在就来看看这种制度的具体内容。

大家知道，中国的五服制度是区别血缘关系的亲疏以定服丧等级的一种制度。五服制度把血缘亲属分为直系尊长、期亲、大功、小功和缌麻五类。如果男女分别计数，那么属于尊亲的八种，期亲十三种，大功十一种，小功十九种，缌麻三十八种，总共八十九种。⑤ 这就是说，雇工人对雇主及其八十九种亲属都处于从属地位，不得享受平等的法律待遇。例如雇主的同胞兄弟乃是雇主的"期亲"，也就是雇工人的"期亲"；和雇主出自同一高祖父

① 《明律》卷19，第28页。
② 李柟，《大清律笺释》，康熙刊本，卷19，第6页。
③ 万枫江：《大清律集注》，乾隆三十四年刊本，卷20，第7页。
④ 乾隆十九年十二月，刑部奏折。见沈如焞：《例案续增》，卷21，第74页。
⑤ 在本宗九族成员之间，除父母、祖父母、曾祖父母和高祖父母乃直系尊亲外，凡伯叔父母和未嫁姑、兄弟和未嫁姊妹、长子夫妇和嫡孙、众子、侄和未嫁侄女，都叫做"期亲"；凡已嫁姑、堂兄弟、已嫁姊妹和未嫁堂姊妹、众子之妇和众孙、侄之妇和已嫁侄女，都叫做"大功亲"；凡伯叔祖父母和未嫁祖姑、堂伯叔父母和未嫁堂姑、兄弟之妻、再从兄弟、已嫁堂姊妹和未嫁再从姊妹、堂侄和未嫁堂侄女、嫡孙之妇、侄孙和未嫁侄孙女，都叫做"小功亲"；凡曾伯叔祖父母和未嫁曾祖姑、族伯叔祖父母、已嫁祖姑和未嫁族祖姑、族伯叔父母、已嫁堂姑和未嫁族姑、堂兄弟之妻、族兄弟、已嫁再从姊妹和未嫁族姊妹、堂侄之妇、再从侄、已嫁堂侄女和未嫁再从侄女、众孙之妇、曾孙和元孙、侄孙之妇、堂侄孙、已嫁侄孙女和未嫁堂侄孙女、曾侄孙和未嫁曾侄孙女，都做"缌麻亲"；又，外姻中的外祖父母、母之兄弟和姊妹都是"小功亲"，母舅之子、两姨之子、姑之子、妻之父母和女之子又都是"缌麻亲"。参阅附录一。

母而为雇主旁系亲属的同辈女子，在亲属称谓上叫做族姊妹，在丧服制度上，如其未嫁，属于"缌麻亲"，她在法律上也被当作雇工人的"缌麻亲"对待。总之，尽管雇工人只从雇主个人那里领取饭食工钱，和雇主的那许多亲属了无经济关系，但是雇主的所有有服亲属却都对雇工人享有特殊的法律地位。

为了说明明清时代法律怎样把雇工人编制在雇主的宗法制家族体系以内，由此来确定他对雇主亲属的人身隶属关系，我们可以把他们之间若干种相互犯罪的判刑和同一家族中子孙、卑幼与父祖、尊长间相互犯罪的判刑作一番比较。

明清法律规定，雇工人谋杀家长或家长期亲、外祖父母致死，与子孙谋杀祖父母①、父母致死，或卑幼谋杀期亲尊长、外祖父母致死同罪，凡参与共谋，不分主犯或从犯，一律凌迟处死②。雇工人谋杀家长之大功、小功、缌麻亲属致死，与卑幼谋杀大功、小功、缌麻亲尊长致死同罪，凡参与共谋，不分主犯或从犯，一律斩决③。雇工人故杀家长之大功、小功、缌麻亲属、与卑幼故杀大功、小功、缌麻亲尊长一样，斩监候④。雇工人殴死家长之大功、小功、缌麻亲，与卑幼殴死大功、小功、缌麻亲尊长一样，斩监候。而家长及其祖父母、父母、期亲、外祖父母殴伤雇工人，和祖父母、父母、期亲尊长以及外祖父母殴伤子孙、卑幼一样，无罪。家长之缌麻亲属殴雇工人至重伤，与缌麻亲尊长殴卑幼至重伤一样，判刑比凡人斗殴至重伤罪减一等。家长之缌麻亲殴死雇工人，与缌麻亲尊长殴死卑幼一样，绞监候。雇工人诬告家长，与子孙诬告祖父母、父母同罪，绞决。雇工人诬告家长之期亲、外祖父母、大功、小功、缌麻亲，与卑幼诬告期亲、外祖父母、大功、小功、缌麻亲尊长同罪，如果所诬告的罪行重于卑幼"干名犯义"的罪行，原告就其所捏造事实应得之罪加三等判刑。根据这些例子，我们可以看

---

① 明清法律中的"祖父母"包括高祖父母、曾祖父母、祖父母三代；"子孙"包括子女、孙、曾孙、元孙四代。

② "凌迟处死"是一种执行死刑的特殊方法，一般叫做剐刑，就是零砍碎割。这是明清刑罚中最重的一种，极为残酷。

③ "决"或称"立决"。即不必等候秋审、朝审，就可以按照规定的手续立即执行死刑。

④ "监候"，是监禁等候的意思。凡是斩、绞监候的罪犯，一律暂行监禁，等候秋审、朝审时按具体情况分别处理。虽然同为死刑，但"监候"比"立决"要轻，因为"监候"可以多活一些时日，并有得到赦免的机会。

出，雇工人对雇主的侵犯，其科断同于子孙侵犯父母；对雇主亲属的侵犯，其科断同于卑幼侵犯尊长；反之亦然。这就是说雇工人是被置于子孙、卑幼的行列之中来权衡其处刑等级的。明清两代的法律一贯体现这个原则。

当然，雇工人与雇主毕竟不是血缘的亲族关系，主仆关系也不能完全等于伦理关系。因之，雇工人的处刑等级与子孙并非一般无二、毫无差异的。法律对雇工人某些犯罪的判刑比子孙、卑幼较轻，另外一些，却又较重。我们可再举一些律文的规定来做比较。

1. 斗殴罪（未伤或轻伤）	
卑幼殴大功亲尊长	杖八十，徒二年①。
雇工人殴家长之大功亲属	杖一百②。比卑幼殴大功亲尊长罪轻三等。
卑幼殴缌麻亲尊长	杖六十，徒一年。
雇工人殴家长之缌麻亲属	杖八十。比卑幼殴缌麻亲尊长罪轻三等。
2. 骂詈罪（挨骂人亲自告官乃坐罪）	
子孙骂祖父母、父母	绞。
雇工人骂家长	杖八十，徒二年。比子孙骂父祖罪轻四等。
卑幼骂缌麻亲尊长	杖六十。
雇工人骂家长之缌麻亲属	笞四十③。比卑幼骂缌麻亲尊长罪轻二等。
3. 谋杀罪（已死）	
祖父母、父母谋杀子孙	杖六十，徒一年。
家长谋杀雇工人	没有此项罪行律文④
4. 盗窃罪	
盗窃自己的期亲亲属财物	比凡人盗窃罪轻五等。
盗窃自己的缌麻亲属财物	比凡人盗窃罪轻二等。
同居雇工人盗窃家长财物	比凡人盗窃罪轻一等，并免刺字。比子孙盗窃期亲财物罪重四等。相当于盗窃无服制远亲财物罪。

注：①徒，明清时代刑罚的一种。犯罪稍重，除受杖刑外，发本省驿递服劳役。自一年起加至三年止，为五等；每杖一十及徒半年为一等加增。期满还乡。

②杖，用大竹板打臀腿处，是明清刑罚中次轻的一种，自六十至一百，分五等，每一十为一等加减。

③笞，用竹板打臀部，是明清刑罚中最轻的一种，自一十至五十，分五等，每一十为一等加减。

④康熙年间沈之奇原注，洪弘绪重订《大清律辑注》："杀奴婢、雇工人有殴杀、故杀而无谋杀。盖尊长谋卑幼，已杀者亦止依故杀法，故于奴婢、雇工人不著谋杀罪，所以别上下之分也"。

　　这些判刑等级的差异表明，雇工人在犯罪处刑时的法律地位与雇主家族内的子孙、卑幼相类，但比子孙、卑幼略高，唯有盗窃罪例外。雇工人盗家长财物比亲属盗窃罪加重至四等之多。这正好说明雇工人和子孙卑幼的差别，法律严防雇主的财物流入雇工人手中①。

　　同时，我们还必须看到，在宗法家长制体系里，一个成员具有双重身份。一方面，对于父祖以及一切辈分较高的人（包括兄姊），他是子孙、卑幼；同时，对于子孙以及一切辈分较低的人（包括弟妹），他又是父祖、尊长。而被编制在雇主的家族体系内的雇工人，在法律上却没有这种双重的地位。陈说在其《读律管见》一书写道："奴、雇于家长之亲皆卑幼也。主人缌麻之卑幼，皆奴、雇缌麻之尊长也"。② 这就是说，雇主的长辈是雇工人的长辈，雇主的晚辈也是雇工人的长辈。在雇主的家族体系内，雇工人比起任何人来，其法律地位都只能相当于子孙或卑幼，而不能相当于尊长，即使对雇主的初生堂房侄孙，也必须如此。上面列举的那些律条说明，雇工人对雇主亲属、子孙对父祖、卑幼对尊长犯同等罪行时，是同一科断。但"亲属"二字既包括长辈也包括晚辈。举例说，某人被他的堂侄孙打死了。在服制中，堂侄孙是缌麻亲卑幼。按照卑幼殴死缌麻亲尊长律，凶手应判斩监候。如果某人打死了他的堂侄孙，按照缌麻亲尊长殴死卑幼律，凶手应判绞监候。前者砍头，身首异处；后者绞死，可得全尸；虽然都是死刑，但前者重于后者。如果雇工人殴死雇主堂侄孙的话，按照雇工人殴死雇主缌麻亲属律，和卑幼殴死缌麻亲尊长同罪，应判斩监候。这位雇工人并不能因为堂侄孙是雇主的晚辈而像尊长那样得到全尸的"优待"。明清法律中关于雇工人对家长亲族的一切规定都是这样的。所以，假设雇主家族的八十九种服制关系每种有一个人，那么，雇工人在这个家族体系内不是仅受四十名尊长的统治，而是受全家族八十九人，再加上雇主夫妻，即九十一人的统治。雇工人对雇主宗法家长制体系内的任何有服成员都具有不同程度的人身隶属关系，

---

　　① 嘉庆二十四年《说帖》中记载："查律载，同居奴婢、雇工人盗家长财物减凡盗罪一等，免刺等语……乾隆五年又改定雇工人盗家长财物亦照窃盗计赃治罪，均不准照律减等，现今遵行。是律文所载减等一条业已不用。例内虽未指明此等人犯应否刺字，但既称'照凡盗一体治罪'，自当照凡盗一体刺字，以盗窃门内已有刺字明文，不复赘言也。"（祝庆祺：《刑案汇览》，光绪十四年刊本，卷18，第68—69页），这就更加强了对雇工人盗雇主财物的防范。

　　② 《大清律例通考》，卷26，"刑律，""人命"。

他隶属于雇主的整个家族。

三　雇工人与奴婢

从明清法典中可以发现，除去雇工人以外，被编制在宗法家长制体系之中的还有奴婢。奴婢是终生卖身的，不但其劳动力，而且其人身也不属于他自己，完全隶属于主人。在社会上，奴婢低凡人一等，被视为"贱民"。在主人的家族中，他（她）没有任何自由和权利。奴婢以及他们的子孙，可以被主人作为财产出卖或转让。有的奴婢甚至永远不能赎身，子孙世世为奴。现在再将雇工人在主人家族体系中的法律地位和奴婢作个比较，来进一步分析雇工人的地位。

在明清法律上，对很多罪行的判处规定，雇工人和奴婢是同等判刑的。例如，谋杀雇主及其亲属罪，诬告雇主及其亲属罪，奸雇主妻女罪，雇主及其亲属被杀不报官而私和罪，造畜蛊毒杀害雇主罪，发掘雇主坟冢罪，毁弃雇主尸体罪，于雇主坟墓附近薰狐狸、烧棺、烧尸罪，盗窃雇主财物罪，杀死雇主图赖他人罪等，对雇工人和奴婢判刑都没有差别。雇主谋杀雇工人、殴雇工人不至重伤、过失杀死雇工人、奸雇工人妻女、骂雇工人等，也和主人对奴婢犯这些罪行一样判处。

此外，立法者规定，雇主和雇工人间的关系也具有"主仆名分"。这说明在当时的统治者心目中，在雇主心目中，雇工人和奴婢是有其共同之处的。

当然，雇工人的法律地位也不是在一切方面部表现得同奴婢一样。以斗殴罪为例：

奴婢殴家长，不论有伤无伤或者殴死	不分主犯、从犯，一律斩决。
雇工人殴家长，未伤	主犯杖一百，徒三年。从犯减一等。比奴婢轻二等。
雇工人殴家长，轻伤	主犯杖一百，流①三千里。从犯减一等。主犯比奴婢主犯轻一等。
雇工人殴家长，重伤	主犯绞监候。从犯减一等。与奴婢罪同等，但全尸。
雇工人殴家长，致死	主犯斩决。从犯减一等。主犯与奴婢同罪。
奴婢殴家长之缌麻亲属，未伤	杖六十，徒一年。

续表

雇工人殴家长之缌麻亲属，未伤	杖八十。比奴婢罪轻三等。
家长殴死奴婢	杖六十，徒一年，放受害奴婢的夫、妻子女从良。
家长殴死雇工人	杖一百，徒三年。比殴死如婢罪重四等。
家长之缌麻亲属殴死奴婢	杖一百，徒三年。
家长之缌麻亲属殴死"雇工人"	绞监候。比殴死奴婢罪重二等。

注：① "流"刑是将罪犯送到遥远的地区去居住，永远不许返回家乡。在明代，流刑重的叫做"充军"；到清代，一般流刑都叫做"充军"了。

一般说来，雇工人侵犯雇主比奴婢侵犯主人判刑较轻；雇主侵犯雇工人比主人侵犯奴婢判刑较重。

雇工人在受雇以前是一个凡人，一旦受雇，并符合雇工人条件，就与雇主有了主仆名分，就形成了依附关系、隶属关系。但主雇之间的"主仆名分"与主奴之间的"主仆名分"是有所差异的。前者因为雇佣关系一般不是终生的，其身份关系也就随雇约期满而解除。明清法典就根据这一点来区分雇工人和奴婢的法律地位。清初的法学家沈之奇写道，雇工人"不过受人雇值，为人执役耳，贱其事未贱其身。雇值满日，即〔与旧〕家长亦同凡人，与身为奴婢者不同"；又说，"雇工人雇钱已满，出外别居，即凡人矣"，"雇钱已满，即同凡论"。① 张澧中写道：雇工人"一经辞出，即无恩义可言"。② 《大清律例集解附例》认为，"奴婢系终身服役，雇工人止系限年服役，故坐罪稍异也"。③ 刑部说帖曾有这样的话："雇工与奴婢名分虽同而恩义有别。奴婢一经契买，则终身服役，饮食衣服皆仰之主人。其恩重，故其名分亦重。而雇工祗为生计受雇佣工，因其既受役使，不得不示以上下之分。若一经工满，去留得以自由，留之则为主仆，去之则无名分。……其工价既尽，即属凡人也。"④ 这就比较清楚地说明了清代关于奴婢与雇工人法

① 《大清律辑注》，卷20，"斗殴"，"奴婢殴家长"；卷25，"犯奸"。
② 张澧中：《大清律例根源》，道光二十七年刊本，卷21，"斗殴"。
③ 转引自姚观等：《大清律例全纂》，嘉庆元年刊本，卷22，"奴婢殴家长"。
④ 阙名：《审办雇工殴旧家长议》，刑部说帖，转引自《皇朝经世文编》，卷92。

律的立意所在。由于同样的道理，雇工人的子孙不继承雇工人身份。

　　明清法典中并未规定雇工人属于贱民范畴。① 但在封建统治者的思想中，往往把雇工人看做是和凡人不一样的。例如，乾隆八年的一个案件中，司法者就认为雇主"诬雇为仆，与诬良不同"，他们明知自己的看法"律无正条"，即没有法律根据，但还是借词"事出有因"，对雇主的违法行为"应免深究"。② 乾隆十二年发生的一起奴婢和雇工之间的纠纷案件中，刑部认为"奴仆之与雇工，一系终身服役，一系限年服役，乃均属听遣驱使，同为下役之人，未可以奴婢为贱而以雇工为良也"。③ 这种情况，看来是司法者违反法典的行为，而不是法典的立意。

　　从法典的正式规定看来，在雇主宗法家长制体系以外的社会上，雇工人的法律地位是和奴婢不一样的。这一点，雇工人和奴婢有很大的区别。明清法律中有"良贱相殴"、"良贱相奸"、"良贱为婚"等条，都是为奴婢与主人家族成员以外的凡人间的相互关系而设的。一般说来，凡人侵犯别人的奴婢，比侵犯凡人减一等治罪。奴婢侵犯凡人，比凡人相互侵犯加一等治罪。④ 有关"良贱"相犯的律文，对雇工人无效。例如，殴打别人的雇工人，其科罪与殴打凡人是一样的。法典中没有关于雇工人与雇主家族以外的凡人相犯的特殊规定，可见他们之间彼此具有同一的法律地位。

　　总之，在雇主的宗法家长制体系中，雇工人的法律地位近似奴婢，而比奴婢略高；但在社会上，它的地位同于凡人。

四　雇工人与雇主及其家族间的不同法律地位

　　上面已经说明了雇工人在雇主家族中居于类似子孙、卑幼的地位，因而，其法律地位在任何情况下都低于凡人。他们"现在工役之日，与家长之亲属亦有名分，虽异于奴婢，亦不得同于凡人"。⑤ 现在再来比较一下雇工人

---

① 清代法学家薛允升说："究竟雇工人是良是贱，律内并未言及；其与平人相犯，是否以凡论，亦无明文规定。既定有此等名目，而又不详晰叙明，何也？"见《唐明律合编》，卷22。

② 马世璘：《成案所见集》，卷26。

③ 同德：《成案续编》，卷9。

④ 《大清会典》载："凡定例……有良、贱之异。凡'良贱相殴'、'良贱相奸'，良人有犯，减凡人一等科罪；奴婢有犯，加凡人一等科罪。"万有文库版，第6册，第636页。

⑤ 《大清律辑注》，卷20，"刑律"、"斗殴"，"良贱相殴"律注。

与雇主及其家族成员之间和凡人相互之间犯同样罪行的判处，看看雇工人和雇主及其家族成员，存在着何种不同的法律地位。

1. 谋杀罪	
凡人杀死凡人	为首为从分别治罪。主犯斩监候，为从绞监候；没有动手的同谋者杖一百，流三千里。
雇工人杀死家长或家长期亲	不分首从，一律凌迟处死。与凡人谋杀虽同为死罪，但这种处刑的方法是死刑中最为残酷的一种。
家长杀死雇工人	没有此项罪行律文。
2. 斗殴罪（未伤）	
凡人殴凡人	笞二十。
雇工人殴家长或家长期亲、外祖父母	杖一百，徒三年。比凡人殴罪重十三等。
家长或家长期亲、外祖父母殴雇工人	无罪。
雇工人殴家长的缌麻亲属	杖八十。比凡人殴罪重六等。
家长的缌麻亲属殴雇工人	无罪。
3. 奸罪（和奸、男女同罪）	
凡人和奸	杖八十。
雇工人与家长妻、女和奸	斩决。比凡人罪重九等。
家长与雇工人妻、女和奸	没有此项罪行律文。①
雇工人与家长缌麻亲属妻、女和奸	杖一百，流二千里。比凡人奸罪重八等。
家长缌麻亲属与雇工人妻、女和奸	没有此项罪行律文。②
4. 骂詈罪（被骂人亲自告官乃坐罪）	
凡人骂凡人	笞一十。
雇工人骂家长	杖八十，徒二年。比凡人骂罪重七等。
家长骂雇工人	没有此项罪行律文。
雇工人骂家长缌麻亲属	笞四十。比凡人骂罪重三等。
家长缌麻亲属骂雇工人	没有此项罪行律文。

注：①《大清律辑注》："家长"之于奴、雇本非天亲，特以名分相事。使若家长与奴、雇之妻通奸，自甘污下，应同坐轻笞。以笞刑中最重的一种（笞五十）计算，也比凡人奸罪轻三等。

②《大清律辑注》：雇主"奸期亲以下之婢及奴、雇〔工人〕之妻者，期亲尤可轻拟：其余'和'与'强'似当皆以凡论"。

从上表可以看出，雇主及其有服亲属对雇工人和雇工人对雇主及其有服亲属间，法律地位的差别是何等悬殊。雇主可以任意殴打以至打伤雇工人都不犯罪；骂，自然更不在话下。雇主奸污雇工人妻女，统治者并不认为这值得大惊小怪，应列专条判罪；即使判罪也不过打几十下屁股就算了。这就是说，雇工人不仅自身要受雇主及其有服亲属的凌辱，连他的妻子、女儿都应该忍受他们的凌辱。而雇工人侵犯了雇主以及雇主亲属，比凡人犯同类罪行至少加重三等科断，最高的（如斗殴）竟加重十三等之多！雇工人即使骂上雇主几句，也得挨八十棍，坐两年监牢！统观全部明清法律，和凡人相比，雇工人侵犯雇主除盗窃外没有一项罪行不加等判刑的；反之，雇主侵犯雇工人却又没有一项不减等的。不仅如此，就连雇主家族中有服制的每一个成员都不同程度地对雇工人享有如此特权。与雇主关系最远的缌麻亲属殴打雇工人都不犯法，其余较近的什么小功、大功、期亲之类则更不消说了。

从表面看，雇主侵犯雇工人的若干种罪行，虽然比他侵犯凡人惩处较轻，但总算有所裁制，好像法律并不放纵雇主对雇工人为所欲为。其实，事情并不这么简单。

雇工不准告主，早在元代就有禁律。① 明清律中更进一步明确规定了告主的雇工人应受何等罪罚。明清法典"诉讼"门有一条法律，叫做"干名犯义"（简称"干犯"）。按照"名例"规定，亲属之中有人犯罪可以相互代为隐瞒，不向官府检举（谋反、谋叛除外），法律术语称为"容隐"。如果父祖、尊长犯罪，子孙、卑幼去衙门告状或揭发，不论所告是否属实，原告都犯"干犯"之罪。雇工人也有为雇主"容隐"的义务，否则与子孙一样犯"干犯"之罪。而且，他不仅不能告雇主及其尊长，连雇主的卑幼亲属也告不得。总之，雇工人不得"干犯"雇主家族任何有服成员。请看对雇工人犯"干犯"罪的判处：

家长犯罪，雇工人告实	首告人杖九十，徒二年半；犯罪人同自首论，免罪。
家长期亲、外祖父母犯罪，雇工人告实	首告人杖九十；犯罪人同自首论，免罪。
家长大功亲属犯罪，雇工人告实	首告人杖八十；犯罪人同自首论，免罪。

① 《元史》卷33，本纪第33，文宗2：天历二年二月戊戌："诸佣雇者，主家或犯恶逆及侵损己身，许诉官；余非干己，不许告讦。著为制。"

家长小功亲属犯罪，雇工人告实	首告人杖七十；小功尊长犯罪人就其所犯的应得之罪减三等治罪。
家长缌麻亲属犯罪，雇工人告实	首告人杖六十；缌麻尊长犯罪人就其所犯的应得之罪减三等治罪。

如果雇工人犯罪，雇主或其亲属告实，被告按所犯罪行判处，不减刑；首告人无罪；而特别值得重视的是：诬告也无罪。

按照"干犯"律，雇主与雇工人法律地位之悬殊竟可能达到如下惊人的程度：假设雇工人的两眼被雇主打瞎，或者两条腿被打断，按照法律，雇主应减凡人三等（凡人犯有此项罪行应判杖一百，流三千里，并将一半财产给付受害人养赡）治罪，即判杖九十，徒二年半。但是，实际上雇工人并没有告发雇主这种罪行的法律保障。因为如果雇工人去衙门告状，他就犯了"干犯"雇主之罪。按雇工人干犯家长律，原告应判杖九十，徒二年半，而被告却作自首论，免罪。于是凶手应得的惩罚反而落到受害人的头上了。受害人坐牢挨打，犯罪人却逍遥法外。再假设雇工人被雇主的曾侄孙打得内伤以至吐血。曾侄孙是雇主的缌麻亲属，按照法律，他应减凡人一等（凡人犯同样罪行，杖八十）治罪，即杖七十。雇工人如果告官，也犯干犯罪。结果被告依律减三等治罪，即打（笞）五十板屁股结案，而原告却要挨六十大棍。受害人比犯罪人罪高一级，刑加一等。

不仅如此，上述种种都是雇工人违犯"主仆名分"，因而便是违犯国法的意义上的法律待遇。要知道，雇工人除去必须遵守国法以外，他还必须遵守雇主的家法，雇主有权对他施行家长的权力。这种家长统治的权力是得到国家法典的承认和保护的。

明清法典"斗殴"门"奴婢殴家长"律内有这样一条规定：雇工人"若违犯教令而依法决罚，邂逅致死……各勿论。"违犯谁的"教令"呢？如何算"依法决罚"呢？律后注道："若奴婢、雇工人违犯家长及家长之期亲、若外祖父母教令而依法于臀腿受杖去处决罚，其有邂逅致死……者，各勿论。"这就是说，雇工人受雇于雇主，他就必须无条件地服从雇主的任何命令。法典给予雇主这样一种权力，他可以命令雇工人在任何时间、任何条件下干任何工作，而雇工人必须服从。从而，雇工人的劳动就成为一种强制的人身奴役性质的劳动。因为雇工人不干的话，是"违犯教令"，雇主就可以行使"家长"权力，在雇工人的"臀腿受杖去处""依法决罚"，打上一顿。雇主所依的这个"法"是什么样子，法典中没有讲，实际上就是雇主的意志，打多少是"合法"，那就凭雇主的高兴了。挨打以后的雇工人不死算是走运，死了活该倒霉，因为"邂逅致死"者"各勿论"。

而且雇工人所必须遵守的不仅是雇主本人的"教令"。雇主的期亲，包括父母、祖父母、曾祖父母、高祖父母、伯叔父母、未嫁姑、兄弟、未嫁姊妹，长子夫妇、嫡孙，众子、侄和未嫁侄女以及外姻中的外祖父母，都有权役使雇工人。雇工人不从时，他们都可以施发家长制的淫威，对雇工人"依法决罚"。特别应该注意的是，这一条文中，雇工人和奴婢是并列的。换言之，就这一点而言，雇工人的地位和奴婢完全一样。①

以上分析得知，明清法典给了雇主以任意处罚雇工人的权利。同时剥夺雇工人向法庭控告雇主的权利。这样的规定，比起律例中其他一切有关雇工人的条文都具有更大的压迫作用。它时刻威胁着雇工人，使之不敢违犯雇主的任何"教令"，从而最有效地保证了雇主的家长特权。这种法律非常突出地反对了封建宗法制统治的特点。

由此可以肯定，雇工人和雇主及其家族之间的这样一种关系，和资本主义的雇佣关系显然没有什么相同之处。可以被雇主及其某些亲属"依法"打死的雇工人，决不可以看作是资本主义的"自由"雇佣劳动者。

当然，并非明清时代的一切雇佣劳动者都与雇主具有"主仆名分"，都是法典中所谓的雇工人。明清雇佣劳动者中只有具备特定条件的才属于雇工人等级。决不能由于雇工人的存在而否认产生资本主义萌芽关系的可能性。事实上，鸦片战争前，中国封建社会内部已经孕育着资本主义萌芽，我们有必要从雇佣关系中去考察它的表现形式。但无论如何，如果说明清时代某种形式的雇佣关系带有资本主义性质，构成资本的历史前提的话，那么，那种形式下的雇佣劳动者必须不属于雇工人的范畴，必须是已经从雇工人的身份束缚中解放出来的雇佣劳动者。因此，雇佣劳动者身份解放过程的考察，对于研究中国资本主义萌芽问题就具有重要意义了。

---

① "违教令邂逅杀伤奴、雇，皆得勿论，所以别贵贱，正名分也。"（张楷：《律条疏议》，天顺间刊，卷20，第26页，"奴婢殴家长"律后。）

最后，我们要提出关于明清封建社会的等级制度问题。

列宁说过："所谓阶级，就是这样一些集团，这些集团在历史上一定社会生产体系中所处的地位不同，对生产资料的关系（这种关系大部分是在法律上明文规定了的）不同，在社会劳动组织中所起的作用不同，因而领得自己所支配的那份社会财富的方式和多寡也不同。所谓阶级，就是这样一些集团，由于它们在一定社会经济结构中所处的地位不同，其中一个集团能够占有另一个集团的劳动"。① 在明清社会中，农业雇佣劳动者就属于当时社会生产体系中完全不占有，或者占有很少生产资料的生产劳动者阶级，属于被占有劳动的集团。他们是农民的一个组成部分，生产资料所有者和他们结成剥削和被剥削的雇佣关系，他们才借以领得很少的一份社会财富。

阶级，在奴隶社会及封建社会中，表现为等级；等级，是阶级在特定社会历史发展阶段中借以表现的形式。列宁说："在奴隶社会和封建社会中，阶级的差别也是用居民的等级划分而固定下来的，同时还为每个阶级确定了在国家中的特殊法律地位。所以，奴隶社会和封建社会（以及农奴制社会）的阶级同时也是一些特别的等级"。② 本文的分析证明，雇工人的法律身份既不同于凡人，也不同于奴婢，更没有缙绅等所具有的某些特权，从而成为明清时代一个特定的等级。明清法典对某些社会集团具有不同的特殊法律地位的规定，反映出当时存在着一个等级的阶梯，而雇工人只是这个阶梯中的一级，相当低下的一级。同时也看到，把雇工人这种特定的雇佣劳动者和奴婢一起编入雇主的家族体系论刑，这是中国明清社会家长制宗法统治的一个突出表现，也是明清封建等级制的一大特点。

通过这一研究，我们认识到，明清等级制度的结构、特点、意义及其向非等级的过渡等，都应成为我们今后研究的课题。

［本文原载《新建设》1961 年第 4 期，署名欧阳凡修。1983 年 5 月收入《明清时代的农业资本主义萌芽问题》（中国社会科学出版社 1983 年版）一书时曾作修改，署名经君健。］

---

① 《伟大的创举》，见《列宁全集》，第 29 卷，第 382—383 页。
② 《俄国社会民主党的土地纲领》，见《列宁全集》，第 6 卷，第 93 页注。着重是原有的。

明清两代农业雇工法律上
人身隶属关系的解放

我们在《明清两代"雇工人"的法律地位问题》一文中，研究了明清法典上所谓雇工人的身份地位，用处刑条律证明了雇工人这类劳动者乃是明清封建社会中被编制在雇主的宗法家长制体系以内的一个特定的社会等级，不能视为资本主义的"自由"雇佣劳动者阶级。同时我们也曾说明，并非当时所有的雇佣劳动者都受雇工人法律约束，法律上的雇工人仅指明清雇佣劳动者中的一个特定范围而言。原不属于雇工人范畴，以及解除了雇工人身份成为"凡人"的雇佣劳动者和雇主是具有平等的法律地位的。这类同凡的雇佣劳动者，才可以说是法律形式上的"自由"雇佣劳动者。该文最后这样写道：如果说明清时代某种形式的雇佣关系带有资本主义性质，构成资本的历史前提的话，那么，那种形式下的雇佣劳动者必须不属于雇工人的范畴，必须是已经从雇工人的身份束缚中解放出来的雇佣劳动者。因此，雇佣劳动者身份解放过程的研究就具有重要意义了。哪些雇佣劳动者属于雇工人范畴？他们在什么时候以及怎样从雇工人身份束缚中解放出来？本文将要回答这些问题。

一 明清两代的"律"、"例"和农业雇佣
劳动者的身份地位问题

五十年代以来，关于明清农业雇佣劳动者法律身份的问题，在我国，许多学者均曾论及。如傅衣凌同志在《明清江南地主经济新发展的初步研究》

一文中，曾用万历十六年条例说明雇工的身份问题。① 李文治同志在其所编的《清代鸦片战争前的地租、商业资本、高利贷与农民生活》② 和《中国近代农业史资料（第一辑）》③ 中，举出清代法典中有关雇工人的若干"条例"，证明他们和雇主之间不存在平等的法律地位。又，许大龄同志在《十六世纪、十七世纪初期中国封建社会内部资本主义的萌芽》④ 一文中也曾谈到这个问题。对这些同志提出的问题，我们在本文中试作进一步的探索。

在开始论述本问题之前，我们认为下列三点是需要事先说明的。

第一，本文所谓的关于雇佣劳动者获得的"解放"，系指雇佣劳动者脱离雇工人法律约束，在法律上摆脱对雇主的人身隶属关系，取得和雇主平等的法律地位这一特定含义而言的。

第二，我们研究的范围仅限于农业雇工（同时涉及从事非生产的所谓"服役"劳动者，但这不是我们的研究重点）。因为明清法典并没有指明雇工人是否包括手工业雇工；而我们曾经接触到的明清判案、批语和其他资料，有少数是涉及手工业雇佣劳动者，或者在谈到有关手工业雇佣劳动者时使用雇工人这一术语的。因此，可以认为，关于雇工人的这些条例是同样适用于手工业雇工的。但因本文主要讨论农业雇工的法律身份问题，所以凡使用"雇佣劳动者"或"雇工"概念时，主要指农业雇工，一般不包括手工业工人在内。

第三，判断雇佣劳动的性质是一个比较复杂的问题。要想全面深刻地研究这个问题，就必须从这一时期社会生产力的发展水平、生产资料所有制的性质、阶级斗争状况以及经济基础和上层建筑的相互作用等方面进行总体的考察。但这样做，并不是本文的任务。我们在这里只准备分析这个复杂问题的一个侧面——法律形式的变化这一侧面。大家都知道，在阶级社会中，法律作为一种上层建筑，它往往落后于经济基础的发展，而且往往不能完全反映基础的发展。因此，仅靠对法典的研究来分析生产关系，当然是有其局限性和片面性的。我们并不希望、也不可能从这个研究中对明清农业雇佣劳动

---

① 《厦门大学学报》，1956 年第 3 期。该文载入《中国资本主义萌芽问题讨论集》（以下简称《讨论集》）上册。

② 《经济研究》1956 年第 1 期。该文载入《讨论集》下册。

③ 三联书店 1957 年版，第 112—113 页。

④ 《北京大学学报》1956 年第 3 期。该文载入《讨论集》下册。

的性质下一个全面的断语。但是，我们认为，从这一侧面来进行研究还是必要的和有益的，至少可以提供对雇佣劳动性质作全面论断所必需的一部分史料和提出一些值得注意的问题。

为了说明我们是从哪里着手研究雇佣劳动者在法律上的人身隶属关系的解放问题，现在先扼要说明一下明清两代的法典。

明代法典的基本原则创自朱元璋。朱元璋在开始建国的那一年（吴元年，公历 1367 年）就着手草拟法典，后来经过了三十年的漫长岁月，才把整套法典定形化，名之为《明律集解附例》（简称《大明律》）。这部明律构成了明代法典的基础，后来的清代法典则继承了它的基本原则和体制形式。①

明清法典的条文分作"律"、"例"两类。判处各种罪行服刑等级的根本规定叫做"律"，或称"条律。"② 事实上，诉讼案件的具体情节极其复杂，律文当然不可能把各种具体情况包罗无遗。因而，封建法庭在处理案件时，往往很难找到恰合案情的条律。遇到这种情况时，他们便把实际的案情和有关的条律加以比拟，根据封建统治阶级的立法精神，将犯罪者参照有关条律加等或减等判刑。一些具有代表性的案件则列为"成案"，著令"通行"，作为以后判处同类案件的典型先例。隔了若干年，刑部再把某些"成案"简化为条文，经奏请当时的皇帝批准后，便附载到有关的条律之后，作为判处同类案件的正式根据。这种律例条文就是"例"，或称"条例"。当然，另外还有很多条例并非成案的简化，而只是刑部等衙门或官员鉴于当时出现的某些情况，根据封建立法原则拟定后，经皇帝批准颁行的。不论其形成过程如何，条例总归是补条律之不足的具体规定，或权宜规定。朱元璋说过："条例特一时权宜，定律不可改。"③ 他的子孙遵守了这一告诫，对法典中的条律轻易不敢改动，而条例却每经过一定时期便根据新的成案增删修订

────────────

① 清朝刚入关时，没有自己的法典，暂时沿用明律。顺治三年（1646 年），由刑部尚书吴达海等修成《大清律集解附例》（简称《大清律》），次年公布颁行。《大清律》是在《大明律》基础上，根据清代体制增删修改，加添注释而成的；其中很多"律"、"例"是一字不改地从《大明律》抄下来的。以后，历朝不断修纂，但即使到宣统二年四月颁行的清代最后一部法典——《大清现行刑律》为止，其基本精神和主要内容一直变动不大。

② 清代法典中有关雇工人的条律全部抄自明律，未加改动。所以，我们在这里就将明清两代法典并提了。参阅上一篇拙作。

③ 洪武二十五年（1392 年），刑部曾建议更订那些与条例不同或矛盾的条律，朱元璋不准。参阅《明史·刑法志》；《明会要》，卷 64，"刑一"。

一次。清王朝也遵循了这个原则。到乾隆十一年（1746年），更具体规定每五年修订一次条例。① 特别值得注意的是，明清两代法典中关于雇工人的规定，条律始终未变，所改变的只是条例；而条例的修改，除关于强劫雇工财物等个别条款外，其变动又都是关于雇工人这一术语的适用范围的规定。

我们研究明清两代雇佣劳动问题，注意法典中条律和条例这个差别很重要。有关雇工人的条律不变，意味着雇工人这个等级在法律上的身份地位始终不变；这一点，在上一篇拙作中已经分析过了。有关雇工人含义的条例的修改，意味着雇工人这个等级所包括的社会成员有所变动。这种变动，就是本文所要探讨的问题。

二 万历十六年"新题例"上的长、短工

在我们所看到的明代早期的法典中，只有关于雇工人的处刑条律，并没有明确规定所谓雇工人指的是些什么人。当时的问刑官员遇到有关雇工的案件时，常常发生疑问。因此，在有些解释法典的书籍中，作者曾就雇工人名称做出自己的解释。

浙江温处兵巡副使龚大器，在其万历五年（1577年）刊行的《招拟指南》中说：凡是"用钱雇募在家佣工者"，都算雇工人。他的根据是正德年间的两个判例。一个是正德十三年（1518年），以"每月工银一钱"的工价雇给"在官卖皮底人刘珍扛抬盛皮底木柜"的胡雄，刃伤雇主；另一个是正德十四年（1519年）"雇与在官献陵卫舍馀张胜"卖面的张泽骂雇主。在我们看到的文献中，这两个例案都没有记载法庭根据什么把胡雄和张泽确定为

① 关于清代法典，主要请参阅：（1）吴达海等：《大清律集解附例》，顺治年间刊，康熙年间修补本；（2）沈之奇：《大清律辑注》，康熙五十四年刊；（3）李楠：《大清律集解附例笺释》，康熙年间刊；（4）朱轼：《大清律集解附例》，雍正年间刊；（5）吴坛：《大清律例通考》，乾隆年间成书，光绪十二年刊；（6）万枫江：《大清律集注》，乾隆三十四年刊；（7）唐绍祖等：《大清律例》，乾隆五十五年刊；（8）李观澜等：《大清律例全纂集成汇注》，嘉庆六年刊；（9）杨曰鲲：《大清律纂修条例（律例馆进呈按语册稿）》，嘉庆七年刊；（10）姚润：《大清律例增修统纂集成》，道光十八年刊；（11）张澧中：《大清律例根源》，道光二十七年刊；（12）黄恩彤：《大清律例按语》，道光二十七年刊；（13）章钺等：《大清律例增修统纂集成》，咸丰九年刊；（14）《大清律例汇辑便览》，同治十一年刊；（15）朱文熊：《大清律例增修汇纂大成》，光绪二十四年刊；（16）沈家本等：《大清现行刑律案语》，宣统元年刊；（17）沈家本等：《大清现行刑律》，宣统二年刊；（18）沈家本等：《大清刑律》，宣统三年刊，以及《清史稿·刑法志》、《大清会典》、《大清会典事例》等。

雇工人，但都是按雇工人侵犯"家长"的有关律文判处的。龚大器认为，"比部为法家宗主，凡有所拟，即当据以为法"；在他看来，判例就是解释法典最好的根据。至于"比部"当初是根据什么原则判拟的，他就不管了。①

此外，我们还发现有这样的解释："雇工人者，乃受雇长工之人，或雇出外随行者，不论年月久近皆是。若计日取钱，如今之裁缝、木匠、泥水匠之类，皆不得为雇工人。若前雇工人年限已满出外，有犯者亦不得为雇工人。"

这个解释包括如下内容：第一，一切长工均属雇工人范畴；第二，受"雇出外随行者"，不论其受雇时间长短，亦均属雇工人范畴；从工作性质上看，这种"出外随行者"，大抵是服役劳动者；第三，"计日取钱"的短工不是雇工人。从所举的例子看，都是手工业者；第四，已经辞出的雇工，不能算作雇工人。可以看出，受雇时间的长短，乃是区分是否雇工人的重要原则。虽然这一解释中没有提到农业雇佣劳动者，但可以确信，上述原则对他们也是适用的。关于雇工人的这一解释，见诸《大明刑书金鉴》。② 这部书是一个不记年月的钞本，我们暂时尚未考出其确切的写作年代。从它对雇工人的解释来看，似乎应该是在龚大器的《抬拟指南》之后，而在雇工人"新题例"产生之前。换言之，这部书应该是万历五年至万历十六年之间的产物。如果这个推测不错的话，那么，我们可以这样说：万历五年以后的某一年，即《大明刑书金鉴》成书时起，至十六年之间的雇工人是受雇期内的长工和一切随行出外的佣工。

应该看到的是，不论《招拟指南》还是《大明刑书金鉴》，其对雇工人的解释，尽管可能是一定时期中为司法界所公认的解释，但毕竟只能算作一家之言；它可能代表官方的看法，但总不是正式的法典规定。因此，为消除司法中的混乱现象，对雇工人的含义作一正式的文字规定，完全是必要的。

直到万历十六年（1588年）制订了"新题例"，法典才第一次对雇工人

① 龚大器：《（新刊）招拟指南》，卷首，第22—24页；《比部招拟》，卷4，第50—55、57页。比部，是明初刑部下属四部之一。洪武二十九年改四部为十二清吏司，宣德间改为十三司。此处所谓比部，系刑部的代称。参见（万历）《大明会典》，卷2，"吏部"及卷159，"刑部"。

② 《大明刑书金鉴》，上海图书馆藏钞本，"刑律"、"斗殴"，"奴婢殴家长"律，"辨议"。

这个术语下了定义。① "新题例"是根据都察院左都御史吴时来于万历十五年（1587年）给皇帝上的一个奏折中有关"定'缙绅'家'奴婢'例"的部分制定的。② 按照明朝定制，一般所谓"庶民之家"是不准收养奴婢的，只有"功臣之家"才有这种权利。但是，在实际生活中，不管什么等级的人，只要他有钱，都在买人使唤。遇到"庶民之家"在主奴之间发生诉讼情事时，法庭就把奴婢当作雇工人处理，③ 以明其主家有"庶民"与"功臣"之别。可见，所谓雇工人并不完全是雇佣劳动者，其中也包括那些由于主人是庶民而升格的奴婢。

当时还有所谓"缙绅"，国家没有规定他们是否有权蓄奴，而事实上他们是养有奴婢的。这个阶层"固不得上比功臣，亦不可下同黎庶"，如把他们的奴婢统称之为奴婢，作为其家主的"缙绅"则和"功臣"便没有了差别；如统称之为雇工人，则"缙绅"便又同于"黎庶"了。④ 在当时的封建立法者看来，既不能将"缙绅"升等，又不便将"缙绅"降级，他们所蓄奴婢的地位是颇难安排的。吴时来的建议的主要目的正是为了解决这个矛盾的；而在解决这个矛盾的同时，也给雇工人创立了一个定义。

---

① 我们所看到的万历十六年以前刊行的明代法典主要有（1）洪武元年（1368年）颁行的《大明令》，见《皇明制书》；（2）（朝鲜）高士褧、尚友斋：《校订大明律直解》李太祖四年（洪武二十八年，1395年，成书，1936年日本刊本；（3）何广：《律例辨疑》，洪武间刊本；（4）张楷（式之）：《条律疏议》据天顺三年（1459年）刻本；（5）《大明律》，日本享保本，据清代法学家沈家本考证，这是嘉靖（十六世纪上半叶）刊本的翻印本；（6）《大明律疏附例》，隆庆年间陈省梓本；（7）万历十三年（1585年）修《大明律附例》，《会典》本及《玄览堂丛书》本；（8）王樵、王肯堂：《大明律附例笺释》（即所谓《笺释本》），万历初年成书，钞本等。在所有这些明律中，都没有发现关于雇工人的"条例"。因此可以肯定，万历十六年的"新题例"是第一个关于雇工人含义的正式规定。

② 《明神宗万历实录》，卷191，万历十五年十月丁卯。

③ "律中各条称'奴婢'者，乃'功臣'之家给赐者；其'庶民'之家，止称'义男'，比雇工人论"。见《三台明律正宗》，万历十三（?）年刊，"名例"卷1，第24页，"法家引用"。

④ 明律规定："若庶民之家存养奴婢者，杖一百，即放从良"。法家解释道："存养'奴婢'者，重在'庶民'二字。男曰'奴'，女曰'婢'；庶民之家当自服勤劳，安得存养？故以禁之。若有官而上者，皆所不禁也。故律言'奴婢'殴'家长'、'奴婢'为'家长'首，冒认他人'奴婢'等项，岂尽为'功臣之家'言哉！但'功臣之家'有给赐者，而有官者皆自存养耳。问刑者每于'奴婢'之罪遂引雇工人科之，其差误甚矣。学者详之"。见《大明刑书金鉴》，钞本，"户律"、"户役"，"立嫡子违法"律，"辨议"。又嘉靖间曾任兵部尚书的苏祐则这样说："今祖制惟公（? 功）臣家有给赏奴婢，其余有犯，男称雇工人，女称'使女'。在卿大夫家且不得有奴婢，况庶人乎？"见《逌游璅言》，转自《古今图书集成》，经济汇编，祥刑典，卷94，"律令部"；中华本第773册，第23页。可见，关于官宦之家是否准养奴婢，解释是有不同的。

吴时来的建议上奏后，万历帝命令刑部、都察院和大理寺会同酌议，订出条款。万历十六年正月议妥的条文被置于明律"斗殴"门"奴婢殴家长"律之后，名为"新题例"。"新题例"的全文是这样的："今后，官民之家凡倩工作之人，立有文券、议有年限者，以雇工人论；止是短雇月日、受制不多者，依凡〔人〕论；其财买义男，如恩养年久，配有室家者，照例同子孙论；如恩养未久、不曾配合者，士庶之家依雇工人论，缙绅之家比照奴婢律论。"①

根据"新题例"的规定，凡被倩"工作之人"是否属于雇工人范畴，其判辨的标志是：是否"立有文券、议有年限"。所谓"工作之人"既可以包括从事服役性劳动的雇工，也可以包括从事生产性劳动的雇工，这就是说，劳动性质不决定雇佣性质。同时，这个标志既适用于"民"家雇工，也适用于"官"户雇工，这就是说，雇佣劳动者的身份与雇主的身份无关。由此可见，在"新题例"生效期间内，从事农业劳动的雇佣劳动者，不管其受雇于何等人家（是缙绅地主、凡人地主也罢，是"农民佃户"也罢），只要"立有文券、议有年限"，他就在法律上和雇主处于不平等的地位，属于雇工人范畴；至于"短雇月日、受制不多"者，即短工②，就不具有雇工人身份，与雇主在法律上地位平等，从这个意义上说，他们在法律上和雇主不再具有人身隶属关系。

关于万历十六年以前短工的法律身份问题，吴时来给万历的"定缙绅家奴婢例"奏折透露了某些线索。其中有这样一句话："有受制微少、工作止计月日者，仍以凡人论"。这个"仍"字十分重要，它透露：那些"受制微少、工作止计月日"的雇佣劳动者在万历十六年以前就已不属于雇工人范畴，对雇主并不具有法律上的人身隶属关系了。前引《大明刑书金鉴》对雇工人所做的解释，可以证明我们的这一推断。但万历五年以前就不是这样。

---

①　《明律集解附例》，光绪三十四年清修订法律馆重刊本，卷20。参阅《明神宗万历实录》，卷194，十六年正月庚戌；谈迁：《国榷》，卷74，古籍出版社1958年版，第4571页。

②　我们这里所谓"短工"，是指"短雇月日、受制不多"的雇佣劳动者而言。严格说来，这种说法并不十分确切。因为，即使是"短雇月日"的雇工犯了罪，如果他曾经和雇主订立了文字契约，那么，法庭就会以"立有文契"为充分条件，构成其雇工人身份。这种事例在下文中可以看到。但是，可以设想，在实际生活中，短工立约不会是普遍现象。因此，为了方便起见，我们就用"短工"这一名称和"长工"作一般的划分。本文所指"短工"，包括日工、月工、季工；"长工"指一年以上的雇工，但一次约定连续受雇在十个月以上的雇工，一般也算长工。

正德十三年时，按月领取工银的胡雄不就被判为雇工人吗。即使万历十六年以前"受制微少、工作止计月日"的雇工已不属于雇工人范畴，这也并不意味着短工就不再需要法律的明文规定来肯定其地位了。因为从判例中可以发现，就是在有了这种明文规定以后，短工往往仍被当作雇工人来判刑。

在农业生产中，短工的出现和存在是具有重要意义的。"一批农村雇农、特别是短工的形成，是富裕农民存在的必要条件。"① 恩格斯曾经指出过，"最初的资本家就已经遇到了现成的雇佣劳动形式"。当时自己有着小块土地而"不时出去打短工的农业劳动者"，就是以这种形式被雇佣的。起初，这种雇佣劳动还"是一种例外，一种副业，一种救急办法，一种暂时措施"，只是到了小生产者已经破产分化，生产资料已经成了社会化的生产资料并集中于资本家手中的时候，例外的、副业的雇佣劳动才变成了整个生产的通例和基本形式，"暂时的雇佣劳动者变成了终身的雇佣劳动者。"② 这是历史发展的一个方面。

另一方面，"不仅在由实物地租转化为货币地租的同时，必然形成一个无产的、为货币而受人雇用的短工阶级，而且甚至在这种转化之前就形成这个阶级。在这个新阶级刚刚产生，还只是偶然出现的时期，在那些境况较佳的有交租义务的农民之间，必然有那种自己剥削农业雇佣工人的习惯发展起来……因此，他们积累一定的财产并且本人转化为未来资本家的可能性也就逐渐发展起来。从这些旧式的、亲自劳动的土地占有者中间，也就产生了培植资本主义租地农场主的温床，他们的发展，取决于农村以外的资本主义生产的一般发展，如果像在十六世纪的英国那样，由于发生了特别有利的情况，对他们起了促进作用……那么，租地农场主就会特别迅速地发展起来。"③ 所以列宁强调指出：在资本主义发展史上，"雇用短工在农业中是起着特别重大的作用的"。④ 在本文中，我们不打算就农业短工在明清经济发展史上的作用问题进行分析，但经典作家的这些论断告诉我们必须认真对待短工的身份地位问题。从这一点上说，我们认为万历十六年的"新题例"是具有重要的历史意义的。

---

① 《俄国资本主义的发展》，见《列宁全集》，第 3 卷，第 146 页。着重点是引者加的。
② 《反杜林论》，见《马克思恩格斯全集》，第 20 卷，第 296 页。着重点是引者加的。
③ 《资本论》，第 3 卷，见《马克思恩格斯全集》，第 25 卷，第 900 页。着重点是引者加的。
④ 《俄国资本主义的发展》，见《列宁全集》，第 3 卷，第 56 页。着重点是引者加的。

　　"新题例"规定"立有文券、议有年限"的长工属于雇工人等级，但文券和年限究竟是缺一不可的两个必要条件，还是有其一便成为雇工人的充足条件，例文说得含糊不清。不过，根据"新题例"，那些既未立有文券、又未议有年限的雇佣劳动者，显然总不能算是雇工人的。因此，我们可以说，这个规定毕竟又在法律形式上把这种雇佣劳动者划出雇工人范畴之外了。当然，实际断案时是否按照这个原则办事，那是另外一回事。

　　此外，"新题例"把短工、长工、雇工人、奴婢和义男扯在一块儿，而以特定条件来加以区别。例如，同是雇佣劳动者，如其是"短雇月日、受制不多"的短工，便和雇主有平等的法律地位；如其是"立有文券、议有年限"的长工，便对雇主处在雇工人的人身隶属地位。同是"恩养未久、不曾配合"的义男，在缙绅之家就比照奴婢论，在士庶之家却又"依雇工人论"。根据"新题例"，我们大致可以这样说：第一，雇佣劳动者，如其是"短雇月日、受制不多"的短工，就已经从法律上的人身隶属关系中解放出来；如其是"立有文券、议有年限"的长工，就具有雇工人身份，尚未摆脱人身隶属关系。第二，奴婢是包括缙绅之家的义男以及原来功臣之家的奴婢。① 第三，义男则根据其主人身份及已出卖的年限和婚配情况，分别比作子孙、奴婢或雇工人，不具独立的法律地位。从这里，人们可以看到，奴婢、义男和雇佣劳动者之间的差异性和共同性。附带说，我们认为，这种差异性和共同性以及界限不清之处，可以说是明清封建社会等级结构的一个特点。

三　"新题例"制定后一百七十一年间封建法庭上的雇佣劳动者

　　万历十六年以后，明政权一直没有修改过"新题例"。顺治四年（1647年）颁行的清朝第一部法典《大清律集解附例》把这个"新题例"全文照录，列于"律附"。② 以后刊行的清代律例又按明律那样，把它全文附于"奴婢殴家长"律之后，其中关于雇工人部分直到乾隆二十四年（1759年）

---

① 根据前引《大明刑书金鉴》的"辨议"看，奴婢还应包括官员或缙绅自己存养的奴婢。
② 吴达海等：《大清律集解附例》，顺治年间刊，康熙年间修补本，"律附"，第16页。

才做第一次修改①。所以说，万历十六年"新题例"成为明清两代封建政权对雇佣劳动者之统治工具者，前后历时达一百七十一年（1588—1759年）。

明清统治者制定的法典，从根本上说，是符合统治者及其所代表的阶级的利益的。因此，统治阶级的法庭在司法过程中，要以法典作为判案的根据，是理所当然、不说自明的。这种现象，可以说是明清封建统治正常秩序的表现。但同时，在"新题例"持续有效的一百七十一年间，关于雇工的成案中，我们也可以发现相当数量不按"新题例"办事的例案。产生这种现象的原因可以很多：可能由于司法人员未能正确地理解立法的原意，可能由于他们受贿营私而有意歪曲律意，也可能由于其他的什么原因。不管怎样，这种现象表明，至少在雇工这一类案件中，明清封建法典的贯彻是不彻底的。我们认为，如果这一类与法典不相一致的判例达到一定数量，而且其中某些又成为"成案"著令通行的话，那么，它的意义就不是个别的例外，而是在实际上成为法典律例的补充了。因此，这种现象也就应该特别引起我们的注意。基于这种认识，我们在这篇文章中不打算罗列那些按照雇工人条例办事的判例；相反，我们要着重分析的是那些违反这一条例的案件。我们认为，只有这样，才能更全面地看到明清两代法庭在实际上把雇佣劳动者摆在什么样的法律地位上。

如前所述，"新题例"的文字规定是有其含糊不清之处的。现在就让我们来看看封建法庭如何利用这些含糊不清之处，上下其手，对雇佣劳动者进行迫害的。

首先让我们从封建法庭的判例中来看看"立有文券"和"议有年限"究竟是具备其中之一就构成雇工人身份呢，还是两者缺一不可呢？

雍正十三年，直隶新城县的时毛儿给刘玉佣工，"议定每年工价钱七千文"，"未立文契，已经两载。"有一天，刘玉的儿子刘七达子和时毛儿同去"赶集，因值天冷，一齐赴店沽酒御寒。"回家的路上，刘七达子殴打时毛儿致死。直隶总督将刘七达子按殴死雇工人罪判决了。案子报到刑部，刑部认为"刘七达子雇时毛儿，并未立有文券、开明年限，该督照殴死雇工人定

———————

① 乾隆五年，此例附于刑律"人命"门"谋杀祖父母、父母"律后，其中关于"义男"部分改为："其财买义男并同子孙论"；其余部分未作修改。参阅（光绪）《大清会典事例》，卷800，"刑部"，"刑律"，"人命"，第4页。乾隆二十四年起将义男部分从雇工人条例中删去了。

拟，与例未符。"可见刑部是把"立有文券"和"议有年限"看作是构成雇工人法律身份的两个并列的必要条件，缺一不可。但是直隶总督却说，"乡间风俗，雇外来之人恐其来历不明，必须写立文券为凭。今时毛儿系同村素识，彼此相信，其〔雇佣〕年限、工价即以口议为定"，① "虽未立有文券，但雇工已经二载，初非短雇月日可比；每年给工价七千文，又与受制不多者有间"，"实系长年雇倩"，所以力主维持原判。

我们从这里看到，法律条文上"立有文券"和"议有年限"的两个条件被直隶总督作如此解释，完全是根据实际生活中雇主的利益和要求办事的。为此，他用"乡间风俗"诠释法典，确认"口议"和"文券"有同等的法律作用。而刑部本来是主张把文券和年限当作并列的必要条件看待的，最后竟也同意了这样的解释，从而减轻了杀人犯——雇主的儿子（期亲）刘七达子的处刑等级。② 值得注意的是，此例一经列为成案，以后凡未立文券而仅议年限的长工都就有可能根据此案被纳入雇工人这个等级了。可见，至少从这时起，封建统治者，从中央到地方，都把"立有文券"和"议有年限"看成为并列的两个充足条件，具备其一，便构成雇工人身份。

乾隆二十四年十二月十一日奉旨批准执行的一个案件也是这样。河南王冯氏为从扎勒贾成保身死，"贾成保系王冯氏雇工，虽未立有文券，业经凭中议定长年雇用，按年给工价钱文，"这种情况，河南巡抚认为"与短工不同，应以雇工人论"，刑部与皇帝均同意，将凶手雇主王冯氏"照凡人为从加功绞候之律减一等，杖一百流三千里；系妇人，照律杖罪的决，余罪收赎"。③ 这也是把"议有年限"作为单一的充足条件的例证。

---

① 雇佣长工需要写立文契、工帖，是和保甲制度有一定关系的。十五世纪中叶，明代的地方政权有这样的规定："查雇工。染、麦、糟、磨、丝、毡等店，类多各处雇工人，必取邻里保结，果系久雇，方准容留。如系新来及无保结者，竟行驱逐；如店主容留，鸣官凭坐"。（周鉴：《金汤借箸》，崇祯间刻本，卷6，第18页）在清代，则又和逃人法有关。官府命令："凡开店、租房之家见有往来客人，只要房钱，听其居住。耕农、修盖之家遇有做工闲汉，只要便宜即为觅雇。不知客系孤身，无多行李，又无相识荐引之人，即宜遣（？遣）发起身。佣人须要相识中保。如有荐引中保，虽系逃人，罪坐荐引中保，断作窝家。如无荐引中保，租房、雇工不得过十日。十日之内免罪，十日之外，即断作窝家。地方官照例治罪。此店房收取房钱赁房居住、雇觅佣工者不可不知"。（黄六鸿：《福惠全书》，康熙五十三年成书，光绪十九年刊本，卷19，第2—3页）由此可见，雇主雇用长工因"同村素识"而不写文契是可能的。

② 洪弘绪等辑：《成案质疑》，乾隆三十一年刊，卷20。

③ 《成案续编二刻》，卷5。

我们再来看看既未"立有文券"又未"议有年限"但实际上是长工的雇佣劳动者，他的身份是如何划定的。

陕西魏俊自幼给翟邦直佣工，魏俊娶妻后，两姓同住在一起。乾隆二十二年，翟邦直的弟弟翟邦英，风闻魏俊和他的三嫂孙氏通奸，便持刀砍杀孙氏，并且砍死了扑上救母的侄女，然后自杀。如果严格地按照律例办事，魏俊受雇于翟邦直，既没有写下文券，又没有议定佣工年限，是不该按雇工人判刑的。但是，陕西巡抚认为"魏俊年甫十四即受雇翟邦直家，迄今三十九岁，复经帮娶妻室，相依附居，恩深义重，自不应拘泥例文仍以凡论。应将魏俊照〔雇工人〕奸'家长'期亲之妻律，拟绞监候。"刑部不仅同意陕抚"不应拘泥例文"的违法意见，而且认为这三条人命案是"由魏俊蒸淫所致，较之仅奸家长期亲之案，罪情尤为重大。若仍照例一体拟以绞候，不特轻重无所区别，更觉无以正名分而惩淫凶，应将魏俊拟绞立决。"①

应该强调指出的是，魏俊受雇虽已二十五年，事实上是一个长工，但即使是陕西巡抚也不能不承认：事实上的长工并不就等于法律上的雇工人，所以他说明判处魏俊绞监候的理由并不是以这一点为根据的，而根据的是从统治阶级立场来看的所谓"恩深义重"。因此，他只得承认：判决没有"拘泥例文"，换句话说，就是违反例文的正式规定。至于刑部就更凶恶了。他们把翟邦英杀人和自杀的罪名一股脑儿推到魏俊身上，加重刑罚"以正名分"。此处所谓"名分"也就是指雇主对雇工人的"主仆名分"；虽然按照"新题例"关于雇工人范畴的文字规定，"名分"二字还是根本不存在的。根据这个判例来看，"新题例"中关于"短雇月日"者应同凡论的规定，也就意味着某些既未"立有文券"，又未"议有年限"的长工也可能被划入雇工人范畴，而不同凡。从而在实际上把所有长工都置于雇工人地位上了。

上述两个判例显然是对"新题例"的曲解，但因为它们都是在"新题例"规定得含糊的地方加以解释的，而判例既成"成案"，就变成了可援之例，所以事实上却又成了对"新题例"的补充。

大家都知道，法律不过是"奉为法律"的统治阶级意志，而这种意志的内容则是由统治阶级的物质生活条件所决定的。② 明清封建地主阶级用法律

---

① 同德：《成案续编》，乾隆二十年刊，卷6。

② 马克思、恩格斯：《共产党宣言》，见《马克思恩格斯全集》，第4卷，第485页。

来巩固长工对他们的人身隶属关系，这是适合于他们的物质生活条件需要的。雇工人条例体现了他们的这种意志。同时，当时法律把短工置于凡人地位，这也是适合他们的需要、体现了他们的意志的。因为，拥有大量土地、需要雇工经营的雇主所需要的除长工外，还有短工。短工流动性大，难和雇主形成某种比较固定的关系。而给予短工法律上人身隶属关系的解放，是势所必然的。这样做，更便于随时雇到所需的劳动力，也可以多少提高一些短工的劳动积极性，这对雇主来说，当然是有利的。关于封建法庭按例办事，给短工以同凡地位的事例很多，属于当时的"正常"现象，我们在这里就不需要一一列举了。

根据我们所接触到的判例来看，当雇佣劳动者对雇主犯有奸、杀、诬告等项所谓"重情"罪行时，封建法庭常常曲解，甚至违反律例条文，硬把不属于雇工人等级的雇佣劳动者说成是雇工人，借以加重其处刑等级；相反的，当雇主犯有重情罪行时，封建法庭却又利用同样的手法减轻雇主的处刑等级。我们再用判例来说明这一点。

例如，按月计值的短工，因其"立有文券"，被当作雇工人处刑。雍正八年，广东英德县赖仲熊雇陈贱祥佣工，正月"写立工帖，议定每月工钱三两六钱"。同年八月，陈贱祥被赖某踢打致死。陈贱祥是按月计值的短工，他实际受雇的时间，从正月到八月，也还不到一年。但因立下了工帖（文券），就被当作雇工人了。这么一来，杀人犯雇主便减轻了服刑等级，不必命抵了。[①] 从"新题例"条文本身看，"立有文券"者为雇工人，"短雇月日"者同凡论。此案雇工陈贱祥既"写立工帖"（"立有文券"），又按月计酬（"短雇月日"），封建法庭不根据按月短雇把陈某同"凡"，却根据"写立工帖"将他划为雇工人，其维护雇主利益之用心是十分明显的。

如果说由于陈贱祥写立了工帖，封建法庭在"新题例"中还可以找到某些根据的话，下面这个案子就什么根据也没有了。

乾隆二十二年，直隶张狗儿给耿运圣佣工，既未写立文券，也没有议定年限。后来张狗儿被控犯了因奸威逼耿妻致死罪。直隶总督和刑部一致认为张狗儿雇给耿运圣家佣工，虽然没有订立文券，也没有议定年限，应按凡人案处理，但耿运圣"究系该犯雇主"，所以"未便轻纵"，于是便加重了对

---

① 见《成案质疑》，卷20。

他的判刑等级，断为斩监候。① 封建法庭明明承认张狗儿具有凡人身份，所以也不问他是长工短工，也不能像处理魏俊案那样讲什么"恩义"、"名分"，在这里，只凭"究系"与"未便"这类文字游戏便决定了一个劳动者的命运。

再如，对于那些明明是"短雇月日"、"受制不多"，同时也并未"立有文券"的雇佣劳动者，也不给他们以和"凡人"同等的法律地位。乾隆二十一年，甘肃王俊雇王大玉拉车贩灰，没有订立文券。后来在双方争斗中，王大玉打死了王俊。地方官认为王大玉"系短雇月日、受制不多"的短工，应按凡人殴人致死罪处绞。刑部同意这一判决。但当时正值清王朝颁布大赦令，地方官的意见是，把王大玉的绞刑"援赦减杖"。而刑部却认为王大玉"受雇工作虽未立有文券，究与寻常斗殴不同"，因而"虽事犯在恩诏以前，应不准其援减"，否定了地方官的意见，仍旧处绞。②

以前我们说过，雇工人只在受雇期间对雇主及其有服亲属处于从属地位，对于雇主及其有服亲属以外的社会成员而言，他仍然是具有凡人地位的；并且一经雇约期满，辞工离去，就是对旧日雇主也不复受雇工人法律的约束。③ 按此办理的例案很多，不需多费笔墨证明。值得特别注意的倒是，当实际判案时却又并不完全依此处理。

乾隆十年，直隶的一个镶黄旗小贵族桓德的家奴李天宝，打死了汉人暴龙章所雇长工王四海。王四海不是桓德的雇工，他即使是暴龙章的雇工人，

---

① 见《成案续编》，卷6。

② 王玉如辑：《条例（附成案）》，乾隆三十年刊，"斗殴"，卷2。

③ 参阅本书《明清两代'雇工人'的法律地位问题》一文。这里需要补充的是，后来清道光年间，根据江西道御史金应麟的建议，给辞出雇工又加上一道枷锁。其奏折称：当雇工人"隶身服役之日，已怀肆无忌惮之心，甚至任意横行，百端挟制；而庸懦之'家长'抑或畏其报复于异日，转不能不迁就于目前，于'主仆名分'殊有关系。自当另列专条，以昭惩创。臣等公同酌议，应请嗣后雇工人等干犯旧家长之案，如系因求索不遂，辞出后复借端讹诈，或挟'家长'撵逐之嫌寻衅报复，并一切理由肇衅在辞工以前者，即照雇工人犯家长各本律例分别定拟。其辞出之后别因他故起衅者，仍以凡人论。如此严定科条，庶不致启雇工人等蔑视家长之渐矣。"此例定于道光十二年，通行于十三年。见《刑案汇览》光绪八年刊，卷58，"刑律"，"斗殴"；《定例汇编》卷80；（光绪）《大清会典事例》，光绪二十五修，三十四年刊，卷810，第4页；金应麟《廪华堂文钞》卷2，第16—17页，"修改刑部律例摺"。但违反例文加重已辞出雇工处刑的情况也是存在的。如嘉庆二十五年安徽一个案件的处理就是："辞出雇工殴伤旧雇主，虽律应凡论，〔但〕未便仅拟笞责，照不应重律酌加枷号。"见章钺等修：《大清律例增修统纂集成》，卷28，"刑律"，"斗殴"下，第9页，"奴婢殴家长"律附例案。

对李天宝而言，他也应具有凡人的法律地位。根据"奴婢殴良人致死"的条律，李天宝便应该判处斩监候。但是直隶总督认为，"奴仆之与雇工，一系终身服役，一系限年服役，乃均属听遣驱使，同为下役之人，未可以奴婢为贱，而以雇工为良也。"所以他主张李天宝对王四海跟"奴仆与清白良民不同"，不便照"奴婢殴良人致死"律判处李天宝斩监候，而应该照奴婢自相殴杀罪判处绞监候。这个不合法典规定的判决得到了刑部的同意。① 不管直隶总督和刑部减轻李天宝的处刑等级是不是为了取悦于旗人贵族，总之，他们把一个长工在社会上的良人或凡人的地位给剥夺了。

又，乾隆七年，广东新宁县人伍允纪因细故和他旧日的佣工苏安从发生争执。"伍允纪举手欲打，苏安从亦欲还打，伍允纪退避，不甘"，于是以"逆仆殴主具词赴典史衙门投控"。新宁县典史衙门的隶卒则乘机敲诈，逼死了苏妻曾氏。苏安从愤激之下，便捏词诬告伍允纪图奸他的儿媳，以图报复。刑部说，"苏安从合依'被诬之人反诬犯人者，亦抵所诬之罪不加等'律杖八十"，而伍允纪则"诬雇为仆，与诬良不同，律无正条，但事出有因，应免深求（？究）。"② 结果，已经辞工的雇工苏安从作为受害人遭受杖刑；而雇主伍允纪始则"举手欲打"，继则"捏词诬控"，并因而酿成人命，却不受任何惩处。

再如，乾隆二十四年九月河南周玉一案，"周玉系杨论雇工，未立文约"，曾窃雇主银两，但已自动承认，并允退还；杨论将他逐出。后，周玉将雇主杨论夫妇砍伤。河南巡抚认为，周玉"虽立有文约，但业已逐出。查奴仆转卖依良贱相殴，则雇工被逐，似应同凡论"。刑部驳道："周玉既系照［？旧］雇工人，文券现在杨论收执。其逐出原为窃取赃银，并非工满辞出，与奴仆转卖者不同。该犯挟仇谋杀，实于名分攸关。该抚将周玉以凡人论拟以绞候，殊属轻纵。应令该抚另行按律妥拟。"③ 我们没有看到河南巡抚再次上报的资料，但一般说来，驳案都是按刑部意见重新处理的，此案周玉大概不会逃脱按雇工人处理的命运。

作为封建的国家机器中最高司法机关的刑部怎样违反律例，硬把雇约期

① 《成案续编》，卷9。
② 马世璘：《成案所见集》，卷26。
③ 李治运：《成案续编二刻》，卷5。

满的雇佣劳动者纳入雇工人等级以加重其处刑等级的事情，还有一例也很突出。江苏阜宁县的张廷鉴过去曾经"立契"受雇于曾元臣家，后因故被曾辞退。乾隆八年，张廷鉴伪称雇主曾元臣的女儿和他相爱，挽媒求娶曾女为妻。事情引起了曾家内部纠纷，致曾女自缢身死。这个命案本来是和张廷鉴不相干的。但地方官却把张廷鉴按"将奸赃情事污人名节报复私仇"例判处徒刑。而刑部还不满足，他们认为张廷鉴"以雇工人而捏造污蔑家长之女，以致家长之女羞忿自尽，名分攸关，法难宽贷。"硬把已经辞工的张廷鉴说成是曾元臣的雇工人，责令江苏巡抚再审重判。江苏巡抚明知张廷鉴"虽曾立契佣工，但已被主逐回，与现在供役者不同"的事实，难以把张廷鉴当作雇工人处刑。但他仰承刑部的意图，舞文弄墨地写道：张廷鉴央媒说合，"虽非有心污蔑，实欲强逼求婚"，所以便改按"用强求娶因而致死"例，发边卫充军。可是刑部迫害张廷鉴的意志十分顽固，硬说"张廷鉴乃曾元臣契雇工人"，他所犯的罪行"系雇工人于家长之女"的罪行，"名分攸关"，所以"未便轻纵"，再次发交苏抚"严审妥议"。而乾隆皇帝的批示则说，"部驳甚是，依议。"① 我们看到的史料没有说明江苏巡抚最后是怎样判处张廷鉴的，但事情已经很清楚了。江苏巡抚和刑部、乾隆的差别仅在于苏抚对条例还有所顾忌，而刑部和乾隆则公然违反条例，硬要把一个凡人纳入雇工人等级，从而加重他的处刑罢了。②

我们从万历十六年到乾隆二十四年间的成案、判例中可以清楚地看出，那些根据"条例"的明文规定已经解除了人身隶属关系的雇佣劳动者，在封建法庭面前，其凡人的法权地位并不巩固，尤其是当他们犯有所谓"重情"罪行时，还会被各色各样不成理由的理由重新拉回到雇工人的地位上来，丧

---

① 《条例（附成案）》，卷6。

② 我们这段文字把时间限在乾隆二十四年修例以前。在这以后，辞出雇工法律身份问题，在司法过程中仍有不同意见。如，乾隆二十五年黄恺仔案。"陈上华于乾隆十九年正月间雇在黄恺仔家帮工，每年议给工资银十两，未立文契。于乾隆二十四年二月间，陈上华因年老贫苦回。后仍叠向黄恺仔借钱。黄恺仔念其向来工作颇勤，近因年老贫苦，时加周济。至九月十六日"，因借钱，二人争执，黄恺仔殴陈上华致死。福建巡抚根据乾隆二十四年雇工人条例，认为陈上华"虽未立有文契，但计工受制已阅五年以上，辞归之后，又念其向日辛勤，常为周济，似未便以其甫经辞归即同凡论。"刑部则认为，乾隆二十四年条例，系专指雇工人有犯家长而言，"被殴身死之陈上华，虽在黄恺仔家计工受制阅历五年，但业经辞退半载有余，且未立有文券，自应仍同凡论。"指责福建巡抚"以陈上华虽经辞出，黄恺仔常为周济，即为移情迁就牵引酌减，殊违成例"，最后按刑部意见办理了。（《成案续编二刻》，第5卷，第71—72页）

失其应有的凡人地位。长工的身份地位，在"新题例"的规定上是含糊不清的，而在实际上既未"立有文券"，又未"议有年限"的长工也往往被当作雇工人看待；短工的身份地位，在"新题例"上虽然比较清楚，但在法庭上也往往不按条例办事。结果，长、短工之为雇工人和凡人的界限仍然是不清楚的。

这种既给短工以凡人地位，有时又剥夺其凡人地位的现象，反映着封建统治阶级所要维护的东西和现实生活之间的矛盾。如前所述，在现实生活中，从雇主的物质生活条件看，特别是在农忙季节，他们需要相当数量的短工从事农业劳动，在这种情况下，也并不一定需要短工在法律上的人身隶属关系；同时，由于短工受雇的短暂性也使统治者不易将其固定在雇工人的法律地位上。因此，在法典上可以规定给短工以凡人地位。但当短工有了某些在封建统治者看来是以"下"犯"上"，不顾"名分"的行动，从而被认作是严重地触犯了封建等级制度，这当然是封建统治者所不能容许的。因此，在这种情况下，封建统治者就不顾那些由他们自己制定的法律条文，干脆剥夺短工的凡人地位了。

当然，也有很多判例表明，在还没有严重地触犯统治者所要维护的那套封建制度时，短工在封建法庭上一般是处于和雇主平等的法律地位上的。因此，我们也不能把封建法庭违犯律例判案的现象当作一般情况，从而认为"新题例"的规定形同虚设，对短工在法律地位上的解放毫无意义。总之，我们认为，必须结合这些违反它的成案来考察，才能比较全面地理解"新题例"的意义。

附带提一下，有的同志根据清代刑部钞档中有关某些长工也"并无工契"或"同坐共食，并无主仆名分"的记载，认为清代法律上虽仍按明律定出雇工人的身份，但已渐成虚文。据本节所引判例资料，看来不能得出这样的结论。清代刑部钞档中有关雇工案件，特别注明"无主仆名分"，这件事本身就说明判案者正是根据雇工人条例来辨别当事人是否具有雇工人身份。何况在钞档中同样还有"有主仆名分"的雇工案件呢①。再就我们所看到的成案汇编一类书籍中所载的，直到光绪年间的成案表明，关于雇工人的法律规定仍旧有效，并未成为虚文。

---

① 中国社会科学院经济研究所藏清代刑档抄卡。

四　清王朝对雇工人条例的修订

乾隆二十四年（1759年），山西按察使永泰递上一个奏折，建议修改已经执行了一百七十一年的万历十六年"新题例"。永泰从雇工人"必以文券为凭"的前题出发，说是农村中往往有长期受雇，甚至终生受雇而没有订立文券的雇工，他们要是"干犯"雇主，只因未立文券而以凡人论处，"揆之情理，殊属未协"。① 因此他建议："凡工作之人，如受雇在五年以上者，并非短雇可比，虽未立有文券，亦应照雇工人论；如受雇在十年以上者，恩义并重，无论有无文券，均照红契奴婢定拟。"

大家都知道，清代的"红契奴婢"又称"印契奴婢"，属于当时社会中最低下的一个等级，他们终身不得赎身，并且子孙世世为奴；即使被主人放出，其法律地位也低于凡人。这种人向被视为"贱民"一类。永泰要把受雇十年以上的雇佣劳动者当作红契奴婢，无异于将他们打入十八层地狱，使之永世不得翻身。因此，连刑部也无法同意他这个建议。但是，刑部于乾隆二十四年十一月议覆中却将他关于五年以上无文券、年限的长工作雇工人论的建议原样接受下来，补充到原来的条例中去，这就形成了乾隆二十四年的条例②。这是对万历十六年"新题例"的第一次修订。乾隆二十四年新条例的全文如下："除'典当家人'及'隶身长随'俱照定例治罪外，其雇倩工作之人，若立有文契、年限，及虽无文契而议有年限，或计工受制已阅五年以上者，于家长有犯，均依雇工人定拟；其随时短雇、受制无多者，仍同凡论。"③

---

① 这种加紧束缚雇佣劳动者的论调在当时是有代表性的。我们也曾看到这样的议论："查雇工人例以文契为凭。但此辈朝秦暮楚，久暂不拘；为家长者亦以偶发任使，类不责以文契。乃有服役数年之后，犯事到官，仍以'未立文契'论比平人者，适启若辈忽视家长之心。并请嗣后雇工人服役三月以内无文契者，准照平人论；三月以外，即无文契，均照雇工人问罪，法制既定，冒犯益少，抑亦可补律例之所未尽。"（陆燿：《切问斋集》，乾隆五十七年刊，卷13，"条议"）这个意见虽未在法典的改订上起什么作用，但也可反映18世纪50至70年代间统治阶层的看法。

② 佚名辑：《刑名条例》，乾隆年间刊本，"名例"，乾隆二十四年，"命盗"。

③ 刑部议覆永泰条奏得到皇帝正式批准的日期是乾隆二十四年十二月十二日（参见《成案续编二刻》，卷5，第70—71页）。律例馆修成附律，是在乾隆二十六年（参见《大清律例通考》，卷28，第15—16页）。其后，至乾隆五十三年间刊行的《大清律例》"斗殴"门"奴婢殴家长"律后均附此例。

由于这一"条例"仅适用于雇工侵犯雇主，并没有提到雇主侵犯雇工应如何判断，因而第二年乾隆二十五年（1760 年）又补充了一个条例，其全文如下：

家长杀雇工人，必立有文契、议有年限，方依雇工人定拟；如无，同凡论。①

乾隆二十四年和二十五年的两个条例把雇工侵犯雇主和雇主侵犯雇工分别对待。在雇工侵犯雇主的情况下，立有文契、议有年限，以及未订文契和年限而受雇于同一雇主连续五年以上的雇工统统具有雇工人身份。在雇主犯有杀害雇工罪行的情况下，必须是对那些立有文契、议有年限的长工，才具有家长身份，得以按律减刑；至于未立文契、年限者，不得作为"家长"减刑。换言之，只要未立文契、年限，或者连续受雇五年以下的雇工不去侵犯雇主，那么，即使他是长工，也不具雇工人身份。从法律形式上看，这是约束雇主的一项规定，比起万历十六年的"新题例"来，这次修改可说是一个进步。

值得着重指出的是，永泰修订这一条例的用心本在于对十年以上无文契、年限的长工加紧束缚。刑部反对，说："雇工则仅资力作，来去无常，民间经营耕获，动辄需人，亲属同侪相为雇佣，情形本难概论。定例立有文券、议有年限方作雇工〔人〕；若随时短雇、受制无多者即同凡论，法至平也。……若无文券而年份稍久者反与奴婢同论，殊与律义不符。"② 所谓"经营耕获动辄需人"和"仅资力作，来去无常"这些说法，是和在农忙季节雇主急需农业劳动力的情况直接相关的。在雇期很短的情况下，要把"亲属同侪相为雇佣"的雇工当作雇工人是很困难的。这说明立法者这次修订条例时考虑了现实生活中的实际情况。但在万历十六年"新题例"上，"立有文券"和"议有年限"中的任何一条，都构成雇工人的充足条件，一个雇工只消受雇一年就具有雇工人的身份了。现在刑部以受雇于同一雇主连续五年为界，把超过这一界限的无文券年限的雇工列入雇工人行列，这是简单地

---

①　《大清律例全纂》，嘉庆六年刊，卷 22，"斗殴"。又，参阅《成案续编二刻》，卷 5，第 72 页："查乾隆二十四年十一月内，臣部议覆山西按察使永泰条奏，雇倩工作之人虽未立有文契，而受雇已越五年以上，于家长有犯，即照雇工人定拟，系专指雇工人有犯家长而言。至家长杀伤雇工人，定例又必立有文券、议有年限方依雇工人定拟。"

②　《刑名条例》，"名例"，乾隆二十四年，"命盗"。

接受永泰建议前一部分的结果，并没有更多的什么道理或根据。可是这么一来，在客观上产生了两个结果，第一，新条例就意味着解放了未立文契、年限而连续受雇于同一雇主不足五年的雇工，给他们以"凡人"的法律地位。第二，未立文契、年限，连续受于同一雇主五年以上的雇工，在不侵犯雇主的条件下，也得到凡人的法律地位。用这两点和"新题例"的立有文券、议有年限者，以雇工人论相比较，前一点是把"新题例"中已经包含了的内容形诸文字；后一点则是对"新题例"已经寓意解放了的某些雇工的解放，加上条件，即不侵犯雇主。

从法典划分雇工人的总的立法原则上看，新条例与万历十六年"新题例"基本上没有差别，二者都是以有无文契、时限长短和工价多少作为主要标志的。但乾隆二十四年条例在雇工人的标志上，提出了"雇倩工作之人"这个说法和"典当家人"、"隶身长随"等服役性劳动者相对待。条例文字虽未明确"工作"二字究竟指的是什么工作，但刑部驳议中"经营耕获"的话充分说明它指的是生产性劳动。可见，乾隆二十四年条例是把从事生产性劳动的雇佣劳动者分作雇工人和非雇工人两大类，法典容许从人身隶属关系中解放出来的，只是部分从事生产劳动的雇佣劳动者。法典虽然还不是以劳动性质作为一个明确的立法原则，但事情已经这样开始了。

这一点，在司法过程中也有反映。例如乾隆二十五年段三元案。段三元于乾隆二十四年四月"雇与叶万程家赶车，每月工银八钱，并无文约年限"，二十五年正月，因故打死雇主之子叶尚智。若按乾隆二十四年条例，既无文契年限、受雇又不足五年的段三元，是够不上"雇工人"标准的。刑部也是知道这一点的："段三元受雇叶万程家赶车，与隶身门下长随相似，而律无明文"。"若计其佣工月日来及一年，又未便即以雇工人定拟"。却又认为，"但该犯以雇倩服役之人"，敢于故杀雇主之子，"情殊凶悖。如因共年限未符，仅同凡论，情法实未平允。"所以将段三元"比照长随雇工凌迟处死律减一等，故杀凡人斩监候律加一等，拟斩立决。"奉旨批准，段三元被立即斩首了。① 封建法庭有意地把条例规定的文契问题、年限问题都抛在一边，着重考虑的是车夫这样一种"雇倩服役之人"不得同凡。劳动性质这一因素在这个案子的判处中已实际上起了决定性作用。

_____

① 《成案续编二刻》，卷5，第68—69页。

这一点，在以后的条例中得到了发展。

在实际生活中，"雇工一项，民间多有不立文契、年限而实有'主仆名分'者。"① 而有"主仆名分"的雇工，在封建等级制的维护者看来，又当然应属雇工人范围。按照乾隆二十四年新订条例，这种实有主仆名分而未立有文契、年限的雇佣劳动者，必须受雇为期已在五年以上方纳入雇工人等级，因此，条例的规定和当时的实际生活就脱了节。所以，这个条例颁行仅八年，即到了乾隆三十二年（1767 年），刑部律例馆便建议另加一个条例，其全文如下："官民之家，除'典当家人'、'隶身长随'及立有文契、年限之雇工仍照例定拟外，其余雇工，虽无文契而议有年限，或不立年限而有主仆名分者，如受雇在一年以内，有犯寻常干犯〔家长之罪〕，照良贱加等律再加一等治罪；若受雇在一年以上者，即依雇工人定拟；其犯奸、杀、诬告等项重情〔者〕，即一年以内，亦照雇工人治罪。若只是农民雇倩亲族耕作〔之人〕，店铺小郎，以及随时短雇，并非服役之人，应同凡论。"②

首先，我们应该注意的是，这个新的条例虽与乾隆二十四年条例并列于《大清律例》，但它实际上否定了乾隆二十四年条例中关于未立文券、年限而雇期须在五年以上才算雇工人的规定，提出了家长和雇工人之间的所谓"主仆名分"这个范畴。诸凡"虽无文契，而议有年限，或不立年限，而有主仆名分的雇佣劳动者，尽管雇期不足一年，只要他侵犯雇主，哪怕是"寻常干犯"，也被剥夺了凡人的法律保障，加等治罪；至于犯奸、杀、诬告等所谓重情罪行时，他们干脆被纳入雇工人等级；而雇期已在一年以上者，则无论如何都当然属于雇工人等级了。这样，就把某些已经解放为凡人的雇佣劳动者又降到雇工人等级里去。对雇佣劳动者取得和雇主平等的法律地位的过程来说，这显然是一次倒退。

不过，主仆名分这个范畴的提出，却也有其另一方面的意义。明清两代法典规定雇工人的处刑等级的立法精神，本来就是根据家长和雇工人之间有

---

① 吴坛：《大清律例通考》，卷 28。

② 《大清律例集注》，卷 22，"斗殴"，"奴婢殴家长"律后。此后直到乾隆五十三年间刊行的《大清律例》均附此例。例中所谓"典当家人"、"隶身长随"和"店铺小郎"的性质需另作研究，本文不讨论了。"例"中"有犯寻常干犯"一句，于光绪《大清会典事例》本中作"或有寻常'干犯'"（卷 810，"刑部""刑律""斗殴"）。乾隆三十二条例制定的原由和过程，详见《大清律例通考》，卷 28，第 15—16 页。

所谓主仆名分来权衡轻重妁。可是从前把主仆名分当作雇工人等级的当然属性看待，只要谁是雇工人，谁就当然和他的雇主——他的家长具有主仆名分，但这一原则在条文上并未写明。在条例的文字上明确提出主仆名分这个范畴，还以乾隆三十二年条例为第一次。从此，事情就开始从以主雇关系定主仆名分的原则转变到以主仆名分来定主雇关系的原则了。这一改变的意义，我们在后面还要谈到。

其次，还应该引起注意的是，乾隆三十二年条例以"只是农民雇倩亲族耕作，……以及随时短雇，并非服役之人"代替了乾隆二十四年条例上的"随时短雇、受制无多"作为雇佣劳动者"同凡"的标准。旧例所谓"随时短雇"之"短"，和"受制不多"之"多"，都是十分含混的概念。新的条例虽然仍旧保留了"随时短雇"，但同时提出了"耕作"和"并非服役"，即表明劳动性质的这些概念。可见，乾隆二十四年条例第一次提出的根据劳动性质来确定雇佣性质的原则，在新的条例中得到了进一步的明确。在雇佣劳动者人身隶属关系的解放过程中，区别生产劳动和家庭服役或个人服役劳动的这一步骤，也是很值得重视的。

第三，这个条例所给予解放的从事生产劳动的雇工，仅限于"亲族"。我们知道，有亲属关系的雇工和雇主发生纠纷时，在法庭上，从来都是按服制关系处理的。从这个意义上讲，乾隆三十二年条例中，"农民雇倩亲族耕作……"一句，对雇佣劳动者的身份又是没有意义的。

最后，我们也看到这样的现象：按照乾隆三十二年条例，从事"耕作"的雇工只有受雇于"农民"时才得"同凡"[1]。前面曾经说过，万历十六年"新题例"对雇佣劳动者的规定是适用于任何身份的雇主的；乾隆二十四年条例则完全没有提及雇主身份问题。现在，乾隆三十二年条例的这一规定，是很值得注意的。这表明雇主的身份开始对雇佣性质起影响作用。这个规定在此还仅仅是一个开端，但在该条例运用的过程中，雇主身份决定雇佣性质所起的作用被突出了，以致后来被作为最主要的原则之一列入条例。现在我们就从乾隆三十二年以后的判例中看看这一原则是怎样被强调的。

乾隆四十九年，直隶宁津县发生一起雇工打死雇主的案件。情况是这样的：乾隆四十八年正月，陈夫亮雇高喜文佣工，没有写立文契，只商定雇到

---

[1]　这里，我们暂且不谈主雇间是否"亲族"。

年底满期，工价大钱一千五百文。高喜文于二月里就已将工钱全部支用了。四月间，双方因口角以至相殴，雇主陈夫亮被高喜文打伤致死。直隶总督说，"高喜文雇与陈夫亮家佣工，虽未立有文契，但于正月间受雇时，既议定年底为满，即属议有年限；且将本年工价已全行支取，更与随时短雇者不同。……〔竟〕敢不顾名分，……将陈夫亮殴伤毙命，殊属不法。"因而他的意见是，按照"虽无文契而议有年限，其犯奸，杀等项重情，即受雇在一年以内亦照雇工人治罪"例，将高喜文划为雇工人，拟斩决①。

此后，山东又发生两个案件。

乾隆五十年二月，王克仁雇王成子佣工，没有订立文契，商定十月满期，工钱七千文。九月，王成子用菜刀将王克仁之妻邢氏砍伤致死。山东巡抚将王成子依"雇工〔人〕杀家长期亲"律判处凌迟处死。

另一个案件也发生在乾隆五十年。正月，吕季常雇齐刚佣工，没有写下雇工文契，只议妥工价小钱六千五百文。十月，吕季常的老婆胡氏辱骂齐刚，并且不给他饭吃。齐刚气愤之下，砍死胡氏，并砍伤了吕季常。山东巡抚将齐刚依"雇工〔人〕谋杀家长"律判处凌迟处死。②

前面我们看到的许多判例都表明，在雇工犯有"重情"案件时，封建法庭从来都是尽一切可能找各种借口，剥夺那些本应同凡的雇工在法律上应有的地位，把他们划为雇工人，以加重处刑的。而按照乾隆三十二年条例，高喜文、王成子和齐刚，也都是可以找到借口，被划为雇工人的。比如说，乾隆三十二年条例规定"农民雇倩亲族耕作"才得同凡；这三个案件中的雇工都不是雇主的"亲族"，因此，把他们依例作雇工人处理也是有根据的。可是现在，刑部却认为直隶总督和山东巡抚对上述三个案件的判决都错了。根据高喜文案的供词中，雇主陈夫亮的儿子陈文希有"小的在屋内盘坑〔？炕，下同〕"的话，证人雇工蔡明扬有"陈文希在屋内盘坑，小的在院内和泥，高喜文推坯"的话，刑部认为：雇主陈夫亮"不过寻常庶民之家，所以其子盘坑，其工人运坯、和泥，一同做工"，可见高喜文是"农民雇倩耕作之人"。其他两案也一样："王成子同王克仁在地工作，齐刚在吕季常家工

<hr />

① 全士潮：《驳案新编》，卷21；见朱梅臣辑：《驳案汇编》，光绪年间刊。
② 王成子、齐刚两案，详略宁阿等："雇工致死家长请申明例义酌加增易"折。见中国第一历史档案馆藏：《清代军机处录附档案》，乾隆五十一年四月；又见《定例汇编》，乾隆，卷33，"雇工人分别有无主仆名分定断"。

作，均不过寻常庶民之家，一同力作，无分良贱，即属'农民雇倩耕作之人'"，主雇之间"既无主仆名分，即与服役不同"，所以高喜文、王成子和齐刚都不能算作雇工人，只能作凡人论处。

刑部强调划分雇工人的标志的重点改变了。在这里，雇主是否庶民，对决定雇工的身份起着重要作用。前后对比，这是一个很大的变化。但是，刑部并不承认改变了看法，却指责直隶总督和山东巡抚的错误是误解乾隆三十二年条例的结果。刑部说，乾隆三十二年条例"本系一气相承，原无歧误。但外省问刑衙门未能贯通例义，往往仅执'议有年限'一语为断，而不问有无主仆名分，俱以雇工〔人〕论"。①因而提议修改条例，使之更加明确，以免误解。于是，乾隆五十一年四月，刑部尚书喀宁阿等向乾隆帝上"雇工人致死家长请申明例义酌加增易"折，提出修改方案。同年，军机大臣和坤等会同刑部讨论，对该方案稍作修改后，便征得了乾隆帝的批准，公布施行了。到乾隆五十三年（1788年）纂修律例时，新例便正式刊入法典代替了乾隆二十四年和三十二年的两个旧条例。刊入《大清律例》的新例全文如下："凡官民之家，除'典当家人'、'隶身长随'仍照定例治罪外；如系车夫、厨役、水〔夫〕、火夫、轿夫及一切打杂受雇服役人等，平日起居不敢与共，饮食不敢与同，并不敢尔我相称，素有主仆名分者，无论其有无文契、年限，均以雇工〔人〕论。若农民佃户雇倩耕种工作之人，并店铺小郎之类，平日共坐共食，彼此平等相称，不为使唤服役，素无主仆名分者，亦无论其有无文契年限，俱依凡人科断。"②

乾隆五十三年条例比较明确地提出了划分雇工人界限的新的原则，它对明清雇佣劳动者人身隶属地位的解放而言，具有相当重要的意义。分析这一条例需要较长的篇幅，因此我们留待下一节中详加专论。

乾隆五十三年以后，清王朝又曾多次修纂律例，但对雇工人条例则仅于嘉庆六年（1801年）和宣统二年（1910年）各作一次调整。

---

① 王成子、齐刚两案，详喀宁阿等："雇工致死家长请申明例义酌加增易"折。见中国第一历史档案馆藏，《清代军机处录附档案》，乾隆五十一年四月；又见《定例汇编》，乾隆，卷33，"雇工人分别有无主仆名分定断"。

② 《军机大臣、刑部会同详议复奏》折，见中国第一历史档案馆藏：《清代军机处录附档案》，乾隆五十一年四月。《大清律例》，乾隆五十五年刊，卷28，"刑律"，"斗殴"，附"大清律纂修条例"。此后，直至嘉庆六年前刊行的《大清律例》于"奴婢殴家长"律后均附此例。例中"均以雇工人论"一句，（光绪）《大清会典事例》本作"俱以雇工〔人〕论"。

嘉庆六年，刑部将《大清律例》中有关雇工人、奴婢、家人的条例合并成一条。原有关于奴婢、家人的条例中，有的将奴婢等级中某些成员升格为雇工人，这可以看作是奴婢等级解放过程中的一个步骤。关于奴婢问题，本文仅仅提出这一点而不加讨论了。这里应该指出的是乾隆五十三年条例中有关雇佣劳动者的部分，除个别字句有少许修改外，全文录入嘉庆六年条例。①

鸦片战争以后，中国社会的性质起了变化，到清朝末年，由于政治形势的演变，统治阶级内部也有人主张按照欧美法制修改法典了。光绪三十三年（1907年），修订法律大臣、法部右侍郎沈家本，雇用日本人冈田朝太郎等，参照当时的日本法律，草成《大清刑律》。这部《大清刑律》与过去的《大清律例》不同，其中根本没有提到奴婢、雇工人这些名称。草案一出，立即遭到张之洞、劳乃宣之流的极力反对②，因而它未得颁布施行。

新刑法一时制定不出，旧法又需改革，于是沈家本等就将《大清律例》稍加删订，以便向新型的法律过渡。宣统二年（1910年）颁行的《大清现行刑律》就是应"过渡"之需的产物。《现行刑律》对从明代就沿袭下来的一套刑制作了修改，因之，有关雇工人的犯罪处刑也作了相应的变动。但雇工人的法律地位并不因此而受影响。其中关于雇工人的条例和嘉庆六年条例

① 嘉庆六年修例时，将清代法典中已有的关于"家生奴仆"、"契买奴仆"、"典当家人"及"雇工人"等五个条例合并为两条。有关雇工的一条全文如下："白契所买奴婢，如有杀伤家长及杀伤家长缌麻以上亲者，无论年限及已未配有室家，均照奴婢杀伤家长一体治罪。其家长杀伤白契所买、恩养年久、配有室家者，以杀伤奴婢论；若甫经契买、未配室家者，以杀伤雇工人论。至典当家人、隶身长随，若恩养在三年以上，或未及三年、配有妻室者，如有杀伤，各依奴婢本律论。倘甫经典买，或典买、隶身未及三年，并未配有妻室，及一切车夫、厨役、水火夫、轿夫、打杂受雇服役人等，平日起居不敢与共，饮食不敢与同，并不敢尔我相称，素有主仆名分，并无典卖字据者，如有杀伤，各依雇工人本律论。若农民佃户雇倩耕种工作之人，并店铺小郎之类，平日共坐共食，彼此平等相称，不为使唤服役，素无主仆名分者，如有杀伤，各依凡人科断。至典当雇工人等，议有年限，如限内逃匿者，责三十板，仍交本主服役。"〔杨曰鲲：《大清律纂修条例（律例馆进呈按语册稿）》，嘉庆七年刊，"刑律"，"斗殴"下；以及此后嘉庆、道光、咸丰、同治、光绪等朝刊行的《大清律例》中，均附此例〕其中关于雇工人部分，"并无典卖字据者"一句，与乾隆五十三年条例相应的"无论其有无文契年限"一句是有差别的。原例中"无论其有无文契、年限"的意思，是不以文契、年限为条件，如前文分析，这一点针对过去条例中以文契、年限为条件而言，是有重要意义的。但在这个问题解决以后，删去这几个字并不影响文意。嘉庆修并例并非针对前例规定有或没有文契、年限者为雇工人，而是改为"素有主仆名分而无典卖字据"者为雇工人。但有典卖字据者，则属卖身为奴婢，自然不属雇工人范畴了。因此，相对乾隆五十三年条例而言并不矛盾，也不能算是原则性的修改。

② 参阅《清朝续文献通考》，卷244，刑3，《万有文库》版，第9887—9888页。

基本上相同。①

《现行刑律》颁行仅仅一年，清王朝的统治就被辛亥革命推翻了。从民国元年（1912年）颁行的《暂行新刑律》起，雇工人这个等级就不再在法典中出现了。从此，雇佣劳动者在法律形式上的人身隶属关系才得到完全的解放。

五 乾隆五十三年条例的历史意义

作为封建社会的上层建筑，明清法典有关雇工人的一切律例都是为封建统治阶级服务的，都是维护雇主对雇工的封建主义等级统治关系的。这种封建的等级统治关系，在乾隆三十二年以后的条例上明确表现为雇主对雇工的主仆名分关系。不过，所谓主仆名分关系当然并不创始于乾隆三十二年的雇工人条例。

大家知道，在中国封建社会里，所谓"名分"就是职分、本分的意思；以其"名"定其"分"；根据名分之不同，人与人之间构成各种不同形式的统治隶属关系。汉代高诱云："名，虚实爵号之名也；分，杀生与夺之分也。"② 不仅爵号有"名分"，诸凡"三纲"（君臣、父子、夫妇），"五伦"（或称"五常"：父子、君臣、夫妇、长幼、朋友），"六纪"（诸父、兄弟、族人、诸舅、师长、朋友）无不有名分。名分关系构成中国封建等级制的统治体制和思想基础，它所表示的正是等级的统治关系和人身的隶属关系。而等级的统治关系和人身隶属关系，无非是阶级剥削关系的表现形式。

正因为这样，所以中国封建统治阶级向来就是极端重视定名分的。例如，吕不韦就告诫"人君不可以不审名分"（《吕氏春秋》），商鞅则认为"夫名分定，势治之道也；名分不定，势乱之道也。"（《商君书》）。在清代判牍中，"名分攸关"四字简直成了封建法庭迫害被统治阶级的口头禅。

---

① 《大清现行刑律》将嘉庆六年雇工人条例改写如下："从前契买奴婢，如有干犯家长，及被家长杀伤，不论红契白契，俱照雇工人本律治罪。其一切车夫、厨役、水火夫、轿夫、打杂受雇服役人等，平日起居不敢与共，饮食不敢与同，并不敢尔我相称，素有主仆名分者，仍依雇工人论；若农民佃户雇倩耕作之人，并店铺小郎之类，平日共坐共食，彼此平等相称，素无主仆名分者，各依凡人科断。至未经赎、放之家人不遵约束，傲慢顽梗，酗酒生事者，仍流二千里。"（《大清现行刑律》，宣统二年刊，卷25，"斗殴"下）

② 许维遹：《吕氏春秋集释》，卷17，"审分览"。

　　明清社会中雇工人是和雇主具有所谓主仆名分的。在立法原则上，这种关系是被比作封建家族体系中尊卑、长幼的伦理关系而定的。如前所述，在过去，主仆名分被法典认作是雇工人的当然属性；乾隆三十二年条例才开始提出以主仆名分来定主雇关系的原则，但在这一条例中，何谓主仆名分，以及有无主仆名分和是否服役之人的联系都还是不明确的。而乾隆五十三年条例不仅进一步强调了这一原则，并且对主仆名分的具体内容及其和劳动性质的联系作了进一步的解说。

　　喀宁阿在前引"雇工致死家长请申明例义酌加增易"折中强调指出，"办理雇工之案固以文契、年限为凭，尤当询其有无主仆名分及是否服役之人。"① 这里所谓"服役"就是侍候的意思。条例具体列举的"服役之人"乃"车夫、厨役、水火夫、轿夫及一切打杂受雇服役人等"。在当时社会生活中，这些劳动者被视为"下人"，他们对雇主是要称"老爷"的。因此，条例便以"平日起居不敢与共，饮食不敢与同，并不敢尔我相称"作为雇主与雇工人之间的主仆名分的具体内容；这些内容概括起来，决定了该雇工"系听其使唤之人"。② 从而以劳动性质定雇佣性质的原则和以名分关系定雇佣性质的原则便相一致了。但条例一经这样规定，则在立法上便进一步确立了以劳动性质确定雇佣性质的原则了。这是对乾隆三十二年"条例"的一个重要发展。

　　以劳动性质定雇佣性质的原则，对从事服役性劳动的劳动者来说，在立法上是彻底贯彻了的。条例规定，诸凡受雇服役之人，不论长工、短工，都当然属于雇工人范围，当然和雇主具有人身隶属关系。我们从判例中可以很清楚地看出这一点。

　　乾隆五十一年，刘洪亮因年岁荒歉，逃荒到江苏铜山县，立契受雇于郑楷家佣工，每年工钱四千文，"素与郑楷主仆称呼，平日饮食起居不敢与共。"乾隆五十四年十月，刘洪亮因故打伤郑楷。江苏巡抚判道："刘洪亮雇与郑楷服役有年，且立有文契，饮食起居不敢与共，是有主仆名分，应照雇工人论"，所以将刘洪亮依"雇工人殴家长伤者杖一百流三千里"律判处

---

① 见前引乾隆五十一年四月喀宁阿等所上奏折，下文所引喀宁阿语均据此。
② 《大清律例按语》，卷59，第21页。

了。① 此案江苏巡抚断定刘洪亮的身份应属雇工人范畴，虽见有文契、年限之说，但他的着眼点并不在此，而主要在于"服役有年"、"主仆称呼"和"饮食起居不敢与共"上。这就是根据劳动性质和主仆名分把一个长工定为雇工人的判例。

嘉庆二十四年，山东赵某雇小郭张氏"在家佣工"，照顾小孩。赵某之子赵祥企图强奸小郭张氏，以致她羞忿自杀身死。案子报到官里，封建法庭根本不去查问小郭张氏是长工还是短工，也不问她和赵氏父子之间是否"不敢尔我相称"，就肯定其具有主仆名分，而把赵祥按雇主期亲"强奸雇工人妻女未成致令羞忿自尽"例治罪，仅发近边充军。② 很显然，他们把小郭张氏归入雇工人等级的唯一根据就在于她所从事的劳动的性质。这是单纯根据劳动性质以确定有无主仆名分，从而把雇佣劳动者置于人身隶属关系之中的一个非常突出的判例。

乾隆五十三年以后所编的判例、成案，记录日益简略，有关雇工案件一般都不述明雇工的受雇年限，仅以有无"主仆名分"一句话定案。因此，我们从判例中就很难分辨被划为雇工人的服役劳动者是长工还是短工。但是按诸条例，从事服役劳动的短工并不例外。对于这一点，我们必须给予足够的重视。要知道，除去以出卖劳动力为副业的农民外，社会上实际存在着一类劳动者，他们的职业就是从事服役劳动，所谓"轿夫、车夫"等便是。这类劳动者并不一定长期固定地受雇于某一雇主。根据乾隆五十三年条例，其逻辑结果必然形成这样一种状况：当他们受雇时，就和坐轿乘车的任何一个雇主临时结成具有所谓主仆名分的关系，他们若和雇主发生诉讼案件，就会被当作雇工人看待。因此，根据乾隆五十三年条例，使这类劳动者长期从事服役性职业，长期地对任何雇主都丧失了凡人的法律地位，被划入雇工人等级，这种服役性的职业也便成为低人一等的职业。因此我们说，乾隆五十三年条例把从事服役劳动的短工也划入雇工人等级，这乃是明清雇佣劳动立法史上又一次反动，它把万历十六年就已解放了的一部分短工重新划入了雇工人等级。

从另一方面看，以劳动性质确定雇佣性质的原则，对从事生产劳动的雇

① 沈沾霖辑：《江苏成案》，乾隆五十九年刊本，卷13。
② 许琏等辑：《刑部比照加减成案》，道光十四年刊，卷29。

佣劳动者而言，却没有遵守。在这里，我们必须分析封建统治者立法的阶级目的性。

乾隆五十三年"条例"，关于从事生产劳动的"耕种工作之人"的规定，辟头就指出"若农民佃户雇倩耕种工作之人……"这就是说，若雇主为勋戚、贵族、缙绅、绅衿、大地主之类，而非"农民佃户"，则当别论。从这里，透露出喀宁阿等立意维护什么等级对雇佣劳动者的人身占有地位的用心来了。

明清法典上雇工人条律所巩固的是封建主义的等级统治关系。所谓主仆名分，对受统治的雇佣劳动者而言，是可以不分长工短工，都给他加上"仆"的"名分"的。但是对于居于统治地位的雇主而言，这个"主"的"名分"却不是可以不论其身份地位而无条件地任意适用的。这是几千年来中国封建统治者所一直强调的一条原则。用明代学者管志道的话说就是唯"勋贵可臣庶人，庶人不相臣。"① 吴时来也认为"庶民当自服勤劳"，② 不配存养奴婢。所以他在万历十六年所上奏折中有关"定缙绅家奴婢例"一段，就是为了明确什么人有权蓄奴。到了喀宁阿的时代，法律则又要明确什么人才有权利役使雇工人了。作为封建统治工具的法律，从明确"奴主"身份发展到明确"雇主"身份的过程，反映了明清社会封建等级关系发生了变化。在这里，我们不可能对这一变化过程作具体的描述，但概括地提出以下的问题还是必要的。

在中国历史上，等级形式和阶级内容统一于名分关系。但是，到了生产资料所有者阶级不必就是等级关系上的统治者的时候，所谓名分关系所包含的形式和内容之间便产生了距离。原则上，庶民是不得"相臣"的，但实际上，庶民间之"相臣"者却大有人在。现实生活迫使封建统治者不得不正视这种"相臣"的现象，不得不承认其必要性。在吴时来的时代，"缙绅之家"和"士庶之家"都在蓄养义男的现实生活迫使他们定出新条例以明确义男的法律地位。吴时来的结论是，义男的法律地位因家长之为缙绅或士庶而异，这说明当时的封建统治者既不甘于轻易放弃"庶民不相臣"的根本原则，又迫于现实，不得不修订这个原则。其结果就是对家长做了分别对待，

----

① 管志道：《从先维俗议》，卷2；见《太崐先哲遗书》。

② 见前引吴时来奏折。

把蓄奴定为缙绅以上等级的特权，而士庶只有役使雇工人的权利①。到了喀宁阿的时代，法典终于进一步否定了庶民役使雇工人的特权。庶民只能雇用与他自己具有平等法律身份的凡人了。不过在条例上这一否定却是以肯定的形式表现出来的。

喀宁阿为什么在奏折中强调办理雇工案件不仅"尤当询其有无主仆名分"，而且尤当询其"是否服役之人"呢？他认为，如果像直隶总督判处高喜文、山东巡抚判处王成子、齐刚那样，不去询问这些问题，只根据"议有年限"一点便把高、王、齐当作雇工人判罪，那么以后"凡农民雇用长工，但有言明一二年为满者，皆得同于服役之人，设被雇主殴杀，即依殴杀雇工〔人〕律止拟徒杖，不同凡人问拟绞抵"，则其结果"不惟倖宽雇主之罪，且长凌虐工人之风，更恐食力良民不甘为服役之人②，致绝其谋生之路。揆之情理，均未允协。"封建政府的立法者权衡雇工案件的处刑等级，一向都是从雇主成为受害人时应如何惩处雇工才算是"正名分"的角度去考虑问题，如今，身为刑部尚书的喀宁阿却从雇工"被雇主殴杀"出发，考虑到对雇主处分过轻，深恐"倖宽雇主之罪"，"长凌虐工人之风"，这不是很奇怪的事情么？我们注意到，喀宁阿否决直隶总督和山东巡抚对高喜文等三个雇佣劳动者的判刑等级的理由，如上节所述，是在高喜文审讯记录上有雇主的儿子陈文希和高喜文等雇工一个盘炕、一个和泥、一个推坯的话，换言之，雇主期亲和雇工是一同参加劳动的；在王成子、齐刚二案中也有主雇"一同力作"的记载。喀宁阿所强调的正是这一点。他据此断定雇主陈夫亮、王克仁和吕季常"均不过寻常庶民之家"。雇主既为"庶民"，即使雇工"议有年限"，主雇之间也"无分良贱"，从而他就断定他们之间并无"主仆名分"，推翻了直隶总督和山东巡抚根据乾隆三十二年"条例"作出的判决，将高喜文、王成子、齐刚等三人按"凡人"处理。一百七十一年前的吴时来认为"庶民当自服勤劳"，现在的喀宁阿则认为"自服勤劳"的一定是"庶民"，两个人的主张是完全一致的。在这里，丝毫没有什么恐"长凌虐工人

---

① 至于身份低下的娼妓，优伶等人，就更加等而下之了。这种人，在以后的日子里，更被明确规定，与雇工不能具有主仆名分："查'家长之妾殴故杀奴婢'例，定于道光十三年。例内附载：倡优贱役所用雇工之人，无主仆名分可言，遇有杀伤，自应即依凡人定拟。"（见道光十八年刊《大清律例增修统纂集成》，卷28，"刑律""斗殴"下，附墨批。）

② 我们认为此处之"服役"二字，意指生产劳动而非"服役"劳动。

之风"一类的伪善词句，所有的只是赤裸裸的等级观念："庶民不相臣"，陈夫亮、王克仁和吕季常这类雇主既属"庶民"，他们就根本不配做雇工人的家长。

不过，和欧洲领主封建制度不同，在中国明清时代的地主封建制社会中，等级身份具有很大的不稳定性。除"勋戚"、"功臣"这些世袭的高贵等级之外，一部分原来是"庶民"的人，通过科举或其他道路爬上政治上的统治地位后，也可以拥有种种特权（当然这些特权又是随时可以被最高封建统治者剥夺的）。那些拥有大量生产资料，从而在实际上居于社会的上层或较上层的阶级、阶层，虽不一定带有封爵头衔或官阶头衔，但封建统治者也必须给予一定的特权，赋予统治地位。在这里，个人的等级是随其政治、经济、社会地位之高下而升降的。因此，在封建立法者看来，特权和统治地位当然不可给予任何一个普通庶民，具体到主仆名分问题上，家长的身份也就不可以随便给予任何人。因此封建立法者必须既有所维护，又有所排斥；喀宁阿在其所维护与所排斥的人中间划了一条界限，这就是雇主是否从事生产劳动。

如果雇主从事生产劳动，那么，这种现象就证明了这些雇主仅仅占有较多的土地，非其家庭劳力所能全部经营，以致需要雇倩帮工。他们自己既然参加生产劳动，当然便和雇工"一同力作"，也就很自然地和雇工"共坐共食"，"尔我相称"了。劳动，决定了他们"不过寻常庶民之家"，决定了他们根本不成其为"老爷"。对于这个阶层，喀宁阿所代表的政权是不能授之以奴役雇工人的特权，容其置身于封建统治者的等级之中的。雇主身份决定雇佣性质的原则，在万历十六年"新题例"中并未提出。除去当时统治阶级所强调的重点在于"功臣"、"缙绅"和"庶民"的区别外，我们推测，更重要的原因可能是：当时使用雇佣劳动的"民"，绝大多数是政治、经济、社会地位居于上层或较上层的地主。"农民佃户"雇工经营农业的现象还不普遍，还不足以使统治阶级给以如此程度的重视。

在立法原则上，乾隆五十三年条例的这一部分规定表现为用劳动性质确定雇佣性质。但是，按照条文规定，唯有"农民佃户"雇倩的生产劳动者才不属于雇工人范畴。从这一点上说，条例正是运用肯定"农民佃户"雇佣的生产劳动者应同凡的办法否定了农民佃户可以进入封建统治等级。所以清代法学家薛允升说，根据这个条例，则"有力者有雇工人，而无力者即无雇工人矣"。① 薛允升所说的"有力者",便是我们所说的在政治、经济、社会地位方面居于上层或较上层的人物。他所说的"无力者",即条例中的"农民佃户",或比"农民佃户"更低的社会阶层。我们完全可以说,乾隆五十三年条例充分显示了封建政权所维护的等级制度的阶级目的性。

为了进一步证明乾隆五十三年条例的上述目的性,我们再来分析一个实际判例。嘉庆年间山东处理过这样一个案件:乾隆五十九年六月,山东潘濬亭雇邵兴佣工,"议定每年工价京钱四千八百文,立有文约,素有主仆名分。"嘉庆元年五月,雇主潘濬亭因修理内室,暂时搬到宅院二门外"客房"居住。这间"客房"原是他的雇工们居住的。在潘暂时住在"客房"期间,因故被雇工邵兴踢伤致死。法庭肯定邵兴是"雇工人",潘濬亭是他的"家长";而"雇工〔人〕踢死雇主,名分攸关",因此把他判成"斩决"。② 此案审讯记录并未明确雇主是否是"农民佃户",也未明确邵兴是否是"耕种工作之人"。但记有邵兴和潘濬亭"内外隔绝"的话,可以证明邵兴并不是侍候潘濬亭的"服役之人"。同时,从邵兴和其他农业雇工同居"客房"的情况推测,他很可能是"耕种工作之人"。根据资料记载,雇主潘濬亭的住宅既有"内室"和二门外的"客房"之别,足见其住所是深宅大院而非普通茅舍;在日常生活中,他和雇工"内外隔绝",不相往来,而且雇用"众工人"代为耕作,可见他绝不是和雇工"一同力作"的"农民佃户",而是一个雇有相当数量长、短工的经营地主,是一个所谓"有力者"。从条例的立法精神来说,潘濬亭这种"有力者"正是封建政权要给以特权,置之于统治者行列的人物。这就是邵兴为什么被当作雇工人加重处刑的真正原因。

我们还应该看到,根据乾隆五十三年条例,勋贵、缙绅、绅衿、大地主等得以"臣"之的雇佣劳动者,是不论其受雇年限的,短工也包括在内。这就意味着从万历十六年起已经获得法律上人身隶属关系解放的一部分从事生

---

① 薛允升:《读例存疑》,光绪十三年刊本,卷36。

② 全士潮:《驳案续编》,嘉庆刊本,卷3。本文首次发表时说法庭根本不举任何理由,就一口咬定邵兴是潘濬亭的雇工人。当时是根据《刑案汇览》一书所载资料作出的判断。《刑案汇览》中这段资料是节录《驳案新编》,而《驳案新编》中是讲到判断邵兴为雇工人的理由。刘永成同志在其《论清代雇佣劳动》(见《历史研究》,1962年第4期)一文中曾指出这一点,他的意见是对的,因此这里作了修改。

产劳动的短工也被重新纳入雇工人等级。这当然也是乾隆五十三年条例比以前历次条例反动之处，而其反动性较诸在本节开始时谈到的把从事服役劳动的短工重新划入雇工人等级尤为严重。

但是，我们还必须看到另一方面，根据乾隆五十三年条例，只要是"农民佃户"所雇的"耕种工作之人"，不论有无文契，即使是长工，也都已被当作凡人了。换言之，"农民佃户"使用长、短工进行农业经营，雇主与雇工之间的法律身份是平等的。这种雇工，更接近于具有双重"自由"的雇佣劳动者。因此，这一条例的制定，对资本主义性质农业经营的发展无疑是有利的。从这个意义上讲，这个条例不论对中国农业雇佣劳动者法律上人身隶属关系的解放，还是对中国农业资本主义的发展，都是具有重要历史意义的。

对于乾隆五十三年条例在实际生活中的作用，是不应该低估的。我们举出以下判例来说明这一条例的具体执行情况。

光绪十三年，吉林的刘䓤雇张仁、张六子兄弟佣工，雇主雇工同炕睡觉，"平日尔我相称，并无主仆名分。"某夜，刘䓤捉贼时，用鸟枪误伤张六子致死。刑部除将雇主刘䓤按误杀凡人罪定拟外，并且命令吉林将军调查刘䓤有没有花钱买通尸亲，企图避重就轻情事①。前面我们曾谈到过雍正十三年刘七达子打死时毛儿的案子。时毛儿受雇时并没有订立文契，而且和雇主期亲刘七达子一同去酒店喝酒，看来他们之间显然"共坐共食"，其主仆名分未必森严。但是，当时刑部却用"乡间风俗"来诠释条例，宽宥了雇主期亲的杀人罪。前后两案对比，可以清楚地看出雇工法律地位的变化。

又，乾隆五十二年三月，江苏邳州县的王檠"因田内工作忙"，倩王黑纲帮同耕作，"议明八月内歇工，谢钱三两，平日共同饮食，仍系兄弟称呼。"王黑纲住在王檠家里，因和王檠的女儿相爱，二人偕同逃至睢宁居住。后来，王檠认为女儿的行为"败坏门风"，竟把她弄回来杀死了。江苏巡抚按照乾隆五十三年条例，认为王黑纲犯有奸罪，但他"和王檠同姓不宗、系暂邀〔？邀〕帮助耕作，并非雇工〔人〕，应同凡〔人〕论。"② 我们知道，从中国封建道德观念和法律观点看，奸和杀是并列的重情之罪。雇工人奸家

---

① 沈家本辑：《刑案汇览三编》，原稿本，卷27，下册。
② 《江苏成案》，卷9。

长妻女，按明清法律规定是要杀头的。但根据乾隆五十三年条例，王黑纲没有被当作雇工人，因此，只服充军之刑；刑部也没有借口别的什么理由加重他的服刑等级。这同本文第三节所举乾隆二十二年魏俊的案子比起来，也有很大的不同。魏俊受雇既无文券又未议定年限，可是当时的封建统治者竟不"拘泥于例文"，把一名雇工当作雇工人，并且把别人的杀人罪也加在他的身上，最后处以斩决。两案对比，也可以看出从事生产劳动的雇工在法律地位上的变化。

现在，我们对明清两代雇工人条例的演变作一个简单的回顾。

根据万历十六年（1588 年）的"新题例"，明代法律是承认短工和雇主的平等地位的。至于长工，不论是生产劳动者还是服役劳动者，都还遭受雇工人这种人身隶属关系的束缚。乾隆二十四年（1759 年）条例上，开始出现了将生产劳动者和服役劳动者分别对待的立法原则，并把连续受雇于同一雇主在五年以下的长工解放为"凡人"，这自然是一个进步。不久，乾隆三十二年（1768 年）"条例"却又出现了剥夺一年以下雇工的凡人身份的倒退。与此同时，乾隆三十二年条例虽把"耕作"〔之人〕和"并非服役之人"并举，在立法原则上进一步提出了劳动性质的问题，但条例所指的"耕作"〔之人〕仅限于雇主的"亲族"，而有服亲族之间相互侵犯时，本来就是按伦理关系判处的。所以，实际上，该例对于雇佣劳动者身份地位的解放并不发生作用。此外，万历十六年"新题例"所提出的"立有文券、议有年限"的含糊观念，一直都还在历次改订的条例上纠缠不清。据此，我们认为无论就以劳动性质区别雇佣性质这一立法原则方面说，或者就从事生产劳动的长工身份解放方面说，自万历十六年以后的二百年间，一直无大变化，只是到了乾隆五十三年的条例上，这些方面才有了比较明显的进展。

六　对于若干论点的不同意见

在中国资本主义萌芽问题的讨论中，很多同志涉及明清两代农业雇佣劳动的性质问题。我们根据前面研究的结果，就下列几种看法提出商榷意见。

第一，有个别同志认为，明清时代的农业雇佣劳动者对雇主没有，或者一般没有人身隶属关系。

且不说明清时代农业雇佣劳动者在现实生活中所处的实际地位如何，单从法律上所规定的隶属关系而言，我们认为就不能得出上述的结论。我们的研究证明了，农业雇佣劳动者法律形式上的人身隶属关系的解放是一个缓慢的、曲折的历时过程，从短工的解放到部分长工的解放，前后历史长达两个世纪（1588—1788 年）之久，而在清王朝灭亡以前，这个法律上的解放过程始终没有完成。因此，在探讨明清时期雇佣劳动的性质问题时，就应该对这一过程进行历史的考察，根据不同的历史阶段，具体地分析不同类型的雇佣劳动性质，不能笼统地说雇佣劳动者对雇主具有或不具有人身隶属关系。

第二，有个别同志认为，只有完全脱离了生产资料的雇佣劳动者方才能够是"自由"雇佣劳动者。

不错，马克思在讲到资本主义雇佣劳动者的双重自由时确曾指出，他们既可以自由地处置自己的人身，又"没有别的商品可以出卖，自由得一无所有，没有任何实现自己的劳动力所必需的东西。"[1] 可是，我们对这个论断的理解不应该绝对化。因为，资本主义之渗入农业，"其形式是非常繁多的"。列宁在《俄国资本主义的发展》[2]、《农业中的资本主义》[3] 以及《对欧洲和俄国的土地问题的马克思主义观点》[4] 等著作中再三指出，很多国家的雇佣劳动者可以，而且的确和土地之间保有这种或那种形式的联系。

中国明清时代的短工往往就是自己占有少量土地，而将临时出外做工当作和打柴、捕鱼、纺织等一样的副业来进行的农民。而长工则往往是与生产资料完全脱离，不得不靠出卖劳动力来维持其全部生活的劳动者。根据万历十六年关于雇工人的新题例的规定，正是与生产资料可能还保有一定联系的短工较早摆脱法律上的人身隶属地位，他们和雇主的关系首先有可能是资本主义性的雇佣关系；而与生产资料完全脱离的长工却有更多的可能与雇主构成人身隶属关系，具有雇工人身份。这同某些同志主张劳动者已经脱离生产资料则其受雇性质便属于资本主义范畴的见解是恰恰相反的。

第三，有个别同志认为，明代中叶以后，农业雇佣关系中订立契约的现象表明当时的雇佣关系已经是资本主义性质。

经典著作中经常提到，在资本主义制度之下，劳动力买卖的关系乃是双方

---

① 《资本论》第 1 卷，见《马克思恩格斯全集》，第 23 卷，第 192 页。
② 《列宁全集》，第 3 卷，第 148 页。
③ 《列宁全集》，第 4 卷，第 118 页。
④ 《列宁全集》，第 6 卷，第 307 页。

在平等地位上的契约关系。但订立契约的雇佣关系是否必然就是资本主义的关系呢？我们在分析中国的这一问题时，必须对这种契约所加于雇佣劳动者的身份地位进行考察，不能简单地见有契约就肯定其为资本主义的雇佣关系。根据万历十六年的"新题例"，契约（文券）正是雇工人的重要标志。直到乾隆五十三年，契约才不再作为雇工人的标志。那就是说，从1588至1788年这二百年间，正是雇工和雇主所订的契约标志着雇工对雇主法律上的人身隶属关系，没有订立契约的雇佣劳动者反倒有可能是身份自由的。所以，我们的结论又和主张契约表明雇佣关系的资本主义性质的意见恰恰相反。

第四，在关于中国资本主义萌芽问题的讨论中，个别同志的意见表现出这样一种倾向，好像凡是地主利用了雇佣劳动进行农业经营，那就必定是资本主义经济；并且地主所集中的土地越多，经营越大，其资本主义的性质也就越浓厚，甚至根本就是资本主义的生产关系了。

根据我们研究明清两代法典的结果，发现乾隆五十三年条例把雇情生产劳动者的雇主分为两个集团，一个是在政治、经济、社会地位方面居于上层或较上层的贵族、缙绅、绅衿、大地主等人物，一个是下层或较下层的所谓"农民佃户"。但条例文字并没有列举出缙绅、绅衿、大地主等人物和"农民佃户"相对立，只是在例义原则上用雇主是否参加生产劳动作为划分这两个集团的分界线。当雇主只是拥有较多的土地，自己必须与雇工"一同力作"，从而也就很自然地和雇工"共坐共食"、"尔我相称"时，他们和雇工的关系就是平等地位上的经济剥削关系。唯有这种关系才有可能适合于资本主义"自由"雇佣劳动的意义。但是这个时候，雇主既然本身也同雇工一起劳动，是称不上资本家的，因为资本家是以资本购买劳动力进行剩余价值剥削，而他自己是不参加生产劳动的。到了"农民佃户"发展成拥有更多的土地，足以使自己不再与雇工"一同力作"时，他们对雇工的关系却又变成了家长和雇工人这种封建主义的人身隶属关系了。

从这里，我们得到这样一个认识：从法律形式上看，越是大地主，他越有可能和雇工间形成等级关系，因而他的农业经营也就越具有封建性，而不是越具有资本主义的性质。这又是一个与前述倾向性意见恰恰相反的结论。

上述这个结论也就是说，乾隆五十三年"条例"虽然把从事生产劳动的许多长工从人身隶属关系中解放出来，使他们和"农民佃户"这类雇主获得平等的法律地位，但与此同时，这个条例却又阻碍着这种平等的雇佣关系向资本主义"自由"雇佣劳动发展，阻碍着农业中资本主义生产关系的发展。

还应看到，上述结论所表明的是在乾隆五十三年以后的事情。从万历十六年（1588年）到乾隆五十三年（1788年）这二百年间情况并不如此。在这个历史阶段里，文契、年限曾是雇工人最重要的标志，雇主的身份并不影响雇佣关系的性质。这就是说，当时，生产资料占有者有依靠雇佣无文契短工进行资本主义农业经营的可能。可是我们也必须注意到，较大规模的农场经营，全靠短工而没有一定数量的长工是不可能的。但当生产资料占有者一旦雇佣并非"短雇月日、受制不多"的长工时，雇主与雇工之间却往往又变成等级统治关系了。因此，从法律形式上看，十六世纪八十年代以后的两个世纪，资本主义在农业中的发展虽有可能，但这种可能性又受到一定限制。

必须指明，上面几点都是分析法律条文及其立法精神所得到的逻辑结论。法律作为一种上层建筑，反映着经济基础的需要，这种反映通常是落后于现实生活的。新的生产关系（社会主义生产关系除外）总是在旧社会内部生长起来的。因此，从法典的变化来分析生产关系的变化，只是触及历史发展过程的一个方面，而且仅仅是事情的表象方面。

列宁曾经强调指出，"请记住，任何表现或肯定这些残余〔指农奴制残余——引者注〕的统一的司法机关都是不存在的……被俄国所有的经济研究无数次证明了的明显的徭役经济残余，并不是靠某种专门保护它们的法律来维持的，而是靠实际存在的土地关系的力量来维持的。"① 明清封建社会中"实际存在的土地关系的力量"，是否以及如何把雇佣劳动者"维持"在封建性人身隶属关系之中的问题，就不是单纯从法典的分析中所能看到的。这是事情的一方面。

同时，我们提出的理论原则以及分析法典所得到的逻辑结论也并不排斥现实生活中另一方面的状况。譬如，资本家以资本购买劳动力进行剩余价值的剥削，而他自己并不参加劳动，这就是资本主义生产关系的本质，就是资本家之所以成其为资本家的质的规定性而言的。这一原则并不排斥某些资本主义性质的农业经营主也参加生产劳动。我们说，从立法精神上看，凡平日不和雇工"一同力作"的大地主就和雇工具有"主仆名分"，这并不意味着在实际生活中，一切资本主义性质的经营地主平日都必须和雇工"一同力

---

① 《俄国社会民主党的土地纲领》，见《列宁全集》，第6卷，第106页。着重点是原有的。

作"；当然也不意味着不和雇工"一同力作"的经营地主就必须要雇工称他
为"老爷"，而且具有"主仆名分"。特别是那些所谓"农民佃户"的雇主，
他们之中可能有一部分人已逐步发展成为富农或租地农业家，但他们自己或
其家庭成员仍旧参加生产劳动，我们当然不能因此就否定其经营性质应属于
资本主义范畴。而且，"农民佃户"中发展起来的农业经营，很可能就是中
国农业资本主义关系产生的主要类型。

所以，我们说法典阻碍着资本主义在农业中的发展，这是历史事实。但
也并不等于说，由于这种法典的存在，资本主义在农业中就完全不可能发
展。至于明清社会中，尤其是鸦片战争以后，农业资本主义因素是否已经发
展，如何发展以及发展到了什么程度，那是历史事实的另一个方面，并不是
单纯从法律条文和立法精神的分析中所能断然肯定或否定的事情。

总之，我们并不想把分析法典的立法精神所得的逻辑结论绝对化。在这
里，我们必须遵循马克思主义的一条根本原则：具体地分析具体问题。

第五，我们从法律形式的研究中，愿就资本主义关系可能在何种类型的
雇主与雇工间产生的问题，作一些初步的推测。

前面说过，万历十六年的"新题例"肯定了万历十六年以前（从《大
明刑书金鉴》成书时起）已经存在的事实，即短工是被当作和雇主具有平等
的法律地位看待的。据此，人们很难否定在万历十六年以前在实际生活中便
已存在着资本主义性质的雇佣关系的可能性。自从万历十六年以后，这种可
能性就因雇工对雇主的平等地位得到法律形式的保障而更加增大了。不过长
工仍属于雇工人，这仍是资本主义关系发展的阻碍。到了乾隆五十三年以
后，部分长工也得到了法律上人身隶属关系的解放，但与此同时，雇工得以
与之具有平等法律地位的雇主却又被限为"农民佃户"。从此"农民佃户"
雇佣长、短工发展资本主义性质的农业经营的可能性也就更大些。因为封建
地主本来就是不和雇工"一同力作"、需要"侍候"的"老爷"，立法的变
化并未改变他们作为雇工人的家长的特权地位。因此，我们认为，在分析明
清农业雇佣关系的性质时，或者更确切些说，在研究朋清社会农业资本主义
因素的发生、发展问题时，万历前期至乾隆五十三年（1788 年）间在雇主
雇佣短工经营这个范围内，以及乾隆五十三年以后"农民佃户"使用雇佣劳
动（包括长工、短工）的这种经营形式，不失为一个重要的研究线索。

第六，关于明清封建社会等级制度的发展及其某些特点问题。

列宁说，"等级属于农奴社会，阶级则属于资本主义社会"①，并且指出，在资本主义社会中，"所有公民在法律上一律平等，等级划分已被消灭（至少在原则上已被消灭），所以阶级已经不再是等级。社会划分为阶级，这是奴隶社会、封建社会和资产阶级社会共同的现象，但是在前两种社会中存在的是等级的阶级，在后一种社会中则是非等级的阶级。"② 因此，封建社会向资本主义社会的过渡，必然伴随着"等级的阶级"向"非等级的阶级"的发展过程。

在本书《明清两代"雇工人"的法律地位问题》一文中，我们曾提出了关于明清社会的等级制度问题。我们在那里肯定了明清时代的雇工人是一个特定的社会等级。而这一特定等级随着社会的发展，必然地发生了许多变化；当社会历史发展到一定程度时，这种变化也逐渐地带有"等级的阶级"向"非等级的阶级"过渡的某些迹象。从本文对明清法典中关于雇工人条例演变的分析中可以看出，雇工人这个"等级的阶级"确实在发生着重大的变化。当然，雇工人等级的变化并不是这个等级的消灭，更不是整个封建等级社会变为资本主义的非等级社会。但是，这一变化毕竟表明有相当数量的农业雇佣劳动者逐渐在法律上摆脱了人身隶属关系。法典上的这些更动，正反映着明清封建社会经济上、生产关系上在发生着内在的、深刻的变化。

这种变化表现得如此之不明确，以及变化的渐进性，甚至在这一过程中也包含某些反复，都可以看作是中国的"等级的阶级"向"非等级的阶级"过渡的特点之一。此外，我们所论证的法典把某些雇佣劳动者编入雇主的宗法家长制体系以内来判刑的问题，奴婢、义男和雇佣劳动者这三类劳动者身份地位的差异性和共同性问题，长、短工之为雇工人或凡人的界限不清问题，以及等级身份的不稳定性问题等，也都可以称为明清社会封建等级制度的一些特点。

（本文原载《经济研究》，1961 年第 6 期，署名欧阳凡修。1983 年 5 月收入《明清时代的农业资本主义萌芽问题》，北京：中国社会科学出版社。一书时曾作修改。）

---

① 《民粹主义空想计划的典型》，见《列宁全集》，第 2 卷，第 404 页。
② 《俄国社会民主党的土地纲领》，见《列宁全集》，第 6 卷，第 93 页注。着重点是引者加的。

附录：有关明清两代农业雇佣劳动者法律身份问题的一些资料

（一）明清两代丧礼本宗九族五服图（正服）

明清两代的本宗丧服图（图见插页）。明清法典中列载此图，"所以明服制之轻重，使定罪者由此为应加应减之准也。"（《笺释》）我们通过其所列彼此间应服丧服之轻重，可以清楚地看出明清封建宗法关系的本宗九族结构和它们之间的亲疏、尊卑、长幼关系。所谓九族，本有广义，狭义之分。古制以父族四、母族三、妻族二为九族。明清两代法典规定的九族，系仅指本宗亲属而言，不包括外亲。即如图示：由己身上推至高祖父母，下推至元孙，左右推至三从兄弟姊妹。

所谓五服，即指期服、大功、小功、缌麻和袒免而言。

期服。着此服者为期亲，是关系最近的亲属。期服有两种：一为"斩衰"，用最粗的麻布，不缝下边，着三年，亲属中唯有父母之丧才着此服。二为"齐衰"，用稍粗的麻布，缝下边。齐衰的穿着分四种；杖期（持杖，服一年）、不杖期（不持杖，服一年）、五个月和三个月。为期亲尊长着此服。

大功。用粗熟布，穿九个月。

小功。用稍粗熟布，穿五个月。

缌麻。用稍细熟布，穿三个月。

袒免。尺布缠头。实际上已不成服，穿这种丧服的，仅仅包括同五世祖族属远于缌麻一级的亲属，而不包括缌麻以外的一切无服亲。

（二）万历五年龚大器：《招拟指南》对雇工人的解释（附例案）

或问：义子过房在十六以上，及未分有田产、配有妻室者，凡有所犯，俱以雇工人论，是矣。若用钱雇募在家佣工者，如有所犯，当作何项人论断？

《指南》曰：此真雇工人也。查《比部招拟》内，有胡雄雇与卖皮底人刘珍扛抬盛皮底木柜，每月工银一钱，因事持刀将刘珍戳伤，事发，问拟"雇工人殴家长伤者"律。又有张泽雇与卖面人张胜卖面生理，因事叫骂，张胜告发，问拟"雇工人骂家长"律。二项俱佣工人，比部俱引雇工人律论罪，是为真雇工人无疑。大凡律称"以"者，盖有所指，所谓"与真犯同

本宗九族五服正服之图

第一代	高祖父母 齐衰三月

| 曾祖姑 出嫁无服／在室缌麻 | 曾祖父母 齐衰五月 | 曾伯叔祖父母 缌麻 |

| 族祖姑 出嫁无服／在室缌麻 | 祖姑 出嫁缌麻／在室小功 | 祖父母 齐衰不杖期 | 叔伯祖父母 小功 | 族叔伯祖父母 缌麻 |

| 族姑 出嫁无服／在室缌麻 | 堂姑 出嫁缌麻／在室小功 | 姑 出嫁大功／在室小功 | 父母 斩衰三年 | 叔伯父母 期年 | 堂叔伯父母 小功 | 族叔伯父母 缌麻 |

| 族姊妹 出嫁无服／在室缌麻 | 再从姊妹 出嫁缌麻／在室小功 | 堂姊妹 出嫁小功／在室大功 | 姊妹 出嫁大功／在室期年 | 己身 | 兄弟 期年 | 兄弟妻 小功 | 堂兄弟妻 缌麻 | 堂兄弟 大功 | 再从兄弟妻 无服 | 再从兄弟 小功 | 族兄弟 缌麻 |

| 再从侄女 出嫁无服／在室缌麻 | 堂侄女 出嫁缌麻／在室小功 | 侄女 出嫁大功／在室期年 | 长子 期年 长子妇 期年 众子 期年 众子妇 大功 | 侄 期年 | 侄妇 大功 | 堂侄 小功 | 堂侄妇 缌麻 | 再从侄 缌麻 | 再从侄妇 无服 |

| 堂侄孙女 出嫁无服／在室缌麻 | 侄孙女 出嫁缌麻／在室小功 | 嫡孙 期年 嫡孙妇 小功 众孙 大功 众孙妇 缌麻 | 侄孙 小功 | 侄孙妇 缌麻 | 堂侄孙 缌麻 | 堂侄孙妇 无服 |

| 曾侄孙女 出嫁无服／在室缌麻 | 曾孙 缌麻 曾孙妇 无服 | 曾侄孙 缌麻 | 曾侄孙妇 无服 |

| 元孙 缌麻 元孙妇 无服 |

罪"是已。如无真雇工人，则所谓"以"者无着落矣。如"以窃盗"、"以监守"、"以枉法"等，盖有"真"然后有"以"也。议者率以雇募用工者作凡人论，则所谓雇工人者是何等人也？比部为法家宗主，凡有所拟，即当据以为法矣。

又，律中诸条称奴婢，指功臣之家给赐者言；若庶民之家，止称义男，凡有所犯，比雇工人论。

〔龚大器：《（新刊）招拟指南》卷首，第24—25页〕

附：例案（一）

一名胡雄云云。军匠状招有：雄平日雇与在官卖皮底人刘珍扛抬盛皮底木柜，每月工银一钱。正德十三年九月初十日，刘珍为因失去皮底二双，疑雄偷盗，将雄逐赶，不容与伊抬柜。雄怀恨在心，至本月十四日未时分，雄不合故违"凶徒执凶器伤人，问发边卫充军"事例，手执尖刀一把，将刘珍左胳膊并左肋戳伤倒地流血。雄自知有罪，又不合自将项下抹伤血出。彼有在官何达叫报地方火甲，将雄并刘珍捉送巡城王御史处，批发中兵马司审供。由连雄原行凶刀一把开送到司。复审明白，验得刘珍伤疤〔？已〕平复，并何达俱省令随市外，将雄取问，罪犯：

一、议得胡雄所犯除"故自伤残"罪名外，合依"雇工人殴家长伤者"律，杖一百流三千里；有《大诰》减等，杖一百徒三年；[1] 系军匠，照例送兵部定边发边卫充军。

二、照出胡雄行凶尖刀一把合收入官。

〔龚大器：《（新刊）比部招拟》卷4，第50—51页，"雇工人殴家长"。又见李天麟《淑问汇编》卷4、万历刊本。这里所引资料中"云云"二字，在李著中为"年三十七岁，山东济南府商河县人，系武成中卫右所百户刘玉小旗俱缺下"等〕

例案（二）

一名张泽云云。余丁状招：正德十四年二月内，泽帮送不在官扬武营操

---

[1]　"查《大诰》末章云：一切军民人等，户户有此一本，若犯笞杖徒流罪，每减一等。法家至今遵用。"（《招拟指南》，卷首，第13页）此案胡雄家有《大诰》一册，犯流罪，故得照例减等。下同。

备军人张孟儿来京。三月内，泽雇与在官献陵卫舍余张胜家，与在官一般雇工人江旺俱替张家卖面生理。本年八月初四日，泽令江旺将面勋私下挈些卖钱分用，江旺不从，泽就不合寻事向伊攘〔？嚷〕闹。张胜前来理阻，又不合将张胜叫骂"老狗骨头"等语。张胜不甘，将情具状赴通政使司造送到司。蒙提泽等前来责审前情明白，将泽取问，罪犯：

一、议得张泽所犯除"不应"罪名外，合依"雇工人骂家长者"律杖八十徒二年；有《大诰》减等，杖七十徒一年半；系军余，审无力，照例送工部照徒年限做工，满日与供明张胜、江旺各随住。

〔龚大器：《（新刊）比部招拟》，卷4，第57页。〕

（三）万历十六年制定雇工人"新题例"的有关奏折

1. 都察院左都御史吴时来奏折（摘录）

〔万历十五年十月丁卯〕都察院左都御史吴时来等申明律例未明未尽条件：一、律称庶人之家不许存养奴婢，盖谓功臣家方给赏奴婢，庶民当自服勤劳，故不得存养。有犯者，皆称雇工人。初未言及缙绅之家也。且雇工人多有不同，拟罪自当有间。至若缙绅之家，固不得上比功臣，亦不可下同黎庶，存养家人势所不免。合令法司酌议，无论官民之家，有立券用值、工作有年限者，皆以雇工人论；有受制微少，工作止计月日者，仍以凡人论。若财买十五以下、恩养已久，十六以上，配有室家者，照例同子孙论。或恩养未久、不曾配合者，在庶人之家仍以雇工人论，在缙绅之家，比照奴婢律论。……得旨：律例未尽条件，还会同部、寺酌议来看。

（《明神宗实录》，卷191。）

2. 刑部、都察院、大理寺会议奏折（摘录）

〔万历十六年正月庚戌〕刑部尚书李世达、都察院左都御史吴时来、大理寺卿孙鑛等题，申明律例未尽条款凡六事：一、奴婢。官民之家，凡倩工作之人，立有文券、议有年限者，以雇工论。只是短雇、受制不多者，以凡人论。其财买义男，恩养年久、配有室家者，同子孙论，恩养未久、不曾配合者，土庶家以雇工论，缙绅家以奴婢论。……上允行。

（《明神宗实录》，卷194。）

（四）乾隆二十四年永泰议改雇工人条例奏折

刑部为敬陈等事，据山西按察使永〔泰〕奏称："……又查例载：凡情工作之人，立有文券、议有年限者，依雇工人论；只是短雇月日、受制不多者，依凡〔人〕论。诚以雇工〔人〕、凡人问罪悬殊，故必以文券为凭，以杜枉纵。但乡民工作多系随便雇觅。其始也，原止暂时短雇，未经立有文券；其既也，情意交孚，历久相安，不暇他计，往往有终身受雇而未立有文券者。此等之人遇有干犯〔家长〕，顾以未立文券遽同凡〔人〕论，揆之情理，殊属未协。并请嗣后：凡工作之人，如受雇在五年以上者，并非短雇可比，虽未立有文券，亦应照雇工人论。如受雇在十年以上者，恩义并重，无论有无文券，均照红契奴婢定拟"等语。

查……雇工之人与奴婢不同。奴婢或系立契卖身，或系家生灶养，衣食婚配，恩义并隆。雇工则仅资力作，来去无常，民间经营耕获，动辄需人，亲属同侪相为佣雇，情形本难概论。定例立有文券，议有年限方作雇工〔人〕若随时短雇、受制无多者即同凡〔人〕论，法至平也。且查律文，于家长有犯，奴婢治奴婢之罪，雇工〔人〕治雇工〔人〕之罪，各有专条。今该按察使奏称："雇工人虽无文券而受雇在五年以上者，于家长有犯，作雇工〔人〕；十年以上作奴婢定拟"等语。查雇工人立有文券，年限者，止依雇工〔人〕本条；若无文券而年份稍久者、反与奴婢同论，殊与律义不符。应请嗣后："除'典当家人'及'隶身长随'具照定例治罪外；其雇情工作之人，立有文契、年限，及虽无文契、而议有年限，或计工受制已阅五年以上者，于家长有犯，均依雇工人定拟。其随时短雇、受制无多者，仍同凡〔人〕论。"如此则情法胥得其平矣。

〔《刑名条例》，"名例"，乾隆二十四年，第6—9页，"命盗"。〕

（五）乾隆二十五年来朝奏请定短雇工人干犯家长治罪由

乾隆二十五年十一月十九日，广东按察使来朝奏请定短雇工人干犯家长分别议罪之例事。广东按察使奴才来朝跪奏，为请雇工人干犯家长分别议罪之例以昭平允事。

查例载："官民之家凡情工作之人，立有文券、议有年限者，依雇工人论。只是短雇月日、受制不多者依凡论"等语。查雇工人谋、故杀家长及家长之期亲、外祖父母者，凌迟处死；谋、故杀家长之缌、功亲属者，斩决；殴家长至死者，斩决；殴家长之期亲、外祖父母及缌、功至死者，斩候。较之凡人轻重悬殊，所以重名分而惩凶悖也。

然民间雇倩工人，大都计月受制者居多，其立契议限者甚少；而同一雇工之人亦有区别。如铺户乏人力作，乡民时值家忙，均须雇倩帮工，但非受制服役，并无上下之分。此等工人有犯家长，自不得谓之干犯。至若计工受制使唤服役者，既有家长之称，则有上下之别，若有干犯，似未便因其与主仆稍异，竟与凡人论，如谋故杀家长及家长之期亲，照凡一体斩候；殴杀家长及家长之期亲照凡一体绞候，毫无区别，似未平允。

应请嗣后如暂雇工作，并非受制服役，及虽系受制服役而仅止计日受制者，均以凡论外，其按月受制服役者，如有谋故杀家长及家长之期亲者，应拟斩立决；殴家长及家长之期亲至死者，拟予绞决；至家长之外祖父母与缌、功服亲，究与家长及家长之期亲嫡属有间，谋故杀者，仍俱依律斩、绞监候。如有为从者，各照凡人律议拟。其余干犯罪不至死者，悉照凡人罪加三等，加不入死。其家长及家长之期亲有犯，照凡人罪减三等；至死者依凡论。如此稍加分别，庶情罪平允而无枉纵，可杜以下凌上之渐矣。奴才刍荛之见是否有当，伏祈皇上睿鉴，敕部议复施行。谨奏。

乾隆二十五年十二月二十三日奉朱批：该部议奏，钦此。

（中央档案馆藏录副奏折，档号：03—1197—050，乾隆二十五年十一月十九日广东按察使来朝奏请定短雇工人干犯家长分别议罪之例事）

（六）乾隆三十二年律例馆修改雇工人条例原由

乾隆三十二年律例馆以原例"雇倩工作之人若立有文契年限及虽无文契而议有年限，或计工受制已阅五年以上者，依雇工人论"等语。查良贱相犯，按律尚加凡人一等。雇工一项，民间多有不立文契年限，而实有主仆名分者，如于家长有犯，必以受雇五年为断；其在五年以内，悉照凡人科罪，并无良贱之分。查受雇在一年以外至二三四年，恩养已不为不久，若有干犯，不便竟同凡人问拟。因将原例量为酌改："如受雇在一年以内，有犯寻常干犯，照良贱加等律再加一等治罪；如受雇在一年以外，即依雇工人定拟。若犯奸、杀、诬告等项重情，虽在一年以内，亦照雇工人治罪"，增入前例。

（《大清律例通考》，卷28，第15—16页。）

（七）乾隆五十一年议改雇工人条例奏折及上谕

1. 乾隆五十一年四月十六日刑部尚书喀宁阿议改雇工人条例的奏折（摘录）

窃查，例载"雇倩工作之人，若立有文契年限及虽无文契而议有年限，或计工受制已在五年以上者，于家长有犯，均依雇工人定拟。其随时短雇、受制无多者，仍同凡论"。又"雇工虽无文契而议有年限，或不立年限而有主仆名分者，如受雇在一年以内，有犯寻常干犯，照良贱加等律再加一等治罪；若受雇在一年以上者，即依雇工人定拟。其犯奸、杀、诬告等项重情，即一年以内，亦照雇工人治罪。若只是农民雇倩亲族耕作、店铺小郎以及随时短雇，并非服役之人，应同凡论"各等语。

是办理雇工之案固以文契年限为凭，尤当询其有无主仆名分及是否服役之人。如有主仆名分，虽无文契年限，而一经受雇，即为服役之人，故在一年以内有犯寻常干犯，照"良贱加等"律再加一等；若犯奸、杀等项重情，即以雇工人治罪。严雇工者，所以重名分也。若无主仆名分，则是雇倩工作之平民，虽议有年限、工价，并非服役，彼此无良贱之分，故例同凡论。宽平人者，所以慎庶狱也。例文互载分明，引断不容牵混。

兹据山东巡抚明兴题"王成子强奸雇主王克仁之妻邢氏不从将邢氏砍死"一案。缘王成子与王克仁同姓不宗，乾隆五十年二月初二日，王成子雇与王克仁家佣工，言明十月为满，工价制钱七千文，未立文契。九月初一日，王成子同王克仁自地回家，王克仁外出，王成子见邢氏坐地扬簸芝麻，顿萌淫念，拉（邢）氏求奸。邢氏不从，喊骂。该犯恐人闻喊往捕，顿起杀机，即取菜刀砍伤邢氏顶心殒命。将王成子依"雇工〔人〕杀家长期亲"律凌迟处死。

又题"齐刚谋杀雇主吕季常之妻胡氏身死并砍伤吕季常"一案。缘齐刚于乾隆五十年正月雇与吕季常家工作，言定工价小钱六千五百文，未立文契。胡氏因其懒惰，时加村斥。十月间，胡氏将一年工价付清，令其他往，齐刚延挨未去。十月十三日，胡氏更加辱詈，不与饭食。齐刚怀恨，蓄意谋害。即于是夜三更，携带枪头，越墙进院。胡氏闻声出视，齐刚即用枪头向戳，未中，胡氏喊救躲避。吕季常持棍赶出，击落齐刚所执枪头。齐刚闪进草屋，携出铡刀，砍伤吕季常胳膊，〔吕季常〕倒地。〔齐刚〕赶入屋内，用刀砍伤胡氏顶心殒命。将齐刚依"雇工〔人〕谋杀家长"律凌迟处死，各等因，先后具题到部。

臣等详核二案，王成子同王克仁在地工作，齐刚在吕季常家工作，均不过寻常庶民之家一同力作，无分良贱，即属农民雇倩耕作之人。且王成子自二月至九月，齐刚自正月至十月，受雇均在一年以内，并非日久，工价均止数千文，受制亦属无多。既无主仆名分，即与服役不同。按之律例，王成子"强奸杀死本妇"例，应斩决；齐刚"谋杀人命"律，应斩候。今该抚因其有"十月为满"及"每年工价若干"之语，谓之"议有年限"，而不论其有无主仆名分，治以"因奸故杀家长期亲"及"谋杀家长"之罪，拟以凌迟处死。查凌迟处死系属极刑，惟谋反、逆伦等案，罪大恶极，始定此无可复加之罪。今以农民雇倩耕作之人，并无主仆名分，因其谋、故情重，即与谋反，逆伦等案同一科断，殊觉轻重不伦。且如该抚所题，不问其有无主仆名分，即以雇工〔人〕定拟，是凡农民雇用长工，但有言明一二年为满者，皆得同于服役之人，设被雇主殴杀，即依"殴杀雇工〔人〕"律，止拟杖徒，不同凡人问拟绞抵。不惟倖宽雇主之罪，且长凌虐工人之风；更恐食力良民不甘为服役之人，致绝其谋生之路。揆之情理，均未允协。

惟是例文内载："雇工虽无文契而议有年限，或不立年限而有主仆名分"者，本系一气相承，原无歧误。但外省问刑衙门未能贯通例义，往往仅执"议有年限"一语为断，而不问有无主仆名分，俱以雇工〔人〕论。以致办理雇倩平民之案拟入重刑，已属失当；设遇雇主殴死此等无主仆名分之雇工，转得从轻拟徒，尤非所以惩凶徒而重人命。虽近年来臣部随案驳正，尚无错误，但与其逐案改驳，不如申明例文，共知遵守。臣等公同酌议，应请：嗣后官民之家，除典当家人、隶身长随，以及立有文契之雇工仍照例定拟外；其余雇工之人，如无文契，不论议有年限与否，总以有无主仆名分、是否服役之人为断。如有主仆名分，为之服役者，即照例以雇工〔人〕论；若并非服役之人，只是农民雇倩耕作、店铺小郎，既无主仆名分，不论是否亲族，俱依"凡人"科断。如此明立界限，庶援引既无牵混，平民不致轻入极刑，雇主亦不得倖邀宽纵，于刑名益昭慎重矣。

如蒙俞允，臣部将例意修纂明晰，并通行直省问刑衙门一体遵办。所有山东省王成子、齐刚二案，即照本犯谋、故杀例改拟具题。……为此谨奏请旨。

2. 乾隆五十一年四月十六日乾隆帝对喀宁阿奏折的批谕

刑部奏"酌改雇工〔人〕致死家长条例"一折，立意虽觉近是，但向来雇工〔人〕谋、故杀家长者，例应问疑凌迟，原所以重主仆名分。若仅雇倩佃户及店铺雇觅佣作之类，并无主仆名分，亦未服役者，俱照雇工〔人〕例概拟极刑，则雇主殴死雇倩平民皆得援例问拟杖徒轻罪，殊未允协，自应分别科断。但雇工（人）与雇倩平民如何区别主仆名分及是否服役之处，必须明立界限，庶问拟两不相混。刑部所奏尚未详尽，著交军机大臣会同该部详晰酌议具奏。钦此。

3. 乾隆五十一年四月十九日军机大臣、刑部奉旨议改雇工人条例复折（摘录）

查服役雇工与雇倩平民名分本自判然，但不明立界限细为区别，援引终多牵混。刑部议奏仅以"有无主仆名分、是否服役之人"为断，尚属笼统定议，未能条分缕晰。诚如圣谕："所奏尚未详尽"。臣等公同酌议，应请：嗣后除典当家人、隶身长随，以及立有文契服役之雇工仍照旧例定议外；凡官民之家，如车夫、厨役、水火夫、轿夫及一切打杂受雇服役者，平日起居不敢与共，饮食不敢与同，并不敢尔我相称，系听其使唤之人，是有主仆名分。无论其有无文契、年限，均照例以雇工〔人〕论。若农民佃户雇倩耕种工作之人，并店铺小郎之类，平日共坐同食，彼此平等相称，不为使唤服役者，此等人并无主仆名分，亦无论其有无文契、年限，及是否亲族，俱依"凡人"科断。

如此详细分析，庶"服役雇工"与"雇倩平民"各有明条，而主仆名分及是否服役之处亦有界限。内外问刑衙门遇有雇工干犯家长及杀伤之案，并家长杀伤雇工，与雇倩平民互有杀伤等案，援引得有依据，拟罪亦昭允协矣。如蒙俞允，刑部即将此例纂入例册，并将旧例删除，通行直省问刑衙门一体遵办。所有山东省王成子、齐刚二案，该抚因其奸杀情凶，拟以凌迟，于原例内"若犯奸、杀、诬告等项重情，即一年以内亦照雇工人治罪"一条符合。今既分别界限，立定科条，应将此二案即照新例改拟具题。

乾隆五十一年四月十九日奉旨："依议钦此"。

（以上奏折及上谕均摘自中国第一历史档案馆藏：《清代军机处录附档案》、军字第 437①、437②号、乾隆五十一年四月。）

（八）明清两代雇工文契示例

（编者按：在明清时代刊行的《通考杂字》、《士商必要》一类的日用百科全书中，多载有各种文契的通用格式，即所谓"活套"，备人采用。其中也有雇工文契的活套。这种日用百科全书中把雇工文契作成活套，有力地说明当时雇工已经相当普遍。这里，我们选辑了三条，作为示例。）

一

某境某里某人，为无生活，情愿将身出雇，愿与某里某境某人家耕田一年，议定工资银若干。言约朝夕勤谨照管田园，不敢懒惰。主家杂色器皿不敢疏失。其银约季支取不缺。如有风水不虞，此系天命，不干银主之事。今欲有凭，立契存照。

〔（明）佚名：《释义经书士民便用通考杂字》，卷20，"雇长工契式"；又，明刊《学海群玉》所载基本相同。〕

二

立工约人某，今因家无生理，将身出雇与某名下一年杂工。议定每月工银若干，其银陆续支用，如或抽拨工夫，照日除算。恐有不测祸患，皆系天命，与主家无干。今欲有凭，立此文约为照。

（吕希绍：《新刻徽郡补释士民便读通考》，天启七年刊，"雇工约"。）

三

立雇约人某都某人，今因生意无活，情自托中雇到某都某名下替身农工一年。议定工银若干。言约朝夕勤谨照管田园，不敢懒惰。主家杂色器皿不敢疏失。其银按月支取，不致欠少；如有荒失，照数扣算。风水不虞，此系天命。存照。

（徐三省编、黄惟质增订：《世事通考全书》，康熙刊本，外卷，"文约类"；

徐三省编、戴启达增订:《新编万宝元龙通考杂字》,乾隆刊本及同治刊本之外卷;戴惺菴:《重订增补释义经书四民便用杂字通考全书》外卷,"文约类"中均载此"活套",大同小异。)

（载《经济研究》1961年第6期,笔名欧阳凡修。收入《明清时代的农业资本主义萌芽问题》,北京:中国社会科学出版社1983年5月有修改。署名经君健。）

试论清代等级制度

阶级是由经济地位决定的。阶级差别在于人们在社会生产中所处的地位，而不在于法律上的特权或政治地位。在资本主义社会中，阶级是赤裸裸地对立着；在奴隶社会和封建社会中，阶级差别是用等级划分固定下来的，阶级表现为等级。列宁称前者为"非等级的阶级"，称后者为"等级的阶级"。[①]

所谓等级，是指奴隶制国家和封建制国家中一定的社会集团，这些集团由国家的成文法或不成文法[②]规定其成员享有某种权利，承担某种义务以及加入或排除于该集团的条件。由于被规定的权利与义务不同，各等级间形成不平等的高下阶梯，彼此间形成统治和被统治的关系。法权身份基本相同的同一等级成员，因其经济、政治等各方面情况仍有某种差别，又分为不同的等第。这不同的等级和等第组成的系列，就是该社会的等级制度。人与人之间法律地位，社会地位的不平等，乃是等级制度的实质。一般地说，剥削阶级总是属于较高贵的等级，被剥削阶级总是属于低下的等级，高贵的等级总是拥有许多超越于他人的特权，处于统治者的地位。等级把剥削阶级与被剥削阶级之间的统治关系法律化了。等级制度则成为超经济强制的一种最一般的、最明确的形式。本文讨论的是社会的等级，而不是爵秩等级或官阶等级。

各个封建国家的经济制度、政治传统、道德规范、宗教势力以及民族关

---

① 《俄国社会民主党的土地纲领》，见《列宁全集》第六卷，第93页。

② 这里所谓的不成文法，是指虽然未经通常的立法程序、甚至没有文字的规定，但是得到国家承认的具有法律效力的行动规范，而不是指任何实际存在的非法行为。

系等多种因素决定着这些国家等级制度的特点。例如我国就没有欧洲各国中世纪的僧侣、贵族和骑士，也没有日本封建社会的旗本、大名、町人、秽多或者朝鲜的两班、中人层。一个封建国家的不同发展阶段，随着各种因素的变迁，其等级制度也要发生变化。例如我国唐代的部曲、杂户，元代以种族统治为特色的蒙古、色目、汉人、南人，以及明代的勋贵等级，都具有时代特色，随着王朝的更迭而消失。

我国的清代处于封建社会的末期①，也有一套特有的等级制度。本文拟就清代的等级制度的状况和特点作初步的探讨。

一　清代的等级

满族以一个尚带有许多奴隶制残余的甫经进入封建制的民族，征服朱明政权以后，结合汉人原有的封建法制，建立了一套具有民族特点的封建制度，开始了一个新的王朝。清王朝的法典，对社会各种成员的权利和义务，法律身份和社会地位，均以不同形式分别有所规定。这些规定，散见于吏、户、礼、刑等有关法律和条例中。把这些条文归纳起来，就清楚地呈现出一幅极不平等的等级系列的图像，说明清代是一个等级社会。

清代的社会成员分属下列七个等级，即皇帝、宗室贵族、官僚缙绅、绅衿、凡人、雇工人和贱民。在有的等级中又可划分为若干等第。现在让我们看看这些等级和等第的情况。② 为了叙述的方便，把凡人放在最后谈。

皇帝。皇帝是地主阶级的总代表，是清代的最高统治者。这是继承了中国封建专制制度的传统。皇帝具有无上的权威，"乾纲独揽"，"唯有一人治天下"。在名分关系上，君臣之纲是三纲中最基本的一条，清代的整个封建政治都是围绕着维护君权的专制统治这一目的而建立的。《大清会典》规定，内阁、军机处以及六部各有职掌，但都是"赞上"以治理万民的，即都是帮

---

① 需要说明的是，1840 年以前的清王朝是封建社会，1840 年开始进入半殖民地半封建社会；但直到清亡以前，其典章制度没有根本性的改变，封建的上层建筑仍旧保留。因此，为了方便起见，我在这里对整个清王朝的等级制度进行探讨。这样处理问题，不涉及对历史分期问题的看法。

② 清代社会中所有的成员，大体上都可以归入这些等级、等第。文中提到的职业、行业或职务的名称，只是列举示意，无法遍列无遗。同一种职业的人，由于所处地位不同，也可分别属于不同等级或等第，这也不是本文篇幅所能容纳的。现在只是对清代的等级和等第作轮廓的描述。

助皇帝办事的。皇帝有权夺取人民的土地归他自己或赐给别人（如圈地），有权把人民束缚在土地上（如钦赐孔府庙户），有权动用国库以供享乐（如修建园庭陵墓、巡幸狩猎），有权决定战和（如镇压农民起义、与外国宣战和议和等）。总之，大臣的任命，财政的管理，法典的制定，死刑的批准，考试的录取等一切政、军、财、文方面的立法、司法和行政大权，最后都集中在一人身上。皇帝的绝对权威不可触犯，刑法十恶中的谋反、谋大逆、大不敬等条都是为了惩治危及皇帝的统治和尊严而设的，违犯皇帝的意旨也要杖责。直至生活上各种细节，诸如称呼，礼节，衣食住行，医疗，丧葬等，无不列入典章而有定制，绝对禁止他人僭越。可见皇帝是清代最高的等级。

宗室贵族等级。努尔哈赤之父塔世克被封为"显祖宣皇帝"，凡其本支均称宗室，其伯叔兄弟之支均称觉罗，是为清代的皇族。凡皇族都系一条带子作为标志，宗室系金黄色带，觉罗系红色带。宗室觉罗中的近支及有功者得封爵，爵位按一定制度世袭。其余为闲散。宗室觉罗设长以治族务，成一独立体系。系有带子的宗室觉罗受到法律的特殊保护。规定，殴系带的宗室觉罗比殴一般人罪重九等；殴伤者则重十等之多。宗室觉罗与皇帝间的亲族关系，绝大部分已出五服，在服制上属于"祖免"亲。清律中，即使像主仆那样严格的关系，奴仆对主人的祖免亲也不另列条文了。但包括皇帝祖免亲在内的全体宗室觉罗却都受法律的保护。律注解释说，"裔出天潢，均是皇家之派，岂可轻犯！"[1]

宗室觉罗犯有一般罪行，不加鞭责，罚俸了事，重罪也不过板责圈禁，非叛逆重罪不拟死刑，不监刑部。革退宗室改系红带，革退觉罗改系紫带。革退后如再犯罪，与一般旗民同罚；但皇族修谱（玉牒）时仍列名册后，生女不选秀女。正因有所依恃，他们之中许多人经常胡做非为，酒肆茶坊寻衅闹事。"越礼逾闲，干犯宪章者，亦层见叠出。所为之事竟同市井无赖"[2]。光绪九年仍有宗室载泰开设赌局殴死旗民某，暴尸城隅"二十余日无人为收殓，官亦不敢过问"之事。[3]

在经济上，宗室觉罗分有大量庄田，特别是王公将军们有庄头为之监督

① 《大清律例》卷二七，《斗殴》。
② 嘉庆十三年《宗室训》。见光绪《大清会典事例》卷一，《宗人府》。
③ 《清史纪事本末》卷五六。

壮丁进行强制性劳动，有带地投充人为之纳银纳物。他们没有向朝廷缴纳田赋的义务，相反还要从宗人府领取俸禄和养赡银。因此他们骄淫奢侈，坐吃京师。至于那些闲散宗室觉罗虽也和王公们一样不事生业，但他们无力拥有较多的壮丁供其剥削。人口蕃衍，仅靠养赡银挥霍，其中许多人逐渐贫困。

具有特权地位的汉族贵族只有所谓"圣裔"，即曲阜孔丘的后代。清承明制，仍封之为"衍圣公"。钦赐大量土地作为祭田，孔林地，庙基地，学田等。公爵世袭罔替，土地累代相传。此外孔家还大量购置民田。所有孔府地亩不纳赋税，例免差徭。衍圣公受赐钦拨佃户，并接受投靠。所属各户独立于官府之外，自编保甲；其佃户需向孔府领取户帖，不应国家差徭。

衍圣公在实际上行使地方行政权与司法权。清初，曲阜知县一缺，由衍圣公保举孔氏族人充任；自乾隆二十一年以后，曲阜县令改由朝廷拣选补调，但孔府大堂上仍陈设着刑杖签筒。佃户不及时听候差遣，衍圣公可开信票通知有关县令拘押，解到孔府堂讯，判处枷号等刑，送县执行。甚至佃户之间的人命案件也"上告本府老爷"要求解决，孔府即批"准行票拘听审"。不仅对孔府佃户如此，衍圣公对孔氏宗人和当地一般农民也同样具有这种权利。[①]

衍圣公的这种行为，不载清代典章或特颁诏旨，但是清廷对此从未加以干涉。历来参劾不法绅衿私置板棍擅责佃户、富豪劣绅肆虐乡里的奏章，包括雍正间以此著称的河南山东总督田文镜，对孔府的所作所为都未尝置一词。可见孔府这种权力至少是朝廷默许的，也是被视为当然的特权，成为一种不成文法。虽然衍圣公的势力所及相对全国而言其范围是不大的，但它的性质是不容忽视的。在清代，这样的司法特权乃是一种特例，即使是宗室觉罗中的王公将军也不具有。因此，从等级序列上说，衍圣公居于很高的位置。

据此，宗室觉罗及特封贵族属于一个等级，其中分为衍圣公、王公贵族和闲散宗室觉罗等三个等第。

官僚缙绅等级。官僚缙绅代表"朝廷之体"，乃是国家机器的象征，是皇帝意旨的实行者。官民之间有着一条重要的界限。所谓上下之分在名分关

---

① 这里有关衍圣公情况，以及下文涉及孔府佃户情况，均据杨向奎《中国古代社会与古代思想研究》第五六二至六六八页及王毓铨《明代勋贵地主的佃户》（见《文史》第五辑）。

系中占有重要地位。定尊卑名分以"励臣节","励臣节以维国体"。就是说要给官僚封建特权地位以维护封建国家的统治。

所谓官僚缙绅，或简称缙绅，首先是现任大小文武官员。他们是现政权的具体体现者，是人民的统治者。其次是"以理去官"者，即以正当道理解任而去，但其官职仍在，包括任职已满停止支给俸饷，已不管事的官员，有新官接任交代而去的官员，沙汰的冗员，裁革衙门而多余的官员，起送赴部候补官员，已补而未到任的官员，以及因老因病退官乡居的官员等，统统在内。第三是封赠官，即本人未任朝廷官员，因子孙当官而得封诰者。第四是捐买品级职衔而不任实缺的虚衔人员等。总之，凡有封建品级的各类官员都可列入缙绅等级。此外还包括上述各种官僚的诰命妻子。所有这些人构成一个法典承认的特权集团。

他们的特权主要表现在法律和赋役两大方面。法律方面，一般民人对缙绅有所侵犯，要加重处刑；缙绅与一般百姓发生诉讼案件，不需出庭，只派家人告理即可；即使诉败也不服刑，只罚俸或缴纳极为有限的赎金完结。在赋役方面，缙绅有优免权。清制，百姓有承担官差徭役的义务，各种官差称为"力差"，后改为"力差银"，又摊征于地粮，为"均徭银"。不论征夫抑或征银，这种负担都相当沉重。但缙绅却可得到不同程度的优免。顺、康、雍、乾各朝虽曾几度缩小和限制，但缙绅优免特权始终存在。在实际生活中，由于优免特权的存在，缙绅则可利用其本身的势力以及与地方现任官吏勾结，加以扩大和滥用，可以"有田连阡陌，坐享膏腴而全不应差"。所谓"包揽"和"诡寄"的问题，有清一代未能解决。结果百姓负担大大加重，"免差之地愈多，则应差之地愈少，地愈少则出钱愈增"。[①] 有的地方，贫者"既无立锥以自存，又鬻妻子、为乞丐，以偿丁负"。[②] 人民苦不堪言。

此外，在礼制和日常生活方面，缙绅也异于常人，婚丧礼仪、车轿服饰，以及屋宇房舍都有高于一般百姓的规定，低下等级不得僭越。官吏还有权役使所属部民，每次可役使五十名，每名役三日。理由是"部民于有司原有应役之义"，[③] 就是说百姓本来就有为官吏服役的义务。

---

① 屠之申《敬筹直隶减差均徭疏》，见《皇朝经世文编》卷三三，《户政八》。
② 盛枫《江北均丁说》，见《皇朝经世文编》卷三〇，《户政五》。
③ 沈之奇《大清律例辑注》，转见《大清律例统纂集成》卷八，《户律·户役》。

官僚缙绅之中，文官三品、武官二品以上又有更为特殊的权利。百姓如骂或殴他们，获罪更重。他们有罪不受刑讯。此外更有一种特权，即准送一子入监读书，称为"荫监"，以保证他们至少有一子可以做官，从而保证其下一代仍在缙绅行列之中。

因此官僚缙绅总起来是一个等级，又可划分为高官和一般官僚这两个等第。

绅衿等级。所谓绅衿，是指有功名（学衔）而未仕的人物，包括文武举人、监生、生员等。举监生员在法律上具有不同于一般人的地位，如诉讼时一般不受拘押，诉讼可以家丁或子侄报告，轻罪得予纳赎，罪至杖一百也仅咨参除名而已，流罪发遣时地区上予以照顾，且不为奴。和缙绅等级比较，差异较大之处是没有规定他们在和一般人发生刑事纠纷时具有较高法律地位。绅衿也和缙绅一样拥有优免丁徭杂役的特权。

绅衿虽然不像缙绅那样拥有较多的特权，但是他们在地方上的实际势力不容忽视。他们和缙绅，特别是和现任地方官之间有许多矛盾，双方的共同利益却又使之相互勾结，相互利用和相互依靠。外地调来的地方官只有依靠地方实力派才能有效地进行统治，他们离开绅衿寸步难行。所以只能"专意结合士绅，保其一日之利"。[①] 绅衿则利用衙门势力坐享膏腴，"里下差役永不及身"，包揽钱粮，诡寄田亩，起灭词讼，对百姓无所不为，结果形成这样一种局面："官不过为绅监印而已"。[②] 所以说绅衿和在乡缙绅实际乃是封建统治的基础。

读书人取得生员资格，即得到人们的尊重，出入可乘肩舆。但够得上与缙绅交往的，还要取得举人资格，或者他是监生中的荫监。因为只有他们才能直接得到朝廷的任命成为现任官员。生员中举后，称呼皆改为"老爷"。乾隆元年，福建发生一起吏卒骂举人的案件，判处中把举人比照六品以下长官，可见举人之不同于一般生监。因此，在绅衿中又可分为举人和生监两个等第。

不可否认，清朝建国之初，为了巩固新的体制，曾经对汉人缙绅和绅衿加以打击和限制。例如顺、康间多次制定禁止豪强霸占，禁止劣衿土豪借开

---

① 金蓉镜《复抚军密查地方吏治文》，见《瘁气集》卷七。
② 李辀《牧沔纪略》卷下。

垦侵人田地，禁绅衿诡寄田亩、拖欠和包揽钱粮等条例。特别是顺治末年著名的江南奏销案、哭庙案以及多次闹案等，都曾给缙绅、绅衿势力以沉重的打击。但当统治体制稳定之后，就整个清代而言，缙绅和绅衿不论从法定的特权还是从实际势力来看，都处于特殊的地位，各自成为一个特殊的等级，则是没有问题的。通过科举，特别是通过清中叶以后滥行的捐纳和军功保举，缙绅和绅衿等级一直在不断扩大。

在官僚政治体制下，皇帝为了有效地进行专制统治，就必须给缙绅和绅衿一定的政治、经济特权。他们获得特权后，就尽一切可能去扩大它的作用。他们利用这种特权及其非法作用，一则扩大土地占有面积加强土地集中的趋势，加强对佃户的剥削；二则包揽、诡寄，尽可能地逃避朝廷赋役。赋税有定额，他们逃避越多，非缙绅、非绅衿等级的土地所有者缴纳也就越多。所以缙绅和绅衿等级的扩大就意味着农民负担的加重。

雇工人等级。清代的法典把雇工人置于低下的地位上。法典规定，雇工人称雇主为家长。雇工人和家长以及家长的有服亲属间具有主仆名分。刑法中关于雇工人及其家长间相犯的处刑规定，没有一项是平等对待的。以斗殴不成伤罪为例，雇工人殴家长杖一百徒三午，比一般斗殴罪处刑加重十三等之多。反之，家长殴雇工人即使折伤也比一般斗殴罪处刑减轻三等。特别是规定雇工人"若违犯教令"，家长有权"依法决罚"，决罚时"邂逅致死"，"各勿论"。这就是说，朝廷给雇工人规定这样一种义务，他必须服从雇主的任何指示，如果雇工人不服从这种指令，雇主有权将他打死，不构成犯罪。这一规定是将雇工人和奴婢并列的，这就意味着，立法者把雇工人的劳动看成和奴婢的一样，属于奴役性的强制劳动。

雇工人不仅对家长是这样，他对整个宗法家长制体系中的任何成员都具有不同程度的不平等关系，而且总是处于卑幼的低下地位。雇工人和雇主及其家族成员间发生的许多犯罪处刑，法典为雇工人安置的法律地位类似家族中子孙卑幼对父祖尊长的关系，也有一些罪行的处刑比子孙对父祖略轻，如骂詈罪是。所以说，雇工人隶属于家长的整个家族。

但雇工人和家长及其家族的这种不平等关系到雇约解除时即行中止。即使在未解除时，雇工人在家长家族体系以外的社会上也不是贱民，有关良贱的法律对雇工人无效。

雇佣劳动者中只有一部分属于雇工人范畴。法庭在不同时期按照当时特定的条文判断该雇佣劳动者是否具有雇工人的身份。① 此外处在雇工人法律地位上的人还有：一、白契所买奴婢、典当家人、隶身长随三种人中甫经典买或典买未及三年并未配有妻室者；二、干犯家长并家长以下亲的赎身奴婢；三、于犯家长及家长期亲、外祖父母的赎身奴婢之子女；四、放出奴婢之子女；五、发遣黑龙江等处为奴人犯之妻；以及六、奸职官妻之弓兵及门皂等。

贱民等级。《大清会典》规定，对居民要分良贱，民、军、商、灶"四民为良，奴仆及倡〔娼〕优隶卒为贱"。② 良贱界限是清代另一条重要的等级界限。

清律承继明律，把奴婢规定在最低下的法律地位上。男为奴，或称奴仆、僮奴；女为婢，或称仆妇、婢女；他（她）们在法律中的称谓为"奴婢"。奴婢是贱民中最主要的部分。满族入关后，把原有的一套严格的奴仆制度和明代留下的奴婢制度结合在一起了。清初，奴婢主要由下列六部分人组成：满洲原有的壮丁、家奴，与汉人作战所得俘虏，汉人原来的奴婢，汉人投充奴仆，汉人卖身当身奴婢，以及有罪发遣为奴者。以后，逐渐以卖身、当身的奴婢为主了。清初满族奴仆中主要是从事皇庄旗地生产劳动的壮丁和从事家内服役的包衣。汉人地主中也有使用奴仆进行农业生产和使用奴婢供家内服役的。

奴婢称主人为家长，家长与奴婢间具有严格的主仆名分。家长及其家族对奴婢有绝对的权利。这种权利得到法律的切实保证。双方的法律地位相差极为悬殊。例如一般不成伤的斗殴罪笞二十，奴婢殴家长则"皆斩"。奴婢侵犯家长的许多刑罚规定被比作子孙对父祖的地位判处。奴婢的这种低下地位不只是对家长本人，而且对家长的宗族中全体有服亲属莫不如是，只不过随其与主人服制的亲疏而有等差罢了，所以说奴婢和雇工人一样是被编制在宗法家长制体制内论刑的。奴婢的地位比雇工人低下得多。主人有权将奴婢出卖、赠送他人和陪嫁。主仆关系是终身关系，而且影响延及子孙。奴仆的妻子在一定意义上也是属于主人的。奴婢在社会上是贱民，法律中的良贱关

---

① 有关雇工人问题，参阅欧阳凡修《明清两代"雇工人"的法律地位问题》（见《新建设》1961 年第 4 期）及《明清两代农业雇工法律上人身隶属关系的解放》（见《经济研究》1961 年第 6 期）二文。

② 光绪《大清会典》卷十七，《户部》。

系主要是指四民和他人奴婢的关系。特别是其中禁止良贱为婚的规定，从血缘上把奴婢和良人分开。奴只能配婢为妻，所生子女为"家生子"，仍为主人的奴婢，这就将奴婢身份世袭化。奴婢以获得一次身价将人身卖出后，就成为主人的财产，并可由主人配以其他奴婢为主人进行奴婢的再生产。就这一点看，奴婢几乎成了和牲畜一样的财产，近似奴隶了。主仆关系可以通过开户，赎身或放出的途径解除；但不论通过什么办法，奴婢即使脱离主家，他和他的子女，甚至孙辈也不能和旧主人取得完全平等的地位。

清初，奴仆中大量的是壮丁。壮丁是用于皇庄、旗地的劳动力，也称东来壮丁或东人。"以供种地牧马诸役"，旗人赖以驱使养生。主人及管家庄头待之极为苛虐，不但残酷役使，甚至有逼迫殉葬者。因之壮丁奴仆逃亡甚众。生产奴仆的大量逃亡，严重影响满人统治者的剥削收入。所以严厉惩治逃人的法令，给窝家以极为严重的惩罚，使壮丁逃出后无人敢留，用这种办法保证宗室觉罗和旗人的劳动人手。但是效果并不显著，却给汉人百姓带来严重骚扰，成为当时社会的严重问题，百姓苦不堪言。

投充人也是奴仆。满人入关前就有投充人。入关后，汉人单身投充领地纳银者为绳地人，多贫困无依，只能充当壮丁。带地投充者为纳银庄头，经济上有一定的独立性，只需向主人缴纳一定的货币或实物即可；他们在实际生活中有的和主人关系比较松弛，但其法定身份则与奴婢同。

佃仆也称庄仆或世仆①。清代许多地方都存在这种具有人身隶属关系的制度，如河南、江西、江苏、湖北、广东等，而以皖南徽州、宁国、池州三府为最多。佃仆没有迁徙自由，虽有独立经济，但其财产权受到种种限制。有人卖身典身为仆，佃主之田，住主之屋，葬主之山，与主人具有主仆名分之后，世代相沿。世族之仆脱离奴籍而自立门户后，仍为小户，附居大户之村，佃种大户之田，被迫服役。这种关系，有的因年代久远，契券无存；也有的根本没有任何凭据而指称某姓良民为佃仆。虽经雍正五年、十年、乾隆三十四年②、嘉庆十四年、道光五年等多次禁革，直至光绪间皖南某些大户

---

①　清代文献中有时称东人或家生子为世仆，也有时称所有旗人为世仆，和这里所称世仆均非同一含义。

②　乾隆三十四年安徽按察使晙善奏折。中国第一历史档案馆藏《军机处档案》，乾隆三十四年，卷号1—5（2）。

还在整顿庄仆条规①，宣统年间广东还请禁这种"陋俗"②。

清代还有一批公差隶卒，包括皂隶、马快、步快、小马、禁卒、门子、弓兵、仵作、粮差、巡捕营番役、长随、家人，等等。这类人等，在法律上属于贱民，不齿于良民；但是在实际生活中的地位与奴婢大不相同。他们服役于内外各级衙门，听命于大小官僚，直接为官僚对百姓的统治服务，因此他们实际是封建国家机器的组成部分。他们为虎作伥的同时，利用官家旗号敲诈勒索，坑人肥己，其中有的长随、家人，经济上相当富有。这些人是百姓的一大祸害。

此外，娼妓、优伶和山陕的乐户均属贱民等级。浙东各县的惰民（即堕民，或称丐户）、九姓渔户，和广东、福建、广西的疍民等，也因"习猥业"而属于同一类型。他们虽于雍正初年解除贱籍，但事实上仍受歧视如故，规定中仍需自"报官改业之人为始，下逮四世，本族亲支皆系清白，方准报捐考试"。存在这样的规定的时候企图改变社会对他们的看法，承认他们与齐民等，那是不可能的。

以上所有贱民及其四世内子孙都无权考试出仕，这一点是贱民很重要的标志。剥夺考试出仕的权利确保贱民不能跨越官民界限；保证缙绅等级成员身家清白，从而维护统治者的尊严。由此可见划分官民之别和划分良贱之别的目的的一致性。

根据社会地位特点，贱民大体可分为四个等第：一是隶卒，包括前述各种衙门服役人等和长随、家人；二是佃仆，三是乐户，包括娼妓、优伶、惰民、九姓渔户、疍民等，而最低的等第则是奴婢，包括壮丁、投充人。

下面我们专门讨论凡人等级。

二　凡人等级和佃户的身份

除去前述各个等级的成员外，清代社会的广大编氓都属于凡人等级。

清制，军、民、商、灶"四民为良"。良民即平人，在法律上称"凡人"。清律中关于凡人犯罪的条文是量刑的标准。犯有同一罪行，对其他等

---

① 参阅章有义《从吴葆和堂庄仆条规看徽州庄仆制度》，见《文物》1977 年 11 月。
② 《宣统政纪》卷七，第 5 页。

级成员的处刑都在对凡人所判刑等上酌为加减，以区别该人等级身份的高低。

凡人是人数最多的一个等级，通常所谓百姓，包括旗人在内，主要都在凡人等级之中。凡人也是一个复杂的等级，它包括了不同阶级的成员，如非缙绅和非绅衿的凡人地主，富裕农民，自耕农，佃户，不具雇工人身份的雇佣劳动者，手工业作坊主，手工业工人，其他个体劳动者，灶户、店铺老板、店伙、城镇居民、兵丁、民壮直至乞丐以及僧尼等统统在内。

清代的赋役主要由土地所有者负担。缙绅和绅衿等级的优免和私下的包揽、诡寄，把他们作为土地所有者应该承担的义务转嫁到凡人土地所有者，即凡人地主，富裕农民和自耕农身上。商业和手工业方面的税收也有类似的情况。从这个意义上讲，凡人乃是清代主要的纳税和应差的等级。

凡人有应试出仕的权利，这是和贱民相区别的很重要的特征。但这种权利受到经济条件的制约，在凡人中不是机会均等的。因此，凡人等级中的地主、富商及其子弟乃是缙绅、绅衿等级的预备队伍。自从捐纳盛行后，这种不均等表现更为明显。凡人中的另一部分，即自耕农、佃农、雇工、小手工业者、小商贩以及其他贫困者，因天灾人祸而破产则是普遍的大量的经常的现象。他们之中的许多人为了能够活下去而通过立契受雇、典当卖身，落入雇工人和贱民等级，也有的应募为隶卒而沦为贱民。因此，凡人中的这一部分乃是雇工人和贱民等级的预备队伍。所以说，凡人是一个不断分化的等级。

凡人等级的成员如拥有奴婢，或者和雇工间的关系符合家长和雇工人的条件，那么他就具有家长的法律地位。因此，相对奴婢和雇工人等级来说，凡人也可说是拥有特权的等级。他们拥有这种特权，不是由于血统的高贵，也不是由于拥有"名器"，仅是由于他们具有家长身份。主仆名分决定了家长即使是凡人也可以具有特权身份。凡人和贱民之间的界限在清代是十分重要的界限。当然，能够拥有奴婢的，能够和雇佣劳动者形成具有主仆名分的家长、雇工人关系的，不是任何凡人都可做到，而是凡人中高等第的成员才有可能。

凡人等级内部的各个成员之间，在社会上彼此没有法律规定的统治和依附的关系，从这个意义上讲，凡人地主、手工业主、大商人和佃户以及不具雇工人身份的雇佣劳动者间的法律身份是平等的。但在实际生活中，凡人等级的各类成员的实际状况有着很大的差别，甚至彼此间表现出许多不平等关系。这是由于习俗、传统、等第之间关系的影响，特别是经济地位的差别等多种因素造成的。凡人中的大地主、大商人等相对其他人有优越地位，其中以大地主为代表；中小地主、富裕农民、自耕农、商人、小手工业作坊主、一般城镇居民、兵丁等则处于相对独立状态，其中以自耕农为代表；佃户、农业手工业及商业中的雇佣劳动者、小商贩、灶户以及乞丐等地位相对低下，其中以佃户为代表。因此，凡人等级可以分为地主、自耕农和佃户三个等第。在实际生活中这些等第间的身份是不平等的，但这种不平等乃是等级内的差别。

地主制经济中，佃户是最基本的、最主要的、也是人数最多的直接生产者。因而有必要对佃户的等级身份地位做进一步的分析。

西欧领主制经济下，土地由国王向下层层分封，除他自己领有的以外，土地分属于某个僧侣、贵族或骑士。"没有土地没有领主"，生产者则附属于土地，分别属于某个伯爵或男爵。领主拥有土地，拥有向生产者征收徭役或实物地租的权利，同时也拥有在领地上的审判权。领地上的直接生产者就是农奴。所以马克思称"农奴是土地底附录"。[①] 在那里，土地分封和主人的等级身份直接相联系，土地也带上了等级的属性。土地占有的等级结构以及与之有关的武装扈从制度使贵族掌握了支配农奴的权力。被束缚在一定地块上的农奴和领主自然形成世袭的依附关系，没有没有领主的农奴。各级领主拥有的农奴并不直属于国王，他们没有向国王缴纳贡赋的义务，国王也对这些农奴没有直接的司法权。可见，等级的统治是和领主经济制密切地联系在一起的。

清代的中国则全然不同。民田土地可以自由买卖，实行的是地主经济制。人们只要拥有足够的银两就有买得土地的可能。但他买得的只是土地所有权，并不附带其他政治权利。等级关系和土地间没有直接的联系。清代实行中央集权制度，行政权、立法权和司法权属于朝廷，最后由皇帝掌握。等级的统治权和土地相游离。佃户在经济上虽然必须与地主发生关系，但在政治上则仍是国家的臣民。土地所有权可以买卖，因此佃户不属于某一固定的地主。朝廷没有授予地主以对佃户的司法权力。就规定而言，地主和佃户间

---

① 《经济学—哲学手稿》，人民出版社 1956 年版，第 46 页。

的诉讼也应在代表朝廷的衙门大堂上解决。

清律和明律一样，没有将佃户置于低下的法律地位上，甚至某些条文还在一定程度上保护佃户的利益。①

清代佃户是有移动自由的。清廷从来没有关于佃户离开地主土地的禁令，没有给地主以缉拿逋逃佃户的权利，也没有将流民押交地主的规定。肯定包括许多佃农在内的流民、客民的大量存在也可说明清代没有把佃户束缚在地主土地上。"佃户不过穷民，与奴仆不同，岂可欺压不容他适！"② 由于经济上的贫困，佃户是否可以自由退佃，自由地离开地主的土地外出谋生，那是另外的问题。不禁止离开土地，说明佃户和地主在法律上没有严格的人身隶属关系。

清律继承了洪武五年"佃户见田主，不论齿叙，并行以少事长之礼；若亲属，不拘主佃，止行亲属礼"的命令。这是在礼仪方面的规定，并非用以确定佃户的法律身份。③ 这个规定究竟是否实行了，在多大范围实行了，实行了多久，都是问题。清代法学家薛允升说，这礼仪"乃古法也，今不行矣"。④

如前所述，缙绅和绅衿是两个特权等级，和凡人相比，他们当然是有势者、有力者。因此，佃户与缙绅、绅衿地主相对，法律虽未规定佃户身份低于凡人，但在实际生活中却是另外一种情况。例如顺治间安徽凤颖大家有将佃户称为"庄奴"，"随田转卖"，"不容他适"，康熙间仍有压佃为奴的现象。康熙间浙江天台绅衿逼租时动辄押人、抄家。雍正间山东绅衿多私置板

---

① 如《兵律·邮驿·私役民夫抬轿》律规定："若豪富（庶民）之家（不给雇钱，以势）役使佃客抬轿者"，杖六十，并"每名计一日追给雇工银八分五厘五毫"。律注解释这样规定的理由是，"佃客不过为富家耕种田地，非雇工人之比，若豪富之家役使抬轿者，非分役人"，（《大清律例》卷二二）说明法律上佃户没有为地主服役的义务。

② 康熙《江南通志》卷六五。

③ 《大清律例》卷十七，《礼律·仪制·乡饮酒礼》律附条例。清代地方法庭有据此判罪的案例：乾隆十七年，河南通许的员卓与佃户张林斗殴，将张林伤成废疾，员卓应按凡斗伤人肢体律判杖一百徒三年。河南按察使司认为，"查定例内载，'佃户见田主，不论齿叙，并行以少事长之理〔礼?〕'等语，细绎例意，主佃虽与良贱不同，实有长幼名分，如有相殴之处，若与凡殴一概拟罪，则主佃与平人毫无区别。查员卓系张林田主，应请将员卓比照同姓服尽亲属相殴，尊长犯卑幼，减凡斗一等律，应减一等，杖九十徒二年半"。这一判决，竟也得到巡抚最后批准。（吴光华《谋邑备考》卷八，外结案）但据此判案，到目前为止，我们只发现这一例，暂时只能称作孤证，不能据此认为该令在司法中具有效力。

④ 《读例存疑》卷十九，《礼律·仪制·乡饮酒礼》律附例。

棍，将佃户锁拿刑责，① 如此等。这种主佃关系，完全是超经济强制的突出形式。

　　缙绅、绅衿等级的地主对待佃户的这些行为，是实际生活的事实，但不是他们应有的等级特权，也不是佃户应有的法律地位。因此，这些行为在当时也是非法的。史料中也不断出现关于禁止上述行为的记载②。至雍正初年，制定了一项正式的有关主佃关系的条例。

　　雍正五年，河南总督田文镜上疏称，"豫省绅衿置有地亩即招贫民耕种。一为伊等佃户，本系平民，视同奴隶，不但诸凡供其役使，稍有拂意，并不呈禀地方官究治，私治板棍，扑责自由。甚至淫其妇女，霸为婢妾。佃民势不与敌，饮恨吞声，不敢告究。地方官不能查察，徇纵肆虐者，亦干严谴"。他认为应"严加定例"、"永远禁革"，才能使"势恶土豪知有国法，而贫民穷佃亦得共游于熙皞之天"。③ 田文镜要求承认佃户的"平民"即凡人身份，他的矛头是指向"绅衿"的。吏部在会议后的题本中表示同意田的观点，认为"佃户本系贫民赁地耕种，原非奴隶，纵拖欠租课，亦宜呈禀地方官究追，何得倚恃绅衿，私置板棍，任意扑责。至于淫占妇女霸为婢妾，使佃户饮恨吞声不敢告究，此等倚势肆恶，目无法纪，若不严加定例，令地方官不时严查，详请参究，乡农受其荼毒，为害匪小"。具体拟定例文如下："嗣后，如有不法绅衿仍前私置板棍，擅责佃户，经地方官详报题参，乡绅照违制例④议处；衿监吏员革去衣顶职衔，照威力制缚人及于私家拷打者不问有伤无伤并杖八十律治罪。地方官失于觉察，经上司访出题参，照徇庇例议处。如将佃户妇女淫占为婢妾者，俱革去职衔衣顶，照豪势之人强夺良家妻女占为妻妾者绞监候律治罪。地方官不能查察，徇庇肆虐者，照溺职例革职。该官上司不行揭参，照不揭劣员例议处"⑤。可见，拟例的立意有三：一是肯定佃户及其妻女的凡人身份；二是否定缙绅和绅衿对佃户及其妻女有司

---

　　①　这类记载相当不少。可参阅康熙《江南通志》卷六五；《河南宣化录》卷三；《天台治略》卷六；《培远堂偶存稿》；同治《长沙县志》；《雍正定例成案合钞》；《碑传集·邵延龄墓碑》等。

　　②　同上。

　　③　转引自中国第一历史档案馆藏：《吏垣史书》，雍正五年九月十九日署吏部左侍郎查郎阿题本。

　　④　《大清律例·吏律·公式·制书有违》律："凡奉制书有所施行而（故）违（不行）者，杖一百"。

　　⑤　《吏垣史书》雍正五年九月十九日查郎阿题本。

法权和人身占有权；三是地方官有监督和保证这种主佃关系的责任。这里并没有提到佃户对绅衿有什么义务的问题。

雍正帝对拟例的三点立意也不反对。但他提出问题的另外一面，毋宁说是封建主佃关系中更带有实质性的一面，即地租问题。他批道："这本内，但议田主苛虐佃户之罪，倘有奸顽佃户拖欠租课、欺慢田主者亦当议及"。他认为，只有两方面都谈到，"立法方得其平"，下令再议。① 雍正作为地主阶级的最高代表，没有忘记这个阶级的最大利益所在。刑部、吏部奉命会议后题："查绅衿私置板棍擅责佃户、奸淫佃户妇女占为婢妾者固宜惩治，而奸顽佃户拖欠租课、欺慢田主者，应照不应重律杖责②；所欠之租照数追给田主。如此则田主不致苛虐，而奸佃亦知惩儆，于法得平矣"。③ 雍正五年十二月初五日奉旨："依议"。④ 定例全文如下："凡不法绅衿私置板棍擅责佃户者，乡绅照违制律议处，衿监吏员革去衣顶职衔，杖八十。地方官失察，交部议处。如将妇女占为婢妾者，绞监候。地方官失察徇纵及该管上司不行揭参者，俱交部分别议处。至有奸顽佃户拖欠租课，欺慢田主者，杖八十；所欠之租照数追给田主"，⑤ "命下之日通行直隶各省一体遵行"。⑥

欠租"杖八十，所欠之租照数追给田主"的规定说明，清廷对欠租的惩治比对欠债的惩治要严厉得多。清律，"其负欠私债违约不还者，五两以上，违三月笞一十，每月加一等，罪止笞四十；五十两以上，违三月笞二十，每月加一等，罪止笞五十；百两以上，违三月笞三十，每一月加一等，罪止杖六十。并追本利给主"。⑦ 二者相较，欠租不论多么少，处刑比欠银百两逾期半年以上者还要重二等。可见这一条例的立意绝非把租佃关系等同一般债务关系来处理的。通过这个条例，以法律保证地主及时取得地租，并且给封建

---

① 中国第一历史档案馆藏：《起居注》，雍正五年九月二十二日。参阅《雍正实录》卷六一，第二七页，雍正五年九月二十五日戊寅。

② 上海图书馆藏：《雍正定例成案合钞》第二册，此句为"应照不应重律杖八十，折责三十板"。《大清律例·刑律·杂犯·不应为》律："凡不应得为而为之者，笞四十；事理重者，杖八十。（律无罪名，所犯事有轻重，各量情而坐之）"。

③ 雍正五年十一月二十七日刑部尚书德明等题本。见《刑科史书》雍正五年十二月（一）。

④ 同上。

⑤ 《大清律例通考》卷二七，第四四页。参阅光绪《大清会典事例》卷一〇〇。乾隆五年和乾隆四十二年两次修改这一条例，将绅衿处分和地方官责任均有所减轻，但总的精神未变。

⑥ 雍正五年十一月二十七日刑部尚书德明等题本。见《刑科史书》雍正五年十二月（一）。

⑦ 《大清律例》卷十四，《户律·钱债·违禁取利》律。

统治机器规定了保证地主这种权利得以实现的责任，乃从根本上保护了封建土地私有制。从等级关系上讲，条例给予缙绅、绅衿以身份上的尊严，禁止慢侮；但同时明确地否定了缙绅、绅衿有越出范围去侵犯佃户及其妻子人身的权利。所以说，清王朝是没有授予地主以对农民随意打骂甚至处死之权的。

这个条例的基本精神，直至清末都仍有效。① 几乎无需证明就可理解的事实是，由于缙绅和绅衿具有特权地位及其与地方官的密切勾结，条例对他们的限制作用是很有限的；相反，他们却有了要求地方政权为他们追索地租的条文依据。此前，地方官发出告示促佃输租，是需要经过绅衿要求的，例如顺治二年苏州绅衿要求巡抚土国宝所做的那样。② 条例制定以后，地方官警告佃户必须及时纳租的告示叠出，县衙门代地主锁拿佃户敲扑比租的记载越来越多了。

在实际的比租行动中，且不说凶差恶役的敲诈勒索，就在公堂上对佃户的惩治也远远超过条例规定的杖八十。佃户无法忍受，以致有"脱枷自尽之案"，使得有的省份不得不规定"嗣后比责佃户不得过满杖，再重亦仅准枷示而止，不得滥用木笼"③。而这所谓的限制，比原规定的杖八十要高出许多！比租惨况的记载也有不少，不一一列举了。

不论定例以前私置板棍吊打佃户、淫占佃户妻女也好，定例以后通过官府代为追比地租也好，都需既有钱又有势，因此主要是缙绅、绅衿等级分子干的。至于凡人地主，则应分别看待。

在缙绅、绅衿地主作恶影响之下，凡人中的大地主也会起而效尤。法典中关于"倾陷富室"要"治以重罪"④，禁止"欺慢田主"以及"佃户见田主，不论齿叙，并行以少事长之礼"等规定中所谓"富室"、"田主"是包括了凡人地主的。尤其是富而不贵的大地主仅凭财力往往和官府、缙绅有着勾结关系，他们对佃户的关系绝非是平等的。因此，佃户和凡人大地主虽然在法律上处同一等级，但不属同一等第。

---

① 参阅宣统二年沈家本等修《大清现行刑律》卷二四，《斗殴上·威力制缚人》律附例。
② 叶绍袁：《启祯纪闻录》卷六，第4页。
③ 《江苏省例·臬政》，同治七年二月；《江苏省例续编·藩例》，同治十年。清刑制，满杖为杖一百。
④ 光绪《大清会典事例》卷一五〇，《户部·户口》。

　　凡人等级中的中小地主则有所不同。他们在经济上占有较多土地，靠剥削地租为生，但他们与缙绅、绅衿等级巴结不上，没有行使"富室"、"田主"权利的力量。因此他们和佃户之间的关系也大不相同。在资料中常有这样的记载，例如，"奇零小户其势本弱"，佃户抗欠，"地方官率漠然不顾，曰：吾但能催赋，岂能复催租"！① 大户的佃户纳租逾限，则送官追比，"若夫小户则往往无此力量"，收租时"佃户漠然"，"一佃户如故，众佃莫不如故"，"特明知业户无力能如大户之办人，使受缧絏鞭笞之苦耳"。② "有财者未必有势"，"业主一忍耐，而顽户愈恃欠租为得计矣"③。这些记载显然是在为中小地主叫苦，但反映出缙绅、绅衿等级，以及凡人等级中的大地主和中小地主是有着等级、等第的差别，从而他们与佃户的关系并不一样，则是事实。

　　雍正五年条例的前面部分是要限制缙绅、绅衿等级苛虐佃户，但是它并不是要限制他们在法律上和实际上的特权地位，而这种特权地位的某些方面在条例制定后反以更合法的形式出现了。"奸顽佃户拖欠租课、欺慢田主者杖八十，所欠之租照数追给田主"的规定，从文意上理解是适用于所有主佃关系的，但在实际生活中真正能够得到好处的，主要是属于缙绅和绅衿等级的地主以及凡人等级中的大地主等第。

　　以上讲的是民田佃户的情况。需要指出的特例是山东曲阜衍圣公孔家的佃户。孔府户下有：一、钦拨佃户，又称实在户或屯户，耕种钦赐祭田。他们是世袭佃户，世代束缚在土地上，向孔府缴纳实物地租。他们之中，有庙户，服洒扫庙廷及看守庙宇之役，有屠户、条帚户、猪户、羊户、牛户等，专门屠宰或供应上述各类物资，还有嚎丧户，专为在举行丧礼时服嚎丧之役。二、一般佃户，他们将自己的土地卖给孔家后仍领种原地，成为孔家佃户，向孔家缴租，但免去承担国家差徭。三、寄庄户，是佃种孔家土地的外来户。他们地租较重，但不为孔家服役，和孔府没有很深的依附关系。可见清代曲阜孔家佃户情况是复杂的，从一般租佃关系到世袭的依附关系都有。前面已经讲到，衍圣公对不听差唤的佃户具有某种实际的司法权；佃户之间

----

①　秦蕙田：《经筵讲义·龙德而正中者也》，见贺长龄《皇朝经世文编》卷十，《体治四》。

②　《字林沪报》，光绪十三年十一月十四日。

③　《字林沪报》，光绪十五年十月十一日。

的纠纷，孔府大堂也可票传签讯，这使得主佃关系带有官民性质。特别是实在户，还无法更换主人，也不能脱离孔府土地。由皇帝分封土地、赐给佃户，同时带有司法权（虽然这种司法权不是朝廷明确规定的），使得孔家土地和领主庄园制经济有着某种共同之处。孔府的佃户中，实在户可以相当于贱民等级中的佃仆。孔府的一般佃户和寄庄户则属于凡人等级中的佃户等第，他们的地位和一般民田佃户相比略低，是因为田主的等级身份特殊的缘故，而他们本身还不能列入贱民等级。

总起来说，清代的佃户是凡人等级的一个地位较低的部分。较低，是相对他的田主而言，而不是贱民的一部分。佃户和特封贵族、缙绅、绅衿、凡人等级中的大地主等第的关系和他们同自耕农等第中的中小地主之间的关系不同，就因为田主们的等级地位不同。在主佃关系中，佃户作为凡人，他和地主的所属等级、等第的距离愈远，其地位愈是低下。这是由于地主等级地位的高下（从而其法定的和实际拥有的权利有大小）所形成的相对差别，而不是由于佃户像奴婢属于贱民等级那样绝对低下。佃户具有凡人等级的一般权利，不是没有任何政治权利。他们不属于贱民等级，对奴婢等贱民的关系也是良贱关系。他们和缙绅、绅衿间形成的主佃关系也不是主仆关系。

当时人也往往把主佃关系和主仆关系相类比。有的认为佃户受业主役使"皆其分内之事"，[①] 或者直称主佃之间"有主仆名分"。[②] 这些只能说是缙绅、绅衿等级以至凡人大地主等第的地主与他们的佃户之间实际生活中的关系的反映，不能据以得出一般的主佃关系与主仆关系等同的结论。

清代涉及主佃关系案件中，也有提到"并无主仆名分"的判例。但那是一般性的比拟语句，不能由此推论清代有的佃户与地主具有主仆名分。因为在《大清律例》中，从来没有关于佃户对地主具有主仆名分从而对他的处刑不同于凡人的任何律文或条例。

佃户作为一个统一的名称和处于不同等级的地主分别相对待，这样一种复杂状况形成了人们对佃户认识的矛盾。清代法学家薛允升就曾提出这样的问题：清律中"究竟佃户和田主是否以平人论，何以并不叙明耶?"[③] 他们

---

①　《陈确集》卷十五，《揭》。

②　嘉庆《太平县志》卷十八。转见仁井田陞《中国法制史研究·奴隶农奴法》。

③　《读例存疑》卷三五，第52页。

普遍地没有把佃户看得低于凡人，承认主佃间"无贵贱之分"①，"与奴仆不同"②，或"与良贱不同"③。但又必须解释实际生活中那么多不平等状况的存在。所以说主佃间"亦有主宾之谊"④，"实有长幼之分"⑤，"究与平民不同"⑥，或者"与平人有间"⑦ 等。不提田主的差异而试图对主佃关系作出统一的提法，毕竟不甚确切。

　　根据以上分析，我认为，清代佃户在法律上属于凡人等级中的低下等第，佃户在实际生活中的状况受他的田主身份的直接影响。田主的等级和等第愈高，佃户的地位则愈低。佃户和凡人等级中的地主具有同等法律地位。当然，我们这样讲毫不意味着凡人地主和佃户间关系不是封建关系；因为这种关系本来就是封建等级、等第关系的一个组成部分。封建地租本身就代表着封建关系最本质的内容。封建地租的实现，必须通过超经济强制，而这种超经济强制不论来自地主还是来自国家机器，其根源都在于封建土地所有制，因此即使超经济强制的程度可以比较轻微，主佃关系仍只能是封建关系。我们必须看到清代社会中佃户和缙绅、绅衿以及凡人等级中的大地主等第的地主相对时所处的极不平等的状况，不然就不能理解为什么广大农民经常揭竿而起进行英勇的反封建斗争。同时也必须看到，佃户和中小地主相对时形成比较一般的主佃关系。由于前一种状况的存在，我们就不能笼统地讲清代的主佃关系是单纯的契约关系或金钱关系；由于后一种状况的存在，就不能笼统地讲清代的主佃关系具有主仆名分。事物既然本来是复杂的，就不应简单地对待。

三　清代等级制度的特点

　　相对明代等级制而言，结合满族特有的内容而建立起来的清代等级制度是有所不同的。例如清代的宗室贵族等级与明代的勋贵等级就大不一样；贱

---

①　《湖南省例成案》，转见仁井田陞《中国法制史研究·奴隶农奴法》。
②　《大清律例通考》卷二七，《斗殴》。
③　《谋邑备考》卷八。
④　《湖南省例成案》，转见仁井田陞《中国法制史研究·奴隶农奴法》。
⑤　《谋邑备考》卷八。
⑥　《读例存疑》卷三五，第52页。
⑦　《大清律例通考》卷二七，《斗殴》。

民等级中的奴婢等第也与明代的有很大差别。但清代等级制毕竟是继承明代而来，二者的基础是相同的，即都建立在地主经济制上，因而两朝等级制有许多共同之处。若以清代等级制和西欧封建社会的等级制相比，则有许多显著的差别。

前面讲凡人等级中的佃户身份问题时，已经谈到清代等级制度和西欧领主制下的等级制的根本差别在于没有土地占有的等级结构。从这个根本差别出发，可以看到清代等级制有其与西欧封建等级制度迥然不同之处。

现就清代等级制的四个主要特点略加分析。

（一）清代的等级制度贯彻着封建宗法伦理原则。君臣、父子、夫妇三纲之中，君臣之纲乃是根本。父子之纲要求子孝，夫妇之纲要求妇顺。孝和顺为了齐家，齐家又是为了治国。清律中有所谓"干名犯义"律。父有罪，子应为之"容隐"，如告官，是为干犯，即使告实，父罪同自首可免刑，而子却被判杖一百徒三年。但当父犯大逆、谋叛罪时，子告发，不为干犯。就是说，一般情况下子对父只能讲孝，无权揭发他的罪过；当忠孝发生矛盾时，孝必须服从忠。可见父子之纲和夫妇之纲是为了巩固君臣之纲服务的，其最终目的是巩固封建统治，巩固君权。因此，围绕父为子纲而建立的封建宗法家长制在封建法制和等级制度之中也被突出地强调了。宗族关系被当作政治关系来处理，反过来政治关系中到处渗透着家族关系。我同意王亚南同志的说法："一方面把家族政治化，另一方面又使政治家族化，把国与家打成一片，这是伦理的精髓"，"一旦官僚政治出现了，王者或天子高高在上，对于领内广土众民，单依靠郡守县令的管制，实在是难期周密。最妥当的莫如通过家族宗族来管制，即把防止'犯上作乱'的责任，通过家庭，通过族姓关系，叫为人父的，为人夫的，为人族长家长的，去分别承担，以建立起家族政治的联带责任"。[①] 这是说朝廷直接通过家族进行统治的方面。封建宗法家长制还有另一方面的作用。

清代法典中，礼制丧仪部分以九族五服形式把血缘关系按亲疏尊卑组织起来，规定血缘关系具有尊卑长幼名分，刑律则根据这种名分决定亲族间法律地位的不平等关系。在社会上，凡人之间的法律地位是平等的，法典规定了统一的处刑标准。同一凡人在家族关系中则具有双重身份：身为尊长，对

---

①　《中国地主经济封建制度论纲》，华东人民出版社1954年版，第20页。

卑幼处于较高的法律地位，身为卑幼则相反。丈夫法律地位高于妻子、妻子低于丈夫。父为子纲，夫为妻纲的天定秩序以法律形式固定下来了。其中最严格的关系莫过于子孙对父母、祖父母。以斗殴（未成伤）罪为例。凡人斗殴处刑仅笞二十，而子孙殴父母、祖父母"皆斩"。计算起来，处刑相差十七等之多。其实十七这个数字还不足以反映刑等差别之大。因为第一，清律刑制规定，如加等，一般不加至死；这里的差别却是进入死刑。第二，刑制规定的死刑中，斩重于绞；这里是从重处斩。第三，法律规定一般罪行首犯从犯分别轻重判处；这里不分首从一律从重处斩。再以最远的亲族关系为例，卑幼殴缌麻亲尊长杖六十徒一年，比凡斗重九等；尊长殴缌麻亲卑幼，"勿论"。甚至卑幼殴"五服已尽同姓尊长"也要加凡斗一等；尊长殴五服已尽同姓卑幼则减凡斗一等。家族内尊卑不平等的程度至于此极。

　　如果以法律地位的不平等作为等级的实质和特征的话，家族内部具有不平等法律地位的按服制亲疏排列的尊长和卑幼，似乎也可以称做是一种等级制。当然这和前面讨论的社会等级不属同一系列。这种特殊的等级是族权的一种表现形式。家族成员的这种不平等关系只限于家族内部。同一家族成员，他的地位对其晚辈是尊长，对其长辈又是卑幼，同时又和家族别的成员形成期亲、大功、小功和缌麻等各种不同的关系，个人身份具有相对性；因而不论是哪一种地位都具有范围不定的特点。家族内部这样的不平等的法律地位是否可以称为等级，也还是可以进一步讨论的。不过，不论是否称之为等级，这种家族内部法律身份的不平等都是值得注意的现象，它对经济上诸如土地买卖手续、财产继承制度等等习惯的形成和影响，都应该做进一步的研究。

　　我们指出家族内部法律身份的不平等，是为了说明更重要的一点，即等级间的法律地位以家族中尊卑关系相比拟，使等级制度的某些部分披上家族关系的外衣。例如雇工人等级。清代刑法许多罪行的处刑规定，是把雇工人类比为子孙，而把雇主类比为父母、祖父母的。其理由是，"雇工人虽不在伦常中，而名分之重则与子孙不异"。另一些罪行的处刑规定，雇工人所处法律地位又略高于子孙，其理由是雇工人对家长"实属分严情疏，非卑幼亲属可比"。此外，雇工人的法律地位不但低于雇主本人，而且低于雇主所有有服亲属，包括雇主的卑幼亲属在内。通过这种办法，确定了雇工人和雇主及其家族的关系，确定了雇工人的等级地位。贱民等级中的奴婢也与此类似，只是奴婢的法律地位比雇工人更低罢了。

处理这种关系的根据是家长和雇工人、奴婢间具有主仆名分。这里虽然不是由于血缘上的亲疏而是由于身份上的差异决定了法律上的不平等关系，但是主仆名分和尊卑名分相联系，相比拟，这种身份上的差异也具有了封建宗法家长制的意义。

既然父子之间是天定的尊卑关系，父祖对子孙则处于当然的、无条件的优越地位，他们之间只能是统治与服从的关系；那么，比作父子的家长与奴婢、雇工人也只能是统治与服从的关系。这种比拟，使得人们必须承认这种等级关系是天经地义的、无可怀疑的，从而君权统治下的封建秩序也是天然合理的。这就是立法者的逻辑和所要达到的目的。

将封建宗法家长制的原则扩大运用于某些社会等级关系，从而使等级制度贯彻着宗法家长制的精神，这实际上是以父权家族统治的模式来建立君权政治统治体系的某些部分，这一点是我国的，也是清代的等级制度的一个特点。

此外，皇位的嫡长世袭制度、宗室贵族之列为特权等级，以及皇帝以臣民为赤子，臣民以皇帝为君父等等级观念，都说明清代等级制到处体现着封建宗法家长制的原则。族权渗透在政权之中，起着支持政权的作用。血缘家族的亲亲观念掩盖着森严的等级制度的残酷性。清代统治者就是用这样的等级制度来排列社会成员的法律地位，维持封建国家的秩序，以保证封建统治机器正常运转。

（二）清代等级制度的变化和解体异常缓慢。曾经有人认为，雍正初年解除惰民、疍民、佃仆等贱民身份的命令就是贱民的解放，似乎从那以后清代就不存在等级问题了。这是不对的。因为那些命令并未触及等级制度，即使是对贱民等级，也只涉及其中的一部分，而对以奴婢为主体的贱民等级没有实质性的影响。何况在实际生活中，疍民、佃仆等人的社会地位直至清末变化也不甚显著。等级制度的总体结构，有清一代没有发生过根本性的改变，清代的任何社会成员都属于某一特定的等级。从这个意义上讲，清代等级制可称是一个僵化的制度。但是不能由此认为清代等级制没有变化。它也在解体之中，只不过其变化速度特别缓慢罢了。

清代初年，满人入关后在圈地上建立起来的属于农奴制类型的强制性奴仆壮丁生产制度，经奴仆壮丁大量逃亡斗争，无法继续维持，在不到一个世纪的时期内，已逐渐为租佃制所代替，旗地民田化的趋势也加速进展了。随着生产关系的这种变化，严格的逃人法已无必要，因而有所放松。明代末年汉人中曾流行一时的奴仆生产，在清初经多次奴变之后，也趋向衰微，代之以租佃制以至雇工经营。因此，贱民等级中的主体——奴婢——的内容在发生着明显的变化，从以男性生产奴仆为主转为以女性家内服役奴婢为主。"人市"已消灭，人口买卖"买婢女者多而买奴仆者少"。① 自然抽样的统计数字也说明了这一点：嘉庆朝刑部档案记载的京师及直隶等十二省涉及奴婢的一百二十一件卖身案件中，买婢六十九人次，买幼女三十三人次，买男仆四人次，买幼男十五人次。其中婢和幼女共一百零二人次，占百分之八十四点三；奴和幼男共十九人次，占百分之十五点七②。男性奴仆买卖比例显著的小，而且其中尚不排除属于买来从事服役或学戏等非生产性劳动的情况。尽管在实际生活中早已发生了这样大的变化，在关于奴婢的条例上却直至光绪末年、宣统年间，才考虑从法律上禁革买卖人口问题。至于有关奴婢的法律地位，作为贱民的身份，更是没有修改。

清初民田中经营地主及富裕农民土地经营方式逐渐增多，雇佣劳动，特别是短工的使用逐渐普遍。把大量雇佣劳动者束缚在雇工人等级中，已不能适应经营制度变革的要求。因此统治者于乾隆二十四年、三十二年及五十三年，将有关确定雇工人身份的条例一再修改。修改的总的趋势是逐渐将更多的雇佣劳动者划出雇工人等级，使之脱离对雇主的人身依附关系，进入凡人等级，和雇主处于平等的法律地位。条例这一变化，用去了将近一个半世纪，而且其中还颇有曲折。清代等级制度变化之缓慢由此可见。

此外，宗室贵族等级中，除少数高级的王公贵族仍旧居于高贵地位而外，大量闲散宗室觉罗也和一般旗民一样，经济上日趋败落，穷极潦倒者大有人在。他们除去由于身上系着那条彩带，人们一般不敢去招惹他们而外，远不像他们的祖先甫入中原时那么神气活现了。即使如此，关于宗室觉罗的特权规定依然如旧。

所有上述实际生活中出现的现象，自乾隆中叶以后就表现相当明显了，各个等级所代表的内容已然变化。等级制作为一种上层建筑却远远不能及时

---

① 《读例存疑》卷三六，第4页。
② 据中国社会科学院经济研究所藏刑部抄档卡片统计。

地作出相应的反应。清代等级制一方面在继续发挥着巩固封建统治的作用，同时也在渐渐地溃圮中。不过直到清王朝被一群帝国主义入侵而变为半殖民地半封建社会的时候，这个等级制度也还没有完全陷入诸如十八世纪初时法国的等级制或者明治维新时日本的等级制面临的境地。解体的内在性和缓慢性也是清代等级制的特点之一。其所以有此特点，和它本身的弹性特点有关。关于这一点，下文还将论及。

（三）清代封建等级制度中存在着产生资本主义关系的可能性。资本主义雇佣关系是"自由劳动"的雇佣关系。"自由劳动和这种自由劳动对货币的交换"，"是雇佣劳动的前提与资本的历史条件之一"。① 所谓"自由劳动"包含双重意义：第一，劳动者已从前资本主义的人身隶属关系中解放出来，成为一个有出卖自己劳动力的自由的人；第二，劳动者已被夺去生产资料，"自由"得一无所有。前者使劳动者出卖劳动力成为可能，后者使劳动者出卖劳动力成为必要。当这种"自由"的劳动者在劳动力市场上和资本家进行交易时，双方"彼此作为身份平等的商品所有者发生关系，所不同的只是一个是买者，一个是卖者，因此双方是在法律上平等的人"。②

清代的凡人等级是一个十分庞杂的等级。除去属于具有特殊地位的人以外，绝大多数社会成员都在这个等级之内。它既包括不具缙绅、绅衿身份的城乡地主、富裕农民、自耕农、手工业作坊主和大小商人，也包括佃农、店伙以及农业、手工业和商业中不具雇工人身份的雇佣劳动者。他们虽然分属于不同的阶级，但从法律地位上看却同属一个等级，彼此是"在法律上平等的人"。其中的剥削者并不具有国家赋予的政治特权，他们和被剥削者之间没有法定的隶属关系或依附关系。因此，他们之间也就有经济上等价交换的可能性。处在凡人地位的劳动者的生产资料丧失到一定程度，需要出卖劳动力来维持生活，出雇给拥有生产资料的凡人进行农业生产时，他们之间就是平等的雇佣关系。这就给资本主义雇佣创造了前提。因此，在清代，农业资本主义关系能在不触动等级制度的条件下产生，而且有一定的发展余地。在手工业和商业方面也有类似的条件存在。当然，这是仅就法律身份而言的。考虑到封建行会以及其他条件的影响时，又需另作综合分析。此外，也还要

① 马克思《资本主义生产以前各形态》，人民出版社 1956 年版，第 3 页。
② 马克思《资本论》第一卷，见《马克思恩格斯全集》第二三卷，第 190 页。

看到等级制度本身对这种关系的发展的扼制作用。

（四）清代社会成员个人等级身份的可变性起着阻碍资本主义生产关系发展，巩固封建制度的作用。

清代每个社会成员都处在一定的等级之中。但是除去皇帝这一特殊人物和以皇族血统为标志的宗室觉罗以及特封的衍圣公外，其他人的等级身份大都是可以改变的。处于特定等级的个人可以由于政治、经济、文化等各方面条件的改变而进入另一等级。譬如，犯罪可以使缙绅等级的成员革职为凡人；经济上的破落可以使凡人降为雇工人或贱民；文化上的科举得中，可以使凡人上升为绅衿甚至缙绅；雇工人可因雇约解除而回到凡人等级；一名奴仆也可经由某种途径脱离贱民法律地位。和其他国家，如西欧或日本的封建等级制度相比，这是清代等级制度的特点之一。其所以如此，也是由于地主经济制和领主经济制的差异造成的。等级权利和土地所有权相游离，而土地又可自由买卖，才使得等级制度有可能具有这样的灵活性。如果把这一特点作为清代不存在等级制度或不存在严格的等级制度的证明，那显然是一种误解。

社会成员的等级身份可以升降这一特点具有特殊意义。它使得清代的等级制度在封建末期起着阻碍资本主义发展、巩固封建制度的作用。这可以从下述三个方面来看。

第一，金钱的力量不能破坏清代等级制度。马克思写道："国王们在与别国人民进行战争时，特别在与封建主进行斗争时需要钱。商业和工业越发展，他们就越需要钱。但是，这样一来，第三等级，即市民等级也就跟着发展起来，他们所拥有的货币资金也就跟着增长起来，并且也就借助于赋税渐渐从国王那里把自己的自由赎买过来。为了保障自己的这些自由，他们保存了经过一定期限重新确定税款的权利——同意纳税的权利和拒绝纳税的权利。在英国历史中，可以特别详细地探求出这一过程"。[①] 清代统治者也需要货币，也要从凡人等级手中弄到钱。但是，凡人中的富裕分子积累了财富不是用来赎买自己的自由，而是通过捐纳从朝廷换取"名器"，即进入拥有特权的等级。赎买自由的结果是导致等级制度的瓦解，而换取名器的结果却是

---

① 《对民主主义者莱茵区域委员会的审判·马克思的发言》，见《马克思恩格斯全集》第六卷，第303页。

缙绅、绅衿等级扩大，从而使得等级制度加强。同样是金钱的力量，却有着完全不同的后果。在这里，等级制度本身具有的灵活性使得等级制度具有更强的顽固性。

第二，已形成的资本主义关系也还可能变质。在土地自由买卖的经济制度下，地权能够自由转移，它就不可能像西欧领主制下的土地那样带有政治属性。清王朝的行政权、司法权集中于中央，不随土地下移。实行官僚政治，就必须有一套选择和任命官僚的具体办法。在清代，科举和捐纳是两种重要的措施。科举的目的是按照封建的德才标准定期从知识分子中考评一批官僚的候选人。捐纳制度则出于朝廷财政的需要而将官爵职位标价出售，谁出得起钱，谁就可以进入缙绅等级，不仅能够得衔，而且可以真个掌印临民。进入缙绅、绅衿等级的这两座大门，始终是对凡人敞开的。当然，不论是直接用现金买官也好，还是供养一个读书人也好，均需投入一定的财富，从而不是凡人等级中任何人都能跨入那两道门槛的。可见，统治者补充官僚的办法本身已经大体上进行了以经济实力为标准的筛选。

如前所述，凡人等级中人与人具有平等的法律地位，这决定了在凡人等级中最有可能产生资本主义关系。但是，清代凡人中具有优越经济条件的人，由于受到特权可以带来经济上、政治上的利益的诱惑，往往通过科举、捐纳等途径，改变自己的等级身份。那些财富不多的人也争取跻身缙绅等级，"甚至同族比邻共捐一职衔监生，借为护符"。[①] 这样一来，本已形成的平等的雇佣关系，因雇主一方身份的改变而转化为等级的雇佣关系，失去了资本主义性质。凡人中的农民雇工因天灾人祸而经济上无法维持生存，以至典卖人身，从而进入贱民等级为人奴役，也使得资本主义性质的雇佣关系瓦解。因此，如果说清代等级制度中凡人这个等级的存在给资本主义产生以极大的可能性，那么社会成员个人等级可以升降这一特点，又严重地阻碍着资本主义的发展。

第三，和土地自由买卖制度相结合的等级制度，阻碍着资产阶级的产生。西欧的领主经济决定了国王、僧侣以及贵族的收入来源依靠土地和贡赋，骑士在败落以后还可以靠战争和掳掠。这些都得到政治特权的保证或统治者的认可。特权等级不会自愿放弃这种特权地位。另一方面，新兴的第三

---

① 　光绪十三年直隶布政使、按察使告示。见《字林沪报》光绪十三年九月二十四日。

等级既无土地贡赋，又不能掳掠，他们主要依靠工商业和贸易来积累财富。第三等级具有的低下等级地位却使得他们在经济上的发展受到极大限制。自由竞争的愿望和不平等的等级强制间的矛盾不可调和。消灭等级乃成为西方早期资产阶级的迫切要求，等级之间的斗争不可避免。资产阶级和封建领主之间的阶级斗争以等级间斗争的形式表现出来。在封建等级制度中产生的第三等级，只有突破等级制度的外壳才能进一步成长。所以，资本主义制度战胜封建制度的过程中必然伴随着等级的阶级向非等级的阶级的过渡。

清代的中国却是另一种情况。在这里，人们向往的财富积累方式是地租剥削。土地自由买卖制度允许人们购买土地，不受身份的限制，凡人可以自由地购进地产。这对资本主义的发展本来是很有利的。但是，缙绅和绅衿拥有免除部分赋役负担等权利使得他们的土地更为有利，并可利用其优越的等级地位更为方便地购买土地。这一点有力地诱使人们进入缙绅和绅衿等级，以便扩大自己的财富。同时，凡人通过商业、高利贷所获赢利，主要也投向地产。大商人也和地主一样希望进入缙绅等级。个人等级身份的可变性又给予凡人中的地主、商人以这种可能性。和欧洲第三等级的处境全然不同。工商业者可以和地主、高利贷者以及官僚融合一体。有着积累财富欲望的凡人可以利用等级制度的这个特点得到更大的满足而不必触动这个等级制度。在这样的条件下，清代的中国虽处封建末期，也很难形成一个代表新兴生产方式的、与封建等级制度势不两立的"第三等级"。

所以说，清代等级制度的个人身份的可变性特点，使得这个制度在封建社会末期仍能顽固地起着巩固封建土地制度、阻碍资本主义产生的作用。等级制度的弹性增强了封建制度的韧性，使之难于破坏。

附带应该提到一个与难以产生强大的资产阶级相联系的问题。西方新兴资产阶级为了突破等级制度的束缚，提出"民主"、"自由"、"平等"的口号，对封建的君主专制和等级制进行有力的批判。这是资本主义自由竞争的需要。因此，资本主义社会中封建等级观念消灭得相对彻底。清代的状况全然不同。新产生的资产阶级既不需要打破等级制度才能获得雇佣劳动者，又不妨带着红顶花翎，在收取地租、放高利贷的同时办一点新式企业。"民主"、"自由"、"平等"的口号也曾作为舶来品而时兴，但是，经济上和政治上均极软弱的资产阶级谈不上对封建的等级制度进行什么认真的、比较彻底的批判。因此，许多重要的等级观念，诸如皇帝的家天下制，皇帝意旨的不可违犯，皇亲国戚的高贵和尊严，缙绅、绅衿理应拥有法外特权和权威地位，服役被视为贱业，等等，都仍公开地或潜在地作为当然信念以原来的或变态的形式深深地扎根在人们的头脑中，一遇适当条件，就冒出来支配行动。

　　未能进入资本主义的半殖民地半封建社会，乃至今天的社会主义社会，仍带有这样的母斑，看来是很自然的。

［提交"明清史国际学术讨论会"（1980 年，天津，南开大学）

载《中国社会科学》1980 年第 6 期。］

论清代社会的等级结构

在阶级社会中，一切社会成员无例外地属于特定的阶级。按照列宁的说法，所谓阶级，"就是这样一些集团，这些集团在历史上一定社会生产体系中所处的地位不同，对生产资料的关系（这种关系大部分是在法律上明文规定了的）不同，在社会劳动组织中所起的作用不同，因而领得自己所支配的那份社会财富的方式和多寡也不同。所谓阶级，就是这样一些集团，由于它们在一定社会经济结构中所处的地位不同，其中一个集团能够占有另一个集团的劳动"。① 可见，阶级是由经济地位所决定的，生产资料的占有与否和占有多寡决定着经济上的剥削与被剥削的关系。阶级之间的差别不在于法律上的特权，而在于实际条件。

但是，赤裸裸的阶级对立乃是资本主义的产物。在奴隶社会和封建社会中，阶级的差别"是用居民的等级划分而固定下来的，同时还为每个阶级确定了在国家中的特殊法律地位"。② 阶级表现为等级，列宁称之为"等级的阶级"。③

所谓等级，是指奴隶制国家和封建制国家中一定的社会集团，这些集团由国家的成文法或不成文法④规定其成员享有某种权利，承担某种义务以及加入或排除于该集团的条件。由于被规定的权利与义务不同，各等级间形成不平等的高下阶梯，彼此间形成统治和被统治的关系。法权身份基本相同的

---

① 《列宁全集》第 29 卷，第 382—383 页。

② 《列宁全集》第 6 卷，第 93 页。着重点是原有的。

③ 《列宁全集》第 6 卷，第 93 页。着重点是原有的。

④ 这里所谓的不成文法，是指虽然未经通常的立法程序、甚至没有文字的规定，但是得到国家承认的具有法律效力的行动规范，而不是指任何实际存在的非法行为。

同一等级成员，因其经济、政治等各方面情况仍有某种差别，又分为不同的等第。这不同的等级和等第组成的系列，就是该社会的等级制度。人与人之间法律地位、社会地位的不平等，乃是等级制度的实质。一般地说，剥削阶级总是属于较高贵的等级，被剥削阶级总是属于低下的等级，高贵的等级总是拥有许多超越于他人的特权，处于统治者的地位。等级把剥削阶级与被剥削阶级之间的统治关系法律化了。法权的不平等规定也形成了社会习俗、礼仪、传统等许多方面的不平等。这种不平等公开地表现在政治生活和经济生活的各个方面。

封建剥削关系不是像资本主义剥削关系那样以等价交换的经济形式实现的，而是以不平等为前提的超经济强制的手段实现的。等级制度就是超经济强制的一种最一般的、最明确的形式。

可见，我在本文中所要研究的是社会等级，而不是贵族、功臣的封爵等级或者文武官僚的品秩等级。

各个封建国家的经济制度、政治传统、道德规范、宗教势力以及民族关系等多种因素决定着这些国家等级制度的特点。例如我国封建社会中就没有欧洲各国中世纪的僧侣、贵族和骑士，也没有日本封建社会的旗本、大名。町人，秽多，或者朝鲜的两班、中人层。一个封建国家的不同发展阶段，随经济的变革。民族的征服等各种因素变迁的影响，其等级制度也要发生变化。例如我国唐代的部曲、杂户，元代以种族统治为特色的蒙古、色目、汉人、南人，以及明代的勋贵等级，都具有时代特色，随着王朝的更迭而消失，代之以新的等级。

清代是我国封建社会的最后一个王朝，[①] 它也有一套特有的等级制度。本文拟就清代的等级制度的状况和特点作初步的探讨。

一　清代的等级结构

满族以一个尚带有许多奴隶制残余的甫经进入封建制的民族，征服朱明

---

① 需要说明的是，1840 年以前的清王朝是封建社会，1840 年开始进入半殖民地半封建社会；但直至清亡以前，其典章制度没有根本性的改变，封建的上层建筑仍旧保留。因此，为了方便起见，我在这里对整个清王朝的等级制度进行探讨，这样处理问题，不涉及对历史分期问题的看法。

政权以后，结合汉人原有的封建法制，建立了一套具有民族特点的封建制度，开始了一个新的王朝。清王朝的典章为社会成员规定了七种不同的法律身份即分为七个等级。这七个等级是：皇帝、宗室贵族、官僚缙绅、绅衿、凡人、雇工人和贱民。在有的等级中，又可划分为若干等第。下文具体分析这些等级、等第的状况。为了叙述的方便，我把凡人这个等级放在最后谈。

（一）　皇帝等级和宗室贵族等级

皇帝和宗室贵族是清代两个最高的等级。后者的主要组成部分是与前者具有血缘关系的成员构成的。这两个等级的共同特点是等级的世袭性。

让我们先看看清代的皇帝。

恩格斯在描写欧洲君主时说，"在每一个中世纪国家里，国王是整个封建等级制的最上级"，[①] 这话也适用于清代的中国皇帝。

清代的皇帝是地主阶级的总代表，他作为国家的最高统治者，继承了我国历朝封建专制制度的传统，自称上天之子。以为万民之父。"君，父也；民，子也"，[②] 天下之民都是皇帝的"赤子"。[③] 既然是天之子，"处于至尊"当然是不易之理了。[④]

封建专制制度就是独裁统治。中国历代皇帝从来都有至高无上的权力。"朕为天下主"的话，也是清朝历代皇帝的口头禅。"国家唯有一主"，"唯有一人治天下"，或者叫做"乾纲独揽"，这种权利是绝对不能与人共享，更不得旁落的。一切有碍于独裁的人物、机构，必须统统除掉。

清王朝整个国家机构都作为皇帝一人的办事机构而存在。《大清会典》规定，内阁、军机处以及吏、户、礼、兵、刑、工六部各有职掌，它们都是"赞上"以治理万民的，[⑤] 换言之，都是帮助皇上一人进行统治的。至于臣工，"内而部院卿寺，外而总督抚镇，皆佐皇上经理天下之大臣也"。[⑥]

皇帝有权夺取人民的土地归他自己或赐给别人（如圈地），有权把人民

---

① 《马克思恩格斯全集》第21卷，第452页。

② 《顺治实录》第42卷，第4页，顺治六年正月戊亥，谕兵部。

③ 参阅《顺治实录》第21卷，第18页；第42卷，第7页；第43卷，第2页；《乾隆实录》第704卷，第4页等。

④ 《顺治实录》第53卷，第15页。

⑤ 光绪《大清会典》第2、3、4、13、26、43、53、58等卷。

⑥ 《顺治实录》第71卷，第17—18页，顺治十年正月丙戌范文程等奏。

束缚在土地上（如钦赐孔府庙户），有权动用国库以供享乐（如修建园庭陵墓、巡幸狩猎），有权决定战和（如镇压农民起义、向帝国主义投降）。总之，大臣的任命，财政的管理，法典的制定，死刑的批准，考试的录取，政、军、财、文方面立法司法行政大权，最后都集中在一人身上。乾隆说，"一切庆赏刑威皆自朕出，即臣工有所建白而采而用之，仍在于朕，即朕之恩泽也"。① 可见清朝皇帝和历代皇帝一样，对于独裁专制是作为一种当然的制度，而从不忌讳的。清朝十代皇帝的实际作用虽各不相同，但皇帝之作为最高统治者的地位则是一样的。

为了显示地位的至高无上，皇帝的一切都是特殊的。例如，皇帝的命令是最高指示，称为"纶音"、"制"、"诏"、"诰"、"敕"和"圣旨"。他使用专门设计的皇宫、轿舆、服饰。一切黄色的物件，唯皇帝有权使用等。甚至他喝的水都是别人不能用的，"京北玉泉之水，止备上用，其禁甚严"。②

清朝也和历代封建王朝一样，实行家天下世袭制，帝位由父传子，无子传近亲。母妻垂帘，叔伯摄政，皆视为当然。凡反对这一套制度的皆为逆。

清代的法律，有很多条文是专为惩治触犯皇帝的统治和尊严而设的。例如遇赦不赦的"十恶"之中，"谋反"、"谋大逆"、"大不敬"等都是维护皇帝的统治地位的。又如"诈为制书"律规定："凡诈为制书及增减者，皆斩；未施行者绞。传写失错者杖一百"。"诈传诏旨"律规定："凡诈传诏旨者，斩"。"对制上书诈不以实"律规定："凡对制及奏事上书诈不以实者，杖一百徒三年"。③ "制书有违"律规定："凡奉制书有所施行而违者杖一百"；"失错旨意者减三等。其稽缓制书……者，一日笞五十，每一日加一等，罪止杖一百"。④ 总之，皇帝的意旨是最高指示，不可丝毫违反、更改或领会错误。御医合药有误、御膳房为皇帝所备饮食之物不洁不精、御用乘舆及穿用的服饰修整不如法等，有关人员都要受到杖刑。⑤ 此外还有一系列繁文缛节统统定入律例。例如，上书、奏事时误犯皇帝及其父祖的名字，也要

① 《乾隆实录》第 71 卷，第 10 页。
② 《顺治实录》第 137 卷，第 22 页。
③ 《大清律例》刑律、诈伪。
④ 《大清律例》吏律、公式。
⑤ 《大清律例》礼律、仪制。

杖八十。①

乾隆十三年三月，弘历之妻"孝贤纯皇后"死，规定的仪制中有一条："王公百官百日后薙发"。臣工之中，锦州知府金文淳百日内薙发，被拟斩决，改缓。官阶高达二品、三品的江南总河周学健、湖广总督塞楞额、湖北巡抚彭树葵、湖南巡抚杨锡绂等封疆大吏皆因限内薙发治罪：周学健从宽革职，发往直隶修理城工效力赎罪；塞楞额交刑部治罪；彭、杨革职留任，承修直隶二处城工赎罪。②

嘉庆五年，乾隆皇帝弘历死，百日内薙发的蒙古德沁被判斩监候，沙拉布被判杖一百徒三年。③

嘉庆四年，内务府摺中将皇后尊号抄错，结果律以"大不敬"之条，将"承办之主事德宁、写底之笔帖式积善均着加恩免死，各枷号一个月，满日鞭责八十发落。笔帖式兴保年仅十七，系照本誊缮，或竟不识清字，业经革职，著从宽，鞭责五十，即行发落"。④

马克思说，"专制制度的唯一原则就是轻视人类，使人不成其为人"，"它不单是一个原则，而且还是事实。专制君主总把人看得很下贱"。"事实上，在普鲁士，国王就是整个制度；在那里，国王是唯一的政治人物。总之一切制度都由他一个人决定。他所做的或者人家要他做的，他所想的或者人家要他讲的，就是普鲁士国家所做的和所想的"。⑤ 如果把这段话中的"普鲁士"换成"清代"，把"国王"换成"皇帝"，那么也是完全符合事实的。帝王具有最高的权威，这是中国封建制度的传统，也是一切封建制度的特征。

因此，皇帝是清代的一个等级，一个最高的等级，居于整个等级结构的顶端。

现在再来分析清代的宗室贵族等级。

在封建社会中，既然皇帝是至高无上的，皇帝的父母妻党、皇亲国戚则

---

① 《大清律例》吏律、公式。

② 光绪《大清会典》第37卷，礼部，第6页；《乾隆实录》第321卷，第1、19页；吴振棫：《养吉斋余录》第4卷，第10页等。

③ 《仁家圣训》第2卷，第1页。

④ 《仁宗圣训》第1卷，第14页。

⑤ 《马克思恩格斯全集》第1卷，第411—412页。

当然成为拥有特权的贵族,中外莫不如是。在清代,所谓"宗室"、"觉罗"就是这样一个特权阶层。

努尔哈赤之父塔克世被封为"显祖宣皇帝",凡其本支均称宗室,其伯叔兄弟之支均称觉罗,是为皇族。凡皇族,都系带子一条作为标志。宗室系金黄色带,觉罗系红色带。宗室、觉罗中的近支及有功者,得封爵;爵位按照一定的制度世袭。其余为"闲散"。宗室、觉罗设长以治族务,成一独立体系。[①] 宗族血缘关系决定了宗室、觉罗的高贵,所以这种身份是无条件世袭的,除本支蕃衍外,他人无法取得这种资格。

系有带子的宗室、觉罗受到法律的特殊保护。清律规定,一般斗殴不成伤者,罪仅笞二十;成伤笞三十。而殴系着黄、红带子的宗室、觉罗,虽不成伤也判杖六十徒一年,比一般斗殴重九等;伤者杖八十徒二年,比一般斗殴重十等。按照清代的制度,宗族关系远近以服丧时期的长短和服制的重轻分为期亲、大功、小功、缌麻等。缌麻以外,是已出服。距缌麻最近者称袒免。清律中亲属相犯的处刑依服制远近而轻重不同,至袒免、同姓,则与一般人没有区别,不列特殊规定了。即使像主仆那样严格的关系,奴婢对主人的袒免亲发生刑事纠纷时也只按良贱律处理,没有另定条文。宗室、觉罗作为皇帝的亲族,法律身份特殊。他们中虽然绝大部分是皇帝的袒免亲,但其全体始终处于受法律保护的地位上。律注解释说:"裔出天潢,均是皇家之派,岂可轻犯"![②] 早年更为严格,"有詈其祖父者,罪至死"。[③]

宗室觉罗犯罪,"或夺所属人丁,或罚金,不加鞭责。虽叛逆重罪不拟死刑,不监禁刑部"。[④] 罪该杖一百者,罚养赡银一年,徒流以上板责圈禁;罪应发极边烟瘴充军者,也仅责四十板,圈禁二年半而已。[⑤]

宗室觉罗有过犯,可被革退。革退宗室者改系红带,革退觉罗者改系紫带。[⑥] 革退者,皇族修谱(玉牒)时仍列名册后,生女不选秀女。[⑦] 革退宗

①　光绪《大清会典》第1卷,宗人府,第1页。

②　《大清律例》第27卷,斗殴,宗室觉罗以上亲被殴。

③　天聪九年(1635年)春诏。见《清史稿·太宗本纪》,中华书局标点本,第49页。

④　《大清会典事例》第10卷,宗人府,职制,第1页。《顺治实录》第72卷,第4页,顺治十年二月刘余谟奏。

⑤　光绪《大清会典事例》第1卷,宗人府,第4页。

⑥　光绪《大清会典》第1卷,宗人府,第4页。

⑦　光绪《大清会典》第1卷,宗人府,第1页。

室觉罗犯罪时，治罪与一般旗人同，交刑部照旗人例枷号锁禁完结。①

正因为有所依恃，他们之中的许多人经常胡作非为，酒肆茶坊寻衅闹事，"越礼踰闲，干犯宪章者，亦层见叠出。所为之事，竟同市井无赖"。②光绪九年仍有宗室载泰开设赌局殴死旗民某，暴尸城隅"二十余日无人为收殓，官亦不敢过问"之事。③

在经济上，宗室觉罗分有大量旗地，为宗室庄田。④ 特别是王公将军们有庄头为之监督大量的奴仆壮丁进行强制性劳动，带地投充人为之纳银纳物。他们没有向朝廷缴纳田赋的义务，相反还要从宗人府领取俸禄和养赡银。因此，宗室中的上层利用其爵衔身份压榨剥削所得，骄淫奢侈，坐吃京师。至于那些闲散宗室觉罗当然没有王公将军们那样的势力；他们既不从事生产，又无力拥有较多壮丁供其剥削，人口繁衍，仅靠养赡银挥霍，其中许多人逐渐贫困，旗地、壮丁均被私自卖出，成为具有特权的但贫困潦倒的封建贵族。他们和西欧中世纪后期的骑士颇有某些相似之处。

具有特殊地位的汉族贵族，那只有曲阜孔家了。清代继承明代的办法，仍封孔丘的后代为衍圣公，钦赐大量土地作为祭田、孔林地、庙基地、学田等。⑤ "圣裔"公爵世袭罔替，土地也累世相传。此外，孔家还大量购置民田。所有孔氏地亩，不纳赋税，例免差徭。

衍圣公所属各户，独立于官府之外，自编保甲，其佃户需向孔府领取户帖。

清初曲阜县令一缺，由衍圣公保举孔氏族人充任；从而县令为衍圣公服务是自然的事了。衍圣公在实际上行使地方行政权与司法权，他可以对不服差唤的佃户施行拘捕法办。乾隆二十一年以后，曲阜县令由朝廷拣选补调，但孔府大堂上一直陈设着刑杖签筒。佃户不及时听候差遣，衍圣公可开信票通知有关县令拘押，解到孔府堂讯，判处枷号等刑后送县执行。不仅对佃户如此，衍圣公对孔氏宗人和当地一般农民也同样具有这种权力。⑥

①　《大清律例通考》第4卷，名例上，第2页。

②　嘉庆十三年宗室训；光绪朝《大清会典》第1卷，宗人府，第3页。

③　《清史纪事本末》第56卷。

④　光绪《大清会典事例》第159卷，户部，第1页。

⑤　光绪《大清会典事例》第164卷，户部，田赋，免科田地。

⑥　这里有关衍圣公情况，以及下文涉及孔府佃户情况，均据杨向奎：《中国古代社会与古代思想研究》第562—668页及王毓铨：《明代勋贵地主的佃户》，见《文史》第5辑。

衍圣公的这种行为，不载清代典章或特颁诏旨，但是清廷对此从未加以干涉。历来参劾不法绅衿私置板棍擅责佃户、富豪劣绅肆虐乡里的奏章，包括雍正间以此著称的河南山东总督田文镜，对孔府的所作所为都未尝置一词。可见孔府这种权力至少是朝廷默许的，也是被视为当然的特权，成为一种不成文法。虽然衍圣公的势力所及相对全国而言其范围是不大的，但它的性质不容忽视。在清代，这样的司法特权乃是一种特例，即使宗室觉罗中的王公将军也不具有。因此，从等级序列上说，衍圣公居于很高的位置。

据此，宗室觉罗及特封贵族属于一个等级，其中分为衍圣公、王公贵族和闲散宗室觉罗等三个等第。

（二）官僚缙绅等级

前节讲到，清代的皇帝和历代皇帝一样，是专制独裁的君主，朝廷大小官僚只是奉旨行事。但对百姓而言，官僚缙绅却又代表"朝廷之体"，[①] 乃是国家机器的象征，是皇帝意旨的实行者。根据"大人理所当畏，国家有上下贵贱之体"的理论，[②] 官民之间，贵贱之间有着一条重要的界限。所谓上下之分，在名分关系中占有重要地位。定尊卑名分以"励臣节"，"励臣节以维国体"。[③] 就是说，给官僚缙绅以特权地位，是为了维护封建国家的统治。

所谓官僚缙绅，或简称缙绅。他们之中，首先是现任的内外大小官员，这是当时政权的具体体现者。其次是"以理去官"的非现任官员，所谓"以理去官"，即以正当道理解任而去，但其职衔仍在的意思。包括职任已满，停止支给俸饷已不管事的官员；有新官接任，交代而去的官员；沙汰冗员裁革衙门而多余的官员；起送赴部候补的官员；已补而尚未到任的官员以及因老、因病退官乡居的官员等，均在此内。第三是"封赠官"，即本人并未担任朝廷官职，只因子孙当官而得封诰者。此外，还包括上述各类人员的诰命妻子。[④] 所有这些人，构成一个国家法典承认的特权集团。他们拥有的特权主要表现在法律和赋税两大方面。

---

① 《大清律笺释》，转见《大清律例汇辑便览》第29卷，刑部，骂詈。
② 《朱子·畏大人》注。转见《康熙实录》第256卷，第18页。
③ 《乾隆实录》第7卷，第40页。雍正十三年十一月甲子，乾隆诏。
④ 《大清律例》第4卷，名例律上，以理去官。

法律方面的特权。为了使官僚缙绅便于为皇帝进行统治，朝廷给缙绅以特殊的法律保护，置之高于百姓的地位，借以维护官僚的尊严，并从而使百姓不敢轻于犯上作乱。顺治二年题准："部民陵厉本官……事发，治以重罪"。① 法律严禁殴打、辱骂官僚缙绅，犯者从重处分。刑律斗殴门规定，凡人斗殴不成伤者笞二十，伤者笞三十，折伤杖六十徒一年。而部民殴本属知府、知州、知县，杖一百徒三年，伤者杖一百流二千里，折伤者绞监候；不伤及伤分别比凡人罪重十三等，折伤的处刑则有生死之差。凡人骂詈罪笞一十。部民骂本属知府、知州、知县杖一百，军民吏卒骂本属佐贰官杖六十；比凡人骂詈罪分别重九等和五等。凡毁骂公、侯、驸马、伯，及京、省文职三品以上、武职二品以上者，除杖一百外还要枷号一个月发落。不但打骂本属长官罪重，殴打任何官员均加重处刑：军民"殴非本管三品以上官者杖八十徒二年，伤者杖一百徒三年，折伤者杖一百流二千里；殴伤（非本管）五品以上官者减（三品以上罪）二等；若减罪轻（于凡斗伤）及殴伤九品以上（至六品）官者，各加凡斗伤二等"。② 总之，抬高官吏的法律地位以"重名器"。

在司法过程中，缙绅作为诉讼的当事人时，也享有各种优待。古者刑不上大夫，"优臣工所以尊朝廷也"。③ 清制，一、官员有犯，不许擅自勾问。"凡内外文武大小官有犯公私罪名，所司开具事由，实封奏请，不许擅自勾问。若许推问，依律拟奏闻区处，仍候复准方许判决"。④ 二、诉讼时不必亲自出庭。"凡官吏有争论婚姻、钱债、田土等事，听令家人告官对理，不许公文行移。违者笞四十"。⑤ 三、审讯过程中，对三品以上官员不得用刑。"三品以上大员身罹罪谴，即奉旨革职拏问者，法司亦不得遽加三木。如有不得不夹讯者，亦必请旨。将此永著为例"。⑥ 四、轻罪不服刑。"凡内外大小文武官犯公罪该笞者，一十罚俸一个月，二十、三十各递加一月，四十、五十各递加三月；该杖者，六十罚俸一年，七十降一级，八十降二级，九十

---

① 光绪《大清会典事例》第156卷，户部，户口，第4页。

② 《大清律例》第27卷，刑律，斗殴。

③ 《顺治实录》第11卷，第10页，顺治元年十一月癸卯，龚鼎孳等奏。

④ 《清朝通志》第76卷，刑法略2，第7205页。

⑤ 《大清律例通考》第30卷，刑律，诉讼。

⑥ 《乾隆实录》第7卷，第40页，雍正十三年十一月甲子。

降三级，俱留任；一百降四级调用"。① "凡内外大小文武官犯私罪该笞者，
一十罚俸两个月，二十罚俸三个月，三十、四十、五十各递加三月；该杖
者，六十降一级，七十降二级，八十降三级，九十降四级，俱调用，一百革
职离任。（犯赃者不在此限）"。② 条例还规定，"一切有顶戴官有犯笞杖轻
罪，照律纳赎。罪止杖一百者，分别咨参除名，所得杖罪免其发落。徒流以
上照例发配"。③

这些规定简单概括起来就是：凡人对缙绅有所侵犯，要加重处刑；缙绅
与凡人发生诉讼案件，不需出庭，只派家人告理即可；即使受到审讯，也不
受刑讯；即使讼败，也可不必服刑，罚俸或缴纳极为有限的赎金了事。可
见，缙绅的法律地位明显地高于凡人。

在赋税徭役方面，缙绅有优免特权。清制，百姓有承担官差徭役的义
务。各种官差称为"力差"，后改"力差银"，又摊征于地粮，为"均徭
银"。④ 不论征夫还是摊银，对百姓都是沉重的负担。除皇帝出巡时沿途所需
各种支应称所谓"大差"外，杂差名目更是繁多。例如，有人列举直隶杂差
有：米车、煤车、酒车、委员过境车、递解人犯车、草料、麸、炭、天棚、
挑夫、壕墙、栅栏、井盖、井栏、劈柴、枝子、秫稭、船只、纤夫等。这些
差役，"既无一定额数，又无一准时期，可少可多，无早无暮"，随时呼叫征
敛。其摊派方式也各不相同，有按牛、驴派者，有按村庄派者，有按牌甲户
口派者，杂乱无章。再加上除应派额外，差役上下其手，敲诈勒索，百姓苦
不堪言。"穷民昼夜伺候，不免饥寒倒毙"。⑤

如此沉重的差徭，并非平均负担的。顺治五年定绅衿优免例，规定内官
一品免粮三十石、丁三十，二品免粮二十四石、丁二十四，其下以次递减，
至九品免粮一石、丁一；以礼致仕者免十之七，闲仕者免半。举人、贡生、
监生、生员免粮二石、免丁二。⑥ 可见，凡有官职、曾有官职的缙绅和考取
功名的举监生员都在优免之列。这一套办法，是完全继承了明代嘉靖二十四

---

① 《大清律例》第 4 卷，名例律上，文武官犯公罪。
② 《大清律例》第 4 卷，名例律上，文武官犯私罪。
③ 《大清律例》第 4 卷，名例律上，赎刑。
④ 光绪《大清会典》第 18 卷，户部。
⑤ 参阅张杰：《论差徭书》，见《皇朝经世文编》第 33 卷，户政 8；彭启丰：《陈浙省事宜
疏》，见《皇清奏议》第 42 卷；《清朝文献通考》第 27 卷，职役一，第 7791 页等。
⑥ 《清朝文献通考》第 25 卷，职役 5，第 5072 页。

年所定的优免条例。^① 顺治八年开始，止免杂办差徭，不免正赋。^② 十四年，又进一步限制，自一品以下直至生员吏丞"止免本身丁徭，将优免丁粮悉应停免"。^③ 康熙二十九年，山东巡抚佛伦奏疏力陈绅衿贡监户下均免杂差"偏累小民"，建议"凡绅衿等田地与民人一例当差"，经九卿讨论后，"悉如所奏，一体通行"，^④ 似乎从此以后缙绅和绅衿的优免特权都已取消了。但事实上，一切仍旧，而且仍然得到官府承认。^⑤ 雍正四年，再次明确"绅衿祇许优免本身一丁"。^⑥ 雍正五年规定绅衿免保甲役。^⑦ 乾隆元年重申绅衿免一切杂役。^⑧ 以后就没有大的变化了。以上过程说明，在清代，缙绅和绅衿的优免数额虽经几度缩小和限制，但始终存在，他们从来都拥有这种一般百姓所享受不到的特权。

尽管优免的数量按级分等，有多有少，在实际生活中，只要有这一特权，他们就可以利用其本身的势力以及与地方现任官吏勾结，加以扩大和滥用。有的原属寒素，才登仕籍，"一切大姓富室尽寄其门，出平日力役之费，以供本宦薪水之资，里下差役终身不及"；有的"今日服官，明日便称官户"，全家享受优免；优免数额远远超出规定，"会典内官一品者免田千亩，今且过万矣"。^⑨ 这虽然是描写明末情况，但这种情况清初未见改善。"有田连阡陌坐享膏腴而全不应差者"，"进士举贡生员犹有各立的名，或书职衔，名曰官户、儒户，凡杂项差徭量行豁免"，"杂差繁苦，未免有亲族人等冒借名户，希图幸免，以致绅衿名下之田半皆影冒"。^⑩ 康熙间，"绅衿公然包揽，大获其利"。^⑪ 道光以来直至光绪，一切仍旧。所有有钱的人都想挤进缙

---

① 万历《明会典》第20卷，户部7，第19页，赋役。
② 户科给事中柯耸：《编审厘弊疏》，见《皇朝经世文编》第30卷，户政5。
③ 户部覆奏。见《定例成案合镌》第4卷，参阅《清朝文献通考》第25卷，职役5，第5072页。
④ 《康熙实录》第146卷，第14页。康熙二十九年五月乙亥。
⑤ 直至道光二年仍有关于这一规定"未能奉行"的记载；直隶布政使屠之申：《筹直隶减差均徭疏》，见《清朝文献通考》第27卷，职役1，第7791页。
⑥ 《清朝文献通考》第25卷，职役5，第5073页。
⑦ 同上注；又光绪《大清会典事例》第753卷，刑部，户律，户役。
⑧ 《乾隆实录》第12卷，第2—3页，乾隆元年二月戊辰。
⑨ 顺治二年，赵宏文：《清均赋役以收民心疏》，见《皇朝经世文编》第29卷，户政4。
⑩ 顺治十八年，柯耸：《编审厘弊疏》，见《皇朝经世文编》第30卷，户政5。
⑪ 黄六鸿：《论编审》，见《皇朝经世文编》第30卷，户政5。

绅、绅衿的队伍；财富不多的人"甚至同族比邻共捐一职衔、监生，藉为护符，抗差不出"。① 所谓"包揽"和"诡寄"的问题，有清一代未能解决。

其结果，百姓负担大大加重，"免差之地愈多，则应差之地愈少，地愈少则出钱愈增。以致力作之农民每地一亩出钱至二、三、四百文不等，较是正赋，每亩征银一钱上下者，多逾倍蓰。"② 有的地方贫者"既无立锥以自存，又鬻妻子、为乞丐，以偿丁负"。③ 种种弊端，不胜枚举，百姓苦不堪言。

这种优免特权，使得缙绅和绅衿有更多的方便条件去兼并土地。富贵相连，贵为富提供了条件和保证。

法典还肯定了缙绅对所属民人有役使权。户律户役门"私役部民夫匠"律规定，"凡有司官私役使部民"出百里之外及久占在家使唤者，一名笞四十，每五名加一等，罪止杖八十，每名计一日追给雇工银八分五厘五毫。若有吉凶及在家借使杂役者勿论。其所使人数不得过五十名，每名不得使过三日，违者以私役论"。规定中禁止的是，一、出百里之外，二、久占在家使唤；这两种情况，要受笞刑和追给雇工银。但允许在家借使杂役五十名，三日，在此范围之内不受限制，不给雇银。沈之奇在《大清律辑注》中写道："部民于有司原有应役之义"，"远遣久占则废民业"，所以"有司于部民当存体恤之心"。④ 可见该律的立意是，凡人有受官员役使的义务，官员有役使凡人的权利，为了稍示体恤，所以才略加限制。这一规定突出地表现了官民之间的不平等。

法律上的特权使得缙绅具有特殊的法律地位，赋役的优免权、役使部民权使得缙绅有优越的经济地位。

日常生活和仪制方面的许多规定，缙绅也不同于常人。例如，"军民人等，于街市遇见官员引导经过，即须下马躲避，不许冲突。违者笞五十"。⑤ 慢侮缙绅者治以重罪。⑥ 此外，诸如婚丧礼仪、车轿服饰以及房舍屋宇等，

---

① 光绪十三年九月，直隶布政使、按察使告示。见《字林沪报》光绪十三年九月二十四日（1887年11月9日）。

② 屠之申：《敬筹直隶减差均徭疏》，见《皇朝经世文编》，第33卷，户政8。

③ 盛枫：《江北均丁说》，见《皇朝经世文编》第30卷，户政5。

④ 转见《大清律例增修统纂集成》第8卷，户律，户役，私役部民夫匠律。

⑤ 《大清律例》第17卷，礼律，仪制。

⑥ 顺治二年题。光绪《大清会典事例》第156卷，户部，户口。

都有缙绅殊于凡人的具体规定，^① 借以显示缙绅的尊严和不可侵犯性。所有这些，都在官民之间划上深深的一条界限。

官僚缙绅之中，文官三品、武官二品以上又有更为特殊的权利。百姓如骂或殴他们，获罪更重。他们有罪不受刑讯。此外更有一种特权，即准送一子入监读书，称为"荫监"，以使他们至少有一子可以做官，从而保证其下一代仍在缙绅行列之中。

由以上述情况可见，官僚缙绅总起来是一个等级。根据他们享有特权的大小，又可细分为高官和一般官僚这两个等第。

（三）绅衿等级

所谓绅衿，是指有功名（学衔）而未仕的人物。在清代，童生经县试、府试或院试成为生员，^② 再应岁科两试，可为廪生、增生或监生。生员，俗称秀才，着蓝袍，故称青衿。读书人取得生员资格，即得到人们尊重，出入可乘肩舆。^③ 但够得上与缙绅交往的，要经过乡试取得举人以上资格，最少也得荫监，因为读书人中只有他们才能直接得到朝廷的任命成为现任官员。生员中举以后，称呼皆改"老爷"。^④ 乾隆元年，福建发生一起吏卒骂举人的案件，在判处中，官府把举人比照为六品以下长官，可见举人的地位不同于一般读书人。

举监生员在法律上具有不同于一般人的地位。如，有诉讼时，一般不受拘押。^⑤ 一般诉讼向衙门进呈，不必亲自出面，准用家丁、工人及弟侄子孙报告。^⑥ 轻罪得予纳赎，罪至杖一百者，也仅"咨参除名"而已，^⑦ 流罪发遣，地区予以照顾，只往云、贵、两广等"烟瘴少轻"地方管束，而且"不得加以'为奴'字样"，^⑧ 即在服刑方式上予以宽待。他们的法律地位和缙绅相比，差异较大之处是，在与凡人发生刑事案件时，没有明文规定他们

---

① 参阅光绪《大清会典》礼部；叶梦珠：《阅世编》第 8 卷等。
② 参阅商衍鎏：《清代科举制度》。
③ 参阅叶梦珠：《阅世编》第 4 卷，士风。
④ 钱甃：《厚语》，转见张履祥：《杨园先生全集》第 44 卷，近古录二，第 25 页。
⑤ 参阅裕谦：《勉益斋续存俦》第 5 卷，《州县当务二十四条》。
⑥ 张联桂：《学治续录》第 4 卷。
⑦ 光绪《大清会典》第 56 卷，刑部，赎刑之制。
⑧ 《乾隆实录》第 26 卷，第 21 页，乾隆元年九月甲辰。

具有较高的法律地位。因此，从官民这条界限来看，绅衿属于民的范畴。

在赋役方面，绅衿具有的特权在上节已经论及，这里不再赘述。

根据以上情况，可见绅衿是仅次于缙绅的一个特权等级，也是缙绅等级的预备队伍。绅衿等级中又可分为举人和生监两个等第。

绅衿虽然不像缙绅那样拥有较多的特权，但是他们在地方的实际势力是不容忽视的。"向来同年故旧联络声援，及地方官与在籍缙绅结纳徇情，最为恶习。"① 他们彼此间有许多矛盾，但共同的利益使得需要彼此依靠，相互利用。绅衿削尖脑袋争取能够出入衙门，获得许多非法特权，以便包揽钱粮，起灭词讼，武断乡曲。地方官则需要靠绅衿以及地方乡居缙绅协助统治。他们"上迫于长官之考成，下迫于豪横之把持，英气销铄，专意结合士绅，保其一日之利"。② "官长行好事，还要乡绅出来方得圆满。"③ 皇帝"依靠地主绅士作为全部封建统治的基础"。④ 缙绅和绅衿两个等级共同形成了清代统治阶级的基础，直接压在百姓头上。

新官下车伊始，就与当地绅衿勾结。"府州县官新任尚未入境，而该地绅衿即先差家人远迎接风。"⑤ 对待这种迎接，有人教导那些做官的人说："若在本分之地相接者，除属下乡民不必下轿，但以温语劳归外，凡同僚、儒学、绅衿，皆宜下轿叙谢远劳。"⑥ "及到任后，各相认识，寅缘结交。或祝寿馈节，厚仪络绎；或拜为门下，或联为宗谊。"⑦ 当地绅衿则"屡至官厅，口口公祖，声声父母，刊贴德政，竖立碑文。只鸡樽酒而庆生辰，即是说情之渐；排难解纷而效奔走，便为请托之媒"。⑧ "以致情面请托，徇庇作奸，不系通同，即受挟制。"⑨ 袁守定引《孟子》语曰："为政不准，不得罪于巨室。"同治间丁日昌评道："今日之官但能掊击无势之富室，岂敢掊击有

---

① 《乾隆实录》第578卷，第17页，乾隆二十四年正月乙未谕。
② 金蓉镜：《复抚军密查地方吏治文》，光绪间，湖南。见《痰气集》第7页。
③ 石天基：《官绅约》，见《切问斋文钞》第13卷。
④ 《毛泽东选集》第587页。
⑤ 雍正七年，监察御史杨士鉴疏。见《定例续编》第3卷，吏部，职制下3。
⑥ 胡衍虞：《居官寡过录》，见徐栋：《牧令书辑要》。
⑦ 雍正七年，监察御史杨士鉴疏。见《定例续编》第3卷，吏部，职制下3。
⑧ 雍正五年，田文镜告示。见《抚豫宣化录》第4卷，第119页。
⑨ 雍正七年，监察御史杨士鉴疏。见《定例续编》第3卷，吏部，职制下3。

势之富室哉!"① 得罪地方缙绅、绅衿,这位地方官也就帽顶难保,官运不长了。

作为绅衿虽不具有那么多的法定特权,但与缙绅,特别是与现任地方官勾结之后,也可以"田连阡陌,坐享膏腴而全不应差","里下差役终身不及"。② "完粮必短封减耗,保甲必抗不当差,出借仓谷则捏造鬼名而负欠,包揽钱粮则诡寄田地而侵收。"③ 不但经济上有此利益,政治上也可为所欲为。因为地方官如系来自外地,没有当地地方实力派的支持,就不可能对几十万百姓进行有效的统治。如果他是"庸儒之员",则只好"听其指使,同恶相济";如果他是"清廉正直之吏",地方势力则对他"多方把持。把持不遂,因而媒孽其短,纠众挟制"。地方官"一受其挟制,狐群狗党,肆无忌惮。或包揽唆讼,出入衙门,或借事生风,武断乡曲,或重利盘算人妻女,或假契霸占人产业。他如贩私养盗,局赌窝娼,无所不为,甚至贴抬聚众,垒署关城,无所不至"。④ "乡人惧其声威,任从指使;家奴半充吏役,遇事风生。百姓撄其锋,只须一张名帖;衙门奉其令,便如一道灵符。"⑤ 所以有人说,"绅士视官不足重轻,是以地方公事之权均在绅士之手,官不过为绅监印而已"!⑥

缙绅和绅衿这两个等级,在法典中并没有固定的制度保障其地位,官职也不是世袭的,他们仍有降为凡人乃至更低下等级的可能。凡人在通过考试、保举、捐纳、军功等途径,也有可能进入绅衿等级和缙绅等级。通过这些途径,缙绅和绅衿等级在不断扩大。

不可否认,清朝建国之初,为了巩固新的统治体制,曾经对汉人缙绅和绅衿加以限制和打击。⑦ 例如,顺、康间多次制定禁止豪强霸占,禁止劣衿土豪借开垦侵人田地,禁绅衿诡寄田亩、拖欠和包揽钱粮等条例。特别是顺治末年著名的哭庙案、江南奏销案以及三次闱案,都曾给缙绅和绅衿势力以沉重的打击。但当清王朝统治体制稳定以后,就整个清代而言,缙绅和绅衿

---

① 《图民录》,见徐栋:《牧令书辑要》二,屏恶,第43页。
② 《皇朝经世文编》第29卷。
③ 雍正五年田文镜告示,见《抚豫宣化录》第4卷,第119—120页。
④ 雍正五年田文镜告示,见《抚豫宣化录》第4卷,第12页。
⑤ 雍正五年田文镜告示,见《抚豫宣化录》第4卷,第119—120页。
⑥ 李辀:《牧沔纪略》卷下,第96页。
⑦ 参阅李文治:《论清代前期的土地占有关系》,见《历史研究》1963年第5期。

都是高于凡人的具有特权的等级，则是没有问题的。

（四）雇工人等级

在清代，雇工人是一个特定的等级。法典中一系列律文确定了雇工人的法律地位。

雇工人称其雇主为"家长"。雇工人和他的家长以及家长的有服亲属间具有主仆名分，法律上不是平等关系。例如，凡人相殴不成伤，罪笞二十；雇工人殴家长不成伤杖一百徒三年，比凡人罪重十三等之多。反之，家长殴雇工人即使折伤也减凡人罪三等，折伤以下"勿论"，即不构成犯罪。在法律中，关于雇工人及其家长间相犯的处刑规定，没有一项是平等处刑的。特别值得注意的是这样一条规定：雇工人"若违犯教令而依法决罚，邂逅致死"，"各勿论"。所谓"教令"就是家长的指示，所谓"决罚"就是体罚。换言之，朝廷给雇工人规定的义务是，他必须服从雇主及其期亲的任何指示；给雇主的权利是，如果雇工人不服从这种指令，雇主可以对他进行拷打，碰巧打死，不构成犯罪。清律的这一规定，将雇工人和奴婢并列，这就意味着，立法者把雇工人的劳动看成和奴婢的一样，属于奴役性的强制劳动。

雇工人不仅对家长是这样，他对雇主宗法家长制体系内的任何有服成员都具有不同程度的不平等关系。雇工人和雇主及其家族有服成员间发生刑事案件，比照家族中子孙卑幼对父母尊长的关系来权衡处刑。例如，雇工人谋杀家长致死，与子孙谋杀父母致死或卑幼谋杀期亲尊长致死同罪，凡参与共谋者，不分主从一律凌迟处死。家长殴伤雇工人和父母殴伤子孙、期亲尊长殴伤卑幼一样，无罪。清代法学家称，"雇工人虽不在伦常中，而名分之重则与子孙不异"。① 但从另一些罪行看，对雇工人处刑比对子孙处刑略轻，如骂詈罪中，子孙骂父母者绞，雇工人骂家长杖八十徒二年。法典当然不会把雇工人真的当作家长的子孙，畀以诸如财产继承等子孙应有的权利。而且在法律上雇工人对家长的卑幼亲属并不能像家族成员那样视为卑幼，相反，这些卑幼亲属对雇工人也处在和他们的尊长同样优越的法律地位上。这是因为

---

① 李柟：《大清律笺释》第19卷，第6页。参阅万枫江：《大清律集注》第20卷，第7页。

雇工人对家长"实属分严情疏，非卑幼亲属可比"。① 家长及其家族有服成员之于雇工人名分确实很严，至于"情"，则不止是"疏"，而是无情的压迫和剥削。所以说，他隶属于雇主的整个家族。

以雇工人和奴婢的法律地位相比较，雇工人和家长及其家族有服成员间相互犯罪处刑的规定比奴婢对家长及其家族有服成员相犯处刑规定有许多条完全相同，同时又有一些罪行的判刑和奴婢不同。凡是不同的，雇工人犯家长比奴婢犯家长处刑轻，家长犯雇工人比犯奴婢罪重。

此外，雇工人与奴婢不同之处突出的还有两点：一、雇工人与家长的主仆关系，随雇约解除而中止，雇工人"不过受人雇值为人执役耳，贱其事未贱其身，雇值满日，即家长亦同凡人，与身为奴婢者不同"。② "雇工〔人〕只为生计受雇佣工，因其既受役使，不得不示以上下之分。若一经工满，去留得以自由，留之则为主仆，去之则无名分"，"其工价既尽，即属凡人也"。③ 二、虽然雇工人与凡人不等，但法典并没有规定雇工人属贱民范畴，有关良贱的法律条文对雇工人均无效。雇工人仅与雇主及其有服亲属间具有主仆名分，而对雇主家属以外的社会成员仍是平等的凡人关系。因此，清代的雇工人是高于奴婢的一个特定等级。属于雇工人等级的雇佣劳动者，肯定不能称作自由雇佣劳动者。

并非所有的雇佣劳动者都具有雇工人身份。什么人属于雇工人范畴，不同时期有不同规定。

清初一百一十五年间，沿袭明万历十六年制定的"新题例"的规定："官民之家，凡倩工作之人，立有文券议有年限者，以雇工人论；止是短雇月日受制不多者，依凡论。其财买义男，如恩养年久配有室家者，照例同子孙论；如恩养未久不曾配合者，士庶之家依雇工人论，缙绅之家比照奴婢律论。"按照这一条例，所谓雇工人包括：一、立有文券议有年限的雇佣劳动者；二、士庶之家恩养未久不曾配合的财买义男。

乾隆二十四年定例："其雇倩工作之人，若立有文契年限，及虽无文契而议有年限，或计工受制已阅五年以上者，于家长有犯，均依雇工人定拟。

---

① 乾隆十九年十二月刑部奏折，见《定例续增》第 21 卷，第 74 页。

② 《大清律辑注》第 20 卷，刑律，斗殴。

③ 《审办雇工殴旧家长议》，见《皇朝经世文编》第 92 卷。

其随时短雇受制无多者，仍同凡论。"二十五年补充，"家长杀雇工人，必有文契年限方依雇工人定拟；如无，同凡论"。据此，乾隆二十四年以后的八年间所谓雇工人包括：一、有文契年限的雇佣劳动者；二、侵犯家长的无文契而议有年限的雇佣劳动者；三、受雇在五年以上侵犯家长的雇佣劳动者。

乾隆三十二年定例："官民之家，除典当家人、隶身长随，及立有文契年限之雇工仍照例定拟外，其余雇工虽无文契而议有年限，或不立年限而有主仆名分者，如受雇在一年以内，有犯寻常干犯，照良贱加等律再加一等；若受雇在一年以上者，即依雇工人定拟。其犯奸、杀、诬告等项重情，即一年以内，亦照雇工人治罪。若只是农民雇倩亲族耕作，店铺小郎，以及随时短雇，并非服役之人，应同凡论。"按照这一条例，乾隆三十二年以后的二十一年间，所谓雇工人包括：一、无文契而议有年限受雇一年以上的雇工；二、不立年限而有主仆名分、受雇在一年以上的雇佣劳动者；三、犯奸、杀、诬告重情的雇佣劳动者。

乾隆五十三年定例："凡官民之家，除典当家人、隶身长随仍照定例治罪外，如系车夫、厨役、水火夫、轿夫及一切打杂受雇服役人等，平日起居不敢与共，饮食不敢与同，并不敢尔我相称，素有主仆名分者，无论其有无文契、年限、均以雇工论。若农民佃户雇倩耕种工作之人，并店铺小郎之类，平日共坐共食，彼此平等相称，不为使唤服役，素无主仆名分者，亦无论其有无文契年限，俱依凡人科断。"按照这一条例，乾隆五十三年直至清亡的一百二十三年间，所谓雇工人包括：一、车夫、厨役、水火夫、轿夫及一切打杂受雇服役人等，二、素有主仆名分的雇佣劳动者。

此外，处在雇工人法律地位上的人还有：一、白契所买之人并典当家人、隶身长随中甫经典买或典买未及三年，并未配有妻室者；二、干犯家长并家长期服以下亲的赎身奴婢；三、干犯家长及家长期亲、外祖父母的赎身奴婢之子女；四、放出奴婢之子女；五、发遣黑龙江等处为奴人犯之妻；六、奸职官妻之弓兵、门皂等。

根据以上规定，作为一种法律身份的雇工人，包括一部分雇佣劳动者，一部分贱民、奴婢和一部分奴婢的家属。

就雇佣劳动者而言，脱离雇工人范畴就意味着脱离对雇主及其家族的人身隶属关系。根据原有的"新题例"，短工是和雇主有平等的法律地位的，至于长工，一般地说，不论是生产劳动者还是服役劳动者，其法律地位仍然低下。乾隆二十四年条例把连续受雇于同一雇主在五年以下的长工解放为凡人，这是一个进步。乾隆三十二年条例开始将生产性雇佣劳动者和服役性雇佣劳动者分别对待，这也是个进步；但同时又将受雇一年以内的部分雇工又划为雇工人。乾隆五十三年条例将农民佃户所雇的生产性劳动者统统划作凡人；但是凡有主仆名分者，不论其他条件又全部划为雇工人。可见，清代关于雇工人条例的历次修改虽然总的趋势是逐渐将一部分雇佣劳动者划出雇工人范围，但是雇佣劳动者法律形式上的人身隶属关系的解放，是一个相当缓慢的、甚为曲折的历史过程，短工的身份解放从明代万历十六年就已开始，自那以后到乾隆五十三年部分长工的身份解放，前后长达两个世纪（1588—1788）之久。而在清王朝灭亡以前，这个法律上的解放过程始终没有完成。①

雇工人条例的多次修改，都集中在乾隆二十四年至五十三年这三十年间。法律的变化，有司法、立法本身的原因和条件，但是，更深刻的原因还是经济关系的发展的需要。因此，乾隆年间雇工人条例的多次修改，给我们提供一个线索，即十八世纪六十到八十年代及其稍前一段时间内，农村中雇佣关系的发展情况值得注意研究。

（五）贱民等级

清《会典》规定，对居民要分良贱。良贱界限乃是清代另一条重要的界限。民、军、商、灶"四民②为良，奴仆及倡优隶卒为贱。其山西、陕西之乐户、江南之丐户、浙江之惰民，皆于雍正元年、七年、八年先后豁除贱籍。如报官改业后已越四世，亲支无习贱业者，即准其应考出仕。其广东之蜑户、浙江之九姓渔户皆照此例。凡衙门应役之人，除库丁、斗级、民壮仍列于齐民，其皂隶，马快、步快、小马、禁卒、门子、弓兵，仵作、粮差及巡捕营番役，皆为贱役。长随亦与奴仆同。其奴仆经本主放出为民者，令报明地方官咨部覆准入籍。其入籍后所生之子孙，准与平民应考出仕，京官不

---

① 有关雇工人问题，参阅欧阳凡修：《明清两代"雇工人"的法律地位问题》（见《新建设》1961 年第 4 期）及《明清两代农业雇工法律上人身隶属关系的解放》（见《经济研究》1961 年第 6 期）二文。

② 清制，民人分别就其所在府州县著于籍。籍分军、民、商、灶四种。土著居民在本地入籍；寄居本地，置有坟庐已超过二十年的居民，准在当地入籍。（光绪《大清会典》第 17 卷、户部。）以后，民籍之外，准灶丁为世业。（《清朝文献通考》第 21 卷，职役一，第 5044 页。）

得至京堂，外官不得至三品"。[①] 可见贱民等级的组成是相当复杂的。下面分别介绍其简况。

1. 奴婢

贱民等级最主要的部分是奴仆。奴仆中，男为奴，女为婢，故清律沿明律称之为"奴婢"。满族入关以前有一套严格的奴仆制度；入关后，把这套制度和明代的奴婢制度相结合，成为清代的奴婢制度。清承明律，把奴婢规定在最低下的法律地位上。

清初，奴婢主要由下列六部分人组成：满洲原有的世仆家奴，即包衣，与汉人作战所得的俘虏，汉人原有的奴婢，汉人投充奴仆，汉人卖身当身奴婢，以及发遣为奴的罪犯。以后，逐渐为卖身、当身奴婢为主。

在明代，从法典的规定上讲，庶民在名义上是不准存养奴婢的。到清代，则准许庶民收养奴婢，并且准许奴婢交易。清初并设有"人市"。朝廷为贫民出卖子女规定了手续；卖身时契纸经官用印的称为"印契奴婢"或"红契奴婢"。印契奴婢所生子女称为"家生子"。卖身时没有到官府登记，契纸未尝盖有官印的奴婢称"白契奴婢"。清代在规定一系列禁止压良为贱条例的同时，使买良为贱合法化。

清代正式准许庶民使用奴婢和准许买良为贱，较诸明代，特别是明代前期，是一次反动。这是生产关系落后的民族征服汉族的结果之一。

清代，奴婢附籍主家，不单独立户。奴婢称主人为"家长"。奴婢与家长之间具有严格的主仆名分。这样主仆名分决定了家长及其家族对奴婢的绝对统治地位。这种统治关系，得到法律的保护。

奴婢和家长见其家族的关系，在法律上，地位相差极为悬殊。例如，凡人斗殴不成伤，笞二十；奴婢殴家长不成伤，"皆斩"，即凡参加殴打者不分首从全体斩首。处置之严，无以复加。反之，家长殴奴婢，殴至折伤也不构成犯罪。可见奴婢的法律地位比其主人低到何等程度。更有甚者，"若奴婢违犯教令而依法决罚，邂逅致死"，"勿论"。这就是说，国家给予主人以任意役使奴婢的权利，剥夺奴婢反抗的权利。

奴婢侵犯家长，其处刑是以子孙侵犯父祖的罪行比拟的。例如干名犯义、谋杀家长、家长为人杀私和等罪，处刑均与子孙同。

---

① 光绪《大清会典》第 17 卷，户部。

奴婢法律地位之低下，不仅相对家长本人，而且相对家长宗族中所有有服成员莫不如是。仍以斗殴不成伤罪为例，奴婢殴家长期亲，处绞候，比凡人罪重十七等，而且是死刑；奴婢殴家长大功亲，杖八十徒二年，比凡人罪重十一等；奴婢殴家长之小功亲，杖七十徒一年半，比凡人罪重十等；奴婢殴家长之缌麻亲，杖六十徒一年，比凡人罪重九等。反之，殴期亲、大功、小功及缌麻亲属的奴婢，成伤也无罪，不成伤更毋庸论了。

所以说，奴婢和雇工人一样，也是被编在主人的封建宗法家长制体系内论刑的。

和雇工人相比，清律中奴婢和雇工人对家长犯罪时，有许多罪行的拟处相同，已如前述，其他罪行则无例外地奴婢重于雇工人。如雇工人骂家长，杖八十徒二年；奴婢骂家长则绞候。雇工人殴家长不成伤，杖一百徒三年；奴婢殴家长则皆斩。雇工人故杀家长，凌迟；奴婢故杀家长则不分首从皆凌迟，等等。可见，奴婢处在比雇工人更低的法律地位上。

主奴关系一旦形成，奴仆的妻子儿女的身份均受影响。契买家奴及"户下陈人"的女儿不得私聘。[①] 儿子为"家生子"，需为主人披甲，[②] 实际是归主人所有。凡人相奸，男女各杖八十，而家长奸仆妇仅笞四十。[③] 家仆亡故，其妇听原主给还财礼领回。[④] 可见，奴仆的妻子儿女在一定意义上也是属于主人的。

奴婢不仅在主人家族中地位低下，他们在社会上的身份和法律地位也是低下的。作为贱民的奴婢和良民有着明确的界限。清律中的良贱关系的条文主要指的是四民和他人奴婢的关系。例如，"凡奴婢殴良人者加凡人一等"，"其良人殴伤他人奴婢者减凡人一等"。[⑤] "凡奴奸良人妇女者加凡奸罪一等，良人奸他人婢者（男妇各）减凡人一等。"[⑥] 更重要的规定是良贱不得通婚媾。"凡家长与奴娶良人女为妻者杖八十，女家（主婚人）减一等，不知者不坐。其奴自娶者罪亦如之；家长知情者减二等，因而入籍（指家长言）为

---

① 《大清律例》刑律，奴婢殴家长律附例。

② 《古今图书集成》，祥刑典，第 81 卷，律令部。

③ 《大清律例》，刑律，犯奸。

④ 《古今图书集成》，祥刑典，第 56 卷，律令郎。

⑤ 《大清律例》第 27 卷，刑律，斗殴，良贱相殴律。

⑥ 《大清律例》第 33 卷，刑律，犯奸，良贱相奸律。

婢者杖一百。若妄以奴婢为良人，而与良人为夫妻者杖九十，（妄冒由家长坐家长，由奴婢坐奴婢）各离异改正（谓入籍为婢之女改正复良）。"① 律文立意是防止将良家女子变为贱民。但这条规定结合前面谈到的奴婢身份来看，奴只能配婢为妻，所生子女又为"家生子"，仍为主人的奴婢，其结果是将奴婢身份世袭化，从血缘上将良贱分开了。奴婢以一次身价将人身卖给主人后，就成为主人的财产，并且由主人为之配以其他奴婢，为主人进行奴婢的再生产。就这一点看，奴婢几乎成了和牲畜一样的财产，和奴隶相类似。

主奴关系是终生关系。主人有权将奴婢转让、赠送、陪嫁给他人。但主奴关系可以通过如下途径解除，即开户、赎身和放出。

所谓开户，是旗民放弃对某一奴仆的役使权利，该奴仆从主人户籍中除名，单独立户的意思。"八旗氏族载在册籍者曰正户，僮仆而本主听出户者曰开户。"② 开户有两种情况，一种是在本佐领下开户，与原来主人的户口并列。另一种是在原主名下另户，作为原主户门附属的单独户口，不由佐领直接管辖；这种开户奴仆显然与原主仍保留明显的依附关系。开户者，仍属旗下。开户奴仆的身份，法典中没有明确规定。从司法中有将开户人作为雇工人等级处理的判例来看，③ 统治者是不把开户人和他原来的主人置于同一法律地位上的。乾隆六年时明确规定，开户人"本身及子孙考试之处应永行禁止"，④ 更加证明，甚至连开户人的子孙也不得与齐民等。

所谓赎身，是指奴婢向主人交付一定的身价银，脱离主家，不再给主人服役。一般情况下，清代的红契奴仆和家生子是不准赎身的。除非由于主人赡养不起或奴婢不堪驱使等原因，主人情愿奴仆赎身。至于白契卖身之人，开始是有条件地准许赎身，如契买时间不长，主家没有为之婚配等。乾隆二十六年规定，"本主不愿概不准赎"，⑤ 这样，白契卖身之人的赎身条件和印契奴仆几乎没有差别了。即使获得主人允许，并办理了一切手续之后，赎身奴婢的身份也和旧主人及其家族有服成员仍不能平等。直至宣统二年改定的

---

① 《大清律例》第14卷，户律，婚姻，良贱为婚姻律。
② 钟琦：《皇朝琐屑录》第1卷，第10页。
③ 《古今图书集成》，祥刑典，第73卷，律令部。
④ 《定例续编》第5卷，户部，户役；《乾隆实录》第150卷。
⑤ 光绪《大清会典事例》第1116卷，八旗都统，户口，第3页。

《核定现行刑律》还规定赎身奴婢干犯旧家长依雇工人本律减一等治罪,[1]而不得同凡。这种不平等关系,甚至延及子女。所有这些,是因为统治者认为,准许赎身这件事乃是主人赐予奴仆的一种恩惠;由于这种恩惠,赎身后主仆之间"恩义犹存",所以彼此间不能平等。只有主人将奴仆卖给别人,得到身价,主仆之间才算"恩义已绝",奴仆得与旧主处在同凡的法律地位。但这种情况下该奴仆并未获得解放,因为他又成为另一个主人的奴仆了。

所谓放出,是指主人自动放弃对某一奴婢人身占有的权利。[2] 和赎身不同之处在于,奴婢赎身必须向主人缴纳身价,放出则不以此为条件。放出奴仆和旧家长间主仆名分尚存,双方关系基本不变。放出奴仆比赎身奴仆的法律地位更低,其子女也不得与主人平等。[3] 在司法中,甚至有将放出奴仆的孙辈也不得和主人同凡的判例。[4]

总之,不论通过哪条途径,奴婢即使脱离了主家,他和他的子女,甚至他的孙辈也不能和旧主人取得平等地位。

以上就是清代奴婢法律身份地位的基本状况。

满人奴仆之中,除使用服役者外,大量的是奴仆壮丁和投充人。

2. 庄头和奴仆壮丁

满族家内役使的奴仆称包衣,从事生产耕作者为奴仆壮丁。庄田旗地中,奴仆壮丁由庄头进行管理。庄头身份不一。内务府承领官地庄头及王公户下由内务府拨出的庄头,身份与一般旗民同,可以参加考试。八旗户下带地投充庄头,则为奴仆,不准应试出仕。庄头所生女儿,须极宗人府备案,宗室王公等纳妾,于该管包衣庄头家挑选。[5]

在生产中,庄头实际是旗人地主的代理人,他们和壮丁是压迫和被压迫的关系;但在身份上则决定于他们的上述具体情况。壮丁一般由内务府拨

---

① 斗殴下,奴婢殴家长律。

② "放出"的另一含义是,八旗原来奴仆及投充人缴价赎身,或主人不收回身价而放弃对他的人身占有权利,同时准其出旗加入民籍。

③ "殴、故杀放出奴婢之子女,或放出奴婢之子女干犯家长及家长期服以下亲者,各依雇工人律科断。"见光绪《大清会典事例》第810卷,刑律,斗殴,奴婢殴家长;《读例存疑》第36卷,刑律,斗殴下,第16页,奴婢殴家长。

④ 如道光六年张春全砍伤葛兆宇案。见《刑案汇览》第58卷,刑律,斗殴,第31页,奴婢殴家长。

⑤ 钟琦:《皇朝琐屑录》第6卷,第16页。

发。"大粮庄头名下，有该管之伯叔兄弟为壮丁者，有异姓之另户为壮丁者"，与庄头均为一主家奴，身份平等。但庄头亦可购买壮丁；这种契买壮丁，则与庄头为主仆关系。①

奴仆壮丁是用于皇庄旗地的劳动力。清初，满人大量使用壮丁"以供种地牧马诸役"，赖以驱使、养生。② 奴仆壮丁也称东来壮丁或东人。他们不是正身旗人，不得应试，也不得食饷披甲，③ 并可被主人在旗内买卖。④ 奴仆壮丁就是奴仆，清律中有关奴婢的律例全部适用于他们。

主人及管家庄头对奴仆壮丁极为苛虐，⑤ 甚至有逼迫殉葬者，⑥ 因之逃亡甚众。顺治三年，数月之间逃已数万，⑦ 但捕获甚少，严重影响旗人的剥削收入，所以统治者严立逃人法，给窝家以极为严重的惩罚。顺治四年，正红旗古色纳家人王木匠同后娶妻史氏逃回老家山东平度州邢邵庄，匿于亲子王大成家，被别庄人杨应春首报。结果，王木匠和史氏各被鞭一百，仍给原主为奴；王大成作为窝家拟斩；王大成之母施氏、弟工二成给主为奴，家资照例藉没分给；王大成之邻佑九家并百家长因不行举首，流徙。有关官员因是本州之人首报，所以才得免议。⑧ 逃人法之严酷，一例可见。

顺治十一年，将过去已有关于捕逃的条文修订系统化，其中规定，奴仆壮丁"第二次逃者仍鞭一百，归主。第三次逃者，本犯正法"；对窝家的惩治是："隐匿逃人者正法，家产入官。其两邻各责四十，流徙，十家长责四十。"缙绅、绅衿窝逃，"将本官兼妻子流徙，家产入官"，"生员隐匿逃人，与平人一例正法"。⑨

总之，逃人法立意原则是，严惩窝家，使人们不敢隐匿逃人；严惩有关地方官吏，使他们必须严查，以使奴仆壮丁逃出后将无处安身而便于抓获。

---

① 《刑案汇览》第 39 卷，刑律，斗殴，第 37—39 页。

② 《顺治家录》第 90 卷，第 4 页。

③ 《刑案汇览》第 7 卷，户律，户役，第 40 页。

④ 光绪《大清会典事例》第 1116 卷，八旗都统，户口。

⑤ 雍正二年六月十二日谕。见《上谕八旗》雍正二年，第 16 页；乾隆十五年三月谕，见《定例续编》增补，刑部，第 31 页，打死家人。

⑥ 《康熙实录》第 109 卷，第 12 页。

⑦ 《顺治实录》第 26 卷，第 4 页，顺治三年五月谕。

⑧ 中国第一历史档案馆藏，题本，刑部，隐匿类 00001。

⑨ 《顺治实录》第 86 卷，第 5—7 页。

对抓回的逃亡奴仆本人则只鞭责，仍回原主处服役，并不轻易杀害，因为壮丁是主人的财产，杀掉他们也就不能达到保证旗人地主的劳动人手这一主要目的了。立法虽严，但制止逃亡的效果并不显著。另一方面，逃人法本身以及以此敲诈勒索给汉人百姓带来的骚扰，却成为当时社会的严重问题，百姓苦不堪言。

康熙中叶以后，使用奴仆壮丁耕种旗地的办法逐渐为租佃制所代替，逃人法也逐步有所放宽。[①] 但惩治逃人的立法迄未取消。

汉人地主使用奴仆进行农业生产，在明代中叶以后是存在的。明末清初多次奴仆斗争，对这种制度有相当大的打击。因此，清代生产奴仆问题主要不是汉人的问题。但购买家内奴仆役使的事则不仅是满人的问题了。整个说来，最迟自乾隆开始，奴婢买卖主要是买婢而不是买奴，买人的目的主要是服役使唤而不是进行耕作生产了。当时人们的想法是"婢宜买用，仆宜雇用"。[②] 至清代后期，"买婢女者多而买奴仆者较少"。[③] 司法中的反映是，"从前八旗奴仆最多，或系世仆，或系契买，呈控奴仆之案亦复不少。近则绝无仅有，而世族大家亦无契买奴仆之事"。[④] 这话说得可能过于绝对化了，但趋势是符合事实的。自然抽样的统计数字也说明了这一点。嘉庆朝刑部档案中京师及直隶等十二省涉及奴婢的一百二十一件卖身案件中，买婢六十九人次，买幼女三十三人次，买男仆四人次，买幼男十五人次。其中婢和幼女共一百零二人次，占百分之八十四点三；奴和幼男共十九人次，占百分之十五点七。[⑤] 男性奴仆买卖比例显著地小，而且其中尚不排除属于买来从事服役或学戏等非生产性劳动的情况。这种现象说明，到十八世纪末，用奴仆壮丁进行农业生产的农奴制经济已经基本上消灭了。

3. 投充人

投充人也是奴仆。满族入关前就有投允人。[⑥] 入关后圈地时，"近畿百姓带地来投，愿充纳银庄头者，各按其地亩为纳银庄头后有愿领入官地亩设庄

---

① 参阅杨学琛：《关于清初的逃人法》，见《历史研究》1979 年第 10 期。
② 《庸行编》第 4 卷，第 44 页。
③ 《读例存疑》第 36 卷，刑律，斗殴下，第 4 页。
④ 同上书，第 9 卷，户律，户役，第 18 页。
⑤ 据中国社会科学院经济研究所藏刑部抄档卡片统计。
⑥ 《清朝文献通考》第 20 卷，户口二，第 5037 页。

纳银者，亦为纳银庄头。带地来充者为投充人。单身投充，愿领地纳银者，每人给一绳地，四十二亩为一绳，为绳地人。纳蜜、纳苇、纳棉、纳靛者为蜜户、苇户、棉户、靛户。坐落顺天、永平、天津、保定、宣化所属州县及喜峰口、古北口外等处"。① "汉人之投靠养育招配婢女者，大率孤苦无依之人，饥寒既迫，身命难全，因而甘心投靠。"② 可见带地投充人在经济上有一定的独立性，只需向主人缴纳一定的货币或实物即可。他们有的只是投靠旗人以得到荫庇，和主人关系比较松弛，甚至依恃旗人主子的势力去欺压汉族百姓。单身投靠则多为贫困无依的人，只能充当奴仆壮丁了。

不论带地还是单身，作为投充人其身份则都同于奴婢。顺治五年规定："投充人即系奴仆，愿卖者听。"③ 雍正四年议准，汉人"投靠养育年久"，"男属世仆，永远服役，其女婚配悉由家主，仍造清册呈明地方官存案"。投靠之人需"书明文契，呈地方官钤印。如有事犯，验明报官册及印契，照例治罪"。④ 投充者本人及其子女都没有资格参加考试。⑤

4. 佃仆

佃仆，也称庄仆或世仆。⑥ 清代许多地方都存在这种具有人身隶属关系的制度，如河南、江西、江苏、湖北、广东等，而以皖南徽州、宁国、池州三府为最多。佃仆必须安守奴仆和贱民的身份，不得稍有僭越。佃仆没有迁徙自由，他们有自己的独立经济，但其财产权也受到种种限制。关于这种主仆关系的形成，我同意章有义同志的意见，即大都不是以租佃关系为前提的，虽有佃仆之称，实际可能是由仆而佃，并非由佃而仆。⑦ 主仆关系成立以后，世代相沿，世族之仆脱奴籍而自立门户之后，仍为小姓，别于大姓。大姓为齐民，小姓则为大姓看坟、执役，并准葬山、住屋。⑧ 这种关系，有

① 《八旗通志》第68卷，土田制七；参阅乾隆《大清会典则例》第164卷，内务府都虞司，第38—49页。
② 《刑案汇览》第39卷，刑律，斗殴，第38页。
③ 光绪《大清会典事例》，第156卷，户部，户口，旗人买卖奴仆。
④ 同上书，第158卷，户部，户口。
⑤ 《乾隆实录》，150卷，第15页。
⑥ 清代文献中，有时称东人或家生子为世仆，也有时称所有旗人为世仆，和这里所称世仆，均非同一含义。
⑦ 见章有义：《从吴荣和堂庄仆条规看徽州庄仆制良》，见《文物》1977年11月号。
⑧ 《清稗类钞》第14册，第14页。光绪《婺源乡土志》，风俗举要。《刑案汇览》第39卷。

的年代久远，契券无存；也有的根本没有任何凭据而指称良民为佃仆的。

佃仆及其子孙无权应考出仕。雍正五年，皇帝下令将皖南徽州、宁国二府世仆"开豁为良"，"年代久远，文契无存，不受主家豢养者，概不得以世仆名之，永行严禁"。①雍正六年谕："小户附居大户之村，佃种大户之田者，本系良民，名为世仆，自属相沿恶习，应行禁止，毋许大户欺凌，违者照冒认良民为奴仆例治罪。"②雍正十年依安徽泾县一案定例："嗣后，佃田住屋之小户除不愿充当为佃户，听其退还原主外，其有贫无恒产，及田屋成熟、加修山地，已经营葬者，概照佃户之例，原主不得压为世仆，小户毋得据为己有。仍照例给还户主租价。"③皖南三府主仆相控之案从来不断。乾隆三十四年安徽按察使暻善说，这类案件"究其实在有无契券确凭，则呈出远年别项字据，内或有'恩主'及'佃仆'字样，即执以为讦讼张本。或毫无字据，惟称'伊等累世以来如非世仆，何肯服役'等语"。而且雍正前谕只开豁徽、宁二府世仆，未及他属，所以他建议：一、池州世仆也应开豁；二、主仆名分定以卖身文契为断，"其有并无文契、惟执别项单辞只字，内有'佃仆'等类语句者，此即当时之佃户受豪强凌压所致，应诸悉准其开豁为良。其有先世实系殡葬田主之山，子孙现在耕种田主之田者，饬令地方官查讯明确，或令其给价退佃，以杜日后葛藤，庶讼端永息，而豪强之家不致复有欺凌之事矣"。④

四十年后，即嘉庆十四年，又定例："安徽省徽州、宁国、池州三府民间世仆，如现在主家服役者，应俟放出三代后所生子孙方准报捐考试。若早经放出，并非现在服役豢养，及现在不与奴仆为婚者，虽曾葬田主之山，佃田主之田，均一体开豁为良。已历三代者，即准其报捐考试。"⑤ 总之，"统以现在是否服役为断"。⑥ 此例一定，据说"一时开豁数万人"。⑦

道光五年，因皖南祁门周容法案再定例："嗣后，该细民等除有典身卖身文契可凭，并在主家常川服役，受其豢养，实有主仆名分者，如与家长及

① 光绪《大清会典事例》第158卷，第8页。
② 《定例续编》第5卷，户部，户役，第56页。
③ 《成案质疑》第4卷，人户以籍为定，第4页。
④ 中国第一历史档案馆藏《军机处档》，乾隆三十四年，卷号1—5（27）。
⑤ 《读例存疑》，第9卷，户律，户役。
⑥ 光绪《大清会典事例》第158卷，户部，户口。
⑦ 高廷瑶：《宦游纪略》。

家长之亲属有犯，悉照奴仆例分别问拟外；若无卖身文契，又非朝夕服役、受其豢养，虽佃大户之田，葬大户之山，住大户之屋，非实有主仆名分者，应请除其贱籍，一体开豁为良，彼此有犯，并同凡论。如有土豪地棍仍前逼勒凌辱，及自甘污贱者，依律治罪。"①

即使一再申禁，佃仆制仍旧顽固地存在着。直至光绪年间，皖南的某些大户还在整顿庄仆条规。②

宣统年间，"有人奏，广东乡族有积世奴仆陋俗，请饬查明开放等语。着张人骏照所陈妥筹办理"。③ 未见结果，清已将亡了。

从上述定例可见，从雍正五年开始至宣统元年（1727—1909）的一百八十二年间，佃仆身份解放问题虽一再重申，但一直没有得到解决。每次宣布开豁为良，均以需三代之后才有资格应试出仕为条件，换言之，三代以内不能和凡人等同。只要有这一条件存在，要求习俗上承认佃仆身份与齐民等，显然总是空话。甚至到 1925 年，梁启超还记述了当时广东新会世仆的情况：在他的家乡，龚姓是梁姓的公仆，"其身份特异之点则：（一）不得与梁姓通婚（邻乡良家亦无与通婚者，其婚姻皆限于各乡之世仆）；（二）不得应试出仕；（三）不得穿白袜。其职务则：（一）梁家祠堂祭祀必须执役；（二）凡梁家各户有喜事、凶事，必须执役"。④ 看来情况仍与清代无大差别。

5. 隶卒和长随

贱民中包括服役于内外衙门的公差隶卒、长随，家人等。

所谓隶卒，指皂隶、马快、步快、小马、禁卒、门子、弓兵、仵作、粮差及巡捕营番役。

马快、步快和小马均属捕快，或称捕役，专门承担缉捕盗贼的差使。番役属步军统领衙门，也是专门捉拿盗犯的。弓兵属巡检司，任务是巡缉地方。禁卒即牢子、狱卒，专于狱中看管犯人。这些人虽然都是在衙门服公

---

① 《刑案汇览》第 39 卷，刑律、斗殴，第 15、16 页。
② 参阅章有义前引文。
③ 《宣统政纪》第 7 卷，第 5 页。
④ 《中国文化史》，见《饮冰室专集》之 86。

差，但被认为是供官长驱使的人，"为贱役"、故"不得与士人齿"。①

皂隶、门子都是衙役，供官役使，升堂站班，内外联络，随主官左右以执役。笞杖刑罚也由皂隶执行。他们也和捕快一样，均属"奴隶下贱"，不齿于齐民，见主官无座位，主官直呼其名。

仵作是衙门中专司验尸、验伤，填写尸格的差役人员。他们本人及其子孙都不准考试。② 收生婆中曾被官传验奸情者，也作仵作看待，"下逮四世方准捐考"。③

这些人虽被列入贱民等级，但法典中并没有条文规定关于奴婢的律文对他们是否适用。"刑律""犯奸"门中"奴及雇工人奸家长妻"律文后，顺治初年加入小注："军泮、弓兵、门皂在官役使之人，俱作雇工人。"④ 在比引律条中，有"弓兵奸职官妻比依奴及雇工人奸家长期亲之妻律，绞"。⑤可见，至少在犯奸罪上，隶卒中的某些人是作为雇工人等级看待，而不是与奴婢等的。但是，《会典》中又把他们明确地算作贱民，他们本人及子孙也都"不齿于士类"而不准捐考出仕，登公堂不得"入正门"，不得"驰当道"，⑥ 和奴婢是没有差别的。

隶卒人等的这种不清楚的身份地位，大概就是嘉庆帝所说的"贱其役非贱其人"⑦ 的缘故。这些人本来都是由良民召募而来，一旦充当衙门服役、缉捕看监、验尸验伤等被视为下贱的差使后，就降低了身份，"入此便贱"⑧就是这个意思。在这里，职业决定等级身份。

长随，是投身官员随任服役的仆人，他们定限服役，"忽来忽去，事无长主"。⑨ 据《大清会典》，其身份与奴仆同。雍正五年定例，"隶身门下为长随者有犯，亦照典当雇工人治罪，而典当雇工限内逃匿者，照满洲白契所

① 《清朝文献通考》第 21 卷，职役一，第 5045、5046 页。（光绪）《大清会典》第 17 卷，户部。

② 《大清律例》第 8 卷，户律，户役，人户以籍为定。

③ 《大清律例》第 6 卷，吏律，职制。

④ 《大清律例通考》第 33 卷。

⑤ 《大清律例增修统纂集成》第 40 卷，总类，比引律条。

⑥ 《大清律例增修统纂集成》第 8 卷，户律，户役；第 17 卷，礼律仪制。

⑦ 《清朝文献通考》第 21 卷，职役一，第 7788 页。

⑧ 尹某语。见张履祥：《杨园先生全集》第 31 卷，《言行见闻录》一，第 25 页。

⑨ 汪辉祖：《用人》，见徐栋：《牧令书辑要》。

买家人逃走例责三十板，亦交与本主"。① 乾隆四十七年，统治者认为，"虽长随非契买家奴可比，但平时倚托衣食所资，即与奴仆无异"，将逃匿罪改为"长随如有无故潜投他处者，即照旗下逃奴之例一律办理"。② 就禁止潜逃而言，治罪越趋严格。但到嘉庆六年修并条例时，规定有所改变。这时将长随分为两类："若恩养在三年以上，或未及三年配有妻室者，如有杀伤，各依奴婢本律论"，"隶身未及三年，并未配有妻室"，"如有杀伤，各依雇工人本律论"。③ 可见，此时长随的法律身份一部分同奴婢，一部分同雇工人。

长随之子也不得报捐，考试。④

家人，乃是契买男性奴仆，是奴婢的组成部分。

以上这类人等，在法律身份上虽属贱民，不齿于良民，但是在实际生活中的地位与奴婢大不相同。他们服役于内外衙门，听命于大小官僚，直接为官府对百姓的统治服务，因此他们实际是封建国家机器的组成部分。他们为虎作伥的同时，利用官家旗号敲诈勒索，坑人肥己。所以其中有的长随、家人，经济上相当富有。又由于他们时时跟随本官左右，下级官员对他们也不敢得罪。这些人实是直接压在百姓头上的一大祸害。

6. 堕民、蜑民和九姓渔户

《大清会典》称堕民、蜑户和九姓渔户为贱民，考试制度规定不准他们的子孙应试出仕，人们的习俗也把他们当作贱民看待。但是，在刑律中并没有有关条例把他们置于低下的法律地位上。

堕民，即惰民，亦称丐户，布于浙东各县及金华，江苏之常昭二县也有。他们以小商贩、迷信、服役、抬轿等为职业。自明代以来，他们就被禁充吏员、粮长、里长、禁读书应考、禁与良民通婚、禁缠足、禁服常人服，禁为四民之业。他们为人服役常有固定对象，称"脚埭"。"脚埭有定，恃为产业，传之子孙。或因他故而让诸他人者，则互相买卖，其价以脚埭之贫

---

① 光绪《大清会典事例》第752卷，刑部，户律，户役，人户以籍为定律附例。
② 同上书，第1116卷，八旗都统，户口，第3页，旗人买卖奴仆。定例见第752卷，刑部，户律，户役，人户以籍为定，第4页。
③ 《大清律例》，第28卷，刑律，斗殴，奴婢殴家长律附例。
④ 参阅《刑案汇览》第7卷，户律，户役，人户以籍为定律有关判例。

富为率。"① 脚隶"卖买皆有契券"。② 雍正元年"令削除其籍，俾改业与编氓同列"。③

疍民，又书蜑民，旦民，或称蜑户，福建、广西都有，广东最多。疍民以船为家，以渔和运输为业。陆地人不许他们上岸居住生理。这也是习俗相沿，并无法律据根，雍正说，"疍民本属良民，无可轻贱摈弃之义"。④ 雍正七年下令解放，准其上岸居住，"与齐民一同编列甲户"，"一视同仁"。⑤

浙东各县的九姓渔户的情况也与疍户相似。

以上堕民等，雍正七年虽称解除贱籍，但事实上仍受歧视如故。在那以后，仍需"以报官改业之人为始，下逮四世，本族亲支皆系清白自守，方准报捐应试。若系本身脱籍，或仅一二世，及亲伯叔姑姊尚习猥业者，一概不准滥厕士类，侥幸出身"。⑥ 在这种规定生效的时候，企图改变社会上对堕民等的看法，承认他们与齐民等，那是不可能的。可见，这几种人在该法令公布后至少八十年内是难以出现得到凡人身份的成员的。因此我们说，雍正的所谓解放贱民只是形式，如果认为从那以后这个问题就不再存在了，则不是事实。

7. 乐户、娼妓和优伶

乐户，实际是官妓。清朝没有教坊之类机构，不设官妓。清初，礼部承政祝世昌曾因要求将籍入乐户的俘获汉人妇女予以释放，被劾为。"心护敌人，与奸细无异，应论配籍没。"皇太极说，"祝世昌岂不知乐户一事朕已禁革"？将祝世昌从宽，徙西北边境。至顺治二年始召还。⑦ 可见，至少从这时起，清朝就不承认，至少不公开承认有乐户。所以从全国范围说，是没有乐户的。

清律户律部分"人户以籍为定"，"逃避差役"条中有"乐户"名称，"娶乐人为妻妾"条中有"乐人"。这些条文乃是沿袭了明律而来的。律中

① 《鄞县通志》第2368页，文献志，已编，礼俗。
② 袁枚：《续子不语》第7卷。
③ 《清朝文献通考》第19卷，户口1，第5027页。
④ 《雍正实录》第81卷，第38页。
⑤ 《雍正实录》第81卷，第38页。
⑥ 《大清律例》第8卷，户律，户役，人户以籍为定。
⑦ 孙甄陶：《清史述闻》第70页。

没有规定乐户、乐人的身份。①

山西、陕西某些地方存在乐户，这是事实。这也是继承了明代的习惯。山、陕乐户被"另编籍贯，世世子孙娶妇生女，逼勒为娼"，②"世世子孙不得自拔为良民"。③雍正元年，御史年熙请饬山、陕各属严行禁革，尽行削除。他省有类似者也一律禁止。④但这种所谓解放也是极不彻底的，因为他们和前述堕民等一样，必须四世亲族清白方能与齐民等。⑤

乐户以外的娼妓和优伶则被明确为贱民。"娼优子孙概不准冒入仕籍。"⑥乾隆五十三年定例，娼优子孙"如有变易姓名蒙混应试报捐者，除斥革外，照违制律杖一百"。⑦如官吏将娼优子孙收考者，降一级调用，⑧将责任加在官吏身上，使之严查。

清代没有为娼优解除贱民身份。

以上就是清代的贱民等级。良贱界限在清代是一个重要的界限。这个界限和官民界限具有某种共同的意义，或者说二者有着密切的关系。各类贱民身份低下，除表现在法律地位外，特别表现在被剥夺考试权上；而良民是有这种权利的。其所以有此差别，是因为准许参加考试就意味着给予进入统治者等级的机会，即有可能成为绅衿并从而成为缙绅。缙绅等级和绅衿等级的成员，往往就是这些贱民的主人，贱民如果进入这个等级，就和原来的主人平起平坐，那就破坏了主仆名分的原则，有损"名器"的尊严，这是封建统治者所不能容忍的。又因为做官就得到封赠父、祖、曾祖三代的荣誉，三代以内有人曾为贱民，则该贱民也要受到封赠，这也是为统治者所不可容忍的。因此，贱民即使出籍，三代以内也不准应试出仕，以避免上述情况出现。这就是说，剥夺考试权，是为了保证贱民即使超过良贱界限，也不得再越官民界限。由此可见划分官民之别和划分良贱之别的目的的一致性。

据根社会地位特点，贱民大体可分为四个等第：一是隶卒，包括前述各

----

① 参阅《读例存疑》第3卷，名例律上，第32页。
② 《定例续编》第5卷，户部，户役，第4页，削除乐籍。
③ 《晋政辑要》第8卷，户制，户口五。
④ 《定例续编》第5卷，户部，户役，第4—5页，削除乐籍。
⑤ 《晋政辑要》第8卷，户制，户口五。
⑥ 《大清会典》第10卷，吏部，第1页。
⑦ 光绪《大清会典事例》第752卷，刑部，户律，第4页。
⑧ 《大清律例》第8卷、户律，户役。

种衙门服役人等和长随；二是佃仆；三是乐户，包括娼妓、优伶、惰民、九姓渔户、蛋民等，而最低的等第则是奴婢，包括奴仆壮丁、投充人、家人。

下面我们专门讨论凡人等级。

（六）凡人等级和佃户的法律身份

最后，分析一下凡人等级。前述皇帝、宗室贵族、缙绅、绅衿、雇工人和贱民，都是在法典中被规定了特殊地位的等级。除去这些等级的成员外，清代社会的广大编氓都属于凡人等级。清制，民、军、商、灶"四民为良"。[①]"良民"也就是"平人"，"庶民"，在法律上称为"凡人"。清律中为凡人犯罪规定的条文，是其他等级量刑的标准。同一罪行，对其他等级成员的处刑都在此基础上量为加减，以区别该人等级身份的高低。

凡人是一个复杂的等级，它包括了不同阶级的成员。如非缙绅和绅衿的凡人地主、富裕农民、自耕农、佃户、不具雇工人身份的雇佣劳动者，手工业作坊主、手工业工人、其他个体劳动者、灶户、店铺老板、店伙、城镇居民、兵丁、民壮，直至乞丐以及僧尼等，统统在内。凡人也是人数最多的一个等级，通常所谓百姓，包括一般的旗人在内，主要都在凡人范围之内。

凡人必须缴纳规定的税额。缙绅、绅衿等级优免的税额，以及他们滥用特权包揽，诡寄而偷漏的税额，全部转嫁到凡人土地所有者，即凡人地主、富裕农民、自耕农等的身上；一切应派差徭任务，也当然地都要由凡人来完成了。商业和手工业方面的税收也有类似情况。从这个意义上讲，凡人乃是清代主要的纳税和应差的等级。

凡人作为良民，有应试出仕的权利。如前所述，这是和贱民相区别的很重要的特征。但这种权利受到经济条件的制约，在凡人中不会是机会均等的。他们之中，只有"有力者"才有更多的机会。因此，凡人等级中的地主、富商及其子弟乃是缙绅、绅衿的预备队伍。自从捐纳制度盛行后，这种不均等就表现得更加明显。凡人中的另一部分，即自耕农、佃户、雇工、小商贩、小手工业者以及其他贫困者，因天灾人祸而破产，则是普遍的、大量的、经常的现象。他们之中的许多人，为了能够活下去而通过立契或接受其他条件受雇落入雇工人等级，也有的应募为隶卒，沦为娼妓或典当卖身成为

---

① 光绪《大清字典》第17卷，户部。

贱民。因此，凡人等级中的"无力者"，乃是低下等级的预备队伍。

所以说，凡人是清代社会中人数最多的等级，是包括不同阶级成员的复杂等级，是主要的承担赋役的等级，也是不断分化的等级。清代的所谓"民"，就是绅衿和凡人这两个等级构成的，其基本部分是凡人。

凡人等级的成员如拥有奴婢，或者和雇工间的关系符合家长和雇工人的条件，那么他就具有家长的法律地位。因此，相对奴婢和雇工人等级来说，凡人也可以说是拥有特权的等级。他们拥有这种特权，不是由于血统的高贵，也不是由于拥有"名器"，仅是由于他们具有家长身份。主仆名分决定了家长即使是凡人也可以具有特权身份。凡人和贱民之间的界限在清代是十分重要的界限。当然，能够拥有奴婢的，能够和雇佣劳动者形成具有主仆名分的家长、雇工人关系的，不是任何凡人都可做到，而是凡人中高等第的成员才有可能。

凡人等级内部的各个成员之间，在社会上彼此没有法律规定的统治和依附的关系，从这个意义上讲，凡人地主、手工业主、大商人和佃户以及不具雇工人身份的雇佣劳运者间的法律身份是平等的。但在实际生活中，凡人等级的各类成员的实际状况有着很大的差别，甚至彼此间表现出许多不平等关系。这是由于习俗、传统、等第之间关系的影响，特别是经济地位的差别等多种因素造成的。凡人中的大地主、大商人等相对其他人有优越地位，其中以大地主为代表；中小地主、富裕农民、自耕农、商人、小手工业作坊主、一般城镇居民、兵丁等则处于相对独立状态，其中以自耕农为代表；佃户、农业手工业及商业中的雇佣劳动者、小商贩、灶户以及乞丐等地位相对低下，其中以佃户为代表。因此凡人等级可以分为地主、自耕农和佃户三个等第。在实际生活中这些等第间的身份是不平等的，但是这种不平等乃是等级内的差别。

地主经济制中，佃户是最基本的、最主要的，也是人数最多的直接生产者；在封建主义生产关系中，它是受地主阶级剥削的阶级。在经济关系上，地主和佃农是处在剥削与被剥削的尖锐对立之中。现在把佃农与地主列在同一等级之中，那么从理论上是否抹杀了阶级界限呢？史料所记载的地主压迫佃农的事实怎样解释呢？为了解决这些问题，需要对佃户的等级身份地位做进一步的分析。

西欧领主制经济下，土地由国王向下层层分封，除他自己领有的以外，土地分属于某个僧侣、贵族或骑士。"没有土地没有领主",生产者则附属于土地,分别属于某个伯爵、男爵或国王自身。领主拥有土地,拥有向生产者征收徭役或实物地租的权利,同时也拥有在领地内的审判权。领地上的直接生产者就是农奴。所以马克思称"农奴是土地底附录"。① 在那里,土地分封和主人的等级身份直接相联系,土地也带上了等级的属性。土地占有的等级结构以及与之有关的武装扈从制度使贵族掌握了支配农奴的权力。被束缚在一定地块上的农奴和领主自然形成世袭的依附关系,没有没有领主的农奴。各级领主拥有的农奴并不直属于国王,他们没有向国王缴纳贡赋的义务,国王也对这些农奴没有直接的司法权。可见,等级的统治是和领主经济制密切地联系在一起的。

清代的中国则全然不同。民田土地可以自由买卖,实行的是地主经济制。人们只要拥有足够的银两就有买得土地的可能。但他买得的只是土地所有权,并不附带其他政治权利。等级关系和土地间没有直接的联系。清代实行中央集权制度,行政权、立法权和司法权属于朝廷,最后由皇帝掌握。等级的统治权和土地相游离。佃户在经济上虽然必须与地主发生关系,但在政治上则仍是国家的臣民。土地所有权可以买卖,因此佃户不属于某一固定的地主。朝廷没有授予地主以对佃户的司法权力。就规定而言,地主和佃户间的诉讼也应在代表朝廷的衙门大堂上解决。

清律和明律一样,没有将佃户置于低下的法律地位上,甚至某些条文还在一定程度上保护佃户的利益。如兵律邮驿门"私役民夫抬轿"律规定,"若豪富(庶民)之家(不给雇钱,以势)役使佃客抬轿着",杖六十,并"每名计一日追给雇工银八分五厘五毫"。律注解释这样规定的理由是,"佃客不过为富家耕种田地,非雇工人之比,若豪富之家役使抬轿者,非分役人"。② 这说明,法律上佃户没有为地主从事生产以外的服役的分内义务。

清律也继承了洪武五年"佃户见田主,不论齿叙,并行以少事长之礼;若亲属,不拘主佃,止行亲属礼"的命令。这个条例含有将主佃关系看作不平等关系的意思,但还不宜把它作为凡主佃关系均有等级差别的根据。因为应该注意到,这只是在仪礼方面的规定,立法者的意图似乎并非用以确定佃

---

① 马克思:《经济学—哲学手稿》,人民出版社 1956 年版,第 46 页。
② 《大清律例》第 22 卷。

户的法律身份，从而把佃户置于低于地主的法律地位上。① 并且，这个规定究竟是否实行了，在多大范围内实行了，实行过多久，都还存在问题。清代法学家薛允升说过，这一礼仪"乃古法也，今不行矣"。②

清代佃户是有移动自由的。清廷从来没有关于佃户离开地主土地的禁令，没有给地主以缉拿逃遁佃户的权利，也没有将流民押交地主的规定。肯定包括许多佃农在内的流民、客民的大量存在也可说明清代没有把佃户束缚在地主土地上。"佃户不过穷民，与奴仆不同，岂可欺压不容他适！"③ 由于经济上的贫困，佃户是否可以自由退佃，自由地离开地主的土地外出谋生，那是另外的问题。不禁止离开土地，说明佃户和地主在法律上没有严格的人身隶属关系。

如前所述，缙绅和绅衿是两个特权等级，和凡人相比，他们当然是有势者，有力者。因此，佃户与缙绅地主、绅衿地主相对，法律虽未规定佃户身份低于凡人，但在实际生活中由于等级差别而呈现出另外一种情况。例如，顺治间，安徽"凤、颍大家"将佃户称为"庄奴"，"随田转卖"，"不容他适"，"勒令服役"。这种情况，"不独凤、颍为然"，"不只徽属婺源一邑"。④ 康熙二十一年时仍有压佃为奴的现象。⑤ 雍正间，山东"绅衿之家类多私制刑具，如铁绳竹板等项。不论佃户、家人、小民百姓，一有所犯，并不送官惩治，即便锁拿刑责。且有锁禁内室，经年累月不行释放者。更可异者，或庄头与佃户互争，或家人与良民互殴，亦不告官审剖，具呈伊主，伊主亦即批'准查'、'准究'字样，竟用殊标红票，差虎仆拘拿到宅，不论

---

① 清代地方法庭有据此判罪的案例：乾隆十七年，河南通许县的员卓与佃户张林斗殴，将张林伤成废疾，员卓应按凡斗伤人肢体律判杖一百徒三年。河南按察使司认为，"查定例内载，佃户见田主，不论齿叙，并行以少事长之理〔？礼〕等语，细绎例意，主佃虽与良贱不同，实有长幼名分，如有相殴之处，若与凡殴一概拟罪，则主佃与平人毫无区别。查员卓系张林田主，应请将员卓比照同姓服尽亲属相殴，尊长犯卑幼，减凡斗一等律，应减一等，仗九十徒二年半"。这一判决，竟也得到巡抚最后批准，(吴光华：《谋邑备考》第8卷，外结案。) 但据此判案，到目前为止，我们只发现这一例，暂时只能称作孤证，不能据此认为该条例在司法中具有确定佃户法律身份的效力。

② 《读例存疑》第19卷，礼律，仪制，乡饮酒礼律附例。

③ 顺治十七年《部复江宁巡按卫贞元条议疏》，见康熙《江南通志》第65卷，艺文，第44页。

④ 顺治十七年《部复江宁巡按卫贞元条议疏》，见康熙《江南通志》第65卷，艺文，第44页。

⑤ 康熙《江南通志》第65卷，艺文，第44页。

是非，概行板责。似此势焰熏灸，一邑之中被其害者不知凡几。是以任意鱼肉，无求不得。或强占人妻女而不敢与较，或强夺人田房而不敢言喘，或放私债而重利盘算，或索逋租而加倍取偿。作恶多端，指不胜屈"。① 康熙末年，浙江天台县有的绅衿则趁地方官"岁暮封印"不理政事时，"差遣悍仆豪奴，分头四出，如虎如狼，逼取租债，举其家中所有搜攫一空。甚而掀瓦掇门，栓妻缚子。又甚将本人锁押私家，百般吊打"。② 或者"混加扑责"、"强用大斗"索派，"擅骑佃户骡驴马匹"；"佃户嫁女、寡妇改适"、"田主索取出村礼"；佃户家丧事，"田主索取断气钱"；"佃户身死无后者"、"田头收其牲畜什物"。③ 或者"淫占佃户妇女"，④ "呼其妇女至家服役，佃户不敢不从"。⑤ 江西"吉赣俗以佃为仆，子孙无得与童子试"，⑥ 如此等等。这种主佃关系，完全是超经济强制的突出形式。

缙绅、绅衿等级对待佃户的这些行为，是实际生活中的事实，但这不是缙绅、绅衿等级应有的特权，也不是佃户应有的法律地位。因此，这些行为在当时也是非法的。史料中也不断记载了禁止上述行为的事。如，顺治十年江宁巡按卫贞元要求对"欺压佃户霸其妻子"的绅衿大户"指名参处"，"题奉谕旨钦遵在案"。⑦ 康熙初年，邵延龄任江西按察使司佥事提调学政时，"勒石永禁""以佃为仆，子孙无得与童于试"的习俗。⑧ 康熙二十年，安徽巡抚徐国相特参势豪勒诈，称"若以承种之佃户尽为宦门之奴仆，无论小民脂膏尽归富室，即见在输赋之地土，必致抛荒"，饬令"嗣后业主买卖田地，应听佃户自便，不许随田转卖，勒令服役"，⑨ "奉旨：依议"，通行

---

① 雍正六年十月，田文镜：《严禁绅衿积习锢弊以肃功令示》，见《河东宣化录》第 3 卷，第又 67 页。

② 戴兆佳：《天台治略》第 6 卷，第 28 页。清代衙门，例于每年腊月十九至二十一日三天中，由钦天监择日封印，至次年正月十九至二十一日三天中，择吉开印。封印期间，地方官停办一切不重要之公事。

③ 陈宏谋：《培远堂偶存稿》文檄，第 2 卷，第 14—15 页。云南。

④ 《雍正定例成案合钞》第二册。

⑤ （同治）《长沙县志》第 20 卷，转见李文治《中国近代农业史资料（第一辑）》第 81 页。

⑥ 《提调江西学政按察使司佥事加一级邵公延龄碑》，见《碑传集》第 80 卷，第 12 页。

⑦ 康熙《江南通志》第 65 卷，第 44 页。

⑧ 《邵延龄墓碑》，见《碑传集》第 80 卷，第 12 页。

⑨ 康熙《江南通志》第 65 卷，第 44 页。

在案。① 至雍正初年，则制定了一项正式的有关主佃关系的条例。

雍正五年，河南总督田文镜上疏称，"豫省绅衿置有地亩即招贫民耕种。一为伊等佃户，本系平民，视同奴隶，不但诸凡供其役使，稍有拂意，并不呈禀地方官究治，私治板棍，扑责自由。甚至淫其妇女，霸为婢妾。佃民势不与敌，饮恨吞声，不敢告究。地方官不能查察，徇纵肆虐者，亦干严谴"。他认为应"严加定例""永远禁革"才能"势恶土豪知有国法，而贫民穷佃亦得共游于熙皞之天"。② 田文镜要求承认佃户的"平民"即凡人身份，他的矛头是指向"绅衿"的。吏部会议后的题本表示同意田的观点，认为"佃户本系贫民赁地耕种，原非奴隶，纵拖欠租课，亦宜呈禀地方官究追，何得倚恃绅衿，私置板棍，任意扑责。至于淫占妇女霸为婢妾，使佃户饮恨吞声不敢告究，此等倚势肆恶，目无法纪，若不严加定例，令地方官不时严查，详请参究，乡农受其荼毒，为害匪小"，具体拟定例文如下："嗣后，如有不法绅衿仍前私置板棍，擅责佃户，经地方官详报题参，乡绅照违制例③议处；衿监吏员革去衣顶职衔，照威力制缚人及于私家拷打者不问有伤无伤并杖八十律治罪。地方官失于觉察，经上司访出题参，照徇庇例议处。如将佃户妇女淫占为婢妾者，俱革去职衔衣顶，照豪势之人强夺良家妻女占为妻妾者绞监候律治罪。地方官不能查察，徇庇肆虐者，照溺职例革职。该官上司不行揭参，照不揭劣员例议处"。④ 可见，拟例的立意有三：一是肯定佃户及其妻女的凡人身份；二是否定缙绅和绅衿对佃户及其妻女有司法权和人身占有权；三是地方官有监督和保证这种主佃关系的责任。这里并没有提到佃户对绅衿有什么义务的问题。

雍正帝对拟例的三点立意也不反对。但他提出问题的另外一面，毋宁说是封建主佃关系中更带有实质性的一面，即地租问题。他批道："这本内，但议田主苛虐佃户之罪，倘有奸顽佃户拖欠租课、欺慢田主者，亦当议及"，

---

① 《定例成案合镌》第 12 卷，第 52 页。

② 转引自中国第一历史档案馆藏：《吏垣史书》，雍正五年九月十九日署吏部左侍郎查郎阿题本。

③ 《大清律例》吏律、公式，制书有违律："交奉制书有所施行而（故）违（不行）者，杖一百"。

④ 《吏垣史书》雍正五年九月十九日查郎阿题本。

他认为，只有两方面都谈到，"立法方得其平"，下令再议。① 雍正作为地主阶级的最高代表，没有忘记这个阶级的最大利益所在。刑部、吏部奉命会议后题："查绅衿私置板棍擅责佃户、奸淫佃户妇女占为婢妾者固宜惩治，而奸顽佃户拖欠租课、欺慢田主者，应照不应重律杖责；② 所欠之租照数追给田主。如此则田主不致苛虐，而奸佃亦知惩儆，于法得平矣。"③ 雍正五年十二月初五日奉旨："依议。"④ 定例全文如下："凡不法绅衿私置板棍擅责佃户者，乡绅照违制律议处，衿监吏员革去衣顶职衔，杖八十。地方官失察，交部议处。如将妇女占为婢妾者，绞监候。地方官失察徇纵及该管上司不行揭参者，俱交部分别议处。至有奸顽佃户拖欠租课，欺慢田主者，杖八十；所欠之租照数追给田主"，⑤ "命下之日通行直隶各省一体遵行。"⑥

欠租"杖八十，所欠之租照数追给田主"的规定说明，清廷对欠租的惩治比对欠债的惩治要严厉得多。清律，"其负欠私债违约不还者，五两以上，违三月笞一十，每月加一等，罪止笞四十；五十两以上，违三月笞二十，每月加一等，罪止笞五十；百两以上，违三月笞三十，每一月加一等，罪止杖六十。并追本利给主"。⑦ 二者相较，欠租不论多么少，处刑比欠银百两逾期半年以上者还要重二等。可见这一条例的立意绝非把租佃关系等同一般债务关系来处理的。通过这个条例，以法律保证地主及时取得地租，并且给封建统治机器规定了保证地主这种权利得以实现的责任，乃从根本上保护了封建土地私有制。从等级关系上讲，条例给予缙绅、绅衿以身份上的尊严，禁止慢侮；但同时明确地否定了缙绅、绅衿有越出范围去侵犯佃户及其妻子人身

---

① 中国第一历史档案馆藏《起居注》雍正五年九月二十二日。参阅《雍正实录》第61卷，第27页，雍正五年九月二十五日戊寅。

② 上海图书馆藏《雍正定例成案合钞》第二册，此句为"应照不应重律杖八十，折责三十板"。《大清律例》刑律、杂犯，不应为律："凡不应得为而为之者，笞四十；事理重者，杖八十。（律无罪名，所犯事有轻重，各量情而坐之）"。

③ 雍正五年十一月二十七日刑部尚书德明等题本。见中国第一历史档案馆藏《刑科史书》雍正五年十二月（一）。

④ 雍正五年十一月二十七日刑部尚书德明等题本。见中国第一历史档案馆藏《刑科史书》雍正五年十二月（一）。

⑤ 《大清律例通考》第27卷，第44页。参阅光绪《大清会典事例》第100卷。乾隆五年和乾隆四十二年两次修改这一条例，将绅衿处分和地方官责任均有所减轻，但总的精神未变。

⑥ 雍正五年十一月二十七日刑部尚书德明等题本。见《刑科史书》雍正五年十二月（一）。

⑦ 《大清律例》第14卷，户律，钱债，违禁取利律。

的权利。所以说，清王朝是没有授予地主以对农民随意打骂甚至处死之权的。

这个条例的基本精神，直至清末都仍有效①。几乎无需证明就可理解的事实是，由于缙绅和绅衿具有特权地位及其与地方官的密切勾结，条例对他们的限制作用是很有限的；相反，他们却有了要求地方政权为他们追索地租的条文依据。此前，地方官发出告示促佃输租，是需要经过绅衿要求的，例如顺治二年苏州绅衿要求巡抚土国宝所做的那样②。条例制定以后，地方官警告佃户必须及时纳租的告示迭出，县衙门代地主锁拿佃户敲扑比租的记载越来越多了。

在实际的比租行动中，且不说凶差恶役的敲诈勒索，就在公堂上对佃户的惩治也远远超过条例规定的杖八十，佃户无法忍受，以致有"脱枷自尽之案"，使得有的省份不得不规定。"嗣后比责佃户不得过满杖，再重亦仅准枷示而止，不得滥用木笼"③，而这所谓的限制，比原规定的杖八十要高出许多！比租惨况的记载也有不少，不一一列举了。

不论定例以前私置板棍吊打佃户、淫占佃户妻女也好，定例以后通过官府代为追比地租也好，都需既有钱又有势，因此主要是缙绅、绅衿等级分子干的。至于凡人地主，则应分别看待。

在缙绅、绅衿地主作恶影响之下，凡人中的大地主也会起而效尤。法典中关于"倾陷富室"要"治以重罪"④，禁止"欺慢田主"以及"佃户见田主，不论齿叙，并行以少事长之礼"等规定中所谓"富室"、"田主"是包括了凡人地主的。尤其是富而不贵的大地主仅凭财力往往和官府、缙绅有着勾结关系，他们对佃户的关系绝非是平等的。因此，佃户和凡人大地主虽然在法律上处同一等级，但不属同一等第。

凡人等级中的中小地主则有所不同。他们在经济上占有较多土地，靠剥削地租为生，但他们与缙绅、绅衿等级巴结不上，没有行使"富室"、"田主"权利的力量。因此他们和佃户之间的关系也大不相同。在资料中常有这

---

① 参阅宣统二年沈家本等修《大清现行刑律》第24卷，斗殴上，威力制缚人律附例。

② 叶绍袁：《启祯纪闻录》第6卷，第4页。

③ 《江苏省例》臬政，同治七年二月；《江苏省例续编》藩例，同治十年。清代刑制，满杖为杖一百。

④ 光绪《大清会典事例》第156卷，户部，户口。

样的记载。如清初，"佃户减租单"使得地主年都不好过。① 乾隆间，中小地主"其势本弱，一遇强佃抗欠，有吞声饮泣无可如何者。地方官率漠然不顾。曰：'吾但能催赋，岂能复催租？'"!② 光绪时，佃户逾期尚不交租，大户靠官追比，"巨绅显宦自不虑为顽佃所欺"，③ 可以"循常例在县请得差牌，向各佃追租"，将欠租佃户"械击而去"，甚至逼死人命。④ "若夫小户，则往往无此力量"，他们收租时，"佃户漠然"，"即十日九催，而其冥顽如故。一佃户如故，众佃莫不如故"，"特明知业户无力能如大户之办人，使受缧绁鞭笞之苦耳"。⑤ 江苏松太沿海诸邑"置田百亩已称富室；一乡有此数富室已称大镇。而有财者未必有势"，"业主一忍耐而顽户愈恃欠租为得计矣。""良户闻之，转觉自己完租之无谓，由是展转效尤，良者亦多变为顽，而业主因之重困。"⑥ 地方官"各存一势力之见，非遇巨绅显宦之嘱托，则不肯出一票、发一差、拘一人、比一次"⑦。这些记载显然是在为地主叫苦，但反映出缙绅、绅衿等级和凡人等级的差别则是事实。

雍正五年条例是要限制缙绅、绅衿等级苛虐佃户，但是它并不是要限制他们法律上的特权，而这种特权的某些方面，在条例产生后，反以更加合法的形式出现了。"奸顽佃户拖欠租课、欺慢田主者杖八十，所欠之租照数追给田主"的规定，从文意上理解是适用于所有主佃关系的，但在实际生活中真正能够得到好处的，却主要是属于缙绅和绅衿等级的地主，虽然这并不排除凡人等级中的大地主也能以财得利。

以上讲的是民田佃户的情况，需要指出的特例是山东曲阜衍圣公孔家的佃户。孔府户下，有钦拨佃户、一般佃户、投充户和寄庄户。其中投充户是带地投充到孔家挂名为佃户，实则是为了免应官府差徭而来的自耕农或小地主。诡寄户也属类似情况，或者原是孔家佃户，后来经济上升，自置土地，成为自耕农或地主，仍挂孔家佃户的招牌以期免除粮差赋役。这两种以外，

---

① 吕留良：《岁除杂诗》，见《东庄诗存·怅怅集》，转引自陈伯瀛：《中国田制丛考》第267页。

② 秦蕙田：《经筵讲义·龙德而正中者也》，见贺长龄：《皇朝经世文编》第10卷，体治4。

③ 《字林沪报》，光绪十六年闰二月二十三日（1890年4月12日）。

④ 《字林沪报》，光绪十六年闰二月二十三日（1890年4月12日）。

⑤ 《字林沪报》，光绪十三年十一月十四日（1887年12月28日）。

⑥ 《字林沪报》，光绪十五年十月十一日（1889年11月3日）。

⑦ 《字林沪报》，光绪十六年闰二月二十三日（1890年4月12日）。

还有：（1）钦拨佃户，又称实在户或屯户，耕种钦赐祭田，他们是世袭佃户，世代束缚在土地上，向孔府缴纳实物地租。他们之中，有庙户服洒扫庙廷及看守庙宇之役，有屠户、条帛户、猪户、羊户、牛户等专门屠宰或供应上述各类物资，还有嚎丧户，专为在举行丧礼时服嚎丧之役。（2）一般佃户，他们将自己的土地卖给孔家后仍领种原地，成为孔家佃户，向孔家缴租，但免去承担国家差徭。（3）寄庄户，是佃种孔家土地的外来户。他们地租较重，但不为孔家服役，和孔府没有很深的依附关系。可见清代曲阜孔家佃户情况是复杂的，从一般租佃关系到世袭的依附关系都有。前面已经讲到，衍圣公对不听差唤的佃户具有某种实际的司法权；佃户之间的纠纷，孔府大堂也可票传签讯，这使得主佃关系带有官民性质。特别是实在户，还无法更换主人，也不能脱离孔府土地。由皇帝分封土地、赐给佃户，同时带有司法权（虽然这种司法权不是朝廷明确规定的），使得孔家土地和领主庄园制经济有着某种共同之处。孔府的佃户中，实在户可以相当于贱民等级中的佃仆。孔府的一般佃户和寄庄户则属于凡人等级中的佃户等第，他们的地位和一般民田佃户相比略低，是因为田主的等级身份特殊的缘故，而他们本身还不能列入贱民等级。

总起来说，清代的佃户是凡人等级的一个地位较低的部分，所谓较低，是相对他的田主而言，而不是贱民的一部分。佃户和特封贵族、缙绅、绅衿、凡人等级中的大地主等第的关系和他们同自耕农等第中的中小地主之间的关系不同，就因为田主们的等级地位不同。在主佃关系中，佃户作为凡人，他和地主的所属等级，等第的距离愈远，其地位愈是低下。这是由于地主等级地位的高下（从而其法定的和实际拥有的权利有大小）所形成的相对差别，而不是由于佃户的等级身份像奴婢属于贱民等级那样绝对低下。佃户具有凡人等级的一般权利，而不属于贱民等级。他对奴婢等贱民的关系也是良贱关系。因此，即使和缙绅、绅衿间形成的主佃关系也不能说是主仆关系。

当时人也往往把主佃关系和主仆关系相类比。有的认为佃户受业主役使"皆其分内之事"①，或者直称主佃之间"有主仆名分"②。这些只能说是缙

---

① 《陈确集》第15卷，揭。

② 嘉庆《太平县志》第18卷。转见仁井田陞：《中国法制史研究·奴隶农奴法》第183页。

绅、绅衿等级以至凡人大地主等第的地主与他们的佃户之间实际生活中的关系的反映，不能据以得出一般的主佃关系与主仆关系等同的结论。

清代涉及主佃关系案件中，也有提到"并无主仆名分"的判例。如乾隆四十年，山东沂水县佃户刘圯山将田主马进朝殴死一案，题本中有"查刘圯山虽系马进朝佃户，并无主仆名分，应以凡斗论"的话。乾隆五十九年，湖南佃户曹成昌殴死田主尹申开一案的判决中，也提到"曹成昌佃种尹申开田亩，每年还租谷四石五斗，并无主仆名分"的话①。但那是一般性的比拟语句，不能由此推论清代有的佃户与地主具有主仆名分。因为在《大清律例》中从来没有关于佃户对地主具有主仆名分从而对他的处刑不同于凡人的任何律文或条例。

佃户作为一个统一的名称和处于不同等级的地主分别相对待，这样一种复杂状况形成了人们对佃户认识的矛盾。清代法学家薛允升就曾提出这样的问题：清律中"究竟佃户和田主是否以平人论，何以并不叙明耶"?② 他们普遍地没有把佃户看得低于凡人，承认主佃间"无贵贱之分"③，"与奴仆不同"④，或"与良贱不同"⑤。但又必须解释实际生活中那么多不平等状况的存在，所以说主佃间"亦有主宾之谊"⑥，"实有长幼之分"⑦，"究与平民不同"⑧，或者"与平人有间"⑨ 等。不提田主的差异而试图对主佃关系作出统一的提法，毕竟不甚确切。

根据以上分析，我认为，清代佃户在法律上属于凡人等级中的低下等第，佃户在实际生活中的状况受他的田主身份的直接影响。田主的等级和等第愈高，佃户的地位则愈低。佃户和凡人等级中的地主具有同等法律地位。当然，我们这样讲毫不意味着凡人地主和佃户间关系不是封建关系，因为这

---

①　二案均见《刑科题本》，转见刘永成：《清代前期佃农抗租斗争的新发展》，《清史论丛》（第 1 辑）。

②　《读例存疑》第 35 卷，第 52 页。

③　《湖南省例成案》，转见仁井田陞：《中国法制史研究·奴隶法农奴法》，第 115 页。

④　《大清律例通考》第 27 卷，刑律，斗殴。

⑤　《谋邑备考》第 8 卷。

⑥　《湖南省例成案》，转见仁井田陞：《中国法制史研究·奴隶法农奴法》，第 115 页。

⑦　《谋邑备考》第 8 卷。

⑧　《读例存疑》第 35 卷，第 52 页。

⑨　《大清律例通考》第 27 卷，刑律，斗殴。

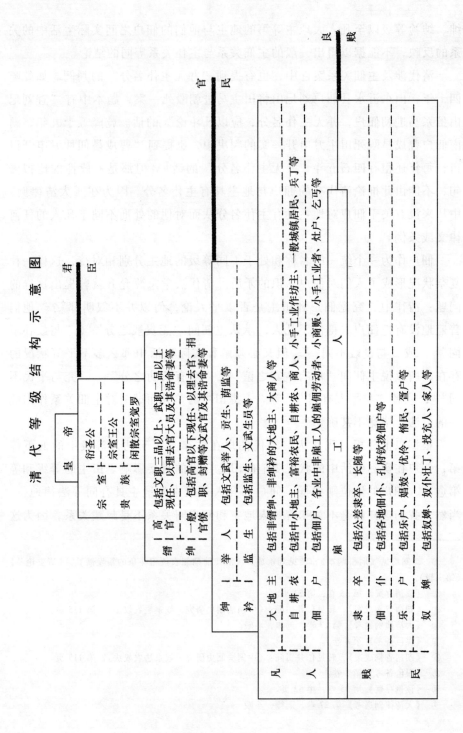

清 代 等 级 结 构 示 意 图

种关系本来就是封建等级、等第关系的一个组成部分。封建地租本身就代表着封建关系最本质的内容。封建地租的实现，必须通过超经济强制，而这种超经济强制不论来自地主还是来自国家机器，其根源都在于封建土地所有制，因此即使超经济强制的程度可以比较轻微，主佃关系仍只能是封建关系。我们必须看到清代社会中佃户和缙绅、绅衿以及凡人等级中的大地主等第的地主相对时所处的极不平等的状况，不然就不能理解为什么广大农民经常揭竿而起进行英勇的反封建斗争。同时也必须看到，佃户和中小地主相对时形成比较一般的主佃关系。由于前一种状况的存在，我们就不能笼统地讲清代的主佃关系是单纯的契约关系或金钱关系；由于后一种状况的存在，就不能笼统地讲清代的主佃关系具有主仆名分。事物既然本来是复杂的，就不应简单地对待。

以上就是清代社会等级的简况。由此可以肯定的是，虽然在清代的典章制度中不存在一部独立的、系统的身份法或等级法，但这不等于说清代不存在身份等级制度。清代法典对社会名种成员的权利和义务，他们的身份和法律地位，均以不同形式分别有所规定。这些规定的主意，有着传统的封建经济关系、伦理道德以及当时的社会传统习俗作为根据和背景，在当时是得到社会承认的。

清代有关身份制度的规定，散见于法典的吏、户、礼、刑各部的有关律、例中。这些规定并非在同一时期由同一立法机构统一拟定的，因此它们间也有矛盾或不一致之处，有些也是比较含混的。但是从整体看，这个等级制度是完整的、明确的。把各部有关条文归纳起来，就清楚地呈现出一幅极不平等的等级系列的图像，确凿地说明清代也和一切封建国家一样，是一个等级社会。而且确定无疑的是，清代整个一套等级制度也和任何封建国家的等级制度一样，是为维护封建君主专制制度服务的。

清代的等级结构可以由上面的简单图式显示出来。

本文分析的等级以及这个图表，都只是轮廓的描述和概括地示意，不可能遍列无遗。但清代各种身份、行业的社会成员大体上都可以分别归入这些等级中去。同一种职业的人，因其法定的权利和义务不同，所处的地位不同，可能分别列入不同的等级。举例说，皇宫及宗室王公府中的太监、宫女，就不属同一等级，其中的总管大太监属于缙绅等级，而一般的太监、宫女则和某些地区富家买来使用的阉割火者一样，应列入贱民等级的奴婢等第了。

二 清代等级制度的特点及其意义

相对明代等级制而言，结合满族特有的内容而建立起来的清代等级制度是有所不同的。例如清代的宗室贵族等级与明代的勋贵等级就大不一样；贱民等级中的奴婢等第也与明代的有很大差别。但清代等级制毕竟是继承明代而来，二者的基础是相同的，即都建立在地主经济制上，因而两朝等级制有许多共同之处。若以清代等级制和西欧封建社会的等级制相比，则有许多显著的差别。

前面讲凡人等级中的佃户身份问题时已经谈到清代等级制度和西欧领主制下的等级制的根本差别在于没有土地占有的等级结构。从这个根本差别出发，可以看到清代等级制有其与西欧封建等级制度迥然不同之处。

现就清代等级制的四个主要特点略加分析。

（一）清代的等级制度贯彻着封建宗法伦理原则

君臣、父子、夫妇三纲之中，君臣之纲乃是根本，父子之纲要求子孝，夫妇之纲要求妇顺。孝和顺为了齐家，齐家又是为了治国。这种关系，在法典中反映得相当明确。譬如，清律中有所谓"干名犯义"律。父有罪，子应为之"容隐"，如告官，是为干犯，即使告实，父罪同自首可免刑，而子却被判杖一百徒三年。但当父犯大逆、谋叛罪时，子告发，不为干犯。[①] 就是说，一般情况下子对父只能讲孝，无权揭发他的罪过；当忠孝发生矛盾时，孝必须服从忠。可见父子之纲和夫妇之纲是为了巩固君臣之纲服务的，其最终目的是巩固封建统治，巩固君权。因此，围绕父为子纲而建立的封建宗法家长制在封建法制和等级制度之中也被突出地强调了。宗族关系被当作政治关系来处理，反过来政治关系中到处渗透着家族关系。我同意王亚南同志的说法："一方面把家族政治化，另一方面又使政治家族化，把国与家打成一片，这是伦理的神髓"，"一旦官僚政治出现了，王者或天子高高在上，对于领内广土众民，单依靠郡守县令的管制，实在是难期周密。最妥当的莫如通

---

① 《大清律例》第 30 卷，刑律诉讼，干名犯义律。

过家族宗族来管制，即把防止'犯上作乱'的责任，通过家庭，通过族姓关系，叫为人父的，为人夫的，为人族长家长的，去分别承担，以建立起家族政治的联带责任"。① 这是说朝廷直接通过家族进行统治的方面。封建宗法家长制还有另一方面的作用。

清代法典中，礼制丧仪部分以九族五服形式把血缘关系按亲疏尊卑组织起来，规定血缘关系具有尊卑长幼名分，刑律则根据这种名分决定亲族间法律地位的不平等关系。在社会上，凡人之间的法律地位是平等的，法典规定了统一的处刑标准。同一凡人在家族关系中则具有双重身份：身为尊长，对卑幼处于较高的法律地位，身为卑幼则相反。丈夫法律地位高于妻子，妻子低于丈夫。父为子纲，夫为妻纲的天定秩序以法律形式固定下来了。其中最严格的关系莫过于子孙对父母、祖父母。以斗殴（未成伤）罪为例。凡人斗殴处刑仅笞二十，而子孙殴父母、祖父母"皆斩"。② 计算起来，处刑相差十七等之多。其实十七这个数字还不足以反映刑等差别之大。因为第一，清律刑制规定，如加等，一般不加至死；③ 这里的差别却是进入死刑。第二，刑制规定的死刑中，斩重于绞④；这里是从重处斩。第三，法律规定一般罪行首犯从犯分别轻重判处；这里不分首从一律从重处斩。⑤ 再以最远的亲族关系为例，卑幼殴缌麻亲尊长杖六十徒一年，比凡斗重九等；尊长殴缌麻亲卑幼，"勿论"。甚至卑幼殴"五服已尽同姓尊长"也要加凡斗一等；尊长殴五服已尽同姓卑幼则减凡斗一等。家族内尊卑不平等的程度至于此极。

如果以法律地位的不平等作为等级的实质和特征的话，家族内部具有不平等法律地位的按服制亲疏排列的尊长和卑幼，似乎也可以称作是一种等级制。当然这和前面讨论的社会等级不属同一系列。这种特殊的等级是族权的一种表现形式。家族成员的这种不平等关系只限于家族内部。同一家族成员，他的地位对其晚辈是尊长，对其长辈又是卑幼，同时又和家族别的成员

---

① 《中国地主经济封建制度论纲》，华东人民出版社 1954 年版，第 20 页。

② 《大清律例》第 28 卷，刑律，斗殴下。

③ "本条无入死者，不得加入于死罪，只流三千里之类"。《大清律例》第 1 卷，附刑名十六字义。

④ "死刑有二：曰斩，曰绞。斩者身首异处，血溅泉壤也。……若绞则止于毕其命，犹为保乎全体，非若身首异处之备具惨烈耳。其刑较斩为差善"。（《大清律辑注》，转引自《大清律例统纂集成》第 4 卷，名例律上。）

⑤ "'皆'者，不分首从一等科罪"。（《大清律例》第 1 卷，例分八字之义。）

形成期亲、大功、小功和缌麻等各种不同的关系，个人身份具有相对性；因而不论是哪一种地位都具有范围不定的特点。家族内部这样的不平等的法律地位是否可以称为等级，也还是可以进一步讨论的。不过，不论是否称之为等级，这种家族内部法律身份的不平等都是值得注意的现象，它对经济上诸如土地买卖手续、财产继承制度等习惯的形成和影响，都应该做进一步的研究。

我们指出家族内部法律身份的不平等，是为了说明更重要的一点，即等级间的法律地位以家族中尊卑关系相比拟，使等级制度的某些部分披上家族关系的外衣。例如雇工人等级。清代刑法许多罪行的处刑规定，是把雇工人类比为子孙，而把雇主类比为父母、祖父母的。其理由是，"雇工人虽不在伦常中，而名分之重则与子孙不异"。① 另一些罪行的处刑规定，雇工人所处法律地位又略高于子孙，其理由是雇工人对家长"实属分严情疏，非卑幼亲属可比"。② 此外，雇工人的法律地位不但低于雇主本人，而且低于雇主所有有服亲属，包括雇主的卑幼亲属在内。通过这种办法，确定了雇工人和雇主及其家族的关系，确定了雇工人的等级地位。贱民等级中的奴婢也与此类似，只是奴婢的法律地位比雇工人更低罢了。

处理这种关系的根据是家长和雇工人、奴婢间具有主仆名分。这里虽然不是由于血缘上的亲疏而是由于身份上的差异决定了法律上的不平等关系，但是主仆名分和尊卑名分相联系，相比拟，这种身份上的差异也具有了封建宗法家长制的意义。

既然父子之间是天定的尊卑关系，父祖对子孙则处于当然的、无条件的优越地位，他们之间只能是统治与服从的关系；那么，比作父子的家长与奴婢、雇工人也只能是统治与服从的关系。这种比拟，使得人们必须承认这种等级关系是天经地义的、无可怀疑的，从而君权统治下的封建秩序也是天然合理的。这就是立法者的逻辑和所要达到的目的。

将封建宗法家长制的原则扩大运用于某些社会等级关系，从而使等级制度贯彻着宗法家长制的精神，这实际上是以父权家族统治的模式来建立君权政治统治体系的某些部分，这一点是我国的，也是清代的等级制度的一个

---

① 李梅：《大清律笺释》第 19 卷，第 6 页。
② 《定例续增》第 21 卷，第 74 页。

特点。

此外，皇位的嫡长世袭制度、宗室觉罗等皇室贵族之列为特权等级，以及皇帝以臣民为赤子，臣民以皇帝为君父等等级观念，都说明清代等级制到处体现着封建宗法家长制的原则。族权渗透在政权之中，起着支持政权的作用。血缘家族的亲亲观念掩盖着森严的等级制度的残酷性。清代统治者就是用这样的等级制度来排列社会成员的法律地位，维持封建国家的秩序，以保证封建统治机器正常运转。

（二）　清代等级制度的变化和解体异常缓慢

曾经有人认为，雍正初年解除惰民、疍民、佃仆等贱民身份的命令就是贱民的解放，似乎从那以后清代就不存在等级问题了。这是不对的。因为那些命令并未触及等级制度，即使是对贱民等级，也只涉及其中的一部分，而对以奴婢为主体的贱民等级没有实质性的影响；何况在实际生活中疍民、佃仆等人的社会地位直至清末变化也不甚显著。等级制度的总体结构，有清一代没有发生过根本性的改变，清代的任何社会成员都属于某一特定的等级。从这个意义上讲，清代等级制可称是一个僵化的制度。但是不能由此认为清代等级制没有变化。它也在解体之中，只不过落后于经济基础、生产关系的某些发展，其变化速度特别缓慢罢了。

清代初年，满人入关后在圈地上建立起来的属于农奴制类型的强制性奴仆壮丁生产制度，经奴仆壮丁大量逃亡斗争，无法继续维持，在不到一个世纪的时期内，已逐渐为租佃制所代替，旗地民田化的趋势也加速进展了。随着生产关系的这种变化，严格的逃人法已无必要，因而有所放松。明代末年汉人曾流行一时的奴仆生产，在清初经多次奴变之后，也趋向衰微，代之以租佃制以至雇工经营。因此，贱民等级中的主体——奴婢——的内容在发生着明显的变化，从以男性生产奴仆为主转为以女性家内服役奴婢为主。"人市"已消灭，人口买卖"买婢女者多而买奴仆者少"[①]。尽管在实际生活中早已发生了这样大的变化，在关于奴婢的条例上却直至光绪末年、宣统年间才考虑从法律上禁革买卖人口问题，至于有关奴婢的法律地位，作为贱民的身份，更是没有修改。

---

① 《读例存疑》第36卷，刑律，斗殴下，第4页，奴婢殴家长。

清初民田中经营地主及富裕农民土地经营方式逐渐增多，雇佣劳动，特别是短工的使用逐渐普遍。把大量雇佣劳动者束缚在雇工人等级中，已不能适应经营制度变革的要求。因此统治者于乾隆二十四年、三十二年及五十三年将有关确定雇工人身份的条例一再修改。修改的总的趋势是逐渐将更多的雇佣劳动者划出雇工人等级，使之脱离对雇主的人身依附关系，进入凡人等级，和雇主处于平等的法律地位。条例这一变化，用去了将近一个半世纪，而且其中还颇有曲折。清代等级制度变化之缓慢由此可见。

此外，宗室贵族等级中，除少数高级的王公贵族仍旧居于高贵地位而外，大量闲散宗室觉罗也和一般旗民一样，经济上日趋败落，穷极潦倒者大有人在。他们除去由于身上系着那条彩带，人们一般不敢去招惹他们而外，远不像他们的祖先甫入中原时那么神气活现了。即使如此，关于宗室觉罗的特权规定依然如旧。

所有上述实际生活中出现的现象，自乾隆中叶以后就表现得相当明显了。各个等级所代表的内容已然变化，而等级制作为一种上层建筑却远远不能及时地作出相应的反应。清代等级制一方面在继续发挥着巩固封建统治的作用，同时也在渐渐地溃圮中。不过直到清王朝被帝国主义入侵而变为半殖民地半封建社会的时候，这个等级制度也还没有完全陷入诸如十八世纪初时法国的等级制或者明治维新时日本的等级制面临的境地。解体的内在性和缓慢性也是清代等级制的特点之一。其所以有此特点，和它本身的弹性特点有关。关于这一点，下文还将论及。

（三）清代封建等级制度中存在着产生资本主义关系的可能性

资本主义雇佣关系是"自由劳动"的雇佣关系。"自由劳动和这种自由劳动对货币的交换"，"是雇佣劳动的前提与资本的历史条件之一"。[①]所谓"自由劳动"包含双重意义：第一，劳动者已从前资本主义的人身隶属关系中解放出来，成为一个有出卖自己劳动力的自由的人；第二，劳动者已被夺去生产资料，"自由"得一无所有。前者使劳动者出卖劳动力成为可能，后者使劳动者出卖劳动力成为必要。当这种"自由"的劳动者在劳动力市场上和资本家进行交易时，双方"彼此作为身份平等的商品所有

---

① 马克思：《资本主义生产以前各形态》，人民出版社1956年版，第3页。

者发生关系，所不同的只是一个是买者，一个是卖者，因此双方是在法律上平等的人"。①

清代的凡人等级是一个十分庞杂的等级。除去属于具有特殊地位的人以外，绝大多数社会成员都在这个等级之内。它既包括不具缙绅、绅衿身份的城乡地主、富裕农民、自耕农、手工业作坊主和大小商人，也包括佃农、店伙以及农业、手工业和商业中不具雇工人身份的雇佣劳动者。他们虽然分属于不同的阶级，但从法律地位上看却同属一个等级，彼此是"在法律上平等的人"。其中的剥削者并不具有国家赋予的政治特权，他们和被剥削者之间没有法定的隶属关系或依附关系。因此，他们之间也就有经济上等价交换的可能性。处在凡人地位的劳动者的生产资料丧失到一定程度，需要出卖劳动力来维持生活，出雇给拥有生产资料的凡人进行农业生产时，他们之间就是平等的雇佣关系。这就给资本主义雇佣创造了前提。因此，在清代，农业资本主义关系能在不触动等级制度的条件下产生，而且有一定的发展余地。在手工业和商业方面也有类似的条件存在。当然，这是仅就法律身份而言的。考虑到封建行会以及其他条件的影响时，又需另作综合分析。此外，也还要看到等级制度本身对这种关系的发展的扼制作用。

（四）清代社会成员个人等级身份的可变性起着阻碍资本主义生产关系发展，巩固封建制度的作用

清代每个社会成员都处在一定的等级之中。但是除去皇帝这一特殊人物和以皇族血统为标志的宗室觉罗以及特封的衍圣公外，其他人的等级身份大都是可以改变的。处于特定等级的个人可以由于政治、经济、文化等各方面条件的改变而进入另一等级。譬如，犯罪可以使缙绅等级的成员革职为凡人；经济上的破落可以使凡人降为雇工人或贱民，文化上的科举得中，可以使凡人上升为绅衿甚至缙绅；雇工人可因雇约解除而回到凡人等级；一名奴仆也可经由某种途径脱离贱民法律地位。和其他国家，如西欧或日本的封建等级制度相比，这是清代等级制度的特点之一。其所以如此，也是由于地主经济制和领主经济制的差异造成的。等级权利和土地所有权相游离，而土地又可自由买卖，才使得等级制度有可能具有这样的灵活性。如果把这一特点

---

① 马克思：《资本论》第1卷，见《马克思恩格斯全集》第23卷，第190页。

作为清代不存在等级制度或不存在严格的等级制度的证明，那显然是一种误解。

社会成员的等级身份可以升降这一特点具有特殊意义。它使得清代的等级制度成为一种具有弹性的制度，在封建末期起着阻碍资本主义发展、巩固封建制度的缓冲作用。这可以从下述三个方面来看。

第一，金钱的力量不能破坏清代等级制度。马克思写道："国王们在与别国人民进行战争时，特别在与封建主进行斗争时需要钱。商业和工业越发展，他们就越需要钱。但是，这样一来，第三等级，即市民等级也就跟着发展起来，他们所拥有的货币资金也就跟着增长起来，并且也就借助于赋税渐渐从国王那里把自己的自由赎买过来。为了保障自己的这些自由，他们保存了经过一定期限重新确定税款的权利——同意纳税的权利和拒绝纳税的权利。在英国历史中，可以特别详细地探求出这一过程"。[①] 清代统治者为了挥霍和军备等，也同样需要货币，也要从凡人等级手中弄到钱。但是，凡人中的富裕分子积累了财富不是用来赎买自己的自由，而是通过捐纳从朝廷换取"名器"，即进入拥有特权的等级。赎买自由的结果是导致等级制度的瓦解，而换取"名器"的结果却是缙绅、绅衿等级扩大，从而使得等级制度加强。同样是金钱的力量，却有着完全不同的后果。在这里，等级制度本身具有的灵活性使得等级制度具有更强的顽固性。

第二，已形成的资本主义关系也还可能变质。在土地自由买卖的经济制度下，地权能够自由转移，它就不可能像西欧领主制下的土地那样带有政治属性。清王朝的行政权、司法权集中于中央，不随土地下移。实行官僚政治，就必须有一套选择和任命官僚的具体办法。在清代，科举和捐纳是两种重要的措施。科举的目的是按照封建的德才标准定期从知识分子中考评一批官僚的候选人。捐纳制度则出于朝廷财政的需要而将官爵职位标价出售，谁出得起钱，谁就可以进入缙绅等级，不仅能得官衔，而且可以真个掌印临民。进入缙绅、绅衿等级的这两座大门，始终是对凡人敞开的。当然，不论是直接用现金买官也好，还是供养一个读书人也好，均需投入一定的财富，从而不是凡人等级中的任何人都能跨入那两道门槛的。可见，统治者补充官僚的办法本身已经大体上进行了以经济实力为标准的

---

① 《马克思恩格斯全集》第 6 卷，第 303 页。

筛选。

如前所述，凡人等级中人与人具有平等的法律地位，这决定了在凡人等级中最有可能产生资本主义关系。但是，清代凡人中具有优越经济条件的人，由于受到特权可以带来经济上、政治上的利益的诱惑，往往通过科举、捐纳等途径，改变自己的等级身份。那些财富不多的人也争取跻身缙绅等级，"甚至同族比邻共捐一职衔监生，借为护符"。① 这样一来，本已形成的平等的雇佣关系，因雇主一方身份的改变而转化为等级的雇佣关系，失去了资本主义性质。凡人中的农民雇工因天灾人祸而经济上无法维持生存，以致典卖人身，从而进入贱民等级为人奴役，也使得资本主义性质的雇佣关系瓦解。因此，如果说清代等级制度中凡人这个等级的存在给资本主义产生以极大的可能性，那么社会成员个人等级可以升降这一特点，又严重地阻碍着资本主义的发展。

第三，和土地自由买卖制度相结合的等级制度，阻碍着资产阶级的产生。西欧的领主经济决定了国王、僧侣以及贵族的收入来源依靠土地和贡赋，骑士在败落以后还可以靠战争和掳掠。这些都得到政治特权的保证或统治者的认可。特权等级不会自愿放弃这种特权地位。另一方面，新兴的第三等级既无土地贡赋，又不能掳掠，他们主要依靠工商业和贸易来积累财富。他们需要摆脱贡赋负担和取得经济上自由竞争的条件。第三等级具有的低下等级地位却使得他们在经济上的发展受到极大限制。自由竞争的愿望和不平等的等级强制间的矛盾不可调和。消灭等级乃成为西方早期资产阶级的迫切要求，等级之间的斗争因而不可避免。资产阶级和封建领主之间的阶级斗争以等级间斗争的形式表现出来。在封建等级制度中产生的第三等级，只有突破等级制度的外壳才能进一步成长。所以，资本主义制度战胜封建制度的过程中必然伴随着等级的阶级向非等级的阶级的过渡。

清代的中国却是另一种情况。在这里，人们向往的财富积累方式是地租剥削。土地自由买卖制度允许人们购买土地，不受身份的限制，凡人可以自由地购进地产。这对资本主义的发展本来是很有利的。但是，缙绅和绅衿拥有免除部分赋役负担等权利使得他们的土地更为有利，并可利用其优越的等

---

① 光绪十三年九月直隶布政使、按察使告示。见《字林沪报》，光绪十三年九月二十四日（1887 年 11 月 9 日）。

级地位更为方便地购买土地。这一点有力地诱使人们进入缙绅和绅衿等级，以便扩大自己的财富。同时，凡人通过商业、高利贷所获赢利，主要也投向地产。大商人也和地主一样希望进入缙绅等级。个人等级身份的可变性又给予凡人中的地主、商人以这种可能性。和欧洲第三等级的处境全然不同，清代的工商业者可以和地主、高利贷者以及官僚融合一体。有着积累财富欲望的凡人可以利用等级制度的这个特点得到更大的满足而不必触动这个等级制度。在这样的条件下，清代的中国虽处封建末期，也就很难形成一个代表新兴生产方式的、与封建等级制度势不两立的"第三等级"了。

所以说，清代等级制度的个人身份的可变性特点，使得这个制度在封建社会末期仍能顽固地起着巩固封建土地制度、阻碍资本主义产生的作用。等级制度的弹性增强了封建制度的韧性，使之难于破坏。

附带应该提到一个与难以产生强大的资产阶级相联系的问题，即反封建的不彻底性。西方新兴资产阶级为了突破等级制度的束缚，提出"民主"、"自由"、"平等。的口号，对封建的君主专制和等级制进行有力的批判。这是资本主义自由竞争的需要。因此，资本主义社会中封建等级观念消灭得相对彻底。清代的状况全然不同。新产生的资产阶级既不需要打破等级制度才能获得雇佣劳动者，又不妨带着红顶花翎，在收取地租、放高利贷的同时办一点新式企业。"民主"、"自由"、"平等"的口号也曾作为舶来品而时兴，但不平等的等级制度从未受过强大的资产阶级的认真和彻底的批判。许多重要的等级观念，诸如皇帝的家天下制，皇帝意旨的不可违犯，皇亲国戚的高贵和尊严，缙绅、绅衿理应拥有法外特权和权威地位，奉旨行事的官僚主义作风以及服役被视为贱业等，都公开地或潜在地作为当然信念以原来的或变态的形式在人们的头脑中深深地扎下了根，一遇适当条件，就支配人们的行动。

清代处于我国封建社会的最后阶段，它距离今天的社会最近，因此，未曾经过资本主义的半殖民地半封建社会，乃至今天我们的社会主义社会，在意识形态方面许多地方钤着清代封建等级制度的印记，看来是不足为怪的。

＊　　　＊　　　＊

附记：本文对清代的等级结构及其特点作了初步分析，提出一些粗浅的看法。但还有许多问题，在这里或者分析不够，或者尚未涉及，诸如有关等级制的理论，清代等级制与前代等级制的继承和发展关系，清代各个等级的发展状况，亲族关系和师徒关系的等级性以及若干社会成员如异性王、幕友、太监等的等级地位等问题均是。这些，将在另外的机会中予以探讨。

（载《中国社会科学院经济研究所集刊》第 3 集，
北京：中国社会科学出版社 1981 年 8 月版。）

关于中日学者对明清两代雇工人身份
地位问题研究的评介

"雇工人"是明清时代特有的社会等级。明清两朝的律例中有为雇工人规定的专门律文。同犯一种罪行，对雇工人的处刑不同于对凡人及其他身份社会成员的处刑，从而确定了这个等级的法律地位。雇工人作为一个社会等级，和雇佣劳动者不是同一概念。明清律中订有专条例文以划定这个等级所包括的成员范围。

对于这个问题，早在四十年代就已引起中、日两国学者的注意。中国经济史学者在研究明清两代雇佣劳动的阶级性质和雇佣劳动者身份地位的解放等问题时，不少同志涉及明清法典中雇工人的法律地位问题；中国法制史和社会史学者也从不同的角度对雇工人问题进行研究。现拟就中日两国学者对这个问题的研究做一简单的回顾。①

一

在我国，最早注意雇工人身份问题的是瞿同祖先生。他在《中国法律与中国社会》一书的第四章中，对明清两代法典中关于"雇工人"的法律和立法原则进行了介绍和分析。书中指出，"包括轿夫、车夫、厨役、水夫、打杂、受雇服役人等"的雇工人"虽有主仆名分，平日起居饮食不敢共同，亦不敢与主人尔我相称，但身份究与奴婢不同，法律上的地位与待遇亦与奴

---

① 本文涉及的所有专著和论文，内容都是多方面的、很丰富的，各有其不同的贡献。这里只就其中关于明清雇工人律例方面的研究加以介绍或提出质疑，不是企图对这些著作做全面评价。

婢不同"，他们"接受定额工资为主家服役，权利义务完全基于奴〔？双〕方所同意的契约关系，并未典卖于人，仍保留其自由及人格，契约终了时便停止其服务之义务，同时解除主仆的关系，所以社会上视为独立自主的人，身不系于人，法律不以贱民及私属视之，与良民发生法律纠纷时互以凡人论，与家长之间则既不按奴婢本律论，亦不按凡人论，别有雇工人专条。立法原则是：雇工人殴杀家长较常人相殴为重，而较奴婢殴杀主人罪为轻。反之，家长殴杀雇工〔人〕的处分则较殴杀奴婢为重，而较常人互相殴杀为轻"。"雇工人虽与奴婢有间，但在佣工期间，究有主仆之名分，应受家长管教，如有过失，家长自得加以责罚，所以非折伤得勿论，且因违犯教令而依法决罚，邂逅致死者，及过失杀死者，亦得勿论。"作者讲到"在家族主义之下，奴婢雇工〔人〕与家长亲属的关系是极可注意的"，"家长虽只一人，但奴婢雇工〔人〕实不只一主人，与其说是属于家长一人，毋宁说是属于这个共同团体的，对全体皆应服役而有主仆的名分"，"法律上注意到这一点"，并有所反映。他还注意到明清法律上"良贱为姻但指奴婢而言，与齐民身份同等的雇工人是不在内的"现象。瞿氏认为"雇工人的地位是介于奴婢与常人之间的，在法律上，一方面既不否认雇工人独立自由的身份，另一方面又斤斤不忘主仆名分的结果"。①

总之，瞿同祖先生最早揭示了明清时代雇工人法律地位的主要特征，他的贡献是很显著的。

如果说有缺点的话，那就是作者关于"奴婢与雇工人在各方面的待遇都有显著的差异"，"只有"因违犯教令而依法决罚邂逅致死者及过失杀者亦得勿论"这一点是相同的"这一观点，②立论欠妥。因为明清律中还有诸如谋杀家长、诬告家长、家长奸妻女以及其他不少罪行的判刑规定，均奴婢、雇工人并提，同一科断，并非只有违犯教令依法决罚邂逅致死勿论这一条相同。

五十年代，我国史学界关于资本主义萌芽问题的讨论中，在讲到明清农业雇佣劳动问题时，好几位同志都曾注意到明清律中的雇工人，并用有关的律例说明自己的观点。如，傅衣凌同志谈到明代雇佣劳动者的性质问题时

---

① 瞿同祖：《中国法律与中国社会》，商务印书馆 1947 年版，第 134、183—186 页。

② 《中国法律与中国社会》，第 184 页。重点是引者加的。

说，"明代的雇佣劳动者有很多地方尚保留着半家长制半奴役制的雇佣工作形式。然无论如何他们又是在商品货币经济已有一定程度的发达，并出现着新的资本主义生产方式的萌芽之后才存在的，因此，其中也就出现有一部分的短工，身份是较为自由的，并且这般雇工皆向雇主领取货币工资"。他引用万历十六年雇工人条例说明"明代雇工的身份尚不是很自由的"，"当时短工受雇之人，已是接近于自由的雇佣劳动者"。①

李文治同志题为《清代鸦片战争前的地租、商业资本、高利贷与农民生活》的资料汇编中，列举了清代律例中若干关于雇工人的处刑律文以说明清代部分雇佣劳动者的身份；并揭示了刑部抄档中若干运用雇工人律的资料。②

许大龄同志认为"长工在明代称为'雇工人'，（雇工人不仅包括农业劳动的工人）又称'佣工'"。"这种'长工'即所谓'雇工人'的身份，在法律上、在实际的人身隶属关系上都是不自由的。"他引用明律说明。奴婢与雇工人往往并提，雇工人的身份则介于凡人与奴婢之间，在法律上受到很大的限制，"是极端不自由的"。许大龄同志认为"主人对长工的束缚，在万历以后已逐渐松弛，这一转变，应该是在明末清初之际"，"所以《沈氏农书》所记载的'长年'似乎是比较自由的，清代法律上虽仍按明律定出雇工人的身份，但已渐成虚文，故刑部抄档中才有长工'言定每年辛力银八两二钱并无工契'（乾隆时），'指定一年工钱六千文，同坐共食，并无主仆名分'（嘉庆时）的记载"。他还认为，万历十六年雇工人条例"反映了十六世纪以来在中国计日受制的短工（包括手工业的劳动者，农业劳动者以及非生产劳动者，甚至商业上的日佣），已经大量存在的这一事实。这些人实际上已经是自由的劳动者了，于是政府不得不在法律上加以承认，故说'只是短雇'或'工作只计月日者以凡人论'"。③

从前人的研究中可以看出，为了深入掌握明清封建社会特点及资本主义萌芽产生问题，应该对雇工人律例作进一步的探讨；因为在这方面还有不少需要深入的问题。譬如说，雇工人法律身份的特征及其意义若何？哪些雇佣劳动者具有雇工人身份？构成雇工人身份的条件有无改变，何时改变，如何

①　见《中国资本主义萌芽问题讨论集》第 63 页。原载《厦门大学学报》1954 年第 5 期。

②　《中国资本主义萌芽问题讨论集》第 651—652、654—656 页。原载《经济研究》，1956 年第 1 期。

③　《中国资本主义萌芽问题讨论集》第 940 — 945 页。原载《北京大学学报》1956 年第 3 期。

改变以及这些修改具有什么意义等。在前人研究的基础上，欧阳凡修同志对这些问题提出了他的看法。

欧阳的《明清两代'雇工人'的法律地位问题》① 一文从横断面探讨了明清两代雇工人的法律地位。文章用明清法典中雇工人和家长（雇主）及其有服亲属间相犯处刑的律文去和奴婢家长间、子孙父祖间、卑幼尊长间以及凡人之间、良贱之间相犯的律文作多方面的比较，认为雇工人和家长的法律身份极不平等，近似家族关系中子孙对父祖的地位；雇工人和家长所有有服亲属的法律身份均不平等，近似家族关系中卑幼对尊长；雇工人在家长宗法家长制体系中的法律地位近似奴婢而比奴婢略高。雇工人在社会上其法律地位虽与凡人等，不是贱民，但雇工人是被编制在雇主宗法家长制体系内来确定其论刑等级的，雇工人隶属于包括雇主所有有服成员的雇主整个家族。这是明清封建主义生产关系中的一种特殊现象。具有雇工人身份的雇佣劳动者不可以看作是资本主义自由雇佣劳动者。如果说明清时代某种形式的雇佣关系带有资本主义性质，构成资本的历史前提的话，那么那种形式的雇佣劳动者必须不属于雇工人范畴，必须是已经从雇工人的身份束缚中解放出来的雇佣劳动者；不能凡看到明清文献资料中出现"雇"、"佣"字样就不加区别地一概认作是资本主义的雇佣关系。

明清法典中用以规定雇工人含义的条例，从明万历十六年第一次制定起，至清王朝灭亡止，前后有过五次（清乾隆二十四年、三十二年、五十三年、嘉庆六年及宣统二年）不同程度的修改。欧阳凡修同志的《明清两代农业雇工法律上人身隶属关系的解放》② 一文通过对条例的修改以及封建法庭运用这些条例的判例成案的分析，从纵断面研究了明清两代农业雇佣劳动者脱离雇工人等级，取得和雇主平等的法律地位的历史过程。通过上述研究，该文得出如下结论。第一，农业雇工法律形式上的人身隶属关系的解放是一个缓慢的、曲折的历史过程，从短工的解放到部分长工的解放，前后历时达两个世纪（1588—1788）；而在清王朝灭亡以前，这个法律上的解放过程始终没有完成。第二，不能认为只有完全脱离了生产资料的雇佣劳动者才能够是"自由"雇佣劳动者；在特定的条件下，正是与生产资料可能还保有一定

① 载《新建设》1961 年第 4 期。
② 《经济研究》1961 年第 6 期。

联系的短工最早摆脱法律上的人身隶属关系；而与生产资料完全脱离的长工，却有更多的可能与雇主构成人身隶属关系。第三，雇主雇工之间订立契约并不一定表明这种关系就是资本主义关系。在一定条件之下，没有订立契约的雇佣劳动者反倒有可能是身份自由的。第四，纯从法律形式上看，越是大地主，他对雇工的等级关系就越是显著，因而他的农业经营也就越具有封建性，而不是地主集中土地越多，利用雇佣劳动进行的农业经营越大，其资本主义性质越浓厚。第五，乾隆五十三年以前，在雇主雇佣短工经营这个范围内有可能产生"自由"雇佣关系；在乾隆五十三年以后，"农民佃户"使用雇佣劳动（包括长工、短工）的这种经营形式有可能具有资本主义性质。这些可以作为研究明清社会资本主义因素的发生、发展问题的线索。此外，欧阳同志根据以上两项专题研究认为明清社会存在着森严的等级制度，雇工人乃是这个等级系列中的一个低下等级。

刘永成同志发表了《论清代雇佣劳动》① 一文对欧阳凡修的观点和分析提出不同意见。他们之间当时的根本分歧在于对明清农业中资本主义萌芽的看法不同。欧阳同志认为，明清农业中摆脱了雇工人身份约束的雇佣劳动者，和雇主具有平等的法律地位，他们之间有可能构成资本主义雇佣关系。从明清法典中关于雇工人条例的修改情况看，从法律身份的角度观察，如前述欧阳文第五点结论，可能产生资本主义性质的农业雇佣关系。而且认为，乾隆五十三年以后，"农民、佃户"雇佣的长、短工全从雇工人身份中解放出来，因而"农民、佃户"中发展起来的农业经营很可能就是中国农业资本主义产生的主要类型。刘永成同志认为，"在清代农业生产中，在劳动力方面，虽然出现了一定数量的、在人身上初步获得了'自由'的雇佣劳动者，但是，就农业经营方式而言，由于当时农村尚缺乏资本主义关系萌芽的必要条件，由于农业生产力水平的低下、商品市场的有限和劳动力市场的狭窄，农业经营主还没有、也不可能积累起相当数量的货币生产资料和生活资料，而变成农业资本家。所以，农业雇佣劳动者与雇主之间的关系，很难认为就是资本主义的关系"。"农产品商品化的增加和部分地使用'自由'的雇佣劳动，就实质说还不是资本主义关系萌芽的标志。就是乾隆以后，'农民佃户'使用雇佣劳动的经营形式，也很难说就是属于资本主义性质的。"初步

---

① 《历史研究》1962 年第 4 期。

摆脱了人身束缚的雇佣劳动者，"遭受的剥削往往更加沉重"，"生活也是很悲惨的"，"迫使他们对雇主的依赖性加强"。总之"在1840年以前的清代农业生产中，资本主义关系还没有露出头角"。[①]

在研究明清律中雇工人条例的方法方面，刘永成同志也提出商榷。欧阳同志认为，封建法律从根本上说是维护封建统治者的利益的，法庭运用这些法律判案，乃是通例，是常规，是正常现象，所以他在文章中不去列举这类判例。相反他却着重分析一些违背法律规定的判例，用以补充说明雇佣劳动者在法律上的实际地位，从而深入分析雇佣劳动者身份的真正解放程度。在分析长工、短工、辞出雇工的身份地位时，都是运用这种方法。对此，刘永成同志认为这是把个别现象当作一般情况，"不以大量的丰富的史实作根据来论证自己的主要观点，相反却企图列举出几仆封建法庭违反律例而又个别的案件以此说明：'当实际判案时却又并不完全依此处理'的次要观点"。所以他在文章中列举了若干按律判处的例案。

就关于雇工人条例的具体分析方面，刘永成同志对欧阳同志的文章也提出一些商榷意见。

如，欧阳文章中在分析万历十六年雇工人"新题例"条文本身时说，"雇佣劳动者，如其是短工，就已经从法律上的人身隶属关系中解放出来；如其是长工，就具有雇工人身份，尚未摆脱人身隶属关系"；在分析了乾隆二十二年陕西既未立有文券又未议有年限的长工魏俊被定为雇工人的案件后又说，"按照这个判例来说，'新题例'中关于'短雇月日'者应同'凡'论的规定，也就意味着凡长工皆属于'雇工人'范畴，而不得同'凡'了"。刘永成同志认为欧阳的凡长工皆属雇工人的说法和他的"根据'新题例'，那些既未立有文券，又未议有年限的雇佣劳动者，显然总不能算是'雇工人'的"的说法是相矛盾的。刘永成同志的这一意见是有一定道理的。因为根据魏俊案的分析也只能说意味着某些既未立有文券、又未议有年

[①] 1979年刘永成同志发表的新著《论中国资本主义萌芽的历史前提》（载《中国史研究》第二期）一文中，在分析货币地租的发展时说，"清代前期，随着地租形态的发展变化，佃农个体经济的成长和人身依附关系的进一步削弱，农村中带有资本主义萌芽色彩的佃富农经济也就应运而生"，"乾隆时代，农业经济领域也产生了资本主义的幼芽"，正确地看到"根本否定明清时代资本主义萌芽的存在"的主张"是与历史实际不符的"。关于1840年以前清代农业资本主义萌芽问题，两位同志的看法趋于一致了。

限的长工也可能被列入雇工人范畴。但是，欧阳说"根据'新题例'，那些既未立有文券、又未议有年限的雇佣劳动者，显然总不能算是'雇工人'的"，那是在分析例文本身。他在分析了立有文券或议有年限两个条件只具备其一的长工便被划为雇工人的案例和两个条件全不具备的长工也被划为雇工人的案例后，认为在实际司法过程中凡长工皆可能属于雇工人了。这和明代人解例时所说，"雇工人者，乃受雇长工之人"，①或"立有文券、议有年限，谚云长工也"②是一致的。如果说有矛盾的话，那是例文本身和司法中的案例的历史事实原有的矛盾。

刘永成同志为了证明既未立有文契又未议有年限的长工在法庭上也不是一律以雇工人出现，举了江苏丘玉旺和直隶刘金花两个案例；并且认为，既未立有文券、又未议有年限的长工如不是犯有奸、杀等项重情，在法庭上是不被当作雇工人的，如果犯有重情，那么即使他是短工，也被重新纳入雇工人等级。刘永成同志的这一论证，略有问题。第一，他所举的两个案例，一件发生在乾隆二十四年雇工人条例生效以后，③另一件发生在乾隆三十二年雇工人条例生效以后，④都不足以解释万历十六年至乾隆二十四年间"新题例"的运用情况。第二，所谓由于犯有奸、杀重情故将雇佣劳动者划入雇工人范畴问题，乃是乾隆三十二年条例的重点内容之一，⑤用以解释"新题例"同样并不妥当。刘永成同志对这两条资料的时间性的选择是不够严格的。

李文治同志在《论清代前期的土地占有关系》⑥一文中分析了清代前期

---

① 《大明刑书金鉴》，刑律、斗殴。

② 苏茂湘：《明刑律例临民宝镜》第2卷，第11页。

③ 乾隆二十三年，江苏孀妇鲍阳氏雇丘玉旺佣工，"未立年限、文券"，鲍阳氏与丘通奸，嫌亲子鲍耀子碍眼，乾隆二十四年，令丘玉旺将其子杀死。该案将丘玉旺照平人因奸威逼人致死律拟斩侯。乾隆二十四年永泰条奏改订的雇工人条例，批准施行于乾隆二十四年十二月十二日；丘玉旺案判于乾隆二十五年五月。因此，此案与"新题例"无关。

④ 乾隆三十九年，直隶蠡县刘金花雇刘常在佣工，每岁工钱四千文，并未议立文契、年限。乾隆四十四年，刘金花因故砍死刘常在，依凡人故杀案定拟。此案发生时，正在生效的雇工人条例是乾隆三十二年例，更与"新题例"无关了。

⑤ 乾隆三十二年条例规定，除立有文契、年限之雇工仍照例定拟外，"其余雇工，虽无文契而没有年限或不立年限而有主仆名分者，如受雇在一年以内，有犯寻常干犯，照良贱加等律再加一等治罪；若受雇在一年以上者，即依雇工定拟；其犯奸、杀、诬告等项重情，即一年以内，亦照雇工人治罪"。

⑥ 《历史研究》1963年第5期。

地主身份及农村阶级关系的变化，指出商人地主逐渐增多，非绅非商的庶民地主有所发展。庶民地主中"力农致富"地主以及富裕农民的发展，促成农业经营形式的变化，农村阶级关系的某些变化，同时也影响于雇佣关系的变化，认为"清代前期庶民地主的发展，以及因直接经营的发展而促成的雇工队伍的扩大，影响了雇佣关系性质的变化。其新从农民上升起来的中小地主（尤其是富裕农民），有的和雇工一起工作一起饮食，在实际生活中形成为比较自由的雇佣关系，突破了尊卑等级界限。这样，和原有的身份等级法律遂不相适应。到这个时候，统治者不能不考虑这部分雇工的法律地位了"。因此，乾隆五十一年对雇工人条例进行了修订。作者认为，乾隆五十一年修订的雇工人条例中所称的与雇工无主仆名分的雇主"农民"，"显然包括部分庶民地主"。作者指出，雇工律例的这一变革，"促成'无主仆名分'的雇佣关系的进一步发展"。"无主仆名分"雇工比例的增大，"表明由封建雇佣关系向自由雇佣关系的过渡"。作者写道，"如果没有'力农致富'类型的中小地主以及富庶农民的发展，雇佣劳动者的法律身份地位能否发生这种变化是值得怀疑的"。"律例本身就表明了由地主所处地位决定生产劳动者身份地位的原则。这种关系，正是当时农业雇佣实际生活的反映。"如乾隆五十三年对雇工人条例进行修改找出实际经济生活中的依据，这是李文治同志的贡献。

1979 年，《清史论丛》（第一辑）① 以显著地位刊载了《清代乾隆时期农业经济关系的演变和发展》一文。作者吴量恺同志引用了大量刑科档案，对乾隆时期农业经济的变化作了分析，论证了在这一时期已经蕴藏着资本主义经济关系原始形态的萌芽。文章的第一部分"农业经济中雇佣关系的发展"中提出，在某些地区农业经济领域中的雇佣关系具有三大特点，当作者分析第一个特点"较为'自由'的主雇关系"时，写了下面一段话，分析了清律中的雇工人条例。这段话全录如下。

"从当时的法典上也反映出雇工和雇主之间，人身依附关系是较为松弛的。乾隆二十五年浙江富阳县沈庆祚雇柴加禄耕种田地，当时议定'每年工银四两，不立工票，亦不议定年限，是同桌同吃，没有主仆名分。'（档案，乾隆三十二年三月二十四日舒赫德题）在二十六年以后，乾隆五十一年修订

《雇工法》，把这一内容规定在法律条文中，作为划分雇工性质的标志。嘉庆时又进一步规定，'查例载：农民雇请耕种工作之人，素无主仆名分者。无论有无文契、年限，俱依凡人科断。'（档案，嘉庆五年九月初六日穆克登额题）其中最重要的是把有无主仆名分，作为区分雇工或雇工人的标志。而有无主仆名分的关键，就在于有主仆名分的是有着严格的人身依附关系，没有主仆名分的一般说来是人身依附关系较松弛，雇工可以和雇主同坐共食，你我相称了。当时没有主仆名分的雇工和仆人是有着严格的界线，乾隆四十年湖北恩施张加亨曾雇张喜帮工，要张喜给他打盆热水洗脚，张喜拒绝说：'我非奴仆，何犯着替你送脚水。'（档案，乾隆四十一年三月十四日陈辉祖题）显然雇工不同于奴仆，雇工是有权处理自己的人身，奴仆是人身属于别人。因而在法律上的地位也有不同（雇工人在法律上的地位与奴仆是相同的），从这里也可以看出雇工的人身依附关系是较为松弛的。"

吴量恺同志这段话里所提出的若干论点是有问题的。

第一，所谓乾隆二十五年浙江富阳沈庆祚案中议定雇工柴加禄"每年工银四两，不立工票，亦不议定年限，是同桌同吃，没有主仆名分"，在二十六年以后，乾隆五十一年修订《雇工法》，把这一内容规定在法律条文中，作为划分雇工性质的标志问题。如果是乾隆二十五年判决的案件，不引用乾隆二十四年雇工人条例，而提出"主仆名分"的概念，或者是乾隆五十一年修订雇工人条例乃是根据乾隆二十五年沈庆祚案例的内容，那么沈案对我们所要研究的问题则是非常重要的资料。前引欧阳同志文章曾揭示与乾隆五十一年修订雇工人条例有关的奏折、上谕，所有那些文件均未提及沈案。目前还不能肯定此案与乾隆五十一年修订条例事宜有关。吴量恺同志在引用该案时注明资料来源是"乾隆三十二年三月二十四日舒赫德题"本，说明沈案的判决是在乾隆三十二年。如果所注来源无误，那么当时判案运用乾隆二十二年新订的雇工人条例则是完全可能的。（其所以说"可能"，是因为还不知道乾隆三十二年条例批准生效的时间是否在三月二十四日以前。）如前所述，该条例已经提出了"主仆名分"概念，这时判案用有无"主仆名分"来确定柴加禄应按雇工人身份处理、还是"照良贱加等律再加一等"处理，或者以凡人身份处理，就是当然的了。可惜作者没有引证和分析，甚至也没有提到乾隆三十二年雇工人条例中已开始出现主仆名分概念的问题。

第二，文中从《档案，嘉庆五年九月初六日穆克登额题》本中引出的

"查例载：农民雇请耕种工作之人，素无主仆名分者。无论有无文契、年限，俱依凡人科断"这个"嘉庆时又进一步规定"，是不存在的。因为，首先，嘉庆元年至五年间没有关于对雇工人条例进行修订的记载。其次，穆克登额于嘉庆五年时官任"盛京兵部侍郎兼管奉天府尹事务管理威远堡等六边"，身不在刑部或中央其他机构，因而无权制定条例，只可能依例判案呈报中央批准。事实上，从引文中"查例载"这清代刑案公文惯语即可判断，穆克登额是在引用乾隆五十三年旧例而不是改例。第三，嘉庆年间律例馆修例时，确曾将法典中已有的关于"家生奴仆"、"契买奴仆"、"典当家人"及"雇工人"等五个条例合并为两条，但那是嘉庆六年的事；嘉庆五年的题本中是不可能引用嘉庆六年修并例的。第四，穆克登额所引仍是乾隆五十三年雇工人例，因为所引例文中有"无论有无文契年限"八字，这八个字在乾隆三十二年条例中尚未出现，在嘉庆六年修并例中又已被省去了。根据以上理由，可见作者用"其中最重要的是把有无主仆名分，作为区分雇工或雇工人的标志"来评价嘉庆"进一步规定"的条例，是不恰当的。

第三，文中所说"有无主仆名分的关键，就在于有主仆名分的是有着严格的人身依附关系，没有主仆名分的一般说来是人身依附关系较松弛，雇工可以和雇主同坐共食，你我相称了"，这恐怕是把主仆名分的确立和实际生活状况二者的关系颠倒了。因为在乾隆五十三年条例制定时，刑部讲得很清楚，"官民之家，如车夫、厨役、水火夫、轿夫及一切打杂受雇服役者，平日起居不敢与共，饮食不敢与同，并不敢尔我相称，系听其使唤之人，是有主仆名分，无论其有无文契、年限，均照例以雇工〔人〕论。若农民佃户雇倩耕种工作之人，并店铺小郎之类，平日共坐同食，彼此平等相称，不为使唤服役者，此等人并无主仆名分，亦无论其有无文契、年限，及是否亲族，俱依凡人科断"。① 可见当时立法者的逻辑是很清楚的：主雇间平日的关系（表现在起居、饮食、称呼等方面）决定有无主仆名分，有无主仆名分决定该雇工是雇工人还是凡人。并非由于主雇间"没有主仆名分"，雇工才可以和雇主"同坐共食，你我相称"。

第四，作者认为"雇工人在法律上的地位与奴仆是相同的"。这是错误的。关于明清律中雇工人和奴婢法律地位的差异和共同之处，中外学者早在

---

①　乾隆五十一年四月十九日军机大臣、刑部议改雇工人条例复折。

五六十年代的著作中就已论述清楚，这里不必多讲了。

需要说明一下，吴量恺同志所引乾隆三十二年三月二十四日舒赫德和嘉庆五年九月初六日穆克登额两个题本，我没有看到，所以上述意见未必正确，只是提出请教。如果乾隆二十五年的判例确曾出现"同桌同吃、没有主仆名分"并从而定雇工为凡人的话，或者嘉庆五年穆克登额确曾奏请定例，我将改正自己的意见。吴量恺同志如有机会揭示这两个题本的全貌，将大有助于关于清代雇工人条例修订过程的研究进一步发展。

此外，近期出版的著作中有的对明清雇工人作了一些不准确的描述。例如，"雇工人"本是明清法律中的专有名词，是指明清一个特定的社会等级，其中包括一部分雇佣劳动者，同时还包括一部分其他特定的社会成员。它和"雇工"不是同一概念。有的同志把雇工人当作中国古代雇工的通称了。又如，雇工人作为一个法律术语，包括部分农业雇工，也包括一部分从事手工业和服役的雇佣劳动者甚至其他特定的人，有的同志把它误解为明清农业雇工的称呼了。再如，明清文献中，有无"主仆名分"、是否"共坐共食"、"平等相称"等，都是雇工人条例的例文以及官府遵照例文参酌有关案件的判词中的文字，有的同志误解为是清代雇工契约中的普遍用语了。这些论述，均有待商酌。

至于有同志认为"……到乾隆时期，很多雇工（长工）和他们的雇主'共坐同展［? 食］，平等相称'，而且'并未立契'，'亦无主仆名分'。这说明主佃关系有些改善"，[①] 这种看法恐怕更难以成立了。

二

在日本，对雇工人问题研究最著名的学者是仁井田陞先生。他在《支那身份法史》一书中曾提到明清两代法律中出现关于雇工人的法律，就明清律中的雇工人和唐律中的部曲的关系问题提出自己的看法。他认为，雇工人通常称主人为"家长"，并且被登记在家长的户籍上，可作为雇工人属于家长，即雇工人是雇主家族中的一员的证明。[②] 五十年代中期，仁井田氏发表了

---

① 重点是引者加的。

② 《支那身份法史》，1942 年东方文化学院版，第 85、423、873、879—880 页等。

《中国农奴和雇佣人的法律身份的形成及其变化》一文，① 通过对"主仆名分"的研究，分析了明清时期雇佣劳动者法律身份的变化。他将雇佣劳动者和佃户加以对照，系统地触及了明清律中的雇工人法。文章比较了宋、元、明、清关于雇佣劳动者的法律，指出明清的雇工人是处在家长统治之下的劳动者。他列举了清代对雇工人条例的多次修订，并注意到乾隆五十三年条例中关于雇工人的确定"完全取决于雇主与雇工之间是否存在'主仆名分'"。② 仁井田氏掌握的关于明清雇工人法律身份问题的资料是相当丰富的；而且对这个问题作系统的研究也是日本学者中最早的一位。他的成果是值得称道的。

但仁井田氏的这篇论文在史料运用上存在着两个缺点。

第一是对乾隆五十三年雇工人条例的理解问题。乾隆五十三年，清廷对雇工人条例重新作了修订，其修订后的全文如下："凡官民之家，除'典当家人'、'隶身长随'仍照定例治罪外；如系车夫、厨役、水火夫、轿夫及一切打杂受雇服役人等，平日起居不敢与共，饮食不敢与同，并不敢尔我相称，素有'主仆名分'者，无论其有无文契、年限，均以'雇工［人］'论。若农民佃户雇倩耕种工作之人，并店铺小郎之类，平日共坐共食，彼此平等相称，不为使唤服役，素无'主仆名分'者，亦无论其有无文契、年限，俱依'凡人'科断"。仁井田氏认为，农民和佃户在这个条例中被确认为无主仆名分而依凡人科断了；因此，该条例在法律上确认了农民同凡的地位，从此，生产部门的担当者农民、佃户和雇倩工作之人都得到了身份解放。

在明清两代的律例中，并没有为农民、佃户规定不同于凡人科罪的条文。因此，应该认为，就这两个朝代国家规定的法律地位而言，农民、佃户的身份从未就是"凡人"。明清律和宋元律在这一点上的显著差别，仁井田氏早就看到了。那么为什么他又认为乾隆五十三年条例规定了农民、佃户同凡呢？因为他对条例的文句理解有问题。他在解释例中"农民佃户雇倩耕种工作之人，并店铺小郎之类""同凡"一句时，把农民、佃户（农奴）、雇

---

① 1955 年定稿。原载《封建制和资本制—野村博士花甲纪念论文集》，有斐阁 1956 年版；收入仁井田陞：《中国法制史研究·奴隶农奴法、家族村落法》（以下简称《法制史·农奴法》），东京大学出版会 1962 年版，第 5 章。

② 见《封建制和资本制》第 562 页；《法制史·农奴法》第 180 页。

倩耕种工作之人（雇农、佣工）和店铺小郎误解为并例的四种依凡人科断的人，[①] 其实"农民佃户雇倩耕种工作之人"一语中，农民和佃户并列为"雇倩耕种工作之人"的主格，整个的意思是"被农民或佃户所雇，用来进行耕种工作的人"，不能将农民，佃户和雇倩耕种工作之人并列。根据条例原文，根据该例与前例的继承关系，都可以肯定，乾隆五十三年条例只讲了雇工人身份的确定问题，并没有为农民或佃户作什么新的规定。

基于同一误解，仁井田氏认为根据乾隆五十三年条例的规定，"农民、佃户（农奴）、雇倩耕种工作之人（雇农、佣工）以及店铺小郎之类（多为生产部门的直接担当者）平素与地主、雇主等同坐同食并平等称呼、原无主仆名分者，则不问文契或年限之有无，并不适用雇工人法律而适用凡人的法律。在那里，雇主在法律上的优越地位早已没有了"。他从而认为"在明代，特别是明末清初，不论农奴或雇农和佣工，尤其是生产部门的直接担当者，在社会上或法律上都成功地以自己的力量使其身份提高了"。[②] 他看不到按照乾隆五十三年条例的规定，具有缙绅、绅衿身份和凡人中大地主所雇佣的劳动者，即使是从事生产劳动的，也必然跟他们的雇主间具有主仆名分，从而构成家长—雇工人关系。因此，他据以得出的生产的直接担当者"都"成功地提高了身份的结论，显然是夸大了这个条例的作用。

第二是"主仆名分"的提法在明清一系列关于雇工人的条例中何时第一次出现的问题。明清时代对确定一个雇佣劳动者是否具有雇工人身份的原则曾多次修改；最初以受雇时是否立有文契、定有年限为标志，最后改为以受雇后和雇主间是否具有主仆名分为标志。雇工人等级所包括的成员由于原则的改变而大不相同。以具有主仆名分确定雇佣劳动者的雇工人身份，使得许多等级身份较低的雇主所雇的长短工不再属于雇工人范围之内。这种雇佣关系中雇主和雇工处于同等法律地位，他们双方是在法律上平等的人。这一点，跟研究中国资本主义性质的雇佣关系出现是有密切关系的。因此，"主仆名分"的提法从什么时候开始在雇工人条例中出现，是值得注意的。

用"主仆名分"作为判定雇工人的标志之一，第一次是出现在下述条例中："官民之家，除典当家人、隶身长随及立有文契年限之雇工仍照例定拟

---

① 《封建制和资本制》第561—562页；《法制史·农奴法》第179—180页。

② 同上。

外，其余雇工虽无文契而议有年限，或不立年限而有主仆名分者，如受雇在一年以内，有犯寻常干犯，照良贱加等律再加一等治罪。若受雇在一年以上者，即依雇工人定拟。其犯奸、杀、诬告等项重情，即一年以内，亦照雇工人治罪。若只是农民雇倩亲族耕作、店铺小郎以及随时短雇，并非服役之人，应同凡论。"这一条例制定的年代，就是开始以主仆名分作为确定雇佣劳动者雇工人身份的原则之一的时间。

仁井田氏根据《大清律例按语》一书确定上述条例制定于乾隆二十六年。① 他错了。该条例的制定时间是乾隆三十二年。仁井田氏的错误，大概是由于没有注意《按语》一书印刷上的特点而被该书书口标示年代所迷惑的缘故。② 当然，除了仁井田氏引用的《按语》外，还可以找到资料支持他的判断，那就是著名的《读例存疑》一书。薛允升在该书中写道：乾隆二十四年刑部议覆山西按察使永泰条奏关于雇工人定例，于乾隆"二十六年，五十一年修改，嘉庆六年修并"。③ 但是薛氏的说法并不可靠。因为他既没有叙述修改过程，也没有对此做进一步说明。《按语》刊于道光二十七年，《存疑》成书于光绪庚子前夕，说薛允升同样是受《按语》书口的迷惑，也不是不可能的。

确定这个条例制定的时间，除尚待发现的清代档案原件以外，现有最可靠的史料恐怕莫过于《大清律例通考》了。第一，该书刊于乾隆四十五年，相距我们讨论的这一条例的修订时间最近；第二，编者吴坛在刑部任职多年，④ 对律例有深入研究，所编《通考》一书，清代著名法学家沈家本认为

---

①　《封建制和资本制》第569页注（31）；《法制史·农奴法》第187页注（31）。

②　《大清律例按语》第59卷全载这一例文。该书在正文中并未说明此例修于何年。这部书在印刷方面的特点是，每页的书口都刻有一个年代，表明该页所载内容发生的时间。当一个条例及其修改过程的文字超过一页时，次页书口仍标同一年代；当一页之中包括两个以上条例时，书口则只标前面一个条例的修订年代。因此，书口所标年代和该页所载条例的修订时间不能完全相符。《按语》第59卷，第8页先记乾隆二十四年永泰条奏雇工人条例，该例系乾隆二十六年经律例馆修订正式入律，故《按语》第8页书口刻"乾隆二十六年"；该例跨至第9页，第9页书口仍注同一年代。而第9页上同时又刻有上述引入"主仆名分"概念的雇工人条例。仁井田氏可能就是根据第9页书口所刻，把永泰条奏最后入律的时间当作我们现在讨论的这一条例的制定时间了。事实上，《按语》的编者和刻者都没有认为该条例订于乾隆二十六年，因为该例正文跨入下页即第10页时，那一页的书口所标年代就改为"乾隆三十二年"了。

③　《读例存疑》第36卷，刑律，斗殴下，第6页。

④　吴坛于乾隆二十六年中进士，授刑部主事，再迁郎中；三十七年任刑部侍郎。其间，三十二年开始任江苏按察使、布政使。我们不知道我们注意的这一条例的修订和吴坛离开刑部赴外任的确切月、日，如果修订在前离任在后的话，那么吴坛甚至就可能是该条例的修订参与者之一。

"于例文之增删修改，甄核精详"，① 带有相当的权威性。

《通考》卷二十八第十五至十六页"奴婢殴家长"律第十一条例文后，吴坛按道：乾隆二十四年山西按察使永泰建议制定的雇工人条例，于"乾隆二十六年馆修附律。乾隆三十二年，律例馆以原例'雇倩工作之人若立有文契年限，及虽无文契而议有年限，或计工受制已阅五年以上者，依雇工人论'等语，查良贱相犯，按律尚加凡人一等。雇工一项，民间多有不立文契、年限而实有主仆名分者，如于家长有犯，必以受雇五年为断，其在五年以内悉照凡人科罪，并无良贱之分。查受雇在一年以外，至二、三、四年，恩养已不为不久，若有干犯，不便竟同凡人问拟。因将原例量为酌改，如受雇在一年以内，有犯寻常干犯，照良贱加等律再加一等治罪。如受雇在一年以外，即依雇工人定拟。若犯奸、杀、诬告等项重情，虽在一年以内，亦照雇工人治罪，增入前例"。又，同书同卷第二十至二十一页，"奴婢殴家长条已删例文"载乾隆二十四年雇工人条例后编者按道："此条系乾隆二十四年山西按察使永泰条泰原例。乾隆三十二年馆修已将此例修改，另刊入律。所有此条原例应行删除。"也是讲得很清楚的。②

此外，光绪《大清会典事例》刊载该例时案明"此条乾隆三十二年定"，③ 也应是可靠的佐证。

可见，第一次导入"主仆名分"概念的雇工人条例的制定时间是乾隆三十二年，而不是二十六年。其所以在这里多说几句，一则是因为这一年代对研究雇佣劳动者身份解放过程问题有一定意义；再则是因为乾隆二十六年说经仁井田氏于1955年确立后，在日本似乎没有人怀疑过。

1971年，日本重田德先生发表了《清律中的雇工和佃户——关于"主仆名分"的探讨》一文，④ 重就"雇工人"律例进行了研讨。作者注意到乾隆二十四年雇工人条例是继承万历十六年条例而来，前者对后者仅作补充、调整和具体化，但二者的立意原则没有实质性的变化。他认为，"乾隆二十六年条例"⑤ 中出观"主仆名分"概念，还不是用作确定"雇工人"的普遍

① 《〈读例存疑〉序言》。
② 以上引文重点，均为引者所加。
③ 商务印书馆石印本，第810卷，第3页。
④ 载《清代社会经济史研究》，岩波书店1975年版。
⑤ 应作"乾隆三十二年条例"。重田氏继承了仁井田氏的错误。

原则，只是在不能以年限确定的场合下的一个条件。作者只是大体上同意仁井田氏的如下观点：由于雇工人律较之一般法律乃是一种有区别的规定，凡是不适于用这一律例的雇佣人，毫无例外地都是地位提高的表现。但重田氏认为，"乾隆二十六年"条例明显地表现出对雇佣人的处境是不利的，因此，这一条例的制定未必是按照雇工人的地位提高的方针来进行的。重田的文章特别注意了清律规定赎身奴婢、赎身奴婢子女、放出奴婢之子、白契典买未及三年尚未配有妻室者，以及十五以下恩养未久或十六以上不曾分财配妻的义男等人均依雇工人律科断的现象，认为这些情况并非据以给雇工人范围确定界限的准规，就其实质而论，毋宁说是围绕奴婢本律所产生的一些派生性问题。重田氏的上述论点都是有意义的。同时该文也有值得商榷之处。

重田德认为，明清律中的"雇工人律与作为现实社会中一种存在物的雇工人原来并不是密切相关的"，因此"它并不是用于确定身份"，"它只具有相对的性格；就其与奴婢本律的关系而论，它又是补充前者不足的一种居于次要地位的律例"。①引文中"作为现实社会中一种存在物的雇工人"所指的如果是雇佣劳动者，这话是可以理解的，但用"雇工人"一词是不正确的。如果指的是法律意义上的"雇工人"，那么，我认为他的这个观点未必妥当。清律中有关雇工人的法律条文的表现形式确是大部分与奴婢律放在同条之中，但它们是与奴婢本律并存的。有关条文的内容的特殊性表明雇工人不同于其他社会等级，也不同于奴婢，从而给雇工人规定了一种特定的法律地位。这些法律条文乃是社会上存在的、身份属于雇工人的那种劳动者的法律地位的具体表现。一个劳动者，只要他符合规定的雇工人条件，就要受雇工人律的约束，怎么能说雇工人律与作为现实社会中存在的雇工人不是密切相关的呢？重田氏之所以称雇工人律只具有相对性格，是因为雇工人只在受雇期内与雇主及其家族构成雇工人身份。其实，雇工人仅在受雇期内与雇主及其家族构成雇工人身份正是雇工人等级法律身份的特点，不能由此得出结论说雇工人"具有相对性格"，雇工人律只是奴婢本律的"补充"，或是"居于次要地位"的法律。奴婢律规定了奴婢的法律地位，雇工人律规定了雇工人的法律地位，两者各自确定一个等级的身份，无所谓主要、次要。

在解释乾隆五十三年雇工人条例时，重田氏这样标点着："农民、佃户、

---

① 《清代社会经济史研究》，第93页。重点是引者加的。

雇倩耕种工作之人，并店铺小郎之类"，从而认为该条例"对于佃户也规定了相应的条文"，"在条例修订之际，主要是以雇工的待遇为中心问题进行修订的，在最后阶段，有关佃户的问题可以说是已经自然明确了"；并据以判断说，"佃户，作为适用凡人律的中间性人物第一次出现了"。① 这里，他犯了和仁井田氏同样的毛病。他们的错误，在日本，直至1978年才由高桥氏指出。

高桥芳郎先生的文章题为《关于宋元时代的奴婢、雇佣人和佃仆——法律身份的形成和特点》。② 他研究的重点在宋元，但其中有一小节探讨了清律中的雇佣人和佃户。他指出，如果把乾隆五十三年条例中的农民、佃户和雇佣人、店铺小郎并列，那么，被重田氏称作自耕农的"农民"竟也发生有无文契、年限和有无主仆名分的问题，就是不可理解的了。高桥引用《大清律例按语》中关于乾隆五十三年雇工人条例修纂时的按语中的一句话："所有奏准服役雇工与雇倩平民分别平素有无主仆名分案例定拟之处，应请纂辑，以资应用"，③ 用以说明例中需要区别平素有无主仆名分的是有雇佣关系的人，而不是农民或佃户。高桥氏的意见是对的。

小山正明先生受前引重田德文章的启发，写了《关于明清时代的雇工人律》一文，④ 再次讨论了关于"雇工人"的问题。在这篇文章中，小山氏列举和分析了明律中一系列有关奴婢和雇工人的处刑律文，得出结论说，"（1）雇工人与家长之关系拟于亲属关系，以恩义为标准；（2）奴婢终身服役，雇工人定期服役，反映在与家长的关系上，恩养深浅不同，故法律对待不同"。文章又叙述了明清法律中关于雇工人条例的历次修订，得出结论说，从万历"新题例"到"乾隆二十六年"⑤ 条例，都以年限长短、恩养深浅为确定雇工人的原则；"到乾隆五十三年才转移到主仆名分的原则，同时，将家内劳动形态判为主仆关系，而把农民、佃户之雇工⑥一律作为凡人论"。

---

① 《清代社会经济史研究》第90、95页。

② 《北海道大学文学部纪要》，1978年。

③ 《大清律例按语》，第59卷，刑律，斗殴，第21页。

④ 载《星博士退官纪念中国史论集》，1978年，山形大学。

⑤ "乾隆二十六年"应作"乾隆三十二年"。小山氏继仁井田和重田二氏之后，仍将乾隆三十二年条例误为乾隆二十六年修订的。

⑥ 在这里用"之"字，表明小山氏也是不同意仁井田和重田二氏把农民、佃户和雇工并列的解释。但是，他在解释乾隆三十二年条例时，把"若只是农民雇请亲族耕作、店铺小郎、以及随时短雇并非服役之人应同凡论"一句时，在"农民雇倩"后加一顿点（、），称"农民雇农民、地主雇亲属、店铺雇小郎。以及随时短雇，按凡人论"，则是与仁井田和重田二氏类似的误解。

小山氏文章中有两点似可质疑。

一是他在研究了明律中关于雇工人律后得出结论说，雇工人劳动力形态"视与奴婢同质"，乾隆二十四年条例否定了雇工与奴婢为同质劳动力的概念。作者没有解释所谓劳动力形态"同质"概念指的是什么。如果所谓同质是指身份，那是不对的。因为奴婢和雇工人二者的身份，就法律处刑规定而言，从来都有差异而不"同质"。如果是指劳动力服役的项目或内容，则奴婢和雇工人一样，都是既有从事生产劳动的，也有从事服役劳动的。从这个意义上讲，又前后都是"同质"，看不出乾隆二十四年条例对此有什么改变。条例的修改，只不过是对哪些雇佣劳动者构成雇工人身份这一问题订出新的划分标准而已，对雇工人所具有的性质并不发生影响。

二是小山氏认为明代"投顾"（即"投雇"）与奴婢之"投献"、"投靠"同义，含有把人身投到主人家里附入主人的户籍内的意思。投雇的长工劳动形态与奴婢、佣奴相同，没有独立的户籍；明律，雇工人与奴婢都包含在家长的亲属关系之内，以亲恩为准，即是此种劳动形态的反映。小山氏的这个看法是有问题的。因为"投靠"者不论带地与否、隻身抑或全家，被迫或者自愿，其身份均为奴婢，从形式上说，是投靠者自身的行为；而"投献"则是将他人土地投献，求得荫庇，这种行为是由第三者进行的。故不能说"投靠"与"投献"同义。无产小民"投雇"富家，即使立有文契、议有年限，并附籍主家，他的身份最多是雇工人，与投靠为奴婢者不同。所以更不能说"投雇"与"投献"、"投靠"同义。至于长工附籍主家的现象，明清两代都是存在的。一方面，长工多寄住雇主之家是客观存在，同时政府出于治安方面的考虑而采取的一种户口管理措施，要求雇主对雇工的来历和行为负责，这和奴婢的不具独立户籍在性质上是有很大差别的，不能由此得出结论说投雇的长工劳动形态与奴婢相同。雇工人和奴婢一样与主人同居而不具独立户籍这一点，仁井田陞先生早在《支那身份法史》一书中就已注意到了。他以此证明奴婢和雇工人是属于家长的家族中的一员。① 仁井田和小山两位恐怕都把附籍主家这一现象的意义估计过重了。我想，说奴婢和雇工人是被编制在家长的宗法家长制体系之内论刑，比说他是"家长家族中的一员"，或包含在家长的亲属关系之内要恰当些。因为奴婢和雇工人在家长家族中只有受役使的义务和论刑时处于子孙卑幼

---

① 仁井田陞：《支那身份法史》，第 423 页。

的低下地位，绝对不具有家长家族成员应有的任何权利，"家族中的一员"的提法，未免给残酷的剥削和压迫行为笼罩上一张温情脉脉的帷幕。但仁井田氏不认为雇工人是贱民；换言之，他不把雇工人和奴婢等同为贱民，还是正确的。[①]

＊　　＊　　＊

以上就是关于明清雇工人身份地位问题研究的情况。

国内方面，四十年代主要是从法制史的角度进行研究的。相应的法律是在有关的经济现象产生之后产生，往往又在该经济现象消失之后还顽固地存在。它作为一种相对僵化的制度，反映经济现象的变化是迟钝的。社会形态越落后、官僚主义制度越严重，这种反映就越迟钝。不管怎样，法律作为一种指令性的制度一旦成立，它就必然地要对经济发展发生或者推动或者阻碍的重要作用。因此，分析法典对经济史研究也是不可少的。关于雇工人立法发展过程及其作用、意义的探讨，对明清经济史的研究无疑是有益的。所以，五十年代以后国内关于我国资本主义萌芽问题的讨论中，学者们对这个问题给予了更多的注意。从以上评介中可以看出，对这个问题的看法还存在许多不同意见。分歧意见将会存在下去，这是正常现象。但其中有些属于史实考订性的问题，在前人已经解决的情况下，似可不必再费笔墨了。

近四十年来，中日两国学者对这个问题的研究是各沿着自己的轨道前进，希望今后加强相互的交流，以期在共同的努力下将研究引向深入。十分遗憾的是，仁井田陞和重田德两位先生已先后作古，我们不能再看到他们新的高见了。

（1980 年 9 月）

（载《中国社会科学院经济研究所集刊》第 3 集，北京：
中国社会科学出版社 1981 年 8 月版。署名：裘轼。）

---

① 仁井田陞：《支那身份法史》，第 880 页。

关于清代奴婢制度的几个问题

在清代社会等级结构中，奴婢属于贱民等级中最低下的一个等第。[①] 清代有关户籍编审、考试、选军、婚姻等各方面的定例，以及《大清律》通过犯罪处刑的差等，都表明了奴婢的这种法律身份地位。清律中有关奴婢的律文大抵承袭明律；所以，明清两代奴婢的法律身份有其共同之处。但这不是说清代的奴婢制度和明代的完全相同。保留浓厚奴隶制残余的满族入关统治中国后，给明代留下的奴婢制度带来了某些变化，也产生了许多新的问题。这些变化和问题，明显地反映在自顺治朝以来陆续制定的有关奴婢的繁多条例之中。本文主要通过对清代有关奴婢的各种律、例的分析，从制度方面对清代奴婢的等级地位、各类奴婢身份上的差异，人口买卖方式、赎身制度，庄头的等级地位，以及从事生产的奴仆壮丁的身份特点等几个问题进行初步研究。

一　清代准许庶民拥有奴婢

（一）明代庶民无权拥有奴婢

我们知道，明代存在着大量官、私奴婢。明中叶以后，用奴仆、僮奴、家奴耕种、纺织、经商、服役的现象相当普遍，这在明代文献记载中屡见不鲜。但是，按照当时的法律，并非任何人都有蓄奴的权利。庶民之家是不准存养奴婢的。明律户律中"立嫡子违法"律的最后部分规定，如果庶民之家

---

① 关于清代社会等级结构，请参阅拙作《试论清代等级制度》（见《中国社会科学》1980 年第 6 期）一文。

存养奴婢，不但把他拥有的奴婢放出从良，而且还要刑杖一百，[①] 这是相当严厉的惩罚。其所以如此，《琐言》一书的作者雷梦麟注释说："庶民之家当自服勤劳力作，故不准存养奴婢"。[②] 《大明刑书金鉴》上写着："存养奴婢者，重在'庶民'二字"，"庶民之家当自服勤劳，安得存养？故以禁之"。[③] 在这里，"庶民"是被作为一个等级处理的，属于这个等级的人，不论其财产状况如何，都应自食其力，自我服务，没有价买和役使奴婢的资格。

明代建国初期，朱元璋就曾赏赐给功臣许多奴婢。因之，相对于庶民之家不准蓄奴的规定而言，功臣之家得以蓄奴，又是不言而喻的。嘉靖间曾任兵部尚书的苏佑说："今祖制，惟公〔功〕臣家有给赏奴婢"，[④] 万历间的左都御史吴时来说："功臣家方给赏奴婢"。[⑤] 可见，当时得到国家正式认可的私奴婢只有赏给功臣之家的奴婢。这部分奴婢和官奴婢的来源，主要是战俘、罪臣、犯人及其妻孥家属。

至于功臣、庶民以外的官僚缙绅之家是否有权蓄奴呢？这个问题，法典既未规定，又没有赐奴的事例说明，因此是含糊不清的。《大明刑书金鉴》说，"若有官而上者，皆所不禁也"。该书作者认为，法律中诸如奴婢殴家长、奴婢为家长首、冒认他人奴婢等有关规定，"岂尽为功臣之家言哉"！"但功臣之家有给赐者，而有官者皆自存养耳。问刑者每于奴婢之罪，遂引雇工人科之，其差误甚矣"。[⑥] 但这也只是一家之言，在法典上对此作出明确的规定还是必要的。

在蓄奴盛行的情况下，吴时来认为，不许存养奴婢的条文是针对庶民之家而言，"初未言及缙绅之家也"。他看到了官僚缙绅实际上大量蓄奴，但又不具有法律根据的情况，指出，"缙绅之家固不得上比功臣，亦不可下同黎庶，存养家人，势所不免"。同时，他显然也注意到那些既非功臣又非官僚缙绅的庶民有力之家也在"财买"奴婢役使。这些现象应该得到法律的承

---

① 薛允升《唐明律合编》卷12，万有文库版（下同），第238页。

② 转见《唐明律合编》卷12，第240页。

③ 上海图书馆藏钞本，户律，户役，立嫡子违法，辨议。

④ 《逌旃璅官》，转自《古今图书集成》经济汇编，祥刑典，卷94，律令部。影印本（下同）第773册，第23页。

⑤ 转见沈家本《沈寄簃先生遗书》历代刑法考，分考15，影印本（下同）第16页。

⑥ 户律，户役，立嫡子违法律，辨议。

认，但又不能把功臣、官僚缙绅和庶民放在具有同等的役使奴婢特权的地位上。于是，这位左都御史想出了一条办法来解决这个矛盾。他提出如下条例草案："无论官民之家，……若财买十五以下恩养已久、十六以上配有室家者，照例同子孙论；或恩养未久不曾配合者，庶人之家以雇工人论，在缙绅之家比照奴婢论。"① 这一提案得到明万历朱翊钧的批准，定为"新题例"入律。但正式入律的条文对草案有所修改："今后，官民之家……财买义男，如恩养年久配有室家者，照例同子孙论；如恩养年久不曾配合者，士庶之家依雇工人论，缙绅之家比照奴婢论。"②

用吴时来的建议草案和正式通过的"新题例"相比较，可以发现一些值得注意的地方。

第一，"新题例"中的"义男"一词，是原建议中所没有的。原建议中只称官民之家"财买""十五以下"、"十六以上"的人，根据不同情况，"照例同子孙论"、"以雇工人论"或"比照奴婢论"。"比照"是比附的意思，"比照奴婢论"的人并非就是奴婢。至于财买而来的这种人叫什么名称，原建议并未明确指出。"新题例"把这种人称为"义男"。由此可见，"义男"乃是非功臣之家用价买进的人口，是为了区别庶民和功臣、缙绅的差别而给价买人口所起的另一名称。

第二，原建议中"恩养未久不曾配合"的义男，在"庶人之家"依雇工人论，在"新题例"中改为在"士庶之家"依雇工人论。这说明"新题例"的制定者考虑到除功臣、缙绅和庶民之外，还有"士"，即"衿"，那些有功名（学衔）而未仕的人物，他们的地位问题在原建议中也未加以确定。"士庶之家"的提法，把"衿"和"缙绅"区别开来，放在和"庶民"同等的地位上了。

第三，原建议中把财买对象"十五以下恩养已久、十六以上配有室家"作为"同子孙论"的界限，这是以年龄大小、在主家服役时间长短，以及主人为之婚配的情况等三个条件作为标志的。"新题例"改为不论年龄，只以后二者为标志。这可能是考虑到年龄因素在这里并无意义的缘故吧。

---

① 转自《沈寄簃先生遗书》，历代刑法考，分考15，第16页。参阅谈迁《国榷》卷74，古籍出版社，第4571页。

② 《明律集解附例》卷20。

根据"新题例",一个被价买的人如与主人发生诉讼案件,在大堂上,根据他在主家服役("恩养")时间的长短不同,主人为之婚配与否,特别是其所属主人的身份差别,而被置于不同的法律地位上。事情的另一面是,法律正是用同为财买义男而各具不同法律身份的办法,强调了士、庶之不同于缙绅,土、庶、缙绅之不同于功臣。这样,在形式上既保留了过去的只有功臣之家才有权蓄奴的原则,又在实质上承认了士、庶、缙绅实际上大量蓄奴的客观事实,并给以保障其主仆关系的法律依据。

这一条例的制定,是在万历十六年正月,即在洪武建国后二百二十年、《大明律》正式颁发后一百九十一年。"新题例"的产生说明,当时庶民拥有奴婢的事实已大量存在,以致需要在法律上有所反映。虽然庶民的奴婢还只能被称为"义男",或者在某些条件下他对奴婢的统治关系只相当于对雇工人的那种较弱的统治权;但是,"新题例"毕竟使得庶民财买人口和在实际上拥有奴婢一事不再非法,"若庶民之家存养奴婢者杖一百,即放从良"的法律从此成为具文。这可能是明代后期奴仆劳动有所发展的原因之一。

(二) 清律中关于庶民有权存养奴婢的规定

清代的法律,基本上继承明律,许多条文照搬照抄。户律"立嫡子违法"条的正文部分也和明律中该条相同。明律这条律文的最后一句话是:"若庶民之家存养奴婢者杖一百,即放从良。"清律因之,仅做了一点小小的、但相当重要的修改,即于顺治三年颁布时,在"存养"二字后加上"良家男女为"五字小注,使这句话成为:"若庶民之家存养(良家男女为)奴婢者,杖一百,即放从良"。[①]

如前所述,明律这一条文规定的原意是要强调功臣的特殊地位,行文的重点是"庶民"二字。也就是说,要用禁止庶民存养奴婢的办法突出功臣领受钦赐奴婢的特权。清律加上五字小注后,意义完全不同了。行文的重点由"庶民"转为"良家"二字,条文所要突出的不再是禁止庶民拥有奴婢,而是不准变良民为奴婢。该律律注中写道:"庶民之家存养良家男女为奴婢,压良为贱,杖一百,即放从良;若非压良为贱,不在禁限。"[②] 关于这一点,

---

① 《大清律例》卷8,户律,户役,立嫡子违法律。

② 同上。

清代著名法学家沈之奇在他的权威性著作《大清律辑注》中解释了这一规定的理由："谓其身等齐民，压良为贱，越分实甚也。"① 根据这一解释，本来具有奴婢身份的人，并非"身等齐民"，庶民买卖他们不算压良为贱，不为"越分"，当然是可以容许的。换言之，只要不压良为贱，则庶民有权拥有奴婢，朝廷承认庶民主仆之间关系的合法性。② 庶民所有的奴婢不必再称什么义男或类比雇工人。他和主人间的诉讼判决，不必再作任何比附，所有关于奴婢的法律对他们统统适用了。这就把庶民拥有的"义男"，至少是"恩养未久不曾配合"的义男的身份大大降低，把有力蓄奴的庶民的地位相对提高了。庶民如此，士及缙绅当然更加不在话下，"但言庶民，则士夫之家在所不禁矣"③ 说的就是这个意思。

其后，雍正六年二月间，一份得到皇帝批准的礼部议奏也清楚地讲过这一点："嗣后庶民之家照例不许存养良家男女为奴仆，其印契典卖奴仆，应其自便。"④ 不仅此也，后来发展到连富有资财的奴仆家人也可拥有奴婢，法律在所不禁。⑤ 例如《红楼梦》中著名的晴雯就是贾府家人赖大买来的。⑥

总之，明清时代就存养奴婢而言，法律规定并非日益严格，相反，却逐步地使更多的人具有了蓄奴的合法权利，从而也给了他们以役使和残害奴婢的法律保障。这显然是历史发展的反动趋向。清代初期，皇庄、官

---

① 转自《唐明律合编》卷12，第240页。

② 关于这个问题，清代著名法学家薛允升的理解也是不正确的。乾隆七年刑部侍郎张照、周学健等建议定例说："契买婢女，历来旗民不用红契，应请将乾隆七年定例以前旗民白契所买婢女俱准为红契。至乾隆七年定例以后，凡旗民立价买婢女，俱照雇买家人之例，将原立文契送官钤印。倘旗民情愿有白契价买者，仍从其便，但遇有殴杀、故杀之案，问刑衙门务须验讯红契、白契，分别科断"。（《定例续编》卷11，刑部，诉讼，第19—20页。）仍根据他二人的建议，又定例："民人于雍正十三年以前白契所买家人，照八旗之例，准作家奴，永远服役。倘其主殴杀、故杀，俱照红契一例拟断。其乾隆元年以后，除婢女招配者亦照旗人配有妻室不准赎身之例，作为家奴外，其余白契所买之人，俱以白契拟断"。[吴坛《大清律例通考》卷28，刑律，斗殴下，第13页；参阅《清朝通典》卷85，刑6，杂议，商务十通本（下同）第2660页。]从这两段话中可以看出，契买男女奴婢一事，不论旗民，乃是历来都有的，当时不禁，其后照旧准买。薛允升在评论这些条例时却说，"庶民之家不准存养奴婢，律有明文，此例标出'民人'二字，是庶民亦准存养奴婢矣，与律意不符"。（《读例存疑》卷36，刑律，斗殴下，第6页。）薛氏只按照大字律文解释律意，不考虑加入的小注，更不管清代庶民蓄奴的现实，发此议论，未免迂腐过甚了。

③ 转自《唐明律合编》卷12，第240页。

④ 梁懋修《定例续编》卷5，第6页。

⑤ 乾隆七年修《八旗则例》，（下简称《八旗则例》）卷3，户口，第5页，家奴设法赎身。

⑥ 《红楼梦》第77回。

庄、旗地是以奴仆壮丁为主要剥削对象的，八旗兵丁和一般旗民也拥有奴婢。法典正式承认庶民蓄奴的合法性，正是修改法典使之适应落后生产关系的结果。

二 清代奴婢的法律地位

《大清律例》所列关于奴婢的律文凡十七条，分属于名例、户、刑各律。刑律中，除以公罪为主的"受赃"、"诈伪"、"杂犯"、"捕亡"、"断狱"外，诸凡"贼盗"、"人命"、"斗殴"、"骂詈"、"诉讼"、"犯奸"等门中均有涉及主奴关系的专门律文。

有关奴婢的这些条律，可以分为三类：一类是处理主奴之间刑事案件的，一类是处理良贱之间刑事案件的，一类是禁止改良为贱的。通过对前两类条文的分析、比较，我们就可大致确定清代奴婢所处的法律地位。

（一）不平等的主奴法律地位

关于奴婢的第一类律文包括"发塚"、"谋杀祖父母父母"、"谋杀故夫父母"、"杀子孙及奴婢图赖人"、"尊长为人杀私和"、"奴婢殴家长"、"奴婢骂家长"、"奴及雇工人奸家长妻"等。这些律文所规定的奴婢作为犯罪人和作为受害人时完全不同的处刑，以及这些处刑和凡人所犯同一罪行应得处刑的悬殊差别，确定了奴婢相对家长而言的极为低下的法律地位。奴婢的这种地位，从下表即可看出。

罪行	犯罪者	受害者	处刑
谋杀 （已死）	凡人	凡人	分首从：造意者斩候；加功者绞候；不加功者杖一百流三千里
	奴婢	家长	不分首从，皆凌迟
	家长	奴婢	—
故杀 （已死）	凡人	凡人	斩候
	奴婢	家长	皆凌迟
	家长	奴婢	杖六十徒一年，当房人口悉放从良

续表

罪行	犯罪者	受害者	处刑
斗殴 (不成伤)	凡人 奴婢 家长	凡人 家长 奴婢	笞二十 皆斩 —
(和)奸	凡人 奴 家长	凡人 家长妻 奴仆妻	各杖八十。有夫者杖九十 各斩决 —
骂詈	凡人 奴婢 家长	凡人 家长 奴婢	笞一十 绞候 —
发塚 (见棺)	凡人 奴婢 家长	凡人塚 家长塚 奴婢塚	杖一百流三千里 为首绞决、枭首；为从绞候 —

清律中谋杀罪是处刑较重的罪行之一；但对谋杀案各犯分别对待，出谋造意者、加功者和不加功者①所受处刑是不同的。即使对出谋造意者也仅处斩候，而斩候在死刑中并不是最重的。诸奴婢谋杀家长，则不论为首为从或加功与否，凡参与者一律处以凌迟。这是和谋反大逆犯一样的处置，其刑之重，无以复加。

故杀罪的处刑也相类似。所谓故杀，"临时有意欲杀，非人所知"。（律注）即使在这种情况下，奴婢杀死家长仍是绝对不能容许，需处以最严厉的惩罚。

奴婢殴家长不成伤，凡参与者不分首从全体斩首，较凡人斗殴罪重十九等。②奴婢骂家长也比凡人骂詈罪重十八等，处以死刑；这就迫使奴婢对家长打不敢还手，骂不敢还口。凡人犯发塚见棺罪，刑不至死；奴婢发家长塚

---

① "加功"，是主犯杀人犯罪时，从犯助力下手的意思。"不加功"是当主犯罪时，从犯虽在现场，但未助力下手的意思。

② 按照清律规定处刑加等计算方法，三流、二死各作一等计算。判刑如需加等时，一般最多加至杖一百流三千里，非特殊规定，一般不加至死刑。我们在这里计算刑等的等差数字把死刑计算在内了。可见"十九等"这个数字还不足以表明处刑之重，必须注意其死罪与非死罪的差别。下文计算中，也有类似值得注意的地方。

见棺，不但绞决，而且枭首。死而枭首，乃是清代对付"强盗"的一种刑外之刑，这里却用在奴婢身上。

在奴婢是受害人的情况下，斗殴致死或故杀死，家长均不必命抵，只处杖六十徒一年，将奴婢的夫妇子女放出从良；奴婢受损在折伤以下，家长无罪。可见，殴打奴婢致残，只要不死，是不受法律制裁的。

男奴为奴，女奴为婢；清代所有关于奴婢的律文几均兼及奴、婢。奴奸家长妻女罪至斩决，比凡奸罪重至十一等之多。相反，婢女若被主人奸污，在《大清律例》中是找不到应处罪条的。因为"在婢又服役家长之人，势有所制，情非得已，故律不着罪"。①

仅从以上几条法律规定就可以肯定，家长和奴婢的关系是可以随意打骂的统治关系。可见奴婢的人身安全得不到法律保护；相反，家长不受奴婢侵犯的权利得到残酷刑罚的充分保障。

上面所讲的只是从奴婢不得侵犯家长和家长对奴婢犯罪不受法律制裁这个意义上来看家长的法律权利。清律对主奴关系的安排并非仅仅消极保护家长而已；它更赋予家长以特殊的直接权利。规定，如果奴婢违犯家长的"教令"，家长有权对之进行体罚。体罚的唯一限制是施于"臀腿受杖去处"。在这种"依法"而罚的情况下，如若奴婢"邂逅致死"，家长无罪。② 所谓"教令"是什么内容，律文未做规定，当然可以理解为家长所发的任何命令。所谓"邂逅"是什么条件，也无说明，从而家长总是可以把致死奴婢说成是事出偶然。既然有了这项法律，我们看到文献中关于拷打惩罚奴婢的血淋淋的记载也就不足为奇了。因为这种行径是完全合法的。这条法律给家长以对奴婢的人身处分权利，从而保证了家长役使奴婢的绝对权利。

法律只容许家长于奴婢的"臀腿受杖去处"施行体罚，丝毫也不妨碍主人们滥施酷刑。因为清律中"干名犯义"的条文完全剥夺了奴婢上告申诉的权利。该律规定，奴婢赴衙门告家长，这一行动本身就构成犯罪，与子孙告父母罪同，处刑杖一百徒三年；即使所告皆实，被告也因奴婢"干犯"而免罪。③ 在这样的法律面前，难道有哪个奴婢敢去要求申冤吗？"满洲往往轻毙

---

① 《读例存疑》卷43，刑律，犯奸，第25页，奴及雇工人奸家长妻。

② 《大清律例》卷28，刑律，斗殴下，奴婢殴家长。

③ 《大清律例》卷30，刑律，诉讼，干名犯义。

其家人"，① 乃势所必然的事。

由此可以得出的结论是，从一定意义上讲，清政府承认家长对奴婢的占有权，承认奴婢是家长的所有物，而不是朝廷的子民；在家长面前，奴婢不具独立的人格。

（二）奴婢的法律地位低于主人的整个家族

清代奴婢的法律身份不仅低于家长本人，而且低于家长的全体有服亲属。前节列举的某些犯罪处刑的不平等，在奴婢对家长不同服属间也不同程度地存在着。这在清律中可以找到很多证明。譬如斗殴不成伤罪，奴婢殴家长坐"皆斩"，奴婢与家长的有服亲属相殴，处刑如下表所示。

犯罪者	受害者	处刑	比凡人罪轻（－）、重（＋）刑等
凡人	凡人	笞二十	
奴婢	家长期亲	绞候，为从减一等	＋18
家长期亲	奴婢	勿论	－
奴婢	家长大功亲	杖八十徒二年	＋11
凡人	大功亲之奴婢	勿论	－
奴婢	家长小功亲	杖七十徒一年半	＋10
凡人	小功亲之奴婢	勿论	－
奴婢	家长之缌麻亲	杖六十徒一年	＋9
凡人	缌麻亲之奴婢	勿论	－

奴或婢在名义上只属于一个主人所有，但主人的有服亲属中的任何一人殴打他，在法律上均不构成犯罪。相反，他若殴打其中的任何一个，均构成犯罪，按照被打者与主人的血缘亲疏（期亲、大功亲，小功亲、缌麻亲）受到不同程度的、比凡人相殴重得多的刑罚。殴打与主人血缘关系最远的缌麻亲属，比如说堂侄女或堂侄孙，坐奴婢以重于凡人相殴罪九等的处罚，即杖

---

① 康熙三十七年十一月甲申谕。见《大清圣祖仁皇帝实录》（以下简称《康熙实录》）卷191，第3页。

六十徒一年。至于殴打主人的期亲，则是死罪了。

再以骂詈罪为例。奴婢骂家长期亲坐杖八十徒二年，比凡人骂詈罪重十二等，骂家长大功亲坐杖八十，比凡人骂詈罪重七等；骂家长小功亲坐杖七十，比凡人骂詈罪重六等；骂家长缌麻亲坐杖六十，比凡人骂詈罪重五等。

"干名犯义"罪的处理也是一样。奴婢若去衙门首告家长期亲，虽所告是实，也要被杖一百；告家长大功亲，被杖九十；告家长小功亲，被杖八十；告家长缌麻亲，被杖七十。被告之人如是家长的期亲或大功亲尊长，则所犯罪同自首全免；被告如是家长小功或缌麻亲尊长，则所犯罪减应得之罚三等处理。

前节所述，若奴婢"违犯教令而依法决罚邂逅致死""各勿论"的规定，除适用于家长外，同样适用于家长期亲。这就是说，奴婢除了必须遵守家长"教令"外，还必须遵守家长的祖父母、父母、伯叔父母、在室姑、兄弟、在室姊妹、儿子、长子妇、侄、在室侄女及嫡孙等人的"教令"；否则这些人也有权对之"依法决罚"。受罚的奴婢"邂逅致死"，他们也和家长一样不负法律责任。

由此可见，奴婢在名义上属于家长个人占有，但他却在法律上与主人整个家族的成员分别构成不同程度的不平等关系。从特定的意义上讲，奴婢隶属于家长的整个家族。

法律规定奴婢跟主人家族中任何有服亲属相比，其法律地位均极低下，但在某些问题上却又把他们当作主人家庭中的一员来考虑。在"杀一家三人"律中规定，如有凶手一次杀死一家三人，坐"凌迟处死、财产断赴死者之家、妻子流二千里；为从（加功者）斩"。这里所谓"一家三人"包括两种情况，一种是"果系本宗五服至亲"的三个人，一种是"同居"一处的三个人，"虽奴婢、雇工人皆是"。其所以把奴婢、雇工人包括在内，"律意重在三命，故下及奴、雇之贱"，"皆得通算一家"。① 又，"亲属相盗"律把盗窃主人财物的"同居奴婢"虽不同子孙盗窃父祖财物同样处理，却也"减凡盗罪一等"，与凡人盗窃有别。理由是，奴婢"于家长及其比肩之人虽无共财之义，然已同居，即非泛然外人之比矣"。② 再，清律关于"亲属

———————

① 《大清律例》卷26，刑律，人命。

② 《大清律例》卷25，刑律，贼盗。

相为容隐”的规定中，准同居亲属及大功以上亲有罪彼此相为容隐。奴婢因其与家长“义重”，所以也和这些亲属一样为家长隐；不同之处是家长不为奴婢隐，理由是家长对奴婢“以义相临，当治其罪，不当隐其过也”。[①]

这些律文，立意并非把奴婢当作主人家族中的一个成员来看待，从法律观点看，统治者甚至不把奴婢当作一个具有独立人格的人，而是当作主人占有的某种动物来对待；但是这种动物又和牛马不同，具有人的社会特征，从而不得不把他们放在一定的体制中给以一个特定的位置。这样，奴婢才被编制在主人的封建宗法家长制体系之中。

（三）奴婢在主人家族中的法律地位类比子孙、卑幼

奴婢在主人宗法家长制体系中处于低下法律地位，已如前述。他们地位之低下，类比于清代封建家族中的子孙、卑幼。

清律中有关奴婢与家长相互侵犯的处刑等级，有许多跟子孙与父祖、卑幼与尊长相互侵犯的处刑等级相同。例如，奴婢发冢毁弃家长尸罪与子孙发冢毁弃祖父母父母尸罪的处刑同；奴婢谋杀家长及家长各有服亲属罪与子孙谋杀祖父母父母、卑幼谋杀缌麻以上亲尊长罪处刑同；家长故杀奴婢图赖人罪与祖父母父母故杀子孙图赖人罪处刑同；奴婢将家长尸图赖人罪与子孙将已死祖父母父母尸图赖人罪处刑同；家长被人杀奴婢私和罪与祖父母父母为人杀子孙私和罪处刑同；奴婢干名犯义罪与子孙卑幼干名犯义罪处刑同；奴婢殴家长罪与子孙殴祖父母父母罪处刑同，等等。

可见，清代法典凡将奴婢与主人及其家族成员相对待时，往往是按照家族关系中的子孙、卑幼的地位作出安排的。

当然，奴婢之对主人，毕竟不是血缘关系，只是所属财产而已。其所以总是拿他们和子孙、卑幼相比，只是为了显示奴婢的地位卑贱罢了。奴婢的地位是绝不会与子孙等同的。譬如说，子孙盗窃父母财物罪减凡人盗窃罪五等，奴婢盗家长财物罪则仅减凡盗一等。律注的解释原因时说，奴婢“虽系同居，而非卑幼可比。卑幼乃应有财物之人，故盗曰盗己家用，曰私擅用。奴、雇安得同之”！至于子孙卑幼在家族中拥有的权益，对奴婢来说自然是谈不上的。

---

① 《大清律例》卷5，名例律下。

就法律地位而言，特别应该注意指出的奴婢与子孙卑幼的重要差别是，子孙卑幼在家族中地位之低下只是相对父祖尊长，但他同时又是他的子孙卑幼的尊长；而奴婢的地位则低于家长有服亲属中的一切成员，包括家长的子孙卑幼。正如乾隆间河南巡抚徐绩所说，"奴仆于家长及家长之子孙皆为家主，与家长别项亲属不同"，[①] 奴婢在主人家族中处于绝对低下的地位上。

（四）奴婢在社会上属于贱民等级

清制分人为良、贱两类。法典规定，"奴仆及倡优隶卒为贱"。贱民之中最大量的就是奴婢。清律实际把奴婢作为贱民的标本形态。

《大清律例》有三条区别良贱的主要律文，即"良贱相殴"、"良贱相奸"和"良贱为婚姻"。

"良贱相殴"律写道："凡奴婢殴良人（或殴、或伤、或折伤）者，加凡人一等"、"其良人殴伤他人奴婢（或殴、或伤、或折伤、笃疾）者，减凡人一等"。[②] 凡人殴凡人至死者绞监候；奴婢殴凡人至死者也加重处刑，拟斩监候。

"良贱相奸"律写道："凡奴奸良人妇女者，加凡奸罪一等，良人奸他人婢者，（男妇各）减凡奸一等"。[③] 奴强奸良人妇女坐斩，也比凡人强奸坐绞为重。

可见，奴婢不论是侵犯凡人还是被凡人侵犯，在法律面前总是处于不利地位。这些法律保护凡人，使奴婢不敢对之轻于触犯；同时也就使奴婢和一般社会成员间形成了明显的等级差别。

清代区别良贱的另一条重要法律是"良贱为婚姻"："凡家长与奴娶良人为妻者，杖八十；女家（主婚人）减一等，不知者不坐。其奴自娶者罪亦如之；家长知情者减二等；因而入籍（指家长言）为婢者，杖一百。若妄以奴婢为良人而与良人为夫妻者，杖九十（妄冒由家长坐家长，由奴婢坐奴婢）。各离异、改正。（谓入籍为婢之女改正复良）"。[④] 这条律文的内容可归

---

① 《驳案新编》，卷28，刑律，诉讼，第1页。

② 《大清律例》，卷27，刑律，斗殴上。

③ 《大清律例》，卷33，刑律，犯奸。

④ 《大清律例》，卷10，户律，婚姻。

结为：（1）禁止主人为奴仆娶良人为妻；（2）禁止奴仆自娶良人为妻；（3）禁止因奴仆娶良人为妻因而将良人改为奴婢；（4）禁止将奴婢冒称良人与良人为夫妻；（5）禁止奴婢自己冒充良人与良人为夫妻。总之，在任何情况下良贱均不准结合，组成家庭。违犯这些规定的，主持者受刑杖，良贱夫妻离婚，因婚姻关系变为婢女的良民复为良民。

其所以有此规定，是因为清代统治者认为，良贱等级界限是不容混淆的，婚姻配偶须门当户对，以贱娶良则降低了良民的身份，"良者辱矣"。①如因结姻而"压良为贱"或"压良从贱"，都是不能容许的。奴仆只能配婢为妻，婢女则只能配给小厮、奴仆，他们所生子女则为"家生子"，自出娘胎便具有法定的奴婢身份，属于贱民等级。血统决定了他们的等级；其结果是奴婢身份世袭化。

家长死去，他所拥有的奴婢以及奴婢的子孙就和土地、房屋一道作为遗产传给诸子；无子者传给亲女或姊妹；绝嗣者除留二奴守墓外，其余归所属佐领、内管领下。②

以上就是清律为奴婢所规定的法律身份。这种身份既是他们的法律地位，也反映其社会地位。在清代，拒奸殒命的妇女应该受到旌表，由官府出银，在其墓前树立贞节牌坊，并在节孝祠内设立牌位。而婢女即使做出完全符合这一标准的行为，只准墓前建坊，不得列名祠内。"若于节孝祠内一体设位，未免良贱不分"。③可见，婢女虽以生命为代价维护贞节道德，也不能换得跨出贱民界限的权利。

这是清代奴婢的一般的、基本的状况；由于其沦落原因不同种类不一，他们的法律地位和社会地位又各有特点。这些特点反映在他们和主人的关系，奴之妻孥的身份，赎身、开户和放出的条件，脱离主人以后的地位和权利以及其他方面。下面就来探讨清代典章制度规定的不同类型奴婢的情况以及他们身份上的特点。

---

　　① 《大清律例》卷10，户律，婚姻，良贱为婚姻律注。
　　② 乾隆十三年修《大清会典则例》（以下简称《乾隆会典则例》）卷160，内务府，会计司，第32页，赈卹。
　　③ 如乾隆十一年十月江苏上元县民张尔德之婢新莲、乾隆二十一年闰九月河南西华县监生于钦之婢李兰香等，均如此处理。见《大清高宗纯皇帝实录》（以下简称《乾隆实录》）卷276，第16—17页；卷523，第4页等。

三　禁止压良为贱的规定与压良为贱的合法现实

（一）清律中关于禁止压良为贱的规定

和"立嫡子违法"律的立意相一致，清律"略人略卖人"律也有禁止压良为贱的规定："凡设方略而诱取良人（为奴婢），及略卖良人（与人）为奴婢者，皆（不分首从、未卖）杖一百流三千里。……被略之人不坐，给亲完聚。"① 杖一百流三千里，在清代刑制中是除死刑外最重的刑罚；不分首从、不论已成未成均同等处刑，也是从重的方式。对略卖人立法之峻，可见其立意是严禁的。同时，对略卖子孙、亲属卑幼以及妻妾为奴婢者，均各处刑有差。②

就该律立意而言，除禁止压良为贱而外，还在于禁"略"卖。所谓"略人"的"略"，是"设方略"，即用计谋，诱引，并兼有哄骗他人被卖的意思。所谓"略卖人"的"略"，是指"不以道取"，即劫略，掳略，并兼有威劫的意思。③ 采用略卖手段和一般的价卖不同，"阴行诡计，欺罔无知，离散其骨肉，贱辱其身体，其情重，其法应严"，④ 用当时人的道德观点看也是不能容许的。因此，即使被卖的不是良人而是他人奴婢，略卖者也要受到很重的处罚。

立法不谓不严，然而社会上略人略卖人的现象从未禁绝，而且"犯者颇多"。统治者认为这是由于对略卖良人子女罪的惩治还不够严，"皆不至于死"的缘故。"法轻不足以蔽辜"，所以在康熙十六年正月，刑部根据清帝玄烨的旨意制定了如下条例："嗣后凡犯诱取典卖，或为妻妾等事，不分所诱良贱，已卖未卖，为首者立绞，为从者系旗人枷责，系民人杖流。如止一人，即以为首论。被诱之人和同者，俱如为从之罪，非和同者不坐。不知情而典买者免罪，追价给还。其以药物等项诱取者，俱如略诱人例治罪"，通行。⑤

---

① 《大清律例》卷 25，刑律，贼盗下。

② 《大清律例》卷 25，刑律，贼盗下。

③ 《大清律例》卷 25，刑律，贼盗下，律注。

④ 《大清律例》卷 25，刑律，贼盗下。

⑤ 《康熙实录》卷 65，第 6—7 页。参阅《清朝文献通考》（以下简称《清通考》）卷 196，刑 2，刑制，十通本，第 6607 页；《清朝通典》（以下简称《清通典》）卷 80，刑 1，刑制，十通本，第 2614 页。

规定的处刑加重了，略卖良人的事并不减少，法重也"不足以蔽辜"。例如，雍正二年，河南"各处奸民专意串谋略诱，或活拆其夫妇，或骗其子女，或招为佃户而强行奸占，或假意周恤而遂致拐逃，甚至谋杀本夫，杳无下落，冒亲伙卖，得财分赃。种种不法，难以枚举"。① 这反映了略卖现象的普遍性。

其实，略卖人口现象的不能消灭，根本原因并不是法轻，乃是由于他们所维护的那种奴婢制度的存在。清廷在准许奴婢买卖、人口买卖的条件下要禁绝"略卖"，禁止压良为贱，当然是徒劳的。

应该看到，尽管法律有着这些规定，但压良为贱实际乃是清代奴婢队伍得以建立、补充、扩大的重要手段。大批的俘虏，正是早期八旗奴仆的基本队伍。其后，官兵在战争中掠卖良民子女、官府公开组织招领孤儿，特别是八旗贵族大量接受投充等等都是清政府公开的、合法的大规模地压良为贱的暴行。

（二）战俘被强压为奴

俘虏，是清代早期奴仆的主要来源。从来的征服者在获得土地财产的同时，总是把人也占有。满族征服者同样遵循着这个规律。八旗统治者在入关以前对东北地区及朝鲜等其他少数民族的征伐，以及对朱明王朝的战争中，都得到相当数量的俘虏，分配给各级官兵作为奴仆。这些奴仆随主人行止，八旗进关以后，他们也被带进畿辅、直隶。他们是清初八旗奴仆的主要组成部分，也有人称之为"老本人"。② 顺治帝福临曾说"满洲家人系先朝将士血战所得"，③ 称为"血战所得人口"④ 或"苦战所获人口"。⑤ 清朝统治者认为，八旗官兵身经百战，"攻战勤劳，佐成大业"，他们占有这些"获自艰辛"⑥ 的战利品，完全是应该的。

俘虏为奴，在清王朝建立以后，仍旧如是。例如，乾隆十全武功之一的

---

① 田文镜"严禁诱拐逃荒子女以全骨肉以息争讼事"，《抚豫宣化录》卷4，第38页。
② 魏际瑞《旗丁所买小厮不宜与逃人同例》。见《四此堂稿》卷10，奏对大略，第18页。
③ 顺治十一年六月甲子旨。见《大清世祖章皇帝实录》（以下简称《顺治实录》）卷84，第3页。
④ 顺治十二年三月壬辰谕。见《顺治实录》卷90，第4页。
⑤ 顺治八年三月癸卯咨。见《顺治实录》卷55，第19页。
⑥ 顺治十三年六月己丑谕八旗各牛录。见《顺治实录》卷102，第5页。

西征回部之役，不但俘虏，而且包括"降回"都"即于陕甘两省驻防满营及绿营内酌量分赏官兵等为奴"，其具体安排是"宜散不宜聚"，"毋令生事"。①

俘虏作为奴仆，如果说与其他奴仆有什么不同之处，那就是，第一，规定，俘虏亲属来投同住不为奴婢。② 第二，规定，不准将俘虏父子、兄弟、夫妇拆开分别出卖，否则"卖主鞭责"。③ 不过，其所以作此规定，恐怕正说明以俘虏家属为奴婢及将俘虏并家属分别出卖的情况相当普遍。第三，阵获俘虏为奴者，顺治九年规定，准许亲人将其赎回。④ 以上各项规定，大概算作是征服者的一点仁慈吧。但是，骄横放纵的八旗官兵对于自己的"血战所得人口"是从来不讲什么人道主义的。

俘获的奴仆，原则上谁获谁得，但也相互转移，并非绝对。"或有因父战殁而以所俘赏其子者；或有因兄战殁而以所俘赏其弟者。"⑤ 除去这类亲属间的"遗产"继承之外，奴婢和其他牲畜财帛一样，是皇帝行赏的赐品。例如顺治八年英王阿济格犯罪免死，给僮仆外，另给役使妇女三百名。傅勒赫、劳亲（英王之子）犯罪，除予什物外，各给满洲、蒙古男妇各二十口，旧汉人二十口，厮属给二十口以下，婢妾二十以下全给。⑥ 年羹尧被斩，雍正帝将年所有原属内务府所隶之奴婢二百二十五口赐给议政大臣蔡珽。⑦ 以上列举赏赐数目均相当之大。文献中赏赐奴婢的记载时有所见。不过赏赐本身不能增加新的奴婢，只是奴婢在不同的主人手中的转移，是奴婢的再分配，兹不赘论。

（三）官兵掠卖良民子女为奴婢

律禁"略卖人"，而掠卖恰是征服者发战争之财的方便手段。在战争中

---

① 乾隆二十四年十月癸卯谕军机大臣等。见《乾隆实录》卷599，第43—44页。

② 康熙三十年题准："出征所获之人有亲属情愿来旗完聚者，不得作为奴仆；有愿回本籍者听"。见光绪间修《大清会典事例》（以下简称《光绪会典事例》）卷1116，八旗都统，户口，石印本，第2页，旗人买卖奴仆。此例制定年代，《清通考》，卷20，户口2，第5041页，作"康熙十三年又定"。从《光绪会典事例》。

③ 《光绪会典事例》卷1116，八旗都统，户口，第1页，旗人买卖奴仆。

④ 同上。

⑤ 顺治六年三月甲申谕兵部。见《顺治实录》卷43，第9页。

⑥ 顺治八年三月壬午。《顺治实录》卷55，第3—4页。

⑦ 肖奭《永宪录》卷3，中华版，第209页。

俘虏对方战士为奴仆，战斗进行地区的百姓则随之遭殃。入关之前，满人"俘掠辽沈之民悉为满臣奴隶"，① 入关以后，清军南下征伐，沿途掳掠子女。例如兵屠昆山之时，民人"多被杀戮，妇女被掠者以千计，载至郡中鬻之，价不过三两"。② 用兵地方，诸王将军大臣于攻城克敌之时，"志在肥己"，"多掠占小民子女"，许多良民子女被官兵诬为"通贼"，遭遇也属相同。③ 有清一代历次征讨、镇压的军事行动中，八旗铁骑以及绿营兵勇所过之处，金银财帛不论，人民子女无不受难。乾隆四十九年甘肃新教回民田五起事，其部张文庆、马四娃等失败被杀后，回民子女四千余人中，赏给满洲官兵及四川屯练官兵近二千人。其余二千余人及州县搜出之回民子女五百余口，共计二千六百余人，送到江宁、浙江、福建、广东等处给驻防满洲官兵为奴。④ 又如吴大澂曾这样描写清兵在镇压太平天国时的行径：同治元年"江苏大兵收复嘉定、青浦，所得米石财物无算，悉为夷人兵勇所取。而流离之妇稚卒不得食，莫可安抚，以致无赖兵勇见其无所依归，掳而买之。有良民妇女而买入娼家者，有大家子弟而买为奴仆者。无蹂躏之苦而有掳辱之惨"。⑤ 可以肯定地讲，在镇压太平天国过程中，清军这种行为绝非仅在江苏一省，青嘉二县。吴氏称掳卖妇女的兵勇为"无赖"，可当时兵勇孰不"无赖"？实则他们正是继承了八旗铁蹄的传统。不同的是，清初，他们的先辈把民人子女作为战利品掠来，主要用之为自己进行生产和服役；处在用奴仆壮丁进行生产已不甚时兴的清代后期的"无赖"兵勇则将掠获的对象主要出卖给有钱人家服役，或卖给烟花龟鸨，逼为娼妓。不论怎样，入侵和镇压的战争跟饥馑灾荒一样，把一批又一批的凡人百姓抛向奴婢贱民的境地。而这种公开的、大规模的掠卖，从未听说受到禁"略卖人"律的制裁。

不过，这种掠卖毕竟不是朝廷便于公开认可的。因此在制度上没有为这些奴婢规定特殊的身份。

① 昭梿《啸亭杂录》卷2，汉军初制。
② 叶绍袁《启祯纪闻录》卷5，第10页。
③ 康熙十八年七月壬戌谕。见王先谦《东华录》康熙24，第5页。
④ 乾隆四十九年七月壬午谕。见《乾隆实录》卷1211，第29—30页。
⑤ 《应诏直言疏》。见《道咸同光奏议》卷1，第18页。引文中"买"应作"卖"。

（四）领取孤儿为奴婢

此外，领取孤儿则是官府批准的压凡人为奴婢的一种特殊的方式。如道光十八年，江苏扬州府并江都等县呈请，官设的恤孤局"万一年荒人众，为幼孩作苟全性命之计，择有良善殷实之家领为仆人，从权办理"。① 时任署理江苏布政使的裕谦公然同意这种变良为贱的办法。因他认为，领取孤儿充当奴婢，"虽良贱不同，而屡弱幼稚因之得活，较之冻馁毙命已分天壤"。简言之，他的理由是做奴婢比饿死强。他进而辩护说，"此等幼孩果出于书香仕宦之家，即使父母早亡，亦必有亲族可依，何致沦落至此？是其身家流品亦可想见"。在他看来，书香仕宦之家，即缙绅、绅衿等级的子弟是不可能沦落到恤孤局的；凡到恤孤局的子女都是不齿于良民的，把他们发为奴婢，并不降低其身份。根据这个逻辑，裕谦赞赏扬州府提出的办法"深为合宜"。②

从恤孤局领取孤儿作为奴婢，当然需要缴纳一定的费用，所以说，就其实质而言，这乃是一种合法的、官办的贩良为贱的人口生意。这种将失去保护人的未成年男女变为贱民的行为，由于打着救灾的招牌，遮以慈善的纱巾，人们易于忽略其"略"与"压"的实质，甚至可能同情其不得已而为。

在法律上禁止压良为贱，这是清朝统治者为维持封建等级秩序所必要的；公开允许八旗官兵通过俘虏或默许他们通过掠卖等方式变百姓为奴婢，或者设局收孤任人领作奴婢，同样是为维护封建统治所必需的。政策与实践所表现出来的矛盾中包含着内在的实质的统一性。

四　投充人

（一）投充是满洲贵族对土地和劳动力的大掠夺

所谓投充人，清人解释为"民人自择旗而往投者"。③ 实际上，农民和手工业者投充旗下，绝大多数是被逼而行。满族入关后，在直隶京畿附近州

---

① 裕谦《勉益斋续存稿》卷 13，第 8 页。

② 裕谦《勉益斋续存稿》卷 13，第 8、9 页。此人于道光十一年在武昌知府任上，尚未如此办理。那时他上的《议收养遗弃子女禀》中，主张"许富厚有力之家"将道路弃置子女收为义子、女媳，"但不得收为奴婢"。见《勉益斋偶存稿》卷 7，第 16—21 页；卷 8，第 12—13 页等。

③ 姚子燮《雄乘·纪投充》，见《雄县新志》第 3 册，第 2 页。

县大量围占土地，广大农民"无衣无食，饥寒切身者甚众"，无以资生，除殍毙者外，其中部分只得往投旗下充当奴仆壮丁。[①] 也有相当数量的土地所有者，包括自耕农和地主，或受威胁，[②] 或因畏惧，或为隐蔽赋税差徭，或因犯罪逃避惩治，[③] 而投充王府、宗室和八旗官员。这些人虽投充原因各不相同，投充后服役内容也不一样，但统称作"投充人"。

圈地过程中，强迫被圈地亩的所有者远离故土，另徙他乡，这当然是安土重迁的农民所极不情愿的；何况他们流到外地也无以为生。因此有的土地所有者就宁将自己的地亩随身投充，求得不离故土，或耕原地，或充庄头，用身沦奴仆的代价换取保护。有的则将自己的土地附在他人名下投献，缴纳一定租赋以代替无法负担的沉重差徭，这称为"带投"。正因为有这种情况存在，有的人就竭力兜揽更多的他人土地以己名投充，期在主子面前获得优越地位，并从中得利。[④] 故有"一人投身数姓地"之说。[⑤]

因之，投充问题成为清初社会的突出问题之一。这种情况，清廷是知道得一清二楚的。最高统治者对此现象也曾欲加控制。顺治二年规定，"近京地方管庄人等强压愚民及工匠勒令投充者，在内许赴户部、五城御吏、顺天府，在外赴道府州县告理。审实，令归原籍"。[⑥] 但是，投允一事仍是容许存在的。八旗统治者堂皇的理由是以此解决贫民的生计："前许民人投旗，原非逼勒为奴。念其困苦饥寒，多致失所，至有盗窃为乱，故听其投充资生"，[⑦] 并要求本主禀明户部，"果系不能资生，即准投充；其各谋生理力能自给者，不准"。[⑧] 无需证明的事实是，八旗贵族收纳投充时所选择的对象，

---

① 顺治二年三月戊申谕户部。见《顺治实录》卷15，第10页。

② 顺治二年三月癸亥谕户部有云：投充人中，"或被满洲恐吓通投者有之，或误听屠民讹言，畏惧投充者有之"。见《顺治实录》卷15，第16页。

③ "自鬻投旗之人，或有作奸犯科冀逃法网者，或有游手好闲、规避差徭者"。见《国朝先正事略》卷9，名臣，第43页，格文清〔格尔古德〕公事略；又见（光绪）《畿辅通志》卷189，影印本，第12页，康熙二十二年直隶巡抚格尔古德奏疏。

④ "奸猾蜂起，将合族之田皆开除正项，躲避差徭"。有将他姓地土认为己业带投旗下者"。顺治九年五月乙未福建御史娄应奎疏盲，见《顺治实录》卷65，第8页。"或恐圈地而宁以地投，或本无地而暗以他人之地投。甚且带投之地有限，而恃强霸占之弊百端出矣"。刘馀佑《请革投充疏》，见《皇清奏议》卷5，第6页。

⑤ 康熙八年，姚子燮《投身谣》。转见《雄县新志》第10册，第36页。

⑥ 见《光绪会典事例》卷1116，八旗都统，户口，第1页，旗人买卖奴仆。

⑦ 顺治二年三月癸亥谕户部。《顺治实录》卷15，第16页。

⑧ 顺治二年三月戊申谕户部。《顺治实录》卷15，第10页。

或者本人年轻力壮，技有所长，或者拥有土地，带地来投；那些真正"不能资生"者，恰是他们所不肯收留的。所以说，圈地与投充乃是八旗贵族对土地和劳动力的大掠夺。

（二）投充、投靠与投献

清代一般均认为，"从古无投充之名"。① 如顺治九年刑部尚书刘馀祐说，投充始于"墨勒根王许各旗收贫民为役使之用"。② 御史杨世学也认为投充一事"历稽史册，自尧舜数千年来因所未有，即我太祖、太宗亦无此法。其原盖始于墨勒根王。既自分皇上之土地人民，亦欲以土地人民收悦诸臣之心，故滥开此端"。③ 但是，贫民空身或带地投身勋贵、缙绅或富豪之家以谋衣食，藉避差徭，并非始于清代。

投身勋贵、缙绅或凡人富豪之家为奴，明代称为"投靠"；带投他人土地则称"投献"。本文不拟追溯过早，至少在天顺、成化年间就有惩治投靠、投献的条例；至弘治间则一再重申。④ 明中叶又定例，"受投献田土之人，与投献人一体永远充军。事干勋戚，追究管庄佃仆。永为定例"。⑤ 此后，嘉靖二十四年、四十三年、隆庆二年一再禁止，而效果不著。万历间松江著名官僚董其昌家，"游船百艘，投靠居其大半"。⑥ 明代诸如《金瓶梅词话》、《儒林外史》、《醒世恒言》等小说中，均有关于投靠为仆的描绘。《醒世姻缘传》中的主角之一晁大舍，刚刚当上南直隶华亭县知县，立即"有等下户人家央亲傍眷，求荐书，求面托，要托作家人。有那中户人家，情愿将自己的地土、自己的房屋献与晁大舍，充作管家"。晁大舍对那"来投充的也不论

---

① 《雄乘·纪投充》。转见《雄县新志》第 3 册，第 2 页。
② 顺治九年《请革投充疏》。见《皇清奏议》卷 5，第 6 页。吴振棫、锺琦等人均袭此说。见《养吉斋馀录》卷 1，第 3 页。《皇朝琐屑录》卷 1，第 16 页。
③ 顺治九年十二月初六日提本。见《明清史料·丙编》第 4 本。
④ 弘治二年题准，"禁约军民人等，敢有投托势要之家充为家人，及通同旗校、管庄人等安将民间地土投献者，事发，悉照天顺并成化十五年钦奉敕旨事例，问发边卫永远充军"。弘治十三年题准，"凡军民人等，将争竞不明、并赏过，及民间起科，僧道将寺观各田地朦胧投献王府及内外官势之家，捏契典卖者，投献之人问发边卫永远充军，田地给还寺观及应得之人管业。其受献家长并管庄人参究治罪。山东、河南、北直隶各处空闲地土，祖宗朝俱听民尽力开种，永不起科。差有占种，投献者，悉照前例问发"。均见万历《大明会典》卷 17，户部 4，第 32、33 页。
⑤ 嘉靖八年。万历《大明会典》卷 17，户部 4，第 34 页。
⑥ 《民抄董宦事实》。《又满楼丛书》本，第 35 页。

好人歹人，来的就收。不十日内，家人有了数十名"。① 明代末期，投靠、投献之风愈炽。孙之騄说，"明季缙绅多收投靠而世隶之"，以至上海"邑无王民矣"。②

我们说明中叶以后投靠、投献风盛，当然不是说此前没有。至少元代就有"投下"之称。③ 明初朱元璋亲订的《大明律》中立有禁投靠、投献的律文，④ 说明洪武年间这类事就已是引起朝廷注意的问题了。

尽管明季投靠盛行，但此事一直是非法的，从未得到朝廷公开认可；因此投靠者为奴的身份，非经官许。法定投充者为奴仆并以此为扩大旗地、广招奴仆的手段，则自清代始。所以说，投靠并非始自清代，也非多尔衮首创，只是以八旗王公、满族宗室为主人，并获得中央承认的投充入旗为奴，乃是中华史册前所未有的。

与八旗贵族招收投充的同时，清代也有汉人缙绅豪富招收投靠、投献的。虽然有敕禁止，⑤ 未能禁止得住，以后也予以承认了。雍正定例中就反映出这种情况。⑥ 不过，汉人招收投充不是清代的重要问题，其中虽有阶级剥削，但不夹杂民族矛盾。

（三）投充人的法律身份地位

投充宗室王公手续最初甚为简单，只需主人向户部禀明就算完成了。⑦ 先已投身的人，其家属也可随之办理。⑧ 后定，须八旗佐领行文户部及州县

---

① 第一回。

② 孙之騄《二申野录》卷8。同书卷7，引提督操江熊明遇奏称，"吴中数郡偏属豪民。负田宅子女，投充贵势，渔食闾里，曲避征徭"。

③ 参阅《元典章》2，圣政1，重民籍，影印本，第24页。

④ 见《唐明律合编》卷13上，盗卖田宅律及附条例。

⑤ 顺治二年六月己卯，敕河南、江北、江南等处，"各地方势豪等受人投献产业、人口及诈骗财物者，许自首免罪，各还原主。如被人告发，不在赦例，迫还原主"。见《顺治实录》卷17，第19页。

⑥ 雍正四年定例，"凡汉人买仆及婢女招配，并投靠之人，均书明文契，呈地方官钤印。如有事犯，验明报官册及印契，照例治罪"。见《光绪会典事例》卷158，第10页，买卖人口。

⑦ 顺治二年谕户部，"贫民无衣无食，饥寒切身者甚众。如因不能资生，欲投入满洲家为奴者，本主禀明该部，果系不能资生，即准投充。其各谋生理力能自给者，不准"。见《顺治实录》卷15，第10页。

⑧ 顺治元年定"凡旗下汉人有父母、兄弟、妻子情愿入籍同居者，地方官给文赴户部入册，不许带地投献"。见《光绪会典事例》卷1116，八旗都统，户口，第1页，旗人买卖奴仆。

衙门，将该人从地方户口中撤销，除丁粮之籍。① 所以，带地投充户被认为"既免完粮，又得种地"。②

不论由于什么原因，通过什么形式，一旦投充旗下，则该人姓名附于主人户下，编入旗档，成为旗人的组成部分。③ 从此，他再也不受地方管辖，人不应徭，地不纳粮外，被告讦时也不受地方官签提。

接受投充者的身份对投充人的身份影响甚大。投充到内务府的，属皇室所有，他们的身份不同于奴仆。单身投至内务府者，每人给地一"绳"（即42亩）耕种，按时缴纳规定的银额。这种人称为"绳地人"。本有产业、全家带地投充投至内务府者，其所有土地房屋全归内务府，但由投充者本人就地立庄，负责经营。这种人称为"纳银庄头"。也有投充人未带土地来投，认领入官地亩设庄经营，按规定缴纳赋银。这种人也称做"纳银庄头"。此外还有的投充人按其承担的劳役、贡赋的内容分别称为：海户、蜜户、苇户、棉靛户、网户、渔户、参户、雀户、鸭户、鹳户（鹳翅）、鹈户（鹈翎）、狐户（打狐户）、鹰户（鹰手）、猎户（枪手）、打牲户、牲丁、灰丁、煤丁、木丁等。这些名目繁多的投充人，都领耕一定数量的土地，按地缴纳定额实物（或折银）。如蜜户，有地四、五十亩不等，每六亩征蜂蜜五斤；苇户，地有六、七十亩不等，每亩征银一分至八分，其中征芦苇6250斤，每斤抵银三厘五毫。内务府所属各户所缴实物及折银，分别由广储司、武备院、尚膳房收纳。投充果园每亩征银五分，岁纳干鲜果品，"按其直以当丁赋，不准抵者，照杂征例解广储库"。④

属于内务府的投充庄头的身份，本文"八，庄头和壮丁"一节还将论及。

投充至宗室王公以下旗人主子，投充人由凡人变为奴仆，身份发生根本

---

① 《雄乘·纪投充》，转自《雄县新志》第3册，第2页。又"民人投充入旗挡者，造丁册二份，一咨户部，一交原籍地方官备案。其弟兄叔侄不得混入。"见光绪二十五年修《大清会典》（《以下简称〈光绪会典〉》）卷84，八旗都统，石印本，第3页。参阅道光十一年修《户部则例》卷1，第24页，清厘旗档。

② 乾隆五十六年十二月户部疏，见乾隆《八旗通志》卷65，土田志中，土田规制，畿辅规制4。

③ 八旗丁册中，带地投充及其子孙，均入主人户，为"户下人"。参阅《清通典》卷9，食货9，第2072页。

④ 见《八旗通志》卷68，土田志7，第1页，土田数目，内务府庄园数目。参阅《乾隆会典则例》卷164，内务府都虞司，第38—49页，采捕；《皇朝琐屑录》卷27，第14—15页，以及王钟翰《清代旗地性质初探》（见《文史》6，第131页）所引《乾隆四年二月廿日档案》等。

性变化。"投充人即系奴仆"，① 或者说，"投充者奴隶也"，② "本与户下家奴无异"。③ 他们没有独立的户口，不算旗人正身。一般条例中所称的投充人，主要是指这些人。这种主仆关系得到清廷法律的认可和保护；关于奴婢的法律，全部适用于投充人。

法律准许主人将投充人出卖。④ 投充人带来的土地全归主人所有，主人出卖这些土地时，投充人必须将地交出。⑤ 并不准投充人置买民间房地。⑥ 投充人如若逃走，本人、窝逃人，及其两邻、十家长、百家长都按照对付奴仆逃人的有关定例治罪。⑦ 投充人如果隐瞒自己的身份，也要受到处罚。⑧ 至于应试出仕，更是不准了。⑨

投充人的子孙世世为奴。"直隶地方旗民杂处，庄头、壮丁多系带地投充之人"，他们"数传而后，子孙繁衍，支派难稽"。⑩ 投充人无权聘嫁自己的女儿。雍正四年议准，投靠养育年久，"男属世仆，永远服役，其女婚配，悉由家主。仍造册呈明地方官存案"。⑪ 所以，一般地说，投充人的子孙是承

---

① 《光绪会典事例》卷1116，八旗都统，户口，第1页，旗人买卖奴仆。

② 顺治八年七月丙子谕。见《顺治实录》卷58，第2页。

③ 乾隆五十六年十二月户部疏。见《八旗通志》卷65，土田志4。

④ 顺治五年定，投充人"本主愿卖者听"。见《光绪会典事例》1116，八旗都统，户口，第1页，旗人买卖奴仆；又见同书卷156，户部，户口，第2页，旗人买卖奴仆。

⑤ 乾隆五十六年奏准，"带地投充各户人丁地亩，照旗下圈地家奴典买例，悉由本主自便"。见《光绪会典事例》卷160，户部，田赋，第4页。乾隆五十六年又奏准，"几投充人丁地亩，应照八旗圈地例，典卖悉由本主，家奴不得藉称投充捐地不交"。见《光绪会典事例》卷1118，八旗都统，田宅，第4页。"共主将地转售"，投充人"藉称投充，捐地不交；殊与情理未协"。见《八旗通志》卷65，土田志4，土亩规制，畿辅规制4，第39页。

⑥ 顺治七年题准，"投充人置买民间房地者，房地并价银入官；买卖两造从重治罪"。见《光绪会典事例》卷1116，八旗都统，户口，第1页，旗人买卖奴仆；又见同书卷156，第4页，投充人口。

⑦ 顺治二年三月戊申谕户部，见《顺治实录》卷15，第11页。

⑧ 顺治十七年题准，"投充人诬称不系投充者，审出，鞭一百。"见《光绪会典事例》卷156，户部，户口，第4页，投充人口；又见同书1116，八旗都统，户口，第1页，旗人买卖奴仆。

⑨ "八旗户下带地投充庄头，无论旗档是否有名，均不准出仕"。见《光绪会典》卷10，第1页；《光绪会典事例》作"均不准应试出仕"，见卷752，刑部，户律，户役，第4页，人户以籍为定。

⑩ 孙嘉淦《孙文定公奏疏》卷4，第35页。

⑪ 《光绪会典事例》卷158，户部，户口。例中"仍"字应理解为，清初就是这样办理。康熙二十四年奉旨，由于"投充人之女，内无用处"，所以将内务府所属"投充人等之女永仃查点，听其随意聘嫁。以前有私自聘嫁者，亦不必查议。及会计司、掌议司、都虞司、营造司所属投充之人等之女，亦照此遵行"。（见《刑部现行则例》，转自《古今图书集成》经济汇编，祥刑典，卷63，律令部，影印本第770册，第43页。参见《光绪会典事例》卷756，刑部，户律，婚姻，第6页，嫁娶违律主婚媒人罪。）因此，准确地说，康熙二十四年至雍正三年，即1684—1725这42年间，按照规定，投充人之女是不归主人所有的。

继其父祖的奴仆地位的。①

投充和人和其他奴婢一样，可以按照一定的规定条件赎身、开户。但在清代前期，除特例外，② 一般均不得放出为民、潜入民籍。这一规定，乾隆三年、四年、五年、二十四年曾再三重申。为什么做出这样的规定，从有关资料中尚未得到确切的解释，只称是由于年代久远，籍贯无从稽考的缘故。

道光八年开始，当主人情愿时，经过相当繁复的规定手续，投充人方得放出为民。虽然因手续复杂，投充人仍旧不易得到放出的机会；不过从制度上讲，总算容许投充人出旗，这一点是跟以前大不相同的。（有关投充人放出的条例，见下页附表。）

（四）顺治末年满汉官员关于投充人问题的辩论

八旗统治者入关以后，以征服者的姿态为所欲为，地方长官无权管治。投充人中不乏汉族地主土豪、③ 地痞流氓一类，他们利用民族之间的不平等关系，把投充作为一种获利的机会。投充后，虽然在主子面前成为奴才，但在汉人乡里中却是另一副嘴脸，他们"介在旗民之间"，④ 藉着主子的威势，横行无忌。地方官有的"因责惩旗人曾经问罪，以致投充人益加横肆"。⑤所以，投充人中有的不仅仅是"人免丁徭地免税"⑥ 而已，而且"鲜衣怒马，称雄乡曲"，⑦ 放债构讼，鱼肉小民，⑧ "夺人之田，攘人之稼"，甚至出现投充人与民人抗争田地，"被其攘夺者愤不甘心，亦投旗下，争讼无已"⑨的怪现象。当时人称，投充人和皇庄旗地的庄头一起"渔肉骚扰，乡村小民

---

① 投充人如为庄头，其身份见本文第八节。

② 如顺治八年"英王阿济格应幽禁"，其所属"投充汉人出为民。其家役量给使用，余人及牲畜俱入官"。（顺治八年正月甲寅，议，见《顺治实录》卷52，第6页。）投充人有这样出旗为民的机会，是很少的。

③ "所收尽皆带有房地富厚之家"。顺治八年八月癸酉谕户部，见《顺治实录》卷59，第28页。

④ 《光绪会典事例》卷156，户部，户口，第4页，投充人口。

⑤ 顺治八年谕。见《光绪会典事例》卷156，户部，户口，第4页，投充人口；又见同书第1116，八旗都统，户口，第1页，旗人买卖奴仆。

⑥ 姚文燮《投人谣》，见《雄县新志》第10册，第36页。

⑦ 《雄乘·纪投充》，见《雄县新志》第3册，第2页。

⑧ 康熙二十二年格尔古德疏言，见《国朝先正事略》卷9，名臣，第45页。

⑨ 顺治三年三月辛卯江南道监案御史苏京奏折。见《顺治实录》卷25，第21页。

不得安一日饮食之乐"。① 汉官对此毫无办法。至于主子利用他们经商漏税，贩卖私盐，则触及最高统治者的利益了。总之，投充人为害已成为当时一个相当严重的社会问题。

清代关于投充人放出问题条例一览

定例年代	条例
雍正三年①	投充之人私自为民，后经发觉，将同族之人攀为同祖，或本主因家奴之同族稍有产业，诬告为投充之子孙者，审明，将诬攀、诬告之人从重治罪
乾隆三年②	带地投充人等，虽有籍贯，年远难以稽查，均准开户，不得放出为民
乾隆四年③	带地投充之人，原系旗人转相售卖，虽有籍贯，无从稽考，均应开户，不准为民。此内有实系民人，印契内尚有籍贯可稽者，照乾隆元年以前白契所买家人例，效力过三代后，准其为民
乾隆五年④	带地投充者，亦历年久远，虽有籍贯，难以稽查，……应仍遵照定例，止准开入旗档，不得放出为民
乾隆二十四年⑤	带地投充之人将子孙改姓，潜入民籍者，照例治罪，仍断还原主。若有钻营势力，欺压孤幼赎身为民者，倍追身价，给还原主，将人口赏给外省驻防兵丁为奴
道光八年⑥	八旗王公所属庄头及投充家奴人等，如因人口众多，情愿放出为民者，呈报宗人府查明，饬令该管佐领出具切实图结，该参领加具关防，并饬令族长、学长查明本族宗室人等并无异论，画押甘结，造册连结咨部，转饬各该州县给予执照，收入民籍。概不准私放出户

资料来源：①《光绪会典事例》卷156，户部，户口，第4页，投充人口。雍正十二年、乾隆三十二年、五十三年修例时均保留，见《光绪会典事例》卷752，刑部，户律，户役，第2页；《读例存疑》卷9，户律、户役，第9页，人户以籍为定。

②《光绪会典事例》卷1113，八旗都统，户口，第4页。

③同注②。参阅《清通考》卷20，户口2，第5037页。

④《光绪会典事例》卷752，刑部，户律，户役，第3页。

⑤《大清律例统纂集成》卷8，户律，户役，人户以籍为定。

⑥《光绪会典事例》卷9，宗人府，职制，第7页。

清廷于顺治三年虽曾宣布，"自次年为始，汉人投充旗下永行禁止"，②

---

① 顺治八年闰二月宁夏巡抚李鉴揭帖。见《明清史料·丙编》第4本，第308页。
② 《光绪会典事例》卷1116，八旗都统，户口，第1页，旗人买卖奴仆。

但实际上投充一事至少在顺治朝是未尝或止的。《雄县新志》关于投充地亩的统计说，"自顺治二年至十五年，节次投充各旗之田可秀等，带去本身、族人、外姓、并奉部断给房本高等地共六百一十八顷三十九亩一分七厘六毫一丝"。① 这一资料证明，直至顺治十五年，雄县收留投充的活动仍在继续。

投充人所害者汉民百姓，得利者八旗王公、宗室官僚，矛盾日趋尖锐，反映为顺治九年前后的一场辩论。

投充人中的狡横分子，披旗人外衣，藉主子的权势，在乡里间为非作歹，敲诈勒索，汉民反应十分强烈，皇帝也不得不进行干预，以缓和矛盾。顺治八年初颁谕，"投充人有生事扰民者，本主及该佐领如知情，皆连坐。前此，有司因责惩旗人曾经问罪，以致投充人益加横肆。嗣后地方官遇投充人有犯，与属民一例究治"。② 宁夏巡抚李鉴赞颂此谕使得"尊卑有分，创残有生"，③ 好像从此以后投充人害便可制止了。其实全然不是。就在此谕颁行前后，八年闰二月兵科给事中王廷栋题称，"夫投充者，非大奸巨恶即无赖棍徒，始冒人地投充，既倚投充而肆虐，诚有如圣谕，凌侮官员、欺害小民、任意横行者"。武清县陈其智、王加才等将屯地五百七十余顷投充正白旗下东山牛录，私行隐占三百余顷，并强霸接壤民地一百余顷，事被乡民赵仲义等揭告。④ 这个案件并非一例孤证。顺治九年，京师周围各县"小民与投充者纷纷评告，讼牒日盈于司徒之庭"，官司往往打到皇帝那里去。⑤ 顺治九年五月，福建道御史娄应奎上疏称，因投充"而奸猾蜂起，将合族之田皆开除正项，躲避差徭。是无益于国也。又有将他姓地土认为己业带投旗下者。一人投充而一家皆冒为旗下，府县无册可查，真假莫辨。是投充之有害于民也"。⑥ 王廷栋前奏建议勒令清查投充人隐占土地归还原主；娄应奎后奏建议将投充清档发当地地方官。二人意见均未涉及投充制度本身。十一月，清苑县王仪将路斯行等三百余人的房屋、地亩"占夺投充"一案，皇帝处理

① 《雄县新志》第 2 册，第 2 页。

② 《光绪会典事例》卷 156，户部，户口，第 4 页，投充人口，又见同书卷 1116，八旗都统，户口，第 1 页，旗人买卖奴仆。

③ 见《明清史料·丙编》第 4 本，第 308 页。

④ 顺治八年闰二月初七日。见中国第一历史档案馆藏《题本》，兵科，敷陈类，00010 号。

⑤ 顺治九年五月二十二日，山西道试监案御史邵士标题本。见《明清史料·丙编》第 4 本，第 320 页。

⑥ 顺治九年五月乙未。见《顺治实录》卷 65，第 7—8 页。

路斯行等京控，并未按照八年谕对本主及佐领进行任何处理。①

就在这样的背景下，刑部尚书刘馀祐、云南道试监察御史杨世学和户部左侍郎王永吉等三人先后上疏，对投充制度展开全面攻击。

刘馀祐说，投充原为收投贫民作役使之用，"嗣后有身家、有土地者一概投充，遂有积奸无赖，或恐圈地而宁以地投，或本无地而暗以他人之地投。甚且带投之地有限，而持强霸占之弊百端出矣。借旗为恶，横行害人"，"以致御状、鼓状、通状纷争不已，狱讼繁兴"。投充成为旗人后，"一旗之人并不敢问所行之何事，而地方有司明知民冤，亦并不敢伸朝廷之一法。是投充旗下即为法度不能加之人矣"。而且投充"一人则朝廷少一徭役，带一地土则朝廷少一赋税"。因此，他建议"通查投充之人，总发于各州县"，"投充人带投地土一概清还版籍"，"各还原主领种，纳粮当差"。②

刘氏发难后，同年十二月初六日杨世学又题本"请尽革投充之弊"。这位监察御史认为，投充实质乃是对王公大臣"分土分民。是多一投充之人，皇上即少一百姓；多一投充之地，皇上即少一田土"。他同意娄应奎的意见，"有将未投田地开入已投名下，及强带他人，开除钱粮，躲避差徭，是旗下仅得一投充人，皇上便失却数家百姓"。他也指出投充人利用有司不敢管理而荼毒百姓的现象。因此建议"将已投充人或原无田而今有田者，与原有田来投者，乞命一一带去，使其仍归本籍，各事耕凿。将所退投充人之田地内共计有应纳钱粮若干，俱入正编州县，解入户部"。对于王公大臣则给予补偿：由户部"照依品级，于常俸外量行赐给"。③

七天后，王永吉上书陈投充五弊：一为"投充翼虎噬人，以致告讦纷争"；二为"恶棍坐享丰腴，良民反遭冻馁"，"失畿辅百姓之心"；三为"旗下多一投充则皇上少一土地人民，减户口而亏赋税"；四为诸王大臣"滥收投充，有并尊耦国之嫌"；五为投充人"纵横乱法，督抚不敢问，有司不敢诘，废国家之成宪"。④ 他建议"敕禁王大臣滥收人投旗，以息诸弊"。⑤

---

① 《顺治实录》卷70，第14页。

② 《请革投充疏》。见《皇清奏议》卷5，第5—8页。

③ 《明清史料·丙编》第4本，第331页。

④ 顺治九年十二月辛亥。见《顺治实录》卷70，第9页。

⑤ 《清史稿》卷238，列传25，王永吉。中华本第32册，第9502页。

连续三疏要求取消投充，事关重大，清帝福临命户部会同内三院九卿科道讨论办法。会议中，满汉臣僚发生争执。满臣认为，"投充缘由，原使穷民投充满洲，赖有衣食活命；又满洲得人驱使。彼时听百姓情愿，有地无地俱行投充，今有依靠投充人过活者，有因投充而卖旧人者，有因旧人逃亡将投充人随带出征者，亦有满洲旧家妇人配与投充人，或有将新妇人配与旧人，亦有生子女者。若将投充人发出，满兵难照汉兵给养。若以留此投充为不便，则退出投充尤有不便之处。且系年来久定之事，难以复行退出"。完全拒绝刘、杨、王三疏的意见。

在满族王公反对之下，汉官哪里有坚持的余地，只得承认失败："满臣所议，情实可念，免其退还，恩出皇上"，仅提出"严查投充之人有冒带他人地土，及顺治四年禁止投充以后收入旗下者，查出退还可也"。会议结果，题请皇帝决定。该本满文批红："著按满官议。"于是一场争论就此结束，即使连汉官最后提出的那一点儿建议，也统统未在考虑之列。一切仍然照旧。[1]

刘馀祐、杨世学和王永吉三人所打的是有损朝廷财赋的招牌，矛头所指乃是八旗王公贵族和官僚；他们主要代表汉族地主（同时也包括农民）的利益。但投充一事，八旗既得增添奴婢壮丁供给役使，又得扩大土地赖增收入，利薮所在，当然不愿轻易放弃。皇帝本人就是最大的受益者之一，他自己应该是很清楚的。何况他去年方才亲政，江山初定，尚需多方羁縻八旗王公进行武装统治，怎会冒着得罪掌握武装的八旗上层的危险去认真听从被征服者的诉说?! 甚至三人提出投充之举使某些人有"并尊耦国之嫌"的尖锐提法刺激皇帝考虑其最高地位所受的威胁，福临也无所谓。所以说，刘、杨、王三人在这场斗争中失败，是早已注定了的。

辩论过后，投充人行为照旧。如顺治十二年正月都察院左都御史屠赖奏言中就反映："近闻八旗投充之人自带本身田产外，又任意私添，或指邻近之地据为己业，或连他人之产隐蔽差徭，被占之民既难控制，国课亦为亏减"。[2] 事实上，投充人为害百姓的问题，清前期迄未解决。康熙八年修订顺

---

① 中国第一历史档案馆藏《题本》其他类 303 号。该件汉文批红及开头一段文字残缺，承档案馆满文组同志协助，据满文部分译出，特此致谢。题本署名，满文部分由户部尚书噶达浑领衔，汉文部分由兵部尚书洪承畴领衔。

② 顺治十二年正月丙午。《顺治实录》卷 88，第 14 页。

治八年令，"投充人生事害民者，本主及该管佐领连坐，本犯正法，妻孥家产入官。罪不至死者，本犯及妻孥入官。嗣后地方有司遇投充人犯罪，与属民一例责治"。[①] "本主及该管领连坐"后原有"如知情"三字，修订时删去了。这意味着不论本主佐领知情与否均连坐。对本犯的处理，不论所犯之罪是否够判死刑，妻孥均入官。这比顺治八年时的条例规定要严格得多了。可见，此时的投充人为害之剧较诸二十年前不为或减，最高统治者不得不加以控制，以略平息汉人土地所有者的愤懑。

康熙八年六月，刑部针对投充人入旗之后多以从前旧事赴衙门告理，并代亲属打官司，倚仗旗势欺压汉人百姓的现象，题请严加禁止投充人代亲属告状及将入旗以前之事控告。这一建议，康熙皇帝于当时批准，律例馆于十九年纂呈，二十七年会议颁行，直至雍正三年方才奏准附律。[②] 这一定例的立法过程前后历时五十六年之久。这也说明，在那半个多世纪中，投充人扰民现象迄未减少，定例仍有现实意义；也可看出满清官僚统治机构无视民瘼到了什么程度。

至少到雍正初年，早年投充人的子孙仍具投充人身份外，仍还有汉人投充入旗。四年，清帝胤禛尚查出他的弟弟塞思黑拥有最近收容的"入档之投充民人"和"不入档之投充民人"达三十名之多。[③] 这时距离宣布禁止投充命令的顺治三年已经整整八十年了。

五　为奴遣犯的身份地位

罪罚为奴和重犯妻妾子女缘坐籍没为奴，在中国有着很长的历史。《周礼·秋官》记载，"其奴，男子入于罪隶，女子入于舂槀"。汉时，籍没妻女没为官婢，在各衙门充役。唐代有以妻女籍没入官，称"填宫"。明代则缘坐给功臣之家为奴，所以有非功臣之家无奴婢的说法。

清代法律，除完全继承明律中关于给功臣之家为奴的条文之外，在正式

---

①　《光绪会典事例》卷156，户部，户口，第4页，投充人口。

②　康熙八年六月甲申刑部题。见《康熙实录》卷30，第10页。《大清律例通考》卷30，刑律，诉讼，第3—4页，教唆词讼。

③　雍正四年六月初三日谕。见《上谕八旗》雍正四年，第47页。

刑制所定的徒、流、迁徙①之上，绞、斩二死之下，有所谓"发遣为奴"的罪罚，陆续制定了若干条例，增加了许多将罪犯本人发给官兵为奴的规定。从而使得没为奴婢成为五刑之外的一种惩治罪犯的办法。乾隆初年，"各项发遣为奴之民人，律例载有三十余条"。② 到同治年间，粗略统计，增至103条之多。其中分为"给付功臣之家为奴"，"发黑龙江给披甲人为奴"，"发新疆给官兵为奴"，"发伊犁、乌鲁木齐给官兵为奴"，"发回城为奴"，以及"发各省驻防给官兵为奴"。这样，犯罪发遣及缘坐之奴（我们简称之为"遣奴"）就成为清代奴婢队伍的一个组成部分。

给付功臣之家为奴，见诸正律者两条：谋反大逆与谋叛等两种罪行的缘坐家属。前者包括正犯的母女、妻妾、姊妹、媳等女性家属，以及十五岁以下的兄弟、子孙及同居的男性家属；后者包括正犯及共谋者的妻妾、子女。清律该条全承明律。所谓"反"，是"谋危社稷"；所谓"逆"，乃"不利于君"，都是直接危及皇帝统治地位的。所以律条以罪及妻孥的株连峻法"欲使人望而知惧，交相戒畏"，不要轻易做推翻朝廷的尝试。这种惩罚的对象均为被株连缘坐者，而非犯罪者本人，③ 因此可以说，凡判给功臣之家的奴婢都是无罪的妇孺，他们由良人一堕而为贱民。朝廷要求功臣子孙对他们"严紧管束"，赴外任出京时需将他们一道带走。④

判"发黑龙江给披甲人为奴"（或称"给穷披甲为奴"）的，大多是有关强奸、轮奸、特别是其中酿成命案的罪犯。⑤ "发黑龙江给披甲人为奴"的都是案件中按例应判的主犯、从犯，没有缘坐株连之人。他们配至黑龙江后，大部分留在齐齐哈尔。⑥ 这种犯人到达后，作为赏品分给八旗兵丁中的"贫者、勤者、有劳绩者"为奴。指配的决定权在将军，所以实在受益者当

---

① "徒者，拘系其身，役满释放，止配本省驿递。流则罪重于徒，照依犯人本省地方计所犯应流道里，流之别省荒芜及濒海之地，不得复归本省。至于迁徙，则视五徒较重，视三流较轻，故于本犯乡土一千里之外安置，不得复归本籍，亦与流罪同"。《大清律则》卷5，名例律下，徒流迁徙地方注。

② 《乾隆实录》卷47，第13页，乾隆二年七月丙午。

③ 见《大清律例》卷23，刑律，贼盗上，谋反大逆律，谋叛律。

④ 咸丰《户部则例》卷1，户口，第12页，奴仆。

⑤ 参阅《大清律例》卷10，户律，婚姻；卷25，刑律，贼盗；卷26，刑律，人命；卷27，刑律，斗殴上；卷33，刑律，犯奸等有关条例。

⑥ 西清《黑龙江外纪》。

然是那些得到长官赏识的所谓"受知深者"的亲信兵丁。① 按照规定是不分给官员的。但"边地官员受田耕种，全赖奴仆力作"，需要奴仆壮丁，故朝廷同意黑龙江将军富僧阿等的建议，于乾隆三十三年规定，"以后将发遣为奴人犯二十分中以一分赏给出力官员"。② 从此，原来发黑龙江"给披甲人为奴"实际改为给官兵为奴了。

乾隆二十四年，天山南北两路尽入版图。自此之后，乌鲁木齐、伊犁及巴里坤各回城就成为新的发遣为奴罪犯的地方。

判处"发往新疆给官兵为奴"、"发往伊犁给驻防官兵为奴"和"发乌鲁木齐给驻防官兵为奴"的罪行主要包括忤逆、强盗、窝盗、抢劫、迷拐、勒赎、发塚、谋杀、械斗、越狱、盐枭以及窃仓、私铸等有关案件③中的不同首、从、被胁同行各犯。"犯造谶言惑人不及众者"④ 原律流三千里，后定例改为"发回城给大小伯克，及力能管束之回子为奴"。⑤

发新疆各地驻军为奴的罪罚，一般只及罪犯本身。非本人犯罪，因株连而缘坐新疆为奴者，处罚最严厉的是逆案：本人已被处死之后，"其子孙讯明实系不知谋逆情者，无论已未成丁"，均"发往新疆等处给官兵为奴"；更有甚者，这些"实系不知谋逆情事"的无辜分子，在发遣以前还要"解交内务府阉割"，内务府大臣派人和刑部官员一再"查验明确，再交兵部发往新疆给官兵为奴"。⑥ 这是发给官兵为奴例中最重的一条刑罚，也是清代死刑以下最重的一种刑罚。这些从未犯罪的"罪犯"所受的苦楚比其他遣奴显然更为凄惨。这就是大清皇帝为稳踞龙座而设的酷刑峻法。

此外还有一种是"发各省驻防给官兵为奴"。清代条例中，关于偷刨人参、犯奸、杀一家三人、威逼人致死、谋杀、私铸等罪行中，均有发各省驻

---

① 西清《黑龙江外纪》。

② 乾隆三十三年二月乙丑。《乾隆实录》卷804，第16页。

③ 参阅《大清律例》卷4，名例律上；卷12，户律，仓库下，卷13，户律，课程；卷23、24、25，刑律，贼盗；卷26，刑律，人命；卷27，刑律，斗殴上；卷30，刑律，诉讼；卷32，刑律，诈伪；卷35，刑律，捕亡等。

④ "不及众"是"惑者未多"的意思。

⑤ 《大清律例》卷23，刑律，贼盗上，造妖书妖言律附例。此例至道光十年又定为，"先行酌给印房各章京、笔帖式等役使"，"俟发给章京等足敷役使，再分给大小伯克为奴。毋庸分给小回子，以免拖累"。见《大清律例》卷5，名例律下，徒流迁徙地方附例。

⑥ 《大清律例》卷23，刑律，贼盗上，谋反大逆律附例。参见《读例存疑》卷25，第2页。

防给官兵为奴的处刑。① 有关人犯，"由兵部核计该犯原籍及犯事地方道里，俱在四千里以外均匀酌发"，分别送到直隶、江宁、山西、山东、河南、甘肃、西安、宁夏、凉川、荆州、杭州、成都、福建、广东等处给满洲驻防兵丁为奴。②

遣奴虽是清代奴婢队伍的组成部分，得到遣奴的主人对他们有任意役使之权，"兵丁有藉以使用颇为得力者"；但是，罪犯的身份决定了他们毕竟和其他奴婢不同，具有其特殊之处。这就表现为如下五点。

第一，遣奴只被配给东北、西北及各省驻防官兵，不是任何旗人均可获得，更不是民人得以占有的。

第二，主人对遣奴不是完全的占有。由于遣奴是朝廷指定发配在一定地点服刑的犯人，因此，领取该犯的主人没有权力将他们出卖。康熙三年题准定例，对偷卖偷赎拨给山海关外叛逆及其他军流人犯妻子家仆者，给予处分。③ 乾隆五年定、嘉庆六年修订例规定，有所放宽，"不准典卖与别境旗人"，可以报官，"酌量准其典卖与本处旗人为奴"，"如卖与民人，并别境旗人为奴者，杖一百，追价入官"。④ 除功臣子孙外，主人因换防等原因离开当地时，不能将所得遣奴带走。如伊犁、乌鲁木齐等处领取遣犯的兵丁"系永远驻屯者，发给人犯即永远为奴"；非永远驻屯者，"到换班时交代与接班兵丁为奴"，"无接班之人"，"亦令该管官将该犯等另行拨给附近种地兵丁随同力作"。⑤ 又定，"凡行凶与披甲人为奴之犯，伊主或给亲戚，或亲携来京，或差做买卖来京，永远禁止"，⑥ 在使用上受到限制。

第三，罪犯遣奴之为奴，是因为本人犯罪所得的刑罚，因此，奴的身份一般不及妻孥。某些发遣为奴的罪行被规定要全发妻室子女为奴，例如强盗免死减等者是。⑦ 但大多数罪行并不如此。"发到黑龙江给予旗人为奴人犯所有随带妻子，部文内止称将本犯赏给兵丁为奴，并无一并为奴字样，是以未将伊等

① 参阅《大清律例》卷5、23、24、25、26、32、33等。
② 《大清律例》卷5，名例律下，徒流迁徙地方附例。
③ 《古今图书集成》经济汇编，食货典，卷17，户口部。第678册，第28页。
④ 《光绪会典事例》卷752，刑部，户律，户役，第2—3页，人户以籍为定。
⑤ 《大清律例》卷5，名例律下，徒流迁徙地方附例。
⑥ 《大清律例》卷35，刑律，捕亡，徒流人逃律附例。
⑦ 《乾隆实录》卷47，第13页。

妻子办理为奴，俱听另居度日"。① 不过，各遣奴之妻的身份不是相同的，这要看她是否随夫留在主家。乾隆四十年规定："凡发遣黑龙江等处为奴人犯有自行携带之妻子，跟随本犯在主家倚食服役，被主责打身死者，照殴死雇工人例拟杖一百徒三年。其妻子自行谋生，不随主犯在主家倚食者，仍以凡论"。②

至于遣奴随带的子孙，如欲返回原籍，或者居住原籍的子孙前来探视，官府皆予批准，"本犯之主不得扶势羁留。倘有刁留计陷不得归者，将本主照存养良家男女为奴婢律治罪；该管官一并交部议处"。③ 遣奴在配所生的女儿，"准其各就该处择配"。④

第四，遣奴不能赎身、开户。清朝条例规定，一般发遣人犯，给以三年或五年期限，"限内无过，准入该处民籍"。⑤ 但没有为遣奴规定服刑期限。他们也不能像其他奴婢那样可以赎身。遣奴中"实犯大逆子孙缘坐发遣为奴者，虽系职官及举贡生监，应与强盗免死减等发遣为奴人犯，俱不准出户"；⑥ 有私自赎去的，主人要受到处罚。⑦ 康熙年间定例，叛逆案发遣为奴人犯，"永不许赎身"。到嘉庆十七年又将此句删去。薛允升认为，从此"为奴遣犯并无不准赎身之例文矣"。⑧ 但是从判例看，薛氏的理解可能有问题。嘉庆十八年，即删此规定的翌年，黑龙江披甲人法依巴尔得财，准许给他为奴的犯人史国润赎身。史国润被拿获后，其主法依巴尔被处以枷号两月鞭一百的刑罚，史国润被处以枷号一年杖一百的重刑，并"仍交法依巴尔领回，折磨使用"。嘉庆皇帝颙琰如此处理的理由是，"此项发遣为奴之人，原系免死减等重犯。所以给兵丁为奴者，特令充当折罪差使，向例不准赎身。

---

① 所引是乾隆二十九年十一月黑龙江将军富僧阿（即傅僧阿）题本内容。他建议，以后遣奴之妻与其夫一并"惧给兵丁为奴"。乾隆对富僧阿的原意理解错误，谕中同意富僧阿意见的同时，却规定，"嗣后旗人发遣家奴，如有同妻子一并送部发遣者，俱著一体赏给兵丁为奴。著为令"。见《乾隆实录》卷722，第5—6页。事实上，家奴犯罪发遣为奴，其妻因原是奴婢身份，随至配所从来都是奴婢。因此，富僧阿的建议并未达到目的。西清也说，"流人妻子，缘坐者奴之，随带者则否。"见《黑龙江外纪》。

② 《光绪会典事例》卷810，刑部，刑律，斗殴，奴婢殴家长，第3—4页。

③ 乾隆七年三月癸酉从刑部议。《乾隆实录》卷162，第23页；《大清律例》卷4，名例律上，流囚家属附例。

④ 《光绪会典事例》卷810，刑部，刑律，斗殴，奴婢殴家长，第3—4页。

⑤ 道光《户部则例》卷4，户口4，第9页，安插流民章程。

⑥ 《大清律例》卷4，名例律上，流囚家属附例。

⑦ 《大清律例》卷8，户律，户役，人户以籍为定律转引。

⑧ 《读例存疑》卷2，名例律上，第29页，流囚家属，卷9，户律，户役，第25—26页。

如任令赎身，听其到处游荡，反得侥幸，竟成无罪之人，尚复成何事体"。①可见，发遣为奴人犯可说是从来不准赎身的。

犯有一般罪行的遣奴摆脱奴仆境地的机会有三：一是遇赦；二是伊犁、乌鲁木齐遣奴"在配安分已逾十年"，可在当地"永远种地"，但"不准为民"；三是"呈请愿入铅、铁等厂效力捐资"，做十五至十七年苦工后，"准为民，不准回籍"。② 后定，"报部核覆，再加十二年，如果始终效力奋勉，准其回籍"。③ 此外，只有逃走一途。据西清说，黑龙江遣犯逃走，官兵三路追捕，"追者尝多，获者尝少。例无赏罚，官兵不力故也"。④

第五，遣奴的罪犯身份决定了他们的主人对待他们比对其他奴婢更为酷虐。虽然主人对遣犯不是完全占有，但极为普遍的情况是，"惟知役使鞭挞"，"暴虐役使"，"并不给予衣食"。⑤ 因此，这种主奴关系向来十分紧张，遣奴杀死主宗五口、九口的案件均见诸刑牍。雍正六年二月二十一日，内阁奉雍正谕：遣奴"若仍有凶暴者，不论有应死不应死之罪，伊主便置之于死，将伊主不必治罪"。⑥ 乾隆间也"屡经降旨，以此等遣犯内，如有凶顽不听使命者，伊家主不妨即时杖毙"，⑦ 实际是对遣奴格杀勿论。可见遣奴所处的境地比一般奴婢更无人身保障。

从以上分析可以看出，清代的遣奴和前代的官奴婢有所不同；他们在清代的奴婢队伍中也处于一种特殊的地位上。从身为奴仆来讲，遣犯是奴婢队伍的一个组成部分；但他们是罪犯，其社会身份是被排除在等级制度之外的。他们冒着主人的鞭雨在边地驻防的农业生产中起着某种作用。

六　契买人口

（一）清代准许买卖凡人子女为奴婢

有清一代，贫苦农民为了还租、偿债或病丧意外，生活无着，走投无

---

① 《光绪会典事例》卷752，刑部，户律，户役，人户以籍为定，第5—6页。
② 咸丰《户部则例》卷94，杂支，第62—64页，新疆遣犯事例。
③ 《大清律例》卷5，名例律下，徒流迁徙地方附例。
④ 《黑龙江外纪》。
⑤ 乾隆五十五年八月甲戌谕。见《乾隆实录》卷1361，第29—30页。
⑥ 中国第一历史档案馆藏《汉文起居注册》雍正六年二月份下。
⑦ 乾隆五十五年八月甲戌谕。见《乾隆实录》卷1361，第29页。

路，因而插标卖身，售妻鬻子以解一时之危的事，不要说在那水旱蝗雹之年，即"在平时亦有之"，① 乃是经常的、大量的现象。民间"因家无衣食，将子女入京贱鬻者不可胜数"。② 赋税之滥征，也可逼得自耕农民卖妻售子。③ 甚至有人为逃避徭役而卖身旗下，因为，定例"凡卖身旗下之人，有丁徭者即开除丁粮"。④ 因此，每年都有许多人从凡人等级变为奴婢降入贱民等级。清代的执法者和法学家从不把这种交易认作是"压"良为贱，或是"诱"卖、"略"卖，应该绳之以法。他们认为，"赤贫之民饥寒待毙，困于计无复出，于是鬻卖以各全其生，此等情形岂能目之以诱？既不为诱，则不当治以诱卖之罪矣"，⑤ 这种交易乃是卖者"本人之情愿，非官长所可禁止者"。⑥ 所以"穷民当饥寒交迫之时，将妻妾子女售卖与人，原非得已，向所不禁"。⑦ 人口买卖行为既然得到政府允许，前述"略人略卖人"律自然也就起不了多大作用了。正如清代法学家解释这条律文时所评的："世情变态日滋，或遇灾荒之岁，而赤贫之民若限以禁律，转恐难保其生全，故例听其卖而不论。然既听其卖，则略卖亦所勿论矣"。⑧

对于这种交易，政府不但允许，而且予以保护。康熙十九年定例："流移之民有情愿卖身者，在何处卖，许在本处官用印。若故意掯勒不行用印，发觉，交与该部从重议处。"⑨ 这一条例表明，"情愿"卖身不属于被压为贱；官方在卖身契上盖印，认可这种买卖的合法性。这就是为什么卖身契上都要写明"情愿"字样的原因。至于这"情愿"二字是买者用何等残酷的手段逼迫，卖者用多少血泪写下的，官府并不置问。设若该管吏对此发生怀疑，不予立即盖印，被上司发觉的话，还可能被认作"故意掯勒"，受到从

---

① 《大清世宗宪皇帝实录》（以下简称《雍正实录》）卷103，第29页。

② 《康熙实录》卷82，第19页。

③ 贪墨州县，将田赋"或朦胧多征，而不以田亩钱粮之数明示百姓者；或赋外横敛而借口兵马急需者；或有院道明示征一半，征之三分之二，而藐不遵守者；于于租赋正额外加收火耗者，诸如此类，不一而足。区区孑遗，吞胆茹苦，惟有卖妻鬻子，以免旦夕拔钉剜肉之苦已耳"。顺治二年，杨檟《谨竭刍荛以襄治平疏》，见《皇清奏议》卷1，第37页。

④ 《读例存疑》卷53，督捕则例上，第37页，开除丁粮。

⑤ 《刑案汇览》卷20，刑律，贼盗，第19页。

⑥ 《雍正实录》卷103，第29页。

⑦ 乾隆二十四年通行，湖北臬司条奏。《刑案汇览》卷20，刑律，贼盗。

⑧ 见《大清律例统篹集成》卷25，刑律，贼盗下。

⑨ 《古今图书集成》经济汇编，祥刑典，卷59，律令部。第770册，第24页。

重的处分。

试图禁止这种买卖的官员，受到了皇帝的申斥。雍正九年，河南省祥符、封邱等州县逃荒的贫民将子女卖给来河南贸易的山西、陕西商人。河南山东总督田文镜准备把进行这类交易的中保媒人拘拿惩治。雍正帝胤禛对此大不以为然，对田文镜提出如此建议表示"深为骇异"，认为此举是田某对灾民不能妥善安插，又怕承担所属地区居民离散的责任而故为。胤禛说，禁止卖鬻子女是断绝灾民的生路，"岂为民父母所忍言乎"！① 可见，容许卖儿卖女，成了朝廷救荒的措施之一了。在这里，皇帝所考虑的根本不是许多良民身份的人从此沦为贱民有什么后果的问题。

政府协助把被典卖为奴婢的灾民赎出，变贱为良，也非最高统治者所感兴趣的事。乾隆四年，河南、山东、江南等地被灾，河南巡抚雅尔图于五年十二月通饬河南省："如有遇荒暂当之人，遇丰向赎者，劝令该主谅情放赎，不得拘定年限揹留"。② 乾隆六年二月，他建议皇帝颁旨，令河南、山东、江南三省被灾穷民典卖的人口"不拘年限，不拘常例，俱准照原价取赎"。③ 当时荒后方才二年，灾民到底有多少人能具备回赎子女的经济能力，那还很成问题，所以说，这种命令的作用是很有限的。但既使下这样一道谕旨，乾隆帝弘历也不愿意，"此在汝等督抚自行劝谕于本省则可，岂可以朕旨勒令数省皆然乎"！④

嘉庆朝也有同样情况。二十年，给事中申启贤建议将民间因荒契卖子女"饬下各督抚广出示谕，许依契买原价赎还"。嘉庆帝颙琰认为，"民间年岁荒歉，将子女契买"，"或带往他乡，存亡不一，其听赎与否，祇可从民之便。若一概官为出示准令回赎，恐因此藉词索诈，转滋讼端"，所奏不准行。⑤

乾隆后期，清王朝再次肯定了买卖贫民子女的合法性。五十三年，发生了这样一件事：旗人参领经文和协领德明等奉委照料哈萨克来使。他二人借出差机会，沿途于直隶、山西、陕西、宁夏等地购买贫民子女十人。被揭发

---

① 《雍正实录》卷103，第29页。
② 《心政录》，中国科学院经济研究所藏钞本，卷5，檄示，第34页。
③ 《乾隆实录》卷137，第16页。
④ 《乾隆实录》卷137，第16页。
⑤ 《仁宗睿皇帝圣训》卷13，第5页。嘉庆二十年九月壬辰。

后，经文等被革职，沿途有关督抚均受申饬。乾隆此举并不表示他反对价买良人为奴婢。在谕文中讲得很清楚，贫乏灾黎把子女卖给本地民户及过往客商，从来都是容许的，各省赴京引见官员沿途价买携带，也是"尚属可行"的。经文等之所以受处分，是由于"系由驿站行走，理宜简便，若沿途买带子女，则拣择看视，说合讲价，既不免等候需时，而买定后沿途携带又需多用车辆夫马，必致扰累驿站，贻误差使。且此等买带子女之人未必尽系自行买用，或为人代买，或复行贩卖，更易滋别项情弊，而带领来使之人，尤为外藩所笑"，所以"不可不严行查禁"。① 总之，经文等的行为耽误时间、扰累驿站、易滋流弊、贻笑外藩，唯一没有问题的方面就是买人！

弘历的思想和胤禛是一致的。他也认为前述雍正九年田文镜的建议，"其意不过为讳灾起见"，若概行禁止灾民将其子女出卖，"则灾黎贫乏不能自存，又无以养赡其子女，必致归于饿毙，岂轸恤灾黎之道。自不若听其卖鬻，则贫民既可得有身价，藉以存活，而其子女有人养育，亦不至有冻馁之患，岂非一举两得，又何必强为禁止耶"。至于贫民将子女卖得的几文钱能够存活几日，被卖为奴婢的子女沦为贱民遭受非人待遇又何尝能免冻馁之患，则不在封建统治者考虑之内了。

由于经文事件的发生，四月廿九日弘历发出谕旨，制定一条例文："嗣后，著名该督抚等遇有灾祲地方贫民卖鬻子女者，除本地民户、过往客商及并非驰驿官员，各听其便，毋庸禁止外，其有派委差使由驿行走之人，俱应禁止，民人不得私行售卖。并随时查察此等官员，如有违禁私买携带者，即行严参治罪。将此通谕各督抚等，并谕伊犁将军及新疆办事大臣一体严察，勿得仍前因循，致于咎戾"。②

由此可见，准许买卖民人子女这个基本精神，自康熙至乾隆都是一致的。嘉庆以后也未尝或改；直至光、宣间大量的人口买卖，都可证明：这乃是有清一代的传统政策之一。③

---

① 《乾隆实录》卷1303，第31—32页。

② 《乾隆实录》卷1303，第32页。

③ 附带说，在清代，抵债为奴实质也是一种人口买卖，是一种更具有强迫性的买卖。准折子女虽被禁止，但在实际生活中仍是大量的。不过，因抵债而陷身的奴婢，在身份上没有特殊规定，故本文不展开讨论了。

（二）黑市的人贩与合法的人市

清代准许贫民卖鬻子女，土豪恶棍则乘机贩卖人口。清政府曾多次下令禁止，并打击人贩子。例如，顺治九年令，"外贩人口者，或将旗下妇女圈哄贩卖者，或掠卖民间子女者，更有强悍棍徒托卖身为名得银夥分者"，"著严行禁止"，"如故违，发觉，治以重罪"。[①]

康熙十九年下令禁止将诱来人口隐藏在家贩卖，[②]并定例，"有贩卖人者，所卖之人及阶银一并入官，人贩子处绞"。[③]

乾隆二十四年据刑部覆湖北按察使沈作朋条奏定例，"兴贩妇人子女转卖与他人为奴婢者，杖一百流三千里。若转卖与他人为妻妾子孙，杖一百徒三年。为从各减一等。地方官申匿不报，别经发觉，交部议处"。[④]贩卖人口的罪刑，由绞死改流徒，较前大为轻减。清代法学家薛允升解释说，"兴贩妇人子女转卖，谓非由自己设计诱拐，是以拟罪从轻。"[⑤]

即使朝廷有这些惩治贩卖人口的定例，但兴贩妇人子女的事也从未间断，"拐带人口以贩卖于人者，凡繁盛处所皆有之"。[⑥]有的贩卖规模相当之大。

康熙十九年，巴天容，巴世忠等自山东海丰、乐安等六七州县诱拐人口至京师贩卖一案，被拐人口达八十人以上。[⑦]

乾隆年间福建关于"媒馆"的记载写道："闽俗竟有一种无赖棍徒，惯作媒人，私开媒馆。无论士庶之家，欲将婢女遣嫁，概系送至馆中，引人看卖"，[⑧]"私开媒馆，招人观看"[⑨]。

道光年间，湖北荆州府"有等不法之徒，在于往来要路假以歇店为名，

---

① 《古今图书集成》经济汇编，祥刑典，卷50，律令部。第769册，第35页。

② 《古今图书集成》经济汇编，祥刑典，卷60，律令部。第770册，第29页。

③ 《古今图书集成》经济汇编，祥刑典，卷60，律令部。第770册，第26页。

④ 《读例存疑》卷30，刑律，贼盗下，第58—59页，略人略卖人。

⑤ 《读例存疑》卷30，刑律，贼盗下，第58—59页，略人略卖人。

⑥ 徐珂《清稗类钞》第40册，棍骗类，第3页。

⑦ 康熙十九年四月初五日，监案御史蒋鸣龙题。见《黄册》。转引自《康雍乾时期城乡人民反抗斗争资料》，第370—372页。

⑧ 乾隆二十六年九月署抚牌示。见《福建省例》，台湾文献丛刊第199种，第6册，第865—867页。

⑨ 《福建省例》，上海图书馆藏钞本，卷31，第46页。

实以囤贩为事，串同奸匪，诱拐良家妇女，送入伊家，辗转嫁卖”①。

清季，贩卖人口的活动尤其猖獗。

光绪四年，奸人“挟赀纠党，向晋、豫荒区贩卖妇女南下，每次有贩得一二百人或三五百人者。而价值之贱，更不待言。其在直隶之天津、河间等属，拐匪又藉年谷不登，流亡载道，乘间拐诱童男女载归南省贩卖。虽经地方官访拿惩办，而轮船往来易于藏匿，故此风仍未绝也”②。

“豫省被灾以后，闻有奸徒乘荒捎贩妇女，自正阳关以至周家口，沿途船只连樯东驶，大都略卖他省。”③

河南周家口人贩子季长和被捕时，“起出妇女四十馀人”④。

苏北清江将坝地方私贩“沿河而下，或数十人，或数百人，内有难妇小病，即投入河中，恐传瘟疫与别人也”。“贩卖之徒俱将难女轮流取欢，然后卖去。”⑤“私贩之徒俱用炮船护送，习以为常，不知凡几，曾未有人敢于截下。”“自春至秋，每日路过清江者，有数十人，有百数十人不等。更有绕越而过者。由此观之，其数何可计耶。淮安板闸子有‘人行’三家，大发其财。”⑥

光绪九年，直隶、山西、河南水旱为灾，“蚁棍永贩辈亦且挟持巨资，分道前往。每到一处，与其地痞谋，辄以贱价购其幼男少女，挈带而归。竟有一人而携至数十人，一船而载至十百人者”。被卖人口“堕落蚁棍水贩之手，威逼势胁，辗转售卖，男不为优即为仆，女不为婢即为娼。宦裔夷为贱役，良家流入烟花”⑦。

光绪二十年，四川重庆以下十三县大旱，船只由川至宜昌“带下女孩极多，招人承买。十岁者不过六七串，十五六岁之好女子不过二十串”⑧。

从灾区以极低的价格买来，或者不花本钱拐骗到手的男女，运至城市贩卖，立获高价。巨利所在，犯罪亦无所惧。土豪地痞趋之若鹜而外，甚至有

---

①　裕谦《禁保甲包庇条约》。见《勉益斋偶存稿》卷3，荆州，第17页。
②　《论禁贩人口》。《新报》，光绪三年六月初四日。
③　《苏抚院收赎妇女告示》。《申报》，光绪四年七月二十三日。
④　《大清德宗景皇帝实录》卷80，第1页。
⑤　《照录清江来信》。《申报》光绪四年十月初四日。
⑥　《照录清江来信》，《申报》光绪四年十月初四日。
⑦　《字林沪报》，光绪十一年八月十四日。
⑧　《申报》，光绪二十年八月十九日。

官员参加这种罪恶活动，"有职人员亦做此勾当，取其发财之易"，没有他们参加，怎会有"炮船护送"呢①。官方立法虽严，查缉关卡甚多，但这种贸易仍旧具有相当大的规模。这是因为关卡人员与人贩子联手分利，"非惟绝不过问，甚且从而袒庇之，盖得其贿也"②。《清稗类钞》的编著者描述了清末上海的情况："所拐妇孺，先藏之密室，然后卖与水贩，转运出口。妇女则运至东三省者为多，小孩则运至广东、福建等省者为多"。"其上汽船也，更有人为之保险，船役亦有通同保险者，视此为恒业，与各处侦探相交通，故绝无破案事也"③。人贩子如果不把所获的血腥银子适当地分给职官吏胥、船主店家，是无法进行这种罪恶滔天的勾当的。清末如是，当然可以推及此前。这幅血泪斑驳惨不忍睹的历史画卷，径直展至全国解放方止。

让我们再看看清代的人市。

我国古代是存在着将奴婢像牛马牲畜一样公开买卖的人市的。不必追溯过远，在元代，江南州郡就"处处有人市"④。明代山东集市"百货俱陈，四远竞凑，大至骡马牛羊，奴婢妻子，小至斗粟尺布，必于其日聚焉，谓之赶集"⑤；至清代早期仍如此⑥。

顾炎武曾描述了清初关中地区上市卖人的情况，"自鄠以西至于歧下，则岁甚登，谷甚多，而民且相率卖其妻子。至征粮之日，则村民毕出，谓之人市"，这是农民无银交税而出卖骨肉者众，以致形成人口市场的惨状⑦。甚至帝辇之下的京师也有人市⑧。清初著名的史学家谈迁概然叹道："噫，诚天之匄狗斯人也！"⑨

---

① 《照录清江来信》。《申报》光绪四年十月初四日。

② 《清稗类钞》第 40 册，《棍骗类》，第 4 页。

③ 《清稗类钞》第 40 册，《棍骗类》，第 4 页。

④ 《续资治通鉴》卷 191，元纪 9，至元三十年冬十月辛亥，古籍出版社版，第 5213 页。

⑤ 谢肇淛《五杂俎》地部。

⑥ 张心泰《粤游小志》卷 3，第 1 页。

⑦ 《钱粮论》。转见《皇朝经世文编》卷 29，户政。

⑧ 谈迁《北游录》纪闻下，人市："顺承门内大街骡马市、羊市、又有人市。旗下妇女欲售者丛焉。牙人或引至其家递阅。"

⑨ 谈迁《北游录》纪闻下，人市："顺承门内大街骡马市、羊市、又有人市。旗下妇女欲售者丛焉。牙人或引至其家递阅。"

　　清代人市有人牙①为中介。成交后，有官员负责登记档案，发给买人执照和查缉人贩子。建国之初规定，旗人只准在本旗人市买卖人口："旗下买卖人口，赴各该旗市交易。若越至他旗市，被执者，身价二分入官，一分给拿获之人。"②康熙十九年规定，旗人买卖人口必须"赴市买卖"，由牙子从中说合。一笔交易做成，经官写档，"该翼确查明白，给付执照"③。这说明各旗都有自己的人口市场，官家对这种市场是派有管理人员的。

　　在人市进行的，毕竟是奴婢买卖的一部分，更多的人口交易并不通过市场。

　　以上说的是私人之间的人口人市交易，除此之外，清代还有官卖奴婢。所卖人口，主要是籍没叛逆等项罪犯的家属、奴婢，贪污、拖欠钱粮官员抵帑的奴仆，以及其他缘事抄产入官的奴婢。这些人口，有的就地发卖，任人认买，有的集中北京，由内务府会计司发交崇文门监督鬻卖。此项人口立有定价。乾隆四十一年议准"各旗入官人口变价银数，自十岁以上至六十岁，每口作价一十两；六十一岁以上，每口五两；九岁以下幼丁，按年岁作价；未满周岁，免其作价"④。甚至规定，八旗官兵认买此项入官人员叫以分期付款："八旗官兵指俸饷认买入官人口，价银十两至三十两者，定限一年扣完；三十两至六十两者，定限二年扣完；六十两以上者，定限三年扣完"⑤。

（三）禁止买卖满人、灶户与逃犯

　　在准许买卖人口的同时，清政府规定了三种比较严格的禁令。

　　第一，禁买满洲、蒙古人口。为了维护民族统治，清政府不准把满洲及蒙古族人卖给汉人为奴，也不准卖与由汉人组成的汉军旗下为奴。汉军家人

---

①　人牙是合法存在的。其限制是不准逼勒妇女卖奸。清初条例："凡藉充人牙，将领卖妇人逼勒卖奸图利者，枷号三月杖一百，发三姓地与给披甲人为奴"。（见《光绪会典事例》卷825，刑部，刑律，犯奸，第5页，卖良为娼律附例。）乾隆五年将此例增定："凡藉充人牙，将领卖妇女逼勒卖奸图利者，枷号三月杖一百，发云、贵、两广烟瘴少轻地方。如虽无局奸图骗情事，但非系当官交领，私具领状，将妇女久养在家，逾限不卖，希图重利者，杖一百。地方官不实力查拿，照例议处。"（同上书。）

②　《古今图书集成》经济汇编，祥刑典，卷39，律令部。第768册，第28页。

③　《古今图书集成》经济汇编，祥刑典，卷60，律令部。第770册，第26页。

④　《光绪会典事例》卷1116，八旗都统，户口，第3页，旗人买卖奴仆。

⑤　咸丰（或同治）《户部则例》卷2，户口，第16页，认买入官人口。

也不许卖与民人①。康熙前叶一再制定条例申禁。十五年定例，"旗人诡称民人卖身者，枷三月鞭一百；保人系旗人，枷三月鞭一百，系民，杖一百，流徙尚阳堡"②。十七年定例"满洲、蒙古人口不许卖与汉军、民人，亦不许私自相赠。违者，将所卖人并价入官，买主卖主系官革职；系护军、领催，披甲当差；闲散旗人枷号两月，鞭一百；系民人枷号两月，责四十板。该管佐领骁骑校知情者革职；领催鞭一百，收税官亦革职"③。因此，汉民无人敢卖旗人为奴。如雍正初，苏州织造李煦因亏空三十八万两被处分，其家属及家仆"男女并男童幼女共二百余名口，在苏州变卖"，宣布将近一年，"南省人民均知为旗人，无人敢买"。后解送北京，雍正帝决定令年羹尧从中挑选了一部分，其余交崇文门监督变价④。

康熙二十二年定，"满洲、蒙古家人"也禁止卖与汉军、汉人⑤。同年，又对蒙古人与内地人相互诱买为妻妾奴仆者严加禁止。犯者，为首拟绞⑥。尽管禁止，蒙古人口卖与边民及将弁的还是很多。雍正十二、十三年达2400余口。雍正十三年再定新例："该地方官务须严禁边民不得娶买乞养蒙古人口。倘有故违定例私自典卖者，一经查出，从重治罪，并将该地方官一并严加议处。"⑦

第二，禁灶民卖身。灶户为四民之一，籍隶于官，考试专有名额，为良民。灶户有灶丁，灶丁由灶头管理，总辖于盐运大使，从事食盐生产。贫穷灶户，受场商高利贷剥削，往往逃亡。长芦盐区的灶户逃往关外的很多，他们无以为生，甚至投身旗下为奴。这当然影响盐的生产。为了不影响盐课收入，清政府对此加以禁止。康熙三十九年定例，有犯者，"将卖身人枷三月

---

① 《光绪会典》卷84，八旗都统，第4页。

② 《光绪会典事例》卷1116，八旗都统，户口，第1页，旗人买卖奴仆。《古今图书集成》转引此条，其中"杖一百"作"责四十板"，早年例也。（见经济汇编，食货典，卷17，户口部。第678册，第29页。）

③ 《光绪会典事例》卷1116，八旗都统，户口，第1页，旗人买卖奴仆。《古今图书集成》，转引《刑案现行则例》，称此例定于康熙十九年。（见经济汇编，祥刑典，卷59，律令部。第770册，第25页。）从《会典事例》。

④ 《关于江宁织造曹家档案史料》，第208—209页。

⑤ 《光绪会典事例》卷1116，八旗都统，户口，第2页，旗人买卖奴仆。参阅道光及咸丰《户部则例》，均见卷3，民人奴仆。

⑥ 《古今图书集成》经济汇编，祥刑典，卷62，律令部。第770册，第38页。

⑦ 《雍正实录》卷158，第19—20页。

杖一百，回籍著役，保人枷两月，杖一百，仍行文该地方官，追取身价交还原主。如不能偿，著保人代偿"①。乾隆六年规定："盐灶户民逃在关外卖身旗下者，该盐大使出具印甘各结，详该盐政核夺，行文该将军查提解送，不得令灶头自行持票出关查拿。"②

第三，禁止买卖逃犯。康熙十五年题准定例，"若在地方犯罪逃出卖身者，保人系民，枷三月杖一百；系旗人，枷三月鞭一百。原价追还给主。卖身人递解本地方官，枷三月杖一百，仍照所犯罪依律究治"③。

以上各禁均一再重申，实际上这类买卖活动从未禁绝，特别是贫穷的蒙古人和灶户卖身为奴，在清前期的奴婢买卖中始终占有一定数量。

（四）契买人口的法律身份问题

清政府为买卖人口规定的手续是，如所买之人为旗下奴仆，买主到本旗佐领处呈报，经左右翼验明发给印照；如所买之人为汉族民人，由买卖双方及亲邻中证立契，在京赴五城司坊官及大兴、宛平县衙门，在外赴各该地方官挂号钤印。④

经过衙门注册加盖印章的卖身契约，称为"红契"。红契奴婢无例外地属于贱民范畴。持有红契的主人在和该奴仆发生互相侵犯的刑事案件时，官方承认他在主仆关系中"家长"所具有的一切特权，受到法律的特殊保护。法典中关于奴婢的一切条文对红契奴婢都是适用的。他们的子孙就是"家生子"，这种"家生奴婢，世世子孙皆当永远服役"，即使年久身契遗失，只需"众证确凿，不必复以身契为凭"，都是当然的奴婢⑤。《红楼梦》中的丫环鸳鸯、小红等都是因此而进荣国府服役的⑥。

---

① 《光绪会典事例》卷1116，八旗都统，户口，第2页，旗人买卖奴仆。
② 《乾隆实录》卷149，第13页。
③ 《光绪会典事例》卷1116，八旗都统，户口，第1页，旗人买卖奴仆。《古今图书集成》此条例，"杖一百"均作"责四十板"，从旧例。（见经济汇编，食货典，卷17，户口部。第678删，第29页。）
④ 参阅《光绪会典事例》卷1116，八旗都统，户口，第1页。清代关于购买云、贵地区汉、苗子女，另外规定办法，本文略。
⑤ 见《大清律例统纂集成》卷28，刑律，斗殴下，奴婢殴家长律附乾隆二十四年部议。
⑥ 见第24、46回。

汉族民人经官印契所买奴仆，"俱照八旗之例，子孙永远服役"①，"俱系家奴"，"婚配俱由家主"。②

红契奴仆的女儿，因属主人所有，所以不经主人同意而私嫁者，要受严厉处分。"国初定，凡家仆将女子私嫁与人，不问本主者，鞭一百。不论年分远近，生子与未生子，俱离异，给予本主。"康熙八年、十二年、十九年、嘉庆六年均有条例，陆续改为罚银，或赔偿妇女一口等③。

未曾经官用印的卖身契称为"白契"。白契所买之人（或称白契卖身之人），不是具有同一法律身份的特定社会阶层。持有白契的主人，在法庭上不一定具有持红契的家长那种特权地位。清政府对于白契的法律效力作了具体规定，并多次修改。白契持有者是否具有家长对奴婢的特权地位，决定于当时发生作用的条例是怎样规定的。

现将清代有关白契卖身之人的历次条例列表如下。

清代关于确定白契所买之人身份的条例

定例年代	同红契奴婢的白契所买之人	不同红契奴婢的白契所买之人
顺治十年①	〔八旗、民人买卖人口须注册钤印。〕	"如不注册、无印契者，即治以私买私卖之罪"。
康熙十一年②	"凡在顺治十年以前买人未用印信，当时中证明白者，断与原主。或无中证文契，本人自称卖身是实者，亦断与原主"。	"自顺治十一年以后买人，虽有中保，未曾用印者，断出为民"。次年题准，"旗人买民，查系白契断出为民者。即递原籍"。
康熙十九年③	"顺治十年以前买人，虽无中证，失落文契，所买之人伊身称系所卖是真，亦断与所买之人"。	"买人之人不带本人并保人，由正印官当堂验明，取供挂号，即与白契无异，将卖身之人不给买主，断出为民"。
康熙二十二年④	"康熙二十二年十月以前，有白契卖身之人，审问本人自供情愿，中证明白者，断与买主。此断过之人逃走，照逃人例治罪"。	

---

① 道光（或咸丰）《户部则例》，均见卷3，户口3，民人奴仆。

② 《光绪会典事例》卷810，刑部，刑律，斗殴，第2页，奴婢殴家长附雍正五年定、乾隆四十二年修订例。

③ 参阅《光绪会典事例》卷756、810；《古今图书集成》祥刑典卷59；《读例存疑》卷36及《寄簃文存》卷8等。

续表

定例年代	同红契奴婢的白契所买之人	不同红契奴婢的白契所买之人
康熙五十三年⑤	"〔康熙〕四十三年以前白契所买之人，俱断与买主"。	"〔康熙〕四十三年以后者，照原价赎出为民"。
雍正三年⑥	"康熙六十一年以前各旗白契所买之人，俱不准赎身。若有逃走者，准递逃牌"。"雍正元年以后白契所买单身……若买主配给妻室者，不准赎身"。	"雍正元年以后白契所买单身及带有妻室子女之人，俱准赎身"。
雍正五年⑦	"雍正五年以前白契所买"，"系家奴，世世子孙永远服役"。	
雍正十三年⑧	"凡雍正十二年以前白契所买之人，一体不准赎身，逃者准递逃牌"。"雍正元年以后白契所买单身……若买主配给妻室者，不准赎身"。	"雍正元年以后白契所买单身及带有妻室子女之人，俱准赎身"。
乾隆五年⑨	"凡雍正十三年以前白契所买之人，一体不准赎身，逃者准递逃牌"。"乾隆元年以后白契所买单身……若买主配给妻室者，不准赎身"。	"乾隆元年以后白契所买单身及带有妻室子女之人，俱准赎身"。
乾隆七年⑩	"民人于雍正十三年以前白契所买家人，照八旗之例，准作为家奴，永远服役，倘其主殴杀、故杀，俱照红契一例拟断。""其乾隆元年以后"，"婢女招配者，亦照旗人配有妻室不准赎身之例，作为家奴"。	"乾隆元年以后，除婢女招配者"外，"其余白契所买之人，俱以白契定拟"。
乾隆七年⑪	"乾隆七年定例以前旗民白契所买婢女，俱准为红契"。"旗民所买婢女，已经配给红契家奴者，准照红契办理"。	乾隆七年以后，"倘旗民情愿有白契价买者，仍从其便。但遇有殴杀、故杀之案，问刑衙门务须验讯红契、白契，分别科断"。
乾隆二十四年⑫	"白契所买奴婢，如有杀伤家长及家长缌麻以上亲者，均照红契奴婢一体治罪"。	"家长杀伤奴婢，仍分红、白契办理"。
乾隆二十五年⑬	"凡八旗白契所买家奴，如本主不能养赡，或念有微劳，情愿令其赎身者，仍准赎身外，如本主不愿，概不准赎。其有酗酒干犯、拐带逃走等情，俱照红契家人一例治罪。如有钻营势力倚强赎身者，仍照定例办理"。	
乾隆五十三年⑭	"凡白契所买，并典当家人，如恩养在三年以上，及一年以外配有妻室者，即同奴仆论"。	"凡白契所买，并典当家人"，"倘甫经典买，或典买未及三年，并未配有妻室者，仍分别有罪无罪，照殴死雇工人本律治罪"。

续表

定例年代	同红契奴婢的白契所买之人	不同红契奴婢的白契所买之人
嘉庆六年⑮	"白契所买奴婢，如有杀伤家长及杀伤家长缌麻以上亲者，无论年限，及已未配有室家，均照奴婢杀伤家长一体治罪。其家长杀伤白契所买恩养年久，配有室家者，以杀伤奴婢论"。	"其家长杀伤白契所买"，"若甫经契买未配室家者，以杀伤雇工人论"。
嘉庆六年⑯	"雍正十三年以前白契所买"，"系家奴，世世子孙永远服役，婚配俱由家主，仍造册报官存案"，"如有干犯家长及家长杀伤奴仆，验明官册印契，照奴仆本律治罪"。	

资料来源：①②《光绪会典事例》，卷1116，八旗都统，户口，第1页，旗人买卖奴仆。

③《古今图书集成》经济汇编，祥刑典，卷59，律令郎。第770册，第24页。

④ 同注③卷62，律令部。第770册，第38页。又见《康熙实录》卷113，第8页。

⑤ 同注①，第2页。

⑥⑧⑨《光绪会典事例》卷752，刑部，户律，户役，第1页，人户以籍为定。

⑦⑩⑫⑯《光绪会典事例》卷810，刑部，刑律，斗殴，第2页，奴婢殴家长附条例。

⑪ 同注①，第3页。又见《定例续编》卷11，刑部，诉讼，第19—20页，奴婢犯罪验契审断。

⑬ 同注⑥，第4页。

⑭同注⑦，第2页。

⑮同注⑦，第2—3页。

　　从这一系列规定中可以看出，清廷对白契人身交易的态度，在康熙十一年发生了重大变化。此前，顺治十年规定，八旗民人买卖人口须注册钤印，"如不注册、无印契者，即治以私买私卖之罪"。这就是说，在康熙十一年出现新规定以前的十九年中，官府不但不承认白契具有任何法律效力，而且要对买卖双方加以惩治。

　　康熙十一年起，不再限制白契人口买卖活动了，清政府承认了某些白契人口买卖的合法性。康熙十一年以后的历次条例大多包括两方面内容，一是规定某些条件下的白契所买之人与红契奴仆处于同等地位；二是规定不同红契奴仆的白契所买之人的地位或处置办法。让我们从这两方面来分析一下白契所买之人的地位及其变化。

　　先从规定某些条件下的白契所买之人与红契奴仆处于同等地位这方面来考察。有关条例内容的发展大体经过两个阶段。第一个阶段从康熙十一年到乾隆二十三年，共计八十六年。这一阶段中有三点值得注意。

1. 都是以一个特定的年代作为判断标志。康熙十一年和十九年二条例规定以顺治十年为界；康熙二十二年规定以当年为界；康熙五十三年规定以康熙四十三年为界；雍正三年规定以康熙六十一年为界；雍正五年规定以当年为界；雍正十三年规定以雍正十二年为界；乾隆五年规定以雍正十三年为界；乾隆七年规定，奴仆以雍正十三年为界，婢女以当年为界。凡在上述特定年代以前确立的白契，朝廷承认它具有与红契同等的法律效力。

2. 雍正三年开始，增加一个新的标志，即虽在上述年代界限以后订立的白契，还要看买主是否曾为卖身人婚配。如果买主曾为之婚配，衙门也要判定该卖身人同红契奴仆。相对以前的规定，白契卖身之人进入红契范畴的可能性更增大了。

3. 对地位同于红契奴婢的白契所买之人的规定越来越明确：康熙十一年规定"断与原主"；二十二年规定逃走者"照逃人例治罪"，五十二年刑部规定"白契卖身之人所生之子，若在买主家长大年久，即当'家生子'，可以披甲者亦令披甲"①，身份传及下一代；雍正三年规定不准赎身；五年更明确这种人"系家奴，世世子孙永远服役"，白契所买之人具备了红契奴婢的主要特征。

第二个阶段是从乾隆二十四年到清末。在这152年中，除乾隆五十三年条例通行的十三年以外，白契所买之人处于与红契奴婢同等地位的条件是，"杀伤家长及家长缌麻以上亲"。这一原则和过去以立契时间和婚姻状况为标志的立意完全不同了。按照这一规定，白契所买之人只要不去伤害家长及其家族有服成员，就可不被判为红契奴仆。例意的实质可以理解为用条例来保证家长及其家属的安全，瓦解白契所买之人对主人及其家族的斗争。

让我们再从关于不同红契的白契所买之人的地位或处置办法方面考察。康熙十一年后的历次条例对那些不够同红契奴仆条件的白契所买之人的处置有四个阶段：

第一阶段从康熙十一年到康熙五十二年，规定白契所买之人"断出为民"；第二阶段从康熙五十三年到乾隆六年，规定"赎出为民"或"俱准赎身"；第三阶段从乾隆七年到乾隆五十二年，规定"以白契定拟"；第四阶

---

① 《古今图书集成》经济汇编，祥刑典，卷81，律令部。第772册，第25页。

段从乾隆五十三年到清亡，规定杀伤不同红契的白契所买之人，"以杀伤雇工人论"。

以上第一、二阶段没有明确规定在司法过程中不同红契奴仆的白契所买之人的身份地位；第三阶段规定了"以白契定拟"，由于法律并没有为"白契"规定特定的地位，从而他们的身份仍然不明。乾隆五十三年开始确定，家长杀死不同红契的白契所买之人"以杀伤雇工人论"。不同红契奴仆的那部分白契所买之人的身份，在历来条例的文字上虽是逐渐明确了，但整个说来，在实质上没有发生过根本性的变化。因为在清代法庭上，对这种人一直是当作雇工人看待的。乾隆七年，刑部侍郎张照说："白契即同雇工"，"历来成案"，"家主致死白契所买家人，则照雇工人科断"①。这是有判例可以说明的。

例如，康熙四十五年清苑县旗民寡妇关氏殴死家人刘六一案，"刘六系束鹿其人，曾写白契买与关氏为仆"，刘氏令家人马二黑等将刘六殴打、捆绑致死。法庭在判语中写道，"关氏合依家长殴死雇工人律杖一百徒三年"②。康熙四十五年是在上述第一阶段，条文并未规定其同雇工人。可见张照的话是有根据的。

根据以上分析，可以得出这样的结论：康熙十一年以前，清政府禁止白契买人。康熙十一年开始，准许白契买人。严格地说，在清代，不能说凡卖身之人其法律身份就是奴仆。白契卖身之人分别情况具有不同的身份：其中一部分与红契奴仆同，另一部分与雇工人同。区分二者的标志的变化大体上分为三个阶段：雍正三年以前是以特定的年代为标志，雍正三年到乾隆二十三年是以特定的年代以及买主曾否为之婚配为标志；乾隆二十四年以后则以是否杀伤买主及其有服亲族为标志。

乾隆二十五年，署理步军统领、大学士傅恒认为，白契卖身之人往往不安主家，要求赎身他去，乃是由于白契例准赎身、治罪轻于红契的缘故。针对这一原因，他建议，白契所买之人有"酗酒犯上，滋生事端，及拐带逃走等情，俱照红契一例办理"，并获得皇帝批准定例③。白契所买之人的法律地

---

① 乾隆七年刑部侍郎张照条奏。见《刑案汇览》卷29，刑律，斗殴，第18页。
② 《古今图书集成》经济汇编，祥刑典，卷74，律令部。第771册，第52页。
③ 傅恒题本，转见《康雍朝时期城乡人民反抗斗争资料》，第489，490页。参阅《大清律例通考》卷8，户律，户役，吴坛按语。

位显著下降。

特别应该注意的是婢女的情况。乾隆七年，婢女金玉白契卖身止得半年，被买主安氏杀死了。按照当时的规定，乾隆元年以后白契所买之人未经主人给与招配者，应以白契定拟。如果按照这一规定办理，那么安氏应作杀死雇工人的律文处理，绞监候。但是法庭并非这样判处，而是把金玉当作奴婢，安氏不处死刑，按律只杖六十徒一年了事。司法者这种做法并非偶然疏忽，也非有意开脱安氏的罪行。我们仔细注意一下前面提到的历年条例，就会发现一个共同的特点：都是为男性奴仆规定的。康熙十一年、十九年条例用"买民"、"买人"；康熙二十二年条例用"白契卖身之人"；康熙五十三年、雍正三年、五年、十三年、乾隆五年、七年等条例均用"白契所买之人"，都不用律文上使用的"奴婢"一词。在涉及婚姻状况时，雍正三年、十三年以及乾隆五年例所用的"买主配给妻室者"，"单身及带有妻室子女之人"，乾隆七年条例所用的"婢女招配者"，等等，都是以男性为主体，没有例外地都不曾提及婢女。在司法过程中，"历来内外问刑衙门于白契所买婢女"，"俱作红契定拟"，所以说，安氏案的判处，与"旧案果属相符"①，并不违法。

刑部侍郎张照认为此立法有偏，对婢女是不公平的。乾隆七年，他指出了"旗人所买婢女自来俱不印契，民人亦多不印契者"这一普遍现象，认为应该为婢女规定和男性奴仆一致的办法，买时需经官钤印，问刑时分别红、白契定拟②。他的建议经刑部会议、乾隆皇帝批准后定例如下："契买婢女务照价买家人例。旗人，将文契呈明该管佐领先用图记，自赴税课司验印；民人，将文契报明本地方官钤盖印信。至旗人契买民间婢女，在京具报五城大、宛两县，在外具报该地方官，用印立案。倘有情愿用白契价买者，仍从其便，但遇殴杀、故杀，问刑衙门须验红契、白契分别科断。再，旗民所买婢女已经配给红契家奴者，准照红契办理。"③

这一定例使得白契所买女性有机会进入雇工人这一较高的等级。之所以在清代建国已近百年时才提出这样的问题，薛允升评论说，"益可见买婢者

---

① 《刑案汇览》卷39，刑律，斗殴，第17页。

② 《刑案汇览》卷39，刑律，斗殴，第17—19页。参阅《定例续编》卷11，刑部，诉讼，第19—20页。

③ 《光绪会典事例》卷810，刑部，刑律，斗殴，第3页，奴婢殴家长律附例。

多而买奴仆者较少。古今风气之不同，此其一端也"①。

七 红、白契买人口的赎身、开户、放出问题

（一）红契奴婢与白契所买之人的赎身问题

1. 红契奴婢赎身的规定条件

所谓赎身，就是奴婢向主人缴纳自己原得的身价，换取脱离主家的权利。清代旗下奴婢赎身以后，一种情况是留在旗内成为开户人；② 另一种情况是同时获得准许脱离旗分转入民籍；汉人所有的奴仆赎身后，自然属于民籍了。关于赎身的定制，红契奴婢与白契所买之人各不相同。

卖身时契纸经官用印的奴仆，称为"印契奴仆"。或"红契奴仆"。家中奴仆所生子女也属主人所有，称作"家生子"。红契奴仆和家生子可说是经过官府认可的、真正意义上的奴仆；他们要想赎身是很困难的。虽然康熙十七年曾有"满洲、蒙古家人，其主愿令赎身在本佐领及本旗下者，听"③和"康熙二十一年用印契所买之人准令赎身为民"④ 的规定，但看来并没有实行过。乾隆四十四年的有关文献说，"印契置买奴仆并无缴价赎身之例"⑤可证。又，官方拟定的关于白契所买之人不准赎身的规定中，有时就用"准作家奴"或"准作为印契"的提法。可见，清代印契奴仆和家生子是不准赎身的。这种规定并不仅指旗下奴仆，汉人拥有的印契奴仆也是一样："汉人家奴仆，印契所买奴仆"，"男属世仆，永远服役，其女婚配悉由家主。仍造清册呈明地方官存案"⑥。如"苏松所属地方，豪族以侈靡争雄长"，"其风俗多收奴仆，世隶之而子孙永不得脱籍"⑦，就是指这种情况；其中所谓"收"主要是买。

但这是就一般情况而言，并不绝对。清初历年条例中也规定有在某些条件下准许印契奴仆赎身。

---

① 《读例存疑》卷36，刑律，斗殴下，第5页。
② "赎身之户，均归原主佐领下作为开户"。参见《清通考》卷20，户口2，第5037页。
③ 《古今图书集成》经济汇编，食货典，卷17，户口部。
④ 《乾隆实录》卷70，第27页。
⑤ 《大清律例统纂集成》卷8，户律，户役，人户以籍为定律，眉引户部议。
⑥ 雍正四年议准。《光绪会典事例》卷158，户部，户口，第10页，买卖人口。
⑦ 钟琦《皇朝琐屑录》卷38，第3页。

一种情况是该奴仆年老病衰，或"不堪驱使"。康熙二十一年定例，"旗下印契所买之人及旧仆内，有年老疾病，其主准赎者，呈明本旗，令赎为民"①。乾隆五年定例，"驻防旗人置买本地家奴，本主因其不堪驱使，情愿准其赎身者，亦准放出为民"②。准许年老有病和"不堪驱使"的印契奴仆赎身，理由是很明显的。主人已经不能再从该奴仆身上剥削任何东西的情况下，与其继续花费赡养之资，直至死去，不如令其赎身，更可捞回当初购买该奴仆所付出的身价银两。从劳动者身上榨出最后一滴血而后弃之，这是剥削者的特性。

再一种情况是本主养赡不起。乾隆二十四年定例，八旗户下家人，不论远年旧仆及近岁契买奴仆，"本主不能养赡，愿令赎身为民者，呈明本旗咨部，转行地方官收入民籍"③。定此条例，显然是因为当时八旗生计日蹙，许多穷困的旗民已无力养活许多奴仆的缘故。

还有一种情况就是准许奴仆的后裔赎身。雍正三年定例，旗下奴仆"若果系数辈出力之人，本主念其勤劳，情愿听其赎身为民，旗部有案可稽，州县有案可据，为民者仍归民籍，旧主子孙不得藉端控告"④。这完全出于主人的"恩典"和"慈悲"，而不是奴仆所可侈望的。"数辈"究竟是几辈，数辈之后，旗部是否还有案可稽，州县是否还有案可查，都是未知数。因此，根据这一条例，到底有多少奴仆能获得自由，那是很成问题的。何况这一条例所适用的对象是红契奴仆的子孙，即家生子，而非红契卖身者本人。

这些条例尚有一个共同的特点，即都以主人情愿为必要条件。

年迈力衰、不堪驱使的奴仆，主人当然是情愿让他们赎身的。养活不起奴仆，则主人被迫不得不准许奴仆赎身。在这两种情况下，甚至可能奴仆想不赎身而不可得。但是一个身强力壮、聪明能干的奴仆，即使凑足了赎身银

---

① 《清通考》卷20，户口2，第5041页。

② 《光绪会典事例》卷752，刑部，户律，户役，第2页。

③ 《光绪会典事例》卷1116，八旗都统，户口，第3页。

④ 《光绪会典事例》卷752，刑部，户律，户役，第2页；又见同书卷1113，第4页及卷1116，第2页。据《大清律例通考》，"此条据雍正三年怡贤亲王条奏删定，乾隆五年入律，乾隆三十二年修定"。（参见卷8，第6页。）乾隆五年入律时作"三辈后准为民"。雍正三年的原议是："八旗家奴，或自行赎身冒于旗民之间，或随伊主仕宦，私立产业，钻谋赎身者，惧查明归于本旗。如果伊主念其累世效力，情愿令其赎身为民，档案可查，以后不得借端控告"。（参见《雍正实录》卷29，第20页。雍正三年二月壬辰。）

两。如果得不到主人的允许，仍然不能赎身。而这种奴仆，恰是富有的主人不"情愿"他们离开的。特别是"八旗户下家奴如有钻营势力欺压孤幼赎身为民者，倍追身价给还原主，将人口赏给各省驻防兵丁为奴"①的规定，更增加了家奴赎身的困难。因为赎身之后，如果主人声称并非情愿，因而提出控告的话，该奴仆所受的惩罚是相当严重的。

作为规律性的现象，主人绝不会自动放弃剥削奴仆的任何机会，也不会养活不能劳动的奴仆；否则，对他来说就失去了蓄奴的意义。对这些条例的分析可以认为，当红契奴仆丧失劳动能力时，在法律上，主人没有继续赡养的义务；当他们还能够为主人劳动时，想要赎身而去，那是相当不易的，甚至只有他的孙辈、重孙辈才有这种可能性。作为维护奴婢制度的法律，它给予主人以决定红契奴仆（包括家生子）去留的绝对权利。盖有官府大印的卖身契，其法律效力在时间上是没有限制的。

此外，还有一种特殊情况，即"官兵家下厮役"在战争中立功，可以获得赎身机会。康熙三十五年谕："官军之厮役人等，有能踰鹿角营而进击者，作何给还本主身价，令其出户，以示劝励"，令领侍卫内大臣集议。集议结果建议"官军家下兵丁厮役或骆驼营，或鹿角营，或于旷野，贼兵对敌之处，有能首先跃入""之家下兵丁厮役及其父母妻子，俱拨在佐领立为另户，照例计其人口，给还伊主身价"。建议得到康熙帝的首肯，并补充："其第二、三前进者亦著照此例行"②。这种赎身机会，只有在战争中随主出征的官兵家奴中的极少数人可能获得；即使是他们，在承平年代也是谈不上的。（有关印契奴仆赎身条例见下页表：清代关于印契奴仆赎身问题的条例）

2. 白契所买之人赎身的规定条件

在清代，白契卖身之人是否可以赎身呢？回答是，有的可以，有的不可以。

一般说来，清政府是不承认不到官府办理买卖手续的奴仆买卖的；当发生刑事案件时，问刑衙门不承认主人对白契所买之人具有像对红契奴仆那样的家长特权。但一则由于这种私下的奴仆买卖行为是大量的；二则这种契约一旦建立以后，在实际生活中，主仆关系也就随之形成，而且不是可以随意

---

① 《光绪会典事例》卷1116，八旗都统，户口，第4页。
② 正月辛巳谕。《康熙实录》卷170，第10—11页。

解除的。因此，清政府长期以来并不禁止白契买卖，也不要求解除这种主仆关系，而是有条件地承认这种关系的合法性，把某些白契所买之人当作红契奴仆一体看待，不准他们备价赎身。

清政府历年条例中关于白契卖身之人不准赎身的规定，一是划定一定的时间为界限。清代早期定例，"康熙二十二年十月以前白契卖身之人俱断与买主"①。康熙五十三年定例，"康熙四十二年以前白契所买之人俱断与买主"②。其后，随时间的推移，老一辈的白契卖身之人逐批死去，所以清政府多次修改规定的年限：雍正三年定为康熙六十一年以前；③ 雍正十三年定为雍正十二年以前；④ 乾隆三年定为乾隆元年以前；⑤ 乾隆五年定为雍正十三年以前。⑥ 各该条例有效期内，定限以前白契卖身之人不得赎身。这种以时间为限的规定并没有什么道理可言，可以理解为只是官府承认既成事实罢了。正如薛允升在分析乾隆五年定例时所讲的："此条分别雍正十三年以前及乾隆元年以后，以例文系乾隆五年修改，故以此二年明立界限也。"这种以定限为界的办法，直至清末也没有再修改过了。光绪年间薛允升说："第现在不特无雍正十三年以前白契所买之人，即乾隆元年以后白契所买及配给妻室者已经数辈，均与此例不符。"他也说不清为什么"二百年来从无改正"⑦。

清代关于印契奴仆赎身问题的条例

定例年代	印契奴仆赎身条例
康熙十七年①	"满洲蒙古家人，其主愿令赎身在本佐领及本旗下者，听。若违禁放出为汉军、民人者，照买卖例治罪"。
——②	"康熙二十一年用印契所买之人准令赎身为民"。

---

① 《古今图书集成》经济汇编，祥刑典，卷81，律令部。
② 《光绪会典事例》卷1116，八旗都统，户口，第2页。
③ 《光绪会典事例》卷752，刑部，户律，户役，第1页。
④ 参见《光绪会典事例》卷752，刑部，户律，户役，第1页。
⑤ 参见《光绪会典事例》卷752，刑部，户律，户役，第1页；又见同书卷1116，八旗都统，户口，第2页。
⑥ 参见《光绪会典事例》卷752，刑部，户律，户役，第1页。
⑦ 《读例存疑》卷9，户律，户役，第7—8页。

续表

定例年代	印契奴仆赎身条例
康熙二十一年③	"旗下印契所买之人及旧仆内，有年老疾病，其主准赎者，呈明本旗，令赎为民。若将年壮旧人借名赎出者，照买卖例治罪"。
康熙三十五年④	"官军家下兵丁厮役，或骆驼营，或鹿角营，或于旷野，贼兵对敌之处，有能首先跃入，众人接踵继进，以致杀败敌寇，其首先跃入之家下兵丁厮役及其父母妻子，俱拨在佐颌，立为另户，照例计其人口，给还伊主身价。〔得旨：依议。其第二、三前进者，亦著照此例行。〕"
雍正三年⑤	旗下奴仆"若果系数辈出力之人，本主念其勤劳，情愿听其赎身为民，旗部有案可稽，州县有案可据，为民者仍归民籍，旧主子孙不得藉端控告"。
乾隆五年⑥	"驻防旗人置买本地家奴，本主因其不堪驱使，情愿准其赎身者，亦准放出为民"。
乾隆五年⑦	"远年印契所买奴仆之中，如内有实系民人印契卖与旗人，契内尚有籍贯可查，照乾隆元年以前白契所买家人之例，三辈后准其为民，仍将伊等祖父姓名籍贯一体造册，咨送户部查核"。
乾隆二十四年⑧	"凡八旗户下家人，不论远年旧仆，及近岁契买奴仆，如实系本主念其数辈出力，情愿放出为民，或本主不能养赡，愿令赎身为民者，呈明本旗咨部，转行地方官收入民籍，不准求谋仕宦。至伊等子孙，各照该籍民人办理。倘有借他人名色认买，私自出旗，或将子孙改姓潜入民籍者，照例治罪，断归本主，有钻营势力欺压幼孤赎身为民者，倍追身价给主。将人口赏给各省驻防将军、副都统为奴。如系本身得银放出潜入民籍者，止科其不行呈报之罪，仍准为民"。
乾隆二十五年⑨	"凡八旗白契所买家奴，如本主不能养赡，或念有微劳，情愿令其赎身，仍准赎身外，如本主不愿，概不准赎。其有酗酒干犯拐带逃走等情，俱照红契家人一例治罪。如有钻营势力，倚强赎身者，仍照定例办理"。
乾隆四十四年⑩	"印契置买奴仆，并无缴价赎身之例。其入官变卖家奴，具呈认买，自应照印契家奴一律办理"。
乾隆五十六年⑪	"八旗户下家奴如有钻营势力欺压孤幼赎身为民，倍追身价给还原主，将人口赏给各省驻防兵丁为奴"。

资料来源：①《古今图书集成》经济汇编，食货典，卷17，户口部。

②《乾隆实录》卷70，第27页。未见例文。此系乾隆三年六月丙申议政大臣尹泰等议覆赵国政条奏内引用。

③《清通考》卷20，户口2，第5041页。

④《康熙实录》卷170，第10—11页。

⑤《光绪会典事例》卷1113，八旗都统，户口，第4页；又卷1116，第3页，及卷752，刑部，户律，户役，第2页。据《大清律例通考》，"此条据雍正三年怡贤亲王条奏删定，乾隆五年入律，乾隆三十二年修定"。见该书卷8，第6页。

⑥《光绪会典事例》卷752，刑部，户律，户役，第2页。

⑦同注⑥。

⑧《光绪会典事例》卷1116，八旗部统，户口，第3页。

⑨《光绪会典事例》卷752，刑部，户律，户役，第4页。

⑩《大清律例统纂集成》卷8，户律，户役，人户以籍为定律眉引户部议。

⑪《光绪会典事例》卷1116，八旗都统，户口，第4页。

　　另一规定是看奴仆的婚配状况如何。白契所买之人是否带有妻子，并不影响他的身份。但单身的白契所买之人如果接受了主家配给妻室，即使在上述时间定限以后买进的，也不得赎身了。雍正元年规定，白契卖身之人"经买主配与妻室者不准赎身"①。雍正三年规定，雍正元年以后白契所买单身"若买主配给妻室者，不准赎身"②。乾隆五年规定"乾隆元年以后白契所买单身。若买主配给妻室者，不准赎身"③。乾隆七年规定，乾隆元年以后民人白契所买家人，"婢女招配者，亦照旗人配有妻室不准赎身之例，作为家奴"④。奴仆一般是没有经济能力自行娶妻的；也没有良家女子愿意嫁给他们。婢女人身是属家长所有的，具有红契奴婢的身份，她们的婚姻由家长全权决定。为婢女指配、为奴仆娶妻，不论他（她）们是否愿意，都被认作是家长的"恩情"。买主把自己拥有的婢女配给白契所卖之人为妻，要求白契所买之人以终身隶属作为对这种"恩情"的报答。本可赎身的白契所买之人由于接受主子配给的妻室，降低到同妻子一样低下的身份地位。

　　那些在按照上述各该条例规定时限以后卖身，而又没有接受主家为之婚配的白契卖身之人，是准许赎身的。如康熙五十三年规定，康熙"四十三年

①　《光绪会典事例》卷1116，八旗都统，户口，第2页。

②　《光绪会典事例》卷752，刑部，户律，户役，第1页。

③　《光绪会典事例》卷752，刑部，户律，户役，第1页。

④　《光绪会典事例》卷810，刑部，刑律，斗殴，第2页。

以后〔白契卖身〕者，照原价赎出为民"①；雍正三年规定，"雍正元年以后白契所买单身及带有妻室子女之人俱准赎身"②；乾隆三年规定，"乾隆元年以后白契所买之人，未入丁册者，准照例赎身为民"③；乾隆五年规定，"乾隆元年以后白契所买单身及带有妻室子女之人"和无族人可归的"八旗绝户家奴""内有乾隆元年以后白契所买奴仆情愿赎身为民者"，准照例赎身。④

规定在某些情况下容许赎身，这是白契卖身之人和红契奴仆的重要差别之一。

但需特别注意的是，乾隆二十四年开始，白契卖身之人赎身规定有了较大的改变。该年定例："近岁契买奴仆""有钻营势力，欺压幼孤，赎身为民者，倍追身价给主，将人口赏给各省驻防将军、副都统为奴。如系本身得银放出，潜入民籍者，止科其不行呈报之罪，仍准为民"⑤。例中"契买奴仆"并未申明包括白契所买之人，严格地说，该例是不适用于他们的。但在实际司法过程中却用于白契所买之人了。

乾隆二十五年，正白旗满洲二等侍卫武三泰的白契所买之人双德"缘稍有蓄积，遂起意赎身"，托人向主人说合；另一家奴不给他向主人回报，双方争吵〔按，并非双德本人和主人武三泰争吵〕，因而赎身不成，反被呈控，双德被判了"枷号二个月，满日鞭八十，交与刑部发往外省驻防地方给兵丁为奴"。这大体上是乾隆二十四年条例的运用。

根据这个案例，署理步军统领、大学士、忠勇公傅恒认为，由于白契所买之人例准赎身，犯罪时仅按雇工人对待，所以"近年以来，有等无籍游民，白契投身充当仆役，迨稍有积累，则不安服役，百计设法赎身。……彼此效尤，名曰跳官头"。他推论说，像武三泰这样的旗人官宦之家还发生这样的事件，一般人家"势必常受厮役之玩侮"。他认为，"究其根由，总有恃白契有赎身之例，而治罪又轻于红契家人，是以往往无所忌惮"，为了"正名分"起见，所以傅恒建议："请嗣后凡白契所买之人，如本主不能养赡，或念有微劳。情愿令其赎身者，仍准其赎身外，如本主不愿准其赎身者，悉照雍正十三年以前白契所买家人之例，概不准赎。其有酗酒犯上，滋生事端，及拐带逃走等情，俱照红契家人一例办理。若设法赎身及倚强赎身者，俱照上年户部奏准之例，除治罪外，分别给主，及赏给外省驻防将军、副都统等为奴"。傅恒是奏上于乾隆二十五年六月十二日，当日获旨批准。①

　　这就是说，从乾隆二十四年，或者说，至少从乾隆二十五年六月开始，改变了此前以特定时间界限或者是否接受主家为之婚配为白契卖身之人赎身条件的规定，②"必须本主情愿放出始准赎身"③，此后，所有白契所买之人都跟红契奴仆一样，备价赎身的可能性完全建筑在主人意愿的基础上了。

　　这一条例确实使得某些白契卖身之人求赎不得，反而吃了苦头。例如，乾隆五十四年刘成案：刘成夫妇二人白契卖身至张邦杰家，还"未及一年"。他"因在主家受苦"，就提出了赎身的要求，但张邦杰不准。刘成"赴坊呈控，希图官断准赎"。按照规定，他是可以缴价赎身的。谁知官府竟认为刘成的行动"实与钻营势力欺压赎身无异"，结果刘成不仅赎身未成，反被判"发烟瘴少轻地方充军"去了。④

　　乾隆五十六年，这一条例又得再度重申。

　　总之，清代的白契卖身之人有一部分是可以赎身离主的。但是，朝廷制定的有关条例，从十八世纪六十年代开始，发生了重大变化，自那时以后，白契卖身之人得否赎身，只凭主人意愿决定，从而其赎身条件几乎和红契奴仆的差不多了。这一现象，在等级关系的发展上，乃是一次逆转。

清代关于白契所买之人赎身问题的规定

定例年代	不准赎身的白契所买之人	准许白契所买之人赎身的条件
——①	"康熙二十二年十月以前白契卖身之人俱断与买主"。	

---

①　傅恒题本见中国第一历史档案馆藏《内务府来文》，参见《康雍乾时期城乡人民反抗斗争资料》，第489—490页。参阅《大清律例通考》卷8，户律，户役，吴坛按语，定例参见《光绪会典事例》卷752，刑部，户律，户役，第4页及同书卷1116，八旗都统，户口，第3页。

②　薛允升认为，乾隆二十五年定例是"不无参差"的。参见《读例存疑》卷9，户律，户役，第8页。

③　嘉庆二十二年，赎身奴仆洪兆龙所生之子应否准与平民一体应试一案说帖。参见《刑案汇览》卷7，户律，户役，第37页。

④　参见《刑案汇览》卷7，户律，户役，第38页。

续表

定例年代	不准赎身的白契所买之人	准许白契所买之人赎身的条件
康熙五十二年②	"白契所买之人，若在买主家长大年久，即当义子，可以披甲者亦令披甲"。	
康熙五十三年③	〔康熙〕"四十三年以前白契所买之人，俱断与买主"。	〔康熙〕"四十二年以后者，照原价赎出为民"。
雍正元年④	"白契卖身之人，经买主配与妻室者，不准赎身"。	
雍正三年⑤	"康熙六十一年以前各旗白契所买之人俱不准赎身"。"雍正元年以后白契所买单身""若买主配给妻室者，不准赎身"。	"雍正元年以后白契所买单身及带有妻室子女之人，俱准赎身"。
雍正十三年⑥	"雍正十二年以前白契所买之人，一体不准赎身"。	
乾隆三年⑦	"乾隆元年以前白契所买之人，既准作为印契，仍照例在本主户下挑取步甲等缺"，"不准赎出为民"。	"乾隆元年以后白契所买之人，未入丁册者，准照例赎身为民"。"乾隆元年以前白契所买之人"，"俟三辈后，著有劳绩，本主情愿放出为民者。呈明本旗，咨报户部，册档有伊祖父姓名者，亦准放出为民，仍行文该地方官查明注册，止许耕作营生，不准考试"。
乾隆五年⑧	"雍正十三以前各旗白契所买之人俱不准赎身"。"乾隆元年以后白契所买单身若买主配给妻室者，不准赎身"。	"乾隆元年以后白契所买单身及带有妻室子女之人俱准赎身"。
乾隆五年⑨		"八旗绝户家奴，如无族人可归者"，"如内有乾隆元年以后白契所买奴仆，情愿赎身为民者，照例赎身。其身价银两，照绝户财产入官例办理"。
乾隆七年⑩	"民人于雍正十三年以前白契所买家人，照八旗之例，准作为家奴，永远服役"，"其乾隆元年以后〔白契所买家人〕"，"婢女招配者，亦照旗人配有妻室不准赎身之例作为家奴"。	〔除左项外〕"其余白契所买之人俱以白契定拟"。

续表

定例年代	不准赎身的白契所买之人	准许白契所买之人赎身的条件
乾隆二十五年①	"八旗白契所买家奴"，"如本主不愿，概不准赎"，"其有酗酒犯上，滋生事端，及拐带逃走等情，俱照红契家人一例办理，若设法赎身及倚强赎身者，准照上年户部奏准之例，除治罪外，分别给主，及赏给外省驻防将军、副都统等为奴"。	"八旗白契所买家奴，如本主不能养赡，或念有微劳，情愿令其赎身者，仍准赎身"。
乾隆五十三年⑫	"乾隆元年以前白契所买之人，既准作为印契，仍照例在本主户下挑取步甲等缺"。	"乾隆元年以后白契所买之人，未入丁册者，准照例赎身为民"。"乾隆元年以前白契所买之人"，"俟三辈后著有劳绩，本主情愿放出为民者，呈明本旗，咨部存案。若汉人，则令本主报明本籍地方官，咨部存案，俟部核复，准入民籍"。

资料来源：①《古今图书集城》经济汇编，祥刑典，卷81，律令部。不著定例年代。

②《光绪会典事例》卷1116，八旗都统，户口，第2页，《古今图书集成》祥刑典，卷81，律令部，作"白契卖身之人所生之子，若在买主家长大，即当家生子，可以披甲者，亦令披甲"。

③《光绪会典事例》卷1116，八旗部统，户口，第2页。《古今图书集成》祥刑典，卷81，律令部所引为"将五十二年以前白契卖身之人俱断与买主，五十三年以后白契卖身之人，若还原价，仍准出为民"。

④《光绪会典事例》卷1116，八旗都统，户口，第2页。

⑤《光绪会典事例》卷752，刑部，户律，户役，第1页。

⑥《光绪会典事例》卷752，刑部，户律，户役，第1页。

⑦《光绪会典事例》卷752，刑部，户律，户役，第2页；又见卷1116，八旗都统，户口，第2页。

⑧《光绪会典事例》卷752，刑部，户律，户役，第1页。

⑨《光绪会典事例》卷752，刑部，户律，户役，第2页。

⑩《光绪会典事例》卷810，刑部，刑律，斗殴，第2页。

⑪傅恒题本。中央第一历史档案馆藏《内务府来文》，参见《康雍乾时期城乡人民反抗斗争资料》，第489—490页；《大清律例通考》卷8，户律，户役作乾隆二十六年入律。

⑫《光绪会典事例》卷752，刑部，户律，户役，第2页。据《读例存疑》卷9，户律，户役，此例"系乾隆三年例，五十三年修改，嘉庆十一年改定"。

3. 赎身奴婢及其子孙的法律地位

如前所述，不论红契奴仆还是白契卖身之人，赎身机会都是很难得的。不过一旦得到主人允许，并办理了一切必要手续之后，他们是可以离开主人自去谋生的。如康熙初年崇明县吴某家贫，四个儿子都卖给富家为奴。"及四子长，咸能成立，各自赎身娶妇"，兄弟四人均在县为坐贾，"伯开花米店，仲开布庄，叔开腌腊，季开南北杂货"。① 如果要问，赎身奴仆是否由贱入良，和家长具有平等的法律身份地位了呢？在一个"家主殴死家人"的案件中，乾隆皇帝曾批示："若业已赎身，则与现在服役者不同，拟议自当区别，何得概照主仆成例，致情罪不得其平"？② 由此看来，奴婢赎身与否，其法律地位应有很大差别。但仔细分析律例，情况还是比较复杂的。

首先，赎身奴仆和他原来的主人（"旧家长"）在刑律面前地位仍不平等。法律规定，赎身奴婢"如有谋杀旧家长者，仍依谋杀家长律科断"。③赎身奴婢殴旧家长及家长殴赎身奴婢，处刑也不得同凡人论。④ 例如，凡人间斗殴致死，犯者处以绞候。家长殴死"无罪奴婢"，处杖六十徒一年，比殴死凡人罪轻六等；旧家长殴死赎身奴婢，判杖一百徒三年，⑤ 较殴死凡人罪轻二等。赎身奴婢骂旧家长者，仍依骂家长本律论，绞监候，不得同凡笞一十。⑥ 直至宣统二年改定的《核订现行刑律》还规定赎身奴婢干犯家长依雇工人本律减一等治罪。⑦ 可见，赎身离主的奴婢，只在经济上摆脱了家长的剥削和奴役，而在法律上，地位虽然有所提高，但并不因已缴回身价而取得和主人平等的身份。

其次，赎身奴婢和旧家长的家族成员的法律地位也是不平等的。关于这一点，法律原无详细规定。乾隆四十二年专门就此定例："家长之期亲、若外祖父母，殴死赎身奴婢"者，处杖一百徒三年，"故杀者拟绞监候"。"大功亲属殴死赎身奴婢者，杖一百流二千里；小功、缌麻递加一等（故杀亦绞监候）"。这和凡人殴杀人者判绞监候、凡人故杀人者判斩监候相比，显然都是从轻的。而且，赎身奴婢和旧家长及其亲属间，仍有所谓"干名犯义"的

---

① 作为孝子养亲的事例，这一故事在清初流传甚广。寄云斋学人编《日记故事续集》卷上，第11页；《切问斋文钞》卷9，第11—12页以及《陈确集》等书均收入，只记载繁简有差。

② 乾隆二十八年二月庚寅谕。参见《乾隆实录》卷680，第3页。此前他也说过"已赎身之家人，非现在服役者可比"。参见乾隆六年十二月辛亥谕，参见《乾隆实录》卷157，第7页。

③ 《大清律例》卷26，刑律，人命，谋杀故夫父母律注。

④ 参见《读例存疑》卷37，刑律，斗殴下，妻妾殴故夫父母律："若奴婢殴旧家长及家长殴旧奴婢者，各以凡人论。（此亦自转卖与人者言之，奴婢赎身不同此律，义未绝也。）"

⑤ 参见《光绪会典事例》卷810，刑律，斗殴，第3页。

⑥ 参见《大清律例》卷29，刑律，骂詈，妻妾骂故夫父母律，顺治三年注。

⑦ 斗殴下，奴婢殴家长，第10页。

问题。"若赎身奴婢干犯家长期亲以下亲者，俱依雇工人律科断"；赎身奴婢"干犯家长大功以下亲，以良贱相殴论"。① 乾隆四年，江苏嘉定县立"申明放赎奴婢定例"碑刻道，奴婢赎身之后，"仍存主仆名分，如有违犯，照雇工人科罪"。② 赎身奴婢的低下地位，在这里，有时反缺为"依雇工人律科断"，有时又反缺为"以良贱相殴论"。清律中"雇工人"和"贱民"的地位不是等同的。这一条例说明法律并没有给赎身奴仆规定一个明确的特定身份；但无论如何，他在法律面前也不能和旧家长整个家族中的任何有服成员地位平等。

不仅如此，赎身奴婢甚至和旧家长已出五服的亲属都不能平等相处，因为条例还规定，无服亲属的已赎身奴婢，"如有杀伤干犯，各依良贱相殴本律论"。③

由此可见，奴婢即使赎身，也不能摆脱家长及其家族统治的巨大阴影。简言之，"不准开豁为良"。④

奴婢已经赎身，仍和旧主家族不具平等法律身份，乃是由于奴仆赎身以后与家长"仍存主仆名分"；⑤ 或者说，"仍存上下之分"。⑥ 按照清代法制的规定，奴仆能否赎身，其决定权全在家长手中。允许奴仆缴价赎身这件事本身就是家长对奴仆的一种"恩典"。奴婢获得赎身，就是接受了主人这份"恩典"。所以，赎身奴仆虽然已不再为主人服役，但和主人之间"主仆恩义犹存"，⑦ "义未绝也"；⑧ 这"犹存"的"恩义"决定他再也不能摆脱名分的约束，他和主人之间永无平等可言。这种状况，汉民所属奴婢也是一样，"以多金赎之，即名赎而终不得与比肩"。⑨

赎身奴仆和主人及其家族的这种关系，甚至影响后代。奴仆赎身前在主

① 《光绪会典事例》卷810，刑律，斗殴，第3页。
② 光绪《嘉定县志》卷29，金石，第28页。
③ 《光绪会典事例》卷810，刑律，斗殴，第3页。
④ 道光《户部则例》卷3，户口3，第25页，民人奴仆。
⑤ 道光《户部则例》卷3，户口3，第25页，民人奴仆；光绪《嘉定县志》卷29，金石，第28页。
⑥ 《定例续编》卷5。
⑦ 《大清律例》卷26，刑律，人命，谋杀故夫父母律，顺治三年注。
⑧ 《读例存疑》卷37，刑律，斗殴下，妻妾殴故夫父母律注。
⑨ 《研堂见闻录》。

家时所生的子女也受这种名分的约束。定例，赎身奴仆"在主家所育子孙，仍存主仆名分，不许开豁为良"；[1] 雍正六年又重申了这一点。[2] 不过，这时的定例指的是"在主家所育子孙"，就是说不是赎身奴仆的全部子孙，"不在主家所育之子孙"是"准予豁免为良"的。[3]

乾隆三十八年和四十二年定例关于赎身奴婢的子女与旧主及其家族成员间相犯的处刑规定，几乎把赎身奴婢的子女置于和他们的父母同等低下的地位上了。如家长及家长期亲、外祖父母殴死赎身奴婢子女，"杖一百徒三年；故杀者绞监候"；"赎身奴婢之子女干犯家长及家长期亲、外祖父母，亦以雇工人论"；"干犯家长大功以下亲，以良贱相殴论"，等规定，都是和对待赎身奴婢本身一样的。所不同处，赎身奴仆子女和旧家长的无服亲属之间是平等的凡人关系。此外还需注意的是，乾隆三十八年和四十二年定例比过去有所不同，即并未区分这些子女是否奴婢在主家时所生；因此，从此以后，奴仆即使在赎身以后生子女，也仍继承父母的低下等级身份，虽然他们从未受过他们父母的主子的任何"恩养"。实际上，不分是否在主家所育子女一例看待，也并非这时才开始的；地方条例中，乾隆四年就已经有此规定了。[4] 在这里，血统决定着身份。如果说他们和父母身份还有什么不同之处，那就是他们和父母的旧家长的无服族亲之间具有平等的凡人关系，而不是良贱关系。[5]

和赎身奴婢有类似之处的是逐出奴婢。奴婢被主家逐出后的身份如何，律例未见明文。但从例案可以看出清代封建统治者的意图。

乾隆四十一年，河南睢州关言诬告窦长裕一案，被告关言"只身立契卖与窦长裕为奴"，后因故被窦长裕"给还关言文契，殴责驱逐"。关言在离开主家以后，到衙门控告旧家长窦某霸占其妻，但被定为"全诬"。关言作为被逐奴仆，问刑衙门不是按凡人诬告罪"加所诬三等，罪止杖一百流三千里（不加入于死）"论处，而是按照奴仆"干名犯义本律与子孙诬告祖父母父母同罪问拟"，判绞立决，并经弘历批准执行。在这可死可活的关节上，

---

① 道光《户部则例》卷3，户口3，第27页，民人奴仆。

② 参见《定例续编》卷5。

③ 参见《定例续编》卷5。

④ 参见"赎身之后，本身及子孙仍存主仆名分。如有违犯，照雇工人科罪"。参见光绪《嘉定县志》卷29，金石，第28页。

⑤ 参见《光绪会典事例》卷810，刑律，斗殴，第3页。

刑部为什么一定要将关言处死呢？这是因为，他们认为关言卖身窦长裕，二人之间"主仆名分已定"，"虽给还文契，责逐外出，而恩义未绝，名分尚存"。① 封建统治者所要维护的是"名分"，逐出奴仆名分的存在是决定于未绝的"恩义"。至于为什么说主人已将奴仆赶走了，"恩义"仍然"未绝"，这就难以找到讲得通的道理，封建法庭也没必要再做进一步的说明了。

赎身奴仆及其子孙的身份地位，还将在下文关于开户人和放出奴婢两节中补充论述。

和赎身奴婢身份有所不同的是被卖出的奴婢。被卖奴婢和旧家长在法律关系上是同凡的。刑律，人命，"谋杀故夫父母"律中，"奴婢谋杀旧家长者，以凡人论"一句注曰："谓将自己奴婢转卖他人者皆同凡人论"。因为"奴婢原系凡人，止以名分所系而重之，非子孙可比也。既转卖他人，得其身价，名分已无，恩义并绝，非凡人而何"？② "妻妾骂故夫父母"律也注明，骂旧家长的奴婢以凡人论，是专指转卖他人的奴婢，因为主仆之间其"义"已绝的缘故。③ "谋杀故夫父母"律中说明"余条准此"，所以不必多举条律了。可以认为，被转卖的奴婢与旧家长具有平等的法律地位。

清代关于赎身奴婢及其子女法律身份的规定

定例年代	赎身奴婢的身份	赎身奴婢子女的身份
顺治三年①	"赎身奴婢，主仆恩义犹存，如有谋杀旧家长者，仍依谋杀家长律科断"。	
顺治三年②	"若奴婢殴旧家长及家长殴旧奴婢者，各以凡人论，（此亦自转卖与人者言之，奴婢赎身不用此律，义未绝也）"。	
——③	"典买奴仆，若文契虽失"，"即已经赎身，其本身……仍存主仆名分，不准开豁为良"。	"典买奴仆，若文契虽失，……即已经赎身，其……在主家所育之子孙仍存主仆名分，不准开豁为良"。

———————

① 《驳案新编》卷28，刑律，诉讼，第1—2页；《刑案汇览》卷48，刑律，诉讼，干名犯义，第86—87页。

② 《大清律例》卷26。

③ 参见《大清律例》卷29，刑律，骂詈。"奴婢于家长本以义合，若家长将奴婢转卖与人，则义已绝矣。故奴婢殴旧家长及家长殴旧奴婢各以凡论"。

定例年代	赎身奴婢的身份	赎身奴婢子女的身份
雍正六年④	"绅衿之家典买奴仆,有文契可考〔者〕……即已赎身,其本身……仍当存主仆名分"。"当身限满取赎之后,其本身见主人仍应存上下之分"。	"绅衿之家典买奴仆,有文契可考者,……即已赎身,其……在主家所育子孙仍当存主仆名分,其不在主家所育之子孙,应照旗人开户之例,准予豁免为良"。"当身限满取赎之后,……其子孙则不得谓之世仆"。
乾隆十三年⑤	"盛京带来并带地投充及远年掳掠,并白契、印契所卖,赎身归入佐领之下开户,如犯军流等罪,应照旗人正身一体折枷鞭责完结。至原主户下开户,既不入籍为民,又不归原主佐领下开户,虽名为开户,仍可复役驱使,与户下家奴无异。其设法赎身,并未报明旗部之人,既经户部奏明,无论伊主曾否得过身价,仍作为原主户下家奴。此等有犯军流等罪,似应仍照家奴问拟"。	
乾隆二十四年⑥	"八旗户下家人,不论远年旧仆及近岁契买奴仆,如实系本主念其数辈出力,情愿放出为民,或本主不能养赡,愿令赎身为民者,呈明本旗咨部,转行地方官收入民籍,不准求谋仕宦"。	"至伊等子孙,各照该籍民人办理"。
乾隆二十八年⑦	"旗员殴死赎身及放出奴婢,……即照殴死族中奴婢降二级调用例减一等,降一级调用;故杀者,即照故杀族中奴婢例,降三级调用"。	"旗员殴死赎身及放出奴婢……之子女者,即照殴死族中奴婢降二级调用例,减一等,降一级调用;故杀者,即照故杀族中奴婢例降三级调用"。
乾隆三十八年⑧	"凡民人殴死赎身及放出奴婢,……杖一百徒三年,殴死族中奴婢,杖一百流三千里,若系官员,亦照旗员之例办理"。	"凡民人殴死赎身放出奴婢……之子女者,杖一百徒三年,………若系官员,亦照旗员例办理"。

续表

定例年代	赎身奴婢的身份	赎身奴婢子女的身份
乾隆四十二年⑦	"旗员殴死赎身及放出奴婢，……即照殴死族中奴婢降二级调用例减一等，降一级调用；故杀者，即照故杀族中奴婢例，降三级调用。旗人殴死赎身奴婢者，枷号四十日鞭一百"。	"旗员殴死赎身及放出奴婢并该奴婢之子女者，即照殴死族中奴婢降二级调用例，减一等降一级调用；故杀者，即照故杀族中奴婢例降三级调用"。
乾隆四十二年⑧	"凡家长及家长之期亲，若外祖父母，殴死赎身奴婢……者，杖一百徒三年，故杀者拟绞监候"。"大功亲属殴死赎身奴婢者，仗一百流二千里；小功、缌麻递加一等。（故杀亦绞监候）""若赎身奴婢干犯家长并家长期亲以下亲者，俱依雇工人律科断"。赎身奴婢"干犯家长大功以下亲，以良贱相殴论"。族中"无服亲属之奴婢……若已经赎身……如有杀伤干犯，各依良贱相殴本律论"。"系官员，照旗员之例办理。〔此十字，道光十二年删〕"。	"凡家及家长之期亲，若外祖父母，殴死赎身奴婢……之子女者，杖一百徒三年，故杀者拟绞监候"。大功亲属、小功、缌麻亲属"殴死赎身奴婢之子女者，以良贱相殴论"。"赎身奴婢之子女干犯家长及家长期亲、外祖父母，亦以雇工人论"。赎身奴婢之子女"干犯家长大功以下亲，以良贱相殴论"。族中无服亲属之已赎身"奴婢之子女"，如有杀伤干犯，"俱以凡论"。"系官员，照旗员之例办理。〔此十字，道光十二年删〕"。
乾隆五十三年⑨	"乾元年以后白契所买之人，未入丁册者，准照例赎身为民。其乾隆元年以前白契所买之人，既准作为印契，仍照例在本主户下挑取步甲等缺，俟三辈后著有劳绩，本主情愿放出为民者，呈明本旗，咨部存案。若汉人则令本主报明本籍地方官，咨部存案，俟部核复，准入民籍。此等旗民放出家奴，系曾经服役之本身及在主家所养之子孙，止许耕作营生，不许考试出仕。其入籍所生之子孙，准其与平民一例应考出仕，京官不得至京堂，外官不得至三品"。	

资料来源：①《大清律例》卷26，刑律，人命，谋杀故夫父母律注。

②《读例存疑》卷37，刑律，斗殴下，妻妾殴故夫父母律注。

③同治《户部则例》卷3，户口，第27页。

④《定例续编》卷5。

⑤《定例续编》增补，户部，第18页。

⑥《光绪会典事例》卷1116，八旗都统，户口，第3页，

⑦⑧⑨⑩《光绪会典事例》卷810，刑律，斗殴，第3页。

⑪《光绪会典事例》卷752，刑部，户律，户役，第2页。

但是，这不等于说这个奴婢具有凡人的法律地位了。因为他既然被转卖，当然就有了新的主人，他和新主人及其家族间又处在主仆名分制约之下，从而他仍处于贱民的地位上。（参阅表清代关于赎身奴婢及其子女法律身份的规定）

（二）旗下奴仆的开户问题

1. 旗下奴仆开户规定条件

所谓开户，是八旗奴仆的主人索还身价或不收身价，同意放弃对某一奴仆的役使权利，自本户中除名，单独立户的意思。"僮仆而本主听出户者曰开户"。① 完成单独立户手续的奴仆称为"开户壮丁"。开户有两种。一种是在佐领下立户，其户口与原来主人的户口并列；从户籍的角度讲，"户下之开户者亦为另户"。② 另一种是在原主名下立户，作为原主户口附属的单独户口，不由佐领直接管辖。这种属于原主户下的开户人，"虽名为开户，仍可复役驱使，与户下家奴无异"。③ 如果主人原是户下人，其奴仆开户后则只能属于佐领下。④ 不论那一种开户壮丁，均仍属于旗下，与放出旗为民不同。

旗下奴仆开户的条件，清初曾有多次规定，兹列表如下：

关于八旗奴仆开户的有关规定

定例年代	奴仆种类	准开户条件	开户手续	其他
（国初）①	八旗户下壮丁	首先登城者	准其开户。仍赏给原主身价银	并将胞兄弟、嫡伯叔带出
康熙十九年②	旗下从征仆人	得功牌二次者	许令出户	
乾隆二年③	乾隆元年以前放出为民之户	如系藉名设法赎身，私入民籍，伊主既经得过身价银两	应令归旗，作为开户壮丁	

---

① 《皇朝琐屑录》卷1，第10页。

② 另户，为八旗佐领下的正式户口，官员，兵丁，闲散均是。《光绪会典》卷84，八旗都统，第10页。

③ 乾隆十三年例。见《定例续编》增补，户部，第18页。

④ 《八旗则例》卷3，孝部，户口，第5页，家奴设法赎身。

续表

定例年代	奴仆种类	准开户条件	开户手续	其他
——④	盛京带来奴仆、带地投充奴仆、掳掠人等	不准为民	准其开户	
乾隆三年⑤	盛京带来奴仆　带地投充人	原属满洲、蒙古，直省本无籍贯　虽有籍贯，年远难以稽查　}不得放出为民	均准开户	
乾隆四年⑥	乾隆元年以前放出为民之户	有未经呈报旗部，系藉名设法赎身　私入民籍者，其主既得身价　放出为民未入民籍　放出为民，入籍在乾隆元年以后之户　}　设法赎身之户，或系自备身阶，或亲戚代为赎身者　若系实在用价买出，随又交价赎身者　如系开户壮丁用价买出者，买主原非另户正身，其名下不应复有开户之人	令归旗作为开户　皆应归原主佐领下作为开户　皆应归买主佐领下作为开户　应仍归原主佐领下作为开户	
乾隆四年⑦	八旗户下家人	向由各该旗声明，本主念其世代出力，情愿准其开户者	该参领、佐领、族长、族人列名具保咨部，无论何项人等，详查上次丁册有名，并册内注系陈人者，即准开户	

续表

定例年代	奴仆种类	准开户条件	开户手续	其他
乾隆四年⑧	国初俘获之人 远年印契所买奴仆	年份已久，与投充之人迷失籍贯者无别 有盛京带来及带地投充之人，原系旗人转相售卖，虽有籍贯，无从稽考	均应开户，不准为民	
乾隆四年⑨	绝户家人，不论家下陈人、契买奴仆	无族人可归者	均准于本佐领下开户	责令看守伊主坟墓。年力精壮者，准于本佐领下选拔步军。
——⑩	旗下家人	设法赎身（或系自备身价，或亲戚代为赎身） 卖出后又向买主交价赎身者 卖出后又向买主交价赎身者 若买主系户下人	归原主佐领下作为开户 归买主佐领下作为开户 归原主佐领下作为开户	
乾隆十二年⑪	乾隆元年以前放出为民之户	如乾隆元年以后始入民籍，伊主念其勤劳，情愿放出者，或经首告，或被查出，其报明旗部、伊主得过身价者 若未经报明旗部者，无论伊主曾否得过身价	令归旗作为原主名下开户 均令归旗仍作原主名下家奴，不准归入佐领下作为开户	

资料来源：①《光绪会典例》卷1113，八旗都统、户口，第3页。

②《康熙实录》卷93，第2页。

③《光绪会典事例》卷752，刑部，户律，户役，第5页。

④⑩《八旗则例》卷3，孝部，户口，第3页。

⑤⑦⑧《光绪会典事例》卷1113，八旗都统，户口，第4页。

⑥《光绪会典事例》卷1113，八旗都统，户口，第4—5页；同书卷727，刑部，名律律，第1页。《清通考》卷20，第5037页所引设法赎身之户"皆应归原主佐领下作为开户"作"令归旗作为原主户壮丁"。

⑨《光绪会典事例》卷1113，第4页；卷752，刑部，户律，户役，第2页，作乾隆五年定例。

⑪《光绪会典事例》卷1113，第5页。

从历年条例中可以看出，开户有两类情况：一类是获得主人准许而开户的，如立有战功者，① 绝户家人无族人可归者，设法赎身者等；另一类是在规定时限以前放出为民，因手续不合而被勒令归旗者。这些条件所贯穿的精神是：一方面准许某些奴仆脱离主人；另一方面又防止这些人脱离旗下成为民人。

开户人一般仍居本佐领所属范围之内。他们必须服从佐领的调遣，有的就被派往他地开垦荒地，设立官庄，成为新设官庄中的劳动力。例如乾隆二年黑龙江呼兰地方设立官庄，就由盛京将军所属"八旗开户人内选能种地壮丁四百名，携带家口前往"。乾隆六、七两年两次增扩十庄，再派去开户壮丁一百名。② 可以设想，这种开户人与旧主的关系必然是淡薄的。

2. 开户人及其子孙的法律身份地位

于主人户下开户的奴仆"与户下家奴无异"。那些"设法赎身，并未报明旗部之人，既经户部奏明，无论伊主曾否得过身价，仍作为原主户下家奴。此等有犯军流等罪，似应仍照家奴问拟。"③ 可见，另户户下开户人虽有开户之名，但并未脱离主家，可以设想，在实际生活中较未开户时变化不大，而在法律上则完全没有变化。

佐领下开户则与此有别。

八旗奴仆佐领下开户人的身份，作为赎身奴婢，他和旧主的法律地位不得同凡，已如前述。但通过某些例案看，法庭也并不完全按律办事。例如，康熙四十四年刑部时镶红旗汉军胡安国打死开户奴仆刘世芳一案的处理，是把开户人置于低下法律地位的。刘世芳原是胡安国的"家生子"，他交给主人白银280两，获得开户身份，分开各住。后因事争吵，胡安国将刘世芳殴打致死。刘世芳既已离开主家，自然是胡某的"旧奴婢"。刑部写道："查律内家长殴死旧奴婢者以凡人论等语，正谓将自己奴婢转与他人者而言。今胡安国虽得刘世芳银两开户，并非转卖他人，若将胡安国拟绞，似属过当。据此，胡安国应革职，改照家长殴雇工人致死者杖一百徒三年，应杖一百徒

---

① 包括"户下人，或在军营出力，或因技艺出众，奉旨入册者，其本身及父子亲兄弟俱开为另户"。参见《光绪会典》卷84，八旗都统，第3页。

② 参见《光绪会典事例》卷1119，八旗都统，田宅，第1—2页。参阅本文第八节。

③ 乾隆十三年例。参见《定例续编》增充，户部，第18页。

三年"。① 这里所说同凡，是指被转卖者而言，倒是有律中注释可据。但将刘世芳按"雇工人"对待，却根本没有法律条文根据，只是判刑官员觉得家长为旧奴婢抵命拟绞，"似属过当"，从而想出来的一种权宜措施。根据这一案件的处理可以看出，在法律中，开户人的地位并不明确。同时也不能因此一例而认为开户人身份等于雇工人。但有一点可以肯定，即在统治者的心目中，开户人是不能与旧主平等的。

开户壮丁在社会上的地位也没有文字规定。乾隆帝弘历曾经描述他们的状况说，"凡遇一应差使，先尽另户正身简选之后，方将伊等选补；伊等欲自行谋生，则又身隶旗籍，不能自由"。② 让我们从以下几个问题的规定上具体地看看开户人的地位。

挑补马甲。清制，旗兵马甲均由旗人正身充当。从一定意义上讲，被挑马甲是一种权利，或者说能否被挑马甲也是一种表示身份的方式。作为开户人，有的可以选步军，③ 但定例不准挑取马甲。雍正二年，有人建议，"八旗马甲于另户人内选补不敷，方于佐领下开户户下人选取"，未获批准。④ 乾隆六年应署福州将军策楞要求，皇帝批准了福州四旗从开户人中挑补马甲，⑤ 但这是一个特例。

乾隆三年时，开户人连充当步兵和铁匠都不被允许。⑥ 后因考虑到开户人既不准补马甲，又不便使之任步军、铁匠等，他们"终不得进身之路"，所以议准开户人准选充营兵及拨补管队百总头目。但拨补头目，最多"拨补外委千总，仍不得补用守备及经制千总、把总"。⑦

开户人也不得挑补领催，因为"领催等渐次录用，皆可得膺官职，开户

　　① 《古今图书集成》经济汇编，祥刑典，第73，律令部，第771册，第47页。
　　② 乾隆二十一年谕。参见《读例存疑》卷9，户律，户役，第17页，人户以籍为定。
　　③ 乾隆四年定例，"绝户家人，本主尚有同族人等，即编入旗人户下，无族人可归，不论家下陈人、契买奴仆，均准于本佐领下开户，责令看守伊主坟茔；年力精壮者，准于本佐领下选拨步军"。参见《光绪会典事例》卷1113，八旗都统，户口，分析户口，第4页。"步甲缺出，于本佐领下愿当步甲之另户、开户及印契、白契所买家人内挑补"。参见乾隆《八旗则例》卷8，廉部，兵制，第4页，挑补马甲。
　　④ 参见《光绪会典事例》卷1121，八旗都统，兵制，第3页，挑补马甲。历年不准开户挑补马甲的旨令，见第2—3页。
　　⑤ 乾隆六年二月壬戌谕。《乾隆实录》卷137，第7页。
　　⑥ 参见《光绪会典事例》卷1164，步军统领营制，第1页，拔补兵丁。
　　⑦ 参见《光绪会典事例》卷1164，步军统领营制，第1页，拔补兵丁。

原无为官之例"。①

开户人犯罪服刑也与一般另户旗人有所不同。"向来另户之人犯罪发遣俱不为奴";雍正五年规定,"原系家下奴仆开户而为另户者,若发遣远方,不令人管束,又致生事",犯罪发遣,"给予披甲之人为奴"。②

开户人户籍不得有所属开户人。如前所述,有一种开户人是奴仆在原主名下另列户口,不直属佐领管辖。开户人可以拥有奴仆,该奴仆如若开户,则只能在原主所属佐领下立户,而不能在作为开户人的原主名下开户。因为开户壮丁"原非另户正身,其名下不应复有开户之人"。③

此外,我们还可以从准否应试出仕的规定中看到开户人身份的另一些情况。

乾隆六年九月,驻防杭州开户生员王廷峣呈请援例考试。正白旗汉军都统怡亲王弘晓因这类事在以前没有统一规定,故向皇帝请示办法。礼部衙门的意见是:"从前契买家奴,将本身及子孙考试之处永远禁止",④ 投充、俘掠人等,"未经开户以前,在伊主家身供役使,曾有主仆之分。今若准令考试,究与名分有关〔乖〕。嗣后此项人等虽经开户,其本身及子孙考试之处应永行禁止。每逢考试之时,各旗详加查核,毋得开送"。⑤ 这一意见,得到了乾隆帝的同意。

上述资料中还有一句值得注意的话,即:"嗣后八旗远年开户人等,除从前奉有谕旨准其考试之举监生员仍准其考试外"。⑥ 这句话透露一个消息,即开户人有的是可以入学读书而且成为举监生员的,开户人中是有人曾经皇帝批准参加过高一级考试的。此外,还有一条定例:"八旗开户年久之人,值伊原主子孙庸懦衰绝,伊等反行欺压,希图争占家产,捏情诬告者,审明

---

①　《光绪会典事例》卷 1211,八旗都统,兵制,第 2 页,挑补领催。

②　《光绪会典事例》卷 727,刑部,名例律,犯罪免发遣,第 4—5 页。

③　《光绪会典事例》卷 1113,八旗都统,户口,第 5 页;又见同书卷 727,刑部,名例律,第 1 页,此处"不应"二字作"不便"。

④　乾隆六年九月甲戌礼部等部议覆。参见《乾隆实录》卷 150,第 15 页。

⑤　《定例续编》卷 5,户部,户役,第 3—4 页,开户人等不许滥考。《乾隆实录》卷 150,第 15—16 页。

⑥　《乾隆实录》卷 150,第 15 页;《定例续编》卷 5,第 4 页。参见乾隆《八旗则例》卷 3,第 4 页。

系官革职治罪（私罪），将从前开户之档销毁，仍给与原主之子孙为奴"。①
这一定例是为防止开户人欺压原主子孙而设的特殊条例，但它反映出，开户
人曾经是可以做官的。笔者暂未查到该例制定的年代和背景；但可以设想的
是，这一定例反映的内容，可能与前述"奉有谕旨准其考试"的开户人
有关。

即使乾隆六年做出上述永禁开户人应试的决定，但开户人应试出仕的事
以后仍然存在。乾隆二十一年皇帝准许旗下另记档案及养子、开户人等出旗
为民的谕旨内，提到这些人中"食钱粮之人若一时遽行出旗，于伊等生计不
免拮据"的问题，要求户部会同八旗都统定议。户部等衙门会议结果，对八
旗另记档案、养子，开户人中在京、在外文武官员、病故、革退官员、进
士、举人、生员、捐纳待用人员等情况出旗为民后如何处理之处，均分别做
出规定。② 这里所讲的"开户人等"，当然是开户奴仆；所讲的"八旗另记
档案"人户，③ 也包括开户奴仆。因此可以说，至少直到乾隆二十一年，奴
仆开户后，有的仍可应试；通过考试或捐纳，也可成为在京、在外文武
官员。

最后，开户人"不得与宗人联姻"的规定④也说明对开户人的歧视。因
为开户的旗下家奴，原来多为俘获或投充的汉人，故定此规条的实质乃是禁
止满汉通婚，以防被汉人同化。

（三）旗下奴仆的放出问题

1. 旗下奴仆放出的规定条件

所谓奴仆放出，是指奴仆获得脱离主家的权利外，并获准经过一定手续

---

① 《大清律例汇辑便览》卷30，刑律，诉讼，第8页，上栏。

② 参见《光绪会典事例》卷1114，八旗都统，户口，分析户口（2），第1页。

③ 所谓"八旗另记档案之人"，包括：一、"八旗开户养子，因出兵阵亡，及军功例为一等、
二等，奉旨著为另户者"；二、"国初投充、俘掠入旗之人，后经开户"者；三"民人之子，旗人抱
养为嗣"者；四、"因亲入旗"者；五、"本系良民，随母改嫁入于他人户下"者；六、"旗奴开户"
者；七"旗奴过继与另户为嗣，已造入另户档内，后经遵旨自行首明者"等。这些人，都不是正身
旗人，他们"虽与开户有间，实非另户可比"。他们不得冒入另户档案，应试则有限制，禁与宗室联
姻；但可以契买民地，开垦地亩归自己所有，出旗时准其带往为业。（参见乾隆《八旗则例》卷3，第
4页；《定例续编》卷5，第5页；《八旗通志》卷首12，卷31；《清通考》卷5，第4900页，以及道
光、咸丰《户部则例》等。）

④ 乾隆六年定。参见《清通典》卷9，食货9，户口丁中，第2072页。

加入民籍，不再属于旗下管辖。① 放出以后，他可住在入籍地方，或迁居他处，自谋生路，不像开户人那样受旗人当差规定的限制。

清廷对于放八旗旧仆及投充人出旗为民，限制一度很严。有定例，盛京带来奴仆和带地投充奴仆，"止准入旗档，不得放出为民"；甚至勒令某些已经出旗为民的开户人重行归旗。② 雍乾时起，情况开始改变，为民禁令逐步放宽，陆续定例，有条件地准许某些奴仆放出为民。③ 乾隆二十一年则进一步解除了开户奴仆出旗为民的禁令。乾隆弘历说，"开户家奴皆系旗人世仆，因效力年久，其主愿令出户。现在八旗及外省驻防内似此颇多。凡遇一应差使，先尽另户正身简选之后，方将伊等选补。伊等欲自行谋生，则又以身隶旗籍，不能自由。现今八旗户口日繁，与其拘于成例，致生计日益艰窘，不若听从其便，俾得自谋生计。著加恩将现今在京八旗及在外驻防内，另记档

① 按，清代文献中有的也把开户称为放出，即放出主家的意思。这里讲的不是这一含义。
② 定例，一、"八旗远年丁册有名，即系盛京带来奴仆，直省本无籍贯；其带地投充者，亦历年久远，虽有籍贯，难以稽查。两项成仍遵定例，止准开入旗档，不得放出为民"。一、"八旗奴仆放出为民，未经入籍，及入籍在乾隆元年以后之户，应令归旗，作为原主名下开户壮丁"。参见《光绪会典事例》卷727，刑部，名例律，第1页，犯罪免发遣；卷1113，八旗都统，户口，第4页。
③ 如雍正十二年定例，"若果系数辈出力主人，伊主念其勤劳，情愿听其赎身为民，本旗、户部有档案可稽，州县地方有册籍可据，为民者仍归民籍，旧主子孙不得藉端控告"。（参见《光绪会典事例》卷752，刑部，刑律，户役，第2页，人户以籍为定。）乾隆二年议准，"乾隆元年以前放出为民之户，其有未经呈报旗部者，该旗查明果系数辈出力，伊主念其勤劳，情愿放出，编入民籍年久，地方官有册可据者，一并准其为民。如系藉名设法赎身，私入民籍，伊主既经得过身价银两，应全归旗，作为开户壮丁，倘有不肖奸户，实系乾隆元年以后放出，捏称乾隆元年以前放出，私自营求入于民籍，希图牵混者，察出，将该户交刑部照例治罪，仍令归旗，作为本主户下家人。其不行详查之参、佐领及蒙混收入民籍之地方官，一并交部议处。至嗣后旗下家奴，果系伊主念其数辈出力，勤劳年久，情愿准其赎身，放出为民，务照定例呈明本旗，报明户部，转行地方官收入民籍。如有私自放出，并不呈明咨部，行知该地方官入籍为民者，地方官即查明呈报，将本主照例治罪"。（参见《光绪会典事例》卷752，刑部，户律，户役，第5页，人户以籍为定。此例，《清通考》卷20，户口2，第5037页，作乾隆四年议定。从《光绪会典事例》。）乾隆五年定例，"驻防旗人置买本地家奴，本主因其不堪驱使，情愿准其赎身者，亦准放出为民。"（《光绪会典事例》卷752，刑部，户律，户役，第2页，人户以籍为定。）乾隆《八旗则例》载："驻防兵丁所有奴仆内，实系民人，准其索取原价放出为民。"（卷12，节部驻防，第13页。）又载定例："凡乾隆元年以前白契所买作为印契之奴仆，效力过三辈后，伊主情愿放出者，具呈该旗咨报户部，查明册档，有伊祖父姓名籍贯者，准其放出为民。若印契所买实系民人，契内有籍贯可查者，照乾隆元年以前白契所买奴仆之例，亦准为民"。（卷3，户部，第3页，家人开户为民。）乾隆九年，"因口内庄头生齿日繁，奏准，除庄头子弟及缘罪发遣壮丁毋庸置疑，并鳏寡孤独、老幼废疾令庄头留养外，其愿为民之壮丁等，准该庄头陆续呈报，核咨部院，转令该州县改入民籍"。（转自乾隆四十四年二月戊辰内务府大臣议奏。参见《乾隆实录》卷1076，第32页。）

案及养子、开户人等，均准其出旗为民。其愿入籍何处者，各听其便。所有本身田产，并许其带往。此番办理后，隔数年似此举行一次之处，候朕酌量降旨"。① 从此以后，过去有关禁止放出的规定均不再用，至乾隆三十二年把它们正式删除了。乾隆帝的上述意见，于二十四年入例，又于五十二年改定为："八旗家奴如系累代出力，经本主呈明令其出户，应准放入民籍"。②

准许是准许了，但在事实上，奴仆的放出如没有主人的"情愿"是不可能办到的。③ 得到主人情愿，还需主人为之办理一套相当复杂的手续："八旗王公所属庄头及投充家奴人等，如因人口众多，情愿放出为民者，呈报宗人府查明，饬令该管佐领出具切实图结，该参领加具关防，并饬令族长、学长查明本族宗室人等并无争论，画押甘结，造册连结咨部，转饬各该州县给予执照，收入民籍，概不准私放出户"。④ 这就是说，除获得主人同意外，还需本族宗室无人反对，族长、学长同意，佐领出结，参领盖印，宗人府批准，户部通过，州县给照后，放出手续才算完成。要通过这七八道关卡，谈何容易！

此外还有一种特殊情况准许奴仆放出，即"八旗官员、平人将奴仆责打身死及故杀者"，该奴仆之父母妻子"悉行开放；系旗人，听其在旗投主，系民人，放出为民"。⑤ 这是由于"奴仆被殴身死，若仍在主家服役，犹恐

---

① 《光绪会典事例》卷1114，八旗都统，户口，分析户口，第1页。参见《清通考》卷5，田赋5，第4900页。乾隆三十六年又曾办理一次："从前因五旗王公属下包衣人等滋生蕃庶，该王公等养赡伊等不无拮据，曾经两次查办，令其出旗。今越十余年，核计人口复盛，应行查办。著交众王公等将包衣人等有情愿令其出旗者，仍照从前所办之例，全同本旗都统查明，令其出旗。或以人少不愿令其出旗者，亦随其自便。"（《八旗通志》卷首12，敕谕6。）

② 《光绪会典事例》卷752，刑部，户律，户役，第4页，人户以籍为定。参见《读例存疑》卷9，户律，户役，第16—17页，人户以籍为定。

③ 雍正十二年定例，"旗下奴仆，或借别旗名色买赎，或自行赎身，旗民两处俱无姓氏者，察出即令归旗。其有跟随家主出差在外，私有蓄积，钻营势力，欺压本主赎身者，自康熙五十二年恩诏以后，虽在民籍，查明强压情实，亦令归旗"。（《光绪会典事例》卷752，刑部，户律，户役，第2页，人户以籍为定。）

④ 道光八年谕。参见《光绪会典事例》卷9，宗人府，职制，第7页。

⑤ 嘉庆六年定，此前，雍正五年曾议："其责打被杀奴仆之父母妻子，情愿仍在伊主家者，听其存留；不愿者，交与该管官处变价给主。如故意殴杀者，其被杀奴婢之亲属悉行开放。系旗人。听其在旗投主；系民人，放出为民，不得追求身价。"（《光绪会典事例》，卷810，刑部，刑律，斗殴，第1页，奴婢殴家长。）杀其本人，复将其父母妻子变价，得钱交给本主，这种做法未免过于残暴。故同年又谕："家人被家主打死，其家人之父母妻子理应放出，听其投身他姓，不当交旗变价给还原主。将此永著为例，一体遵行。"（《光绪会典事例》卷727，刑部，名例律，第4页，犯罪免发遣；参见同书卷810，刑部，刑律，斗殴，第1页，奴婢殴家长。）

两相疑忌，故悉放为民"。① 原来这乃是怕被害者家属进行报复而对杀人者采取的保护性措施。

也有因主人获罪而投充人获得为民机会的事。② 但这是更为难遇的事了。

2. 放出奴仆及其子孙的法律身份地位

主人不收身价而放出的奴仆，其法律地位尤为低下。他们和旧家长之间"主仆名分尚存，与赎身者不同"。③ 嘉庆六年修订乾隆三十八年定例时规定："如家长或家长期亲以下亲故杀放出奴婢，及放出奴婢干犯家长，并家长期服以下亲者，仍依奴婢本律定拟"。④ 其实，此前就是这样办理的，雍正六年盛京兵部郎中通济被放出家人王六告发隐匿税务余银一案，雍正皇帝认为，"此等恶奴诱挟索诈之习，断不可长"，将王六"拘禁该旗"，"严加审讯"，特谕"偏行晓示八旗"。⑤ 这就是说，奴婢放出后，对家长及其家族的关系的基本方面仍然不变。其原因和赎身奴婢一样，仍是与主人"恩义犹存"。⑥ 放出，出于主人情愿而不缴回身价者，比起赎身"恩义"更重；因此，他们比赎身奴婢的法律地位更低，这完全合乎统治者立法的逻辑。这一点，在宣统二年颁行的《大清现行刑律》中反映得仍很明显："从前奴婢，业经赎身、放出，而家长殴之至死者，系放出之人，徒三年；系赎身之人，流二千里。故杀者，俱绞监候。放出之人干犯家长，依雇工人本律治罪，赎身者减一等"。⑦ 当时律例规定，凡人殴杀处以死刑——绞监候。但旧家长不论殴死赎身奴婢还是放出奴婢，都不必命抵，殴死放出奴婢比殴死赎身奴婢受到的惩处更轻。⑧

---

① 《刑案汇览》卷39，刑律，斗殴，第67页，奴婢殴家长。

② 顺治八年正月甲寅："议英王阿济格应幽禁，籍原属十三牛录归上，其前所取叔王七牛录拨属亲王多尼。投充汉人出为民。其家役量给使用，余人及牲畜俱入官。"（参见《顺治实录》卷52，第6—7页。）

③ 乾隆三年六月丙申谕。参见《乾隆实录》卷70，第27页。

④ 《光绪会典事例》卷810，刑部，刑律，斗殴，第1页，奴婢殴家长；《读例存疑》卷36，刑律，斗殴，第16页，奴婢殴家长。

⑤ 《八旗通志》卷首10，敕谕4，第2—3页。

⑥ 《大清律例汇辑便览》卷26，刑律，人命，尊长为人杀私和，第3—4页，成案。

⑦ 卷25，斗殴下，雇工人殴家长。

⑧ 直至宣统元年《核订现行刑律》还规定，"从前奴婢业经赎身、放出，而家长殴之至死者，系放出之人，徒二年；系赎身之人，流二千里；故杀者较监候。放出之人干犯家长，依雇工人本律治罪；赎身者，减一等。"（参见斗殴下，奴婢殴家长，第10页。）

　　放出奴仆，不仅本人的法律身份仍旧底下，其子女也不得与主人平等。嘉庆六年增定例确定，"殴、故杀放出奴婢之子女，或放出奴婢之子女干犯家长及家长期服以下亲者，名依雇工人律科断"。[①] 在司法中，甚至放出奴婢的孙辈也不得和主人处于同等法律地位上。例如，道光六年张春全等砍伤葛兆宇一案，"张春全等之祖张礼，系葛兆宇之父葛平西放出旧仆。该犯等均系张礼之孙。例内既指明放出之子女有犯依雇工人科断，则放出奴婢之孙有犯即不得与子女并论。惟该犯等究系葛兆宇家放出奴婢之孙，未历三代，定例不准捐考，即不得为良民，未便竟同凡论。将张春全等均照刃伤人律杖八十徒二年，按良贱相殴加一等，杖九十徒二年半"。[②]

　　又如，嘉庆二十一年，江苏放出奴仆张聚恒之孙张绍华诬告旧主堂侄杨质中一案，江苏巡抚和刑部衙门一致认为，张绍华"系张聚恒之孙，其身契并未给还，且又未及三代，尚不准其应考出仕，良贱终有区别，自不能与平人并论"[③]。此案因"干犯"罪没有超过所诬罪，所以这种良贱区别没有在处刑中反映出来。但是"良贱"有别、"不能与平人并论"则是对放出奴仆的孙辈和旧家长的家族后代之间的关系的叙述。至嘉庆二十五年又加一条："已放回籍奴仆诬告家长，于'奴婢告家长与子孙同，俱诬者绞'律上量减，满流"。[④]

　　放出奴仆之孙对旧主的无服亲属同凡论，[⑤] 这意味着放出奴仆之孙与旧主家族之外的人在法律上是平等的。

　　从以上放出奴仆的法律、社会地位看，显然不能说所谓"为民"就是成为完全独立的人了。

　　让我们从考试制度方面再进一步考察放出奴仆的地位。

　　如前所述，放出奴仆的身份仍低于旧主及其家族；他们无权参加考试也是合乎统治阶级的逻辑的。乾隆三年明确规定："乾隆元年以前白契所买，作为印契之人，令在本主佐领下选补步军，俟三代后，著有劳绩，本主情愿

　　① 《光绪会典事例》卷 810，刑部，刑律，斗殴，第 3 页；奴婢殴家长，《读例存疑》卷 36，刑律，斗殴下，第 16 页，奴婢殴家长。
　　② 《刑案汇览》卷 58，刑律，斗殴，第 13 页，奴婢殴家长。
　　③ 《刑案汇览》卷 48，刑律，诉讼，第 82 页，干名犯义。
　　④ 《大清律例汇辑便览》卷 30，刑律，诉讼，干名犯义。
　　⑤ 参见《刑案汇览》卷 39，刑律，斗殴，第 54 页，奴婢殴家长，载嘉庆十七年无服亲属放出奴婢之孙张颖殴死刘明一案说帖。

放出为民者，具呈本旗，咨报户部，查明祖父姓名籍贯，准其为民。仍行文该地方官注册、止许耕作谋生，不准考试"。①

但在乾隆四十八年却有了这样一条谕旨："向来满汉官员人等家奴，在本主家服役三代实在出力者，原有准其放出之例。此项人等既经伊主放出，作为旗、民正身、未便绝其上进之阶。但须明立章程，于录用之中，仍令有所限制。嗣后，此等旗民家奴，合例后经该家主放出者，满洲则令该家主于本旗报明，咨部存案；汉人则令该家主于本籍地方官报明，咨部存案，经部覆准后，准其与平民一例应考出仕。但京官不得至京堂，外官不得至三品，以示限制。著为令"。② 并据此定例。③

所谓京堂，指各部侍郎、内阁学士、国子监祭酒、通政司使，大理寺卿、太仆寺卿、光禄寺卿、鸿胪寺卿等官。所谓三品以上外官，指按察司（正三品）以上；府、厅、州、县等官是不在此内的。所以说，乾隆四十八年条例准许放出奴仆本人在手续齐备的条件下应试、做官，但不得做三品以上的大员。

《红楼梦》第四十五回、四十七回所描写的赖尚荣做官的故事，正是合乎这一规定的。赖嬷嬷和儿子赖大，世代在贾府服役，"熬了两三辈子"了。赖尚荣作为世仆之子，就是"家生子"，他本人原具奴仆身份。但他"一落娘胎胞儿"，贾政就将他放出了，成为放出奴仆。其父赖大仍在贾府服役，任管家。赖嬷嬷经常对赖尚荣讲，你"到了二十岁上，又蒙主子的恩典，许你捐了前程在身上"，再过十年，"求了主子，又选出来了"，当上了知县。她要求赖尚荣"尽忠报国，孝敬主子"。赖尚荣以一任县官，也在京购置房产、花园；请客时，以贾母为首的主子们也肯出席，并能请到"几个现任的官员并几个大家子弟作陪"，看来颇有点体面。但是，应该注意到作者描写的某些绝非偶然的情节：赖尚荣捐官是经主子允许的，选放外任是"求"过主子的，当官以后，还应"孝敬"主子。这些，都反映着主奴之间的老关系。

---

① 《光绪会典事例》卷1113，八旗都统，户口，第4页。《乾隆实录》卷70，第27页，乾隆三年六月丙申，议政大臣大学士尹泰等议覆。

② 《乾隆实录》卷1117，第23—24页。

③ 参见《光绪会典事例》卷752，刑部，户律，户役，第5页，人户以籍为定；卷1116，八旗都统，户口，第3—4页，旗人买卖奴仆。

一般说来，新旧例有矛盾时，旧例总是作废的。乾隆四十八年条例出现后，乾隆三年条例则应停止生效，但到乾隆五十三年，却又在乾隆三年条例的立意基础上修订定例，代替了乾隆四十八年条例。新例是，准入民籍的"旗民放出家奴，系曾经服役之本身，及在主家所养之子孙，止许耕作营生，不许考试出仕，其入籍后所生之子孙，准其与平民一例应考出仕。京官不得至京堂，外官不得至三品"。① 它把乾隆三年例和乾隆四十八年例的某些内容合在一起，但完全否定了乾隆四十八年弘历谕中所考虑的放出奴仆"作为旗民正身，未便绝其上进之阶"的立意精神。此例到嘉庆十一年进一步确定为，放出家奴"止许耕作营生，不许考试出仕"，"其放出入籍三代后所生之子孙，准其与平民一例应试出仕，京官不得至京堂，外官不得至三品"。②

放出家奴必须三代以后所生子孙方准考试出仕，据嘉庆二十二年广东司说帖的解释，这是因为，清制，品官父祖三代得受封赠；如果家奴在三代以内有人做官，那么，作为奴仆的祖父母、父母也会受到皇帝的诰封，奴仆受此封典，则与官僚并列而无上下之别，"不足以清流品而重名器"。③ 把贱民放在和缙绅同一地位之上，搅乱了封建等级秩序，自然是不能容许的。

所以，自乾隆五十三年修改条例后，放出奴仆本身就再也不能像乾隆四十八年以来那样可以应试了；不能想象赖尚荣还能当上现任县官。

嘉庆例文中所谓"其放出入籍三代后所生之子孙"是指的那一辈呢？当时各级问刑衙门的司法官员对此理解很不一致。让我们列举嘉庆二十一年江苏张绍华控告杨质中冒认为仆案略加分析。

张聚恒卖身杨灿章为仆，改名张恒，服侍杨灿章往四川经商。后张聚恒经杨灿章放出，但未取回身契。张聚恒有子张学礼，学礼有子名张绍华。张绍华欲应试，被人告讦。时杨灿章已死，张绍华转托亲友央求杨灿章之堂侄杨质中向杨灿章的儿媳杨李氏说合，欲许银赎回张聚恒当年的卖身契。杨李氏不同意。张绍华以为是杨质中从中作梗，因此到官诬控杨质中诬良为仆。江苏巡抚认为，张绍华作为放出奴仆张聚恒的孙辈，是可以参加捐考的。换

---

① 《光绪会典事例》卷752，刑部，户律，户役，第2页，人户的籍为定。

② 《光绪会典事例》卷752，刑部，户律，户役，第2页，人户以籍为定。据《读例存疑》，此条系"乾隆三年例，五十三年修改，嘉庆十一年改定"。参见该书卷9，户律，户役，第10页，人户以籍为定。

③ 《刑案汇览》卷7，户律，户役，第37页。

言之，他认为放出家奴的孙辈就是定例中所谓"三代后所生子孙"。这一点，遭到刑部衙门的驳回。刑部认为，放出家奴张聚恒的孙子张绍华乃是第二代，张绍华之子是第三代，仍然没有资格参加考试，直到张绍华之孙，即张聚恒的玄孙才是定例中所谓"三代后所生子孙"，才能准其应试出仕。①

需要指出的是，清代法典并未规定放出奴仆子孙的身份属于贱民等级。放出奴仆子孙不得应试出仕，仅仅是为了避免曾作奴仆的父祖受封而"流品"不清，并非为了确定他们的法律地位。但是，在司法中却倒过来，用不准应试出仕作为确定放出奴仆的子孙与旧主家族间法律身份不能平等的依据，认定他们"不得为良民，未便竟同凡论"，②"良贱终有区别，自不能与平人并论"云云。③ 这样，嘉庆十一年改定例的作用就大大超出了它原来的立意。

一旦陷身奴仆，影响四代子孙不得与齐民等列，这不是血统的遗传，而是等级、名分关系的要求，可见，当时清查三代乃是封建统治者为维护等级制度而采取的手段。

附带讲一句，曹雪芹笔下的赖尚荣做官的故事，发生在乾隆四十八年以后是有条例根据的；而在乾隆五十三年以后则又是不可想象的。小说的作者往往以自己的见闻作为素材进行加工，因而这段故事不失为《红楼梦》写作时间的旁证材料。

总起来说，我们对奴仆放出问题可以得到如下认识：

清代早期，定制不准将家下奴仆放出为民。由于八旗生计问题日益严重，放出政策逐渐放宽。至乾隆二十一年进一步解除了关于限制放出奴仆入民籍的禁令。

放出奴仆与旧家长间"恩义犹存"，仍有主仆名分。相对旧家长及其家族而言，放出奴仆本人的法律身份比赎身奴仆更为低下；其子女也不得与主人平等；甚至其孙辈和主人仍不能和主人立于同一法律地位。这种身份的低下，特别反映在应考出仕的权利方面。1783—1788 这五年间，曾一度准许奴

---

① 道光六年张春全案。参见《刑案汇览》卷58，刑律，斗殴，第31页，奴婢殴家长。
② 嘉庆二十一年江苏司说帖。参见《刑案汇览》卷48，刑律，诉讼，干名犯义，第81—84页。
③ 嘉庆二十一年江苏司说帖。参见《刑案汇览》卷48，刑律，诉讼，干名犯义，第81—84页。

仆应试出仕；1788 年以后，放出奴仆本人及其三代内子孙的这种权利再被剥夺。不论 1783—1788 年间的放出奴仆，还是 1788 年以后放出奴仆的玄孙，如若中试出仕，也不得充任高级（三品以上）官僚。

八　庄头和壮丁

（一）庄头的法律身份地位

满族统治者进关后，八旗在圈得的土地和接纳投充土地上各设庄经营。内务府所属为皇庄、官庄，其他庄则属王公大臣或一般八旗户下，称旗庄。顺治元年时就有旨令，"清厘无主之地，安置旗下庄头"。[1] 这些庄，均由庄头管理。其直接生产者为各类壮丁和佃户。八旗王公大臣和一般户下庄头，直接对主人负责，主人间或通过贴身马甲监督庄头；皇庄及官庄则若干庄设一笔帖式或领催负责"催征钱粮，办理事务"。[2]

领催，满语拨什库，原为八旗佐领下士卒品类之一，平日应会计、书写之役，有军事活动时应调遣；也是旗兵马甲最基层的小官。[3] 顺治开始，庄屯均设领催。[4] 在官屯中，有的领催直接督率壮丁进行生产。如"齐齐哈尔官屯，领催三名，壮丁三百名；墨尔根官屯，领催一名，壮丁一百五十名；黑龙江官屯，领催四名，壮丁四百名；呼兰官屯，领催五名，壮丁五百一十名"。[5]

一般说来，皇庄、官庄及旗庄中，与生产者发生直接联系的是庄头。

皇庄，由会计司掌管的，有畿辅三百七十三庄，盛京六十四庄、锦州二百八十四庄，热河百三十二庄，归化城十三庄，吉林打牲乌拉五庄、驻马口外十五庄，每庄各设庄头一人。由三旗庄头处掌管的皇庄，坐落于直隶五十三州县，有二百两庄头八名，一百两庄头二名，按地征银庄头七十名，投充

---

①　参见《光绪会典事例》卷 159，户部，田赋，第 3 页。

②　《雍正实录》卷 8，第 19 页。

③　参见《黑龙江外纪》："黑龙江八旗士卒品类有五，曰前锋、曰领催、曰马甲、曰匠役，曰养育兵。……平日应其役，军兴皆听调拨"；又称，"领催，国语曰'博硕库'，转为'拨什户'，佐领下会计、书写之兵也……例以识字者充补。凡马甲所在，率若辈长之"。

④　参见《光绪会典事例》，卷 156，户部，户口，第 4 页，投充人口；同书，卷 1116，八旗都统，户口，第 1 页，旗人买卖奴仆。

⑤　《黑龙江外记》卷 3。

人二十六名，并新编庄二百四十七名，每庄头管一庄。这些庄头均由内务府指派充当。各庄头所领地亩无定额。① 内务府庄头可自有土地，有的也在开垦土地归己有。雍正七年规定，口外庄头限"给地三十九顷"。② 康熙九年定，"庄头领地不准缴回，令其永远耕种"。③ 庄头设庄地点均由内务府决定，可以调动。如康熙九年南苑新设四庄，就于附近庄头内选调。④ 八旗王公所属官庄庄头，有的由内务府派出，有的是王公自行指派。一般旗下庄田管理人员则由旗民自行安置。⑤

自康熙中叶后，旗人原得土地大量转卖给汉民，买者或佣或佃，原有旗庄的经营方式已较前大有变化。乾隆二十七、八年回赎旗地达两万余顷之多。这批土地回赎后，其中除三四千顷收由内务府设庄外，其余土地仍归旗众占有，也设庄头。但考虑到"此项地亩虽系旗人地产，但贫民耕种日久，藉以资生，若改归庄头，于佣佃农民未免失业"，所以仍将土地由原耕者佃耕。庄头负责收租，其任务与管理奴仆壮丁进行生产有所不同了。⑥

带投土地上充当庄头的，称"投充庄头"或"纳银庄头"。后有愿意承领入官地亩设庄纳银的，也称"纳银庄头"。⑦ 这种庄头如被革退，其子孙可仍承种原地，交纳钱粮。⑧

皇庄、官地、旗地的庄头，虽然都是管理庄田，但他们的身份视具体情况而有所差异。

首先是内务府所属皇庄庄头及承领官地庄头。内务府所属皇庄庄头自"庄头子弟"或"殷实壮丁"中遴选，⑨ 不论原来是否旗人，均可充任。他

---

① 参见《光绪会典》卷94，内务府，第1、2页。

② （乾隆）《大清会典则例》（以下简称《乾隆会典则例》）卷160，内务府，会计司，第3页，设庄。

③ 《乾隆会典则例》卷160，内务府，会计司，第17页，庄头。

④ 参见康熙九年奏准，"于附近庄头内选四人，于南苑安设四庄，每庄给地十有八顷"，并可令其兼种附近地亩。均见《乾隆会典则阅》卷160，内务府，会计司，设庄。

⑤ 参见《光绪会典事例》卷159，户部，田赋，第3页。

⑥ 参见《光绪会典事例》卷1118，八旗都统，田宅，第2页，乾隆二十八年谕，同书卷159，户部，田赋，第9页，乾隆二十七年谕。

⑦ 《八旗通志》卷68，土田志7，第1页，土田数目，内务府庄园数目，参见《乾隆会典则例》卷160，内务府，会计司，第45—46页，纳银庄。

⑧ 雍正四年定。参见《乾隆会典则例》卷160，内务府，会计司，第46页，纳银庄。

⑨ 顺治元年、康熙三十四年、五十七年、乾隆四年、二十五年及五十六年等历次奏准办法。见《光绪会典事例》卷1196，内务府，屯庄，第1页。

们本来就不是奴仆。内务府所属承领官地庄头，有参加考试的资格。① 雍正帝胤禛曾谕内府总管：凡为庄头之人，"如果有才能，朕自加恩录用。"② 这种庄头可有顶带。康熙五十五年定给庄头顶带例："各庄输急公，毫无逋欠，经四五十年者，给庄头八品顶带；输将二三十年无欠及经年无欠，因年老不能当差者，均给九品顶带"。雍正十三年奏准，各等庄头"原有顶带者各加一级，无顶带者，以次赏给九品、从八品、正八品顶带"。③ 文献记载中也确有庄头拥有八品顶带的例证。④ 可见皇粮庄头的身份不但不属贱民等级，有的甚至可入缙绅行列。但是，庄头拖欠钱粮时，则要受到枷示、鞭责等体刑。⑤

其次是宗室王公所属庄头。宗室王公官庄庄头一般均为王公家奴。"八旗大臣官员家下庄头壮丁，同为一主家奴，原无尊卑之分"。⑥《红楼梦》中描写掌管宁国府黑山村庄子的庄头乌进孝进见贾珍时，呈送禀帖，院内磕头，称主人为"爷"，自称"小的"等，都是奴才见主子的规矩，正反映着主仆关系。⑦"庄头之所有产业悉自公家"，⑧ 庄屯所积粮谷全属主人所有，庄头无权粜卖。⑨ 庄头也无权代表主子置买田产，定例："旗人置买田产，不许家奴及庄头、佃户人等出名。如有仍借家奴人等名色及清查后不行改名换契者，事后发觉，将所置田产一概撤出入官，仍追价治罪"。⑩ 他们除去经

---

① 康熙六十一年奏准，"庄头、投充人子弟，有愿考试者，准其考试"。（《乾隆会典则例》卷160，内务府，会计司，第51页，编审。）康熙五十年奉旨，"菜园头、果园头子孙皆准其考试"。六十一年奉旨，"园头壮丁子弟内有愿考试者，呈堂咨送各该旗，一例考试"。（同上书卷162，内务府，掌仪司2，第19页，果园。）又嘉庆十一年礼部奏准定例。（参见《读例存疑》卷9，户律，户役，第22页，人户以籍为定。）

② 雍正元年十二月庚戌。见《雍正实录》卷14，第5页。

③ 《乾隆会典则例》卷160，内务府，会计司，第13、14页，征输考成。又见《八旗通志》卷68，土田志7，土田数目，第11—12页，内府庄园数目。

④ 雍正五年八月二十四日，署直隶总督宜兆熊题本，见中国第一历史档案馆藏《吏垣史书》雍正五年九月册。

⑤ 乾隆四年、十年定，参见《乾隆会典则例》卷160，内务府，会计司，第13—16页，征输考成，及第50页，劝惩等。

⑥ 《刑案汇览》卷39，刑律，斗殴，第37页。

⑦ 参见《红楼梦》第53回。

⑧ 《刑案汇览》卷39，刑律，斗殴，第38、39页。

⑨ 康熙三十一年正月己酉谕。《康熙实录》卷154，第20页。

⑩ 道光《户部则例》卷8，田赋2下，第30页，稽查欺隐。

济上遭受剥削和勒索以外，也和其他奴仆一样受到主子的虐待。例如嘉庆间礼亲王昭梿将庄头程福海父子叔侄六人私自圈禁，用瓷片将程福海两个儿子的脊背各划百余道，以至二人流血昏晕。昭梿因其他事恶了嘉庆皇帝，因而此事被列为罪状之一，得以揭露。否则，作为亲王，这类虐待庄头的事肯定无人敢于对他提出控诉，从而也不会被揭出来的。① 庄头生有子女，须将母家姓氏注册上报宗人府。宗室王公等需要纳妾，则由该管包衣、庄头家挑选。②《清史稿》中有这样一段记载：肃宁农民宋某"佃于势家为庄头，其主视若奴仆。生女四，女孙一，长，并有容色"。康熙三十四年，"其主将迫使为媵。五女一夕自经死。以白县，县惮势家，不敢上闻"。③ 拥有庄头的"势家"，很可能就是王公、宗室之类，不但县官不敢惹他，就是以后记载这一事件的人也不敢点名直书，而以"势家"为代称。这个故事反映的内容，很可能就是实行自庄头家挑选媵妾这一规定所造成的悲剧。

例外的是，由内务府拨出到王公宗室户下管庄的庄头不具奴仆身份。主家不得随意将其人身出卖。④ 这种庄头自嘉庆十一年始还可参加考试：凡"旗档有名者，归入汉军考试，旗档无名者，归入民籍考试"。⑤

再次，旗人官员的庄头也往往被视作奴仆。例如，乾隆四十四年二月，正白旗汉军侍卫兼佐领惟精屡被庄头王达子呈控得实，庄头王达子反被判"以旗奴控主，发驻防兵为奴。"⑥

一般旗人的庄子，"若大家，则择一人为庄头，司一屯之事，群仆惟所指使，"⑦ 代替主人组织生产活动。

投充人充当庄头，其身份也不尽相同。

一般说来，投充旗下的汉民均为奴仆，带地投充一般即可在所带土地上充当庄头，他们的土地归主人所有，但他们的身份并不因带来土地而提高。

---

① 参见《仁宗睿皇帝圣训》卷84，第14页，嘉庆二十年十一月己酉谕内阁。
② 参见《皇朝琐屑录》卷6，第16页。
③ 列传298，列女4。
④ 嘉庆九年定，《光绪会典事例》卷160，户部，田赋，第7页。
⑤ 《光绪会典事例》卷752，刑部，户律，户役，第4页，人户以籍为定。《读例存疑》卷9，户律，户役，第22页，人户以籍定。
⑥ 《乾隆实录》卷1076，第7—8页。
⑦ 方拱乾《绝域纪略》。记载宁古塔事。

八旗户下带地投充庄头和奴仆一样，其人身"典卖悉由本主自便"；① 无论旗档有名无名，均不准应试出仕。② 他们的子弟同样无此权利；至乾隆三年礼部议准，这项规定有所放宽，投充庄头子弟"注名另册咨送，归入汉军额内考试"。③

但投充至内务府的庄头不同。他们带来的土地变为内廷拥有的皇庄，本人即使"后经分拨各王公门上"为庄头，并不在内务府所属土地上当差，但只要他已入旗档，那么，宗室王公就不能像对待直接投充到自己门下的投充庄头那样随意将他典卖。④ 内务府各司所属大粮庄头、园头、投充庄头、蜜户……"等亲丁内有情愿考试者，呈明各该处，查核丁档内有名者，方准报考，照例办理，咨送考试，"⑤ 其身份权利自不相同。

由此可见，"庄头"是比较复杂的。他的身份地位与其作为庄头的条件有关：是遴选还是投充；同是王公属下，要分别是直接投充还是内务府分拨指派，等等。总之，他们的身份是不是奴仆，或者说，他们所处的等级是否贱民，不能简单地由"庄头"二字判断，其中特别需要注意的是内务府所属庄头，他们不论是否投充而来，是否已被派拨王府，其身份均与一般庄头不同。

不过，即使如此，庄头，包括内务府庄头及王公庄头，只要他是住在庄屯的，有时又都被看作是"下等旗人"，而非"正身"旗人。⑥

旗庄庄头，包括身份低下如投充庄头的在内，依仗主子的势力，在地方横行霸道，无恶不作。皇庄粮头"名达宫廷，气焰张甚"。⑦ 宗室王公所属庄头也并不稍为善良。他们"渔肉骚扰，乡村小民不得安一日饮食之乐"。⑧ 对此，"有司畏威而不敢问，大吏徇隐而不能纠"。⑨ 如前所述，有的庄头可

---

① 《光绪会典事例》卷160，户部，田赋，第7页。道光《户部则例》，卷10，田赋4，第9页，置产投税。

② 嘉庆十一年礼部奏准定例。参见《读例存疑》卷9，户律，户役，第22页，人户以籍为定。

③ 乾隆三年十一月癸亥。参见《乾隆实录》卷80，第28页。

④ 参见《光绪会典事例》卷160，户部，田赋，第7页。

⑤ 《刑案汇览》卷7，户律，户役，第40—41页，人户以籍定。道光十年内务府题，四月十二日奉旨"依议"。

⑥ 《读例存疑》卷7，名例律上，第6—7页，犯罪免发遣。

⑦ 张廷骧《不远复斋见闻杂志》卷1，第5页，陈知县善政。

⑧ 顺治八年闰二月，宁夏巡抚李鉴揭帖，参见《明清史料·丙编》第4本，第308页。

⑨ 康熙二十一年七月谕吏部。参见《畿辅通志》卷1，诏谕1。第30页。

以拥有顶带，所以"公然敢于地方官对抗"，① 甚至殴打在职官员，② 也就不足为奇了。这种情况，朝廷知道得一清二楚。康熙皇帝玄烨于二十一年曾对即将赴任的直隶巡抚格尔古德说，"直隶旗下庄头与民杂处，朕闻所在凶恶庄头，自以旗下，倚恃其主，甚为民害"。③ 故有时也曾想对之加以制裁。例如，康熙二十二年定例，"庄头等倚势害民，霸占子女，无故将良民捆打致死，把持衙门"，被揭露后，要给其主子以降级处分。④

雍正初年，胤禛通过直隶巡抚李维钧了解情况，于元年、四年一再命令内务府、吏部等衙门给有势庄头以一定打击，⑤ 但相当困难。当时宛平县的李保住及其子侄，房山县的六哥，宝坻县的二焦，丰润县的陈扇坠子，滦县的李著伯兄弟，静海县的李大权等，大抵都是财产百万，富豪一时，为非作歹，横霸一方的凶恶庄头。他们都拥有大量田产房屋，开张当铺、印子铺，放高利贷以准折他人田房，勒买贫民妻女。有的更是强奸妇女，窝藏妇女卖奸得利。有的敢于轻易打死壮丁、伙计。他们还包揽人命官司；当牵涉官司时，敢于"抗不赴审"。这些庄头"与内廷势要无有不交接往来者"，小小的地方官对他们自然无可奈何。直隶巡抚李维钧在上雍正帝的密奏中却称其中有的已经改恶从善了。这种说法，恐怕是孔方兄的神通。

雍正意欲打击，也只能号令于一时，施惩于个别，对于大批豪势庄头，他也是没有办法对付的。所以，庄头为害依然如旧。嘉道间，奉天锦县知县陈昶不畏权势，曾以迅雷不及掩耳之势，将当地恣行无忌的皇粮庄头高林进行突然袭击，先行抄家问斩，然后禀报上司。禀呈之日，"中贵缓颊之书已达于该省大吏矣"。奉天大吏终以"擅杀"的罪名落县令陈昶之职。⑥ 庄头与内廷势要关系之密切，打击庄头之不易，此例可见一斑。

庄头为恶的程度往往并不完全决定于他本人的身份，而以主子的地位为根据。投充庄头身为奴仆，但他倚仗八旗王公贵族的势力，对于汉人百姓满可为所欲为。所以说，作为奴仆庄头，往往也成豪奴恶仆，并不因其身份低

---

① 魏际瑞《四此堂稿》卷 10，奏对大略，第 9 页。康熙初年。

② 中国第一历史档案馆藏《吏垣史书》，雍正五年九月。

③ 《康熙实录》卷 101，第 9—10 页。

④ 参见《光绪会典事例》卷 727，刑部，名例律，犯罪免发遣，第 3 页。参见《畿辅通志》卷 1，诏谕 1，第 30、32、53—54、61 页等。

⑤ 参见《畿辅通志》卷 2，诏谕 2，第 53—54、61 页等。

⑥ 参见《不远复斋见闻杂志》卷 1，第 5 页，陈知县善政。

下而善良；反之，为恶的奴仆也不一定表明他的社会等级身份较高。

（二）"壮丁"问题

清代文献资料中常常出现"壮丁"一词。但是，不少资料中的"壮丁"所指并非本文需要深入研究的作为农业劳动力的奴仆。因此，我以为在分析描述"壮丁"情况的史料时慎重辨别其含义是有意义的。

清制，旗人户口由八旗都统负责编审。① 编审每三年进行一次，称为"比丁"。② 所载册籍，以户为单位。户，亦称"另分户"，③ 通称"另户"，包括两大类：一为旗人官员、兵丁及闲散，是谓"正身另户"或"正户"；一为"户下之开户者"，通称"开户"。④ 这种户籍册要求登记各该另户的户主与成员的身份（注明本人及父兄等的官职或为闲散）以及家奴的姓名。⑤ 奴仆不具独立户籍而附名于主人册后，故称"户下"。⑥

八旗编审办法规定，"凡壮丁，以十六岁为准，及岁者皆入册。比较旧册，应增减者皆声明焉"，⑦ "以周知丁壮之数"。这就是所谓"丁系于

① 八旗都统"掌满洲、蒙古、汉军八旗之政令，稽其户口，经其教养，序其官爵简其军赋，以赞上理旗务"。参见《光绪会典》卷84，八旗都统。

② 福格《听雨丛谈》卷5，第107页，比丁。

③ 《古今图书集成》经济汇编，食货典卷17，户口部。第678册，第27页。所以说，把"另户满洲旗人"当作沦为奴隶（一般是家内奴仆）的满洲人的一部分，是不妥当的。

④ "户下之开户者亦为另户（户下人或在军营出力，或因技艺出众，奉旨入册者，其本身及父子亲兄弟俱开为另户）"。见光绪《大清会典》卷84，八旗都统。"各佐领下已成丁及未成丁已食饷之人，皆造入丁册，分别正身、开户、户下"，"正户之子弟均作正身份造"。见《清通考》卷20，户口2，第5037页。《清通典》卷9，食货9，户口丁中，第2072页。"另户亦有不同：其中有行同奴仆、卑污下贱者，亦有原系家下奴仆，开户而为另户者"。见《光绪会典事例》卷727，刑部，名例律，第4页，犯罪免发遣。"八旗氏族载在册籍者曰正户，僮仆而本主听出户者曰开户"。参见《皇朝琐屑录》卷1，第10页。

⑤ "书其氏族官爵，无职者曰闲散某。凡父兄子弟、兄弟之子，与其家奴皆书焉"。参见《光绪会典》卷84，八旗都统，第3页。

⑥ "户下（家奴或系契买，或系从盛京带来，或系带地投充，或系乾隆元年以前白契所买之人，俱于本名下注明，编入另户本主人户下）"。参见光绪《大清会典》卷84，八旗都统，第3页；《八旗则例》卷3，户口，第1页，编审丁册；参见《清通考》卷20，户口2，第5037页等。又，"辨民人，若户下之混冒者。（……如旗下家人之子随母改嫁于另户旗人，民人之子随母改嫁于旗下家人，及家人抱养民人之子为嗣，均以户下造报）"。参见《光绪会典》卷84，八旗都统，第3页。

⑦ 《光绪会典》卷84，八旗都统，第2—3页。按，编审入册的壮丁标准，历有改变。以前，以身高足五尺及虽未足五尺但已食钱粮之人入册。雍正七年，应副都统高应翻奏，改为十五岁以上之另户壮丁入册。乾隆四年时，入册者为十八岁以上壮丁。均见《八旗通志》卷31，旗分志31，八旗户籍，编审丁册。

户"。① 这种户口编审，也称"编查壮丁。"②

可见，八旗编审户口册籍中所谓"壮丁"和"丁壮"是同一概念，凡十六岁以上男子，不论身份，均包括在内，并非仅指奴仆。

八旗编制中佐领所率"壮丁"也是指八旗丁壮。

八旗是一种军事组织，③ 也是行政组织，所有旗众均被编制在这一系统之内，没有例外。八旗都统负教养之责。八旗中，镶黄、正黄、正白三旗由皇帝"自将"，即直接统辖，正红、镶白、镶红、正兰、镶兰五旗则为王公僚属。④ 每旗各设都统（固山额真）一、副都统（梅勒章京）二、下属参领（甲喇章京）五及副参领五，层层领导，以下各治佐领（牛录章京）若干。⑤

佐领是八旗组织基本单位的领导。在协领之下分理旗务。⑥ 旗众均分于各佐领；每佐领所属以一百五十人率。⑦ 这只是最初的大体规定，由于人口变动，实则常有上下。⑧ 不足之余额，或户口滋生，则增设新的佐领。⑨ "夫佐领之管佐领下人，无异州县之于百姓"，⑩ 或谓"参、佐领犹如两司道府"。⑪

佐领既是一级行政长官，"佐领下人"乃是旗众百姓，因此《大清会典》规定的"每佐领编壮丁一百五十人为率"⑫ 中所说的"壮丁"当然不能理解为奴仆。

---

①　《光绪会典》卷21，户部。

②　顺治九年二月丁巳谕。参见《顺治实录》卷63，第3页。

③　"每一佐领置一骁骑校，卒五十名，无常员，惟人数之多少而置焉，谓之马军营"。金德纯《旗军志》。

④　昭梿《啸亭杂录》卷2，第10页，王府属下。

⑤　顺治十七年三月甲戌谕。参见《顺治实录》卷133；《皇朝琐屑录》卷1，第10—11页。

⑥　《黑龙江外纪》。

⑦　《光绪会典》卷84，八旗都统。

⑧　钟琦称，佐领"以三百人为率"。参见《皇朝琐屑录》卷1，第10页。胤禛曾说，"一佐领下满洲多不及二百人，少或七八十人，计户不过四五十家"。参见《上谕八旗》雍正五年，第45页。颙琰曾说，"八旗满洲一佐领下，多不及数百人，户不过数十家"。嘉庆十八年谕，参见《光绪会典事例》卷399，礼部，风教，第6页。金德纯说，"凡选卒伍之法，一佐领壮丁二百名。以五尺之表度人，如表，能胜骑射，充壮丁人籍，至六十而免籍"。参见《旗军志》。

⑨　《光绪会典》卷84，八旗都统。

⑩　雍正五年八月三十七日谕。参见《上谕八旗》雍正五年，第45页。

⑪　嘉庆十八年谕。参见《光绪会典事例》卷399，礼部，风教，第6页。

⑫　卷84，八旗都统。

由上可见，"壮丁"一词往往作为旗众出现。例如，顺治元年规定，"定民间无主田房拨给八旗壮丁"；① 乾隆二十七年要求八旗汉军都统清查"现在屯居壮丁开明旗分、佐领姓名、家口住址清册咨送户部"，设"屯目"以管束②等资料所讲的"八旗壮丁"、"屯居壮丁"，都属于上述含义；乃是指旗人中的"庄屯力作之家"。③ 史料中的"闲散壮丁"，号"西丹"者，也属同类，是指没有担任职务的旗众百姓。④ 他们虽然未被选中马甲、护军，但同马甲、护军一样具有被挑取为八旗最基层领导"领催"的资格。⑤ 而这一资格不仅奴仆没有，就是已脱离主人的开户人也不具备。⑥ "八旗壮丁"、"屯居壮丁"或是"闲散壮丁"都有时被略称为"壮丁"，这种"壮丁"当然不应误解为作为奴仆的壮丁。

前述八旗编审将定居旗人所属奴仆壮丁均包括在本主户下了，是为"户籍内人"。⑦ 与此同时，外任官员及各省驻防旗人的随任亲属及家丁也要开列上报。⑧ 这种"家丁"作为奴仆，同样没有独立户籍。⑨

除此之外，还有许多皇庄，包括畿辅庄、盛京庄、锦州庄、热河庄、归化城庄、吉林打牲乌拉、驻马口外庄等，所属庄头、壮丁，每三年也要进行

① 《光绪会典事例》卷159，户部，田赋，第3页。
② 《光绪会典事例》卷156，户部，户口，第4—5页。
③ 雍正八年户部议覆。《八旗通志》卷83，土田志2，第7页，畿辅规制2。
④ 如前面提到的，选取骑兵卒伍，五尺为度，不合标准的壮丁"为馀丁，不任征伐，国有大役，即以役之"。参见《旗军志》。"旗下未入伍者号'西丹'，遇有征伐不得与，多充'库图勒'。因人自奋，以取功名。如公海（兰察）即由此起家。'库图勒'转为'库特勒'，译言控马奴也。都人当谓不受凌虐而衣食足者，可称'库特乐'"。《黑龙江外纪》卷3。西丹，参见《同治实录》卷8，咸丰十一年十月谕。
⑤ 聂崇歧："bošok拨什库者由bošo孳乳而来，满语bošo为催促，故拨什库华言为催促人，汉名定为领催，司文书饷糈之事"。《满官汉释》，参见《燕京学报》第32期。
⑥ "国初定，领催不论满洲、蒙古、汉军，均于本佐领下马甲内选充"。"又定，护军亦准选用领催"。"雍正二年覆准，八旗领催缺，均于本佐领下正身马甲、闲散壮丁挑取。……如……将开户人挑取者，查出，该骁骑校以上皆分别议处"。因为"领催等渐次录用，皆可得膺官职，开户人原无为官之例"。均参见《光绪会典事例》卷1121，八旗都统，兵制，第2页，挑补领催。
⑦ 《清通考》卷20，户口2，八旗户口，奴婢，第5041页。
⑧ 《听雨丛谈》卷5，第107页，比丁。
⑨ 清代奴婢用于生产劳动的，我们称为"奴仆壮丁"。用于服役劳动的奴婢又可分为两类。一类用于家内生活服役，其中婢女、仆妇所占比重较大；这类中的男性奴仆也包括"管家"。另一类官员们主要用子公务，兼及服役侍候的贴身人员，一般称为"家丁"或"家人"。关于"家人"的情况，本书限于篇幅，不及详述，容后再论。

一次编审。这一工作也是前述比丁的一个组成部分，由内务府委所属会计司及有关将军、都统、总管进行，分别造册报府。编审时，将各庄"壮丁"自二三岁以上均登记入册。庄头自买的奴仆也包括在内。① 这里所说的"壮丁"是指皇庄中从事生产的奴仆，和八旗都统负责的八旗编审中的"壮丁"不是同一概念。

综上所述，八旗另户（包括上自王公、下至旗众兵丁）所属奴仆壮丁，外任官员及各省驻防旗人拥有的家人壮丁以及皇庄所属壮丁等，均各有所隶。他们虽然没有独立的户口，不成另户，但都包括在编审壮丁册内了。

所以说，清代文献中的"壮丁"有的是指在册的成丁旗众，有的是指奴仆劳动力。从载入册籍的角度讲，前者似可包括后者，但从性质上讲，二其绝不可以混淆，作为奴仆的"壮丁"和作为旗众的"壮丁"是不能相提并论的。这一点应该明确起来，否则将有碍于我们对文献中某些有关八旗生产组织或生产关系的资料的分析。

清代文献中还有用"壮丁"泛指青壮年的情况。如规定"广东沿海村庄自出壮丁守卫身家，如能拿获真盗，审无挟嫌诬害情事，量加奖赏，于关税、盐课赢余项下动支，报部核销"，② 其中"壮丁"就是指成年男子，更与我们现在考察的奴仆壮丁无关了。

根据以上对"壮丁"的理解，可以认为清代史料记载的劳动力壮丁并非清一色的奴仆。以官庄为例：

盛京内务府所属官庄壮丁名目甚多。除"庄头户下壮丁"、"寄养人丁"等属于奴仆外，另有许多壮丁不是奴仆。他们的祖先于清初设立官庄时拨归会计司，与庄头同入旗籍，同册注载，共垦官田。他们既可置买田产，也可参加考试。盛京户部也有档册有名、属于正身旗人的壮丁。③

又有一些官庄开辟时由其他地区调入壮丁以从事农业劳动。如乾隆二年令盛京将军从盛京派出四百名"能种地壮丁"前往黑龙江呼兰地方开垦荒地。其组织办法是每十丁编为一庄，每十庄设领催一名管理，共设官庄四十所。这批壮丁全家自盛京迁往呼兰。办法规定，每家每名发给碾磨银五两，

---

① 《光绪会典》卷94，内务府，第1页。
② 道光或咸丰《户部则例》卷3，户口3，第12页，保甲。
③ 《东华续录》光绪106，光绪十七年十月癸丑，盛京将军裕禄等奏。

整备行装银二两，沿途各给口粮；拨驿站车辆及运粮船只将他们送到目的地。到达呼兰后，每丁发给冬夏衣帽。其家大口每月给粮二斗四升九合，小口半之。壮丁每名拨给土地六十亩。每开垦地六亩，给籽种二斗。每庄给牛六只；如有倒毙，动支库存牛价银买补。此外各多给二只，令全出己力垦种，其中如有倒毙毋庸补给。每半月给牛料粮一石二斗。其家口粮给一年，牛料粮给两月。每丁所受之地，岁纳粗细粮三十石，第一年免输，第二年交半，第三年全纳。每丁给盖草房二间，委官兵采木建造，每间各给饭银四两，动支库银仓粮。可见参加呼兰官庄开垦的盛京壮丁，除土地官有外，初去时所需籽种、牛只、牛料等生产资料以至路费、房屋、口粮、碾磨、衣帽等生活资料全由官中供给。这些自盛京调往呼兰的"能种地壮丁"到底是什么人呢？文件没有细说，我们从该件最后所讲的：这批官庄设置完竣以后，令盛京将军考虑"再于八旗开户人内询明有愿往呼兰垦种官地之人"，增设官庄若干的话中体味到，已去的和将去的人是一样的，"再"字意味着先去的"能种地壮丁"也是"八旗开户人"。①

　　四年以后，仍在呼兰增设官庄五所，壮丁来源是"将前设四十官庄之闲丁一百三十八名内选择五十名"。次年，即乾隆七年，又于附近增设官庄五所，仍从盛京"开户人"内选取。这两次的办法与乾隆二年所订全同。②

　　《大清会典》载明，"户下之开户者亦为另户"，③ 其身份已不是奴仆。虽然像前面已经论及的那样，开户人和主人间还保持着不平等的关系，但他们自盛京调往黑龙江，已经远离主人，情况自当不同。他们被选到呼兰耕种官地，缴纳定额租赋，从文献所描述的情况看，他们的身份并未下降到奴仆地位。至于另外的条例中所说的那些携带眷口给官庄内纳粮当差的"盛京旗人"，就更可肯定不是奴仆了。④ 因此不能说这类官庄全是使用身为奴仆的壮丁劳动力进行垦种的。

　　当然，以上结论也并不意味着凡官庄都没有奴仆壮丁。例如，康熙中叶

---

　　① 《光绪会典事例》卷1119，八旗都统，田宅，第1—2页；又见卷161，户部，田赋，第1页。

　　② 参见《光绪会典事例》卷1119，八旗都统，田宅，第1—2页；又见卷161，户部，田赋，第1页。

　　③ 卷84，八旗都统，第3页。

　　④ "盛京旗人并旗下家奴，携带眷口在吉林地方种地，准给官庄内纳粮当差，并饬该管官严加管束，毋许滋事"。参见道光或咸丰《户部则例》卷2，户口2，第1页，官庄壮丁。

边外积谷，达尔河北地方官庄由内务府派"壮丁"前往耕种；呼儿河地方由五旗王等"庄屯人"前往耕种；席喇穆伦地方派"盛京人役"耕种；各地均派官员监督。① 乾隆间，有的吉林官庄就是由"盛京旗人并旗下家奴携带眷口在吉林地方种地，共四十户，一百八十二名。内除正身旗人仍解回本处，照例办理，其盛京兵部、工部、内务府之壮丁，并王公宗室之家奴及旗下家奴，请人于官庄耕种，纳粮当差"。② 显然，这类官庄中的劳动力，包括分属盛京兵部、工部和内务府系统的壮丁、王公宗室的家奴和旗下家奴等都是奴仆壮丁，而非另户正身旗人。

　　还有一种官庄，以犯有流罪的发遣人犯（并非为奴遣犯）为壮丁，充当开垦耕种的劳动力。黑龙江，吉林等地均有这类遣犯及其子女被拣送安插于官庄为壮丁，按年照例缴纳粮食。③

　　例如，《宁古塔纪略》的作者吴桭臣之父吴汉槎因顺治十四年科场案戍黑龙江，到达宁古塔后，住郊区开办塾馆为生。康熙初年，"逻车国"人骚扰，边界不靖，为抗击侵略，清廷下令组织发遣流犯或参加水营兵勇；或召募为庄头、壮丁，利用这批犯人于黑龙江"立三十二官庄，屯积粮草"。其组织，"每一庄共十人，一人为庄头，九人为壮丁，非种田即随打围、烧炭。每人名下责粮十二石，草三百束，猪一百斤，炭一百斤，石灰三百斤，芦一百束。凡家中所有悉为官物。衙门有公费皆取办官庄"。④

　　原来作为一般流犯，可以自谋生理，甚至可以雇用佣工。⑤ 吴汉槎所遇到的是战备需要的特殊情况，必须于水军、庄头、壮丁中选择一项充当，带有强制性质。即使如此，"认工可代"。吴氏即以认工太常寺衙门得免。无银认工，不得不到官庄充当壮丁的犯人中，曾有一人之子得任拨什库（领催），后得实授八品笔帖式，并升县丞。⑥ 吴桭臣的描写如若属实，那就是说，这批官庄是以遣犯为壮丁的，其组织是和一般官庄一样：领催、庄头和壮丁。"凡家中所有悉为官物"，说明壮丁的房屋、耕牛、种籽、农具，甚至部分生

---

① 康熙三十年十二月丁亥谕大学士。《康熙实录》，卷153，第25页。

② 乾隆四十四年军机大臣等议覆。《清通考》卷20，户口2，第5040页。

③ 参见道光或咸丰《户部则例》卷2，户口2，第2页，官庄壮丁。

④ 吴桭臣《宁古塔纪略》。

⑤ 《黑龙江外纪》记载，"齐齐哈尔等城不过负郭百里，内有田土者，世守其业徐皆樵牧自给，或佣于流人、贯客，以图温饱"。

⑥ 参见吴桭臣《宁古塔纪略》。

活资料都是官家供给的。但不可忽略的是，这些壮丁的身份是犯人，他们和作为私人奴仆的屯居壮丁或内务府、王公宗室等所属壮丁都是有区别的。他们的儿子可以出仕就是一个重要的差别。

乾隆三十五年曾有一个定例反映官庄中遣犯壮丁和一般壮丁的差别："官庄壮丁如有逃走，该管官即行具报缉拿；获日照例惩治。至发遣人犯入在官庄内者，如有逃脱，亦令报部缉获，究其有无行凶为匪，按其原犯罪名，照脱逃例分别议拟"。① 这条定例说明，官庄内的遣犯充当壮丁，出逃被缉，乃是由于执行刑法和保证治安的需要，而非由于他是作为壮丁的缘故。特别是流犯会赦，自然同时恢复了凡人身份；而这种机会，却又是奴仆壮丁所不可得到的。

雍正五年奏准，"凡拨发屯庄之犯，将伊妻及同居之子一并发往。其分居当差之子，准其存留"，严禁私逃。乾隆二年规定，"本犯病故，妻子可以回京"。② 这也和奴仆壮丁大不相同。

可见，分析官庄壮丁时，需考虑遣犯的这种特殊性。正因如此，不宜根据吴振臣所说的遣犯组成的官庄中的壮丁"凡家中所有悉为官物"得出结论说官庄壮丁都"与主人共财产"。至于论证官庄壮丁"是没有自己的独立经济的"，当然也不宜用这种描述特殊情况的资料。

总之，清代官庄中劳动力的组成是复杂的。他们的身份各不相同，不能凡见官庄就认定是使用奴仆壮丁进行生产；需具体分析其劳动力来源，分别弄清他们的情况。忽视这一点，就可能混淆官庄中不同生产组织的性质。

（三）奴仆壮丁的身份地位

清初，满洲八旗崇武习战，除围猎外，不事生产。"将佐居家皆弹筝击筑，衣文绣策肥，日从宾客子弟饮"。③ 牧畜、手工以及农业生产全靠奴婢进行；至于生活服役就更不消说了。清代统治者视此为当然，从不讳言。顺治福临说，"向来血战所得人口，以供种地牧马诸役"。④ 康熙玄烨说，"满洲

---

① 《光绪会典事例》卷860，刑部，督捕例，第5页。
② 《乾隆会典则例》卷164，内务府，慎刑司，第55—56页，发遣。
③ 金德纯《旗军志》。
④ 顺治十二年三月壬辰谕兵部。参见《顺治实录》卷90，第4页。

藉家仆资生",^① 又说,"八旗官兵皆倚屯庄收获用以资生。"^② 乾隆弘历也同意,"边地官员受田耕种,全赖奴仆力作"。^③

总之,满人役使这些奴婢,"大事小事各得其力"。^④ 他们不能想象,如果没有这些奴仆,"驱使何人?养生何赖?"^⑤ 他们就要"失其所业",^⑥ 就无法存活了。这些说法反映了这样一个事实:当时满族奴隶制的残余在生产关系中还占有相当地位。

八旗赖以养生的"壮丁"和前述作为丁壮的壮丁根本不同。这种壮丁是奴仆队伍的组成部分;但作为奴仆,又和在主人身边从事服役劳动的奴婢有别。他们屯居乡间,从事生产劳动,是生产者。所以我们称为"奴仆壮丁",以示其与丁壮、与服役奴婢有别。

那些因主人犯罪,被作为主人财产籍没入官、拨入皇庄劳动的奴仆,当然是奴仆壮丁无疑。^⑦

奴仆壮丁不属正身旗人行列,他们在庄头名下进行生产。乾隆四十四年驻马口外革退庄头四名及家属一百四十馀口"交该庄头张思载等名下充当壮丁",张某不愿收留,呈称"无力养赡"。^⑧ 可见有时壮丁是由庄头负责其生活的。正因如此,在清代文献中奴仆壮丁有时也称为"庄头属下壮丁。"^⑨

奴仆壮丁没有独立的户籍,只附属在主人户下为"户籍内人"。^⑩ 如主人是兵丁,则为主人屯种。所有奴仆壮丁既"不应考试秀才,亦不准食饷披甲"。^⑪ 清律中有关奴婢的律文对他们统统有效。他们是奴婢队伍的重要组成部分,清代前期尤其如此。

---

① 康熙四年正月甲午谕兵部、督捕衙门。参见《康熙实录》卷14,第2页。

② 康熙二十九年正月甲辰谕户部。参见《康熙实录》卷144,第4页。

③ 乾隆三十三年二月乙丑。参见《乾隆实录》卷804,第16页。

④ 魏际瑞《旗丁所买小厮不宜与逃人同例》。参见《四此堂稿》卷10,奏对大略,第18页。

⑤ 顺治十二年三月壬辰谕兵部。参见《顺治实录》卷90,第4页。

⑥ 顺治十一年九月乙丑谕汉臣。参见《顺治实录》卷86,第2页。

⑦ 参见《乾隆会典则例》卷160,内务府,会计司,第33页,籍没家产。

⑧ 参见《乾隆实录》卷1076,第32页,乾隆四十四年二月戊辰。

⑨ 《刑案汇览》卷7,户律,户役,第40页,人户以籍为定。当然庄头属下壮丁也可包括庄头价买的奴仆壮丁。

⑩ 顺治八年谕。参见《清通考》卷20,户口2,八旗户口,奴婢,第5041页。

⑪ 《刑案汇览》卷7,户律,户役,第40页,人户以籍为定。

　　壮丁分有（"赏给"）当差养家房地"一壮丁予田三十亩"。[①] 但这些土地典卖"悉由本主自便"，[②] 而壮丁无权将他们出典出卖。奴仆壮丁可以自己畜有资财，甚至在主人败落的情况下，仍可能归他们自己保有。文献中有这样的事例：乾隆末年，三河县旗民河森"穷苦日甚"，将契买的"屯居旗下家奴"侯振极父子出卖。买主侯阿林"贪图侯振极父子有资，应允承买，言定身价银两两次交足。立契钤印后，阿林随向侯振极声言契买缘由，即向侯振极索诈银两"。侯振极不给，何阿林将侯某之子侯添禄捆殴致死，酿成命案。乾隆批谕：侯"阿林贪图侯振极父子资财，用银置买，其居心已不可问。及至索银不遂，将侯添禄捆殴致毙，情节甚为可恶。若论旗下殴毙家奴，原无拟抵之例。但阿林以甫经置买主人，起意勒索，以致捆殴伤命，实属贪很〔狼〕，将来定案之时，自应照平人例拟抵，方足以昭平允"，"以为贪暴不法者戒，不得以阿林系属旗人稍从轻减也"。[③] 这一案件及其处理过程说明，第一，屯居家奴是可以拥有资财的；第二，奴仆壮丁的资财不与主人共有。奴仆壮丁人身被卖，其拥有的资财随身带走。主人可以出卖奴仆壮丁以得其身价，但不得卖其身而留其资财。第三，主人索诈自己所有的奴仆壮丁的资财是不合法的，乾隆帝为禁止这种行径，曾将犯者加重处理。可见，从一定意义上讲，屯居奴仆壮丁是可以拥有独立经济的。此案发生于乾隆五十六年；至于一个世纪之前，即清帝国甫建之时是否也是如此，尚需资料证明。但无论如何，到乾隆年间，在一定条件下，奴仆的身份和经济水平可以背离，这种现象是值得注意的。正因为可以拥有浮财，所以他们才具有摆脱奴仆地位（赎身）、置买包括土地在内的生产资料[④]等的可能性。当然，这并不是说绝大部分奴仆壮丁都能像侯振极父子那样拥有令其新主唾涎的财产；否则逃人问题就不会那么严重了。

　　奴仆壮丁是可以被买进卖出的。但清建国之初规定满洲壮丁只得在本旗

---

　　① 《旗军志》。

　　② 乾隆五十六年奏准。参见《光绪会典事例》卷160，户部，田赋，第4页；又见卷1118，八旗都统，田宅，第4页。

　　③ 乾隆五十六年六月乙丑。《乾隆实录》卷1381，第8—9页。

　　④ 定例，"旗下家奴以及民人典买旗房，除在（乾隆四十七年）定例以前仍准执业外，嗣后无论在京在屯，概不准典买。如有指房借银，倒提年月，以及借旗人名目典买者，一经发觉，照私典旗地例，将典买房间撤出，追价入官，仍按律治罪"。参见道光或咸丰《户部则例》卷10，田赋4，第15页，违禁置买。

范围内买卖，不得购买他旗壮丁，或将自己的壮丁卖给他旗属下。凡越旗买卖壮丁被人揭发首告，卖者所得身价银分作三分，一分赏给首告人作为奖励，二分没收入官；被卖的壮丁撤回本旗。此项交易，卖者所属佐领如不知情，则将该壮丁仍拨回本佐领下，另给贫苦旗民充当壮丁；如佐领原知情，则该壮丁拨归本旗其他佐领，以示惩戒。① 可见，奴仆壮丁的买卖与土地的买卖无关。他们不是当主人出卖土地时被作为土地的附属物一道卖出，而是作为主人的一种财产单独出卖的。从这一点看，奴仆壮丁的身份具有浓厚的奴隶的特色。

清律规定的家长对"违犯教令"的奴婢"依法决罚""邂逅致死无罪"的律文，其适用范围包括奴仆壮丁。《清稗类钞》中关于康熙时纳兰明珠"广置田产，命诸仆主之"，"立主家长一人综理家务，不法者，许主家长毙之杖下"的故事是可信的。② 宗室王公对所属奴仆壮丁"随意苛征差银。有不允者，索群到府，匪刑虐罚，增几倍而后已"；或者"偶有拖欠不齐者，立将壮丁索拿到府，任意虐待。当其冰天雪地之寒，以冷水灌顶之惨，夜间铁锁加头，螺泄床沿，便溺不已，辗转尤难"。③ 看来，这可能是相当普遍的现象而非特例。

更能标志奴仆壮丁身份的是，他们和服役奴婢一样受惩治逃人的《督捕则例》的约束；甚至应该说，清初有关惩治逃奴的条例，其主要的惩治对象就是他们。自康熙中叶督捕衙门撤销，至乾隆中叶逃人问题早已不像此前那样严重，但如奴仆壮丁逃跑仍要严惩。乾隆三十五年定例，"官庄壮丁如有逃走，该管官即行具报缉拿；获日照例惩治"，"该管各官按照逃人名数分别议处"。④ 这里所谓"照例"乃是照有关惩治逃人的条例。

奴仆壮丁的子孙也只能充任壮丁。如嘉庆十七年谕：吉林官庄"所缺壮丁二百三十四名，准其以现存幼丁于五六年后添补足数"。⑤

奴仆壮丁是否可以充任庄头，则有不同情况。旗众，如宁古塔之"大

---

① 参见《光绪会典事例》卷1116，八旗都统，户口，第1页，旗人买卖奴仆。

② 第39册，奴婢类，第7—8页，明珠驭家奴之严。

③ 《奉天省公署档案》关于清朝庄头差丁事项捆8672号。参见孔经纬文，参见《历史研究》，1963年第4期。

④ 《光绪会典事例》卷860，刑部，督捕例，第5页。

⑤ 嘉庆十七年五月丁丑。《仁宗睿皇帝圣训》卷60，第9页。

家",拥有若干奴仆壮丁屯居乡间耕种,有的就从这些壮丁中"择一人为庄头,司一屯之事,群仆惟所指使"。① 但在皇庄、官庄之中,只有"庄头子弟"和"殷实壮丁"可以被派为庄头,② 而奴仆壮丁是没有资格充当庄头的。嘉庆间,某庄已革庄头屈三德之子屈天府接充庄头,有人因此向内务府提出揭发控告,说他"因属壮丁,不准挑充"。③

前面讲到奴仆壮丁有时属于庄头属下,但庄头属下的并不都是奴仆壮丁,还有"该庄头之伯叔兄弟",有"异姓之另户"等他们"既非出身下贱,又非有罪为奴",④ 和原属俘虏的壮丁以及"庄头契买之人",当然是不一样的。

就一个庄而言,庄头对主子负有缴纳产品、银两的责任。因之,庄内不论属于何种类型的壮丁均要受庄头的节制。若壮丁"不服庄头管束,将壮丁治罪。仍不拆散支派,拨给善于管束之别庄头"名下管理。⑤ 庄头对同等身份的壮丁也好,对奴仆壮丁也好,彼此间的关系都是相当紧张的。庄头打死壮丁的事当不罕见。如李维钧密奏宝坻县庄头焦同璧的罪状中就有"打死壮丁常柱、李三"之条。⑥ 旗人主子以庄头为鹰犬对奴仆壮丁进行残酷的剥削和压迫,"庄头等役使壮丁颇多暴悍非理",甚至"肆行陵虐"。⑦ 正是奴仆壮丁大量逃亡的重要原因。

余 论

一 明末清初中国奴婢制度的衰与兴

明季高迎祥、张献忠和李自成等大规模农民武装斗争席卷黄河流域及长江中上游广大地区以来,大军未及的东南地区也受到起义声势的震撼。较小规模的农民斗争遍及全国,受尽苦难的奴婢当然地成为这场斗争的积极参加者。他们有的卷入农民斗争队伍,有的则以奴婢自身的要求如索契、削籍等

---

① 《绝域纪略》。
② 参见《光绪会典事例》卷1196,内务府,屯庄,第1页。
③ 《刑案汇览》卷46,刑律,诉讼,第70页。
④ 《刑案汇览》卷39,刑律,斗殴,第39页。
⑤ 康熙三十年奏准。《乾隆会典则例》卷160,内务府,会计司,第18页,壮丁。
⑥ 雍正元年七月三十日奏。《雍正朱批谕旨》第五册,第10页。
⑦ 雍正二年五月庚戌谕。《雍正实录》卷20,第6页。

为目的自立旗号。江苏的金陵、溧阳、金坛、宝山、上海、崇明、昆山、松江，浙江的常山、安徽的黟县，江西的崇仁、奉和、龙南、安福，庐陵、永宁、永新、湖北的枣阳、麻城、黄安、江夏、应城、黄陂、黄冈、武昌，广东的顺德、新会、香山、开平、潮阳、高要、河南的光山、商城、固始等府州县的广大地区，自崇祯末至康熙初的二十余年间，以奴婢为主的斗争此起彼伏未尝间断。这种斗争给明代后期以来相当盛行的奴婢制度以很大的打击。奴婢所有者们坐卧不宁。"近俗仆隶都无良善，而主人养之深以为病"，[①] 正是这种状况的描写。奴婢斗争的发展，对淮河流域到珠江流域的广大地区汉民族在农业生产中使用奴仆的制度起了重大的抑制作用。这当然是历史的进步。

差不多就在同一时期，即努尔哈赤征明开始，到康熙初年的大约半个世纪内，八旗统治者在自东北地区开始直至关内特别是直隶地区的农业生产中组成了一支新的奴婢队伍。

明代的奴婢主要包括四种人：战俘、罪犯、投靠和卖身之人。到了清代，战俘成为早期八旗奴婢的主要部分；明令收纳投充，把明代的投靠合法化；繁多的新条例把判刑和缘坐为奴的罪行大大增加，把遣奴的接纳者从功臣之家扩大到驻防官兵；在镇压兄弟民族和农民起义过程中，官兵掠卖民人子女也成为良民陷身奴婢的重要途径；而设官局收孤儿任人领为奴婢则又是清代后期扩充奴婢队伍的一种新方式；当然，卖身之人仍是这支队伍普遍的、经常的、大量的来源。总之，至少从制度规定上讲，百姓从凡人等级沦入贱民等级，较诸前期蹊径大开。清王朝统治者为适应这一体制而制定的正式容许凡人庶民拥有奴婢的法律，以及满洲主奴关系原则在汉族中的普及，给中国封建社会增添了诸多更为残酷的内容。这无疑是历史的反动。

所以说，在清帝国建立之初的一段时期内，中国的奴婢制度在发生着两种相反方向的运动。其中逆向的运动乃是新的统治者武力征服所带来的必须接受的赐予，它给中国原有的、衰老的、正在受到严重冲击的奴婢制度注射了一针强心剂，使之再度兴盛。不过，衰老的事物毕竟是要走向没落的。中国的奴婢制度到十八世纪中叶后，主要保留在家内服役方面了。

① 张履祥：《杨园先生全集》卷19，议，第26页。

二　清代的奴婢制度和封建地主经济制相联系的

如胤禛所说，满洲"最严主仆之分"。但在入关前，八旗迄无系统的、成文的关于主仆关系的制度规定。所谓"严"，实际就是主人对奴仆随心所欲的剥削，压迫和残害罢了。入关以后，清王朝制定了《大清律》，其中也安排了奴仆的法律地位，确定了主仆关系的原则。有关律条，几乎都是承自明律：从这个意义上讲，又是按照汉族原有的主仆原则调整了八旗的主仆关系。这种关系，带有明显的宗法家长制的性质，已如前述。随后陆续制定的条例又把这种关系涂上浓厚的满洲色彩。在中国奴婢制度发展史上，清代的奴婢制度具有自己的特色。

清王朝建立后在关外及直隶地区形成的新的奴婢队伍，明显的特点之一是将奴仆运用于皇庄、官庄、旗地农业生产。这种奴仆壮丁制和封建地主经济制中的租佃制相较完全不同，甚为落后。它自产生伊始即与全国广大地区的租佃制相并存。皇庄、官庄、旗地内部也从建立时起就同时包括了租佃制的某些内容和形式。二是旗人因生计日益无着而陆续出卖旗地，奴仆壮丁的大量逃亡，使得落后的奴仆壮丁制无法和相对先进的租佃制竞争。因此，虽有禁卖旗地、严惩窝逃等一系列行政的、暴力的强大支持，使用奴仆壮丁进行生产的制度也难以维持。从事农业生产的奴仆的比例日渐缩小，最迟到乾隆中叶已经很少了。从这个意义上可以看到当时封建地主经济的生命力。

但在地主制经济下，沉重的封建剥削、无法克服的天灾以及经常发生的战乱人祸使得除卖身外无法生存的人不断增多；与此同时，不事生产的封建地主阶级正需大量劳动力为之从事各种服役。所以生产奴仆虽已消灭，而奴婢队伍却继续存在和扩大，朝廷法定的奴婢制度因之仍然有效。可见，恰又是封建地主经济制决定着清代奴婢制度的继续存在。清代后期雇佣佣人服役逐渐取代购买奴婢服役，使得奴婢制在趋向衰亡。不过这一过程相当缓慢，直至清季并未完成。

三　清代奴婢的性质

清代不同类型奴婢的身份地位各有差异。这些差异表现在是否可被买卖，妻及子女的身份，赎身、开户和放出的机会，离开主人以后的地位和权利等方面。如果从整体看去，他们都受奴婢律和督捕逃奴条例的约束。大体上说，清代的奴婢具有以下共同特征：

1. 他们是商品。除去作为罪犯的遣奴以外，清代奴婢均可买卖。这种人身买卖，既可经官印契，也可私下交易；既可在人市进行，也可只凭人媒；既可自身出卖，也可出售他人。他们的劳动力连同他们自身，甚至是全家人的劳动力和全家的人身一道永远卖出。

2. 他们是特定主人的财产。买者付出人身价格后，便合法地取得对卖者的人身和劳动力的所有权和使用权。主人可以命令他们做从侍候寝处直至上阵打仗，从处理公务到生产劳动等一切工作。主人可以用他们馈赠亲友、贿赂上司、赔女出嫁、准折债务或者将其转卖获利。主人犯罪应没收财产时，所属奴婢也被籍没发卖或由皇帝转赐臣僚。主人死后，奴婢作为遗产传给子孙或亲族，还可为自己看守坟墓。

3. 他们隶属于主人，不具独立的人格。清代奴婢没有独立的户籍，不得逃离主家。从法律上讲，他们以主人为"家长"，被编制在主人的宗法家长制体系之中，被置于主人家族中子孙卑幼的位置上，其法律地位低于家长所有有服亲属。法律保障主人及其有服亲族役使和体罚奴婢的权利，也保证主人及其有服亲族对奴婢的等级统治地位。在社会上，他们属于贱民等级，其社会地位低于一切其他等级的成员。

4. 他们与土地相分离。除部分投充人随带土地沦为奴婢外，清代少有买进土地而随带奴仆的现象。一般说来，奴婢买卖与土地买卖无关。例如主人有权将投充人带来的土地出卖而不必同时出卖该投充人。清代奴婢，包括从事生产的奴仆壮丁均不依附于土地而只隶属于主人。主人将奴仆壮丁束缚于土地的手段是占有他的人身。封建地主经济制决定了清代奴婢制的这一特点。

5. 他们的贱民身份一般世袭，并及妻子。主人的家长身份、奴婢的贱民身份以及主奴之间的全部关系均延及后代。只是为奴遣犯除刑律规定者外，不及妻子；为奴战俘也有例外。奴婢不得与主人、主人家族成员以至贱民等级以外的任何社会成员通婚姻。

6. 清代的婢女或奴仆之女婚配全由主人。她们可被主人收为妾媵。主人对她们拥有比初夜权更为彻底的权利；主人买得的"人身"包括肉体在内。

农奴主不能把农民看作自己的私有物品，而只能占有农民的劳动，并强迫他们担任某种劳役。农奴附属于土地，不能脱离土地而被买卖。从这些方面看，清代的奴婢更近似奴隶。但也须注意到以下各点：

7. 清代法典规定主人可以对奴婢"依法决罚"，并"邂逅致死"可以无罪，但没有赋予主人以任意杀死奴婢而不受任何处罚的权利；（特定条件下杀死遣奴是例外）从而在一定程度上承认奴婢是人而有别于牲畜。

8. 清代奴婢没有被规定不得拥有财产。有的奴婢拥有的财产可以包括浮财、土地、房屋甚至自己的奴婢；这当然是奴婢中的上层。一般奴婢中，有的也有积攒足够赎费用的可能。

9. 清代的部分奴婢有获得赎身的机会。虽然赎身奴婢及其三代内子孙仍不能得到与主家平等的法律地位，也不能获得完全的凡人等级地位，但从法律上讲，其中有的毕竟有赎身权利。

因之，清代的奴婢不是完整意义上的奴隶。其中从事生产的奴仆壮丁，也可像俄国农奴制那样，称为同奴隶制区别甚少的、表现得最粗暴的农奴制下的农奴。这是分析清代法典规定的奴婢的身份特点所得的结论。至于这种农奴制经济的实际运转情况，及其生产、分配的量的分析，容后再论。

四　从上文对清代奴婢制度的分析中还可提出以下两个问题

1. 资本主义以前的阶级社会中，阶级总不是简单地表现为赤裸裸的两大阶级。这是规律性的现象。清代封建社会中的等级关系也在把阶级关系复杂化。确定一种生产组织的生产关系性质时，分析其间各个集团在生产中的地位及其相互关系是一个重要问题。那么，为了研究皇庄、官庄、旗地，则分析庄头和壮丁的身份当然是有意义的。上文对庄头的分析中得到这样的认识：内务府所属庄头和王公属下庄头各有不同身份，属于不同等级；对壮丁的分析中得出的认识是清代文献中"壮丁"一词含义不一。换言之，清代文献中的"庄头"和"壮丁"这两个词都不是单一的等级概念，也不是单一的阶级概念。所以不便将凡有庄头和壮丁的皇庄，官庄和旗庄统统看成是同一种类型。因为使用发遣罪犯、为奴遣犯以及使用统一在"壮丁"这个名称下的、包括了旗民中的一般旗众、他们的奴仆、已经离开主人的开户人等不同的劳动力，他们和不同类型的庄头所形成的关系不能不具有许多差别。再从分配关系上讲也还有不少问题有待弄清。历史现象既然是复杂的，历史研究也就不应简单化。所以说，对清代皇庄、官庄和旗地的生产组织的状况及其发展变化，还有进一步发掘资料深入分析的必要。

2. 从清代条例看，不是所有卖身之人都属于奴婢范畴。付出买价但契约未曾经官用印的买主，在一定条件下，官府是不承认他具有奴婢家长身份的。在法律上不具有奴婢身份的某些白契所买之人，被当作"雇工人"看待。而在实际生活中这部分雇工人与家长的关系却又跟红契奴婢与家长的关系很难区别。这样，在研究雇工人等级时就应注意它内涵的非单一性及其与贱民等级间的复杂关系。

（1981 年 4 月）

（参见《中国社会科学院经济研究所集刊》第 5 集，北京：中国社会科学出版社 1983 年 2 月版。）

试论雍正五年佃户条例

——清代民田主佃关系政策的探讨之一

封建王朝制定的有关佃户的各项政策，反映地主和佃户之间关系的状况，并对主佃关系发生影响，这种影响也势必在生产中发生作用。清王朝是一个以满族皇帝为核心，以满汉地主官僚集团为主体组成的带有民族征服特征的封建政权。这样一个政权，制定了些什么样的有关民田主佃关系的政策呢？清王朝也是我国封建社会的最后一个政权，它的民田主佃关系政策和此前政权的相比又有什么特点呢？探讨这些问题，对于研究地主经济制发展到其成熟形态的清代社会经济是会有帮助的，也是必要的。清王朝制定过一系列民田主佃关系方面的政策，这些政策在不同时期曾陆续修改。限于篇幅，本文仅讨论其中之一，即雍正五年制定的关于佃户的条例，上述其他问题的讨论在另文中展开。

一 雍正五年佃户条例的制定和修改

清代关于民田主佃关系的政策，最重要的莫过于雍正五年所定的条例。让我们先考察一下这个条例的制定经过和历次修改的内容。

雍正五年夏，刚刚特授河南总督的田文镜上疏谴责该省虐佃积习。他揭露了绅衿地主将招为佃户的平民"视同奴隶"，供其役使，私自扑责，甚至"淫其妇女霸为婢妾"的罪行，和地方官或者不能察觉，或者徇纵肆虐的狼狈为奸的现象，也指出了受害的佃户"势不与敌，饮恨吞声，不敢告究"的实际情况，他认为，这些现象"习俗相沿，恒难改易"，因此建议"严加定例"，以期"永远禁革"。①

此本上后，吏、刑等部议覆，完全同意田文镜的意见，认为绅衿私置板棍将佃户任意扑责，淫占其妇女霸为婢妾，均为"倚势肆恶目无法纪"，应该定例严禁，草拟如下定例报批："嗣后如有不法绅衿仍前私置板棍，擅责佃户，经地方官详报题参，乡绅照'违制'例议处，衿监吏员革去衣顶职衔，照'威力制缚人及于私家拷打者不问有伤无伤并杖八十'律治罪。地方官失于觉察，经上司访出题参，照徇庇例议处。如将佃户妇女淫占为婢妾者，俱革去职衔衣顶，照'豪势之人强夺良家妻女占为妻妾者绞监候'律治罪。地方官不能查察，徇纵肆虐者，照'溺职'例革职，该管上司不行揭参，照'不揭劣员'例议处"。②

吏刑等部议覆上呈数日之后，得到胤禛的批示。他对二部所拟例文并未提出反对意见，但质问道："本内但议田主苛虐佃户之非，倘有奸顽佃户拖欠租课，欺慢田主者，何以并不议及"？③他之所以提出这个问题，是因他认为"凡立法务得其平"，④必须在上述建议中补充禁欠租、禁欺慢田主的内容，"立法方得其平"。⑤在此，他是想摆平缙绅、绅衿地方和佃户间的关系，而不意味他打算把佃户置于低于凡人等级的地位上来对待。

本来，胤禛并不把比租看作是地方政权的任务之一。雍正四年九月，受命监视福建巡抚活动的布政使沈廷正上奏揭发闽抚毛文铨各款中，第一条就指责毛氏上任后通饬全省勒限拘追佃户欠租，"以致穷民不无嗟怨"。胤禛当时批道，毛文铨所为"甚属不妥"。⑥那么，一年以后田文镜上奏时究竟是什么事情触发胤禛改变看法，想到欠租佃户的问题呢？除一般地讲租佃关系矛盾尖锐这一总的背景外，其直接原因乃是二部议覆中的一句话。该题本为了论证田文镜所讲佃户不是奴隶的道理时写道："查招募佃户本系贫民赁地

---

　　①　参见雍正五年九月十九日署吏部左侍郎查郎阿题本。中国第一历史档案馆藏《（吏垣）史书》，雍正五年九月份。

　　②　参见雍正五年九月十九日署吏部左侍郎查郎阿题本。中国第一历史档案馆藏《（吏垣）史书》，雍正五年九月份。

　　③　雍正五年九月戌寅旨。参见《雍正实录》卷61，第26页。

　　④　雍正五年九月戌寅旨。参见《雍正实录》卷61，第26页。

　　⑤　雍正五年九月二十二日胤禛曰。参见中国第一历史档案馆藏《汉文起居注》，雍正五年九月下。

　　⑥　《雍正朱批谕旨》第15册，第8—9页。

耕种，原非奴隶。纵拖欠租课，亦宜呈禀地方官究追，何得倚恃绅衿，私置板棍，任意扑责"？① 议覆所说"拖欠租课""呈禀地方官究追"，其实并无法律依据，地方官也没有这项职责。所以他们不是讲"依律（例）"呈禀，而是"亦宜"呈禀，不是命令地方官"比责"佃户，而是让绅衿要求地方官"究追"。现在，既然从法律上明确不准私置板棍擅责佃户，削弱了缙绅、绅衿超经济强制的能力，那么，地主阶级国家制定条例承担起保证其收租权得以实现的责任，就成为必要的了。

吏、刑等部奉旨再议，两个月后，根据胤禛意见拟定补充例文："奸顽佃户拖欠租课、欺慢田主者，应照不应重律杖责；所欠之租，照数追给田主"。②

一方面把"租置板棍、擅责佃户"的衿监吏员，比照"威力制缚人及于私家拷打者不问有伤无伤"治罪，另一方面把"拖欠租课、欺慢田主"的佃户，比照"不应重律"治罪。这两项罪名处刑一样，都是杖八十。以杖八十对杖八十，"于法得其平矣"。

是议，奉旨"依议"，时为雍正五年十二月初五日。③

最一修订的例文如下："凡不法绅衿私置板棍擅责佃户者，乡绅照违制律议处，衿监吏员革去衣顶职衔杖八十。地方官失察，交部议处。如将佃户妇女占为婢妾者绞监候。地方官失察徇纵，及该管上司不行揭发者，俱交部分别议处。至有奸顽佃户拖欠租课、欺慢田主者杖八十，所欠租课照数追给田主"。④ 这就是我们所说的雍正五年佃户条例。

清代关于主佃关系条例于雍正五年底产生后，曾经三次修改：乾隆五年、乾隆四十三年和宣统二年。

乾隆五年律例馆修例时，对雍正五年条例如下三点修正：

第一是关于"凡不法绅衿私置板棍擅责佃户者"，"衿监吏员革去衣顶

① 前引查郎阿题本。

② 雍正五年十一月二十七日刑部尚书德明等题本及批红。参见中国第一历史档案馆藏《（刑科）史书》雍正五年十二月（一）。

③ 雍正五年十一月二十七日刑部尚书德明等题本及批红。参见中国第一历史档案馆藏《（刑科）史书》雍正五年十二月（一）。

④ 《雍正大清会典》卷176，刑部28，第30页，威力制缚人律附例，为行文方便起见，以下简称此例为"雍正五年条例"；例文"凡不法绅衿"至"俱交部分别议处"称"雍正五年条例前半"，"至有奸顽佃户"至"追给田主"称"雍正五年条例后半"。

职衔，杖八十"的规定。如前所述，当初制例时规定杖八十乃是比照"威力制缚人及于私家拷打者不论有伤无伤并杖八十"律拟定的。按律，这个杖八十应"的决"（即立即执行），并不准赎。① 修例者认为，私置板棍擅责佃户罪比照"威"罪定刑罚是可以的，但是，犯罪绅衿既已革去职衔，功名，复又的决杖八十，处理过重。他们的意见是，犯者革去衣顶职衔后，杖刑不必执行，准以金赎，故增"准其收赎"数字。收赎，即准老幼、废疾，天文生及妇人犯罪者按照规定数额交银免刑，其用意是"悯老恤幼衿不成人，宽艺士而怜妇人也"，所以赎银数量极微。② 雍正三年所定"纳赎诸例图"，为杖八十罪规定的收赎银仅六分而已。对于有力私置板棍擅责佃户的绅衿地主而言，区区六分银子恰似自牛身取一毛。可以说，这一条例增"照例准其收赎"字样，差不多就是取消对不法绅衿杖八十的规定，只剩下革去衣顶职衔了。更，原例"衿监吏员革去衣顶职衔杖八十"一句，在新定例文中还被删去"吏员"、"职衔"二字。这可能表示"吏员"已包括在"乡绅"之内，如犯照违制律议处，但仍保留"职衔"，那么，只有"衿监"犯者才受革去功名的处分。

　　第二是关于绅衿占佃户妇女为婢妾绞监候的规定，"户律"婚姻条中强夺良家妻女为妻妾的罪行须分别是否犯奸。奸占者绞抵，未奸者罪较轻。律例馆认为，绅衿占佃户妇女为婢妾，不分犯奸与否，凡奸者均罪绞监候，处刑比占良家女妇为重，不妥。所以修例时将该条"占"字前增入"奸"字，再加"如无犯奸情事，照略卖良人妻妾律杖一百徒三年，妇女给亲完聚"。

　　第三是关于地方官失察议处的规定、律例馆认为，地方官不可能了解所属各家情况，对私设公堂责打佃户的绅衿虽有查拿之责，但未经查拿，亦不应一概坐以失察之罪。所以将该条改为地方官不预行严禁者议处。这一修改显然减轻了地方官的责任。在公布的新例中，又将原例中对失察的地方官及不行揭露的"该管上司"议处的规定删去了。从此以后，发生私责佃户案件时，除地方官无失察责任外，其上司官吏更加没有责任了。

―――――――――――

　　① 亦有例案可证。如乾隆八年生员郭之瑚主使家人殴人毙命，被拟威力主使殴人致死，其子郭玠要求以银一千二百两为父赎罪，未获准。（《成案汇编》卷1，名例1，第6页，"威力主使殴人致死不准赎罪案"。）

　　② 《大清律辑注》，参见《读例存疑》卷1，名例律上。

这次修订的条例，有效期达三十八年。

乾隆四十三年律例馆修订条例时，又对该例进行两处修改。其一是将"收赎"改为"纳赎"。所谓纳赎，是为"有力者"免刑而设的规定，且"大抵指官员者居多"，[①] 其赎金定额较"收赎"为高。这次修改，可能是因为乡绅、绅衿乃为官员、前官员或准官员，他们既非老幼废疾，又非妇人、天文生，不符合"收赎"规定的衿悯条件的缘故。杖八十罪纳赎金额为银四两，折米八石或谷十六石，较收赎金额六分自然要多，但对缙绅、绅衿说来，也是无所谓的。修改后的条例与乾隆五年修订例相比，许犯者以金赎罪的精神仍然不变，与雍正原例自不相同。其二是在"奸占佃户妇女为婢妾"前加"强行"二字。这就意味着非"强行"者不罪，为乡绅奸淫、霸占佃户妇女的罪行辟一合法途径。这比乾隆五年规定走得更远了。

自乾隆四十三年至宣统元年该例条文如下："凡地方乡绅私置板棍擅责佃户者，照违制律议处，衿监革去衣顶，杖八十，照例准其纳赎。如将佃户妇女强行奸占为婢妾者，绞监候；如无奸情，照略卖良人为妻妾律，杖一百徒三年；妇女给亲完聚，该地方官不预行严禁及被害之人告理而不即为查究者，照徇庇例议处。至有奸顽佃户拖欠租课、欺慢田主者，杖八十；所欠租照数追给田主。"

宣统二年新修《大清现行刑律》仍将此例收入，只将刑罚随整个刑制的改革做了相应的变动，如"杖一百徒三年"改为"徒三年"，"杖八十"改为"八等罚"，即罚银十两，等等，[②] 而对原例并没有进行实质性的修改。

由上可见，雍正五年条例修改的趋势是在减轻对缙绅，绅衿的处罚。不过也可看出，雍正五年条例虽然屡次修改，其基本精神得以保存下来，即：佃户是凡人，即使是缙绅或绅衿地主也无权擅责佃户，不得强行奸占其妻女为婢妾，否则就触犯刑律。

清廷多次修改雍正五年条例均未涉及"奸顽佃户拖欠租课。欺慢田主者，杖八十，所欠之租照数追给田主"一句。这就是说，它在产生后的 184 年间始终未变。从以下的分析中可以看到，它曾发了重要的作用。

①　《读例存疑》卷1，名例律上，第80页。
②　参见沈家本等修《大清现行刑律》卷24，斗殴上，威力制缚人律附例。

二　雍正五年佃户条例的实施

明代以来直至清代前期，府州县衙肯定是受理地主呈控佃户欠租案件的。雍正五年正月，田文镜在河南发布告示，"佃户人等果系抗租、荒地之人，许送官责惩。"① 不过，如何处理这类案件，并无定章可循。官府主动催促佃户交租，尚非普遍现象。叶绍袁著《启祯记闻录》载，顺治二年，江南府县生员于巡抚土国宝前往玄妙观祈晴时，具呈要求发布命令促使佃户输租。土某同意，次日"遂放告示"。② 看来当时这类告示是应地主要求才予发布的。康熙间，佐贰等官追比佃租敲扑佃户，均属非法擅受民词，是要受到处分的。③ 雍正四年，福建布政使沈廷正奉命监视巡抚毛文铨揭参罪状之一是，毛文铨"或将穷民有拖欠地主租谷者，通饬地方官照依征比钱粮之例勒限拘追，以至穷民不无嗟怨"，胤禛认为毛文铨此举也如被揭其他各款一样，甚为"不妥"。④ 可见，至少直到这时，地方官员并不承担督令佃户交租的责任，不应主动地对欠租佃户"勒限拘追"。

雍正五年十二月定例以后，情况大不相同了。各地地方官发布强令佃户交租告示已成上任后的必行公事；而控租案则被视为"必须审理"的不同于其他的案件。⑤ 有的省份并规定，州县官如视控租案"为不急之务，一任蠹胥贿搁，准田主赴府控理；再不追给，赴司控追；即将该州县记大过一次。记过五次即行查参"。⑥ 乾隆二十四年江苏巡抚陈宏谋在《业佃公平收租示》中命令下属各官："凡有控告抗租者"，须"就近速准审追"，对为首抗租者"立即拿究，尽法惩处"。⑦ 道光十一年武昌知府裕谦要求所属各县地方官，

① 《抚豫宣化录》卷4，第112页。
② 《启祯记闻录》卷6，第4页。
③ 《定例成案合镌》卷5，第16页，"追比田租"。康熙四十四年十一月户部复奏：御史李某"所称佐贰等官视追比佃租以为利薮，敲扑之威甚于比较等项。查佐贰等官擅受民词，例有处分，应令该督抚严行申饬，如有此等情弊，即行查参。"
④ 《雍正朱批谕旨》第15册，第8—9页。雍正四年九月二十九日。
⑤ 乾隆十四年浙江台州府详文。参见万枫江《成规拾遗》续增，第1页。
⑥ 《西江政要》卷4。
⑦ 《培远堂偶存稿》文檄卷45，第26页。

业户指控佃户欠租，须立即"代为追给"。① 这里虽然仅仅列举不同时间不同地点的几件告示，但它们却具有一般性和代表性，因为比租已成为地方官的一项重要职责，几成府县官考成内容之一了。

各级地方政府不断发出的勒令佃户及时交租告示中，关于惩治欠租佃户的办法，也往往超出雍正五年条例后半的规定，乾隆七年江阴县《严禁顽抗租告示》中说："尚有抗欠新租致业主具控者，定当立拿，游示各乡，仍押吐退，另行招佃"。② 乾隆二十五年江苏巡抚陈宏谋限令佃户完租，"如有刁抗，呈官比追"。③ 乾隆后期江西甯都州宣布，凡佃户欠"现年之租，即将佃户责惩，勒限清还，欠至二年、三年者，枷号一月，重责三十板，仍追租给主，欠至三年以上者，将佃户枷号四十日，重责四十板，追租完日，驱逐出境"。④ 嘉庆四年江西还规定，佃户欠租，"该地方官立即差拿佃户到案，限十日内追租清给。如敢逾限，则主佃势不相安，即行取田，并将佃户驱逐出屋，仍照欠数追租还主"；"倘再刁抗，即将佃户枷号比追，完日再行释放"。⑤ 嘉庆间岳州知府张五纬宣布，佃户"如系积年惯欠及丰年抗欠并借贷积欠，即查照原有进庄银两抵偿，其余欠仍即追比，勒令出庄"。⑥ 道光七年，江苏淮安府山阳县规条侮佃户为恶、奸、顽、强、刁五类，逼令交租，不完者"从重治罪"。⑦ 道光十四年江苏昆山县署理知县孙某宣称，佃户欠租抗租，"许该业户指名禀县，以凭严拿，照例究办"。⑧ 道光末年，广东惠湖嘉道李方赤明令衿耆将抗租佃户按"比追治罪之例""指名禀道究办"。⑨ 光绪五年江苏上海县知县莫某告示，抗欠佃户若"经出户指禀，定即提案押追，决不宽贷"，⑩ 如此等等。所有这些，都是雍正五年佃户条例在地方的具体化。

① 《勉益斋偶存稿》卷 8，第 10 页。
② 《澄江治迹续编》卷 2，集文告。
③ 《培远堂偶存稿》文檄卷 46，第 34 页。
④ 《民商事习惯调查录》第 425 页。
⑤ 《严禁佃户抗租等章程》。参见《西江政要》卷 4。
⑥ （光绪）《巴陵县志》卷 52，杂识 2，第 5 页。
⑦ 《严禁恶佃架命招诈霸田抗租碑》。参见《江苏省明清以来碑刻资料选集》第 435—437 页。
⑧ 《奉宪永禁顽佃积弊碑》。参见《江苏省明清以来碑刻资料选集》第 439 页。
⑨ 《禁佃户吞租示》。参见《视已成事斋官书》卷 8。
⑩ 《谕催完租告示》。参见《申报》光绪五年十月廿七日。

自从雍正五年条例产生以后，清王朝的地方政权把保证地主收租作为一项主要任务，而且它和地主相互配合逐步形成一套官私结合的收租体系。清代各地农业水平之高，赋税之重，均莫过于江南，而江南又以长洲、元和、吴县为最。正是在这"缙绅士大夫肩背相望"①的苏州府，官私结合的这套收租体系发展最为完整，行动最为有力。就让我们以苏州为典型考察一下这套收租体系的组成以及它是怎样为地主服务的吧。

租栈。苏州府城居的所谓大户，即缙绅、绅衿地主，多仿效官署收漕办法，设立"租栈"。派"司账"，雇"栈伙"，每年阴历九月二十六日至十月初四日间，立冬前后，陆续择日开仓。各家租栈分别规定收租限期，着地方催甲发交佃户促租。限分头、二、三卯；在限期以内完纳者可打折扣：交愈晚，数愈增。佃户逾限不能全完地租，租栈可要求县衙派差，随司账、栈伙放船下乡收取；并可要求府县衙门拘佃追比。②所以说，租栈乃是地主专为收租而暂设的账房，是得到地方政权支持和保护的地主私人经济组织。至光绪间，设栈收租办法已"相沿成习"，成为"常例"了。③

有时，地主为壮大声势而联合设栈。④光绪十六年秋，苏州三县二十四家缙绅地主为了联合对付佃户抗租，报请布政使黄彭年批准，于元和县城隍庙中设立"补收五成租米局"，或称"收租总局"，"行令各佃户照章以五成赴局还租。编立字号，各归各业，总收分派"。佃户"如有抗欠不还者，由局差追"、"收下之钱，以二成解地丁，二成交局，以六成归业主"。⑤也有的地主为藉戚友势力而两家共同设栈。⑥

"催甲"和"经造"。清代早定保甲办法，设甲长、总长之役。保有保长，甲有甲长，又称"牌头"。南方称保为"图"，各省名称不尽相同。但

---

① 沈寓《治苏》。参见《皇朝经世文编》卷23，吏政9，第21页。

② 袁景澜《吴门岁华纪丽》卷10，第15页，道光五年至廿九年间成书。苏州市图书馆藏钞本。《租衅续述》，参见《字林沪报》光绪十一年十二月十三日；《苏州府谕》，见《字林沪报》光绪十二年十月初五；《藉命滋书》，参见《字林沪报》光绪十六年闰二月二十三日等。

③ 《租衅续述》，参见《字林沪报》光绪十一年十二月十三日，根据所见资料，至少鸦片战争前后苏州就已出现关于租栈的记载。所以"租栈创始于辛亥革命以后"的说法是不对的。

④ 《租衅续述》，参见《字林沪报》光绪十一年十二月十三日。

⑤ 后因"立法未善"，又奉令撤销。参见《字林沪报》光绪十六年正月二十日、二月初九日及闰二月二十三日等。可见，关于租栈"是清代'收租局'演变发展而来"的说法是不对的。

⑥ 《租衅续述》，参见《字林沪报》光绪十一年十二月十三日。

"皆民之各治其乡事，而以职役于官"，① 其中工作人员"俱选之庶民"。② 保甲名为治安，实是官以治民的工具。后来，其中有"催甲"、"经造"之设。"催甲"系乡设，专司催租。③ 每届秋成，他们负责向所属范围内所有佃户传达地方官的催租命令以及各租栈限期等，督促佃户早日完纳。催甲姓名阵入租栈所发"租由"。各业户按惯例给催甲以一定数量的酬劳，称为"脚米"，催缴得力者另得奖赏。④ "经造"系"地总"改称、与催甲相类似，专司田务，他们也来自百姓，权限较催甲为大。县衙责成他们代业主追租，他们对官府承担一定责任。业主若向官府控告佃户欠租，虽已奉有县牌，仍需经造印条方能将佃户拘交归案。此外，不具有催甲、经造头衔的地保也力争承担催租任务以肥己。可见保甲名为维护地方治安的政治组织，它实际上同时也起着保障地主收租的作用，担负着从政治上、经济上为地主阶级服务的双重任务。

府县衙门乃是行使国家权力的朝廷派出机构。它运用法律以及差役、监狱等国家机器强迫佃户交租，这种行动称为"比租"、"比追"或"比佃"。知府、知县公事繁冗之时，他们有权将比租的任务委托粮厅或其他佐贰衙门代行。⑤ 太平天国战后，在城居缙绅、绅衿建议之下，江南苏州府所属三县及浙江一些地区，于某些年份，曾设立"催租局"（一称"收租局"）委闲员专理其事。业户控佃户欠租，不必具禀于有司衙门，可直接送催租局办理。受委的粮厅、佐贰和收租局代行比租权力时，可以运用府县正堂有权运用的一切镇压手段，包括用刑在内。⑥

我们当然不会忘记知府以上的督、抚、藩、臬的作用。他们是这个比租

---

① 《清朝文献通考》卷21，职役1，第5044页。

② 《福惠全书》卷21，保甲部，第8页。

③ 乾隆五十三年，署江宁藩司仿苏藩司制定的征租规条中写道："各图向有催甲，专司分散租田催完租米，本系为业户催租之役。""应请着令催甲实力催缴。如果完纳迅速，业户量勤情，于常额脚米之外，酌加奖赏。如仍串通地总，把持抗欠，许业户指明禀官。该催甲先行枷号，俟田租完清之日，始行开放。"（李程儒《江苏山阳收租全案》）

④ 《江南征租规条》乾隆五十三年。见《江苏山阳收租全案》。

⑤ 所谓"佐贰"，系清代地方衙门中未入流或从九品的最低级官吏。在府一级为书吏，包括治中、典史、粮马通判、经历、照磨、典膳、司狱、满汉儒学等。州设典史，包括州同、吏目、驿丞、儒学、攒典、巡检等。县设典史，包括县丞、巡检、典史、攒典、司狱、儒学、主簿等。（参见《光绪会典》卷5）"虽设此官，实无所事。"（《正佐官论》，参见《申报》光绪二年九月十九日）

⑥ 《汇报》同治十三年十二月十四日；《租核·流弊》；《申报》光绪十四年十月二十三日等。

体系的靠山；知府衙门以下的活动，正是受他们督促查察的。前述许多比租
饬令、告示不都是出自他们之手吗？从一定意义上说，他们也应列在这个收
租体系之内。因此我们可以说，此时参加比租的乃是自朝廷以下直至最基层
机构的全套封建国家机器。

对佃户进行直接剥削的主体，当然是地主本人。但他借以获得地租的这
套收租体系中任何一个环节的成员均把比租当作捞取油水的大好机会。

催甲在乡，"佃户利其照应，资助每至加倍"。① 经造 "私向佃户按亩科
敛，每亩收麦二升，收米三升，亦有收至四五升者，名为'小租'，亦名
'出乡'。又索取役费，每亩多至百数十文。"② 衙门差役乐于出差比租，因
他们 "咸以此为常例之出息，"③ 每比一佃，地主给以 "例费" 若干；同时，
"索贿有于佃者，初无限量"，"一不如欲，则掌责鞭挞"，甚至他们与租栈
司账之徒一道，"有以私刑盗贼之法刑此佃农" 者。④ 差役等一至佃户家，
"凭陵吃喝，无所不为，饮之食之，各得所欲"。⑤ 他们在乡间将欠租佃户暂
时羁押，也使得提供条件、参与调停、看守的总甲、图差之类（如保长、甲
长，甚至轮值支更、看栅之役者）均有机会分得一杯血羹，受委于催租局的
都是久未进财的闲员，只要地主对之贿足 "规费"，他们就 "悉遵指教，收
佃户而痛惩之。" 佐贰衙门官员也是 "实无所事" 的闲员，对 "比佃租" 一
事，"无不极力钻谋，视为利薮"。⑥

府州县官由于掌握着法庭和监狱，大权在握，地主收租正有求于他们所
以他们在比租中不从地主那里得到足够的经济上的好处不会干休，这是不用
多说的。更重要的是，他们受雍正五年条例规定的束缚，比租为其职责之
一，故 "往往自诩精明，专务严酷。借口于饷需之急，勒限比追，不遗
余力。"⑦

至于地主私人拥有的租栈组织的成员，如司账之类，更不待言了。他们

---

① 乾隆五十三年江南征租规条。参见《江苏山阳收租全案》。
② 《苏绅公呈》。参见《益闻录》光绪七年四月二十四日。
③ 《借庙催租》。参见《字林沪报》光绪十三年十二月初五日。
④ 《租核·重租论》。
⑤ 《书悯佃文后》，参见《申报》光绪十四年十一月初五日。
⑥ 《悯佃文》，参见《申报》光绪十四年十月二十三日。
⑦ 《书苏州魁太守晓谕业户示后》。参见《字林沪报》光绪十二年十月初七日。

"欲求媚于主人，于佃农概不宽贷。恶声恶色，折辱百端。"① 栈伙实是打手，下乡收租名曰"出账"，向佃户勒取鸡鸭布匹而肥己。② 这批"豪门鹰犬，或包收肥私，或多收取媚，总以鱼肉乡农为得计。"③

就是这样一个官私一体的比租体系运用封建政权赋予的权力，每年一度地开展大规模的、残酷的比租活动。

道光间，被控官押缴的佃户"动辄至数十名及数百名之多。"光绪时，每至冬间，苏州各县被押佃户"缧绁盈廷，桁扬载道"。文献记载中，或称姑苏街头常见受比农夫成众结队而来，或称每冬"累累数十起"，或称三县头门左右"缧绁而荷校者以数十百计，"或称一县岁"为租受刑者奚翅数千百人，至收禁处有不能容者。"④ 总之，比租案件在当时各类案件中所占比例肯定是极大的。

大批受比的欠租佃户受尽酷刑，惨不忍闻。雍正五年条例规定佃户欠租者刑杖八十。实际情况远非如此，以至同治间江苏臬司不得不通饬限制比佃杖数。恰恰这个限令所限，也超出了杖八十，宣布不仅可以"满杖"（即杖一百），并且准许"枷示"。⑤ 通饬以前情况如何，可以想象了。而在通饬以后，府县大堂之上的佃户也非仅受"满杖"而已。下面让我们看看关于苏州府三县同光期间比租惨况的记载吧。

先说被押进县之前。栈伙、差役奉牌下乡后，往往将久租佃户暂时羁押在地保、差役或经造、催甲家中，"鞭笞拳击"，进行逼勒，称为"讲账"如不还租，再送城里禀官枷打。这是官方明令禁止的，是有官府差役参加或主持的非法行为，实是差役等人勒索佃户的手段。

再讲被押到县以后。光绪间，比租衙门对欠租佃户"或三日一比，或五日一比，比时或笞八百，或笞一千，惟业主之所欲，" "严刑敲扑动以千计"，"今日笞一千，明日笞五百、赭衣载道，怨气弥天"。有"'一板见血'等名目，俾佃农血肉飞流，畏刑伏罪"，更有所谓"带血比"，即"受笞之

---

① 《租核·重租论》。

② 《比佃陋俗》，参见《申报》光绪三年十二月八日。

③ 《广劝江浙绅富因灾减租说》，参见《字林沪报》光绪二十年九月十五日。

④ 参见《勉益斋存稿》卷8，江苏，第45页；《申报》光绪二年十二月初十日，十四年十月二十三日；《益闻录》光绪七年四月二十四日，《字林沪报》光绪十二年十月七日，以及《租核·重租论》等。

⑤ 《江苏省例》臬政，同治七年十二月通饬。

后两腿尚血液淋漓，复加重笞，使其痛上加痛也，受此刑者，即使壮盛之年，强悍之辈，亦必肢躯委顿，筋骨受伤"。是否施以血比，丞簿差役"悉视乎业户用费之轻重以为衡"，而不论欠租数额之多少，"或仅系零星尾欠者"，也打得"呼号惨目，血肉横飞"。面对这种残酷场面，"为业主者不啻熟视无睹。"打完不算，往往"击其臀复枷其颈"。同治间，有抗租佃户"身荷一枷历时五月"者。光绪间，佃户受比，"其枷也不用轻而用重"。光绪十二年"比责佃户，由长、元、吴三县会同设立一公所于园妙观之东狱朝，每届三四点钟，由差、保率领欠租佃户前赴朝中听候比责。每责以四百板为率。归元和县比责者，则于笞臀之外另加掌颊一百下，责后即情吃'独桌酒'〔指带枷示众——引者注〕于观门前"。经此拷打，欠租佃户被打得"血肉狼藉。因枷打而拖毙者不可胜计"，"以枷号为常事"，脱枷自尽，到家咽气之事时有所闻。①

　　还应看到的是，拷比欠租佃户本人之外，更要蔓延株连。收租体系的成员为饱欲壑，将欠租无偿、极贫无措的佃户的父兄、邻居，以至亲戚族人均可作为勒索对象。②

　　以上就是苏州府的收租体系及其活动情况。苏州府的收租体系发展最为充分，最为完整，并且保留下来的记载较多。我们对其他地区情况的了解就没有这样清晰。看来，租栈和催租局是那里特有的，其他地区较为少见，催甲、经造等名目也不一定到处皆有。苏州府即使在江南各府中也是突出的，其所以如此，是因为苏州绅权从来都是最为强大的。所以不能把上述情况作为全国普遍的情况的简单缩影来看待。不过，其他地区收租体系的形式尽管简单，地主当收不上地租时，总是可以根据雍正五年条例向府州县衙呈控，要求发牌派差，追比佃欠，这是毫无疑问的。所以说，地主的司账管家和县衙所派差役的结合，具体体现着这个官私结合的收租体系；或可称为收租体系的最简单的、最基本的表现形式；而这一收租体系活动的法律依据正是雍正五年条例的后半部分。

――――――――――――――

　　①　参见蒯德模《吴中判牍》第11页；《江苏省例三编》第1页；《申报》光绪二年十二月初十日，三年十二月初五日，十四年十月二十三日；《字林沪报》光绪十一年十二月初十日、十三日，十二年四月初一日，十月初七日，十二月初五日，十六年闰二月二十三日、二十四日、十七年十一月二十三日，二十年九月十五日等。

　　②　《租核·流弊》；《字林沪报》光绪二十年九月十五日。

三 对雍正五年佃户条例的一些看法

根据以上介绍的雍正五年佃户条例的制定、修改和施行的情况，可以得到如下两点看法：

第一，雍正五年条例后半是为了维护整个地主阶级利益的，但实际执行的结果证明，受益者主要是其中的缙绅、绅衿等级的地主。

在实际生活中和佃户形成严重不平等关系的地主主要是缙绅、绅衿等级的地主。凡人等级中大多数中小地主难以使佃户对之具有人身依附关系。当然，在凡人等级中财力特强的地主可用钱财交结官府从而得到保护和帮助，但这往往是一种暂时的、过渡现象。因为在清代社会的特定条件下，具有足够财力的地主及其子孙，均可容易地通过科举、捐纳等途径成为缙绅、绅衿，脱离凡人等级。因之，论述清代民田地主经济制下的主佃关系时，一般笼统地讲地主阶级的压迫、剥削尚嫌不够，而应进一步对地主阶级做等级的分析，区分地主中的缙绅、绅衿与凡人。这样有助于正确地估计各种佃农的不同状况，从而对清代封建经济及阶级状况作出更加接近于历史实际的判断。

雍正五年条例为比租确立了法律依据，督抚以下地方官据此屡颁催租告示，从而保护了地主阶级的利益。但如进而探究其施行情况则可看出，在实际政治生活中，官代比租并非无条件的。

清代吏治之败，始终是个严重问题；而到中叶以后更为突出。凡事，即使是法之所系，官吏的行动也唯财势二字是视。缙绅、绅衿具有顶带功名，不论为官还是致仕，他们在朝有门生故旧可以通天，在野有同年乡谊能够结党，本地长官进行统治，全仗他们支持，不敢轻易得罪。"官压于绅势"，此之谓也、巨绅显宦之家要求衙门比租，地方官定会立即行牌派差，比佃户酷刑严比，这是不成问题的。但地方官对无势地主并不买账，他们"存一势利之见，非遇巨绅显宦之嘱托，则不肯出一票，发一差，拘一人，将一次"。①一般的凡人地主控告佃户欠租，地方官即使收票，也不见得动刑酷比，例如光绪九年九月二十六日上海《字林沪报》载，金山县朱泾有一丁姓地主，

① 《字林沪报》光绪十六年闰二月二十三日。

"家小康，有一佃户租种丁田五六亩，而欠缴租米至六七熟之多。屡经催取，屡经控告，而前任两邑尊随断随结，未即重惩。佃户乃任意反复，粒米不还"，正属这种情况。

比租一事为利薮之最，如前所述，整个收租体系中每个环节的成员都要捞到油水。他们除压榨佃户外，也要从地主手中分得一份。所以，禀官比租，地主也是要花钱的。"其进禀也，有出牌之费；其行牌也，有发路之费尤重；其到案也，有铺堂之费；其管押也，有饭歇之费；其结案也，则原差、图差、保正皆有酬劳之费。视租决之多寡为轻重焉"。田少地主如"以佃户欠租而至于提押比迫，即使全数收清，犹恐不能偿开租之所费"，① 缙绅大户多半田连阡陌，富有资财，为了使佃户交租，他们是花得起钱的。官诱于贿，当然乐为他们服务。无势中小地主占田较少，租额有限，花费这笔费用，可能所获无几，得不偿失，官吏差役对这类油水不大的交易自然也不会卖力。

总之，地主阶级中的有力大户田多势强，很容易将欠租佃户送官追比，对之"敲扑叠加，必使鬻子卖妻清偿所欠而后已"。② 无势力单的中小地主则"欲效上项大户之所为而不能也"。有时他们的佃户"明知业户无力能如大户之办人，使受缧绁鞭笞之苦"，③ 会有欠租的现象。所以说，就雍正五年条例实施的实际效果看，它更多地保护了缙绅地主、绅衿地主的利益。而这，正是由缙绅、绅衿具有的特殊等级地位所决定的。

当然，作这样的分析并不是说凡人中小地主就无法收上租来。比租法令的存在，自然地对所有佃户形成一种威慑力量，加之夺佃的威胁以及习俗的影响，使得大多数租种中小地主土地的佃户在正常情况下一般总要基本缴清租谷的。

第二，雍正五年条例产生的直接原因是统治阶级内部斗争的需要，它的后果却与最初的立意大相径庭。

雍正五年条例是清政府在对待民田主佃关系政策上的关键性条例。它是清政权此前对佃户的一系列政策的继续。是什么契机使得这个条例产生于雍

---

① 《申报》光绪十四年十一月初三日。引文中"开租"即禀租。

② 《申报》光绪十四年十月二十三日。

③ 《字林沪报》光绪十三年十月十四日。

正年间呢？除去由于前述清前期一般地打击汉族缙绅、绅衿地主的需要而外，世宗胤禛在巩固政权的要求方面还有其特殊原因，即对科甲朋党的防范，促使产生这一条例。

清制，官员由文进士、文举人除授者为科甲出身，① 通称"科目"中人。科目中人师生同年相互勾结，拉拢照应，共同沉浮于宦海。他们自恃出身荣耀，轻视非科甲出身的官僚；同为科甲，又囿于门户之见，派系争斗不已。清初的最高统治者鉴于明季朋党之患，故对科甲结私防范甚严。康熙中，玄烨曾对当时内外各官间"彼此倾轧，伐异党同，私怨交寻，牵连报复"表示痛恨，宣称如不改正，将"穷极根株，悉坐以交结朋党之罪"，以整饬吏治。② 而行动更多的是世宗胤禛。他上台不久就明确指出，"朋党最为恶习"，"明季各立门户，互相陷害，此风至今未息"；③ 以后多次从打击科甲朋党的角度处理官吏人事，并不断揭露科目相结之弊。如雍正五年七月间批道："夫举人进士虽同考试出身，然举人从一省取中，其间文理荒疏而侥幸中式者甚多，是以进士目中往往轻忽举人。而举人又惟恐进士将伊屏弃于科甲之外，乃勉强攀援，相与随声附和，背公徇私，至于丧品招祸而不知悔"。④

另一方面，胤禛对敢于和科甲出身官吏做斗争的官僚则加以重用；田文镜能很快成为雍正重要宠臣之一，原因即由乎此。⑤

田文镜，原汉军正蓝旗人，虽为监生正途授县丞、迁知县、知州、郎中、御史等职，但非举、进科甲。雍正元年因办山西灾赈受胤禛赏识，擢布政使，升河南巡抚。他在豫抚任内揭露科甲出身的各级官吏和在野绅衿，胤禛对之大力支持。⑥ 雍正四年，有人在皇帝面前参奏田文镜，数其罪状，之一即弹劾科甲。田氏复奏反驳，说这种意见是"怀私挟诈，朋比为奸"，如

---

① 参见《光绪会典》卷 7，第 2 页。
② 康熙三十年九月已未谕户部。参见《康熙实录》卷 153，第 17—18 页。
③ 雍正元年四月丁卯谕满汉文武大臣官员等。参见《雍正实录》卷 6，第 17 页。
④ 中国第一历史档案馆藏《吏垣史唐》，雍正五年七月。
⑤ 雍正初年重要宠臣有怡亲王允祥、张廷玉、蒋廷锡、查郎阿、岳钟琦、鄂尔泰、文乾等人，而以李卫、田文镜"受眷最厚"，其参劾科甲最力者又莫过田文镜。
⑥ 如雍正四年正月二十一日奏府县劣迹彰著缮疏题参后，胤禛批语。参见《豫抚田公奏疏》，上海图书馆藏钞本。

准其奏。"则嗣后科甲之员万一贪污苟且，督抚诸臣断不敢再为题参矣"。①
雍正帝同意了他的申辩。次年，在田文镜特参确山县知县周知非"玩废不
职"的题本上，胤禛批示："豫省科目出身之员被田文镜题参考，若有款迹，
则照例审拟。其以废弛不职题参者，著该部将情由奏闻请旨，以为科目出身
之员因结党怨望上司而废弛公事者之戒"；② 此谕实即宣布，凡田某参劾科
甲，有奏必准。既投最高之所好，田文镜弹劾科甲出身地方官员的奏章迭
上，"诸州县稍不中程，谴谪立至。尤其恶科目儒缓，小忤意辄劾罢"，③ 曾
"一疏劾科甲牧令数十人"。④ 就这样，田文镜在打击科甲朋党、巩固雍正政
权的斗争中成为胤禛的得力打手。广西巡抚李绂进京，途经开封，与田文镜
"相见揖未毕，即厉声曰：'胡公身任封疆，有心蹂躏读书人何也?!'"⑤ 田、
李因而成仇互劾。御史谢济世也劾田罪状十条，均被否。李，谢皆因之得
罪，各受惩罚，而田文镜则青云直上。雍正四年，胤禛称其"为巡抚后三年
以来"，"实为巡抚中之第一。"⑥ 康熙初叶以来，河南只设巡抚、不设总督。
雍正五年，授田以"河南总督"衔，加兵部尚书。并将其自正蓝旗抬入正黄
旗，以示恩宠。六年，再破例专设"河南山东总督"以授，使之兼管两省。
胤禛特谕："此特因人设立之旷典，不为定例"。⑦ 七年，加太子太保，再兼
北河总督，田文镜达到其宦途中最为显赫的阶段。

田文镜死于雍正末年。乾隆弘历登基以后，在统治集团的舆论中，田氏
成为一个有争议的人物。⑧ 本文不准备对田文镜的一生功过做什么评论，仅
通过他和胤禛两人对科目中人态度的一致性这一现象，从一个侧面来观察雍
正五年关于佃户条例制定的特定背景。因为这个条例前半部分的矛头正是指

---

① 雍正四年四月二十七日"复被参各款"。参见《豫抚田公奏疏》。

② 《吏垣史书》雍正五年八月。

③ 《清史稿》列传81，田文镜。

④ 陈康琪《郎潜纪闻》卷11，第13页。参见《清史稿》列传81，田文镜。

⑤ 《郎潜纪闻》卷11，第13页。

⑥ 雍正四年十二月乙丑谕大学士等。参见《雍正实录》卷51，第10页。

⑦ 《名臣传》卷33，第53页，田文镜传。田文镜河东总督任中，于九年四月病休期间，由浙
江布政使张元怀的巡抚衔署理；总督关防留省，待田病愈仍旧管理。（参见《雍正实录》卷105，第
1页。）十年十一月田文镜病逝，由王文俊接任河东总督。雍正十三年弘历登后，王士俊密陈时
政，触其怒，被解任下刑部议，拟斩候，改释为民。（参见《清史稿》列传81，王士俊。）自此，裁
河东总督，终清之世不复设。

⑧ 《名臣传》卷33，第58—59页，田文镜传；参见《清史稿》列传81，田文镜。

向科目中人。

田文镜和吏、刑等部官员最初提出的关于雍正五年条例前半的建议，显然是以如下两点作为前提的：第一，将佃户视同奴隶的现象虽然存在，但根据当时的律例，它们是非法的。他们承认赁地耕种仅应是一种单纯的经济行为，凡人平民在经治上、身份上不应因佃地而降低为贱民奴仆。第二，有能力将佃户视同奴隶的，乃是"绅衿"之家，并非一般地主都能做到。逻辑的结论只能是：即使是"绅衿"地主的佃户也应被视为"平民"，把他们当作奴隶来对待的现象应予消灭。如若消灭这种现象。矛头必需对准"绅衿"之家，即科目中人，而非泛泛地指向所有的土地出租者。

可见田文镜现在提出解决这个问题，和他前此屡上劾章，其动机是一致的，都是意欲遏制缙绅和缙绅势力，恰在迎合胤禛打击"科目中人"防止朋党为乱的要求。

吏、刑等部议复上呈数日之后，得到胤禛批示。他对二部所拟例文并未提出反对意见。这意味着他对于田文镜提出的建议所依据的前提是肯定的，对拟议的内容也是同意的。

田文镜关于雍正五年条例的建议的性质本与他前此劾奏科甲相同，但其意义则远非过去的弹章可比。因为它已不是参揭某几个缙绅、绅衿，而是针对河南全省的缙绅、绅衿；当建议成为定例通行以后，其效力更可及于全国了。

从前面已经介绍过的雍正五年条例的制定过程可以看出，条例后半部分，即惩治欠租条款，原不在田文镜建议之内，它的产生带有某种偶然性。可以设想，如果当时没有田文镜关于定例禁止缙绅、绅衿私刑佃户及淫占佃户妻女的建议，那么胤禛也并不一定要在雍正五年提出订立惩治欠租佃户的条款；偶然之中，却体现着历史发展的必然。

如前所述，在这段时间内，田文镜在胤禛面前红得发紫，有过免罚，有奏必准。但对于他的这次建议，胤禛却作出如此补充。这说明胤禛作为皇帝，作为地主阶级的总代表，没有忘记这个阶级的最根本的利益，即剥削地租。而这，和他要打击科目中人的目的又是完全一致的。他既不容许地主分子中的某些人朋党抗上，或将国家百姓当作奴仆，从而对中央集权制即皇帝本身的统治地位有所危害；又要保证地主阶级得到地租，从而保护封建地主经济制。从前一点出发，胤禛同意田文镜的建议内容；从后一点出发，他又要作出补充。可见，雍正帝在巩固政权的斗争中煞费苦心，不是碌碌无为的。

雍正五年条例产生以后的运用效果，远远出乎田文镜当初立意之所在，条例的前半于乾隆五年及四十三年两次修改，大大减轻了对侵犯佃户及其妻女的处分和刑罚，并实际上免除了地方官的察查之责。这和弘历改变蠲免粮漕中减免佃租政策①的趋向是一致的，是清政权与汉族缙绅、绅衿地主相勾结的需要。资料证明，与此相适应的、更为明显的现象是，雍正五年条例后半，即惩治欠租佃户的规定所起的作用非常突出。

由于惩治欠租佃户条款的确立，"赋由租出"之说大盛。统治机器借以维持的重要的正式经济来源之一是赋。在地主经济制下，地主所交的田赋从来都出自地租。雍正五年条例产生以前，统治者将这个道理用于蠲免粮漕时要求地主减免佃户地租。在雍正五年条例产生以后则反过来，缙绅、绅衿地主以同样的道理相威胁，要求地方官代为比租：不为比租，不完粮赋。

虽然某些地方官也以追租作为催粮手段。如道光十四年江西南康府都昌县知县彭寿山就曾用这样的道理劝谕地主积极纳粮："皇上取天下的财，设官养兵以教化保护天下，你们才能过太平日子"；如果你们不肯完纳钱粮，那么"你们的佃户不交租课，要求太爷代追"，"太爷究竟为何缘故管你们的闲事?!"②他这样对付地主，县太爷给地主追租，是因为地主交了粮；谁不交粮，就不为谁追租，但总的说来，主动权显然是在地主一边。因为雍正五年条例的存在就决定了：第一，从法律上讲，追租已成为官员本身的职务或责任，他受法律制约而不能不受理地主对欠租佃户的控告。同时，地方官又迫于粮漕考成，受地主"粮从租出"理论所挟，也不得不竭力追租。第二，追租也成为清政府的职能之一。此前，衙门就像对待债务或其他案件一样，至少在形式上是以第三者的身份裁决控租案件的；现在由它出面向佃户追租，从而在事实上无异成为原告的代言人及追租的执行者了。就追租来说，这时的缙绅、绅衿地主已经可以不去冒犯法律自置板棍私刑佃户，因为整套国家机器已经成为他们的工具。从一定意义上讲，国家已经介入主佃关

①　关于这个问题，请参见拙作《论清代蠲免政策中减租规定的变化——关于清代民田主佃关系政策的探讨之二》参见《中国经济史研究》1986年第1期。

②　《西江观政录》，第42—43页。

系之中；主佃关系中的超经济强制是通过国家参与的形式实现了。

　　法制是阶级斗争的工具，是特定历史条件下的产物，它是反映统治阶级意志的。一般地说，统治阶级分子的思想反映本阶级的思想。但统治阶级的个别分子在一定条件下的思想并不等于阶级意志。他为特定目的建议制定的法令，可能符合统治阶级的需要，也可能不完全符合或完全不符合。不管属于哪种情况，法令一旦产生，则在阶级斗争的总体发展中发挥作用，其后果是远远超过了原制定者所能控制的范围。雍正五年条例就是这样。

　　禁止缙绅、绅衿地主私设公堂刑虐佃户，由国家保证地租的实现，看来是中央集权制下地主经济制发展的必然。从法律角度看，雍正五年条例承认民田佃户具有凡人等级身份，而非地主个人私属，同时国家机器也保证地主拥有土地私有权和收租权得以实现。它的产生标志着我国封建主义时代中央集权制下地主经济制发展到了它的完成的、成熟的形态。

（1982 年 3 月）

（参见《平准学刊》第二集，中国商业出版社，1990 年 3 月版）

论清代蠲免政策中减租规定的变化

——清代民田主佃关系政策的探讨之二

关于清代钱粮蠲免政策，前人多曾论及，或褒或贬，颇有歧义。我们注意到，清代历次有关蠲免的政策中，对业主和佃户的减免前后不一；因此，本文准备着重对这些规定的变化进行考察，从中探讨一下清政权对待佃户的政策的发展，而不是全面评价蠲免政策。

封建政府下令豁除特定时期特定地区的地丁、漕粮，称为"蠲免"。蠲免内容可以是本财政年度应征项，也可以是历年积欠项或此后财政年度的待征项。享受蠲免的地区可以仅限某省或若干州县，也可徧及所有各直省。清代的蠲免分为两大类，即"灾蠲"和"恩蠲"。

"灾蠲"是免征灾区赋粮。它是清政府荒政十二项措施之一。《大清会典》规定了民田、屯田，八旗官地、公田等各类田地遇灾时蠲免地丁正耗和漕粮等项的比率。① 朝廷施行灾蠲，减少财政收入，理应对土地所有者是有利的；但在实施过程中往往弊端惊人。②

---

① （光绪）《大清会典》（以下简称《光绪会典》）卷 19，户部，第 5 页。《定例成案合镌》，卷 5，田宅，第 11 页，灾伤蠲免分数。

② 首先，报灾就是一种灾难。一般是土豪地痞"倡先号召，指称报灾费用，挨户敛钱，"是否能得蠲免尚未可知，百姓先被一层腹刮。（乾隆四年八月癸卯谕。参见《乾隆实录》卷 99，第 25 页。）成灾地亩"一经报荒之后，即不许种莳，谓之'指荒地亩'，以待州县勘灾出结，又候上司委员查验"。即使受灾较轻，如采取某些措施，虽减产还有所收获，而此时也只能坐等了。报灾呈文经州县、道府、督抚、户部层层上报直至皇帝，蠲免谕旨再级级辗转下达地方，"动辄数月，虽有可耕之地，往往坐废"。所以，受灾百姓"常有不敢报灾，以图耕种收获者"。（《乾隆实录》卷 119，第 1—2 页。）他们宁愿不要这种"恩惠"。其次，官吏书役侵渔，名蠲而实纳。按照规定，在蠲免令下以前已交纳的应免钱粮，应抵下年正赋。但实际上往往并不如此办理。"官差吏胥互相联络，游说饰词，巧为期蒙，倚势作威，肆其侵蚀。"（咸丰三年户部奏，转见谕文。参见《光绪会典》;卷 281，户

　　"恩蠲"是当朝廷财政充盈时皇帝为庆贺登基、生辰等大典或其他特殊原因免征钱粮。皇帝认为这是对百姓开恩赏赐，故称恩蠲。恩蠲无定制。

　　清代普免全国各直省钱粮的恩蠲，全在康熙、乾隆两朝，特别是集中在乾隆后期。康熙朝于三十一年普免漕粮一次，五十年普免地丁钱粮一次。乾隆朝于十一年、三十五年、四十三年、五十五年普免地丁钱粮四次；三十一年、四十五年、六十年普免漕粮计三次。①自乾隆三十年至嘉庆元年的三十年间恩蠲共计七次，平均每四年一次。如果按照这个频率搞下去，朝廷财政肯定是吃不消的。嘉庆六年，御史新柱抨击普蠲"徒为史册美观，只属虚名"而已，建议不要多搞，"请以三十年为率"。这个意见显然不无道理。皇帝见奏却勃然大怒，说普免"加恩海宇，至优极渥"，"岂可限以年载"！声称今后仍将"大沛恩膏"，"随时酌办"；并斥责新柱"意近言利"，传旨予以申饬。②其实这位皇帝只是色厉而已；国家财力日衰，普蠲从此无力再举。乾隆六十年宣布嘉庆元年各直省地丁钱粮通行蠲免，系乾隆退位时决定为庆祝颙琰登基而行。这是嘉庆朝仅有的一次，也是整个清王朝的最后一次全国性蠲免了。后来颙琰谈他不能再度"施恩"的原因是，"始缘教匪不靖，军兴孔棘；继以黄河泛滥，屡举大工。十余年间所费帑金数逾十千万"，朝廷财政"实有入不敷出之势"。③他终于懂得了"大沛恩膏"不能"随时酌办"的道理。道光以后财政更加困难，最多是以豁免钱粮积欠，即免追那些本来就收不上来的陈账，作为恩惠施行了。

　　新柱对普蠲的批评是尖锐的，也是有代表性的。清代之蠲免益少弊多，历来如是。顺治间就有人说，"上有蠲免之名而被恩者寡"。④康熙皇帝也知道蠲免结果"百姓不沾实惠"。⑤前期如此，后期尤甚。到光绪朝时，则"豫

部，蠲卹。）官吏一面向上报灾请蠲，一面"于部文未到之前催比更急，私图肥己。且有奸猾书役藉名垫纳，加倍索偿"。（乾隆十六年谕。参见《清朝续文献通考》卷80，国用18，第8387页；嘉庆十六年谕，参见《光绪会典事例》卷288，户部，蠲卹）已交应免款既无法索还，也不予抵赋。例如，道光三十年王庆云揭露，"据直隶册报旗租项下，道光五年减免重租案内，有花户长完之银应抵六年正赋。乃直至道光二十七年尚未抵纳。是州县所谓长完留抵者，大都虚语耳。近京如此，远省可知。"（《正本清源疏》，参见《皇朝道咸同光奏议》卷3。）

　① 参见《光绪会典事例》卷265，户部，蠲卹，第1、3页；卷266，户部，蠲卹，第2、4、5、7、9、10、11等页。《成案汇编》卷6，田宅1，第47页。

　② 嘉庆六年二月甲寅谕内阁。参见《嘉庆实录》卷2，第7页。

　③ 嘉庆二十三年谕。参见《光绪会典事例》卷267，第3页。

　④ 王命岳：《蠲卹议》。参见陆耀：《切问斋文钞》卷19。

　⑤ 康熙十八年七月二十八日谕。参见《康熙实录》卷82，第20页。

征在先，捏称灾歉，或将免征之款减价折收，或将缓征之项蒙蔽催交"，①
"当歉收之日仍然照常完纳"。"朝廷有缓征豁免之典，而闾阎不能少沾皇
恩"。② 总之，正如刘锦藻总结的那样：有清一代蠲免之法"积弊既久，终
难挽回"。③

以上叙述了清代蠲免的大体情况。可以说，蠲免之举，户部确实减少了
财政收入，而对于推动农业生产力发展未能充分发挥其应有的作用。这在很
大程度上要归罪于清代吏治之腐败。

不过，我们对清代蠲免作上述描述，并不是说这项在全国范围施行多年
的政策措施官吏书役中饱外，地丁钱粮和漕粮的承担者们完全无人受益。应
该说，它还是起过一定作用的，不能完全否定。因此还需要进一步分析受益
的分配情况。

乾隆初年，两江总督那苏图说，"乡绅富户虽遇歉收不过稍损其余盈，
原未有伤其元气"，他们"资财饶裕，减免丝毫不见所免之益"；从来施行
的"不论贫富一概计田派蠲"的办法是不公平的，蠲免对象应以贫民为重
点。他把江南地区的土地所有者分为三类："一户额征银在五两以上者即属
富户；自五两以下至一两者为小户；其至数钱、数分及一分数厘者实属贫
民"。他建议额征银五两以上者不蠲免，以使五两以下的小户、贫户受益多
些。④ 弘历对那苏图的建议似不反对。⑤ 乾隆二十二年河南夏邑等四县被灾
蠲免积欠及应征次年地丁钱粮时，他也曾下令："其富家大族田连阡陌者，
如亦一例邀恩，是国家旷典为若辈附益之资，殊非惠鲜本怀"，令"田逾十
顷以上者不必蠲除"。如若富户作弊，将田"分寄各户，希冀滥邀蠲豁"，
"即行按律治罪"。⑥ 这一措施实行的结果不详，以后也未见推广或重申；但
可以设想，这种政策定遭大户反对，是难以顺利执行的。不过我们可以透过
它看到历来蠲免政策的实际受益者主要是"富民"，即大土地所有者。

一般说来，担负地丁钱粮和漕粮的个人占有土地越多，所受蠲免之益越

---

① 光绪二年谕。参见《光绪会典事例》卷287，户部，蠲恤，第5页。
② 《论四川袁廷蛟事》。参见《申报》光绪二年十月初二日。
③ 《清朝续文献通考》卷80，国用18，第8390页。
④ 参见《皇朝经世文编》卷44，户政9，荒政4。
⑤ 乾隆四年四月旨。参见《乾隆实录》卷91，第81页。
⑥ 乾隆二十二年六月壬戌谕。参见《乾隆实录》卷540，第3页。

年代	奏请人	建议理由及办法	户部议覆	谕旨	定例
康熙九年九月（1670年）	吏科给事中茅佳	"遇灾蠲免田赋，惟田主沾恩，而租种之民纳租如故。"请嗣后征租者照蠲免之户〔佃〕户之分数亦免免田〔佃〕户之租。①	"应如所请。"②	"从之。"③	"灾份蠲赋，或有穷民租种官富绅富户地，其应纳租谷租银，亦令地主照分数免征。"④ "凡遇水旱灾伤蠲免钱粮分数佃户照常勒取者，或佃户告发，或科道纠参，将业主议处，或劳人出首，或科道纠参，将所收之租追出，给还佃户。"⑤
康熙二十九年八月（1690年）	山东巡抚佛伦	"东省康熙二十九年分地丁钱粮尽行蠲免"，"无地小民尚未得沾圣泽"，建议"传集司道府官劝谕绅衿富室，将其地租酌量减免一分至五分不等"⑥	"应如所请。""嗣后直隶各省遇有特旨蠲免之省，业户钱粮既当一应差徭，将蠲免钱粮之数分作十分，以七分蠲免业户，以三分蠲免佃种之民。此蠲免数目，业户若不蠲免，或被地方官查出，或被劳人首告，将业户从重议处。其佃种之民，仍报明该地方官。⑦	依户部议。⑧	同户部议。	
康熙四十二年六月（1703年）	御史顾采	前述？年及康熙二十九年关于灾蠲及恩蠲二定例，"恐地方官日久玩忽，业主仍有照常勒取者，小民不能均沾实惠之处，亦未可定。"⑨	"应将顾采奏之处，仍照前例通行直省遵行。"⑩	依户部议。⑪	

续表

年代	奏请人	建议理由及办法	户部议覆	谕旨	定例
康熙四十四年十一月（1705年）	御史李某	前述康熙二十九年定例，"恐地方官日久玩忽，业主仍有照常剥取，亦未可定。"[12]	"应照前例通行各省出示晓谕，务使业主、佃户得沾实惠。"[13]	依户部议。[14]	
康熙四十九年十一月（1710年）	兵科给事中高遐昌	"凡遇蠲免钱粮之年，请将佃户田租亦酌量蠲免，十分中减免佃户三分。"[15]	"嗣后凡遇蠲免钱粮，合计分数，业主蠲免七分，佃户蠲免三分，永著为例。"[16]	"蠲免钱粮但及业主，而佃户不得沾恩。但山东、江南田亩多令佃户耕种，牛种皆出自业主，若免租过多，又亏业主，必均平无偏，乃为有益。此本著交部议。"[17]后以户部议。	"凡遇蠲免钱粮，合计分数，业主蠲免七分，佃户蠲免三分，永著为例。"[18]
雍正三年四月（1725年）	光禄寺卿杭奕禄	"请敕下江南督抚于松二府州县，凡有田之人，于恩免额征钱数内，十分中减免佃户三分。"[19]	"查二府恩免额征系条折银两，租田之人交纳皆系米石，所减三分应以米计算，照条米一斗折银一钱之例。如有田之人恩免额征银一钱，则于此一钱银之内，纳租人名下减免米三升。以此为准，圣恩蠲免二府额征四十万五千两，业户得沾三十一万五千两之恩，佃户亦分沾十三万五千石矣。"[20]	杭奕禄"此奏甚公，下该臣[户部]议行。"[21]依[户部]议速行。[22]	

续表

年代	奏请人	建议理由及办法	户部议覆	谕旨	定例
雍正八年（1730年）	广西布政使元展成				"凡遇蠲免钱粮之年，蠲免十分者，江南、浙江二省赋重粮多之地，佃民以应纳田主租粮一石，均减一斗五升；蠲免七升五合者，其余赋轻每一石减免一石五合；蠲免十分者每石减免此粮少各省蠲免十分数多寡均照此计算。照现行例多寡均照此计算。偏加晓谕：若佃主阴阳给还，追还；地方官失察者同罪。"偏加晓谕，照现行律定制，雍正八年定例，"特恩蠲免钱粮，如河南赋少粮轻省分恩免十分者，佃户每石减租一斗，依此计算。"
雍正十三年十二月乾隆即位后（1736年）					"蠲免之典，大概业户邀恩者居多；无业贫民终岁勤动，按亩输粮，未被国家之恩泽。""若欲照所蠲之数履亩除租，绳以官法，则势有不能，徒滋纷扰。""然业户受朕恩者，苟十损其五以分惠佃户，亦未为不可。""其令所在有司善为劝谕各业户，则量宽减佃户之租，不必限定分数，使耕作贫民有余粮以赡妻子。若有某封业户能善体此意加惠佃户者，则酌量奖赏之。其不愿者听之，亦不得勉强望正。""若敢刁顽佃户能望正……仍治以抗租之罪。"

续表

年代	奏请人	建议理由及办法	户部议覆	谕旨	定例
乾隆元至三年间（1736—1738年间）	湖南巡抚高其倬	"民间土地每亩税银多者不过一钱有零。"根据雍正八年广西布政使元展成条奏，户部定例"今免一钱有零之银，即免租至一斗以上，似佃户所得过多。请仍照康熙四十二年旧例，将所免钱粮分作十分，以七分免业户，以三分免佃户。"⑳			
乾隆五年五月（1740年）	河南巡抚雅尔图	被灾地区地租"当照被灾之分数免租，不当照蠲免钱粮之分数免租。""地主完纳正赋为数有限，灾蠲之典已极优渥。至于佃户，交租较正赋多至数倍，假如被灾五分亦照蠲免钱粮分数仅免租一分，则额租一石尚须交谷九斗，力作劳佃安能为此无米之炊?"应请申明定例，酌定数目。如被灾五分，则收成本止五分，应止收五分之租；被灾六分，则收四分之租；甚至被灾十分者，则地内一无所出，自应全免其租。"㉑		"著照所请行。至各省可否照此办理之处，大学士会同九卿议奏。"㉒	

续表

年代	奏请人	建议理由及办法	户部议覆	谕旨	定例
乾隆十年（1745 年）	江苏巡抚陈大受	"吴中佃户抗租久成锢习，况业户现蒙恩免，顾佃无术得藉词赖租。今酌议业户收租酌免之银，酌免之银照租免分数，如业户蠲免一两者，应免佃户五钱。"㉕		"所议尚属留心，行之则在人耳。"㉖	
乾隆十年（1745 年）				"各省蠲免之年"，有田之家既邀蠲赋之恩，其承种之佃户亦应酌减租粮，著该督抚转饬州县普为劝谕，感发其天良，欢欣从事。""均照雍正十三年谕旨行。"㉗	
乾隆十一年（1746 年）		福建"汀州府上杭县因蠲免钱粮，乡民欲将所纳田租四六均分。"罗日光，罗日照等聚众械殴业主"，"聚众拒捕。"㉘		"普免天下钱粮"，"佃户应交业主田租，惟令地方官劝谕有田之家所其酌减，"初未尝限以分数俾之宽减。"其减与否减，即功令亦难绳以定程也。岂有佃户自减租数，抗不交租之理。""罗日光等藉减租起衅，是凶不法，此风断不可长。著严拿从重究处，以儆习顽，毋得疏纵。"㉙	

续表

年代	奏请人	建议理由及办法	户部议覆	谕旨	定例
乾隆十四年三月（1740年）	山东学政李因培	山东连遭灾歉，令积欠分年带征。此举"仅及有田有粮之人，而贫者未能沾溉。"建议"令抚臣广行劝谕有田者，将本年粮粒与佃民平分，积年宿逋通不得一概追索。"③		"有田之户经营产业，纳粮供赋，亦图自赡身家，岂能迫以禁令，俾其推以予人。况佃民贫多贫无聊赖，其中贤否不一，丰收之岁尚无余息。今岁明降谕旨，令地方大吏出示劝遵，在田主既不免凌其田主，而顽佃更得藉端抗欠。""东省前年被灾较重"，国家尚缓其积欠，则田主亦可尚缓子佃户，暂为权宜变通。"只可令州县官酌酌情形，善于开导，使有田者好又乐从。"⑤	
乾隆三十二年四月（1767年）				"上年春初"，"将各省起运漕粮分年蠲免一周。""在有田业户于年蠲藏，而佃户等，已得倍格蠲藏盖仰遇旷典。""通行晓示，劝谕各省督抚等，照有田亩应蠲漕米数内，亦令佃户交一半。"⑥	

续表

年代	奏请人	建议理由及办法	户部议覆	谕旨	定例
乾隆五年闰六月（1740年）	河南道监察御史陈其疑	反对雍尔图建议，称："天下之田地佃种交租，不出于分收、交纳之二法。且上熟之年，若有荒歉，惟照收成分数交租，佃主断不能收租于分数之外，佃户亦不能交租于分数之中。若官为立法，强以必从，则挟制争年，必滋抚累。诸民田佃种照旧交收，不必官为定例。"㊿	"该御史所奏似属平允。请饬下各省督抚仍照雍正十三年十二月内谕旨实力遵行，以杜纷扰。""至该抚雅尔图原奏交租数目应照被灾分数减免，"恤赈安置抚恤所有在持平，仍应令该抚转饬所有司加意抚绥劝处，务使主佃相安，闾阎不扰，间得洵泥相累，照旧官交原议。"	从户部议⑧	
乾隆十年七月(1745年)	工科给事中卫廷璞	"奏请酌免钱粮酌量减租"，"立定减租分数。"㊿	大学士讷亲等奏，"各省风俗不齐，田地多寡不一，业户置产则有分收包纳之殊，佃户偿租则有交谷银之别。一经限定分数，转恐佃户萌挟制之私，业户滋苟索之弊。""应将该给事中卫廷璞所请业户让租立租定分数办理之处，毋庸议。"㊿	依大学士议㊿	

续表

年代	奏请人	建议理由及办法	户部议覆	谕旨	定例
乾隆十年七月（1745年）	监察御史孙灏	"奏请田主酌减租银，即以应免银数为准。如免银一钱，主佃各沾五分，将所减五分租谷，照依时价扣算。"⑫	大学士讷亲等奏："若着此为令，则仍属拘定分数。仁让之举适形勉强，又况米粮时价贱雍常，佃户以贱价扣算，彼此纷争，转滋烦扰。雍正十三年十二月［谕旨，勿拘定分数，劝令欢欣从事之为便。应将该御史孙灏所奏酌减租粮照依所免银数主佃各沾其半之意，亦毋庸议。"⑬	依大学士议⑭	
乾隆三十五年（1770年）				"今年朕六十诞辰，明年恭逢圣母八旬万寿"，"着自乾隆三十五年为始，将各省应征钱粮通行蠲免一次。⑮"各省轮捐［蠲］之年，劝谕业户照捐蠲数十分之四减租佃户租。"⑯	

续表

年代	奏请人	建议理由及办法	户部议覆	谕旨	定例
乾隆四十二年（1777年）				"自乾隆戊戌〔四十三〕年为始,普蠲天下钱粮,仍分三年轮免,曾令该省前次加恩普免,遇今该省荒,遇轮蠲之年,偏行对𫗦各业户就所蠲之数准值减租","现在自应仍旧办理。但此等事不宜明张告示,致习藉口抗佃租。止须谕业户等量减佃租。""或其中有不能分逮者,亦听其便,毋庸官为勉强。盖佃户俱系乡愚,倘由示晓谕,必以为奉旨减租,刁风渐长。现今浙省即有永嘉佃民抗租聚众之案。所谓民可使由之,不可使知〔之〕,大率如此。"	
乾隆五十五年（1790年）				"朕今岁届八十寿辰,""将乾隆五十五年各省应征钱粮通行蠲免。""今业主既概免征输,而佃户仍全应交租息,贫民未免向隅。应令地方官出示晓谕,""自行酌量将佃户应交地租量子减收。""亦不必定以限制,官为勉强抑勒。"	

续表

年代	奏请人	建议理由及办法	户部议覆	谕旨	定例
乾隆六十年 (1795 年)	御史甘立猷	普免天下漕粮,"请敕下各省督抚,查明有粮之户,每户恩免漕粮一石。核酌减佃户额租若干。议章程,奏明办理。"⑤		"普免钱粮皆系国家旷典。在蠲免之年,而在不免之年,可不征输,纳总纳赋,不能向佃户额外多取。况业食佃力由来已久,或系分给租余,并非徒用其力而不与以惠者。在富民等,"宜减租数,议令各发天良,该御史所请,势必官为勉强,抑勒滋弊。且各省顾佃平日已不免有抗租之例,若再有定免减租之典,佃平日已藉口拖欠不文,更可得以藉恩行庆大典,转启是以推恩行庆之端,扰累之端,成何政体!"⑦	

注:①《康熙实录》卷 34,第 1 页。
②《康熙实录》卷 34,第 1 页。
③《康熙实录》卷 34,第 1 页。
④《康熙会典》卷 21,第 8 页。
⑤《定例成案合镌》卷 5,第 13 页。
⑥《康熙实录》卷 147,第 25—26 页。
⑦《定例成案合镌》卷 5,第 13 页。

⑧《定例成案合镌》卷5,第13页。

⑨《定例成案合镌》卷5,第13页。

⑩《定例成案合镌》卷5,第13页。

⑪《定例成案合镌》卷5,第13页。

⑫《定例成案合镌》卷5,第15页。

⑬《定例成案合镌》卷5,第15页。

⑭《定例成案合镌》卷5,第15页。

⑮《康熙实录》卷244,第12—13页。

⑯《康熙实录》卷244,第12—13页。

⑰《康熙实录》卷244,第12—13页。

⑱《康熙实录》卷244,第12—13页。

⑲陶煦:《租覈》,"重租申言","糈古"。

⑳陶煦:《租覈》,"重租申言","糈古"。

㉑《清史稿》列传78,第10287页。

㉒陶煦:《租覈》,"重租申言","糈古"。

㉓《大清律例通考》卷9,第13—14页。又见《大清律例按语》卷38,第7页。

㉔《心政录》卷2,第23页。

㉕《光绪会典事例》卷265,第6页。参见《乾隆实录》卷9,第2页。

㉖《大清律例通考》卷9,第14页。参见《大清律例按语》卷38,第7页。

㉗《心政录》卷2,第24页。

㉘《乾隆实录》卷118,第16页。

㉙《乾隆实录》卷245,第23页。

㉚《乾隆实录》卷245,第23页。

㉛《光绪会典事例》卷266,第2页。参见《成案汇编》卷6,第49页。

㉜《东华续录》乾隆24。

㉝《东华续录》乾隆 24。

㉞（光绪）《山东通志》卷首，"列圣训典"2，第 64—65 页；《乾隆实录》卷 336，第 16 页。

㉟（光绪）《山东通志》卷首，"列圣训典"2，第 64—65 页；《乾隆实录》卷 336，第 16 页。

㊱《乾隆实录》卷 783，第 21 页。

㊲《乾隆实录》卷 120，第 6 页。

㊳《乾隆实录》卷 120，第 6 页。

㊴《乾隆实录》卷 120，第 6 页。

㊵《成案汇编》卷 6，第 50—51 页。参见《乾隆实录》卷 245，第 4 页。

㊶《成案汇编》卷 6，第 51 页。参见《定例续编》增补，户部，第 6 页。

㊷《成案汇编》卷 6，第 52 页。

㊸《成案汇编》卷 6，第 51 页。参见《乾隆实录》卷 245，第 4 页。

㊹《成案汇编》卷 6，第 51—52 页。

㊺《成案汇编》卷 6，第 52 页。

㊻《乾隆实录》卷 850，第 3 页。

㊼《东华续录》乾隆 71。

㊽《乾隆实录》卷 1025，第 41—42 页。

㊾《光绪会典事例》卷 266，第 9 页。

㊿《租覈》"重租申言"，"稽古"。

(51)沈赤然《寒夜丛谈》卷 3，第 13—14 页。

(52)沈赤然《寒夜丛谈》卷 3，第 13—14 页。

多；在田地分等纳赋的情况下，拥有土地的质量越好，所受蠲免之益越大。反之，拥有土地越少，土地质量越次，受益于蠲免者越少。不过，即使如此，从政策本身考察，自耕农还可在一定程度上得到好处。

康熙间有人评论说，"今朝廷虽岁下捐〔蠲〕租之令，然适足以惠豪强，而不足以绥贫弱"，[①] 这是反映了实际情况的。特别在雍正之初，地丁合一以后，情况尤其如此。嘉庆间有人评论说，"有田富户可沾重恩，其无田贫民仍不能普沾恩泽"。[②] 蠲免政策对无田佃户有无影响，影响如何呢？下面，我们准备着重研究清代蠲免中业主和佃户受益分配政策的发展。

蠲免一事本来跟完全没有土地的佃户关系不大。但地主缴纳的赋粮全系收自地租。朝廷蠲免的目的是救灾以恢复农业生产，或是"施恩"以固民心；尽可能地扩大其受益面对巩固政权是有利的。所以清代统治集团的成员曾多次提出在蠲免时应使佃户也可一定程度受益的问题。兹将康熙、雍正、乾隆三朝约一百三十年间有关建议及定例列出，以便分析。（见上表）

从表中可见，康熙间有关议论凡五次。

康熙九年，给事中莽佳首先指出"灾蠲"时佃户纳租如故是不合理的。圣祖玄烨根据他的建议定一条例，令业主照蠲免分数征佃户租。定例并且规定，如不免租，"将业主议处；所收之租追出给还佃户"。[③]"恩蠲"时如何减免佃户租额，康熙二十九年始由山东巡抚佛伦提出办法。定例"将蠲免钱粮之数分作十分，以七分蠲免业户，以三分蠲免佃种之民"。业户若不蠲免，"从重议处"；并规定，蠲租需报告地方官备案，以便监督检查。以上两例，于康熙四十二年及四十四年两度重申。

至康熙四十九年，由兵科给事中高遐昌建议再定条例："凡遇蠲免钱粮，合计分数，业主蠲免七分，佃户蠲免三分，永著为例"。这一例中没有指明是灾蠲抑或恩蠲，可以理解为兼二者言。

以上康熙朝所定各例值得注意的有三点：第一，康熙九年灾蠲例要求业户"照蠲免钱粮分数减免佃户"即业主应蠲赋三分，相应少收佃户租额的百分之三十；应蠲赋五分，相应少收佃户租额的百分之五十。从绝对量说，免

---

① 黄中坚：《蓄斋集》卷5，恤农。

② 嘉庆六年二月甲寅，御史新柱奏《普免钱粮》折，参见《仁宗睿皇帝圣训》卷2，第7页。

③ 按，表中"定例"栏中的第2条，未详年代及奏请人。但从定例的立意精神看，可能就是莽佳建议的条文化。因此，我把它作为康熙九年定例处理，容后发现确切资料再做订正。

租额大于免赋额。并且规定，当业主不按此执行时将受议处，多收租额追还佃户。这个条例对佃户肯定是有利的。

第二，康熙二十九年恩蠲例改变上述灾蠲例的规定，"将蠲免钱粮之数分作十分，以七分蠲业户，以三分蠲佃种之民"。不再免佃户地租额的百分之三十，而是地亩应蠲钱粮数额的百分之三十由佃户从应交租额中扣除归己。按照这个办法，佃户受恩蠲之益就比前述灾蠲办法受益少得多了。尽管受益微小，业户必须蠲除部分佃租，否则要受"从重处分"；蠲租情况尚需报官，接受官府的监督。这一条文的立意还是在一定程度上保护佃户利益的。此例可以与康熙九年例并行，不影响灾蠲减租比例。

第三，康熙四十九年据兵科给事中高遏昌提议定例，不论恩蠲、灾蠲，凡遇蠲免钱粮均按业七佃三分配。这样，原来佃户可在灾蠲中获得免租的百分之三十的好处全被取消了。与此同时，删去业户不减租要受议处的规定；换言之，业户是否按例减佃户租，官府不再过问了。

康熙帝及户部大员将蠲免业佃分配办法由按照蠲免分数减免改为蠲额业七佃三，理由有二：一则业户承担一应差徭，负担较重；二则山东、河南佃田"牛种皆出自业主，若免租过多，又亏业主"。他们认为，只有改变蠲免分配办法方才"均平无偏"。可见，他们修改定例的原因是感到原来的政策对业主不利，特别是对大地主不利。

雍正朝修改有关条例凡二次。

雍正三年户部议复杭奕禄建议，只是银米折算问题，不改变业七佃三的蠲免规定。雍正八年据广西布政使元展成建议所定条例则比较复杂。这个条例规定的办法，首先将各直省份为"赋重粮多"及"赋轻粮少"两类。赋重粮多的省份于蠲免十分时减租百分之十五，蠲免五分时减租百分之七点五。赋轻粮少省份于蠲免十分时减租百分之五。①按照这种办法，佃户得益虽较诸康熙九年例规定的为少，但比起蠲免额业七佃三的规定却又为多。这个条例还恢复了康熙九年例关于惩治不执行本例的业主的办法，明确地定以"照违制律定拟"，即杖一百，②多交租额追还佃户。更进一步的是，此例给

---

①　雅尔图说，赋轻粮少省份蠲免十分时减租百分之十。这与原例不符，待查。参见《心政录》卷2，第23页。

②　"凡奉制书有所施行而（故）违（不行）者杖一百。"参见《大清律例》吏律，制书有违律。

地方官规定了监督之责，失察者与违例业主同罪。可惜未能查到制定此例的有关奏章、议复和谕旨，难以做进一步的分析。从立意看，此例与康熙九年例精神相符，在一定程度上保护佃户的利益。乾隆初年，湖南巡抚高其倬对该例提出反对，说明它在一段时间内、在某种程度上是有效的。高某的反对意见是，"民间地土每亩税银多者不过一钱有零"，蠲免时根据雍正八年例免租达百分之十以上，他认为"似佃户所得过多"，要求仍按蠲额业七佃三办法减租，不过，这已是在雍正十三年乾隆谕旨以后的事了。

乾隆朝关于蠲免中业佃分成的规定修改更多。

乾隆皇帝相当重视蠲免。他在位期内蠲免次数之多，蠲额之大，都达到清代的最高峰。他把蠲免一事提到如此高度："民为邦本，治天下之道莫先于爱民，爱民之道以减赋蠲租为首务"。① 当其甫登帝位改元之前，他就免积欠以市恩。在宣布此事的谕旨中也颇有些动听的词句：蠲免一事，"无业贫民终岁勤动，按产输粮，未被国家之恩泽，尚未公溥之义"，受蠲免之业户"苟十损其五以分惠佃户，亦未为不可"，并声称要对蠲佃户田租的业主"酌量奖赏"，等等。但是，他认为按蠲数履亩除租必须建立在业主情愿的基础上，"绳以官法，势有不能，"只能由"有司善为劝谕各业户酌量宽减佃户之租，不必限定分数"，业户"不愿者听之，亦不得勉强从事"。相反，"若彼刁顽佃户藉此观望迁延，仍治以抗租之罪"。

乾隆皇帝这道谕旨，第一改"限"业主减租为"劝"业主减租；第二取消官吏监督的责任，特别是第三改重杖拒蠲佃租的业主为惩治待蠲田租的佃户。这和其父祖所订有关条例的精神相去甚殊。尽管这位皇帝宣称"视天下业户佃户皆吾赤子，恩欲其均"，而运用国家力量保证业户得蠲免之益，强迫佃户按照业主的要求提供地租的意图则是十分明确的。他在业主和佃户之间的"均"字就是如此解释，这也就是他所谓的"公溥之义"的含义。

雍正十三年十二月谕旨发出后，康、雍时期有关蠲免的各种规定全都自动失效。蠲额业七佃三的规定当然也不复执行了。

乾隆五年，河南巡抚雅尔图曾建议灾蠲时按被灾分数减佃户租，不按蠲免钱粮分数免租。这就是说，灾年交租成数与受灾程度成正比，可使佃农在受灾时的负担相应减轻。显然，这个建议比上述任何蠲免办法都更合理，即

---

① 　雍正十三年十二月谕。参见《光绪会典事例》卷265，户部，蠲卹，第6页。

对佃农更为有利。河南道监察御史陈其凝予以反对，他认为，既不能按被灾分数减租，更不能官为立法。陈某的意见是符合雍正十三年十二月谕旨思想的，弘历当然完全赞同，令雅尔图"勿得拘泥原议"。

乾隆十年时，工科给事中卫廷璞、监察御史孙灏、江苏巡抚陈大受等多人建议制定蠲免减租办法，都未能改变这位皇帝的意见。其后所发的谕旨一再重申蠲赋时减租全由业主自愿，不可限定分数。①对业主强调"感发其天良"，对佃户则防其"挟制"与"苛索"业主这个基本观点，乾隆皇帝迄未改变。直至王朝覆灭，清代再也没有与此精神相悖的关于蠲免时业佃分成受益办法的新条例了。

乾隆十年宣布全免翌年直省钱粮。福建汀州府上杭县濑溪乡佃民罗日光、罗日照等要求"业佃四六分租"，与地主发生冲突。地方官出面镇压，佃民拒捕。②弘历谕旨强调"减与不减应听业主酌量"，"岂有佃户自减额数抗不交租之理"，令将抗租佃户"严拏，从重究处"。时隔不久，弘历再次联系上杭事件辱骂佃户"多属贫无聊赖"，"丰收之岁尚不免凌其田主，抗负租息"，蠲免之时"若明降谕旨令地方大吏出示饬遵"，则"顽佃更得藉端抗欠"。主佃之间矛盾的尖锐化迫使封建政权抛弃恤佃的招牌，明确保护地主阶级的利益。

资料记载，乾隆三十一年蠲漕时，谕旨要求业户准佃户免交漕额的百分之五十；乾隆三十五年蠲免钱粮时，谕旨要求业户减佃户蠲额百分之四十的地租。蠲免时限定免租分数，而且免租分数定得如此之高，是与乾隆皇帝一贯思想不符的，只能看作是一种例外。不过虽然如此，其前提仍都是业户自愿。谕旨提出的这些百分比只是一种建议而已，对业户没有任何法律约束力。次年，广西某县僮族佃户潘扶迷、钟元保等以乾隆三十五年蠲免谕旨为根据，力争免租百分之四十。租未得免，最后被血腥镇压：斗争的领导者被处以死刑外，参加者刑罚有差，甚至"中途随往"的也受刑杖八十！③在官吏启发业主"天良"自愿减租，同时国家机器强迫佃户交租的条件下，减租

①　在劝谕的情况下，也确有某些地主于蠲免时减免佃租。如乾隆十年，江苏江都县黄某全免佃租；娄县、金山二县王某等每亩减租四升等。（《成案汇编》卷6，田宅1，第53页"绅士减让佃租嘉奖案"。）

②　参见《东华续录》乾隆24；（乾隆）《上杭县志》卷12。

③　《刑科题本》。参见《康雍乾时期城乡人民反抗斗争资料》第151—152页。

比例不论定得多么高，对佃户来说均为画饼。

乾隆四十一年底，浙江永嘉县佃民胡挺三等抗租殴官，被残酷镇压。①第二年普蠲地丁钱粮时，弘历生怕公开劝谕业主减租佃户"必以为奉旨减租"起而斗争，故令各督抚只将劝谕业户减租一事"密行札示"，连感发地主"天良"的号召也不敢公开发出了。至此，蠲免政策中的恤佃措施可以说已经全然乌有了。以至同治末年灾蠲减征时，劝令业主减租事尚不敢公开发布。②

从以上对历次规定的分析可以看出，清代蠲赋减租政策的变化反映了汉族缙绅、绅衿地主政治地位的上升。

康熙朝粮漕蠲免制度中关于减免佃户地租的政策所反映的倾向是和清代有关民田主佃关系的其他各项政策相一致的。新中国成立之初，全国疮痍满目，非得宽和仁政、与民休息，农业生产难以恢复。康熙朝蠲免政策中的恤佃方针就是诸种措施中的一项。同时，朝廷对佃户采取蠲免减租的宽恤政策，也期在主佃间控制一定的平衡状态，这对打击汉族缙绅、绅衿的豪强势力，对稳定社会秩序都有好处，③而对朝廷财政收入却无妨碍。

自康熙后期以来情况有了变化。汉族缙绅、绅衿地主对佃户的人身依附关系逐渐松弛；佃户欠租抗租斗争也有普遍化趋势。佃户起而斗争可不是最高统治者所期望的那种平衡状态，因而必须采取措施加以制止。摊丁入地政策实施以后，地丁和粮漕全靠土地所有者缴纳了，其中缙绅、绅衿地主占有一定的重要地位。缙绅、绅衿地主与佃户间力量的消长以及朝廷财政上的需要，迫使统治者重新认识原来的政策。正是在这种背景下，弘历一改玄烨成法，制定了新的蠲免减租政策。这种政策不再勒令业户减免佃户地租，而突出所谓劝谕，即强调业户自愿减租的原则。其后，再将对业户的公开劝谕改为非公开劝谕，生怕佃户知道朝廷有令业户减租的意图而拒交地租，损及地主利益。因为这也直接关系着朝廷的收入。当佃户根据朝廷的劝谕向地主提

① 乾隆四十一年十二月丙辰、乙未两谕。参见《乾隆实录》卷1023，第6—7、12—13页。

② 《减赋尤宜减租议》："今者既定减漕之例，减米之条，犹当定减租之规，以示一视同仁。无令佃户向隅，徒益田主。所愿父母斯民者俯察民情，备陈宸听，使业主减租之诏布告天下"。（《汇报》同治十三年十月二十日。）要求布告天下，正说明当时是不公开宣布的。

③ 有关这个问题，将在拙稿《清代民田佃关系政策的历史地位——清代民田主佃关系政策的探讨之三》一文中讨论。

出免租要求，抗拒交纳应减部分时，朝廷便完全站在地主一边，进行血腥的镇压了。

　　蠲免中减租政策经过了勒令、官督——劝谕、自愿——不公开劝谕——镇压拒交租额的佃户等四个不同的阶段。这一发展说明，在十八世纪最初三十年间，民田主佃关系在起着某种深刻的变化；这种变化要求为地主制经济的上层建筑的清政权在政策上作出调整。当时已不存在汉族缙绅、绅衿地主颠覆政权的危险；相反，他们还是这个政权的重要支持者。他们此时在自身对佃户的直接控制削弱以后，也需要在收取地租时得到国家机器的帮助。利益的一致性把二者联系起来，关系日趋密切了。顺治康熙年间政府跟汉族缙绅、绅衿之间在粮赋问题上的尖锐矛盾，至雍正以后大为缓和，转化为他们之间的联合跟佃户在地租问题上的尖锐矛盾了。如果说，清政权过去是由于巩固政权的需要，用经济上宽恤佃农、政治上解放佃农人身束缚的办法打击汉族缙绅、绅衿等级的地主的话，以后则用经济上支持汉族缙绅、绅衿等级地主收租，军事上镇压佃农抗租的办法换取汉族缙绅、绅衿地主对这个政权的支持。乾隆以后汉族缙绅、绅衿等级地主力量兴起，满族为主的政权愈来愈依靠汉族缙绅、绅衿等级进行统治，则是上述政策的结果。这个现象越到后期越加明显了。清代政策的这一实质性变化时间，大约可以雍正五年关于佃户问题条例的产生为界。其所以如此，我在《试论雍正五年佃户条例——清代民田主佃关系政策的探讨之一》①一文中已有涉及，这里就不重复了。

　　国家，总是在经济上占统治地位的阶级的国家。在一定条件下，国家权力可暂时处于相对独立的地位，仿佛成为两个对立阶级之间的中介人。但是一旦阶级斗争形式有了新的需要时，国家就要暴露其阶级本质。清代蠲免减租政策的变化就是很好的例证。

（1982 年 3 月）

（参见《中国经济史研究》1986 年第 1 期）

---

　　①　参见《平准》第 2 期。

清代民田主佃关系政策的历史地位

——清代民田主佃关系政策的探讨之三*

赵宋以降，租佃制在民田中始终占有相当大的比重而占主导地位。宋、元、明、清历代政权都曾制定了一系列关于主佃关系的政策，并不时加以调整。这些政策的产生和变化，反映着不同时期朝廷、地主和佃农三者之间关系的变化。有关这方面问题的探讨，对研究我国封建社会经济史来说无疑是重要的。因为有关生产资料所有者和生产者之间关系的各项政策，必然涉及双方的政治和经济利益，从而能对生产力的升降、社会安定程度和政治稳定程度产生不同程度的影响。

清王朝是一个以满族皇帝为核心，以满汉地主官僚集团为主组成的、带有民族征服特征的封建政权。在这个政权统治时期内的农业经营体制是多种并存的。既有使用奴仆壮丁为主的封建庄园制，如皇庄、旗地是，也有数量庞大的农民自耕制，还有为数较少的佃仆制、雇工经营制等，最大量的、能决定这个历史阶段整个农业性质的，则是民田中的封建租佃制。清政府曾有许多关于民田封建租佃制中的主佃关系的政策；本文准备讨论这些政策并与以前王朝的相比，用发展的观点考察其历史地位。

一　清代有关佃户的律、例以及其他政策

首先应该看到，在清代（特别是清代前期），不少地区存在前朝早有的

---

　　* 之一题为《试论雍正五年佃户条例》，此稿于 1983 年 11 月交《平准学刊》，蒙允收入第 2 辑。据学刊编委同志称，争取该辑于 1988 年内与读者见面。之二题为《论清代蠲免政策中减租规定的变化》，参见《中国经济史研究》1986 年第 1 期。

压佃为奴的现象。顺治末年至康熙初年，安徽北部地区称佃户为"庄奴"，田主禁止他们随意离土地而迁徙。南部的婺源县甚至有将佃户连同土地一道立契投献他人为仆，以毒打强迫服役，以及逼其重价赎身的事实。① 同一时期，湖南有的地主把佃户及其家属作为奴仆役使；还有地主当佃户死亡后嫁卖其妻、子，并掠其家资归己。② 康熙中叶，赣州、赣西南的吉州等府仍保有以佃为仆的习惯。③ 雍正间，河南某些地区"田主如主人而佃户如奴仆，有事服役，不敢辞劳，有惟恐不当田主之患者。"④ 云南有的地主除进行沉重的经济剥削外，并责打凌虐佃户，命佃户当差服役，随意役使其妻子，使用其骡马牲畜。佃户死亡，田主索取"断气钱"，收其牲畜什物为己有；亡佃孀妻弱女出嫁，田主勒交"出村礼"。⑤ 湖南彬州一带，佃户嫁娶，田主强征"挂红礼"。⑥ 至乾隆初年，湖南情况仍有如旧者。田主役使佃户抬轿、帮工，待之如"仆厮，稍有不如意，辄取批颊辱詈，及寻隙更佃。"西北边境的龙山县，腹心地区的安化县，直至南部地区的道州，尽有这种情况，"虽楚南有田之家未必人人若是，然陋习相承，大率类此"。⑦ 浙江太平县（今之温岭）于嘉庆十六年所修志书中仍有关于该县部分地区存在着佃户于田主被视为"有主仆名分"的记载。⑧ 北直隶所属沧州，乾隆间也有关于"佃户见田主略如主仆礼仪"的记载。⑨ 即至光绪年间，还用"视之如奴隶，虐之如马牛"来描述苏州佃户状况。⑩ 如此等等，前人文章已经列举不少，类似的记载还可看到很多。

　　是否可以根据这些记载认为清代或清前期的主佃关系就是主仆关系呢？不可以。在清代的法制中，主仆关系是跨越良贱界线的等级关系。上述各种压佃为仆的现象反映了在实际生活中地主，特别是缙绅、绅衿地主压迫佃户

①　参见康熙《江南通志》卷 65，艺文。
②　参见同治《长沙县志》卷 20，政迹 2，朱前诒《条陈利弊详》。
③　参见《碑传集》卷 80。
④　《湖南省例成案》工律，河防，卷 1。
⑤　陈宏谋：《培远堂存稿》文檄，卷 2。
⑥　《湖南省例成案》刑律，诉讼，卷 9。
⑦　《湖南省例成案》户律，田宅，卷 5。
⑧　参见嘉庆《太平县志》卷 18，风俗。
⑨　参见乾隆《沧州志》卷 4，礼制附风俗。
⑩　参见《悯佃文》。参见《申报》光绪十四年十月二十三日。

的事实，但不能用以证明在清代佃户等于奴仆、属于贱民。可以肯定，清王朝的最高统治者无意于将佃户置于最低的法律地位上处理民田主佃关系。现在让我们将有关政策一一具体分析。

《大清律例》有关佃户的律、例各一条。有关佃户的律，见《兵律》"邮驿"门："凡各衙门官吏及出使人员役使人民抬轿者杖六十；有司应付者减一等。若豪富（庶民）之家（不给雇钱，以势）役使佃客抬轿者，罪亦如之；每名计一日追给雇工银八分五厘五毫。其民间出钱雇工者不在此限"。这条律文承自《大明律》。① 前朝以来，地主役使佃客进行各项劳役，自不待言；至明代，"以富压贫，专于佃客，而使令扛抬者有之"。② 具体到抬轿这项服役，明代的立法者视之为应由仆役执行的低贱的服役项目，田主与佃户间没有主仆关系，故无权役使佃户抬轿。有令抬轿者，"虽势有相关，而分非所宜"，③ 是"不依本分"的行为，④ 所以要定律禁止。至于佃户领取钱文服役抬轿，是为受雇，不属被迫，不在禁内。

明律取法唐律，而这一条却是唐律中所没有的。至少可以说明，自明代以来，佃户没有为田主抬轿的义务，换言之，田主不具有这种法定的权利，如需此项服役，当以雇佣劳动的形式进行。这条法律明显地反映了佃户的身份不同于任意役使的奴仆。清律继承这条律文，说明清代统治者完全接受这一观点。

有关佃户的例，见《礼律》"仪制"门"乡饮酒礼"后："凡乡党叙齿及乡饮酒礼，已有定式，违者答五十"。注云："乡党叙齿，自平时行坐而言，乡饮酒礼，自会饮礼仪而言"。所谓乡饮的"定式"，自有一套繁缛的套仪；至于平时行坐相见叙齿，则附例说明如下："乡党叙齿，士农工商人等平居相见及岁时燕会，揖拜之礼，幼者先施，坐次之列，长者居上。"就在这里，也给佃户立下了规矩："如佃户见田主，不论叙齿，并行以少事长之礼；若亲属，不拘主佃止行亲属礼"。这就是说，人们平时起坐相见行礼，有三种

---

① 明律规定："凡各衙门官吏及出使人员役使人民抬轿者杖六十；有司应付者减一等。若豪富之家役使佃客抬轿者罪亦如之；每名计一日追给雇工钱六十文。其民间妇女，若老病之人及出钱雇工者，不在此限。"参见薛允升《唐明律合编》卷10。

② 《明律统宗为政便览》卷9，万历间刊本。

③ 《大明律集解附例》兵律，邮驿。

④ 参见《明律统宗为政便览》卷9，万历间刊本。

不同情况，一是家族亲属相见，依尊卑长幼为序，卑幼先揖拜、坐居下；二是在社会上一般人相见，依年龄长幼定先后上下；三是主佃相见，不论年龄大小，凡佃户总是先揖拜、坐居下。根据这些规定，一个人在社会上可以因年长而受到尊重，但如果他是佃户的话，在田主面前，受人尊重的这一条件就不起作用。可见，在本家族以外的主佃关系中，礼仪是以身份为依据的。

清律关于乡饮及附例规定，全承明律。这条例文原系洪武五年朱元璋所发的"令"。[①] 洪武末年最后厘定明律时，此令附于乡饮规定之后，示为乡党叙齿定式，令人遵守。顺治三年，此"令"以"例"的形式作为乡饮律的辅助条文固定在《大清律例》中，终清之世，亘未修改。

关于佃户见田主行以少事长礼例，我们从乾隆中叶吴光华的稿本《谋邑备考》所收"外结案"中发现了以此比附演绎的特例。该案情况如下：

乾隆十六年，河南省通许县张林租种员卓土地耕种。张林因故与田主员卓的胞兄员惠争吵，员卓出面责备张林"无礼"，张林"出言顶撞"，员卓将张林扳倒，以致张林小腿臁骨骨折。经邻佑调解，员惠先留张林在家调治，后给钱粮，张林回家养伤。二十余日后，张林再向员惠借钱，不得，他具呈到县控告员氏兄弟。县衙门"先将员卓杖责，仍令员惠出银五两给予调治"。张林仍不满意，再赴开封府并按察司衙门上控。经司查验，"员卓将张林扳倒以致臁伤右臁胁，已成废疾。员卓合依折伤人肢体杖一百徒三年律，应杖一百徒三年"。这就清楚地说明，佃户和田主之间的纠纷，律无专条，应按凡人律条判处。但是，河南按察司[②]却别生枝节，在详文中写道："但查定例内载，佃户见田主不论齿叙并行以少事长之理［礼?］等语。细译例意，主佃虽与良贱不同，实有长幼名分。如有相殴之处，若与凡殴一概拟罪，则主佃与平人毫无区别。"在这样的理解下，按察司衙门作出决定："查员卓系张林田主，应将员卓比照同姓服尽亲属相殴，尊长犯卑幼减凡斗一等律应减一等，杖九十徒二年半。"

光绪间，薛允升曾评论说，乡饮酒礼律及其有关的两个条例"均古法也，今不行矣"。他所谓的"古"，恐怕已非数十年内的意思。何况佃户见

---

① 《洪武实录》卷73，洪武五年五月廿日戊辰。

② 当时按察使为秦炘。

田主行以少事长之礼乃是礼仪上的规定，"犹以礼化民之意"，① 而不是用做判案依据的。用它来推论主佃间身份上的差异，并进而确定用刑等级的升降，显然不是该项规定的立意所在。河南按察司的这一"但"书，可能反映了办案人员具有佃户地位不得与地主平等的观点，故从律例中寻章摘句以轻纵地主；也可能是有关书吏、皂司等接受人情贿赂而设法减轻地主员卓应得的处刑。这种判决竟也得到河南巡抚②的同意。因该案属于外结案，不报朝廷审批，所以我们也就无法进一步看到刑部和皇帝对此判处抱什么态度了。不论如何，此案没有被列为通行全国的例案。

明清法律用语中，父祖为"尊"，子孙为"卑"；兄姐为"长"，弟妹为"幼"。所谓"少"与"幼"同，为弟妹行，与"长"相对。③ 所以说，条例关于佃户见田主揖礼先施，坐位居下的规定，确实反映了佃户的社会地位低于田主。不过它也反映出，佃户与田主的关系却也不像奴婢与家长之间如同子孙与父祖间那种辈分差别的尊卑关系。所以说，即使根据这一条例，也不能一般地说明清时代的田主与佃户间均具有像家长与奴婢间那种良贱、主仆名分关系。

除法典规定外，朝廷也曾屡准廷臣建言，禁止压佃为奴。早在顺治十七年，江宁巡按卫贞元就曾提出严禁"凤、颍大家将佃户称为庄奴，不容他适"的行为。当时部臣表示支持这一建议，具体规定，"绅衿大户欺压佃户霸占妻子者，即行指名参处"，并认为，不仅安徽凤阳、颍州二府应禁，全国各直省均应照此规定行事。这一建议得到了最高批准。④ 过了二十一年，即康熙二十年时，安徽巡抚徐国相会同两江总督阿席熙，因前述立法"法久废弛"，共同题请再申禁止业主随田转卖佃户，不准田主勒令佃户服役。⑤ 据此，皇帝批准，"绅衿大户如有将佃户穷民欺压为奴等情，各省该督抚即行参劾。"⑥

有的地方官吏也持同样态度。康熙二十二至二十六年间，长沙知县朱前

① 《读例存疑》卷19，礼律，仪制。
② 时河南巡抚为陈宏谋。
③ 参见《大清律辑注》卷20，刑律，斗殴，殴大功以下尊长律。
④ 康熙《江南通志》卷65，艺文。
⑤ 康熙《江南通志》卷65，艺文。
⑥ 《例案全编》卷6，"禁佃户为奴"。

论认为，将佃户当做奴仆对待，"大拂人情"，建议督抚对此"概坐重律"。①
江西大户将佃户视为贱民，不准佃户子孙参加考试。江西按察司金事提调学
政邵延龄以此为陋俗，勒石禁止。②雍正十二年，陈宏谋于云南布政使任上
发布的禁约示中，有三条涉及主佃关系："一、不许田主凌虐佃户，混加扑
责。不许擅拿佃户当差。佃户亦许许抗欠租石"。"一、田主收租不许强用大
斗。定租之外不许索派随田公费及猪、羊、鸡、酒等物"。"一、田主不许擅
骑佃户骡驴马匹。佃户嫁女、寡妇改适，不许田主索取出村礼。佃户家丧
事，不许田主索取断气钱。佃户遇有身死无后者，不许田头收其牲畜什
物"。③内容都是禁止将佃户作为奴仆对待的。当时文人论及田主役使佃户如
奴仆问题，一般也是持否定态度。④

　　尤为值得注意的是，雍正五年，根据田文镜建议，吏部和刑部再议，经
胤禛于十二月初五日批准如下条例："凡不法绅衿私置板棍擅责佃户者，乡
绅照违制律议处，衿监吏员革去衣顶职衔杖八十。地方官失察，交部议处。
如将佃户妇女占为婢妾者绞监候，地方官失察徇纵，及该管上司不行揭发
者，俱交部分别议处。至有奸顽佃户拖欠租课、欺慢田主者，杖八十，所欠
租课照数追给田主"。关于这个条例的产生及其意义，我在《试论雍正五年
佃户条例》一文中已详细分析，兹不赘述。这个条例是以如下两点作为前提
的：第一，将佃户视为奴仆的现象虽然存在，但根据当时律例乃是非法现
象。朝廷承认赁地耕种仅应是一种单纯的经济行为，凡人平民在政治上、身
份上不应因佃地而降低为贱民奴仆。第二，有能力将佃户视同奴仆的乃是
"绅衿"之家，并非一般地主都能做到的。逻辑的结论只能是：即使是"绅
衿"地主的佃户也应被视为平民，待之如奴仆的现象应视为非法。从法律角
度看，雍正五年条例承认民田佃户具有凡人等级身份而非地主个人的私属。
与此同时，国家也保护地主拥有的土地私有权，并助其实现收租权。

　　清代康熙、雍正、乾隆三朝粮漕蠲免制度中关于减免佃户地租的一系列
政策反映出，清政府在保护地主土地私有权和收租权的同时，要求地主在经

---

① 同治《长沙县志》卷20，政迹2。
② 参见邵长蘅：邵延龄墓碑。见《碑传集》卷80。
③ 《培远堂偶存稿》文檄卷2。
④ 如顺治十八年张履祥《赁耕末议》，参见《杨园先生全集》卷19，议；又如钱维城《养民
论》，参见贺长龄《皇朝经世文编》卷11，治体，等。

济上恤佃。说明清政府并不鼓励地主把佃户看作自己的奴仆私属而无限制地剥削，更谈不上准许随意处置其人身了。显然朝廷从未把佃户当贱民对待。有关这一系列政策的发展，作者在《论清代蠲免政策中减租规定的变化》一文中业已详论，也可不必重复。

当然，在统治集团中，对于压佃为奴的若干表现，看法并不一致。例如乾隆十一年道州知州段汝霖条陈认为，湖南地主对佃户除要求交租外，其他诸如索取进庄银（即写田钱）以及勒收新米、新鸡、蛋品、柴薪、糯米、年节肉等项杂派，收租时使用大斛多收，收租人索取"执荡小利"，田主家平时唤令佃户帮工，婚丧等事唤佃民扛轿役使，等等，都是将佃户视同"仆厮下人"，应该禁止。但他的上司永州府知府只认为进庄银一项应予禁革；至于各项杂派，乃是"民间岁时伏腊，持鸡黍斗酒往来馈遗，以通情好，比间皆然"的事。他更认为，"大斛"一说，斛大未必租多；收租人索执荡小利乃小事一桩，"其细已甚"；至于人身役使佃户，则属"至亲密友代为效劳执事者，身为佃户，偶一相帮，亦不得遽谓之役使，谓之仆厮"。总之，在永州府知府看来，道州知州所说应禁种种，根本不是压佃为奴的表现，而是主佃双方"酬酢之常，和好之意"，这类事情"于情理无伤"，不应由官方出面饬禁。臬司兼署藩周人骥、巡抚杨锡绂都同意永州府知府的意见。①

但应看到，即使是反对禁止压佃为奴各种行为的永州府知府以及湖南藩、臬，巡抚等人，也并不公开认为佃户是可以任意役使的奴仆。他们在反对道州知州的意见时，把主佃关系比作宾主关系，称主佃之间有"宾主之谊"。正如清初张履祥称主佃为"主客"；② 也像乾隆初年郑燮所说的，佃户"称我为主人，我称彼为客户。主客原是对待之义，我何贵而彼何贱乎"。③可见，统治阶级维护地主阶级，特别是维护缙绅、绅衿地主阶级利益的办法，也不是简单地把佃户置于奴仆贱民的地位上。

清代保甲编制和赈济办法中对佃户所做的安排，其出发点也和前述律例法令的立意相一致。

明朝万历年间吕坤为管理百姓而设计了"乡约"制度。他在"乡甲事

---

①　参见《湖南省例成案》户律，田宅，卷5。

②　《杨园先生全集》卷19，议，附"绍兴佃种法"。

③　《范县署中寄舍弟墨第四书》，参见《郑板桥全集·家书》。

宜"中规定，约中"乐户、家奴及佣工、佃户，各属房主、地主挨户管束，不许收入乡甲"。① 视佃户等同贱民、奴仆，不准独立列于乡甲之内，而将其附属于地主，这反映了明代尽管已有乡饮酒礼例规定佃户见田主均行少长之礼，不以佃户为贱，但对佃户的歧视仍然相当严重。

清代有所不同，顺治元年，在乡村中设甲长、总长之役，定保甲法。保甲法将城乡居民组织起来，令其互相环保监督，以维护地方治安。保甲虽不是政权的正式组成部门，却是封建政府对百姓进行有效统治的得力工具。保甲制度要求各城厢市镇乡村屯所一切"土著军民，自缙绅至商贾农工、吏役、兵丁、皆挨户编审"。灶户及其雇工、煤矿主及其佣工、僧道、棚民、寮民以及海船船主及其水手等一律编入。② 《福惠全书》载各乡保甲册样式，其中要求填明一甲之中男女丁口、幼童数目，以及仆、婢、雇工若干，乡绅、举人、贡生、监生、文生、武生甚至僧徒、尼道各若干。须得注意的是，其中并没有要求把佃户像仆、婢、雇工那样单独列出。③

当然，清代有关保甲规定中，有的也提到佃户。如雍正十一年复准福建台属村庄流寓人口，"其并无家室产业如佃户、佣工、贸易之人，取具业主、房主，邻佑保结，附于甲牌之末"。④ 乾隆六年，河南要求保甲稽查流民，"令田主、佃主嗣后佣工、佃户必择诚实勤谨及有的保来历之人，附入门牌"。⑤ 乾隆二十二年议准，外省入川"依亲佃种者，即附田主户内"。⑥ 不过，这些规定都是针对外地流入本地的无家流民而设，着眼点在于维护治安，而非歧视佃户。至于土著佃户，特别是有家室者仍同一般农户编入保甲，不作另行安排。

以上情况表明，清代统治者在保甲制度中，从考虑地方治安出发，把外来单身佃户交由地主控制，并不是有意地把一切佃户跟奴仆、贱民相混同，从而在保甲编户上表明佃户具有低下的身份地位。这一点比明代进步。

---

① 《实政录》卷5，乡甲约。

② 参见《光绪会典事例》卷17，户部，第2页。《清朝文献通考》卷21，职役1。

③ 卷21，保甲部。

④ 《光绪会典事例》卷158，户部，户口，保甲。

⑤ 雅尔图："为指明保甲紧要规条严饬实力奉行以弭盗贼以安民生事。"见《心政录》卷6，檄示。

⑥ 《光绪会典事例》卷158，户部，户口，保甲。同年，户部更定保甲法，将此条正式列入。参见《清朝文献通考》卷19，户口1。

清代赈荒政策的变化反映着主佃关系的变化。

清代荒政制度要求地方衙门于水旱等灾荒年景对所属灾民（或称"穷民"、"饥民"）发放银、米，馈粥、给予赈济。灾赈政策规定，奴仆、投充人及雇工不赈。如顺治二年题准，"王、贝勒、贝子、公等府属人役，潦地赈米照例支给；其投充人带来地，不准给。"① 顺治十年题准，"赈恤旱潦地亩，自王等府属佐领以下至所属旗人，令该旗都统确查口数，""不得以投充人及佣雇人充数。"② 顺治十三年题准，八旗满洲、蒙古、汉军各佐领给米，"其官员家人充兵者不给"。③ 这是因为他们的生活有人负责，不需国家赈济。④ 又规定，士子不与"穷民"同赈，由各省学政督令教官开列名单给散银米。这种特殊安排是因为他们"身列胶庠"，其社会身份高于凡人，虽然贫穷，也"不便令有司与贫民一例散赈。"⑤ 除以上特殊情况外，没有对贫困的佃户作另外的规定，似乎他们应该属于有司衙门的赈济对象之列。其实不然。

乾隆元年，户部揭发散赈情弊之一是"印委各官点验灾黎，按户计口，每有豪绅劣衿将家人、佃户连名开送"，要求该督抚对此严考究处。⑥ 乾隆二年，总理事务王大臣奉旨就山东巡抚法敏条奏赈恤事宜议决条款中规定，查造应赈户口时，"其商贾吏役、绅衿大户之庄佃，及家有储蓄者，不准入册。"⑦ 乾隆四年以前，河南佃户"向不领赈"，⑧ 山东佃户也是"例不予赈"的。⑨ 看来不赈佃户是带有普遍性的惯例。道理也和不赈奴仆相似，因

---

① （光绪）《大清会典事例》卷271，户部，蠲恤，第1页。参见汪志伊《荒政辑要》，抚恤事宜。

② （光绪）《大清会典事例》卷271，户部，蠲恤，第1页。参见汪志伊《荒政辑要》，抚恤事宜。

③ （光绪）《大清会典事例》卷271，户部，蠲恤，第1页。参见汪志伊《荒政辑要》，抚恤事宜。

④ 奴仆不赈，明末即有先例。崇祯三年浙江嘉善大祲，陈龙正办赈规定"有本身虽贫，现为殷户僮仆者，自有主翁赡养，不必开报"领赈。还规定，"僧道各有施主，不必开报领赈。"（《几亭全书》卷25，乡筹，庚午急救春荒事宜）

⑤ 乾隆三年谕。参见《光绪会典事例》卷271，户部，蠲恤。

⑥ 乾隆元年九月庚申。参见《乾隆实录》卷27。

⑦ 乾隆二年五月戊申。参见《乾隆实录》卷43。

⑧ 乾隆四年十二月初十日，河南巡抚雅尔图《为飞檄事》。参见《心政录》卷1，檄示。

⑨ 乾隆四年七月，护理山东巡抚、布政使黄叔琳奏。参见《乾隆实录》卷97。

其"田主力能照管"，① 或"力能养赡"② 的缘故。

乾隆四年情况开始改变。三月，陕西巡抚张楷奏请"绥德州去年被旱，除有地而乏食者业已赈恤外，尚有赁种佃户与佣作之人觅食尤难，因照他省首查无业穷民之例，按名散赈"；得旨："办理甚妥。"③ 七月，护理山东巡抚、布政使黄叔琳奏，菏泽等六州、县、卫"被水户口，佃户居多，田主自顾不暇，势难赡及佃人"，"似应查明田主无力乏食之佃户，一律赈济"；得旨："所见甚是。"④ 十二月，河南巡抚雅尔图奏请后檄示所属地方，"从前未赈佃户，除田主力能养赡，及该佃户自能存活者无庸议赈外，务须查其实在乏食穷佃，酌量于明岁二三月间，其极贫者补赈两月，次贫者，补赈一月，以资接济。"⑤ 佃户领赈一事已开始得到皇帝的同意，但和赈济其他灾民不同，仍需上报备案。其后，大抵不再需要特别呈请了。

嘉庆十年时，江苏巡抚汪志伊所辑《荒政辑要》一书中，将乾隆二十年江苏布政使彭家屏刊刻《实赈章程》及《各省救灾事宜》汇编成册，其中已包括这样的规定："专靠租田为活之贫佃，田既遇荒，业主又无养赡，并查明极、次，及所种某某业主之田，按其现住灾地分数给赈。"道光中，直隶总督琦善上"酌拟灾赈章程"疏，其后所附"灾赈总说"也将此条收入。⑥

富家为贫者衣食所赖，乃是中国封建社会的传统观念。佃户与地主之间原来存在经济上的联系，这一点和奴仆与主人间的关系有某种共同点。既然如此，朝廷考虑，由地主解决贫佃荒年之食问题，是可以理解的。仅这一点还不能说明乾隆三年以前佃户与奴仆同，只能认为那时的国家赈济政策要求地主负有这种责任。而这跟佃户见田主须行以长少之礼的社会地位间有着一致性。以后改变赈济政策，将遇灾佃户列入领取官府赈济者名单，可能因为佃农贫困化程度加深，灾年待赈者增多，社会治安受到威胁，朝廷需要采取措施缓和矛盾，同时也反映民田主佃间人身依附关系更趋松弛，佃农在经济

---

① 乾隆四年七月，护理山东巡抚、布政使黄叔琳奏。参见《乾隆实录》卷97。
② 乾隆四年七月，护理山东巡抚、布政使黄叔琳奏。参见《乾隆实录》卷97。
③ 《乾隆实录》卷89。
④ 乾隆四年七月，护理山东巡抚、布政使黄叔琳奏。参见《乾隆实录》卷97。
⑤ 乾隆四年十二月初十日，河南巡抚雅尔图《为飞檄事》。参见《心政录》卷1，檄示。
⑥ 参见盛康《皇朝经世文续编》卷44，户政16，荒政上。

上的独立性有所加强。

总之，清代统治者对待佃户的态度，是把佃户看做是"农"的一部分，即属于良民的社会成员，法律上属于"凡人"范畴，跟身为贱民的奴仆是有原则区别的。他们承认"佃户不过穷民，与奴仆不同"，[①] "佃户原为力役之人，非同臧获可比。"[②] 地无立锥的佃户向大户富人佃种田土，"本属良民，岂同仆厮下人！"[③] 佃不等于仆，民田佃户是良民而非贱民，这一认识在清代统治者集团中是比较明确的，压佃为奴不是清政府的既定政策。

二　清代民田主佃关系政策的历史地位

自从宋代建国以来，地主将土地租给佃农以攫取地租的租佃制很快成为民田中普遍的、主要的剥削形式。其后的历代王朝都对主佃关系的发展不断作出政策反应。有关政策的变化过程，明显地反映地主和佃户间人身关系的发展过程。自赵匡胤黄袍加身至孙中山辛亥革命成功，将近一千年的时间内，鼎革者凡四，地主阶级始终占据统治地位。尽管这个阶级的历代政权，在保障地主土地私有权和收租权这一基本点上做法一致，但各自制定的民田主佃关系政策并不尽皆相同。清王朝的民田主佃关系政策既如前述，它们在政策发展链条上居于何种地位？其历史意义如何？乃是下面即将探讨的问题，让我们从宋朝说起。

就已有的资料看，宋朝最初的 77 年（960—1036 年）间，"民殴佃客死"者，"论如律"，判田主以命抵，[④] 跟凡人之间相犯没有差别。仁宗朝廷颁布"新制"规定"凡主人殴佃客死者，听以减死论"。佃客的法律地位降了一个等差，相对地主而言，他们不再具有平等的地位。这一规定，原文已佚，仅见于《折狱龟鉴》及《宋史》二书的王琪传中。据朱瑞熙考证，它的产生当在宋仁宗景祐四年至宝元元年、二年（1037—1039 年）这段时间里。[⑤]易言之，11 世纪 30 年代末，中国封建政权第一次把佃客降到低于平民的法

---

①　康熙《江南通志》卷 65，艺文。
②　同治《长沙县志》卷 20，政绩 2。
③　《湖南省例成案》户律，田宅，卷 5。
④　参见《宋史》列传第 71，王珪，从兄琪。
⑤　参见《宋代佃客法律地位再探索》。参见《宋史研究论文集》第 50—53 页。

律地位上。其后，嘉祐元年、二年（1056 年、1057 年）朝廷又有嘉祐法以代之，地主殴杀佃客再"无减等之例"，但是可以向朝廷申诉，请求赎罪宽贷，即所谓"奏听敕裁，取赦原情"。①《编资治通鉴长编》及《郧溪集》二书均记嘉祐二年李阮殴杀佃客，其子李杝"纳出身及所居官以赎父罪，朝廷遂减阮罪，免其决，编管道州"一事。这时对殴杀佃客的田主已非"以减死论"，而是判以死罪，只有在上奏陈情以求宽贷的情况下，得到皇帝批准，方得免予的决。李阮得以不死，是其子用放弃功名和官位换来的。杀佃客判以极刑，看来不可乱杀无辜，这和宋初立法相类。但"无减等之例"被同一条文中的"奏听敕裁，取赦原情"，所冲淡或代替了。品其立意，仍在置田主法律地位于佃客之上。所以说，嘉祐法的基本精神还是和其前的"新例"是一致的。自神宗元丰年间（1078—1085 年）开始，地主殴杀佃客时，"杀人者不复死"，"仅减一等配邻州"；② 至于佃客殴死地主，未见明文规定。哲宗元祐五年（1090 年）定，主殴佃客死，律仍"不刺面，配邻州"，殴不致死者，分别处理："佃客犯主加凡人一等；主犯之，杖以下勿论，徒以上减凡人一等"。虽然规定了，当地主因"谋杀、盗、诈、有所规求"而殴佃客者不减等判处，但主佃之间法律地位的等差已是十分明显的了。③ 到南宋高宗绍兴年间，更进一步扩大了这个等差。田主殴佃客死不再远发邻州，"止配本城"了事。起居舍人王居正称之为"又减一等"，是谓佃客与田主法律身份相差二等。④ 南宋宁宗时规定"佃客奸主，各加二等"。⑤ 也说明这个等差。这里的"各"字表明佃客法律地位比"旧人力"（即已离主家的人力）身份还低。因为，旧人力奸主，若旧主为"品官之家"，其罪方加凡奸二等，若旧主为"民庶之家"其罪只加凡奸一等。而佃客奸主，即使田主为"庶民之家"，其罪也加凡奸二等。⑥ 有了如此不平等的法律规定，当然佃客

① 《续资治通鉴长编》卷185 及郑獬《郧溪集》卷12，二书均称李阮殴杀佃客案，系据嘉祐法判。据朱瑞熙考证，"嘉祐法"即《嘉祐编敕》，是法开始删定于嘉祐二年（1057 年）八月，成于七年（1062 年）。参见《宋史研究论文集》，第53—55 页。

② 李心传：《建炎以来系年要录》卷75。绍兴四年四月丙午；据朱瑞熙考证，"元丰法"指崔台符等编《元丰敕令式》，颁于元丰七年（1084 年）三月。参见《宋史研究论文集》第55—56 页。

③ 《宋史》志第152，刑法 1。

④ 参见《建炎以来系年要录》卷75。

⑤ 《庆元条法事类》卷80，诸色犯奸。

⑥ 参见《庆元条法事类》卷80，诸色犯奸。

"人命寝轻，富人敢于专杀"。① 有鉴于此，绍兴四年（1134年）时，起居舍人王居正建议恢复嘉祐旧法，田主殴佃客死者，凶手论如律抵，不予减等。但王氏建议没能获得最高统治者的批准，② 此后一切仍旧。这样，自北宋神宗元丰年间开始，直至南宋王朝灭亡，这将近200年时间内，"主户生杀视佃户不若草芥"。③

关于佃客易主迁徙的规定。宋初数十年间，包括了江南及珠江流域绝大部分的江淮、两浙、荆湖、福建、广南等路广大地区内，佃客均不得随时离开本土。如要迁徙，必需得到主人的同意，并发给凭由方可。在这种条件下，地主自会充分运用法定的权利，控制劳动力，故分田客"多被主人折〔抑〕勒，不放起移"。④ 仁宗天圣五年（1027年）诏令对此似有放宽，其后佃客迁出可不必取得凭由，如主人非理阻拦，可报官断。但这并非允许佃客无条件地随时移动。佃客如欲脱离田主移居他乡，须于田地收获完毕，与地主"商量去往"后方可。⑤ 至于因人口稀少而缺乏劳动力的夔州，施州、黔州（即之川东南及鄂西）等地，仁宗皇祐四年（1052年）更加严格地控制佃客外流，给地主以准通过官府差人追回他迁佃户的权利。⑥ 孝宗淳熙间（1174—1189年）又曾将皇祐法做进一步的发展，外地田主强搬或引诱佃客迁移者，比附略卖人、和诱他人部曲等重法判处。⑦ 淳熙十一年（1184年）再将此法适用范围扩大到忠、万、归、峡、澧等州、（即今之川东、鄂西及湘西北）广大地区，并具体规定，此前逃移客户"移徙他乡三年以下者，并令同骨肉一并追归旧主。出榜逐州限两月归业。般〔搬〕移之家不得辄以欠负妄行拘占。移及三年以上，各是安生，不愿归还，即听从便。如今后被般〔搬〕移之家，仍不拘三年限，官司并与追还。其或违戾强搬佃客之人，从略人条法比类断罪"，⑧ 甚为严格。宁宗开禧元年（1205年）政府根据夔州路转运判官范荪的建议，停止上述已行二十余年的淳熙比附法，恢复

① 《建炎以来系年要录》卷75，绍兴四年四月丙午。
② 参见《建炎以来系年要录》卷75。
③ 《元典章》42，刑部4，杀奴婢娼佃。
④ 《宋会要辑稿》食货1之24。
⑤ 参见《宋会要辑稿》食货1之24。
⑥ 参见《宋会要辑稿》食货1之69。
⑦ 参见《宋会要辑稿》食货1之69。
⑧ 《宋会要辑稿》食货1之69。

至皇祐间施黔佃客迁移法。① 那就是说，虽对收留者不再依比附略人条法惩治，但逃移的佃客还是要追回的。这些法律的立意，在于禁止强夺或诱引属于他人的佃客为己有，目的是解决地主之间争夺劳动力的矛盾；客观上也为佃客依附于田主，从而依附于土地确立了法律依据。根据这个精神，规定准否佃客迁移，只是确定他的归属问题。至于佃客脱离田主而获得独立的法定人格，成为独立的社会成员，那是根本谈不上的。所以说，整个两宋时期，在江南大部地区，特别是川、鄂、湘交界地区，佃客并无离开地主土地而迁移的自由；皇祐以后的二百余年间，束缚尤紧。

规定佃客不能脱离田主自由移动，即国家承认地主对佃客的某种程度上的占有权。土地是可以买卖的。土地买主不得旧主同意而将土地佃给原耕地佃客，即属非法。故而买主在取得土地所有权而缺乏劳动力的情况下，必须设法从旧主手中同时取得役使该地佃客的权利。正因如此，绍兴年间虽曾诏令民间典买田地时，不准"以佃户姓名私为关约"，② 但实行皇祐法、淳熙法的峡州等地区，后来一直存在"将佃客计其口数立契，或典或卖，不立年分，与买卖驱口无异"③ 的现象。只是这种佃客转移方式未得朝廷正式认可，故"有略畏公法者，将些小荒远田地夹带佃户典卖，称是'随田佃客'；公行立契外，另行私立文约。"④ 所谓"立契"，就是立土地买卖之契；所谓"文约"，当为出让佃客的文约，这是要"私立"的。佃客佃地不是自己与地主立约，而是由土地的旧主与新主立约。佃客不是订立契约的一方，而是该约的内容对象，哪里还谈得上他具有什么独立的地位呢。

又有资料反映，宋代在司法中严行惩治告主之佃，称"告主之罪大"⑤ 即使田主有"诡名挟户"侵及官府财政收入等犯法行为，佃客也跟人力一样，"不许首告"揭发。⑥ 这和以后明清两代为主人和奴婢间所规定的法律相

① 参见《宋会要辑稿》食货1之69。
② 《建炎以来系年要录》卷164，绍兴二十三年六月庚午。
③ 《元典章》卷57，刑部，禁主户典卖佃户老小。
④ 《元典章》卷57，刑部，禁主户典卖佃户老小。
⑤ "里人周竹坡守产闲居，颇涉猎方册。为佃客者告其私酒，签厅照条拟罪。公判曰'私酿有禁，不沽卖者罪轻。然告主罪大，此风不可长。周某杖八十赎铜；佃者杖一百。'闻者快之。"见盛如梓《庶斋老学丛谈》卷下。故事发生的时间当为南宋，地区为澧州。此判所据之条，未见原文。
⑥ 参见《宋会要辑稿》食货66之24。

类似。①

佃客家属的身份问题。未见宋代明文规定。前述绍兴法，田主殴杀佃客其罪"止配本城"的规定，同时写明：佃客的"同居被殴至死，亦用此法"。② 可见佃客家属身份与佃客同。这自然也就决定了佃客妻子儿女与田主的关系：男为役使，女为婢妾，婚姻时需向田主交纳币帛礼数以求得同意，如此等等。从前述淳熙法关于将逃移佃客连"同骨肉一并追归旧主"的规定中，也可看出，佃客家属同样依附于主家。开禧元年（1205 年）夔州路运判范荪建议，不准田主将佃客家属充当役作使唤，不准田主干涉佃客的遗孀、女儿的婚嫁，俾"使深山穷谷之民得安生理，不至为疆有力者之所侵欺"，以缓和主佃矛盾。③ 这种建议的收效当然是很可怜的。

十分显然，那些被田主杀死时凶手只受轻惩、外逃定被田主追回的佃客们，遭受田主的任意奴役，吮血剥削，以至人身鞭笞，看来是无需过多的文字去证明的了。

赵宋私田佃客的法律身份大抵如此。

元朝的私田佃客（地客）在很大程度上继续了南宋统治时期所处的状态。在实际生活中，田主强索种种科派，任意驱使，迫其代讼替刑，以致其妻子儿女也受田主的役使或淫占。前述宋时买卖佃客的川东、鄂西地区，在元军占领三四十年后，情况仍大体相似。

元代地主和佃户间的法律身份关系不是十分明确的。律定杀人者偿命。田主殴死佃客却和良人殴死他人奴婢一样，断杖一百七，征烧埋银五十两。④ 这说明佃客的法律地位虽高于奴婢，但相对地主而言，甚为低下。而在司法过程中，却有如下事例，即田主殴佃户伤未致死，判处杖一百七，给付伤者养赡之费，并将该田主迁徙他处；⑤ 比律定的殴死佃客处分更重。这一判例并未受到中央政权驳回，反被列为例案。

---

① 参见乾隆《大清会典则例》卷 124。刑部，听断。

② 《建炎以来系年要录》卷 75，绍兴四年四月丙午。

③ 参见《宋会要辑稿》食货 1 之 69。

④ 参见《元史》刑法志 4，杀伤。

⑤ 延祐七年（1320 年）饶州路鄱阳县豪民陶孟方因故凌虐拷打佃户程万二等各家夫妇六人，损伤肢体，"依饶州路所拟，此例断杖一百七下，迁徙广东地面，仍于本人名下追征中统钞四十定给付"伤者。参见《元典章新集》刑部，诸殴毁伤肢体。

《元典章》、《通制条格》等书所收统治阶级人物关于佃客问题的讨论，对某些地区自南宋时留下的诸如买卖佃客、随意打死佃客、役使并淫占佃客子女、佃客及其家属婚姻主户常行索取钞贯、布帛方准成亲等视佃客如奴隶的现象，均持否定态度，以其为应革之弊政。这些舆论在法律上反映为"诸典卖佃户者禁"、"佃户嫁娶从其父母"，以及"诸佃客盗地主财同常盗论"①等。这些舆论和法律，显然是建立在承认"所谓地客即系良民"②的前提上的。

从以上所讲可以看出，元代关于主佃关系问题、佃客法律地位问题，其立法思想和法律本身，以及立法和司法之间，都存在着明显的矛盾。这可能反映了僵化的法律条文和实际生活中已在一定程度上出现的主佃关系有所松弛的现象之间的矛盾。

佃户的法律地位是到明朝才大为改变的。

十四世纪中叶朱明王朝建立伊始，佃户摆脱了比地主低下的法律地位，甚至出现了禁止地主役佃户抬轿的法律。政府在一定程度上保护佃户利益。朱元璋把宋、元两代所有关于佃户身份低于田主的法律全部删除，从而置佃户于凡人等级之中，这是非常值得注意的重要事件。没有这关键性的一步，就谈不上佃户走上摆脱对地主的人身隶属关系的道路。

当然，强调上述现象并不是说整个明代主佃完全平等了。佃户见田主需行以少事长礼、佃户不得入乡约等规定，都表明他们的社会身份仍然低下。③ 特别是明代中叶以后，缙绅、绅衿地主势力兴起，压佃为奴现象大增，并日趋严重。朱明王朝对此从未进一步采取有力的政策措施加以制止或纠正。

明末农民大起义曾给缙绅、绅衿势力以沉重打击。清帝国建立后，汉族缙绅、绅衿地主仍逐渐恢复战前压佃为奴的长年恶习，以超经济强制的力量控制佃农。在这类民田主佃关系中，佃农虽然不是佃仆，但实际上与地主间具有不同程度的封建人身依附关系。清政府反对这种关系。继承了明朝的政

---

① 《元史》刑法志2，户婚；刑法志3，盗贼。
② 《元典章》卷57。
③ 这里所谓"低下"，是就相对明代一般凡人而言。尽管如此，明代佃户相对宋元佃客而言，身份仍然提高了。

策，承认佃户为凡人而非贱民，[①] 将其作为清代法制的出发点之一。在这项政策的贯彻上，清政权比明政权较为彻底。清政府实行禁止压佃为奴的政策，它曾多次指出社会上存在着的将佃户视同奴仆现象的非法性。从顺治末年到雍正五年初的六十余年，其间陆续禁止地主不准佃户迁移、随田买卖佃户、霸占佃户妻女、勒令佃户服役、反对佃户子孙参加考试以及私刑佃户等。朝廷曾给地方官加上责任，若所属范围内发生此类事件时，官受议处。清代在保甲制度中也不像明代乡约规定那样歧视佃农。康、雍、乾间各地陆续施行了的摊丁入地政策，使得佃户迁徙有了更大的可能性。乾隆初年将报灾时不赈佃户改为赈济佃户，也表明清政府进一步承认佃户作为国家臣民而非地主私属的独立性质。明初以来就存在的佃户见田主不论齿叙行以少事长之礼的规定，自顺治初年全文搬入清律后，从未见其重申；根据光绪间薛允升所谓这一规定乃"古法也，今不行矣"的说法，它大抵也在雍乾之际渐成具文了。

清政府之所以这样做，既不是为了反对地主制经济，更不是出于对佃户的怜悯，而是由于最高统治集团巩固国家政权的需要。清王朝也是一个个人独裁的中央集权制的政权，立法、司法大权均归朝廷，最后集中于皇帝手中。这个政权建立之初，满族统治者着重打击汉族缙绅、绅衿地主。而民田中压佃为奴的，主要恰是汉族缙绅、绅衿地主。满族统治者正利用了不容许地主个人占有佃户、私自掌握对佃户施行非法权力的原则，强调禁止将作为良民的佃户压为贱民奴仆的规定。这样既维护了封建法制，又削弱了汉族缙绅地主的势力。此举对新政权的巩固显然十分有利。这种作法，和利用科场案从政治方面、奏销案从经济方面打击汉族缙绅，绅衿地主，均出于同一目的，具有同一性质。田文镜奏请议定雍正五年条例，其背景也正相同。关于

---

① 雍正五年条例于乾隆五年，四十三年修改，总的趋向是减轻对绅衿侵犯佃户的惩罚。乾隆五年修改时提出的理由是："佃户虽与奴仆不同，而既有主佃之分，亦与平人有间"。（《大清律例通考》卷27。）刑部和律例馆的主持人提出的"主佃之分"，以及由这种所谓名分而确定某种特定的法律身份关系，未曾见诸清代法典。这种将主佃关系区别于凡人之间平等关系的提法，反映了地主阶级鄙视佃户社会地位的一种观点，但无法律依据。即使是根据这个观点修改的条例，也仍不能成为佃户在自己的业主面前处于低下法律地位的依据。因为这个新改条例规定，地主奸占佃户跟凡奸处刑是一致的。所以，不能根据所谓"与平人有间"一类的议论否认清代佃户的凡人等级身份。参见拙文《试论雍正五年佃户条例》。

这一点，前文已经论及。①

　　明清两朝同为中央集权制的封建政权，而清朝政府比明政府更注意屡申禁令反对压佃为奴，还有一个原因，即新的统治者认识到了农民战争的力量，感到了这种威胁。清初比较频繁的，有的也具有一定规模的奴变，随时有掀起这类佃农大规模地参加到这一斗争行列的可能。采取一定的措施缓和主佃矛盾，减少这种威胁，也有利于新政权的巩固。

　　除上述各种政治上的原因外，尚有更为深刻的经济原因，即整个农业生产力发展的要求。明末清初战乱之后，生产亟待恢复。要想生产有所发展，单靠对佃农进行压迫是不行的。比较开明的、懂得农业生产的地主们认识到这一点，"不敢为秦越之视以重困乎耕人"，试图用主佃之间的协调来发挥佃农的生产积极性，以利于地主经济的发展，"庶几厥业可永"，地主"子孙与有赖已"。张履祥设计的主佃关系正是代表着这种倾向。反对压佃为奴的政策符合这种倾向。② 关于禁止压佃为奴政策实施情况的资料，我们看到的不多。可以想象，这种政策的执行定会遇到很大的阻力。主要是缙绅、绅衿地主的强烈阻挠。但它也不是毫无作用的。从清代全朝来看，压佃为奴现象主要是在前期。这反映缙绅、绅衿地主对佃户的人身控制能力是在逐渐削弱。康熙开始的经济高潮的发展，应该说跟这些顺乎潮流的政策之逐步确立和实施有着一定的关系。

　　如果我们把宋代法律所规定的佃客对地主的关系看作是一种人身隶属关系的表现，把明代以来缙绅、绅衿对其佃户间实际存在的不平等关系看作是一种人身依附关系，那么可以说，近十个世纪中，主佃关系由人身隶属关系发展为人身依附关系，而人身依附关系又在逐步松弛。这个过程是缓慢的、逐步的。洪武初年是一个明显的阶段，到雍正五年，它达到了中国封建社会所能达到的空前高度：佃户在法律上、政治上具有了当时"凡人"这个等级应该享受的主要的权利。雍正五年条例中，规定佃户对地主缴纳地租这一经济义务不能实现时，地主个人无权对之私行处置，而由政府干涉处理。这也意味着佃户和地主间已不是私人间的人身依附关系。被胤禛视为"适得其平"的雍正五年条例恰是一道分水岭，它从中国封建法制方面完成了佃农对

---

　　① 请参见拙文《试论雍正五年佃户条例》。
　　② 《杨园先生全集》卷19，议。

地主个人之间人身隶属关系、依附关系的解放过程，开始了确立主佃之间以纳租为主要表现的经济关系的时代。

当然，以上结论只是就政策法令的文字规定的意义进行分析得出的。在实际生活中，尽管法令明禁，缙绅、绅衿地主利用其特权地位对佃户非法地私刑强取，仍然时有所见。资料中不乏实际生活和法律两者背离的事例。① 但是，不能由此认为这些政策全无意义或意义不大。因为不能设想，实际存在的压佃为奴的行为，遇到一个实行支持政策的政权、一个对之不表任何态度的政权或一个采取政策措施加以反对的政权，其结果都是一样的。清王朝作为一个封建政权，其本质是代表地主阶级利益的，它制定的某些政策法令如果反映出地主阶级的对立面——佃农的利益时，必然有其政治的、经济的或舆论方面的必要性和必然性。这类政策的实施会遇到地主阶级分子的反抗，从而其作用有限或缓慢，自不待言。作为上层建筑的法令的修订，无疑是社会经济发展变化的反映。但是它一经确立，对社会经济实际生活将产生作用。政府作为权力机构，它的态度定会在相当程度上左右社会的行为、舆论或风气，至少是发生某种影响。因之，既要研究社会经济历史的实际情况和政策法令施行的实际后果，也有必要对政策法令本身进行历史的考察，实事求是地加以评论。简单地认为封建政权的任何政策法令只能统统是反动的，未必就是马克思主义的观点。

无论如何，清代政权是地主阶级的政权，它维护的是封建土地私有制，代表的是地主阶级的利益。清代社会仍是等级的社会，经济剥削和超经济强制仍是这个社会的特征，在这些方面，它和宋、元、明三朝相比，本质毫无二致。所以，站在佃农和劳苦人民大众立场上，无论是从反对封建主义经济制度、反对封建政权的角度，还是就要求民主、自由、平等，要求保障人权的意义，这种经济、社会制度和这个政权都是应该彻底否定的。对它只能有血泪的控诉而难以称赞褒扬。

但是，封建经济制度以及封建政权，作为一种社会形态来说，其存在于中华民族的历史上又是有其客观必然性的。在它的发展过程中，各个王朝的

---

① 例如，直至光绪年间仍可看到乡居地主将欠租佃户并不送诸官府，而以所谓"采木犀"即"私设刑具，自行吊锁"的办法肆虐逼租，甚至将佃户吊打致死，其罪行"世济其恶，余威震俗"的事例。（《益闻录》，光绪七年四月二十四日；《字林沪报》光绪十二年十二月二十六日，二十年九月十五日等。）

政策并不尽皆相同。当我们把清代民田主佃关系政策以及有关佃户政治权利的政策法令放在这类政策的整体发展过程中来考察的时候，发现应该得出这样的结论：自宋以来，佃户的法律地位经历了一个降升过程，到了清代，佃户的法律地位达到在中国封建社会所能达到的最高点。清代政策，是近千年来有关政策中最进步、最开明的政策。惟其如此，笼统地说中国封建社会的农民都是没有任何政治权利、没有人身自由的农奴，恐不恰当。

在论述清代佃户遭受地主阶级的剥削和压迫的同时，对这些比较进步的政策给以足够的注意，就突出了清政府的民田主佃关系政策与前朝的不同之处，从一个重要的方面摆正清朝的历史地位；同时也可以找出清朝封建经济史，特别是农业经济史发展的阶段性。

前面叙述的清代有关佃户的各项政策的发展表明，十八世纪前三十年是清代农业或土地关系发生重要变化的时代，主佃关系的变化对国家的某些政策和阶级关系上发生内在的、深刻的影响，从而也在政治生活中发生一定作用。因此，这是一个很值得注意的时代。这个时代可以把清代土地关系史区分为前后两个各具特点的时期。为了叙述方便和明确起见，不妨把雍正五年条例出现的时间，即1727年，作为划分阶段的一个标志年。

此外，从对宋、元、明、清四朝民田主佃关系政策发展的探讨中还可以看到如下两点：

第一，从长期看，中国地主制经济和封建王朝政策都不是僵死的，它们在不断地发展变化。二者都能允许从比较严格的佃户人身隶属关系发展到相当松弛的一般关系，可见其宽容度相当之大。重要的是，形式不断发展的经济关系及随之而放宽的王朝政策，始终坚持了一个原则，即保持经济关系及其上层建筑的封建主义性质。在主佃关系上是保证封建租佃关系的核心内容——土地私有制和地主的收租权——得以实现。这种原则性和灵活性的结合，使得封建政权和地主制经济得以长期地保持协调状态。

第二，历史事实证明，我国封建政权制定、修订政策能在相当程度上适应经济关系发展的要求。封建王朝对经济关系的适应性反应往往是迟缓的。在特定条件下，当它在某些问题上的反应迟缓到矛盾尖锐化或处理错误时，这个政权便要被推翻。但是，某个王朝的垮台并不一定等于封建制度的终结，新王朝的建立却使这个制度又能得到一次适应性的调整。从我国封建主义制度整体看，可以说封建政权具有相当强的调节功能。封建政权能作出适应性调整，当然不能离开农民的从怠工直到战争等各种形式的斗争的背景；特别是改朝换代的调整，更不能忽视农民战争的作用。但这不等于说封建政府的每项有关政策都是农民直接斗争的产物。前述历朝民田主佃关系政策的调整，几乎都不是封建政权直接受农民运动或农民战争提出的要求而作出的。解除佃户人身隶属关系的政策主要是封建政权自身按照巩固政权的要求而逐步制定、修订的。而这恰又适合封建经济关系发展的要求。可见，历代封建政权的这种调节功能在相当程度上是内在的。应该说，王朝政权具有内在的适应经济关系发展要求的政策调节功能，乃是封建主义制度在中国得以长期存在的重要原因之一。

（1982 年 3 月稿，1987 年 11 月改定）

（参见《中国经济史研究》1988 年第 2 期）

读《病榻梦痕录》札记

——清代塾师收入状况一瞥

汪辉祖（1730—1806）籍隶浙江萧山，字焕曾，因住镇龙庄，故自号龙庄，乾隆乙未科进士。尝从章实斋、纪晓岚、邵二云、茹三樵等著名学者交游。善诗文，有《龙庄四六稿》、《骈体钞存》、《词律选钞》等诗稿多种。更勤于治史，著《元史正字》、《读史掌录》、《过眼杂录》；编有《二十四史同姓名录》、《辽金元三史同名录》等书。

辉祖五十七岁（乾隆五十一年）时任湖南永州府宁远县知县，署道州知州，后因事革职归里，为官仅四载余。此前，他曾先后受聘于江浙府州县衙为师爷，长达三十四年之久。长期做幕的实践经验，使他所写的《学治臆说》、《学治续说》、《学治说赘》、《佐治药言》以及《续佐治药言》等书，成为清代幕学诸书中极为重要的著作，为其后习幕者所必读。

此外，汪还著有《双节堂庸训》（以下简称《庸训》）六卷、《病榻梦痕录》（以下简称《梦痕录》）二卷《梦痕录余》一卷。其子继坊、继壕兄弟将上述幕学诸书并《庸训》、《梦痕录》等合刻一函，名以《汪龙庄先生遗书》刊行于世。《病榻梦痕录》及《梦痕录余》是汪辉祖的自叙年谱。二书以编年体记录其一生主要活动经历，写下了自己为人处世的准则，当官做幕的经验，定案推理的方法；同时也记载了不少关于江浙，特别是萧山一带的地方旱涝灾情，银钱比率变动，地价物价实况，乃至消费习惯变迁，风俗人情变化等资料，颇有史料价值。夜读是书，见其所记塾师、幕友收入情况，饶有兴趣，故札记如下。

一

汪祖辉的家境本来是不错的。其父汪楷以贾起家，置田百余亩；雍末乾初，还曾在河南淇县做过六七年典史，家中小有赀财。只因辉祖的叔父好赌，汪楷为弟偿还赌债，田产斥卖几尽，家道中落，资用日绌。辉祖十一岁时，其父已不得不再度外出谋生，不幸是年客死南海。遗孀王徐二氏，守节持家，靠纺绩及糊制锡箔元宝出售以为生计，勉强供辉祖就塾。辉祖觅得一馆，权做了私塾先生，期以束脩减轻家中负担。

乾隆年间，为童子师者"数月之止数金，多亦不过十数金"①。乾隆十二年，辉祖应王氏聘，课徒七人，"馆脩十二缗"②。十二缗即 12 千文。乾隆二十六年前，库平银每两约值制钱 780—790 文；12 千文折银 15 两。王某是辉祖的母舅。由于亲戚关系，所付脩金在蒙师中可能是比较优厚的。汪氏记载，他的老家浙江萧山县，于乾隆年间，如果每斗米价达到 150—160 文，就会有人饿死。乾隆二十年绍兴秋收大欠，次年春夏之交斗米需钱 300 文，"丐殍载道"。乾隆五十七年以前的十余年间，米价常在 280—300 文间；或有斗米 200 文时，就被认作是很便宜的了。③姑以最低米价每斗 150 文计，12 千文可买米 8 石。若以此供养五口之家，每人每月平均 13.3 斤。假定本人由馆东供膳，家中四口每人每天可得大米半斤，其他开支一概无出。设若仅靠这些收入为生，家人虽不至于饿死，但穷得着实可怜。

居于如此收入水平的塾师，如遇荒年，生命就要受到严重威胁。乾隆五十一年，辉祖自萧山进京，途经苏北宿迁县洋河镇的时候，偶遇一位伛偻枯瘦的行乞老塾师，向其哭诉大旱之年他的家乡以及他本人被辞馆之后的悲惨近事。辉祖"戚然哀之，作诗以记"："眼中万黔首，耘耔苦失时，丁壮力转徙，老羸乞浆糜。""百呼无一应，活命树上枝，渐渐及土草，未易逢浮茨。腊尽惨严冬，春月雨雪霏，僵化十四五，悬喘争早迟；岂惟困冻饿，疫气连路逶，不见道旁屋，毁坏无几遗。即今麦在眼，入口尚无期，斗米钱千余，蔬菜如灵芝；有儿适异县，生死久不知，有女年十五，无家安所归。六月断浆水，气息在依稀，女死我宁活，谷贱究何裨；所痛委沟壑，合眼饱鸢鸱，君看市上俎，强半死人胾！"④儒士落泊如此，再值灾年，其状怎不令人鼻酸。

---

① 《佐治药言·范家》。
② 《梦痕录·乾隆十二年》。
③ 《梦痕录·乾隆五十七年》、《梦痕录余》。
④ 《梦痕录·乾隆五十一年》。

一般习惯，塾师的些许报酬要到年底一次付给。辉祖在族伯汪锣家"为童子师"，年三十晚拿到区区银两，"急偿米欠，复赊斗米度岁"①。年关难过，平日生活状况可想而知。

辉祖为提高自己的八股水平，从所收入的十二缗中，拿出三缗做为四个月的束脩送给山阴张嗣益，"从论文焉"②。张嗣益所得的三两多银子，大约不会是他的唯一收入，可能是搞点外快补贴生活费用吧。果真只靠这三两银子为生的话，他老先生断然没有气力去与汪辉祖论文。当时，在京候选的寒士也颇不少，他们"率授徒自给"③，也属补贴生活性质。

总而言之，清代前期私塾先生的收入菲薄到难以糊口的程度，肯定是实。雍正乾隆年间，湖南、湖北的失业塾师竟成流丐。失馆贫士生活无着，外出行乞，经过蒙塾，向馆中塾师乞钱，吃一餐饭，住上一宿，明日再行。他们就像庙里挂单的游方僧，名曰"游学"。这已成为一种社会现象，不是个别的塾师贫困了。④清代后期河南省的地方塾师"岁馈数十千便为极丰，饥寒之躬，难云壹教"⑤，待遇很低。四川李榕说，"乡邑之俊秀者，学业方半，每以贫困授徒自给"⑥。看来，士子只有穷得实在没办法了，才去充当塾师，清代前期后期都差不多。

义学的塾师比家塾塾师待遇好些。各地义学教职的束脩多少不等。少者只20两；如道光间山东泰安县义学、菏泽县义学等。多者可有五六十两；如雍正间天津城东北隅义学、东门外南斜街义学，乾隆间山东惠民县义学，道光间济南义学等。

设若被聘为书院山长（院长、掌教）束脩实属优厚了。乾隆间江苏泰州胡公书院的住院山长束脩为240两，每月外加薪水3千文。咸丰间山东惠民敬业书院的山长年脩为360两。同光年间，李榕在其家乡剑州和江油主讲两县书院，"间月往返"，"生徒百余人"。两处束脩共"得钱五十万"，李氏"亲丁四十余口"，"合之佣雇，食指殆将盈百。每岁度支之数，极意节缩，

① 《梦痕录余》。
② 《梦痕录·乾隆十二年》、《双节堂庸训》卷6。
③ 《梦痕录·乾隆五十一年》。
④ 徐珂《清稗类钞·乞丐类》。
⑤ 光绪《鹿邑县志》卷9。
⑥ 李榕《十三峰书屋全集》卷6，书札4，《致程馥卿太守》。

非百万钱不能，弥其缺。"他自称年收入八十万钱，束脩占了 62.5%。① 光绪年间，李慈铭主讲天津问津书院，年脩竟达一千一百余两。②

书院束脩较高，原因之一是书院经费来自官、商捐赠，数量较大，既不像官俸之有定额，也不像私塾东家支付不起。原因之二是受聘者多为饱学文人，至少是在本县本府最负盛名之士。如李榕，身为进士，曾任湖北按察使，湖南布政使。李慈铭曾为山西道监察御史，官位虽不甚高，但为当时文坛名士。这些人非一介寒儒可比，他们见过世面，挣过大钱，都不是三五十两银子打发得了的。同治十年前，山东陵县的三泉书院掌教束脩定为 400 千文，节礼 30 千文，应聘者尚嫌"馆谷过微"，以致"掌教多不住院"。同治十年后，读学院由官捐廉加送供馔 200 千文及聘金、川资各若干，"专请掌教住院督课"③。聘金虽然较高，但是学院毕竟有限，故此山长一席并非易得。以李榕的资历，还曾在信中发过这样的牢骚：获得主讲一席，非走县太爷的后门不可。某年江油、锦州两处士绅曾力举李榕出任各该学院山长，"江令称言：'素不相识，不敢冒昧'，延兄〔李榕〕之门人凌生主讲。绵牧面谕举者：'某公名高位尊，不敢以三百金奉渎'。世情如此，于我何涉！"④ 所以，书院山长的束脩，肯定不能用作代表清代一般塾师的收入水平。

二

汪辉祖一心想考取功名，光宗耀祖，并报答二母含辛茹苦的养育之恩。功名一时难就，不得不考虑挣钱养家。两度执教私塾，使他得到了切实的经验："概知授徒之不足为养"⑤，必须寻找另外的机会。

乾隆十七年，辉祖的舅父署松江金山县令，聘其为幕友，掌书记之职。他随舅到任后，工作之余，仍可读书准备应考。从此开始了他一生的幕友生涯。

清代地方官聘请的参谋行政班子，统称幕府，入幕者称幕友，或称幕

① 《十三峰书屋全集》卷 6，书札 4，《复张夫人》。

② 《越缦堂日记》，参阅张德吕《清季一个京官的生活》。

③ 道光《陵县志》卷 11，学校志·书院。

④ 《十三峰书屋全集》卷 5，书札 3，《致眉生五弟》。

⑤ 《梦痕录余》。

宾、幕客、幕僚、西宾。上自总督、巡抚，下至府州、县治，政务繁简不一，故各地各级地方官所需幕宾人数不尽相同。多者十余人，各当一面；少者二三人，人兼二三事。以知县为例，通常要聘五名。一名"征比"，又称"征收"，专管查核赋役中各项弊端。一名"挂号"，或者"号件"，负责往来文件，将收发文件分类处理，随时记录刑、钱各案的应报、应催、应解日期，以免官员因托期迟限而受惩。一名"书启"，又叫"书记"、"书禀"，专代官员起草函件及处理文字应酬事项。三位之外，最为重要的当属"刑名"和"钱谷"。刑名师爷主管命盗田土等大小诉讼案件。钱谷师爷专司赋税钱粮及职掌会计主管。事简小县虽可少聘师爷，而刑、钱二幕一般是非有不可的。

幕友脩金没有定额。既因地区而异，也因幕主官阶不等而不同；同佐一官，各席所得也有很大差别。乾隆十九年，辉祖在常州知府胡文伯幕中任书记，收入仅24两而已。[1] 一年以后，胡文伯到任江苏督粮道，坚留辉祖，每月增脩8两，汪氏感到满意，与前相比，脩金"一岁不啻倍蓰矣，遂同之常熟"[2]。前者脩金低于金山幕席，汪也愿就，是因"脩虽少，太守当礼宾我也"，自己觉得初出茅庐受到尊重，脩金多少可以不必考虑。后来胡氏愿出高金聘任，是因为他特别赏识辉祖，认为汪"必不久于人下，异日国家有用材也"[3]，有意结交于他。可见，确定幕友脩金的因素是很复杂的。一般地说，乾隆初年时，挂号、书记、征比三幕，岁得"不过百金内外，或止四五十金者"[4]。

刑名，钱谷二幕任重事繁，所以聘金也高；其中尤以刑席所得为厚。乾隆初年，一位钱谷师爷可得220两，而一位刑名师爷260两，被视为幕中"极丰"。[5] "刑、钱一岁所入，足抵书记、征比数年。"[6] 名幕松江人董某"非三百金不就，号称'董三百'"。[7]

乾隆中叶（约二十七年）后，幕友脩金渐次增加。至乾隆五十年前后，

① 《梦痕录·乾隆十九年》。
② 《梦痕录·乾隆二十年》。
③ 《梦痕录·乾隆十九年》。
④ 《佐治药言·勿轻令人习幕》。
⑤ 《梦痕录·乾隆五十年》。
⑥ 《佐治药言·勿轻令人习幕》。
⑦ 《梦痕录·乾隆五十年》。

刑名、钱谷等席，"月脩或至数十金"①，岁脩有达 800 两者②。乾隆三十一年时，台湾知府邹应元曾拟以岁脩 1600 两的高薪聘请辉祖入幕。③ 嘉庆五年时，如福建之漳浦、候官、广东之番禺、南海等府县衙门幕席，每位岁脩皆在 500－650 两之间。④

汪辉祖在金山县入幕，充当书启，月脩三金，⑤ 每岁可得 36 两，在幕职中，这个数字是比较低的。原因有二，一则因为他只是书记而非刑名、钱谷，再则他刚从事这一职业不久，还是新手。即使如此，比他课徒所得已丰厚多了。

一般地说，幕友的生活都是相当不错的。读书人入幕之后，功名虽然未就，但能混迹官场之中。为此，衣着需讲究，行动有随从，而这些都是要花钱的。再加之庆吊往还，亲友假乞等，日常开支自然不菲。实则幕友往往在岁脩之外还有其他收入。

汪辉祖说，幕友"幕脩之外又分毫无可取益"⑥。作为幕友的职业道德来说，这样是对的。个别耿直廉洁者也可能确有其人。若认为一般幕友都能做到，显然是美化了他们。清代议论吏治的文章中，讲幕友、书吏、长随通同作弊受贿者屡见不鲜，胤禛谕文中也提到，幕宾中的"不肖之徒勾通内外，肆行作弊"，"清浊混淆"，"曲直倒置"，败坏幕主本官的名节，而他们自己却"置身事外，饱橐而去"。⑦ 幕友聘金而外的收入实难计算。即使是只拿脩金，并无其他，幕宾收入也比那些私塾先生多"数倍焉，或十数倍焉，未有不给于用者。"⑧

只要应聘而为幕友，即使自觉守廉，也肯定可以大大改善生活水平。所以汪辉祖以一介寒士，当初"颇不欲以幕为业"，但自从做了书启，更想当刑名师爷去赚大钱，以后从事斯业者竟达三十余载。

---

① 《佐治药言·范家》。
② 《梦痕录·乾隆五十年》。
③ 《梦痕录·乾隆三十一年》。
④ 张鹏展《清厘吏治五事疏》见《皇朝经世文编》卷20，吏治6。
⑤ 《梦痕录·乾隆十七年》。
⑥ 《佐治药言·勿轻令人习幕》。
⑦ 《雍正实录》卷5，雍正元年三月乙酉。
⑧ 《佐治药言·自处宜洁》。

三

幕友待遇如此优厚，各级官衙的行政费用中并无该项开支，这笔钱乃是幕主官员自己掏腰包支付的。之所以如此，不无原因。

清代地方行政，包括政治、经济、司法、文化、军事以及公共事务等，分隶吏、户、礼、兵、刑、工等科办理，但全归各级最高行政长官对上负责。省一级建置在总督和巡抚衙门外，另设布政使司和按察使司分别管理财政和司法事务，有所分工。府、州、县衙门事务的综合性之强就很突出了。知府、知州、知县既审理人命、盗匪大案，又要判理婚姻、田土细事，还得负责收赋敛税，解送漕粮、军饷，管理驿站、仓库，以及组织考试、祈神祭祀等，六科事务集于一身。这种行政体制，对地方官才能的要求很高。实际上，官员难以具备完成如此复杂任务的素质。培养官吏的办法以及选择官吏的标准，跟行政体制对官吏的能力要求之间存在很大矛盾。

正途出身的官员，有的因科举得中而除授，有的以荫生、贡生而入仕。他们在做官之前，一直埋头儒学，苦读经书，能文八股，写得一笔好字，以应付科举，而对律例和各种则例大都不甚熟悉，一旦得中，做了地方官，难以处理各项公务。再者，清代官府文牍程式要求相当繁琐而且严格。往来公文稍不如式，轻则开罪同僚，重则受到上级的批驳、申斥。此外，处理与上司间的关系，也是复杂而微妙的难事，搞得好的，可以平步青云，处理不妥，动辄得咎，其中手腕、权术、非熟悉个中诀窍者莫办，出身儒士者往往穷于应付。那些通过捐纳获得实缺的官员中，经商致富而目不识丁者大有人在，更不具备做官的条件了。因此，清代各级地方最高行政长官都要聘请师爷出谋划策，帮办事务，处理各种关系。清代地方官"势必延请幕宾相助，其来久矣"[①]。清代有人说，实际上朝廷和幕友、书吏共天下。邵晋涵说"今之吏治三种人为之，官拥虚名而已。三种人者：幕宾、书吏、长随。"汪辉祖认为"诚哉言乎！"[②]

朝廷从不把幕友列入文官编制之内，国帑开支项下也就没有幕友的酬

---

① 《雍正实录》卷5，雍正元年三月乙酉。
② 《学治续说·用人不易》。

金。幕宾只是地方行政长官自己请来帮助做官的，聘金概由幕主自付。是谓幕宾之"脩出于官禄"。[①]

对于地方官来说，官不倒则可得利。而幕友是做官所必不可少的左右手，从这个意义上说，幕脩支出也是地方官必付出的款项，它成了地方官的"成本"费用之一。他们以这笔"投入"能换得更大的"产出"。"宾利主之脩，主利宾之才"，[②] 双方实为"利交"。问题在于幕主的官俸能否支付偌大一笔开支呢。

清代官员俸禄，依品级定高低。知县为正七品，年俸45两；知府为从四品，年俸105两；正二品的总督和从二品的巡抚，年俸155两。[③] 按汪辉祖所说，乾隆初年时通常的幕脩数额，刑名师爷脩高者260两，钱谷师爷220两，其余挂号、书启、征比各50两。各用一名，幕主每年支出聘金达630两之巨。如此高额幕脩，莫说知县，就是总督、巡抚，仅靠俸禄也支付不起。动用自己祖遗家资，赔本做官的，毕竟罕有。嘉庆五年，有人计算："如福建之漳浦、候官、广东之番禺、南海等缺，每缺须用幕友四五人，每人束脩至千五六百、千八九百不等。一缺之束脩已近巨万，即小缺亦不下数千。官廉本有定制，此种出于何项？不得不朘削民间"。[④] 可见，仅为支付幕脩这一项支出，制止官员贪污、受贿，已势不可能。

雍正年间，朝廷采取一项措施，"于俸禄之外加给外吏养廉"以"杜止贪墨"[⑤]。这笔养廉钱银两，从本地田赋耗羡中留取。每官所得数额，按职务分等；同一职务，各地又有差异。各省养廉银，总督每位13000—30000两不等；巡抚每位10000—15000两不等；知府每位低者1500两，高者4000两，一般在2000—3000两之间；知县每位低者400两，高者2000两，一般在600—1200两之间不等。[⑥] 与正俸相比，大体上，总督的养廉为正俸的9—19倍；巡抚养廉为正俸的6—9倍；知府养廉为正俸的14—38倍；知县养廉为正俸的13—26倍，高者达44倍。外官收入骤增，从道理上讲，从此可以廉

---

① 《学治臆说·幕宾不可易视》。

② 《佐治药言·就馆宜慎》。

③ 光绪《大清会典》卷21。

④ 张鹏展《清厘吏治五事疏》，《皇朝经世文编》卷20，吏治6。

⑤ 《清朝通志》卷71，职官略8。

⑥ 《清朝文献通考》卷42，国用4，俸饷。

洁俸公，杜绝贪墨了。实际效果如何，人所共知，姑置不论。从我们现在讨论的问题看，巨额养廉使地方官确实具备了支付幕友脩金的经济实力。

如前所述，乾隆后期以降，幕友脩金猛涨，但是官员的俸饷和养廉却是定额不变。据说有的官员"所入廉俸即尽支领，亦不敷延请幕友"①。过去的状况重复出现，官员仍需自筹资金以支付幕友束脩，必去额外加收钱银，②并满有理由地去贪污受贿了。

幕友是外吏不可缺少的助手，他们的收入不管怎样总是有保证的。朝廷给官员以养廉也好，不给也好，都不影响幕友的脩金。所以汪辉祖"辞馆司幕"毅然摆脱那充当私塾先生"不足为养"的经济窘境。

四

上面提到官员俸禄，使我们想到，官员中亦有教职，即受聘于官学的儒士。在官学教书的儒士，亦有品级，算是官员队伍的成员。官学的最高学府是国子监。国子监设祭酒（从四品）、司业（正六品）、监丞（正七品）、博士（从七品）、助教（从七品）、学录（或称正学录、正八品）典簿（从八品）、典籍（从九品）等官。其中祭酒、司业及监丞，大致相当于后来的校长、教务长或训导长一类职务。典簿及典级则相当于总务行政人员、真正"职在教诲，务须严立课程、用心讲解"的教员，是博士、助教和学录。③地方上，各省设"提督学政"，掌一省学校士习文风之政令；各府、州、县学设教授（正七品）、学政（正八品）、教谕（正八品）和训导（从八品）。④所有上述人员，都在官员编制之内。照说，在官学中教书的儒士既然成为官员，他们当然应和同级官员享受同等的待遇。其实不然。朝廷只承认官学中教书先生的官员身份，发给他们的俸禄却远远低于同品官员。

在京官员，年俸及禄米均按品级发给，唯独学官教职是"两官同食一俸"⑤。按照规定，从七品官员年俸应为45两，而从七品的博士，助教年俸

---

①　姚文田：嘉庆十八年十一月疏，见《清史列传》卷34，《姚文田传》。
②　姚文田：嘉庆十八年十一月疏，见《清史列传》卷34，《姚文田传》。
③　《清朝文献通考》卷65，学校3。
④　《清朝文献通考》卷85，职官9。
⑤　《清朝文献通考》卷42，国用4。

只得 22.5 两；正八品官员年俸 40 两，正八品的学录年俸只得 20 两。相应地，按俸给予的禄米也比同级其他官员少得百分之五十。直到乾隆元年，清王朝建国将近百年之际，才发现这个办法"未免不敷养廉"，允以改变，赏给教职全俸了。但到那时，京官于正俸之外，又加领与正俸相等的"恩俸"，收入又增加了一倍。①

教职"两官同食一俸"，在地方上也是同样。依此规定，乾隆以前，正七品官员（如知县）年俸 45 两，县学教授也是正七品，年俸只得 22.5 两。八品官员年俸 40 两，八品的县学学正，教谕和训导只得 20 两。雍正以后，地方官应领养廉银。作为一省最高教育行政长官的学政领有这项津贴，而且相当不低。学政养廉：甘肃为 1600 两，广西为 2000 两，江西、陕西各 2400 两，浙江为 2500 两，贵州为 2700 两，湖北、四川各 3000 两，湖南为 3600 两，直隶、江南、安徽、福建、山西、山东、云南各 4000 两，广东为 4500 两，河南为 6666 两。② 至于那些执教于基层的教员，是得不到养廉银的。在县里，知县的正俸为 45 两，养廉高者达 2000 两以上，最低为 400 两，两项相加，高者达 2045 两以上，最少的也有 445 两。县学教授与知县同级，都是七品，一个教授与知县年收入的比，有的县为 1:10，另一些县竟达 1:45。县里八品以下乃至从九品的佐贰等低级官僚，除正俸外，可得养廉银 60—200 两之间不等；教学第一线的教谕、训导和教授先生们的收入，不抵其二分之一，低者乃至六分之一！

五

为幕做官乃是儒士的生财大道。当初"颇不欲以幕为业"的汪辉祖，在体验了塾师清贫生活之后"慨然知授徒之不足为养"，终于转而入幕，并努力成为幕席中挣钱最多的刑名师爷。同时，他也从不放弃功名之志，边做幕，边读书，四次京考，终成进士，放了一次外任。他的自叙年谱没有详载财产状况，但从只言片语之中可以发现，"读律糊口，寄迹官中"终于使之根本改变了家庭经济的窘境。

---

① 《清朝文献通考》卷 42，国用 4。
② 《清朝文献通考》卷 42，国用 4，俸饷。

汪辉祖"二十岁贫惟壁立","衣食出两母十手指力"①。二十二岁时，家中举债，应付利钱多达七百余两。② 二十五岁入幕上任时，"孑身褛被""附溥板船房舱"去常州。③ 一生幕脩所入，不敢妄费一钱。④ 至三十岁，"脩尚不满百金"⑤ 数十年间，先后两次娶妻，又收婢为妾，养育五男四女，供应诸子读书应考，安排子女婚嫁，维持了一个大家庭相当不错的生活。早年，他见人穿件新衣都十分羡慕；到三十九岁时，为二母立双节牌坊，一次花费数百两银子（相当十亩田资）已不成问题。⑥ 以前为叔父偿抵赌债而典出的十数亩地已全部赎回，更置新田七十亩，以四十亩为祭产外，其余由五子均分，⑦ 又于萧山城南汪家巷购新屋一所，额题"树滋堂"，供全家居住。⑧

辉祖的收入，有相当部分用于购买图书。他早年因贫"不能置一卷"。三十九岁后，在浙江游幕七八年间"聚书数十百种"，又从京师"增所欲备，约载一车"运回萧山。他买书均有复本，其一送回老家庋藏，另一随身携带，便于阅读。家藏书籍，按四库总目编次收贮。六十三岁罢官回乡，于宅后筑楼三楹，题名"撰美堂"，中奉祖先牌位，两侧尽皆图籍。他亲手严立规条，把这些藏书留五个儿子中的老大、老四、老五"三房共守"，作为共有财产，相互监督，谁也不得赠借他人，严防散失。"撰美堂"成为当地小有名气的藏书楼。⑨创建并维护一座藏书楼，没有相当的财力是绝对办不到的。

辉祖为人正直不阿，非贪墨庸吏可比。他自称"四年为吏，禄羡无多"⑩，游幕数十年，确未成为巨富。不过，他的生活水平显然不是岁脩十余金，荒年可能成为饿莩的私塾先生们所可企及的了。

---

① 《梦痕录·乾隆十七年》。
② 《双节堂庸训》卷1。
③ 《梦痕录·乾隆十一年》。
④ 《梦痕录·乾隆十一年》。
⑤ 《双节堂庸训》卷1。
⑥ 《梦痕录·乾隆三十三年》。
⑦ 《梦痕录·乾隆五十八年》。
⑧ 《梦痕录·乾隆五十七年》。
⑨ 《梦痕录·乾隆六十年》。
⑩ 《梦痕录·乾隆五十八年》。

六

汪辉祖的著作中对清代读书人经济状况的描述,引我对清代社会的一些联想,试散论之。

学而优则仕。在清代,读书是疗贫治生的手段之一,同时也是等级成员上升的阶梯。清代士子致力于科举,大多数是为了争取进入缙绅等级,成为官僚队伍中的一员,取得政治上的特权和经济上的利益。实际上,他们中的大多数不可能达到这个目的。读书人中获得取功名而未出仕的,仍得进入绅衿等级。科举不售者,转而攻读律令,"治法家言",出而择游幕一途,这对改善自家的经济状况来说,也不失为良策。正如辉祖所说,"幕曰砚田,寒士资以治生"。"吾辈以功名未就,转而治生,惟习幕一途与读书为近,故从事者多"。①

幕友待遇优厚,皆因他们的工作是那些未尝"治法家言"的官僚们所离不开的。官僚聘请幕友,需相当大的一笔开支。官员们领取养廉,付出束脩自不作难。雍正之前无养廉银时,他们也可用贪污受贿括地皮的办法来补偿。可见幕友脩金实是从官僚碗里分食的民脂民膏。不论从工作性质来看,还是从收入来源来看,身为幕友的读书人,尽管在等级身份上属于凡人,但同时又是统治阶层的一分子。那些精于利用自己手中笔杆权力肆行敲诈勒索的刑名师爷们,更是统治者的凶恶走狗。凶恶走狗也罢,如汪辉祖之为良幕也罢,他们都是这部统治机器上不可缺少的零件。这一点,幕友和官僚是一样的。

虽经努力而没能挤到上升阶梯上的人,还要另谋他路。教职是又一选择。

可见,读书人都用读书的办法去追求做官的目的,这个手段却把他们送入不同的等级,各置于悬殊极大的经济地位上。他们虽然有共同的指导思想——儒学,但因分别处于统治者与被统治者、剥削者与被剥削者的对立地位,而没有共同的立场。"劳心者"未必皆治人,治人者仅为"劳心者"中的少数。

---

① 《佐治药言》。

清代教书人束脩的差异，是个很特殊的问题。本文所引教职束脩资料表明，地方学院高于义学，义学高于私塾。私塾先生是由私人雇请的，一般情况下，束脩很低，这是可以理解的。但私塾束脩低到难以养家的程度，实在令读书人心寒，但凡有点办法的读书人，绝不愿就。义学经费来自捐赠，通过土地收租、银钱生息支付束脩，塾师的收入比较稳定；因其是集资，数量较大，故而束脩较高。书院的经费也是一样，出面筹资的大多是地方官和本地头面人物，集资更多。出任山长、掌教的学者，身份地位高或学术名气大，所以在各类教职中束脩最高。然而，这个职位为数极少，非一般儒士可轻易谋得的。

照说，学校有高有低，其资金有盈有绌，塾师的学问上下参差，他们的脩脯随之多寡不等，本不足怪。地方集资聘请或私人雇佣，均属民间性质，其脩金或多或少，并不反映朝廷对教职人员的态度。但在官学中执教的儒士俸金之低却全然不同，它体现了朝廷对读书人的一项政策。

上自国子监的祭酒、司业，下至州县儒学的教谕、训导，都是朝廷命官，吃国家俸禄。他们之中，绝大多数也是通过科举取得功名而荣获斯职。但他们的俸禄却比同品其他官员少50%。各级学官，乃是著名的"清水衙门"，不像其他衙门有许多贪墨、搜括的机会。清朝建国大约一百年，朝廷终于取消了教职半俸的规定，但此时应领养廉银的外任官员名单中又恰恰没有他们。他们的正俸加了一倍，跟其他官员的收入差距却拉得更大了。总之，教职各官头顶乌纱，像个品官的样子，其实他们的经济生活比起三家村中的私塾夫子好得有限。

由于官学教职的俸禄领自国帑，人员排在品官俸禄系列之内，两官同食一俸的措施就不是什么官学经费盈绌或塾师水平高低的问题，而是反映了清政权对这类职位的鄙视和压制。清王朝把孔夫子升到圣先师的崇高地位，把孔子几十代的后裔封为世袭的衍圣公，使之成为具有特殊等级地位的人物。清政权以士为四民之首，把弘扬儒道的老师们放在仅次于天、地、君、亲之后的高位上，令学生晨夕膜拜，在精神上把教职抬得至高；恰恰就是这个政权，给予他们的物质报酬却压到最低。这种做法对所谓崇儒尊师，真是绝大的讽刺。难道是清王朝的统治者蓄意成全教职儒士们不与同污、清高自诩的洁身之志吗？

可惜我们尚未发现制定这项政策的有关奏折或谕旨，故对其中原委不得其详而知，说不清楚皇帝们的思想底蕴，只是从顺治以来，朝廷于奏销案、科物案、文字狱等大案所采取的高压手段，以及玄烨、胤禛、弘历等对科甲结党防范之严来看，除去其中包括满汉民族斗争的因素之外，还包括了皇帝们对儒士的看法抱有很深的偏见。这种偏见，是皇帝们总感到读书人对政权的巩固构成一种潜在的威胁而引起的；或许还有其他原因，令人难以说清。这是从政治方面看。就经济方面而言，小农生产力的发展对科学没有提出要求，相应的政权对教育事业的重视程度当然无法和以大生产为经济特征的资本主义国家相比。只有当统治者真正认识到理论、科学、技术对生产力发展的重要意义的时候，该政权才能给从事这类事业的社会成员以及培养这类社会成员的教职以较高的社会地位，并给予相应的报酬，使其生活水平高于社会平均水平。这个问题是清政权不可能认识到的，当然也是不可能做到的。清王朝统者考虑的问题重点总是如何维护政权的巩固和保住既得的权和利，而少及其他。

今天看来，尽管清王朝的半俸政策是不尊重知识的突出表现，对教职极不公平。但我们却又不必过多地责备这个政权，因为清政府是处于愚昧的时代。愚昧时代的统治者轻视知识、压制知识分子，是不足为怪的。清代统治者怎能超越历史的局限呢？怎能要求愚昧的政权行明智之政呢？

笔者谫陋，尚未看到清代有关经世之学的文章以及奏疏公牍之中有人对教职半俸一事有何微词，果真如此，说明当时全社会都视此为当然。这可能是屈于强权，敢怒而不敢言；也可能是人们认为，包括教职自己也认为，"君子固穷"，理应言义而耻言利。不幸而身沦教职，只怪自己学而不优，不善钻营之道。既已如此，虽饘鬻之不供，也只得清高而自鸣。怨天尤人，何益之有！总之，清代从来没有发生教职罢教的事，也不可能发生那样的事。要求那时的儒士进行争取自身权利的民主斗争，未免过分了。他们同样不能超越历史的局限。

所以，"学而优则仕"的行动规范在指导清朝一代又一代的读书人。莘莘学子致力于科举，以出仕为第一奋斗目标。试而不第，下届再来，好在没有年龄限制。耄耋之年提篮入场者也大有人在。屡试不中，及时转而读律佐幕者，是其中的灵活人物。他们发现，当不成官僚而做"准官僚"，也不乏受用。汪辉祖就是这么干的，他的疗贫之路看来是走对了。在那个时代里，如果像汪辉祖那样为官清廉，为幕不贪的话，当官僚也好，当准官僚也好，作为一种职业，儒士们选择这个奋斗目标又有什么可非议的呢？问题在于，那时清官不易得，循吏亦难求，这个奋斗目标往往意味着压迫与剥削。

　　[本文成于 1988 年 9 月 10 日。同年 10 月提交由江苏省社会史学会及南京大学主办的第二届中国社会史学术研讨会。后载于《南京大学学报·社会史专辑》（1989 年 3 月，题为《读〈病榻梦痕录〉札记》）及《上海社会科学院学术季刊》（1989 年第 4 期，题为《束脩与俸禄——读〈病榻梦痕录〉札记》），均有节删，故录原稿于此。]

关于明清法典中"雇工人"律例的一些问题

——答罗仑先生等

中国资本主义萌芽是上世纪五六十年代史学界最热门的问题之一。今天学者们对于这场讨论的看法其说不一。[①] 不论对这场讨论评价是高是低，肯定还是否定，由于"萌芽"问题引申出来有关中国封建经济史乃至中国历史的许多问题的探讨，在众多学者的研究进程中得到很大的发展和明显的深入，则是为大多数学者所承认的事实。例如土地制度问题、农业经营问题、手工业经营问题、行会问题、农业和手工业生产力发展问题、城市及市镇发展问题、商品经济发展问题、区域经济问题、市民社会问题等，莫不如是。雇佣劳动性质问题也是其中之一。

明清两代律例中的"雇工人"问题的研究对明清时代的经济史、法制史、社会史都有比较重要的意义。上世纪 40 年代开始，中日两国学者已提出了明清两代"雇工人"问题。例如仁井田陞、瞿同祖两位就有拓荒性的重要著作问世。50 年代以后有关资本主义萌芽问题、土地制度问题、农业经济史等研究讨论中，这个问题的研究有了进一步的开展。60 年代初，我在前辈学者研究的基础上，通过分析明清时代的"雇工人"身份对雇佣劳动性质的判断问题提出一些看法，并由此提出清代的等级问题。[②] 我的意见简单概括如下：第一，雇工人法律地位低下，与雇主（家长）之间相互侵犯，同罪而不同罚。家长（即雇主）及其期亲对之"依法决罚邂逅致死"者无罪。雇

---

① 参阅赵晓华《中国资本主义萌芽的学术研究与论争》，百花洲文艺出版社 2004 年版。

② 《明清两代"雇工人"的法律地位问题》（原载《新建设》1961 年第 4 期，署名欧阳凡修）、《明清两代农业雇工法律上人身隶属关系的解放》（原载《经济研究》1961 年第 6 期，署名欧阳凡修）。二文均收入李文治、魏金玉、经君健《明清时代的农业资本主义萌芽问题》（中国社会科学出版社 1983 年版。以下简称《明清农业萌芽》）一书。在该书中，二文署名改为经君健。

工人的法律地位仅比奴婢略高，与雇主（家长）及其家族形成隶属关系；但他不是贱民。雇工人身份随雇约期满而解除，不具继承性。明清时代法典所规定的法律地位表明雇工人是被编制在雇主的宗法家长制体系以内的一个社会等级。明清法典对不同社会集团具有不同特殊法律地位的规定，反映出当时存在着一个等级阶梯，而雇工人是这个等级阶梯中的一级。从明洪武至清宣统，雇工人的法律地位一直不变。这个事实提醒我们，明清两朝的雇佣劳动者群中始终有一部分与雇主具有人身隶属关系。在那个时代里不是所有雇佣劳动者都是"自由"的，只有非雇工人身份的凡人雇佣劳动者，才可以说是法律形式上的"自由"雇佣劳动者。研究者若想在明清时期的农业中寻找资本主义的影子，首先要排除雇工人这种雇佣劳动者。第二，明清时代雇工人的身份由专门的条例认定，凡人受雇并符合法典规定的条件者为雇工人。雇工人条例确认雇工人的原则和条件曾经多次修改。因此在不同时段里，有雇工人身份的雇佣劳动者不尽相同。雇工人条例的修改，前后跨越长达两个世纪（1588—1788 年）之久。条例的修改涉及雇工人身份的确立原则；修改的后果，影响到农业雇佣劳动者法律形式上人身隶属关系的某种程度的解放。

文章发表后，同行学者对我的观点提出过商榷或批评意见，对我很有启发，对其中某些意见业已敬复。[①] 20 世纪 80 年代以后，有的学者从根本上否定我的看法。经过认真分析，窃以为这些看法未能说服我放弃基本观点；但由于种种原因，20 多年来一直没有机会作答。时至今朝，这个问题已是明日黄花，大家的学术热点早已不在这里，尽管如此，由于它自有其学术价值，回顾一下有关的争论焦点或许是有益的。本文这里将重点讨论罗仑、高桥芳郎和赵冈等三位先生的观点，谨以就教。

一

1983 年，罗仑先生在《"农民佃户"所雇农业长工社会性质的问题——

---

① 20 世纪 80 年代以前有关的讨论意见，已有归纳。请参考裘毓《关于中日学者对明清两代雇工人身份地位问题研究的评介》，载《中国社会科学院经济研究所集刊》第 3 辑，中国社会科学出版社 1981 年版。

明清法典上的"雇工人"问题》① 一文中批评我对"新题例"的看法。他说我"把'农民佃户'雇佣的农业长工与万历'新题例'上的'雇工人'扯在一起"了。② 他提出，（1）"新题例"中，"官民之家"的"民"不包括"农民佃户"；（2）明清法典中的"雇工人"不包括"农民佃户"所雇农业长工；因此（3）"农民佃户"所雇倩的农业长短工没有所谓从"雇工人"等级中解放出来的曲折历史过程。下面我们就讨论这三个问题。

（一）万历"新题例"中"官民之家"的"民"包括作为百姓的"农民佃户"

万历十六年正月，明王朝的刑部、都察院和大理寺奉皇帝命，会同酌议都察院左都御史吴时来上奏的建议，订出一个条款，置于《大明律》"斗殴"门"奴婢殴家长"律之后，被称为"新题例"。③

此例前一部分，"今后，官民之家凡倩工作之人，立有文券、议有年限者，以雇工人论；止是短雇月日、受制不多者，依凡〔人〕论。"是我们现在讨论的重点。这段文字只有两句话，没有很深奥难解的字句。"官民之家"是指该例所涉行为主体涵盖一切雇主，既包括官宦人家，也包括庶民人家。"凡倩工作之人，立有文券、议有年限者"是确立雇工人身份的基本条件，将"雇工人"限制在受雇而立有文券、议有年限的雇佣劳动者。这句话既阐明一切够条件的人都是"雇工人"，同时也指出只有够条件的人才是"雇工人"。第二句话"止是短雇月日、受制不多者，依凡〔人〕论"，是将短工排除在雇工人范围之外；更加强调不能把所有雇工都视为"雇工人"。

"新题例"所规定的内容应该理解为：雇佣劳动者的身份有两类，一类是"凡人"，另一类是"雇工人"。任何人家（是缙绅地主、凡人地主也罢，是"农民佃户"也罢）雇来干活的人（包括从事农业生产的），只要与雇主

---

① 罗仑《"农民佃户"所雇农业长工社会性质的问题——明清法典上的"雇工人"问题》，原载《学术月刊》1983 年第 7 期，是节录稿。1985 年全文收入罗仑等著《清代山东经营地主经济研究》，齐鲁书社新一版（以下简称《山东经营地主》），为第七章，题为"一个涉及'农民佃户'所雇农业长工社会性质的问题——明清法典上的'雇工人'问题"。本文以下讲到《山东经营地主》一书时仅涉及第七章，所以只提罗先生。

② 《山东经营地主》，第 272 页。

③ 由于本文讨论的内容大多涉及明清两代历次雇工人条例，为避免反复全文引用，故将所有条例作为附录列于文后。

"立有文券、议有年限",就自动具有"雇工人"身份,在法律上和雇主处于不平等的地位。至于"短雇月日、受制不多"者即短工,身份为"凡人",与雇主在法律上地位平等。

按照"新题例"的规定,从雇主方面来说,官员缙绅之家以及平民百姓之家都在其内;从雇工方面来说,服役劳动者和生产劳动者也未区分。界定雇工人的标志只有文券、年限以及是长工还是短工。换言之,雇主的身份、劳动的性质都不是雇佣劳动者身份的决定性因素。①

罗先生反对这样理解"新题例"。他说,"一些研究者之所以十分肯定地把'农民佃户'雇倩的农业长工包括在'雇工人'等级之内,实起源于对上述万历十六年'新题例'中所说的'官民之家'和'工作之人'作了如下的流行的诠释,即一方面把'官民之家'诠释为'官'户(即官僚地主)+'民'家(即农民佃户和一般的庶民地主)。"② 他认为,"新题例"中作为雇主的"官民之家"不包括"农民佃户",农民佃户雇倩的生产劳动者不包括在"新题例"的雇工人中。理由是,早在明帝国建立之前和建立之初,农村中自耕农雇工和佃户雇工的情况并未较多地出现,采用雇工经营的富农经济和经营地主经济也没有较大的发展。"新题例"与实际生产水平不相符合。

这种推断似乎是有理,但从"新题例"的产生过程看,就不一定正确了。我们现在且不必讨论万历时期农业中雇佣关系、富农经济、经营地主经济发展到了什么程度,只需指出一点就够了,即当初提出"新题例"的目的并不是为了解决主雇矛盾。明代制度规定缙绅之家不得蓄养奴婢;而事实上缙绅之家蓄养奴婢的现象大量存在。朝廷不得不承认这种现象存在,又必须严格维护等级制度。正是为了解决谁有权收养奴婢这个难题,"新题例"应运而生,找到了一种方法,一个平衡点。"新题例"的提出与当时农民佃户雇工现象的多寡,与"实际生产水平"都没有直接的联系。

罗先生认为,"既然把'新题例'上'官民之家'一语中的'民'家解释为包括'一般地主'(我们理解:欧氏这里所说的'一般地主',自然包括庶民类型的经营地主)和'农民佃户'在内,又把'新题例'中的'工

① 《明清农业萌芽》,第268页。
② 《山东经营地主》,第279页。

作之人'解释为包括'生产性'雇工在内，那么一般庶民地主中的经营地主所雇佣的农业长工，以及农民中的富农所雇佣的农业长工和自耕农、佃户所雇佣的农业雇工，自然就被纳入明清法典中的'雇工人'等级之内了。这样一来势必……又产生另一个结论，即：'如果说明清时代某种形式的雇佣关系带有资本主义性质，构成资本的历史前提的话，那么那种形式下的雇佣劳动者必须不属于雇工人的范畴，必须是已经从雇工人的身份束缚中解放出来的雇佣劳动者'的结论。"①"于是一种流行的观点便这样产生。"①

罗先生详细地重复叙述了"新题例"的制订过程，并分段分析了新题例的文字以后得出结论："'官民之家'中的官户，应该是指拥有法定特权的'功臣之家'，而'民'家，则是指的尚无法定蓄奴特权的'缙绅之家'和'庶人之家'。""新题例中的'官民之家'，乃是指的功臣之家、缙绅之家和绅衿（即士庶）之家"；② 进而阐释"绅衿之家"即"士庶之家"，只包括"由文武举人、监生、生员等构成的虽已有功名和一定政治特权（如优免丁徭杂役等）但尚未做官的绅衿之家"。③

罗先生关于"庶"不包括百姓的看法，没有进行令人信服的论证。我同意"民"中包括"绅衿"等级，但"民"不仅只有绅衿等级，还要包括农民佃户在内的所有"凡人"。④ 在明清文献中"官民"二字联用的情况甚为常见。举个极端的例子吧，明清时代的重要府第门前往往立一块石碑，上镌"官民人等至此下马"一类字样。难道说，庶民百姓、农民佃户们经过府前就不必下马吗？

罗先生认为，"把属于'凡人'等级的'农民佃户'（包括自耕农、佃农、富农和庶民地主中的经营地主）纳入上述'官民之家'中，说他们在雇倩农业雇工后，享有'功臣之家'、'缙绅之家'和'士庶之家'（即绅衿之家）对待'雇工人'时所享有的同等法律特权，这显然是明清时期森严的封建等级制度所不能允许的，也是与明清时期封建统治者的立法宗旨相违

---

① 《山东经营地主》，第 279—280 页。

② 《山东经营地主》，第 283 页。

③ 《山东经营地主》，第 283 页。

④ 《论清代社会的等级结构》附"清代等级结构示意图"，载《中国社会科学院经济研究所集刊》第 3 辑，1981 年版，第 53 页。

背的。"①

如果真像罗先生所说"农民佃户"不包括在"官民之家"的话，在此后跨越明清两朝的170年间，官府是怎么处理"农民佃户"与其雇佣工人间刑事案件的？是否因为雇主是农民佃户，就不把其雇工定性为雇工人？我们从判例可以找到答案。

直隶新城县时毛儿案具有典型意义。案子发生在雍正十三年，是"新题例"有效的时期。时毛儿给刘玉佣工，"议定每年工价钱七千文"，"未立文契，已经两载"。有一天，刘玉的儿子刘七达子和时毛儿同去"赶集，因值天冷，一齐赴店沽酒御寒。"回家的路上，刘七达子殴打时毛儿致死。此案，直隶总督意见，将刘七达子按殴死雇工人罪判决。刑部不同意，认为"刘七达子雇时毛儿，并未立有文券、开明年限，该督照殴死雇工人定拟，与例未符。"直隶总督辩称："乡间风俗，雇外来之人恐其来历不明，必须写立文券为凭。今时毛儿系同村素识，彼此相信，其〔雇佣〕年限、工价即以口议为定"，"虽未立有文券，但雇工已经二载，初非短雇月日可比；每年给工价七千文，又与受制不多者有间"，"实系长年雇倩"，所以力主维持原判。② 最后的判决，以及此案判决所产生的影响，我们暂且不论，只要指出如下事实就够了：1. 直隶总督和刑部辨别时毛儿是不是雇工人，双方尽管意见相反，但都是以"新题例"作为判断准绳的。2. 本案雇主刘玉之子是跟雇工一道去赶集、同桌喝酒、结伴回家的一般农民，既非"功臣之家"，也不是"缙绅之家"或"绅衿之家"。3. 断案中各持不同意见的双方只考虑是否立有文券、议有年限，并没有讨论雇主是何等人家的问题。显然，他们都认为雇主刘玉和他的儿子刘七达子的身份包括"官民之家"范围之内是当然的，无需论证。由此可见，当时官方的理解，包括凡人等级以上各色人等统统在"官民之家"之内，并无歧义。

陕西魏俊案发生在乾隆二十二年，也是"新题例"生效的年代。魏俊自幼给翟邦直佣工，既未"立有文券"也未"议有年限"，娶妻后仍和翟姓住在一起。雇主之弟翟邦英，风闻魏俊和翟的三嫂孙氏通奸，便砍杀孙氏以及扑上救母的侄女等二人，然后自杀。三条命案，雇工魏俊不是凶手，但官方

---

① 《山东经营地主》，第284页。
② 洪弘绪等辑：《成案质疑》卷20，乾隆三十一年刊。

认定他是祸首，惩以刑罚。在辨别魏俊的身份是否为雇工人时，陕西巡抚认为，"魏俊年甫十四即受雇翟邦直家，迄今三十九岁，复经帮娶妻室，相依附居，恩深义重，自不应拘泥例文仍以凡论。"所谓"不应拘泥例文仍以凡论"的意思是，按照律文，魏俊与主人翟家没有"立有文券、议有年限"不符合雇工人条件；只因魏俊附居主家，雇主为其娶妻，"恩深义重"，所以按雇工人律判刑。不"拘泥"，实际是违犯条例。刑部对此没有提出不同意见。所不同的是，陕西巡抚判照雇工人"奸家长期亲之妻律拟绞监候"，而刑部认为此案魏俊所犯之罪比奸家长期亲"罪情尤为重大"，仅拟"绞监候""不特轻重无所区别，更觉无以正名分而惩淫凶"，必须从重判处，把陕西巡抚所判的"绞监候"改为"绞立决"。[①] 该案有几个情况是可以肯定的：第一，陕西巡抚和刑部官员的判词辨别魏俊身份的依据都是"新题例"。"不拘泥"三字表明他们违犯"新题例"的规定是有意的，是特例，而非不承认"新题例"的内容。第二，案中的雇主翟邦直兄弟的身份并非公侯官宦而是平民。陕抚认定此案按雇工人律处刑，理由是"恩深义重"，刑部加重处刑的理由是"罪情重大"，他们都没有考虑雇主的身份问题。他们没有因雇主是凡人而认定魏俊不是雇工人。

还有，雍正八年广东英德县陈贼祥短工案、乾隆二十二年直隶张狗儿案以及其他几个案件，[②] 都是平民百姓雇佣长短工的案子。不论对"新题例"的理解有何分歧，司法官员都用"新题例"来辨明受雇者身份以定刑。如像罗先生所说，包括自耕农、佃农、富农和庶民地主中的经营地主的"农民佃户"都不包括在"新题例"的"官民之家"的范围之内，官员为什么还要用"新题例"来断这些案件呢？迄今为止，好像还没有看到处理主雇案件不引用"新题例"而直接按凡人处理的案例。罗先生说"不能把没有政治特权的、基本上属于'凡人'等级的'农民佃户'纳入'官民之家'的行列。"[③] 希望罗先生举示案例以证之。

罗先生并非没有看到根据"新题例"判案的案例，他也认同"在乾隆三十二年以前的封建法庭上，确有将'农民佃户'所雇农业长工按'雇工

---

① 同德《成案续编》卷6，乾隆二十年刊。
② 兹不详述，详情请参阅《明清农业萌芽》，第275—276页。
③ 《山东经营地主》，第298页。

人'判刑的实际案例";可他认为这是封建法庭"上下其手","不按条例办事","立论时当然不能以封建法庭上变化多端的案例为依据,而应该以明清法典上的条律和条例为依据"。① 罗先生这个意见令人很难理解。前面所举的案例都是按条例办事的。如果官员不按条例办理,把本不应该算作雇工人的雇工断为雇工人,这可能意味着他怀有某种不可告人的目的有意曲解条例,我们可以称其为"上下其手"。可条例上写得明明白白,审案断案时又按条例的规定办理了,这不是很正常的吗,"上下其手"从何谈起呢?

我们在研究律例时,必须要研究条文产生的原因、根由,研究其所以提出的道理,了解其背景才能更好地理解它,这是当然的。我们也尽可能这样做了。但必须同时注意到,条文一旦形成,只能按照它的行文字面的含义去解释。"缙绅之家"没有蓄奴权,但又大量蓄奴。为了从法律上解决这一违法现象,才产生了"新题例"。"新题例"条文确立之后,其中有关"雇工人"的规定以及"官民之家"的提法,就具有一般的通用性了。在没有当时的立法者或者权威的注释的情况下,不能对"民"字做随意的解释,赋以超出通常意义的含义。我们只能简单地将其理解为相对于"官"的群体,而"农民佃户"是包括在这个群体之内的。

罗先生认为"官民之家"一语在"新题例"中就已出现,而"农民佃户"一语,在万历十六年的"新题例"中没有出现,乾隆二十四年的"条例"中也没有出现,直到乾隆三十二年才以"若只是农民雇倩亲族耕作(之人)"的行文方式,首次在"条例"中与"官民之家"一语同时出现。罗先生以"官民之家"比"农民佃户"早出现了将近180年作为"农民佃户"并不包括在"官民之家"中的补充例证。② 其实"农民佃户"一语在条例中晚出,并不能证明早出的"新题例"中的"官民之家"一语就不包括农民佃户。乾隆三十二年条例中将农民佃户雇倩单独提出,一方面反映当时农业中的雇佣关系日趋增多,民间主雇之间的矛盾已成为比以前更值得注意的现象了。另一方面,从"雇工人"条例自身的发展看,判定"雇工人"身份的原则改变了,由文券、年限转为是否具有主仆名分、是否从事服役劳动,使得立法者将"农民雇倩亲族耕作"之人另列出来。"耕作"二字强调

---

① 《山东经营地主》,第299页。
② 《山东经营地主》,第284页。

了被雇者的工作性质有别于服役。

以农民佃户的生产、生活状况及其财力而言，他们雇人干活的目的主要是为了农业生产的需要，而不是为了生活服役。他们雇工的时候与被雇者订立、约定年限，是有可能的；但是和雇工之间以老爷下人相称，绝不同住同食，具有主仆名分的情况则是极少可能的。所以，当仅以文券、年限为判定标准时，即使是农民佃户雇主也可能成为立券长工的"家长"，当以主仆名分和是否服役劳动为判定标准时，农民佃户成为"家长"的可能性就很小了，他们的雇工也就不成其为雇工人了，即使是立了文券、定有年限也不会是。所以条例中提出"农民佃户雇倩"，一则是强调'主仆名分'在雇佣关系判定中的作用，再则也是将条例进一步细化的结果。这也表明，在"新题例"中不是"'农民佃户'并不包括在'官民之家'"，恰恰相反，"民"字里面原来就是包括农民佃户的。

通过以上分析可见，罗先生所提出的"新题例"中作为雇主的"官民之家"不包括"农民佃户"的看法是难以成立的。

（二）明清"新题例"的规定适用于农业雇工

万历"新题例"中"官民之家"雇倩的"工作之人"是否"既包括从事服役性劳动的雇工，也包括从事生产性劳动的雇工"？罗先生认为，从明律上首次出现的'雇工人'一词的历史渊源来看，是从《唐律》中的'部曲'一词演变而来，可见"其涵义应与从事服役性劳动的'家仆'有关，而与从事生产性劳动的受雇于'农民佃户'的农业长短工无关。"[①] 不错，明律中有关雇工人的律条的确与唐律中有关部曲的条文有不少一致之处。清代法学家薛允升就曾说过"唐律之所谓部曲，明律大半改为雇工人"；可他没说明律的雇工人就是由部曲演变而来。不论是《大明律》还是《大清律》从来都没有雇工人即为家仆一类的提法。何况，中国古代部曲情况相当复杂，论者很多。古代的部曲绝不是简单的"从事服役性劳动的'家仆'"所能概括的。我们只能通过对"新题例"本身的文字去分析雇工人是否包括受雇于"农民佃户"的农业劳动者。

早在"新题例"产生之前，有关雇工人的法律就运用于一般百姓雇主和

---

① 《山东经营地主》，第 287 页。

雇工的案件。当时的一种解释是，"用钱雇募在家佣工者"都算雇工人，没说什么人雇的不算。另一解释是，"雇工人者，乃受雇长工之人，或雇出外随行者，不论年月久近皆是，若计日取钱，如今之裁缝、木匠、泥水匠之类，皆不得为雇工人。若前雇工人年限已满出外，有犯者亦不得为雇工人。"两种解释都没有规定只有服役性劳动者才是雇工人，而生产性劳动者不是。①

万历十六年"新题例"规定"今后官民之家凡倩工作之人，立有文券，议有年限者，以'雇工人'论；止是短雇月日，受制不多者，依'凡[人]'论"。② 这里为雇工人设立的条件有三：文券之有无、年限之长短和工钱之多少；既没有指定某些行业，也没有排除某些行业。没有理由认定它不适用于农业雇工。

当初制订"新题例"的目的在于解决缙绅之家是否准许蓄奴的问题，并不是考虑农民雇工的事。但"官民之家雇倩工作之人"一词没有冠以劳动性质的定语，这就是说，既没有指定只包括服役劳动者，也没有刻意排除生产劳动者，不管条例制订者当时是怎么想的，条例被批准后，其解释只能是从事服役和从事生产的两类雇工都包括在内。所以，在"新题例"有效期内，官员在判处任何有关雇工案件时，必然首先运用这个条例去判别案中主雇关系的性质，以确定涉案的雇工是"雇工人"还是"凡人"，然后才能选定适用于该案的条律定罪。前面所举示的案例都可证明。

为了论证"新题例"中不包括农民佃户雇佣的农业雇工，罗先生再举出我曾引用的三条材料：一是：乾隆八年江苏巡抚在处理江苏阜宁县张廷鉴一案时，曾发表过张廷鉴"虽曾立契佣工，但已被主逐回，与现在供役者不同"的议论；二是：乾隆十年直隶总督在处理李天宝一案时，曾发表过"奴仆之与雇工，一系终身服役，一系限年服役，乃均属听遣驱使，同为下役之人，未可以'奴婢'为贱而以雇工为良也"的议论；三是：在陆燿《切问斋集》上载有一则反映18世纪50—70年代间统治阶层看法的议论，说："查雇工人例以文契为凭，但此辈朝秦暮楚，久暂不拘，为家长者亦以偶发任使，类不责立文契。乃有服役数年之后，犯事到官，仍以'未立文契'论

---

① 《明清农业萌芽》，第265—267页。

② 《明律集解附例》卷20，光绪三十四年清修订法律馆重刊本。参阅《明神宗万历实录》卷194，十六年正月庚戌。

比平人者，适启若辈忽视家长之心。并请嗣后雇工人服役三月以内无文契者，准照平人论；三月以外，即无文契，均照雇工人问罪。"罗先生认为，"上述司法界的议论，对于说明乾隆三十二年以前'雇工人'的劳动性质是服役性的，不失为是一个值得注意的旁证。"①

其实这些资料对罗先生论点是无助的。列举的这两个案例，乾隆八年江苏阜宁县张廷鉴案的讨论重点是已辞出雇工是否应判为雇工人的问题；② 乾隆十年直隶李天宝的讨论重点是雇工在社会上与非雇主家族成员的关系问题。③ 两个案例的资料都没有详细描述雇工的劳动性质。即使这两个案子的受雇者都是从事服役性劳动的仆人，难道只凭这两个案例就可以证明"乾隆三十二年以前所有'雇工人'的劳动性质是服役性的"吗？前面已经列举的那些生产劳动者的案例就可以无视吗？罗先生的这种论证方法似乎尚可斟酌。至于陆燿的议论，他是要求确立一个新的判定雇工人的标准，即以实际的雇佣时间以 3 个月为准，不以文契为辨别标志，他并没有涉及劳动性质问题。④ 即使以其中"有服役数年之后"字样而断定陆燿指的是生活服役之人，也只能理解为他认为生活服役之人不可轻慢家长，而难以证明"新题例"的雇工人不包括生产性雇工。所以陆燿的话不能"说明乾隆三十二年以前'雇工人'的劳动性质是服役性的"。

罗先生又把明清两朝历次雇工人条例中的各种规定集中到一起，把雇工人归纳为 8 种人，用以证明"新题例"中的雇工人不包括农业生产劳动者：⑤

"从明清法典上'雇工人'等级所包括的各种社会成员来看，也可以说明'雇工人'所从事的劳动性质是服役性的。在明清法典上可以清楚地看到，按'雇工人'等级判刑的包括以下八种人：其一是在'官民之家''立有文券，议有年限'或'虽无文契而议有年限，或不立年限而有主仆名分''受雇在一年以上'，或'犯奸、杀、诬告等项重情'

---

① 《山东经营地主》，第 289 页。
② 《条例（附成案）》卷 6。请参阅《明清农业萌芽》第 278—279 页。
③ 《成案续编》卷 9。请参阅《明清农业萌芽》，第 277—278 页。
④ 陆燿：《切问斋集》卷 13。请参阅《明清农业萌芽》，第 281 页注②。
⑤ 《山东经营地主》，第 290—291 页。

受雇在'一年以内'的'雇倩工作之人'（参看万历十六年'新题例'、乾隆三十二年'条例'）；其二是'士庶之家''恩养未久，不曾配合'的'财买义男'（参看万历十六年'新题例'）；其三是在'官民之家''素有主仆名分'的'车夫、厨役、水火夫、轿夫及一切打杂受雇服役人等'（参看乾隆五十三年'条例'）；其四是在'官民之家''甫经契买、未配室家'的'白契所买奴婢'（参看嘉庆六年'条例'）；其五是在'官民之家''甫经典买或典卖，隶身未及三年，并未配有妻室''并无典卖字据'的'典当家人'（参看嘉庆六年'条例'）；其六是与上条情况相同的'隶身长随'（参看嘉庆六年'条例'）；其七是在'官民之家''议有年限'的'典当雇工人'（参看嘉庆六年'条例'）；其八是'官民之家''从前契买（不论红契白契）'的'奴婢'（参看宣统二年'条例'）"①。

罗先生归纳明清两朝所有有关雇工人的条例以说明雇工人所从事的劳动性质是服役性的，这种方法令人未敢苟同。

如前所述，在长达两百余年的时间里，雇工人条例多次修订。历次雇工人条例确定雇工人身份的条件（方法、原则、标志）有着很大变化。在一定时期内被划为具有雇工人身份的雇佣劳动者，在另一时期内并不成其为雇工人；反之亦然。官府审理雇工人案件只能使用当时有效的条例。正是根据这个具体情况，我们分析了历次条例，找出它们的差异，考察不同时期因条件的差异而形成的雇工人范围的不同。②

罗先生根据"新题例"以后修订的以"主仆名分"和服役劳动原则规定的各类雇工人，说他们都不是生产劳动者，由此推定"新题例"的规定不包括生产劳动者。这就是说，用以服役劳动为认定雇工人标准的条例，来证明条例规定的雇工人都是服役劳动者，这种循环论证有什么意义呢？再者，怎能用18世纪后期制订的条例证明16世纪中期制订的"新题例"里"立有文券、议有年限"的雇工人肯定不包括农业雇工呢？

---

① 《山东经营地主》，第290—291页。
② 有关历次条例的分析，请参阅《明清农业萌芽》，第261—291页。由于讨论的是雇工人问题，所以在此只摘取与雇工人直接有关部分，其他如隶身长随、典当家人等均略。

不论如何，用后出的条例诠释此前的条例是不妥的。乾隆三十二年条例、乾隆五十三年条例跟万历十六年"新题例"的内容混编在一起也是不妥的，因为它们规定雇工人条件的原则有了重大改变，从强调文契、年限，转向强调主仆名分。无视这些重要的差别而得出的结论，恐怕难以成立。

罗先生还引用《明实录》①和赵翼《廿二史札记》②等资料，用以说明"义男"、"家人"和"长随"的劳动性质与生产无关而明显地属于服役者类型。③"义男""家人"和"长随"的劳动性质是服役劳动，前人已多探讨，谁人曾有歧议？可这又与以文券、年限为判定标准的"新题例"中的"雇工人"可以包括生产劳动者有什么关系呢？总之，罗先生在这里没有摆出足够的、能够成立的论据证明自己的观点。

如果"新题例"真的与农民佃户、农业劳动者了无关系，那么官府在接到民间雇工案件时，根本用不着搬出它来分辨是不是"雇工人"。反之，凡运用这个条例来审判的案件，其雇主必然是"功臣、缙绅、绅衿"。事实并不如此。如果"新题例"真的与农民佃户、农业劳动者了无关系，那么以后的条例中就没有必要加入有关农业雇工的条文，提出从未涉及的"农民雇倩亲族耕作［之人］"、"农民佃户雇倩耕种工作之人"岂非画蛇添足？

附带提一个问题：罗先生考察了所有雇工人的"条律"以后说，"十分肯定地把明清两代的'农民佃户'所雇佣的长工纳入'雇工人'等级的这种说法，在法典上所载明的有关'条律'中是找不到文字根据的。"④这个看法是对的，因为"条律"本来就是判决主雇相犯案件的法律依据，不是谁应该纳入雇工人等级的辨别依据。条律规定的雇工人与其他等级同罪不同罚，具体地体现出雇工人法律地位低于凡人。这也正是我在《明清两代'雇工人'的法律地位问题》一文中所讨论的问题。⑤管见所及，没发现此前的

---

① 《宣宗实录》卷6："常、镇，苏、嘉、湖、杭等府巡检司弓兵，不由府县金充，多是有力大户令义男、家人营谋充当"，"专一在乡设计害民，占据田产、骗要子女，稍有不从，辄加以拒捕私盗之名，各执兵杖，围绕其家擒获，以多浆快船装送司监收，挟制官吏，莫敢谁何，必厌其意乃已。不然即声言起解赴京，中途绝其饮食，或戕害致死，小民畏之甚于豺虎"。

② "今俗所谓'长随'，则官场中雇用之仆人，前明谓之'参随'。"

③ 《山东经营地主》，第291页。

④ 《山东经营地主》，第275—276页。重点是引者加的。

⑤ 《新建设》1961年第4期。收入《明清农业萌芽》，第243—260页。

讨论中有谁认为确定某雇工的雇工人身份需以"条律"为根据。令人不解的是，罗先生竟然在同一段落中否定了自己的正确意见，说"上引'条律'可以作为应否将'农民佃户'所雇农业长工纳入明清法典上的'雇工人'等级之内的重要论据之一。"① 这个看法显然是不妥当的，因为什么样的雇工应该纳入雇工人等级，并不是由雇工人"条律"决定，而是由雇工人"条例"决定的。

（三）明清两代关于雇工人条例的历次修订反映了农业雇工法律身份的解放过程

罗先生既然认为"新题例"中的"民"不包括百姓农民，其后的条例中提出的"农民佃户雇倩工作之人"有犯"俱依凡人科断"也就没有新意，因为这一内容从来就包含在以前的条例之中，由此得出结论："对于受雇于'农民佃户'的农业长短工来说，事实上并不存在一个所谓从'雇工人'等级中解放出来的历史过程的问题"。②

罗先生认为，如果十分肯定地说农业雇工中的长工就具有"雇工人"身份，短工就不具有"雇工人"身份的话，在明清时代凡受雇于"农民佃户"的农业雇工其工期满一年者通常均称之为长工或"年工"，万历"新题例"规定，凡"立有文券，议有年限"满一年者，即可称之为长工，并被纳入"雇工人"等级。可是，在乾隆二十四年的"条例"中却出现了凡"计工受制已阅五年以上者，于'家长'有犯，均依'雇工人'定拟"的条款，从而把计工受制在五年以下者排除在"雇工人"等级之外，按"同凡"处理；而在当年山西按察使永泰建议修改万历"新题例"的奏折中，又曾予拟了"如受雇在十年以上者，恩义并重，无论有无文券，均照'红契奴婢'定拟"的条款，"从而企图把计工受制在十年以上的也排除在'雇工人'等级之外，按'红契奴婢'处理。这不是矛盾吗?"③

其实，乾隆二十四年条例中的"已阅五年以上"云云，是没有摆脱"新题例"中"议有年限"原则的影响。当时的立法官员不会不知道在习惯

---

① 《山东经营地主》，第 275 页。
② 《山东经营地主》，第 298 页。
③ 《山东经营地主》，第 293—294 页。

上一年以上就算长工吧，他们偏偏要把长工的概念从一年延长为五年。已雇一年以上长达五年以下的长工不算雇工人，这只能理解为他们在试图缩小雇工人的范围，减少雇工进入雇工人范围的人数。这正是雇工人法律身份解放过程的一个表现。至于十年以上按"红契奴婢"处理的说法，只是永泰的个人建议，当时就被刑部否掉了。刑部的反驳意见说："雇工则仅资力作，来去无常，民间经营耕获，动辄需人，亲属同侪相为雇佣情形本难概论。定立有文券、议有年限方作雇工〔人〕，若随时短雇、受制无多者即同凡论，法至平也。……若无文券而年份稍久者反与奴婢同论，殊与义不符。"① 在正式颁行的条例中，罗先生所谓的矛盾并没有发生。

罗先生特别论证了乾隆三十二年条例中"若只是农民雇倩亲族耕作〔之人〕，店铺小郎，以及随时短雇，并非服役之人，应同凡论"一句，译成白话后"该条款有关农业雇工的部分将成为：'凡是农民雇请的农业长工……以及随时雇请的农业短工，并不是服役的人，应按照凡人处理'。"② 其实，乾隆三十二年条例最值得注意的是提出了"主仆名分"作为确认雇工人身份的标志。它的后半部分中，"农民雇倩亲族耕作〔之人〕"应该突出强调的有两点：一是"亲族"二是"耕作〔之人〕"，即生产劳动者；"店铺小郎，以及随时短雇"所强调的是"并非服役之人"。条例是在确认亲族、耕作之人和非服役之人都与雇主没有主仆名分。劳动性质对雇工人身份的确立起到了突出的作用。③ "主仆名分"原则在条例中的出现具有重要意义，因为它把一部分生产劳动者，即被亲族雇佣的农业长工、所有非服役性短工和店铺小郎，都从雇工人等级中剥离出来了。这也是雇工人法律身份解放过程的一个表现。

把"农民雇倩亲族耕作〔之人〕"诠释成"凡是农民雇请的农业长工"而忽视"亲族"二字，是不可以的。条例的前半部分中"立有文契、年限之雇工仍照例定拟"，以及"其余雇工，虽无文契而议有年限……如受雇在一年以内，有犯寻常干犯〔家长之罪〕，照良贱加等律再加一等治罪，若受雇在一年以上者，即依雇工人定拟；其犯奸、杀、诬告等项重情〔者〕，即

---

① 《刑名条例》"名例"乾隆二十四年，"命盗"。转见《明清农业萌芽》，第283页。
② 《山东经营地主》，第297页。
③ 请参阅《明清农业萌芽》，第286页。

一年以内，亦照雇工人治罪"等规定，都没有把农业长工排除在雇工人之外。"立有文契、年限之雇工"、受雇在一年以上"犯寻常干犯［家长之罪］"的雇工，甚至"犯奸、杀、诬告等项重情"的一年以内的雇工（即短工）都在雇工人等级之内，条例没有排除农业长工。所以说，"农民雇倩亲族耕作［之人］"理解为包括农业长工是可以的，但必须指出，这里只包括"雇倩亲族"，不包括所有的农民雇佣农业长工。按照条文字面解释，大量的非亲族雇佣的农业雇工仍为雇工人。这对雇工身份解放过程来说不能称为进步的发展。所以，对这个条例的理解，既不能不顾"亲族"二字，也不能不考虑条例的前半部分。

罗先生说，他关于乾隆三十二年条例中"'农民佃户'所雇请的农业长工和农业短工均不包括在'雇工人'等级之内的看法，在乾隆五十三年的'条例'中，可以得到进一步验证。因为在乾隆五十三年的'条例'中，清代的立法者进一步用明确的文字规定：凡'农民佃户'雇倩的农业雇工，'无论其有无文契、年限，俱依凡人科断'。"① 窃以为，乾隆五十三年条例确定雇工人身份的原则是"主仆名分"，凡与主人有主仆名分的雇工都属雇工人，凡与主人无主仆名分的雇工都不属雇工人；以前条例中的文契、年限以及是否亲属等条件都不再起作用了。从这一点说，乾隆五十三年条例比三十二年条例有了很大的进步，而不是"进一步验证"了三十二年条例"'农民佃户'所雇请的农业长工和农业短工均不包括在'雇工人'等级之内"。特别应该注意，乾隆五十三年条例对无主仆名分的雇倩耕种工作之人非雇工人的规定，对雇主的限定只是"农民佃户"，不包括非"农民佃户"的官僚缙绅之家。一般说来，官僚缙绅之家"雇倩耕种工作之人"与雇主必然是"平日起居不敢与共、饮食不敢与同，并不敢尔我相称"，具有主仆名分的内容，当然也就成为雇工人了。薛允升这个条例的后果概括颇为恰当："有力者有雇工人，而无力者即无雇工人矣。"②

为了能比较清楚地看出历次条例所规定的农业雇工的雇工人条件，列了两个表：

---

① 《山东经营地主》，第297页。
② 《读例存疑》卷36，光绪十三年刊本。

表1　明清历次条例中确立雇工人身份条件比较（表中"√"代表雇工人）

	万历十六年新题例（1588—1759）	乾隆二十四、二十五年例（1759—1767）	乾隆三十二年例（1767—1788）	乾隆五十三年例（1788—1801）	嘉庆六年例（1801—1901）	宣统元年例（1901—1902）
官民之家凡倩工作之人立有文券议有年限者	√	√				
虽无文契而议有年限	√					
计工受值已阅五年以上者于家长有犯	√					
家长杀雇工人必立有文契议有年限		√				
虽无文契而立有年限、不立年限，犯一年以上，其寻常干犯			（照良贱加等再加一等）			
虽无文契而立有年限、不立年限而有主仆名分一年以内，其奸、杀、诬告等项重情[者]			√			
官民之家车夫、厨役、水火夫、轿夫及一切打杂受雇服役人等平日起居不敢与共，饮食不敢与同，称谓相称，素有主仆名称，素有主仆名分各无论其有无文契、年限				√	√①	√②

① 嘉庆六年条例中，a"官民之家"四字无；b"无论其有无文契、年限"改为"并无典卖字据，如有卖身……"。

② 宣统元年条例中，"无论其有无文契、年限"删。

表2　明清历次条例中确立非雇工人身份条件比较（表中"×"代表凡人）

	万历十六年新题例 (1588—1759)	乾隆二十四、二十五年例 (1759—1767)	乾隆三十二年例 (1767—1788)	乾隆五十三年例 (1788—1801)	嘉庆六年条例 (1801—1901)	宣统元年条例 (1901—1912)
短雇月日，受值不多者	×					
家长杀雇工人无文契、年限		×				
若只是农民雇倩亲族耕作[之人]			×			
随时短雇，并非服役之人			×			
农民佃户雇倩耕种工作之人，平日共坐共食，彼此平等相称不为主仆名分者，素无主仆名分，无论其有无文契年限				×	×①	×②

① 嘉庆六年条例中，删"无论其有文契年限"，增"奶有杀伤"。

② 宣统元年条例中，"不为使唤服役"、"无论其有无文契年限"删。

从表中可以直观地看出，历次条例对雇工人界定的原则从文契、年限到主仆名分，是有替代性的。因其有效期前后有差，自然导致了在雇工群体中被划入雇工人的成员随之变动。前后变动呈交叉、反复之势，其总趋势是农业生产劳动者进入的减少，平民百姓农民佃户雇佣农业生产劳动者进入的减少以及长工进入条件的改变。

如果我们把多次条例所呈现的复杂变化加以简化，抓住最突出和最主要的表现，那就是万历十六年"新题例"和乾隆五十三年条例所规定的雇工人条件。万历十六年（1588年）的"新题例"以"立有文券、议有年限"为界定雇工人的标准，大体上是把长工（不论是生产劳动者还是服役劳动者）都划为雇工人；而短工非雇工人。对农业雇佣劳动者来说，长工都是雇工人，短工都不是雇工人。乾隆五十三年条例强调主雇间的主仆名分，从而产生两个实际的雇工人划分标准，一个看雇工是否从事服役性劳动，另一个看雇主的身份等级的高低（勋戚、贵族、缙绅、绅衿之类还是农民佃户）。根据这两个标准，大体上可以说，服役雇工全部成为雇工人，凡人等级的农民佃户所雇佣的长工和短工都不成为雇工人了。

我们当然无法据此做出数量变化的估计。从界定原则上的变化上看，平民百姓、农民佃户雇佣农业生产劳动者被划入雇工人等级机会的减少，意味着农业雇佣劳动者身份的解放。条例的修订过程呈现了更多民间雇佣的生产劳动者脱离雇工人等级身份的过程。

这个缓慢的、曲折的过程并不是王朝统治者自觉地解放农业雇佣劳动者，也不是什么雇佣劳动者群体直接斗争的胜利果实，而是王朝统治者根据情况调整法典等级秩序的结果。也许可以说这是明清雇佣劳动者身份解放进程的特点之一吧。不论如何，这一系列政策调整对农业雇工等级身份的变动产生了很大的影响。

总起来说，罗先生否定明清两代农业雇工法律身份有一个解放过程，也就反对了拙稿对明清时代雇佣关系性质的界定性的看法。他在《山东经营地主》第299页说，"以欧文为代表的流行观点""最终旨在说明'从法律形式上看，越是大地主（主要指：'利用了雇佣劳动进行农业经营'、'所集中的土地越多，其经营越大'的大地主——引者）他对雇工的等级关系就越是显著，因而他的农业经营也就越具有封建性，而不是越具有资本主义的性质。'"这是我分析雇工人条例得出的结论之一。我在《明清农业萌芽》第

303 页的原话是，"从法律形式上看，越是大地主，他越有可能和雇工间形成等级关系，因而他的农业经营也就越具有封建性，而不是越具有资本主义的性质。"这里有三个问题：第一，这里所说的封建性关系，是指等级关系，而明清时代农业主雇之间是否有等级关系，决定于主人的等级身份，并不是决定于主人土地拥有量的大小、多少。第二，我只讲"可能"，至于特定时间、地点的情况，要具体分析。第三，越是大地主"越有可能和雇工间形成等级关系"的意思是说，占有大量土地的地主，具有更高等级身份的可能性越大，从而和他的雇工之间形成不平等的等级关系的可能性也越大。不能简单地认为土地越多、经营越大，就一定资本主义性质越浓。我的研究重点在于说明明清时代由法律规定了的身份等级制度的存在，及其对经济关系的影响和制约。离开这点就无从理解我对"雇工人"条例分析得出的所有结论。

二

高桥芳郎先生从另一角度否定明清时期历次"雇工人"条例反映雇佣劳动者的法律身份解放过程。他的《明末清初奴婢、雇工人等级的重修和特点》[1] 一文，认为明清两代对雇工人条例的修改，只是对"由于种种原因形成的私人支配隶属关系下的私人隶属民的法律身份，结合实际情况进行整序、细分、规定的过程"；[2] 雇工人条例的历次修改只是"法律技术领域内的改革"，而"在法律等级体系方面没有什么质的变化"，"没有从变质到解体过程"；要想根据这种修改过程来"表明雇佣劳动者法律身份上获得解放，应该说是十分困难的事情"。[3] 我理解高桥先生的意思是说，明清两代雇工人条例的历次修改都是技术性的调整，雇佣劳动者没有一个法律身份解放问题。

研究明清雇工人条例的修改必须探讨三个方面的问题：第一，立法原则的发展变化；第二，由于立法原则的变化而引起的文字差异；第三，这些文字差异所涵盖的人群的变化。我认为，高桥先生的结论，问题出在只看到了

---

[1]　1982 年发表，2001 年收入《宋—清身分法の研究》，北海道大学图书刊行会版（以下简称《身分法研究》）。本文承邓亦兵同志提供译本，高淑娟同志校对，谨致谢。

[2]　《身分法研究》，第 310 页。

[3]　《身分法研究》，第 310、311 页。

条例修改的技术方面，即只看到了历次条例在表面上的文字差异，并把这些差异全看成是技术性的修改，忽视了这些文字差异是由于立法者改变了立法原则而形成的。更没有深究这些文字上的差异所反映的"雇工人"所包括的范围的变化：在一定时期属于"雇工人"的雇工在另外的时期已经不属于"雇工人"了。看不到这些问题，当然看不到不同条例所表现的质的不同，要理解雇佣劳动者的法律身份上的解放，当然"是十分困难的事情"了。但是，其中表现的质的变化却是不容忽视的。

清代法学家薛允升针对乾隆五十三年条例评论说，"奴婢有定，而雇工人无定，屡次修改。遂以起居饮食不敢与共、不敢尔我相称者为雇工人，否则无论服役多年俱以凡论。是有力者有雇工人，而无力者即无雇工人矣。"①基于条例本身内容以及薛氏的解释，小山正明认为"被一般农民佃户雇佣的人，无疑适用凡人律"。② 我也同意这个意见。对此，高桥先生持反对意见。尽管他承认"在当时，通常情况下，农民、佃户们与雇工人之间并不存在'主仆名分'这种身份差别"，但他认为乾隆五十三年"条例不排除，也不否定农民、佃户与雇佣人之间存在的'主仆名分'的现实可能性的东西。而这种可能性，借用薛允升的话说，就是无力者有雇工人。"③ 不过高桥先生既没有举出理由，也没有举出农民佃户的雇工被定为雇工人的事例来证明这一点。

主雇之间有无主仆名分，是与雇主身份的高低密切相关的。在乾隆五十三年条例中，"主仆名分"的内容被具体化为"平日起居不敢与共，饮食不敢与同，并不敢尔我相称"。在清代实际生活中，农民，特别是佃户，乃是薛允升所说的"无力者"，在经济上属中下层，在政治上是凡人等级而不是高等级，他们与雇工的关系，普遍的正常的现象是"平日共坐共食，彼此平等相称，不为使唤服役"是属"素无主仆名分"。这是历史的实际。即使是从条例的文字层面理解，也排除农民、佃户与其雇工间实际上存在"主仆名分"的可能性。离开历史实际去理解或解释当时的条文，是不可靠的。

---

① 《读例存疑》卷36，嘉庆六年修并条例后之薛允升按语。
② 《关于明清时代的雇工人律》，收入《明清社会经济史研究》，东京大学出版会1992年版。转引自高桥书第309页。
③ 《身分法研究》，第309页。重点是引者加的。

　　高桥先生把明清法律中有关雇工人条例和雍正五年对奴婢律①的修改联系起来考察，这是很新颖的。他认为，雍正五年制定的有关奴婢的条例承认了从缙绅阶层到士庶家都存在存养奴婢的事实。他分析这一条例有两个"划时代的意义"：第一，国家权力以不限定存养主人的法律形式正式确认了奴婢的保有，同时，通过买卖良民转变为奴婢的途径也被公认了；②第二，"基于与中国社会传统的奴婢等级制订原则不同的异质的身份制定原理，创造出了新的奴婢身份。"③不过，我对此不敢苟同。

　　我们应该注意到，高桥先生所说的"承认从缙绅阶层到士庶家都存在存养奴婢的事实"这一点，远非始自雍正五年。早在顺治初年在《大清律例》卷8户律，户役，立嫡子违法律的律注中就已认可了。明律的户律中"立嫡子违法"条规定"若庶民之家存养奴婢者杖一百，即放从良。"清律全抄此条，只在"存养"二字后加了五个字的小注："良家男女为"，使全条变为"若庶民之家存养（良家男女为）奴婢者杖一百，即放从良。"这是极其值得注意的。因为从此以后，庶民之家只"存养良家男女"为非法，而"存养奴婢"不再违法了。④这五个字，是在《大清律》第一次颁布时加入的，时间为顺治三年。基于清与明两代法律规定的这个差异，"清代正式准许庶民使用奴婢和准许买良为贱，较诸明代，特别是明代前期，是一次反动。这

---

　　①　雍正五年条例：凡汉人家生奴仆、印契所买奴仆、并雍正五年以前白契所买、及投靠养育年久，或婢女招配生有子息者，俱系家奴，世世子孙永远服役，婚配俱由家主，仍造册报官存案。其婢女招配，并投靠及所买奴仆，俱立文契，报明本地文官钤盖印信，如有事犯，验明官册印契，照例治罪。其奴仆诽谤家长，并雇工人骂家长，与官员、平人殴杀奴仆，并教令、过失杀，及殴杀雇工人等款，俱有律例，应照满洲主仆论。若犯该黑龙江当差者，照名例改遣之例问发。至不遵约束、傲慢顽梗、酗酒生事者，照满洲家人吃酒行凶例，面上刺字，流二千里，交与该地方官，令其永远当苦差。有背主逃匿者照满洲家人逃走例，折责四十板，面上刺字，交与本主，仍行存案。容留窝藏者，照窝藏逃人例治罪。如典当雇工限内逃匿者，照满洲白契所买家人逃走例责三十板，亦交与本主。若典当立有文契、议有年限，不遵约束，傲慢酗酒生事者，听伊主的量惩治。若与家长抗拒殴骂者，照律治罪。再，隶身门下为长随者有犯，亦照典当雇工人治罪（《大清会典事例》谨案：此条雍正五年定。乾隆四十二年将"雍正五年"改为十三年。"教令"上增"违犯"二字。四十八年删去"照满洲白契所买家人逃走例"十二字）（光绪《大清会典事例》卷810，刑部，刑律，斗殴，奴婢殴家长）。

　　②　《身分法研究》，第299—300页。

　　③　《身分法研究》，第301页。

　　④　经君健：《关于奴婢制度的几个问题》，载《中国社会科学院经济研究所集刊》第5辑，中国社会科学出版社1983年版。第64页。

是生产关系落后的民族征服汉族的结果之一"的说法，^① 恐怕也不像高桥先生说的"是非常片面的评价"^② 吧。

高桥先生所谓"通过买卖良民转变为奴婢的途径被公认"，我理解是指官府通过条例承认了"白契所买之人"的合法性，或者确定了"白契所买之人"的身份与"红契奴仆"同等低下。如果我的理解不错的话，那么这类条例既不始自雍正五年，更不仅只雍正五年一条。顺治十年规定八旗民人买卖人口须注册钤印，"如不注册、无印契者，即治以私买私卖之罪"。^③ 雍正五年以前的康熙十一年、十九年、二十二年、五十三年和雍正三年，以及雍正五年以后的雍正十三年、乾隆五年、乾隆七年、乾隆二十四年、乾隆二十五年、乾隆五十三年、嘉庆六年，都有有关条例产生。^④ 雍正五年条例只是一系列条例中的一个而已。

高桥先生指出的第二点，雍正五年条例"创造"了"新的奴婢身份"的说法也还值得商榷，因为上述有关条例，包括雍正五年条例，大多是追认既成事实，准确地说，应该是陆续承认前一阶段未经官注册的"白契所买之人"买卖的合法化，只是奴婢队伍的扩大问题。它们毫不影响奴婢的性质及其在主人、主人家庭以及社会上的地位。所以，并没有一个与原有的奴婢有原则差异的"新的奴婢身份"由于这些条例的产生而被"创造"出来。

高桥先生提出，应该注意"奴婢和雇工人法律等级的性质差异"，"两者间的法律行为能力，量刑差异，是质的不同。"他指出，奴婢是国家剥夺其良民身份，将其与良民对立的等级，并在此前提下规定其法律行为能力。他认为，"奴婢的法律等级，是附着于奴婢这一实际状态的表现"，而"雇工人等级，是从人身租赁契约到买卖等多种途径变成私人支配的隶属关系，是由于国家法律允许雇佣关系存在而产生的。""在当时社会中，是存在着雇工和被卖身者的，但并不存在所谓的雇工人者。"所以雇工人等级"毫无依附雇工或其他别的实态的表现"，"说明雇工人等级不是政治的、社会的身

---

① 经君健：《论清代社会的等级结构》，载《中国社会科学院经济研究所集刊》第3辑，中国社会科学出版社1981年版。第24页。

② 《身分法研究》，第319页注25。

③ 《光绪会典事例》卷1116，八旗都统，户口，第1页，旗人买卖奴仆。

④ 《关于奴婢制度的几个问题》，载《中国社会科学院经济研究所集刊》第5辑，中国社会科学出版社1983年版。第64、109—118页。

份，只是单纯的法律等级。"① 高桥先生看到了奴婢和雇工人等级形成的差异。很有启发，但仍有问题。

我认为，如果说奴婢和雇工人等级的形成有差异的话，那也只是事情的原由，而不能到此为止。第一，当雇工人律形成以后，它和奴婢律同时并列在律法中，两类法律差异形成的原因已经不重要了；而重要的是雇工人和奴婢一样，成为法律规定的特定等级了。第二，社会上存在符合雇工人条例所规定的雇佣劳动者，是客观事实；他们受雇工人条律的约束，就是雇工人。如果像高桥先生所说"奴婢的法律等级，是附着于奴婢这一实际状态的表现"的话，同样，雇工人的法律等级，是附着于雇工人这一实际状态的表现，而不是"雇工人等级对雇工或其他实态来说毫无依附雇工或其他别的实态的表现"，也不能说雇工人等级对雇工来说是不存在的。

等级制度的存在，有社会多方面的特征，最基本的特征是法律规定。法律待遇或权利的差异形成等级间的基本差异。但是社会等级的差异不仅表现在法律上。"雇工"和"雇工人"是两个不同的概念。"雇工人"是"雇工"中的特定群体。正因为"雇工"不一定是"雇工人"，所以才有如何区分的问题。在不同时期有不同的区分标志，这些标志就体现在各该雇工和雇主（"家长"）的关系上。相对"家长"而言，"雇工人"等级具备诸如生活（平日起居不敢与同，饮食不敢与共）、称谓（不敢尔我相称）等多方面的不平等关系，即所谓具有"主仆名分"。在乾隆五十三年后，具有主仆名分的雇工就属于雇工人等级。从特定的意义上说，明确地写在《大明律》和《大清律》中雇工人的法律方面的不平等地位，正是家长和"雇工人"这类"雇工"实际状况的反映。所以说，雇工人是一个法律等级，但不是一个脱离社会存在的抽象的等级；不能说"雇工人等级"只是"毫无所依附的表现"。这个等级"依附"在一部分雇佣劳动者身上。

明清法律条文规定，奴婢的法律地位在家长家族之外低于凡人，"雇工人"则与凡人等，两者的差别是极大的。这个差别正是两个等级各自的特点，是这个等级在等级系列中的定位标志之一。不能以此证明"雇工人等级不是政治、社会的身份，只是单纯的法律等级"。也不能认为"这反映了奴婢和雇工人等级不同的制订原则"。

---

① 《身分法研究》，第287—288页。

归根结底，应该承认"雇工人"是一个等级，它在明清社会等级阶梯序列中有其独特的地位。不论法律制订的出发点如何，一旦成为法律条文，它的后果已不以制订者的意志为转移。在明清法典中，可以把雇工人与奴婢放在同一标准上相对待、相比较，因为他们都和"家长"有着从属关系。但他们各自有其不同的法律地位。

高桥先生在他的文章中有这样一段话：

"奴婢与雇工人身份上的性格差异以及等级原则的不同，是以往的研究几乎没有注意到之点。仅有重田德指出：'雇工人律，固定于雇工人，可以说不是身份的定位，但对个别人之间的关系每每成立。''明清律中的所谓雇工人律，本来不是与现实社会存在的雇工人密切相关的，其适用上也不是规定身份的东西，具有所谓相对的性质，在与奴婢本律的关系上，具有补充和次要的地位。'雇工人律本不是以人身租赁契约的雇佣劳动为基础制订的，其具有相对和归纳性质的法律等级，重田氏的认识正欲接近这一事实。最近裘轼针对重田德的观点批评说：'一个劳动者只要他符合规定的雇工人的条件，就要受雇工人律的约束，怎么能说雇工人律与作为现实社会中存在的雇工人不是密切相关的呢？……奴婢律规定了奴婢的法律地位，雇工人律规定了雇工人的法律地位，两者各自确定一个等级的身份，无所谓主要、次要。'裘氏把奴婢和雇工人放在同一标准上比较，又主张'两者属于各自一个等级身份'，这种观点极力坚持的不过是法身份只在所限定范围内的有效性。如果注意到重田德指出的奴婢与雇工人等级特点的差异，即雇工人身份所具有的法律等级与政治的社会的身份两者相乖离的问题，裘氏的批评应该说是极为片面的。"①

高桥先生引用裘轼的话中用删节号"……"略去一句话："重田氏之所以称雇工人律只具有相对性格，是因为雇工人只在受雇期内与雇主及其家族构成雇工人身份，其实，雇工人仅在受雇期内与雇主及其家族构成雇工人身份正是雇工人等级法律身份的特点，不能由此得出结论说雇工人'具有相对性格'，雇工人律只是奴婢本律的'补充'，或是'居于次要地位'的法

---

① 《身分法研究》，第 289 页。

律。"①　其实这句话是不该被删略的，因为它所强调的就是"雇工人仅在受雇期内与雇主及其家族构成雇工人身份正是雇工人等级法律身份的特点"。既然是特点，当然不能用它证明雇工人律比奴婢律"次要"。雇工人和奴婢作为两个不同的等级来说，不同的法律反映他们各自的地位，是没有什么主要、次要之分的。就这一点而言，裘轼的意见也谈不上"极为片面"。

高桥先生对乾隆二十四年到五十二年的三个条例探讨分析的结果是"并不存在所谓雇佣劳动者身份解放的轨迹"。②　我的看法是：雇工人条例的修改是明清两代的农业雇佣劳动者脱离雇工人等级取得与雇主平等的法律地位的历史过程中的重要现象。这个历史过程是缓慢的、曲折的，从短工的解放到部分长工的解放，前后历史长达两个世纪（1588—1788）之久，"而在清朝灭亡以前，这个法律上的解放过程始终没有完成。"这里所说的"解放过程"，就是通过条例的修改所反映出来的"农业雇佣劳动者法律形式上的人身隶属关系的解放"。③　对于明清时代雇佣劳动者的身份解放过程，我们二人一个认为存在，一个认为不存在，可见分歧是根本性的。但高桥先生却说"完全赞同"我的结论。④　我想也许是因为高桥强调的是统治者修改条例的主观动机；而我所强调的是条例修改后雇佣劳动者身份变化的实际后果。所谓实际后果，是指各个条例生效后，雇工人的范围在扩大或缩小；范围的变化反映了"雇佣劳动者身份解放的轨迹"。我想重复地说，当条例在法典中确立以后，有意义的是它的实际后果而不是修改它的动机。不管修例的主观动机如何，明清两代法典中雇工人条例的存在，客观上决定着雇工人等级身份解放的过程，不能认为"并不存在所谓雇佣劳动者身份解放的轨迹"。

三

赵冈、陈钟毅先生所写的《中国历史上的劳动力市场》⑤　一书第九章，

①　裘轼：《关于中日学者对明清两代雇工人身份地位问题研究的评介》，载《中国社会科学院经济研究所集刊》第 3 集，中国社会科学出版社 1981 年版，第 253 页。

②　《身分法研究》，第 309 页。

③　《明清两代农业雇工法律上人身隶属关系的解放》，《明清农业萌芽》，第 301 页。

④　《身分法研究》，第 309 页。

⑤　《中国历史上雇佣劳动的身份》，原载《大陆杂志》第 73 卷第 2 期。收入《中国历史上的劳动力市场》，台湾商务印书馆 1986 年版（以下简称《劳动力市场》）。

讨论了雇佣劳动的身份问题。其内容与我讨论的问题直接相关，故就其中关于明清雇工人订立契约问题提出商榷。

区别前资本主义和资本主义生产关系的核心问题是雇佣劳动性质。雇佣劳动是跨社会形态的现象。雇佣形式因雇佣条件不同而多种多样。不同的雇佣形式体现在雇主和雇工双方的身份，主雇双方约定的雇佣条件、时限，乃至当时政权为雇佣关系做出的规定等方面。当然雇佣关系最直接的、最简单的或者说最典型的表现还是资本主义下的雇佣劳动。

资本主义是这样一种人对人的剥削制度，在这种制度之下，资本家阶级"要购买别人劳动力来增殖自己所占有的价值总额",① 即从事于剩余价值的生产。在资本主义关系下，资本家是向劳动者购买"在一定时间内对他的劳动力的使用",② 马克思说:"货币所有者要把货币转化为资本，就必须在商品市场上找到自由的工人。这里所说的自由，具有双重意义:一方面，工人是自由人，能够把自己的劳动力当作自己的商品来支配，另一方面，他没有别的商品可以出卖，自由得一无所有，没有任何实现自己的劳动力所必需的东西。"③ "自由劳动和这种自由劳动对货币的交换……是雇佣劳动的前提与资本的历史条件之一。"④ 这一理论可以作为区分资本主义性质和前资本主义性质雇佣劳动的基本标志。

"自由劳动"的双重意义可做进一步的理解。第一，劳动者已从前资本主义的人身隶属关系中解放出来，成为一个有权出卖自己劳动力的"自由"的人;第二，劳动者已被夺去生产资料，"自由"得一无所有。前者使劳动者出卖劳动力成为可能，后者使劳动者出卖劳动力成为必要。当这种"自由"的劳动者在劳动力市场上和资本家进行交易时，双方"彼此作为身份平等的商品所有者发生关系，所不同的只是一个是买者，一个是卖者，因此双方是在法律上平等的人。"(马克思《资本论》第 1 卷，见《马克思恩格斯全集》第 23 卷，第 190 页。)这里的"平等"，当然就是买卖双方都有根据自己的"自由意志"成立交易契约——雇佣契约的同等权利的意思。双方直接的劳动力买卖不需其他条件。

---

① 马克思:《资本论》第 1 卷，见《马克思恩格斯全集》第 23 卷，第 782 页。
② 马克思:《资本论》第 2 卷，见《马克思恩格斯全集》第 24 卷，第 42 页。
③ 马克思:《资本论》第 1 卷，见《马克思恩格斯全集》第 23 卷，第 192 页。
④ 马克思:《资本主义生产以前各形态》，人民出版社 1956 年版，第 3 页。

"自由劳动""自由得一无所有",是指他既"没有别的商品",也"没有任何实现自己的劳动力所必需的东西",即没有任何生产资料。没有任何生产资料,最为典型的是大机器生产的资本主义工业。因为资本主义大机器工业生产所需的生产资料不是任何劳动者都能拥有的,流水作业的生产方式也使得单个工人不可能完成整个生产过程,获得产品。所以他们只得把自己的劳动力出卖给生产资料所有者。中国的前资本主义社会,特别是在农业生产中,生产条件与这种典型状态全然不同。马克思分析自由劳动针对的是资本主义雇佣现象,是以劳动力所有者个人为基础进行考察的。中国古代农业的雇佣现象却往往是以一个家庭为背景的。那时的农业生产力水平低下,所需生产资料简单,劳动者家庭可能拥有一块土地和简单的劳动工具,可以独立完成全部生产过程。有的农民家庭只因所拥有的生产资料较少,或因天灾人祸出现困难,不足以维持生计,也没有什么别的商品可以出卖,出现这种情况时,只有出卖劳动力可以补充家庭成员生存所需。劳动者出雇为短工,即出卖部分劳动力;成为长工的劳动者,从他个人来说,出卖全部劳动力;但就其家庭而言,他只是劳动力之一,只是出卖了家庭的部分劳动力。长短雇工都与自己的家庭密切联系,从而也与生产资料没有完全脱离。因此没有生产资料这一条件不是中国前资本主义社会中出卖劳动力绝对条件,换言之,贫苦农民拥有少量生产资料并不成为不必要出卖劳动力的原因。可见,出卖劳动力并非必然"自由"得一无所有。惟其如此,中国历史上的雇佣劳动现象出现极早。

"自由劳动"劳动者已经从前资本主义的人身隶属关系中解放出来,成为一个有权出卖自己劳动力的"自由"的人,这一条对辨别雇佣劳动性质来说,则是绝对重要的。如果劳动者自身隶属于他人,没有人身自由,劳动力不属自己所有,他就没有被雇佣的权力,不能成立与他人形成雇佣关系。只有那些已经从人身隶属关系中解放出来的劳动者才有权处置属于自己的劳动力,才把自己的劳动力出卖给他人,才有可能与作为资本的生产资料相结合形成资本主义的雇佣关系。

对"两个自由"还应有进一步的阐述。

资本家购买劳动力,并不购买劳动者本身;资本家需要的是劳动者以"法律上的平等"地位和他成立雇佣契约关系,而不是使这种劳动者在雇佣期间和资本家发生人身隶属关系。劳动力购买行为贯穿在整个生产过程当中。说资本主义关系中劳动力的买卖双方是在法律上平等的人，就意味着双方不仅在契约订立之时是平等的，而且在生产过程中也是平等的。如果劳动者本来是身份上自由的人，由于劳动契约的订立，与生产资料结合后，却与生产资料所有者产生了人身占有关系或隶属关系，双方不再有身份上的平等和法律上的平等，这种雇佣关系显然就不是资本主义雇佣了。这种现象，正存在于明清社会之中。明清时期有关"雇工人"的规定决定了某些雇佣关系一旦成立后双方不再有"法律上的平等"。因此，我们在分析这个时期的雇佣关系时就不能无视这种现象。

赵先生认为，"中国社会上雇佣劳动者的身份与地位颇多变化，而总的趋势是每况愈下"；雇佣劳动者的法律地位，与工资一样"是雇用条件之一部分"，"都是受市场情况变化之影响"。[①] 关于明清律中将立有文券作为雇工人条件，赵先生说，明代的"受雇人接受了此项条件，签立了雇约，则在合同期内，其法律地位临时降低，合同期满后又恢复其原地位与身份。这是双方约定的临时性变化，从经济学的观点来看，这就是雇用条件之一。雇工人愿意接受这些条件，便可签约受雇，雇工人律条便生效，如果他不能忍受这种歧视，便可不签约受雇，雇工人律条便无法生效。"并且说，"近年来有许多论者不了解这一点，认为明清的雇工人是一个社会阶级，对他们的法律歧视便是阶级特征。这样的看法显然是错误的。只要雇工人能够自由就雇，自由签约，自由辞雇，则雇用条件（terms of employment）不管多么苛刻，都不应视为阶级的表征。雇用条件是多方面的，只要有一点无法接受，雇工人便可以拒绝签约受雇。他可以因工资太低而不受雇，工作环境不佳而不受雇，工作太危险而不受雇，同样的，他也可以因不能忍受被歧视而不受雇。反之，如果将自愿接受歧视性身份而受雇之人视为一个社会阶级，则依同理，自愿接受低工资的人也自成一个社会阶级，自愿接受风险工作之人又自成一个社会阶级。显然这是说不通的。"[②]

自愿就受雇，不自愿就拉倒，在中国前资本主义社会里，问题恐怕没这么简单。其实，更应该强调的着眼点是，自愿也好，不自愿也罢，只要你签

---

① 《劳动力市场》，第 207 页。关于雇佣劳动者身份是怎样"受市场情况变化之影响"的提法，赵先生似乎没有详加证明。在此暂置勿论。

② 《劳动力市场》，第 200—201 页。

了约，雇工就失去了与雇主平等的法律地位，其身份和奴婢差不多了。何况对中国古代的贫苦农民来说，他们大多全家生活无着，为了有饭吃，为了能活下去，急于待雇，无法计及后果，实际上不存在什么自愿不自愿的问题。这和现代社会的自由雇佣劳动者不可同日而语。赵先生说"雇工人所受法律之歧视待遇是契约所赋予的，是双方约定的条件之一部分。"① 其实，雇工人所受法律之歧视不是双方约定的条件，不是双方在法律地位平等的条件下订立的经济合同，而是朝廷对立券者的法律规定。问题并不在契约本身有多么苛刻，而在于立了契约以后身份立即呈现等级的下降。这和当今社会"自愿接受风险工作之人"是不能相提并论的。

窃以为，明清时代是前资本主义时代，如果用资本主义社会的契约关系来理解明清时期的法律与社会，理解"雇工人"身份的意义，以无视等级雇佣关系而强调自由雇佣关系的观点来研究明清时期的劳动力市场问题，那么前资本主义社会和资本主义社会雇佣劳动性质差别也就不存在了。这样恐怕很难接近前资本主义的实际情况了。

以上就是对三位所赐批评意见迟到的回应。

附：明清两代"雇工人"条例
万历十六年（1588）"新题例"

今后，官民之家凡倩工作之人，立有文券、议有年限者，以雇工人论；止是短雇月日、受制不多者，依凡［人］论；其财买义男，如恩养年久，配有室家者，照例同子孙论；如恩养未久、不曾配合者，士庶之家依雇工人论，缙绅之家比照奴婢律论。

（《明律集解附例》光绪三十四年清修订法律馆重刊本卷二十"斗殴"门"奴婢殴家长"律后。

《大清律集解附例》顺治年间刊、康熙年间修补本，"律附"）

乾隆二十四年、二十五年（1759、1760）条例

除"典当家人"及"隶身长随"俱照定例治罪外，其雇倩工作之人，若立有文契、年限，及虽无文契、年限，或计工受制已五年以上者，于家长

---

① 《劳动力市场》，第200页。

有犯，均依雇工人定拟；其随时短雇、受制无多者，仍同凡论。

（《大清律例通考》卷二十八）

乾隆二十五年（1760）条例

家长杀雇工人，必立有文契、议有年限，方依雇工人定拟；如无，同凡论。

（《大清律例全纂》嘉庆六年刊，卷二十二"斗殴"）

乾隆三十二年（1767）条例

官民之家，除"典当家人"、"隶身长随"及立有文契、年限之雇工仍照例定拟外，其余雇工，虽无文契而议有年限，或不立年限而有主仆名分者，如受雇在一年以内，有寻常干犯［家长之罪］，照良贱加等律再加一等治罪；若受雇在一年以上者，即依雇工人定拟；其犯奸、杀、诬告等项重情［者］，即一年以内，亦照雇工人治罪。若只是农民雇倩亲族耕作［之人］，店铺小郎，以及随时短雇，并非服役之人，应同凡论。

（《大清律例集注》卷二十二"斗殴""奴婢殴家长"律后）

乾隆五十三年（1788）条例

凡官民之家，除"典当家人"、"隶身长随"仍照定例治罪外；如系车夫、厨役、水（夫）、火夫、轿夫及一切打杂受雇服役人等，平日起居不敢与共，饮食不敢与同，并不敢尔我相称，素有主仆名分者，无论其有无文契、年限，均以雇工［人］论。若农民佃户雇倩耕种工作之人，并店铺小郎之类，平日共坐共食，彼此平等相称，不为使唤服役，素无主仆名分者，亦无论其有无文契年限，俱依凡人科断。

（《大清律例》乾隆五十五年刊，卷二十八"刑律""斗殴""奴婢殴家长"律后）

嘉庆六年（1801）条例

白契所买奴婢，如有杀伤家长及杀伤家长缌麻以上亲者，无论年限及已未配有室家，均照奴婢杀伤家长一体治罪。其家长杀伤白契所买、恩养年久、配有室家者，以杀伤奴婢论；若甫经契买、未配室家者，以杀伤雇工人论。至典当家人、隶身长随，若恩养在三年以上，或未及三年、配有妻室者，如有杀伤，各依奴婢本律论。倘甫经典买，或典买、隶身未及三年，并未配有妻室，及一切车夫、厨役、水火夫、轿夫、打杂受雇服役人等，平日起居不敢与共，饮食不敢与同，并不敢尔我相称，素有主仆名分，并无典卖字据者，如有杀伤，各依雇工人本律论。若农民佃户雇倩耕种工作之人，并店铺小郎之类，平日共坐共食，彼此平等相称，不为使唤服役，素无主仆名分者，如有杀伤，各依凡人科断。至典当雇工人等，议有年限，如限内逃匿者，责三十板，仍交本主服役。

（《大清律纂修条例（律例馆进呈按语册稿）》嘉庆七年刊）

宣统二年（1910）条例

从前契买奴婢，如有干犯家长，及被家长杀伤，不论红契白契，俱照雇工人本律治罪。其一切车夫、厨役、水火夫、轿夫、打杂受雇服役人等，平日起居不敢与共，饮食不敢与同，并不敢尔我相称，素有主仆名分者，仍依雇工人论；若农民佃户雇倩耕作之人、并店铺小郎之类，平日共坐共食，彼此平等相称，素无主仆名分者，各依凡人科断。至未经赎、放之家人不遵约束，傲慢顽梗，酗酒生事者，仍流二千里。

（《大清现行刑律》官统二年刊，卷二十五"刑律"，"斗殴"下）

（载《中国经济史研究》2007年第4期、2008年第1期）

《清代社会的贱民等级》一书重印后记

二十世纪五十年代后期，学术界关于"中国资本主义萌芽"问题的讨论进入高潮。所谓资本主义萌芽，并没有权威的科学界定，它的内容、标志、状况、产生的条件及其发展等几乎所有有关问题，学者们都是根据各自的解释进行论述。虽然其说不一，终无定论，这场历时长久的讨论对史学界、经济史学界确实有过不容忽视的影响。

我理解问题的核心在于雇佣劳动性质。雇佣关系不是唯有资本主义独有的社会现象。它在我国也是古老的、长存的，从前资本主义直至当代一直存在。不同性质的雇佣关系反映不同的生产关系，并且两者相互作用。确认雇佣关系的性质对确认生产关系性质应该具有关键性的意义。研究所谓中国资本主义萌芽问题，最重要的莫过于具体地分析当时的雇佣关系。从某种意义上说，雇佣关系的非资本主义性决定性地否定资本主义关系的存在。

已有学者在探讨清代雇佣劳动问题时指出，明清两代有专为"雇工人"制定的法律，说明这一类雇工与雇主是不平等的。六十年代初，我在前辈研究成果的基础上，对明清两朝的雇工人"条律"做了进一步的分析，确认明清两代有一种名为"雇工人"的雇佣劳动者，在雇约生效期间，主雇之间的关系非但不是自由的劳动力买卖关系，甚至与主奴关系甚为相近。他们跟"萌芽"不沾边。明清两朝多次订定的有关雇工人身份"条例"规定了确认雇工人身份的条件。条例内容多次修订决定了雇工人群体范围不断变化，被纳入这个群体范围的人，不同时期是不一样的。条例的修订呈现了雇工人身份缓慢的解放过程。尽管雇工人只是雇佣劳动者中的一部分而不是全部，可是正因为有这类雇佣劳动者的存在提醒我们，不是任何时候任何记有"雇"、"佣"字样的资料都能证明存在资本主义关系。我们在研究明清时期各阶段"资本主义萌芽"论据资料时，首先要剔除这类非自由雇佣劳动。

　　将明清法典规定的雇工人、奴婢、凡人等不同群体条律加以比较后即可看出，"雇工人"具有特殊的法律身份，是一个由法律规定了的社会等级。等级是全社会的现象，孤立群体不成其为等级。既然认定雇工人是一个等级，那么必须回答清代社会存在些什么等级？各个等级是怎样的序列关系？以及一系列相关问题。由此，我的注意力已经不是所谓资本主义萌芽，而转向清代的等级结构了。

　　等级是前资本主义社会中阶级的重要表现形式。西欧中世纪经济史和马克思、恩格斯的著作中不少有关前资本主义社会等级制度的论述。上世纪五六十年代是阶级斗争理论统治中国史学研究的时代，学术研究由唯一的思想指导，评人必称阶级，论事唯有斗争。这种情况下，研究前资本主义社会的等级似乎是应有之义，因为等级正意味着压迫和不平等。有关中国封建社会，特别是明清社会的论著中，论述社会等级结构的却很罕见，着实令人费解。妄自揣测，可能是因为关于中国"古代的封建社会"的"最高指示"只讲"封建社会的主要矛盾，是农民阶级和地主阶级的矛盾"而未及等级之故。清代明明是存在等级的。清代的社会等级制度是怎样的？它在清代社会起着什么样的作用？这个问题不由得萦回脑际。这就是我探讨清代社会等级制度问题的缘起和背景。全民的浩劫阻断了学术的进程；在荒废十余年后，七十年代末始得继续致力于这方面的探索。

　　社会等级的基本特征在于法的规定性。等级制度是有法律保障的，它的存在是当时全社会认可的，人人必须遵守的。与"法律面前人人平等"相反，通行两百多年的清代法典基本原则是"同罪而不同罚"。法典对各个群体的法律待遇迥异。法律身份差异决定各群体社会地位的高低，具体地体现出统治与被统治的关系。尽管清代当时并没有"等级制度"这一名词或概念，法典本身却清晰地描画出一整套等级结构，将社会上各个阶级、各种职业的各色人等统统涵盖其中，分别放在规定的位置上。社会上人与人之间、群体与群体之间的不平等性是公开的、明确的、有法律为根据的。因此我们不可因为当时没有"等级制度"这一名词或概念而否定清代等级制度的存在，无视它的影响和社会意义。

　　我在分别研究不同等级的基础上，探讨清代等级体制问题。七十年代末所写《试论清代等级制度》① 一文考察了清代等级结构的状况和特点。把清代的等级阶梯归纳为皇帝、宗室贵族、缙绅、绅衿、凡人、雇工人和贱民七个等级以及若干等第；描述了各等级的特定的权利、义务及其法律身份和社会地位；分析了建立在土地可以自由买卖的地主制经济基础上的清代等级制，与建立在领主制经济基础上的西欧等级制度的不同特点。1981 年 4 月完稿的《关于清代奴婢制度的几个问题》② 对清代的各类奴婢的身份从制度上做了比较全面的分析。在此基础上，对清代的各类贱民又作进一步探讨，形成了《清代社会的贱民等级》一书。所以这本书重点虽为贱民等级，实际包括了我对清代等级制度的基本看法。

以上就是这本小册子的由来和思路。

清代等级制度是研究清代社会不可或缺的一个重要方面。迄今对许多相关问题研究还很不够。除各社会等级本身的问题外，诸如社会等级制度和亲族制度的关系、等级制度和民族等级制度的关系、等级制度和行业职业的关系、清代社会等级制度的前史以及清代社会等级制度与同时期的东亚、东南亚诸国的等级制度的比较等方面，都有广泛探讨之余地。这显然需要众多学者的长期努力。希望这些问题将来能够进入学者们的视野成为一个兴奋点。近年来我试图通过考察历朝等级制度以探讨清代等级制度的渊源。

我的研究只是初步的，概括的。九十年代以后有的清史和清代社会史、经济史著作中使用或修正地使用上述等级框架，虽然不一定注明了来源。也有的学者则对其中某些问题提出质疑，比如清代社会的等级到底应该怎样划分，"雇工人"到底应不应该算作一个等级，等等。这都是我所欢迎的，因为这有助于把问题引向深入。近年出版了若干关于贱民群体的专题研究大大丰富了对贱民等级的认识，尤其令人高兴。相比之下我的这本小册子已经很单薄了，它根据的只是当时看到的资料，反映的是当时的认识水平。由于它已是其后不同意见的靶的，只有保持原状，方可呈现学术进展的历史过程，所以这次重印只纠正一些错字而不做大的修改和补充。

原载《关于清代奴婢制度的几个问题》一文中插有六张文字表格，它们是："清代关于投充人放出问题条例一览"、"清代关于确定白契所买之人身

---

① 载《中国社会科学》1980 年第 6 期。

② 载《中国社会科学院经济研究所集刊》第 5 集，中国社会科学出版社 1983 年版。

份的条例"、"清代关于印契奴仆赎身问题的条例"、"清代关于白契所买之人赎身问题的规定"、"清代关于赎身奴婢及其子女法律身份的规定"以及"清代关于八旗奴仆开户的有关规定",都是我花了一些时间汇集起来的基本资料。补充进来不会影响本书的原貌,但却可能为研究有关问题的读者节省一些查找时间。

（2008 年 7 月 27 日）

（载《清代社会的贱民等级》,北京：中国人民大学出版社 2009 年 11 月版）

试论地主制经济与商品经济的本质联系

通常认为，自给自足的自然经济占统治地位是封建社会经济的基础和特征。鸦片战争前的中国是封建社会，所以两三千年以来的中国从来都是自然经济占主要地位；这是中国封建经济制度的主要特点之一，一家一户男耕女织的小农便是证明。中国封建社会又始终存在相当规模的商品流通。在政治经济学封建主义部分和中国经济史论著中，一般是在充分肯定自然经济占主要地位之后掉转笔锋：当然也还存在商品流通；或者把某些商品经济活动纳入自然经济范畴。讲到封建社会后期，则把商品经济的发展作为跟资本主义萌芽有关的问题来讨论了。

上述基本看法，使得叙述中国封建农村经济时只着重从生产关系方面研究地主对农民的剥削和压迫，突出地强调农村自然经济，很少从经营的角度分析农村各种经济单位的再生产状况。讨论商品经济时，主要着眼点放在手工业和城市经济，对商品经济在农村经济运动中的作用和意义认识不足；在讨论农业商品生产和商品交换问题时，总要联系资本主义萌芽问题，似乎农产品商品化和市场扩大必然出现资本主义关系，从而对我国封建社会经济中商品经济伴随地主制经济长期存在、共同发展的现象熟视无睹，关于商品经济对地主制经济的作用和意义缺乏深入的研究。

在这方面确实有许多问题是值得深入探讨的。比方说，自然经济在什么条件下才能存在？地主制经济是否具备自然经济实现的条件？我国封建社会商品经济的发展是建立在自然经济基础之上吗？商品经济在中国地主制经济中占什么地位？地主制经济下的商品经济一定会导致资本主义产生吗？任何形式的封建经济制度都是以自然经济占统治地位为基础吗？等等。

我认为，关于中国封建经济的研究中过分强调自然经济是夸大事物的现象，忽视其本质的结果。马克思主义的灵魂在于具体地分析具体的情况，本文试图努力运用马克思主义的立场、观点、方法具体地分析一下封建经济制度在中国的表现形式——地主制经济，仅就它和商品经济的关系问题，从政治经济学的角度做一点理论探索。至于这个问题的解决，有待于经济史学和政治经济学方面的学者们长期共同的努力。

一

让我们首先讨论自然经济问题。

"自然经济"范畴，最早可溯源于亚里士多德的"自足"，而首先使用"自然经济"一词的当推历史学派经济学的奠基人之一希尔德布兰德。他于1864 年建立的著名的经济阶段论中，以交换形式为标志，把人类社会经济划分为自然经济、货币经济和信用经济三个阶段。他所谓的自然经济阶段，包括从货币发明以前的原始经济直至以物物交换为特征的中世纪经济。尽管希氏的经济阶段划分方法引起了许多争论，学者们对"自然经济"的理解也颇有歧义，"自然经济"这个词毕竟被普遍接受了。马克思也批评了这种阶段的划分方法。他的理由之一是，货币经济和信用经济这两个范畴作为特征提出的是生产者的交易方式而不是生产过程本身，因而第一个范畴也应该是以交易方式为特征的范畴，比如"交换经济"，才能与它们相对立，而不是"自然经济"。

马克思曾多次使用"自然经济"范畴，但不给它下定义。从为了讨论资本主义地租的产生问题的那两次涉及自然经济所谈的内容看，马克思所谓的自然经济可以归纳为三点：一、经济条件的全部或绝大部分是在本经济单位中生产，并直接从本经济单位的总产品中得到补偿和再生产；二、赖以建立的生产方式的条件是，要有作为农业副业的家庭工业和工场手工业；三、产品根本不进入或只有少部分进入流通过程，甚至代表土地所有者收入的那部分也只有比较小的部分进入流通过程。

与前人主要从社会经济发展的整体提出自然经济的特征不全相同，马克思概括的这些特征主要是从独立的经济单位考察的。自然经济单位本身的特点决定它与外界不进行商品流通，也就形成了整个社会的自然经济状态。所以，独立经济单位内在的经济运动过程实是决定社会是否自然经济的关键。

　　马克思的自然经济范畴涉及经济单位的生产、再生产、分配和流通，这显然和前人所谓自然经济的内容大不相同。无货币介入当然是自然经济的一个重要特征。但前人用以和自然经济相对待的货币经济范畴，只能反映流通手段采用货币这一特征，它不能和马克思所说的自然经济相对待，而应代之以商品经济范畴。因为商品经济范畴不但包括了商品生产和商品流通等广泛的概念（也可包括货币经济），而且它是取代自然经济的发展阶段。就这个意义而言，从自然经济到货币经济的经济发展阶段说是不可取的。至于有的学者把货币经济进而理解为使用贵金属货币的经济，从而把金属通货减少、已成为通行一般等价物的实物货币流行的时代也当作自然经济时代，更是不妥的。

　　本文的目的不是研究中国什么时候开始从自然经济向商品经济过渡，也不是解决中国经济的阶段性或商品经济发展的阶段性问题，仅只是讨论地主制作为一种封建经济制度，它的存在和运转过程中，商品经济到底具有什么作用和意义的问题。为了这个特定的目的，似有必要先对自然经济范畴有较明确的认识。

　　自然经济单位的特征是，内部有自然的和专业的劳动分工，产品能够自足并以实物形态在内部直接消费和储备，成员之间有直接的劳动交换和实物交换，对内对外货币均不通行。"自给自足"是这种独立的封闭的经济个体最基本的特征，其他各点都是由此派生的。

　　所谓自给自足，是指经济单位内生产的产品品种和数量恰能满足本单位生产和生活（包括储备）的各种物质需要。我称之为"使用价值形态的自给自足"，用以区别另一种情况：以货币计算的产品总价值量或总收入足够支付本经济单位的全部支出，但产品品种并不能满足生产和生活多方面的需要。后一种情况应称为"价值形态的自给自足"。这两种情况虽然都是自给自足，却有极重要的差别。价值形态的自给自足的经济单位必须出售自己的产品然后购买本单位不能生产的产品，即必须与其他经济单位发生商品货币关系，否则就因不能供应必需的各种物资而难以顺利再生产。通过商品货币关系才能进行再生产的经济单位不是自然经济的。那些能够连续进行简单再生产或扩大再生产的经济单位，如果计算产品价值，总是可以自给自足的，但不一定是实现了使用价值形态的自给自足。可见，不能说任何情况下的"自给自足"一定是上述具有特定含义的自然经济。

　　区别了两种不同的自给自足就可注意到，产品品种和数量不足时，经济单位就只能自其他经济单位购进，从而发生商品关系；相反，产品品种和数量超出本经济单位需要时，就会向其他经济单位推销，也发生商品关系。这样，生产品和消费品（包括本经济单位生产、生活及储备等一切需要）品种及数量的一致性就成了自然经济的前提。自然经济只有当经济单位的生产与消费在使用价值形态上维持平衡时才能实现，这可称为"自然经济平衡律"。

　　没有私有制和社会分工的人类社会肯定是自然经济的。从这一点看，好像自然经济的实现是无条件的。其实，没有私有制和社会分工本身就是条件。不过这是情况之一，大抵只存在于原始社会。封建社会全然不是这样，它是私有制和社会分工均达到一定的程度，特别是生产力已经发展到相当的高度，早已不是靠石刀木棍生产、茹毛饮血为生的供需极为简单的社会经济了。在这种社会中，使用价值形态自给自足的自然经济已经不是在任何经济单位都能存在的了，它的存在必须具备一定的条件。确定封建社会某种类型的经济单位是否是自然经济，应该考察它的经营特征，看它是否具备条件。这些条件是：

　　第一，必须有与农业相结合和与之并存的多种手工业。封建社会的自然经济单位是以农业生活方式为基础的，但其经济已发展到单靠农产品不能满足全部经济条件补偿要求的水平。生产和生活离不开多品种的、相当数量的手工业产品。为此，必须从事从采掘各种原料开始直至把这些原料制成消费品的一系列生产活动。这类生产，有的是靠农业生产者农闲的劳动，有的是靠自然分工（性别分工、强弱劳力分工）而由一部分人专门从事的劳动，还有的靠部分劳动力集中在一起进行的专业化劳动。不论哪种劳动形式，其劳动力的安排，产品的分配、使用等都是经济单位内部的事，非社会性是共同的特征。总之，作为农业副业的家庭手工业劳动和工场手工业劳动是自然经济赖以建立的生产方式的条件。不具备这个条件，独立的经济单位不可能保持生产与消费的平衡。

　　第二，必须拥有足够的连成大片的地产。生产水平越高，再生产需要的原材料品种越多。原材料取自农产品、林产品、畜产品、水产品、矿产品等。没有资源就没有再生产的起码条件。经济单位自有这些资源，才能不依赖商品交换而顺利进行再生产。因此，自给自足的经济单位除去利用公共资源外必须拥有足够的耕地、一定面积的森林和牧场，在它的范围内最好还有湖泊和矿藏。分散的地产只宜分散经营，难于统一管理形成自给自足体系，故经济单位自有的耕地及其他自然资源应该是连成大片的。

第三，必须拥有足够的劳动力。有技能的劳动力是进行任何生产的主体。自然经济单位内劳动力的数量不能低于生产规模的需要。这些劳动力分工从事本单位必需的各项农业和手工业劳动。不能设想雇佣外来劳动力的经济单位会是自然经济。

既然经济单位实现使用价值形态的自给自足需要拥有足够的地产和劳动力，这就意味着它必须具有一定的规模。这个规模究竟应该多大，是难以确定的。马克思和恩格斯在谈前资本主义社会的自然经济时举过若干例证，我们从中可以看到曾实现自然经济的原型经济单位。例如在《政治经济学批判》手稿中提到古代希腊公社，在《反社林论》中提到南斯拉夫的家庭公社、古代的印度公社，在《资本论》中提到农村家长制、古罗马大领地、查理大帝时的领地以及中世纪欧洲的庄园，在《〈资本论〉第三卷增补》中提到社会初期"按共产主义组织起来的公社"、家庭或家庭集团。列宁曾提到的有家长制的农民家庭、原始村社和封建领地，等等。这些经济单位有的近乎原始公社，有的属于奴隶主领地，也有的是封建领主庄园。它们有个共同点：都具有相当大的规模。例如古罗马的奴隶主大庄园，有的拥有土地达几千优盖路姆之多。四优盖路姆为一公顷，即十五市亩，如果有四千优盖路姆，就相当于一万五千市亩了。七至十一世纪南斯拉夫巨大的宗法家族组成的农村公社，至少包括一个村庄。东欧历史上的家庭公社是同一父系的数代子孙和他们的妻子住在一起，共同耕种自己的田地，共同占有剩余产品。西欧历史上的"家庭"也是很不小的。例如，恩格斯在谈到欧洲的"家庭公社"时同意霍伊斯勒的意见，说德意志人的经济单位起初也不是现代意义上的个体家庭，而是由几代人或者说几个个体家庭所构成的，并且往往还包括许多非自由人在内；罗马的、爱尔兰的、法国的都类似。克拉潘在解释出于七八世纪直到十一世纪还在使用的"海得"（Hide）一词时说，它原指足以维持一个家庭生活的土地总面积而言，他特别说明，这里所谓家庭不是近代意义上的家庭，而是包括两三代同堂的原始大家庭。所以不能用小农家庭的规模来想象欧洲古代及中世纪的"家庭或家庭集团"、"家庭公社"甚至"家长制家庭"。典型的中世纪欧洲庄园大约包括一个村庄的范围。（也有一个村庄分属几个领主，或几个村庄同属一个领主的）可见，在任何经济形态下，使用价值形态自给自足的自然经济都只能在较大的经济单位内实现，规模太小是不行的。当然，这不等于说大规模的经济单位必定是自然经济。

第四，经济单位内部的分工要有相当程度的稳定性。没有比较稳定的、持续的分工，经济单位内必需消费品的生产就没有保证。上述怀有各种技能的劳动力，在不同的经济形态下，和经济单位主人的关系是不一样的。在家庭公社制成员平等的情况下，不同的技艺可能是通过世袭相传稳定下来的。像古代印度公社和南斯拉夫的家庭公社那样，劳动是按照习惯和需要来分配的。在以阶级剥削为基础的奴隶社会和封建社会里，产品是通过奴隶主、封建主对劳动者的强制生产出来的。经济单位的主人对所属劳动力有超经济强制力，内部分工通过强制分配。与此相联系，这类经济单位又须有下一个实现自然经济的条件，即：

第五，经济单位中的劳动者与生产资料所有者之间存在人身依附关系。人身依附关系是一种超经济强制关系，它在经济上一则可以保证剥削者能无偿索取劳动者的劳动产品，再则可以强制劳动者按照剥削者的需要去劳动。换言之，人身依附关系不但可以强制劳动者劳动，而且可以强制他们干什么样的劳动。这一点对剥削社会中的自然经济单位是极为重要的。为了在经济单位中恰如其分地满足各方面的物质需要，生产必须有一定程度的计划性，至少是某种有意识的内部分工。这往往是基于生产资料所有者与劳动者间存在不同程度的超经济强制而实现。马克思曾说，自然经济在任何一种依附农制（包括农奴制）的基础上都占优势。其实也可以说，依附农制或农奴制是封建社会自然经济的重要条件。严格的人身依附关系强制生产者分别进行不同的生产，并使他们稳定在自己的工作岗位上。这种强制后来却隐蔽在由它形成的世袭传统和习惯之中。在家长制大家庭中，超经济强制是通过家族制度体现的；奴隶制则是超经济强制的极端表现。强制分工是多品种实物地租制得以实现的必要条件，单品种实物地租制并不要求劳动者完全按照生产资料所有者的要求分工劳动，所以这两种不同的实物地租制对人身依附关系松紧程度的要求是不相同的。货币地租当然不发生这方面的问题。

凡是具备了以上五个条件的经济单位，自然经济平衡律就可能在那里发生作用，该经济单位的生产品和消费品的品种及数量能够达到一致，维持平衡，再生产循环无复求于他人，实现了使用价值形态的自给自足。

看来，西欧中世纪早期的领主庄园是具备这些条件的。

所谓庄园是西欧中世纪社会的一种生产组织形式。典型的庄园一般包括四项基本内容，即领主自营地、农奴份地、依附农和领主司法权。

庄园主拥有连接成片的一块或若干块地产。这份相当大的地产主要是耕地，此外还有草地、牧场、菜园、果园、森林、池塘、荒地以及住宅建筑等。耕地至少分为两部分，即领主自营地和农奴领有地（份地）；有的庄园还有自由领有地。各个庄园领主自营地多少不同，大部分以条田的形式分散于各处。领主的自营地由总管、管家们管理。

庄园范围内居住着许多占有份地的农奴。农奴使用份地的条件是向领主提供劳役地租和实物地租。份地与领主的条田插花排列，便于农奴耕作。劳役的项目繁多，以耕作为主，兼干庄园中的一切其他劳动，包括伺候领主的服役项目在内。这种原始的地租形式最有利于保证领主经济产品自给自足。

劳役地租是伴随着超经济强制存在的。庄园是政治与经济统一的基层实体。超经济强制在庄园中表现为农奴与领主间的人身依附关系以及领主在庄园内的司法权。人身依附关系使得农奴不得自由离开主人，不能自由婚媾以及领主拥有禁用权、初夜权，死手权，等等。劳役地租和实物地租在超经济强制的条件下存在。领主的超经济强制权力也施及庄园中非农奴身份的人，尽管程度不同；这些人也要为领主服某些劳役和缴纳一些实物，他们也在庄园法庭的权力范围之内。

超经济强制同时还迫使农奴缴纳实物地租。领主庄园制下实物地租的特点是多样性。它包括牛、猪、羊、鹅、鸡、黄油、干酪、奶、鱼、咸肉、火腿、谷物、面包、蔬菜、水果、蜂蜜、葡萄酒、蜡、亚麻、木材、柴、桶、锅、刀、剪、桌、椅、镰刀、马掌，等等。当然不是每个庄园的每个农奴都交纳这么多，但整个庄园的实物地租绝非单一的品种。庄园中还有种类众多的各色工匠，如铁匠、金银匠、皮鞋匠、旋工、刀剑匠、渔夫、捕鸟者以及制酒人、制面包人，等等。他们得听从管家指挥，生产领主需要的一切。庄园中的农奴、工匠和自由人的多种实物贡纳和各种劳役的产品，满足了庄园多方面的需要，保证庄园内部使用价值自给自足，甚至军费也征收实物。不言自明，要做到这一点，仅靠农业是不可能的，庄园内必须有多种手工业。正是在这个意义上，马克思把农业和家庭手工业的结合当作实物地租的前提。

总之，西欧领土庄园是这样一个经济组织：它包括相当规模的连接成片的地产，有足够的劳动力从事农业、家庭手工业；领主有自营地，由农奴耕作；农奴领取份地自耕，向领主缴纳劳役地租和多种实物地租。领主和农奴组成统一的经济单位。产品足以使用价值形态保证庄园内经济条件的直接补偿和再生产。

列宁所说的徭役经济就是领主庄园制经济。他在谈到农奴占有份地和农民对地主的人身依附的同时，把"自然经济占统治地位"作为徭役经济制度得占优势的首要前提条件。在他看来，农奴主的领地必然是一个自给自足和闭关自守的整体，没有这一条，它就不成其为徭役经济。

显然，自然经济要求的平衡不是那么容易做到的。前述五个条件缺少任何一条都会出现缺口，从那里萌生商品交换的幼芽。而许多的自然的和社会的原因都会使其中的一条或几条无法具备，因此，纯粹形态的自然经济很难长期存在。事实上，至少是由于地理条件引起的自然资源的匮乏，就使得许多即使是相当大的庄园也不能绝对地自给自足。大多数庄园至少是盐、铁两项往往难以自给；领主所需的特殊奢侈品也得通过海外贸易商人获得。重要的是，庄园的分工是经济单位内部的分工，庄园内有交换而不发生商品货币关系。货币在中世纪早期的典型封建经济中几乎是没有地位的。庄园的经济条件能由本经济单位补偿和再生产，是因为领主庄园这种经营方式具备使用价值形态自给自足的基本条件。从这个意义上讲，这种庄园的经营方式决定它的本质属性是自然经济的。

这里为了说明自然经济而列举的领主庄园主要是指中世纪早期的典型封建经济，时间仅限九到十一世纪，地区也不过西欧的一小部分。十二世纪就开始迅速地变化。到十五世纪时，贵族的需求极大地增加和改变，以致他们自己也离不开城市了。市民通过对外贸易得到商品，供给贵族，贵族的铠甲和武器都要从城市得到。农民开始向领主缴纳货币了。使用价值不能自足，货币关系就成为不可避免的；商品货币关系的逐渐发展不仅侵蚀自然经济，对于这种典型的、封闭式经营的领主庄园来说，更重要的是同时也在破坏庄园制度。

以上五条是实现自然经济的必要条件；有了这五条就有实现自然经济的可能。但当封建主发现了新的发财途径时，也会利用原来的剥削方式对外发展商品经济。东欧的再版农奴制或可算作这种情况。

二

鸦片战争前的两三千年里，炎黄子孙在神州大陆建立了统一强盛的封建帝国，创造了灿烂的中华文化。在这漫长的历史中，我们既可以看到在一定历史时期内有不同的经济关系及其亚种并存，也可以在不同的历史时期中寻见各种经济关系消长的轨迹。从一定意义上讲，我国封建社会始终是建筑在综合经济基础之上的。

正如马克思所说，在一切社会形式中都有一定的生产支配着其他一切生产的地位和影响，因而它的关系也支配着其他一切关系的地位和影响。在中国封建社会中起这种作用的生产是农业，它的关系则是地主制生产关系。地主通过出租占有的土地收取地租剥削佃农，是这种经济关系运动的轴心。在这种关系中，地主和佃农矛盾对立，相互依赖，各自成为相对独立的经济。地主经济、佃农经济以及与之并存的自耕农经济和各种小生产经济的总和，构成中国封建社会农村的主要经济体制，我称之为"地主制经济"。

地主制经济是人类历史上多种封建经济类型之一。这种类型的封建经济是否也像领主制经济那样，其本质属性是自然经济的，或者说它也是以自然经济占统治地位为基础的，并可由此进而认为，凡封建社会必然是以自然经济占统治地位为基础呢？这个问题既不应该教条式地肯定，也不可根据一些表面现象简单回答，最好考察它的基本经济单位——地主经济、佃农经济和自耕农经济——的运转过程，分析它的带有普遍典型意义的经营方式，以寻找适当的答案。

先看地主经济。所谓地主经济是指地主自身的经济，它是地主制经济中占主导地位的经济，它制约着并存的其他经济，影响它们的发展。地主经济的主要特征是非生产者——地主占有土地经营农业，其经营形式大体分为两大类，即地主经营制和地主租佃制。

所谓地主经营制是地主在自己拥有的地产上进行农业经营；一般以使用雇佣劳动为主，有的使用奴婢劳动或僮仆劳动；产品往往是出售的，当其种植经济作物时尤其如此。所以地主经营制大多不是自然经济。实行地主经营制的地主是经营地主，这类地主到明清时代才逐渐增多；但即使这时，他们在地主中也是少数。因此本文在对地主经济进行质的剖析时以租佃制地主为主要对象。因为地主租佃制才是地主经济成熟了的形态。就让我们用解剖人体去理解猿体那样，通过对租佃地主的分析去认识地主经济一般吧。

地主租佃制就是地主将占有的土地分散出租给佃户经营；自己坐收地租。中国封建社会中绝大多数地主采取租佃制方式进行剥削。除一般民田外，族田、学田乃至王府庄田、官田、屯田等土地占有形式的经营方式的实质也都是地主租佃制，尽管它们的形式或有小异。所以说，租佃制是中国经济中大量的、有代表性的土地经营制度，中国封建社会的地主制经济主要是租佃制的地主经济及与之相适应的、相伴随的农业经营制度。

租佃地主占有土地的面积大小不等。绝大多数地主占有土地量不是很大，而且往往没有草地、牧场、森林等多种类型的地产。有较少的地主土地占有量相当之大，特别是皇室、王府及缙绅。不论土地占有多少，他们把全部土地分割成小块招佃出租。有的地主留下部分土地自营。自营地的耕作不是采取令租佃土地的佃户提供劳役耕种，而是依靠僮奴、奴仆或雇佣长工和短工耕作。是为租佃地主兼经营地主。地主出租土地的目的是收取地租。有的地主要求佃农服劳役，如为之看家护院，家庭服役等，但这是次要的；地主主要是从佃农那里收取实物地租。实物地租的内容是谷物。通常的地租量是佃地产量的百分之五十；或于年节之际索些鸡鸭之贡，不占主要地位。地主一般不干预佃农的种植耕耘。当其为佃农提供耕牛、农具或种子时，或对佃农生产施加某种程度的干预。这是因为提供生产资料带有租赁、借贷性质，干预生产以便于秋后获得满意数量的谷物，并非监督种植计划以满足地主的多方面需要。大地主设总管或管家，其主要任务是催租，是单纯的索取，不是去干涉佃农的生产活动。可见，没有自营地的地主的经济活动内容不包括农业生产环节。这样的地主是不少的。

再看佃农经济。租地佃农是中国封建社会的另一种基层经济实体。他与租佃地主相依存，无此无彼。这种经济实体主要以夫妻子女（有时包括双亲）组成的小家庭为单位，依靠佃入土地，自备其他生产资料，依靠家庭劳动力主要从事农业劳动。佃入土地的数量在很大程度上受家中劳动力数量的制约。他们从确定种植品种直到收获的全部生产活动都独立进行。收获时把租地上收获的农产品的二分之一左右无偿地缴给地主作为地租。其余二分之一自留，用作种子、农具等经济条件的补偿、扩大再生产的追加和全家生活消费。有的佃农家庭兼营副业、手工业作为补充。租种同一地主土地的各家佃户自行决定所从事的副业、手工业的种类和规模，地主不作统一安排。出卖劳动力，充当短工，往往也是佃农收入来源之一；再不敷时，借贷则是不可避免的了。佃农自负盈亏，跟地主只发生佃地偿租，借债还钱的关系，其经济条件的补偿和再生产不在地主考虑之内。另有一部分佃农自己占有少量土地，同时租入部分土地，都由自家耕种，是为半佃农，其经营方式接近自耕农，属于自有的那块土地上的收获物与地主无涉。

还有自耕农经济。与地主、佃农同时存在的相当大量的自耕农，也是由小家庭组成的经济实体。他们的土地和其他生产资料都是自有的。土地占有量大体是家中劳动力所能耕种的，或者雇佣少数短工协助即可耕种的。一般地说，自耕农的经济比佃农优越，家中的劳动力也比佃农较多、较强。他们兼营副业、手工业的规模可能比佃农的大。自耕农自负盈亏，在分配方面不与地主发生直接关系；但需向国家缴纳赋税，承担差徭。与自耕农经济地位相仿的是小手工业者、小手工业作坊主，也可包括在自耕农经济这个范畴之内，不另叙。

在讨论自然经济的条件问题时，我们曾经提到，严格的人身依附关系往往既是强制本经济单位内生产者为土地所有者提供劳役地租的有力保证，也是使劳动者按照土地所有者的需要进行分工的保证。这在领主制经济中表现得相当明显。中国封建社会中佃农和地主的关系是因土地租佃关系才形成的。封建王朝也曾给予地主阶级某些特权，使之拥有对佃户的超经济强制力。例如，为保证社会治安稳定而将佃户的户籍编入地主户籍，为维护等级秩序而将佃户的法律地位置于地主之下，在人口稀少地区制止佃客离开租地他往，以保证劳动人手不致外流，规定佃户不交地租应受刑法惩治，等等。这种超经济强制力使主佃关系带有等级特征。不过，由于我国封建政权历来实行中央集权制，朝廷赋予地主的权力，最大也没有达到准许地主拥有独立的司法权的程度。在生产方面，地主一般并不利用这些特权强制佃户按照他的意志进行分工。又由于土地买卖和其他原因，地主与佃户的关系并不长期固定，因此同一地主的各个佃户难以形成固定的内部分工。地主索来的地租只是清一色的谷物。没有其他收入来源的租佃地主家庭是不进行生产活动的全寄生消费经济单位。他们的需求却是复杂多样的。谷物地租的价值量足够支付地主一切所需物品的价格而有余，但从使用价值来看，单纯的谷物只能直接供给食物中的主食所需，远不能代替其他食品、衣着、住房、车马以及精神方面的各种必需物品，也不能用以缴纳须以货币缴纳的赋税。实物收入的单一性和需求多样性的矛盾靠地主经济单位自身无法解决。唯有和其他经济单位彼此发生商品货币关系，问题方能迎刃而解。他们只要出售租谷，就可得到货币，也可以得到一切。他们完全有条件做到这一点，因而没有必要强制佃户按照他们的需要分工生产各种实物。单一的实物地租丝毫不妨碍地主经济的发展，所以这种地租形态得以久存。概括为一句话，就是：单一实物地租形态不具备自然经济平衡律的实现条件，租佃地主经济单位不能以自然经济为基础。有一种论点认为，对地主制经济而言，实物地租是自然经济占统治地位的条件下的地租形式，或者说，实物地租长期占统治地位反过来又巩固了自然经济。这种看法是值得商榷的，因为这里忽略了单一实物地租和多种实物地租产生的后果是不一样的。

租佃制使佃农相对独立于地主经济之外，佃农既不被强制提供劳役地租，又不按统一要求提供多种实物地租，地主经济要想实现使用价值形态自给是不可能的；那么，地主占有土地和拥有其他资源的数量多少，对于是否是自然经济已经没有意义了。尽管中国封建社会中有的地主集中占有的土地量很大，在资源方面为实现自然经济提供了可能，租佃制下佃农分散独立经营和缴纳单一的实物地租，使这种可能性再也不能变为现实。

佃农和自耕农有许多共同之处，其基本点是：两者都是以小家庭为单位的小生产，都是小农经济。他们耕种的土地面积大小，一般都与家庭劳动力（或加少量雇工）的负担能力相适应；他们的收获物都以农产品为主。作为一个生产型的经济单位，需要是多方面的。除去食盐、陶瓷器皿等生活资料外，要有锹、镐、锄、镰、犁等金属农具，磨、碾、碌碡等石器，乃至车、船等运输工具和耕牛、挽马等大牲畜；有些手工业更需另外一些工具，如织机等。这些都不是小农经济个体能够自给的。

地主和小农有一点是共同的，即各自都有使用价值形态的收入单一（少样）性和需求多样性的矛盾，并且这个矛盾都不能在本经济单位内自行解决。地主制经济总产品中有相当一部分须经过如下的转化：使用价值形态（谷物及副业、手工业产品）$\xrightarrow{\text{卖}}$价值形态（货币）$\xrightarrow{\text{买}}$使用价值形态（各种生产资料和生活资料）。不经过这形态的转化，生产循环必将发生危机。可见，中国封建社会中的地主制经济不具备实现自然经济的五个基本条件，不能满足自然经济平衡律的要求。商品买卖活动对于地主制绝不是可有可无的环节，而是由地主制经济各个经济单位的经营方式所决定的。所以说，地主制经济的发展是以商品交换关系为条件的，商品经济在地主制经济的运转中不是附加的，不是外在的。地主制经济和商品经济有着本质的联系。

在分析中，人们有时认为，为了换取本经济单位使用价值的需要而生产部分产品出售，这不是商品生产，不属商品经济范畴。这个提法可以商榷。说为买而生产不是资本主义经济，当然是对的，但说它不属于商品经济范畴，值得重新研究。因为这实际是，为了论证某种经济单位的非资本主义性质，而简单地根据是否以获得使用价值为目的来确定经济单位的经济类型。

经济单位生产活动的目的性可有三种不同情况，即（1）为了获得直接消费需要的使用价值，简称为"为用生产"，（2）为了换得本单位需要而又不能生产的使用价值，简称为"为买生产"和（3）为了价值增殖，简称为"为利润生产"或"为卖生产"。经济单位的生产目的性跟它的生产关系性质、经济类型的关系可表示如下：

生产关系性质	生产目的	经济类型
非资本主义生产	（1）为用生产	自然经济
	（2）为买生产	商品经济
资本主义生产	（3）为卖生产	

从表中可以看出，（1）为用生产和（2）为买生产的经济单位，它们的经济类型不同但生产关系性质相同；（2）为买生产和（3）为卖生产的经济单位，它们的生产关系性质不同但经济类型相同。（2）为买生产的经济单位虽是非资本主义性质，经济类型却是商品经济。经济单位的生产关系性质和它的经济类型，概括的不是同一层次的问题，两者虽有密切联系，但无必然的统一关系。这是因为商品经济并不专门存在于某种性质的生产关系之中，非资本主义经济并不必然是自然经济。因此，分辨生产关系性质时，考虑其生产目的是为了使用价值还是为了价值，分辨经济类型时考虑的却是达到目的的方式，即是否通过外部的货币交换关系。不要因为（2）为买生产是非资本主义经济就认定它不属于商品经济类型；也不必因为它是商品经济类型而认定它必是资本主义经济。人们为了说明（2）为买生产的非资本主义性

质而只看到其生产的目的和（1）一样都是为了使用价值，就认为（2）也是自然经济。这种看法忽视了使用价值的获得是否通过货币交换；而通过货币交换与否，却代表着不同的经济类型。把（2）为买生产看成自然经济，在理论上是把商品交换纳入到自然经济范畴之中；而商品交换恰恰是自然经济范畴所要排斥的主要内容。否定为买生产是属商品经济范畴，实质也就否定了小商品生产的存在。简言之，为使用价值的生产分为"为用"和"为买"两种不同目的的生产，其中只有前者，即为用而生产，属自然经济范畴。因此，自然经济一定是为使用价值的生产，但不能反过来认为使用价值的生产一定是属于自然经济。

我们还应注意最重要的生产资料——土地的买卖问题。地主兼并土地成为大地主，或破产而出售土地，自耕农出卖土地沦为佃农，或买进土地变为地主，佃农购入土地成为自耕农乃至上升为小地主等现象，在中国地主制经济发展的全过程中是经常发生的。"千年田八百主"的谚语，生动地反映土地易手之频繁。既然土地是商品，土地买卖当然是商品货币关系。在正常情况下，想买土地就得先积攒货币，出卖土地得到的也是货币。小农是存在购进土地的可能性的，经济上升的欲望总在刺激他们扩大土地占有面积。为了达到这个目的，他们尽量扩大（2）为买生产，以便得到多一点货币。由此他们与商品经济的联系更多了，而不是保持或发展自然经济。

如前所述，有与农业相结合和与之并存的多种手工业是自然经济的重要条件。地主制经济中的佃农和自耕农确有不少是经营家庭手工业的。为了增加产品、扩大收入，他们有必要这样做；在农业收入不足维持生计的情况下尤其如此。他们也有可能这样做，因为家庭是由男女老幼不同的劳动力搭配组成的，便于内部协调分工；还因为农业生产有明显的季节性，从事农业生产的劳动力在一年内也有许多闲暇，佃农和自耕农都可以自由支配劳动时间。一个小农个体同时从事的手工业项目毕竟是很少的，不可能经营多种手工业。他们选择哪种手工业，要考虑劳动力数量、原料来源、技术传统，更需考虑的是产品能否卖出去。通常的做法是致力于自家能够进行的手工业，尽可能多生产一些拿到市场出售。这也就谈不上家庭手工业是为了自给自足了。为了家用而制造一些手工制品，比如为扫地而自做两把扫帚，与其称之为家庭手工业，倒不如把这算做家务劳动更为贴切。自然经济必须有家庭手工业，但有家庭手工业不一定是自然经济。不能把有关家庭手工业的史料不加分析地统统用来证明自然经济，其中很多只是反映价值形态的自给自足而已。

　　许多著作认为男耕女织的耕织结合是自然经济的典型表现。乍看起来，小农自种粮食以果腹，自织布匹而暖身，衣食俱备，无复有求于他人，也就与商品经济无涉了。其实未必。如前所述，自然经济是有特定含义的，首要的是经济条件的自足。很显然，衣食两项是很重要的，但远非全部经济条件。单一的家庭手工纺织，并不能使经济单位得到使用价值形态的全部自足。不可否认，家庭手工织品中会有一部分是自给性生产，但不能仅仅看到这一部分因而否定出售部分的商品性。再者，如果说"织"是自给，就意味着该户农民自己植棉，自己纺纱，自己织布，最后自己缝制恰够全家所需的衣服。可是，种、纺、织、缝中任何一个环节都有可能是自家不愿解决或根本解决不了的；如果进而想到这一系列劳动所需工具的来源，就更复杂了。其实耕种这类经济作物以及从事一系列手工业生产的农户的产品，大都远远超过自己家庭的需要量。一般地说，桑、麻、棉等经济作物总是作为商品作物种植的。农村中出售棉花、纱线、布匹，以及买棉纺纱，买纱织布和买布成衣的，从来大有人在。麻亦类似，丝织尤其明显。在这里，买卖双方尽管都是为了满足本经济单位所需的经济条件，但都是通过货币运动进行的；商人活动其间尚暂不论。"男耕女织"农户的产品从价值形态说可能收支相符，但这不意味着满足了自然经济平衡律的要求。产品的使用价值形态对本经济单位来说，不论是自给不足还是自给有余，都将与商品经济发生联系：前者买进，后者卖出。可见，为了获得再生产必需的全部经济条件，耕织结合的小农也得借助于商品交换。事实上，我国直到明清时期植棉织布的农户也从未达到总农户的一半以上，而织麻、织绸的更少。在考虑到大量农户的穿衣问题并不能依靠家庭自产解决时，可以设想其间普遍存在的商品货币关系。何况小农之家机杼之声达旦，无非是为了明天早晨拿到市场上的布匹稍多一些。这种耕织结合越发展，市场上的商品量就越大，是不说自明的。男耕女织现象只能反映地主制经济下男妇劳动力的充分利用，说明小农经济的经营方式，而不能证明农户个体或更大的范围内必然是自然经济。

　　总之，对于地主制经济来说，与农业相结合的单一的家庭手工业除去可能满足本经济单位某一种物质需求而外，它的重要意义在于补充家庭经济收入，而不在于因之实现自然经济；它不像在领主制经济单位中的多种手工业那样，是多品种实物地租的前提。农业与家庭手工业的结合是自然经济的必要条件之一，但不是充分条件。在考察地主制经济时，不要看到哪里有农业与家庭手工业的结合就认定那里必然是自然经济；事情可能相反，恰恰那种结合正是商品经济的表现，它跟商品经济的发展成正比。甚至可以说，中国封建社会的大商品量的主要依据之一就是小农的农业和家庭手工业的结合。

说地主制经济与商品经济有本质联系，并不排除中国封建社会历史中可能存在自然经济的经济单位。如前所述，凡具备平衡律实现条件的经济单位都可能是自然经济的。魏、晋、南北朝、隋、唐都有大型的庄田，它们包括大片地产，拥有相当丰富的自然资源和足够的人身隶属于主人的劳动力，具备自然经济平衡律要求的条件。如果这类庄田是统一的经济单位，很可能就是自然经济的个体。不过迄今对它们的组织、经营情况不甚了了，其中主人和劳动者间是否租佃关系，内部如何分工，所属店铺、店舍是什么状况，如此等，史料语焉不详。我们姑且把它们看作是类似欧洲领主庄园那样的自然经济单位。不过，这类庄田是中国封建农村经济的组织形式之一，一般地说，是不用它做中国地主制经济的典型代表的。

说地主制经济与商品经济有本质联系，也不排除地主制经济单位的产品有自给部分。我国领土广袤，在同一时期内商品经济发展水平也有很大差异。自北而南沿海诸省，黄河中下游，长江流域及长江、珠江两个三角洲等地，经济水平很高，那里的区域间以及经济单位间的商品经济都比较发达。经济发展的不平衡是很明显的。南方和北方、沿海和内地、中部和边疆、平原和山区、汉族和少数民族、近郊和远郊、经济作物区和大田作物区，经济水平差别很大。有的地区生产水平极低，特别是地理条件决定的交通困难地区，与外界的经济联系极少，呈相对闭锁状态。那里有的农民家庭自己生产所需的几乎一切物品，从而不依赖于市场和它以外那部分社会的生产运动和历史运动；虽然那里也是地主制经济。即使在一般地区，地主制经济各类经济单位产品的商品率也大不相同：他们之中有的绝大多数产品留自用或大部分自用。

是否可以由此认为自然经济是地主制经济的必然呢？不能。经济单位把部分产品留作自用，这和经济条件的自我满足是两码事。前者只是部分生产具有自给性，不能称之为自然经济。自给程度较高的现象并不是地主制经济运动方式内在决定的，而是生产力水平低下的结果。与商品经济联系很少的农民家庭往往是由于缺乏足够的劳动力，不掌握较高的生产技能，缺乏原料，因循守旧，或者还有其他原因，他们只得以最坏的经济条件从事最低水平的生产。他们的产品仅够维持起码的生存条件，没有多少产品能向市场提供，从而也极少可能从市场上获得较多的经济条件。这种经济单位再生产的经济条件低得和劳动力的生存条件几乎一致，故而使用价值形态自给要求的内容就极为简单了。经济闭锁地区除一般生产条件极差以外，交通条件恶劣，运输工具落后，这是农民突破相对隔绝状态的重要障碍。这些都是生产力水平决定的。诚然，由于中国封建社会生产力一般地说是较低的，因而地主制经济的经济单位往往带有不同程度的自给性。但应注意的是，这种现象甚至可能在比封建主义先进得多的生产方式中仍不同程度地存在。若就地主制经济的各种经济单位的经营方式看，它不但不排斥商品经济，而且以商品经济为自身繁荣的条件。在一定条件下呈基本自给状态的地主制经济的经济单位，一旦生产条件改善，产品有所增加，商品经济运动就会展开。生产力水平越高，商品经济就越发达，地主制经济也越繁荣。商品经济的发展不但没有破坏地主制经济，没有改变它的本质，反而使之繁荣；相反，地主制经济并不以生产的自给性为条件。谁也不会认为，地主制经济越发展，生产的自给性定然越高。可见，中国封建社会中有些经济单位呈自给现象，并非由于它是地主制经济。

通过以上分析可以看出，说以自然经济占统治（或主要）地位是以庄园制为主要内容的西欧中世纪早期领主制经济的主要特点，是可以的；称它是以地主制经济为主要内容的中国封建经济制度的主要特点，是不妥当的。

再有，所谓基础是指事物发展的根本。A 是 B 的基础，意味着 B 离开 A 就不复存在，或者改变本质。自然经济和地主制经济全然不是 A 与 B 的关系。即使佃户完全进行商品性生产，只要租佃关系不变，它仍然属于封建的地主制经济范畴。既然地主制经济是在中国这样的大国中存在了两三千年的封建经济制度，那么在研究整个人类社会封建历史阶段特征时，当然不能无视它的存在。不加区别地统称封建社会经济制度以自然经济占统治地位为基础的提法，也是不妥当的。

三

现在讨论一些有关的理论问题。

先谈地方小市场的性质问题。我以为，研究地主制经济，也要把商品流通放在封建经济的生产、分配、交换和消费整个经济运动过程之中考察。不能只看小农的商品率较低，便断言商品经济仅仅是地主制经济与之略有联系的身外之物。而应注意到商品流通是地主制经济的交换形式，没有它，分配所得与消费（包括生产消费）所需对不上号，经济运动难以继续。地主制经济依赖商品经济的根本原因，是私有制下小生产形成的产品单一性和需求多样性的矛盾不能在本经济单位内自行解决。这个矛盾是由地主制经济的经营方式决定的。

地主制经济的三类经济实体：地主经济、佃农经济和自耕农经济（含小手工业者经济），是我国封建社会经济的基本细胞。出于细胞生存的需要产生了地方小市场，在地方小市场的基础上形成了区域性市场、区域间经济联系以及城镇商业（这里暂时不含对外贸易）。这种情况，在以自然经济为基本经济单位特征的社会，例如欧洲中世纪早期建立在领主庄园制基础上的封建社会里，是看不到的。

有同志认为，在地方小市场上进行的品种调剂、互相取得原料或成品完成再生产的交换是使用价值的交换，乃是劳动的直接交换，虽然往往也经过商人，但应属于自然经济的范畴。这个看法似可商榷。

市场是属于商品经济范畴的概念。自从人类社会出现商业以来，市场也和商人、商人资本、货币、价值、价格等一系列关系一样，早已存在。价值规律也是十分古老的规律，在一切通过货币进行的交换关系中，不同程度地发生作用。在不同的社会形态下，市场为不同的生产关系服务，它的范围和性质随生产关系的变化而有所不同。如果商品生产的目的是通过购买劳动力进行价值增殖，那就是资本主义商品生产；这种生产关系占统治地位时，商业资本从属于产业资本，市场就是资本主义市场，其规模扩展到空前的程度，劳动力普遍成为商品。这标志着商品经济的高度发展，进入了新的阶段。不过，不能认为仅只这种市场才属于商品经济范畴。

中国封建社会的国内商品流通曾经相当发达。城镇中的商品经济固不必说，地方的、区域性的乃至区域间的商品市场都早已存在。各类市场各有其主要的功能。其中地方集市墟场是整个商品流通的基层环节，它起着为大范围市场集中商品的作用，更重要的是，通过它才解决了基本经济单位固有的产品单一性和需求多样性的矛盾，生产循环得以顺利继续。

　　市场，总是反映个人之间、经济单位之间的商品货币关系的概念；大小市场都是一样的。地方小市场的贸易有许多是商人的活动，也有许多是生产者出售自己的劳动产品。生产者主要是小农和小手工业者，他们的产品有一部分留作自己消费，其余部分进入市场出售，就成为商品。不是为了出售的，即不是作为商品生产的物品，是不会作为商品进入流通的。这就是恩格斯所说的，物品生产出来不仅是为了供生产者使用，而且也是为了交换的目的。自发的社会分工使得产品具有商品的形式，商品的相互交换，即买和卖，就使个体生产者有可能满足各式各样的需要。既不应以小农产品中出售部分的性质决定自用部分的性质，否定这部分生产是自给生产；也不该以自用部分的性质决定出售部分的性质，否定这种生产是商品生产。尽管在一些情况下，个体小农的产品中进入市场的部分可能不是主要的，但在市场上，他仍以小商品生产者的身份出现。在生产过程中，小农根本无法分清哪一件是为了自家消费，哪一件是为了出售而劳动。在交换中，生产关系性质、生产目的性以及购买者的目的性都不影响问题的性质，都被商品这一共性掩盖了。

　　马克思在分析资本主义生产方式下商品资本转化为货币资本时说，产业资本是和各种不同的社会生产力方式的商品流通交错在一起的，只要这些生产方式同时是商品生产，不论是建立在奴隶制基础上生产的产品，还是中国农民的、印度农奴的、荷属东印度的公社的、俄罗斯农奴制国家的或者半开化的狩猎民族的产品，它们总是作为商品和货币同表现产业资本的货币和商品相对立，作为它们来源的生产过程的性质如何是没有关系的。我们在分析封建社会市场时可以运用同样的方法。自耕农的产品也罢，佃农交租后自用有余的产品也罢，封建主利用奴婢劳动生产的产品也罢，地主收来的地租也罢，当它们作为商品出现时，共同构成市场客体，与货币相对立。地方小市场也不例外。

　　在中国封建社会的地方小市场上，确有许多生产者之间的交易是以物易物的。但不能把这看做是使用价值的直接交换、劳动力的直接交换。众所周知，我国很早就有货币，至少到秦朝已经统一了货币单位，通行遍及城乡了。我国封建社会中包括地方小市场在内的各级各类市场的交换关系，主要是以货币（包括实物货币）为媒介的。在这种条件下，市场上出现的以物易物只是表象，它不是直接的劳动交换，而是以货币价格为背景的。使用价值交换时不能离开交换价值。这里已不是一般等价物出现以前的以物易物，而是省略了货币转换过程的商品交换。这就意味着交换的产品不但有使用价值，而且也是交换价值的担当者，就是说，它是商品。

总之，中国封建社会中产品交换过程表现为商品流通过程，前者与后者相一致。地方小市场也和更大范围的市场一样，是流通的场所，不属于自然经济范畴。小市场不但和更大范围的商品流通市场是在同一体系之中，而且前者是后者的基础，不应把它们从性质上分开对待。

再谈谈经济单位的划分问题。所谓自然经济，是指一个经济单位的经济条件通过内部的再生产补偿，而不通过与其他经济单位进行商品交换。因此，与地方小市场是否属于自然经济范畴密切相关的一个问题是怎样确定经济单位的范围。

有同志认为，在中国地主制经济中，单一的经济单位相当于一个乡或邑县，包括这一地区的地主、农民、各种工匠、手艺人，还有小商人；一家一户，包括手艺人户，只是一个"生产单位"而不是"经济单位"，他们联合起来才成为一个经济单位。这个意见也可商榷。"经济单位"范围的确定，可因研究的目的而异。例如，研究国际经济时可以国家或跨国公司算做经济单位；研究区域经济时可以经济区或行政区为经济单位。现在我们研究的是自然经济和商品经济问题，经济单位划分的原则宜以是否能够发生商品交换行为为据。所以，所谓经济单位，应指经济活动中最基本的自负盈亏的独立体，也是最基本的经济组织。本文有时也称之为经济实体。它有经常性的比较固定的收入来源，能够自行决定本单位范围内生产、分配和消费的内容和规模，在交换中是独立的买卖一方。其内，有决定全部经济活动的实际上的权威；这个权威是生产资料所有者，或者是主要劳动力，在封建家长制下，往往就是家长本人。其收入如果是来源于农业、畜牧业、手工业等生产活动，它就表现为一个生产单位；如果是经营商业，则表现为一个商业店铺；如果是出租土地或放高利贷，则表现为一个地主或高利贷者家庭。经济单位可以是一个消费单位，不一定是一个生产单位，而生产单位总是一个经济单位。所以，经济单位实际只表现它在经济上的独立性而不反映其性质如何。中世纪早期西欧领主庄园中领主的自营地靠农奴的劳役地租经营，靠农奴缴纳多种实物地租满足经济条件。农奴虽有相对独立经济，他的生产却在相当程度上决定于领主的需求。农奴之间有劳动交换而不形成商品货币关系。领主和他的农奴们共同成为一个不可分的经济实体。他们之间的经济关系和地主佃农的经济关系相比全然不同。因此，领主庄园作为一个整体是经济条件自我补偿和再生产的经济单位。中国地主制经济中的小农家庭（包括佃农、自耕农以及小手工业家庭）和地主家庭，则分别是独立的社会经济组织。一个地主即使占有大量土地，也是分租给许多佃户。佃户们用承担缴纳地租的义务换取土地使用权。地主如有自营地，并不靠佃户劳役耕种。佃户所缴实物地租是地主的经济来源，但不是再生产的物质条件。地主对佃农经济的盈亏不承担义务。佃户和自耕农一样有权自行决定生产内容，他们的经济条件补偿和再生产过程并不包括地主的活动。地主既不是自己佃户们的生产计划者、组织者，更不是一个村庄、邑县的经济组织者。因此，地主和他的佃户们只是相互依存，而不是统一为一个经济单位；村、县就更加不成其为统一的经济单位了。如果把许多自负盈亏的独立个体，譬如说一个县范围内所有的地主、农民、各种工匠、手艺人和商人等都放在一起称之为一个经济单位，无异于把肌体说成是细胞。那当然会认为地方小市场是经济单位内部的事，那些经过商人的货币交换活动，也都被划入自然经济范畴了。把商品流通活动归纳在排斥商品流通的自然经济概念之中，这在理论上是费解的。

最后谈谈地主制经济下商品经济的特征及其他。资本主义关系的产生是以商品经济的发展为条件的。我认为，地主制经济的发展也是以商品经济的发展为条件的。中国商品经济很早就有相当程度的发展，但一直未能促进资本主义关系产生、发展，就是因为这里的商品经济与地主制经济相适应。

资本主义的商品生产是以生产资料私有制和雇佣劳动为基础的大生产。劳动力成为商品；资本家使用雇佣劳动进行价值增殖。为了价值和剩余价值得以实现，企业的产品必须全部出售，经过转化为货币这样一个产品运动阶段，否则，不变资本和可变资本都不得补偿，再生产循环中止，利润也不能实现。机器、原材料等不变资本也是货币资本通过流通环节实现的。因此，商品流通是资本主义经济运转中的必要环节。流通从属于生产；商业资本从属于产业资本。

地主制经济也以商品经济为条件，同样是在一定水平基础上的再生产过程的要求。商品经济的发展促进各经济单位的生产循环过程，使生产进一步发展。不过，这里的商品经济是建立在小商品生产即简单商品生产基础之上的。佃农、自耕农、小手工业者等都是小商品生产者。他们是依靠家庭个体劳动的小规模个体所有者经济。商人资本独立于生产过程之外。所以小商品生产基础上建立起来的商品流通（它的公式是 $W-G-W_1$）显然不是资本主义的商品流通（它的公式是 $G-W{\overset{A}{\underset{P_m}{\diagup\diagdown}}}\cdots P\cdots W'-G'$）；以小商品生产为特征的地主制经济，也完全不同于以雇佣劳动为特征的资本主义大经济。尽管地主制经济以商品经济为条件，但商品生产总是停留在简单商品生产阶段，商品流通也总是从属于地主制经济，为地主制经济服务。这样的商品经济，其发展程度无法和资本主义的相比，其结果也只能是促进地主制经济繁荣。

小商品经济是十字路口的经济，它时刻在向两极分化。它本身没有导向性，其上升的方向明显地受当时主导经济形态的制约。在资本主义社会中，它主要上升为资本主义企业，是谓小商品经济每时每刻产生资本主义。在封建地主制经济为主导的社会中，小商品经济虽然有的也向剥削雇佣劳动方式转化，从而产生具有不同程度的资本主义性质的经济单位，但它难以壮大为新的占主导地位的生产方式，其中绝大多数走向购买土地进行地租剥削的道路，向地主经济蜕化。所以当小商品经济处于地主制经济的宽容度范围以内的时候，它的发展起不了瓦解地主制经济的作用。而地主制经济对商品经济的宽容度之大，可能大大超出了过去的理论设想的程度。因为实际上地主制经济对商品经济的发展不是宽容的问题，而是自身繁荣的必要条件。

在地主制经济中，土地自由买卖和诸子均分继承的制度使得大的地主经济单位往往会分为小的，又或瓦解为自耕农或佃农。但地主经济却同时有不断再生的能力。由于历史遗留或政治力量强制形成的带奴隶主义性质的经济单位，最终也被地主经济"同化"。如下图所示，地主制经济就是在这样的循环中发展的。如果这个示意图是三维的、全息的，就可以看出图中的大圈随历史前进越来越大，其中诸半径形成的夹角在不同时期是有变化的，但它的结构将基本不变。图中的双线箭头（$\Longrightarrow$）表示的道路不被堵死，地主制经济的这个圆圈就难有重大的突破，建立其上的封建社会就当然屹立不动。

由此而顺便谈及，解决中国封建社会何以特长的问题，我以为最重要的是要弄清地主制经济为什么能够长存，而这一问题的契机，则在于找到地主经济具有强大吸引力的原因。地主经济受到上层建筑全力保护和意识形态的全面支持，出租土地坐食地租成为合理、合法、省心、安全的剥削方式。购

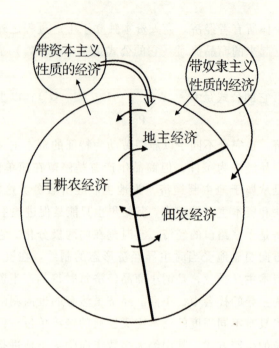

买土地的欲望成为这个社会的主导的投资意识，它对以各种方式积累起来的财富的投向起着极为重要的参考作用。地主经济是中国封建社会的太阳，整个封建经济在围绕着它旋转。对解决中国封建社会长期延续问题来说，这里就是"罗陀斯"。

小商品经济和地主制经济的协调统一是因为，一则小商品经济和小规模经营相适应，二则小商品经济和适合分散操作的技术及低效能的工具相适应。小农、小手工业者都是依靠归个人所有的、只供个人使用的、小的、简陋的和数量有限的劳动资料进行个体生产。在那些小农能够买得起并且能使用的高效能机器工具和相应的技术出现、从而突破分散的小经营形式以前，小商品经济只能是小商品经济。中国封建社会的历史证明了这一点。归根结底，是生产力状况决定了生产关系形式及整个社会经济结构。至于生产力之所以长期处在一个较低的水平上，有其经济的、上层建筑的和意识形态的多方面原因，不能企望用任何单一的因素解释清楚，而这超出了本文讨论的范围。

在看到商品经济发展促进地主制经济繁荣的同时，还应看到它对小农的另一面的影响。地主得到实物地租，一部分直接消费掉，一部分进行粮食投机，其余部分将投放市场换成货币，用于其他消费、缴纳捐税、购买土地、从事商业、开张典当、放高利贷以及入柜窖藏。商人和高利贷者用一部分资金购买土地兼行地租剥削，更多的部分用于通过商业渠道或放债、抵押、典当等活动剥削广大农民。商人资本和高利贷资本是地租的转化形态，也是地租的派生形态。地主、商人、高利贷者彼此相通，形成三位一体的结合。

　　小农生产的粮食自留部分中，除去一部分为了生产需要必须投入市场出售外，留作食用的部分，有时为了以细换粗品种调剂，也要通过市场。一些贫困农民则往往陷入如下的恶性循环：春耕时借贷，秋收后卖谷还债，春荒再次借钱买粮度日；自有粮食全得通过市场环节。这就出现了谷贱伤农、谷贵也伤农的怪现象。农民明知两头吃亏，还不得不投入这种买卖关系之中；他们被卷入商品经济的程度不但很深，而且无力自拔。

　　由此可见，我国封建社会商品经济发展一方面是地主制经济生产循环的需要，另一方面也是地主、商人、高利贷者三位一体的层层剥削活动的前提；而三结合的剥削反过来又促进商品经济的发展。从这个角度看，我国封建社会中商品经济某些方面的发展，并不一定意味着生产水平有所提高，不一定反映农民经济十分兴旺发达，也不预示生产关系方面将有什么重大变化或突破。但我们却可以从商品经济的发展中看到了地主、商人和高利贷者三位一体结合的依据。商人资本和高利贷资本是地租的转化形态，没有商品经济也就没有这种转化。正是从这个特定的意义上说，在中国的封建经济中，商品经济是地主、商人和高利贷者联合对广大农业劳动者进行剥削活动的工具。不同范围的市场网与三结合剥削网基本上是协调一致的，或者说，前者是后者的表现。上面只是以粮食为例说明这个问题，其他所有经济作物和手工业品的生产又何尝不是大同小异。如果认为小农纯属自然经济，与商品经济基本无关，实际上也就把他们排除于商人和高利贷者剥削对象名单之外了，那么，三位一体的剥削又从何谈起呢。

　　以小商品生产为基础的商品经济是为整个地主制经济服务的，它和租佃制度一样，是封建经济不可分的组成部分。地主、商人资本和高利贷资本将其根系盘曲交错、密密麻麻地深扎在封建经济这块沃土之中。通过租佃关系、商品关系和债务关系三条管道，尽情地吮吸一切养分以自肥自壮，资本主义之芽要在此地萌生成长，难矣哉！

　　顺便提到，商品经济的发展是资本主义产生的历史前提，但商品经济发展的意义绝非仅此而已。从理论上肯定地主制经济与商品经济有着本质的联系，那就不必一谈商品经济发展立即想到资本主义萌芽。毋庸讳言，我们过去为论证资本主义萌芽而对商品经济发展的描述是很不少的；但是，对中国封建社会不同时期的商品生产、生产资料市场、劳动力市场、市场层次、市场网络、市场性质、市场功能、商品流向、商品价格、商人资本运动、借贷关系等一系列问题的研究却是很不够的。强调商品经济发展对地主制经济的重要意义，或许在某种程度上有助于改变在中国封建生产关系的研究中只重所有制和分配关系而忽视流通环节的偏向。

强调地主制经济和商品经济有着本质的联系，也将影响对中国近代经济史某些问题的看法。帝国主义势力侵入古老的中华帝国后，资本主义关系在地主制经济旁边产生、发展并向之渗透达半个世纪之后，也没有能把它消灭。其所以如此，最根本的原因当是农业生产力的发展状况跟小农经营制度仍相适应。资本主义生产关系在旧中国农业中的发展尚未说服人们承认它是比地主租佃制更有利、更有力的剥削制度。从经营方式方面还可找到另外的解释：小农经济的小规模经营形式和小商品经济的交换形式相当协调。在不出现严重的自然灾害，大规模战争或其他特殊情况时，这种经营形式和交换形式的结合，可以保证地主制经济基本单位的生产、分配、交换、消费链条比较正常地转动。传统的流通渠道满足了生产和生活的多方面需求。尽管整个生产力水平不高，但基本经济单位的再生产能够比较顺利地进行。鸦片战争后外国资本主义商品输出在中国遇到的就是这样一个社会。农业和手工制造业的直接结合形成的巨大节约和时间的节省固然对外国的大工业产品进行了顽强的抵抗，这种抵抗乃是通过地主制和小商品经济的结合实现的；传统的流通方式把价廉而牢固的手工织物保证送到消费者手中。兰开夏的资本家们单凭中国广袤的国土面积和巨大的人口数字估计其商品销售的乐观前景，认识不到要把洋布塞进这古老帝国的传统经济链条会遇到什么困难。舰艇大炮把中国大门轰开了，可是洋货并未像预期的那样很快地倾销。其后，外国资本主义经济侵略得以成功，其原因除去各国生产力水平有了进一步的提高，在华强夺了更多的政治、经济特权而外，还在于他们通过华人买办在商品销售方面逐步利用、控制、改造了建立在小商品生产基础上的原有流通体系，使之买办化、半殖民地化。原来为地主制经济服务的商品流通体系在被改造之后，同时为外国资本服务了。外国资本主义充分利用了这个商业网，既获得了廉价物资，又使洋货进入农村。与此同时，中国的资本主义也编入这一网络中来。尽管在近代中国发生了如此重大的变化，可地主制经济仍然继续存在。商品经济的发展没有起到使地主制经济自趋瓦解的催化剂作用。究其原因，就因为地主制经济和商品经济本来就有本质的联系。它和那遇到商品经济洪流涌来很快便被冲垮的封闭的典型领主庄园经济显然有着极大的差别。

（1986 年 9 月）

（载《中国经济史研究》1987 年第 2 期）

地主制经济与商品经济论纲[*]

一般认为，自给自足的自然经济占统治地位是封建社会的基础和特征。中国封建社会经济制度的主要特点是自然经济占主要地位。论著中讲到农村经济时总是强调自然经济，讲手工业及城市经济时才涉及商品经济问题。农村地方小市场不属于商品经济范畴，只是自然经济的补充；农产品商品化破坏自然经济，并从而导致资本主义萌芽的产生。

但我们看到的历史事实是：在我国封建社会的经济发展过程中，地主制经济是在商品经济发展到一定程度时产生的。随着地主制经济的充分发展，商品经济也达到其空前水平。就某一特定历史时期的静态来看，地主制经济越是繁荣的地区，其商品经济也必然更发达。总之，不论从时间还是从空间考察，商品经济的发展和地主制经济的发展都具有明显的同步性。难以见到因商品经济的发展而地主制经济衰退的现象。

看来，以往理论概括并未正确地反映和解释历史实际，应该对之加以反思，就一些问题进行探讨。例如：

1. 什么是"自然经济"？

2. 在封建社会中，自然经济的存在是无条件的还是有条件的？如果有条件，是哪些？

3. 地主制经济的各类经济单位是否具备自然经济存在的条件？

4. 自然经济范畴内包括货币运动内容吗？

5. 农业和家庭手工业、副业的结合，男耕女织，一定是自然经济的表现吗？

---

* 在国际清代区域社会经济史暨全国第四次清史学术讨论会闭幕式上的发言提纲。

6. 小农再生产所需的经济条件是通过什么方式获得的？

7. 经济类型（自然经济和商品经济）的确定，是由生产的目的性（为用、为买、为卖）决定的吗？

8. 地主制经济的生产、分配、交换、消费各环节中，交换采取什么形式？居于什么地位？对地主制经济各经济单位再生产的需要来说，商品流通是绝对的还是相对的？

9. "自给自足"和"自然经济"是等同概念吗？

10. 实物地租定然是巩固自然经济吗？

11. 地方小市场和区域内市场、区域间市场有什么联系？它们在性质上是可以区分的吗？

12. 落后地区的商品经济不发达，小农生产的自给性强，其原因是地主制经济还是其他？

13. 如果说小农是自然经济的，"三位一体"的剥削网中，商人资本是怎样对小农进行剥削的？

14. 地主制经济下的商品经济的存在，其意义仅在于产生资本主义萌芽？任何类型的商品经济都一定导致资本主义吗？

我以为，自然经济单位的特征是：内部有自然的和专业的劳动分工，产品能够自足并以实物形态在内部直接消费和储备，成员之间有直接的劳动交换和实物交换，对内对外货币均不通行。"自给自足"是这种独立的、封闭的经济个体最基本的特征。所谓自给自足，应区分使用价值形态的和价值形态的；只有前者才是自然经济的特征。经济单位内的生产品和消费品（包括生产、生活及储备等一切需要）的品种和数量的一致性是自然经济的前提，两者维持平衡才能实现自然经济，这就是"自然经济平衡律"。经济单位实现自然经济必须具备五个条件：（1）有与农业相结合和与之并存的多种手工业、副业；（2）拥有足够的连成大片的地产；（3）拥有足够的劳动力；（4）经济单位内部分工有相当的稳定性；（5）经济单位中的劳动者与生产资料所有者之间存在人身依附关系。包括地主经济、佃农经济以及与之并存的自耕农和各种小生产者总和的"地主制经济"，不具备上述条件，其各类经济单位的经营方式，决定了它们必然存在使用价值形态收入的单一性（少样性）和需求多样性的矛盾，从而不能满足自然经济平衡律的要求。因此地主制经济从本质上讲不是自然经济，它的发展是以商品交换为条件的。不能认为自然经济占主要地位是中国封建社会经济的主要特点；从而也不能认为自给自足的自然经济占统治地位是任何形式的封建社会经济的基础和特征。地主制经济中，经济单位的产品分为自行消费和出售两部分，其性质各不相同，不能用前者的自给性否定后者的商品性。小农的农业和家庭手工业的结合（以耕织结合为典型）不意味着使用价值形态的自给自足，这种结合，正是中国封建社会大商品量的主要依据之一。地方小市场是中国封建社会市场网络（结构）的一个组成部分，不应纳入自然经济范畴。地主制经济各单位的生产、分配、交换、消费链条中，交换是通过货币运动形式进行的。所以，地主制经济在时、空两方面均表现了与商品经济同步发展。商品经济的存在，是地主、高利贷者和商人三位一体剥削网络形成的原因和条件，其剥削对象主要是小农。小农卷入商品经济运动中，所以受到商人资本的剥削。中国商品经济很早就有所发展，但未能尽早促进资本主义关系的产生和发展，原因是这里的商品经济是以小商品生产为基础的简单商品经济，它是地主制经济的交换形式，是与地主制经济相适应的。这种小商品经济与小规模经营相适应，与分散操作的技能及低效能的工具相适应。在高效工具产生并改变经营规模和组织形式之前，难以产生资本主义生产关系。经营形式和交换形式的协调性使整个地主制经济在低生产力水平上正常地运转，经济水平还可不断地有所提高。农业和家庭手工业结合所产生的对外国资本主义商品入侵的抵抗力，也是通过地主制经济与小商品经济的统一体现的。资本主义经济侵华并非破坏原有的自然经济，创建一套商业网，而是在销售方面通过华人买办逐步利用、控制、改造了建立在小商品经济基础上的原有的流通体系，达到其目的的。

（载《广东社会科学》1988 年第 2 期）

加强对中国封建经济流通环节的研究

——答林甘泉先生[1]

林甘泉先生在《秦汉的自然经济与商品经济》（《中国经济史研究》1997 年第 1 期）一文中，就自然经济与商品经济问题对我的观点提出不同意见。争论可使学术观点更加深化和明晰，我非常欢迎林先生提出的质疑。诚如林先生所说，我们讨论的这个问题"不仅涉及对'自然经济'本质特征的理解，而且关系到对中国封建社会经济结构的重新认识，很值得进一步深入讨论"。所以我想借此机会，重申我的看法，并当面向林先生请教。

林先生首先从方法论角度提出，在经济史的研究中，需要应用经济学的一些范畴、模式和原理来说明问题，但是不能简单地用一些范畴、模式和原理来剪裁历史。他引用恩格斯的话说："历史从哪里开始，思想进程也应当从哪里开始，而思想进程的进一步发展不过是历史过程在抽象的、理论上前后一贯的形式上的反映；这种反映是经过修正的，然而是按照现实的历史过程本身的规律修正的，这时，每一个要素可以在它完全成熟而具有典范形式的发展点上加以考察。"[2]

我完全同意林先生的意见，恩格斯的话确可作为方法论的指导。我理解这段引文所强调的是对历史每一个要素"完全成熟而具有典范形式的发展点上加以考察"，因为"完全成熟而具有典范形式的发展点"是"按照现实的历史过程本身的规律修正"过的，能充分反映历史本质的。根据这一方法研究中国地主制经济，我们应该选择什么时段当作地主制经济"完全成熟而具

---

① 这是在"'中国封建地主制经济'暨庆贺李文治先生九十寿辰学术研讨会"上的发言提纲。（1999 年 6 月 9 日）

② 恩格斯：《卡尔·马克思〈政治经济学批判〉》《马克思恩格斯全集》第 13 卷，第 535 页。

有典范形式的发展点"呢？学界比较公认的，中国地主制经济是从宋代开始有较大的发展。要说成熟了的中国封建社会经济，尤其是地主制经济，应当是在宋代以降，而不是此前。正因这个道理，我用解剖人体去理解猿的办法，以明清社会为背景分析地主制经济的本质特征，不套用现成的自然经济是封建社会的基础的范畴或原理来"剪裁历史"。选择秦汉为标本来研究中国地主制经济，是难以涵盖宋元明清的情况的，恐怕与恩格斯提出的方法论不甚吻合。当然，我的意思绝不是说秦汉的地主制经济不可研究，不必研究，而只是说，无视其后的发展状况，仅用秦汉社会经济作为典型来概括整个漫长的中国封建社会经济是不妥当的。

下面想就林先生文章的顺序一一作答。

林文第一部分提出三个问题：

第一个问题：既然地主制经济从一开始就与商品经济有本质联系，而与自然经济没有必然的关系，那么中国封建社会经济结构的类型是不是就应定性为商品经济？既然商品经济的繁荣和地主制经济的发展完全适应，为什么秦汉以后历代的一些政治家和思想家要一再提出重本抑末、重农抑商的思想和主张？

我在文章中分析的是"地主制经济"，而不是"封建社会经济结构"。我说地主制经济与商品经济有本质联系，并没有给中国封建社会经济结构的类型定性。如果所说"中国封建社会经济结构"的类型是指自然经济和商品经济所占比重的话，在不同发展时期二者所占比重是有变化的，存在消长现象。自然经济和商品经济比重的消长，和地主制经济与商品经济有没有本质联系不是一个层面的问题。

本末重抑关系的思想，是从生产力落后的现实中产生的，是民以食为天思想的直接反映，是劳动生产率低下的反映。人们认为，多一个从事农业的劳动力就多打一分粮食，多一分存活的保证，民以食为天，是为本。经商者多必然导致务农者少，多一个商人就少打一分粮食，少一分存活的保证，经商误农，是为末。不过，从某种意义上说，抑商思想的提出，正说明从商者众，否则何需谈抑？在中国封建社会的现实生活中，地主与商人之间始终是结合的，官商、学商之间的渠道始终是畅通的。抑商思想不断提出，商品经济还是不断发展，尽管发展缓慢。不能说重本抑末、重农抑商思想的不断被提出就是意味着商品经济跟地主制经济没有关系，不能说重本抑末思想的提出是地主制经济发展的要求。

第二个问题：倘若说中国封建经济结构从总体上说属于商品经济而不是自然经济，为什么这种与地主经济相适应的商品经济一直未能促进资本主义生产关系的产生和发展？

正如前面所说，我没有从总体上对中国封建经济结构做出性质判断。至于为什么这种与地主经济相适应的商品经济一直未能促进资本主义生产关系的产生和发展，乃是我的文章的主旨：正是因为这种商品经济与地主制经济相适应，前者为后者服务，所以它难以促进资本主义生产关系的产生和发展。资本主义生产关系的产生和发展，其影响因素是多元的，不是单纯的商品经济的促进与否的问题。这在五六十年代关于资本主义萌芽问题的讨论中，已有很多探讨。

第三个问题：既然自然经济从中国地主制封建社会一开始就不占统治（或主要）地位，1840年以后，阻碍近代中国资本主义关系发展的内部经济因素，究竟是自然经济还是商品经济？

我不这样提问题。因为我所要讨论的问题不是自然经济在中国封建社会占不占统治地位，不是不同类型经济的比重问题，而是想探讨商品经济与地主制经济到底有没有内在关系，商品经济的出现、存在和发展是地主制经济的外在因素，还是这种经济制度存在和发展的必需条件，即其内在要素之一。这里主要不是回答是什么阻碍近代中国资本主义关系发展的内部经济因素的问题。我的文章已经提到，近代帝国主义经济入侵后利用了中国原有的商品经济渠道。这时阻碍中国经济发展的是地主制经济制度，而不是什么自然经济或者商品经济。"阻碍近代中国资本主义关系发展的内部经济因素"，和前问中的"促进资本主义生产关系的产生和发展"的原因，是一个问题的两面，同样要有多元视点，不能简单地用自然经济还是商品经济来回答。我在文章中已经提出了自己的观点，即"地主经济"存在的条件并未消失，它的机制未遭破坏，带资本主义性质的经济向地主经济转移的道路难以阻断。

在这部分里，林先生提出自然经济的基本特征不是"自给自足"，而是"自给性生产"。"自然经济和商品经济的根本区别，就在于前者是自给性的生产而后者是商品性的生产。"

这是林先生的新提法之一。我们在前人著作中，总是看到"自给自足的自然经济"的提法，却少见"自给性生产的自然经济"的提法。问题在于，我所反对的正是人们把"自给自足的自然经济"作为一个通常的认识。根据林先生观点的逻辑，必然也是反对"自给自足的自然经济"的提法的。那么，我们二人的反对目标不是一样的吗？其实，林先生仍是用生产的目的性判断经济类型的性质，而关于这个问题，我已经充分说明了自己的看法。

林文第一部分的最后结论是：自给性生产是自然经济的本质，它并不排斥与市场的一定联系，而是以后者为自己的补充，这就是我们对中国封建社会自然经济的基本认识。

林先生跟我讨论的问题是，什么代表自然经济的本质，是自给自足还是自给性生产？林先生的逻辑是：自给性生产是自然经济的实质，封建社会经济是自给性生产，所以封建社会是自然经济，市场只能是补充。可我想讨论的问题是自然经济是不是地主制经济的基础。这两个问题不在一个层面上，不是针锋相对的。

他写道："自给性生产"和"自给自足"毕竟是两回事。大多数经济单位仍然从事自给性生产，因而也就没有改变自然经济占统治地位的基本特点。

林文没有对"自给性生产"和"自给自足"的差别详加辨别。两者当然是不一样的，"自给自足"的核心是使用价值上的自足；"自给性生产"则只有给自己生产而不一定是使用价值自足。用"自给性生产"代替"自给自足"，"自然经济"概念被扩大了。据此，只要产品的目的是自给，即使是通过货币交换取得生产资料进行的生产，或者将多余产品出卖后买回其他产品自用，都是自然经济。我把"自给自足"区分为使用价值的和价值的，乃是对"自然经济"概念的进一步分析。为使用价值的生产分为"为用"和"为买"两种不同目的的生产，其中只有前者，即为用而生产，属自然经济的范畴。自然经济一定是为使用价值而生产，但不能反过来认为使用价值的生产一定是属于自然经济。不区分"使用价值形态的自给自足"和"价值形态的自给自足"，实际上是对自然经济概念的泛化，其结果就是无往而不自然经济。林先生的这种提法是把价值的自给自足仍然拉回到自然经济概念中来，使得问题又回到了起点。

林文第二部分讨论男耕女织。

我的文章曾专门说明对男耕女织的看法。不知道林先生前面提出的"自给性生产"是自然经济的特性，和这里提出的"男耕女织的自然经济"是不是同一概念？大量均输、赏赐用帛最初都是男耕女织的产品，但肯定不是农家自用的产品，这些帛的生产怎么算作是自给性生产呢？这样的生产怎么就使得"男耕女织的自然经济也结合得更为紧密了"呢？男耕女织这样一个笼统的词语可以描绘家庭分工状态，但是难以准确地表述其产品的来龙去脉。不引进商品经济概念，是难以描述地主制经济的正常运行过程的。

林文的第三部分讲小农的经济状况及其与市场的联系。

按照林先生的描述，秦汉农民是因为生产力水平低下而不得不自然经济。我也同意这个说法，但是还应进一步说自然经济不是小农经济运转链条中的必要要素，它只是生产力低下的表现或反映；一旦其生产力有所提高，就要进入市场。也就是说，由于生产力水平低下，一定程度的自然经济是秦汉小农经济的必然，但自然经济与秦汉的小农经济没有本质联系。林先生认为各种原因使小农不得不与市场保持联系，但只是使用价值的交换。在市场上进行的使用价值的交换肯定是无货币交换吗？必定是以物易物吗？显然不是。

在这部分里，林先生还说，小农和市场有各种联系的原因：（1）铁农具、食盐以及部分衣着之类"必仰于市"，"不得不买"。（2）为了缴纳必须用货币支付的算赋、口钱和更赋等赋税。（3）部分从事雇佣劳动农民家庭要从市场上补充大部分或一部分生活资料。这些联系都是不得已的交换，是使用价值的交换，不是价值的交换。价值规律对农民投入市场的产品虽然也要起一定的作用（如"谷贱伤农"），但小农经济的资源配置不受价值规律支配，说明农民和市场的联系并没有改变小农经济的自然经济属性。

按照林先生的描述，各种原因使得秦汉小农与市场保持联系，进行的是"不得已的交换"，是使用价值的交换，不是价值的交换，"小农经济的资源配置不受价值规律支配"，价值规律只"起一定的作用"。但恩格斯在《〈资本论〉第三卷增补》中批评洛里亚先生时说："只要经济规律起作用，马克思的价值规律对于整个简单商品生产时期是普遍适用的，也就是说，直到简单商品生产由于资本主义生产形式的出现而发生变化之前是普遍适用的。在此之前，价格都以马克思的规律所决定的价值为重心，并且围绕着这种价值来变动，以致简单商品生产发展得越是充分，一个不为外部的暴力干扰所中断的较长时期内的平均价格就越是与价值趋于一致，直至量的差额小到可以忽略不计的程度。因此，马克思的价值规律，从开始出现把产品转化为商品的那种交换时起，直到公元十五世纪止这个时期内，在经济上是普遍适用的。但是，商品交换在有文字记载的历史之前就开始了。在埃及，至少可以追溯到公元前 3500 年，也许是 5000 年；在巴比伦，可以追溯到前 4000 年，也许是 6000 年；因此，价值规律已经在长达 5000 年至 7000 年的时期内起支配作用。现在，我们可以来欣赏一下洛里亚先生的高深见解了。洛里亚先生竟然把这个时期内普遍和直接适用的价值叫作这样一种价值，商品从未按照它来出售，也不能按照它来出售，并且说任何一个稍有点健全理智的经济学家都不会去研究它！"①我接受这个观点。

　　林文第四部分讲到：当地租量在满足地主家庭的必要消费之后还有富余时，以谷物为主要形态的实物地租对于地主来说，已经不再只是具有使用价值，它还代表着一种交换价值。因此，租佃制的地主经济也就不能再简单归结为自然经济，而是在一定意义上带有商品经济的性质了。土地越多，意味着可以用来交换的地租量越大。

　　地主大了，地租多了，单一实物形态地租多了，譬如稻谷，多得超出了地主家庭成员的生活需要，对地主来说已经失去使用价值了，所以要将其投入商品循环。正是为了说明这个问题，所以我提出了"单一实物地租"和"多种实物地租"理论。这正是中国的地主制经济跟西欧早期领主制经济的重要不同点之一。

　　林文第四部分还讲到：秦汉大土地所有者的自营田庄，有的属于自给性生产和商品性生产相结合的经济单位。秦汉时代在不同程度上实行自给性生产和商品性生产相结合的地主田庄却不少。这是中国封建社会经济结构的另一特色。

　　这就是我的文章中提到的地主经营制。我以宋元明清为背景，认为相对租佃地主而言这类地主是少数，所以在进行质的剖析时以租佃地主为标本了。林认为，秦汉时代这种类型的地主田庄不少。这类地主田庄是地主制经

---

　　① 《资本论》第三卷，第 1018—1019 页。

济的组成部分，如果确实不少的话，那更说明商品经济与地主制经济的联系是多么密切了。

林文第五部分讲手工业问题。

我的文章中关于手工业只涉及家庭手工业，因为我探讨的是商品经济与地主制经济的关系，不是封建经济整体。

林文第六部分从自然经济和商品经济的结合看封建经济特点。

在我看来，商品经济没能"瓦解"中国的封建生产方式，是因为商品经济跟地主制经济这种封建生产方式有内在的本质的联系有关。这是地主制经济运转流程的特点形成的。地主制经济下商品经济的使命本不是瓦解地主制经济，而是为地主制经济服务。它是地主制经济拖拉机履带上的重要板块。它担负的任务是拉动封建经济这个庞大的车体前进，而不是去颠覆它。

我提出中国封建社会的商品经济与地主制经济有本质联系问题，其逻辑起点是生产单位的产品单一性（或少样性），以及单一实物地租。分工要求交换，分工导致商品经济。生产单位的产品单一性（或少样性），以及单一实物地租同样要求交换，同样导致商品经济；因为生产单位的产品单一性（或少样性），以及单一实物地租，客观上就是分工的结果。生产力的发展形成分工，要求商品交换；生产力的落后形成产品的单一化，也要求商品交换。从而商品经济成为必要。在这里，结果（商品经济的出现与发展）是重要的，原因（由于分工抑或生产力落后）反而不重要了，虽然生产力水平的差距可以很大。

经济单位生产的商品量很小，而市场商品量却很大，在林先生看来是"商品经济的畸形发展"，在我看来，这正是地主制经济下商品经济的特有表现，是小商品经济的特有表现，很正常。

林先生认为，"自然经济和商品经济相结合，而以自然经济占统治地位，这是中国封建社会经济结构的一个重要特点"，这个特点表现为"自然经济和商品经济这两种经济运行形式能够互补和互相制约"、"中国封建社会的自然经济是不完全的自然经济，而其商品经济则是不发达的商品经济"、"由于封建经济既有自给性生产的单位，也有商品性生产的单位，而自给性生产的单位又与市场有或多或少的联系"、"由于商品生产并没有相应的发展，是商业使产品变成商品，而不是商品以自己的运动形成商业，因此商品经济的发展并没有瓦解自然经济，反而是延长了自然经济和封建生产方式的寿命"，等等。甚至他在文章最后还用了"中国封建生产方式与商品经济有天然的联系"的提法。不过，他不同意商品经济与地主制经济有本质联系。可惜他没有进一步说明他所说的"天然的联系"与我所说的"本质的联系"这两种提法的根本区别是什么。可我觉得，这两种提法挺接近的。

我的文章开头就说明，针对的是"自给自足的自然经济占统治地位是封建社会经济的基础和特征"。尽管林先生对我的观点有许多批评，但我还是很高兴的。因为通过讨论，他提出了"自然经济和商品经济相结合，而以自然经济占统治地位，这是中国封建社会经济结构的一个重要特点"的提法。这个提法，相对"封建社会经济制度以自然经济占统治地位为基础"以及"自给自足的自然经济占主要地位"是中国封建时代的经济制度的主要特点之一的传统观点而言，显然很不相同了。我认为把商品经济引入描述中国封建经济的概念中，是有重要意义的，因为这有助于完整地探讨中国封建经济的生产、分配、流通、消费全过程。忽视流通和交换会导致不能全面正确认识中国封建经济；所以我们应该提倡加强对中国封建社会商品经济的探讨与研究。

清代关于民间经济的立法

《大清律例》是一部诸法合体的综合性法典。其中名例及吏、户、礼、兵、刑、工诸律并列，而以刑律为主。它包括了皇族、铨选、经济、礼制、军政、刑罚、营造等法规，以调整政治、民族、宗族、婚姻、宗教、军政以及经济等多方面的关系。它在巩固清王朝的统治上起过重要的作用。

《大清律例》虽然各方面的法律都有，但它并不是各种专门法的总汇。例如，《大清律例》中有许多调整经济关系的律例条文，而这些条文的总和远不能构成一部现代意义上的经济法。律例中有关经济关系的条文大体可分成两大类：一类是用以调整王朝政府的，以及王朝政府与人民之间的经济关系的；另一类是用以调整人民之间的关系的。本文准备就后一类进行考察，分析清政府在调整民间经济关系方面采用什么原则，制定了哪些律例，并尽可能找出这些律例与前朝律例的渊源。

一

让我们首先考察清代法律是怎样对待私有财产的。《大清律例》有许多律、例是处理私人间财产所有权纠纷的。其中最主要的是关于土地房产纠纷的律和例。

清律中"盗卖田宅"律规定："凡盗（他人田宅）卖、（将已不堪田宅）换易及冒认（他人田宅作自己者），若虚（写价）钱实（立文）契典卖，及侵占他人田宅者，田一亩、屋一间以下，笞五十；每田五亩、屋三间，加一等。罪止杖八十徒二年。系官（田宅）者，各加二等。若强占官民山场、湖泊、茶园、芦荡及金、银、铜、锡、铁冶者，（不计亩数）杖一百流三千里。

若将互争（不明）及他人田产，妄作己业，朦胧投献官豪势要之人，与者、受者各杖一百徒三年。（盗卖与投献等项）田产及盗卖过田价，并（各项田产中）递年所得花利，各（应还官者）还官，（应给主者）给主。若功臣有犯者，照律拟罪，奏请定夺。"①

这条法律明确地述明，私人所有的一切田地、房屋、山场、湖泊、茶园、芦荡、矿冶都受到保护，任何形式的盗卖、以坏换好、假契典卖等对他人不动产的侵占，都在禁止之列。这条法律的目的在于"禁诈伪，抑豪强，使民各守己业"②。

这条法律是承袭明律而来，而明律又是将唐代法律有关"妄认"、"盗卖"、"侵夺"他人土地房产的三条律文加以合并、增删而成的。③清代法学家薛允升指出，明代"此律上层与唐律同，惟唐律官私同科，与明律不同。在官侵占私田，明律无文；投献官豪势要，唐律亦无文。以今昔情形不同也。"④

保护私人不动产权，清律还继承了明代的问刑条例："军民人等将争兢不明、并卖过及民间起科，僧道将寺观各田地，若子孙将公共祖坟山地，朦胧投献王府及内外官豪势要之家，私捏文契典卖者，投献之人问发边远充军，田地还应得之人。其受投献家长，并管庄人参究治罪。直隶各省空闲地土，俱听民尽力开种，照年限制起科，若有占夺投献者，悉照前例问发。"⑤和上述律文相比，条例加重了对"朦胧投献"行为的惩罚。条例中提到的子孙将祖坟山地私自投献或典卖的现象，比族外人进行这类活动的更多见，所以，乾隆二十一年（公元1756年），朝廷接受苏州巡抚庄有恭的建议，制定了新的条例："凡子孙盗卖祖遗祀产至五十亩者，照投献捏卖祖坟山地例，发边远充军。不及前数，及盗卖义田，应照'盗卖官田律'治罪。其盗卖历久宗祠，一间以下杖七十；每三间加一等，罪止杖一百徒三年。以上知情谋买之人，各与犯人同罪。房产收回，给族长收管，卖价入官。不知者不坐。其祀产义田，令勒石报官，或族党自立议单公据，方准按例治罪。如无公私

---

① 《大清律例》户律，田宅。括号内系顺治初年加入的小注。下同。
② 《大清律例按语》卷5。
③ 《大清律例通考》卷9。
④ 《唐明律合编》卷5。
⑤ 《大清律例》户律，田宅。

确据，藉端生事者，照诬告律治罪。"①

由此可见，清王朝的法律对民间个人私有和家族共有不动产的所有权是给予保护的，不仅他人不得侵犯，所有者的子孙也同样无权处置。清律对民间个人所有的动产浮财也予以保护，对民间易于发生的各种财产纠纷做了一些具体的规定。例如，关于寄存在他人那里的财产被收寄人使用，有"费用受寄财产"律："凡受寄（他）人财物畜产而辄费用者，坐赃论，（以坐赃致罪论）减一等；（罪止杖九十徒二年半。）诈言死、失者，准窃盗轮，减一等；（罪止杖一百徒三年，免刺，）并追物还主。其被水火盗贼费失，及畜产病死有显迹者，勿论。（若受寄财畜而隐匿不认，依'诓骗律'；如以产业转寄他人户下，而为所卖、失，自有诡寄盗卖本条。）"②

受人之托代为保存财物，不守信用而自己享用或骗为己有，其罪是与贪污、窃盗相提并论的。这条原本也是明律在唐律的基础上发展而来的。③又因受寄财物往往是亲属之间的托付，为了防止发生负赖，明代增加定例："亲属费用受寄财产，并与民人一体科罪，追物还主，不必论服制减罪。"雍正三年（公元 1725 年）清廷认为有关亲属之间盗窃财物的处罚，清律规定是按照服制不同而分别轻重的；血缘关系愈近的，处刑愈轻。而费用受寄财产的这个条例，对各类亲属一律和凡人一样处罚，则与有关亲属相盗的规定相矛盾。所以将此条废止，另立新例："亲属费用受寄财物，大功以上及外祖父母得相容隐之亲属，追物给主，不坐罪；小功减三等；缌麻减二等；无服之亲减一等；俱追物还主。"④

损坏别人的东西，清律有"弃毁器物稼穑等"律："凡（故意）弃毁人器物及毁伐树木稼穑者，计（所弃毁之物，即为）赃，准窃盗论，（照窃盗定罪）免刺。（罪止杖一百流三千里。）""私物，则偿而不坐罪"。"若毁人坟茔内碑碣石兽者杖八十；毁人神主者杖九十。若毁损人房屋墙垣之类者，计合用修造雇工钱坐赃论。（一两以下笞二十。罪止杖一百徒三年。）各令修立。""误毁者，但令修立，不坐罪"。⑤这条清律承自明律；而明律又是在

①　《大清律例》户律，田宅。
②　《大清律例》户律，钱债。
③　《唐律疏议》杂律。
④　《大清律例》户律，钱债。
⑤　《大清律例》户律，田宅。

唐律的基础上，增加归偿而不坐罪，及毁人房屋计雇工钱坐赃这两个内容而成的。①

私自摘取他人园中种植的瓜果是不可以的，清律有"擅食田园瓜果"律："凡于他人田无擅食瓜果之类，坐赃论。（计所食之物价，一两以上笞一十；二两笞二十：计两加等，罪止杖六十徒一年。）弃毁者罪亦如之。"② 原来明律没有文中小注，所以"擅食瓜果之类坐赃论"③ 并无数量限制。设若严格地按条文文字，那么私自摘取一两个瓜果也可被认为是有罪的。清代加入计价一两以上方才坐罪的小注后，解释就不一样了。一个人在园中摘瓜果尽情而食，其价值也不会达到一两以上。该律则由原来的"擅食"而变成针对较大量地偷窃瓜果而言了。本律也是来自唐律。④

瓜果如此，其他农产品也都受到保护。清代有律规定："凡盗田野谷麦菜果及无人看守器物者，并计赃准窃盗论，免刺。若山野柴草木石之类，他人已用工力砍伐积聚，而擅取者，罪亦如之"⑤。山野柴草木石本来是无主的自然资源，谁对之加工，就属谁所有，法律保护因劳动而形成的所有权。这一点唐律与明律的规定是一样的。

牲畜家禽是农家的重财产，其所在得到历代法律的保障。唐律原有盗官私马牛而杀者徒二年半的条文。明律将其发展为所有牲畜、家禽，并且盗即坐赃，杀则坐罪，量刑比唐代为重。清律继承明律："凡盗民间马、牛、驴、骡、猪、羊、鸡、犬、鹅、鸭者，并计（所值之）赃，以窃盗论。若盗官畜产者，以常人盗官物论。若盗马、牛（兼官私言）而杀者，（不计赃，即）杖一百徒三年；驴、骡杖七十徒一年半。若计赃（并从已杀计赃）重于（徒三年、徒一年半）本罪者，各加盗（窃盗、常人盗）罪一等"⑥。雍正六年（公元 1728 年），根据给事中黎致远的建议，制定了专门惩治盗牛者的条例："凡盗牛一只，枷号一个月，杖八十；二只，枷号三十五日，杖九十；三只，枷号四十日，杖一百；四只，枷号四十日，杖六十徒一年；五只，枷

---

① 《唐律疏议》杂律。

② 《大清律例》户律，田宅。

③ 《明律》户律，田宅。

④ 《唐律疏议》杂律。

⑤ 《大清律例》刑律，贼盗。

⑥ 《大清律例》刑律，贼盗中。

号四十日，杖八十徒二年；五只以上者，枷号四十日，杖一百徒三年；十只以上，杖一百流三千里；二十只以上，不计赃数多寡，拟绞监候，其虽在二十只以下，除计赃轻者分别枷杖徒流外，如计赃至一百二十两以上者，仍照律拟绞监候。盗杀者，枷号一个月，发附近充军。俱照窃盗例刺字。其窝家知情分赃者，与盗同罪；知情不分赃者，杖一百。"① 薛允升议论说："盗牛以'只'定罪，系严惩盗牛之专条，变计赃之法为计'只'，原因牛只关系耕作，故严之也。"②

除去已经举出的以外，清律的刑律部分还有许多条律和条例与此有关。例如"强盗律"、"白昼抢夺律"、"窃盗律"、"亲属相盗律"、"恐吓取财律"、"诈欺官私取财律"、"盗贼窝主律"、"共谋为盗律"、"夜无故入人家律"，以及与之有关的条例等都是。只是因为这些律例的着眼更多在于维护社会治安，所以本文未加讨论。不论如何，我们已经可以清楚地看出，清律对于私有财产保护的原则是始终彻底贯彻的。

二

财产继承是处置私有财产的重要问题，也是最容易引起兢兢纠纷的问题。严格地讲，在明清两代的律书中，并没有关于析产的正律；而在"户律"部分的立嫡子违法、卑幼私擅用财、男女婚姻等律文的后面，陆陆续续增许多条例，专为处理家内财产的继承问题。所以薛允升说："'律'不言家产，而'例'特为补出。以图产争继者多。故于财产一层反复言之也。"③

明清两代法律的"户律""户役"中有"立嫡子违法"律，规定了对违法立嫡者的惩罚。所谓立嫡，是确定合法的继承人，"明伦叙、重宗祧"④，接继家族的香火。这是至少自唐代以来法律中，从来就有的重要内容。该律之设，除上述目的外，还为了袭荫官爵。有功于国的人被封予世袭之职。子孙依次阘替。所承袭的官爵只是一个，承袭者也只是一个人。设若该官员多子多孙，法定的承袭权利也只能授予其中的一位。所以在法律的"吏律"

---

① 《大清律例》刑律，贼盗中。
② 《读例存疑》刑律，贼盗中。
③ 《读律存疑》卷9按语。
④ 《大清律例按语》卷4按语。

"职制"部分有"官员袭荫"律，以排定应袭官爵的承袭顺序，以免争兢。立嫡的原则是先嫡（妻生子）后庶（妾生子），先长后幼，并严禁异姓乱宗。

不过，庶民中，对防止乱宗并不那么严格。薛允升认为，"即以民人而论，如有孤单零户，本宗及远房无人承继者，取外姓亲属之人承继，似亦可行。古来名人以异姓承继者不知凡几，亦王道本乎人情之意也"①。在清代，朝廷特别强调不准乱宗的是旗人。乾隆五年（公元1740年）定例，"旗人除乞养异姓为子，诈冒荫袭、承受世职者，仍照本例拟发边远充军外；其虽无世职，而诈冒抱养民间子弟、户下家奴子孙为嗣，紊乱旗籍者，将朦混抱养继立之旗人，及以子与旗为嗣之人，并知情之义子，俱比照乞养义子诈冒袭荫充军例，减一等，杖一百徒三年"②。

唐律规定，"养杂户男为子孙者徒一年半，养女杖一百；官户各加一等；与者亦如之。若养部曲及奴为子孙者杖一百。各还正之"③。明清两律规定，"其乞养异姓义子以乱宗族者杖六十，若以子与异姓人为嗣者罪同。其子归宗"。（"户律"，"户役"。）由此可见，清代对旗人乱宗的惩罚，比唐代以及明清时代民人乱宗的惩罚严厉得多。

就家族而言，嫡子是未来的家长，所以地位很重要。为了家族或家庭传宗接代，保证家族有秩序地、血缘纯正地延续，确立上述各项原则是必要的。对于大族尤其必要。但是，这不涉及财产的分析、继承问题。明清两代的"令"和"例"重申和补充了继产和析产的条文，更明确地规定了或重申了家庭财产分配原则。这方面的问题，不仅与有官爵世禄的大族有关，而且与所有家庭都有关系。

关于析产，清代沿用明代的"令"为条例，规定："嫡庶子男，除有荫袭先尽嫡长子孙，其分析家财田产，不问妻、妾、婢生，止以子数均分。奸生之子依子量与半分；如无别子，立应嗣之人为嗣，与奸生子均分；无应继之人，方许承继全分"④。

官爵只有一个，承袭者只能是一人，故需立嫡。财产，包括不动产与动

① 《读律存疑》卷9按语。
② 《大清律例》户律，户役。
③ 《唐律疏议》户婚。
④ 《大清律例》户律，户役。

产，奴婢与牲畜等，都是可分的，并不一定由一个人承继全部。也许因为平分是最简单、最少争兢的办法，所以中国历来以诸子均分制为财产继承的基本原则。唐代开元令："诸应分田宅及财物者，兄弟均分"。"兄弟亡者，子承父分"，"兄弟俱亡，则诸子均分"。"其未娶妻者，别与聘财。姑、姊在室者，减男聘财之半。寡妻无男者承夫分；若夫兄弟皆亡，同一子之分"①。宋代也用同一办法。

跟唐宋律文相比较，明清更强调了非嫡妻生子的财产继承权，甚至包括奸生之子的。

明清刑律将"犯奸"专列一卷，严禁婚外的性关系。"凡和奸杖八十；有夫者杖九十。刁奸杖一百。强奸者绞；未成者杖一百流三千里"。此外，还对亲属之间、良贱之间、奴主之间、雇主之间的通奸行为规定了详细的惩罚办法。但是，没有对奸生子女，即私生子女的地位予以确定。只有在分家析产时，明确了他们有分得生父财产的权利。其应得数量是亲生子应得的半数；与继嗣子等量；在没有亲生子与嗣子的情况下，则可承继全部财产。简言之，奸生子的财产继承地位低于亲生子而与嗣子相等。清代奸生之子能有这样的地位，也许与唐宋时代"诸良人相奸所生男子随父"有关。② 奸虽有罪，所生之子由父承担养育之责；私生子虽因父母非婚奸生，但他本人不应承担父母的责任，应该有权参加父祖财产的分析继承。奸夫奸妇受到法律的制裁，奸妇在奸夫的家族或家庭中，无论从当时的法律上或情理上，都没有合法地位，而他生的孩子却拥有法定的继承权。看上去这是法律本身的矛盾。两性关系可以产生新的生命，这是"奸"这项罪行带来的特殊问题。从对私生子参加析产的规定中可以看到，中国古代诸子均分制的析产原则贯彻得是很彻底的。

其次，清代沿用明代条例，明确了妇女拥有有条件的继承权。女子的财产继承权是值得注意的问题。清代条例规定："户绝财产果无同宗应继之人，所有亲女承受"③。这意味着，在有男儿继承的情况下，女儿是无分的；女儿继承父产的条件是其父既无子男，也无可立之嗣。前面提到，唐、宋时代规定，未嫁的姑、姊可以得到一份备用的嫁奁，数量相当于未婚男儿应多得的

① 仁井田陞《唐令拾遗》第245—246页。
② 《唐令拾遗》第263页；《宋刑统》杂律。
③ 《大清律例》户律，户役。

聘财数量的半数。明清时期，或许民间有按这个办法析产的，但法律上没有这样的规定。就此而言，可以认为，在有男、侄继承的家庭中，女子的继承权比唐宋时更小了。

妇女出嫁后，在夫家析产时只随丈夫得到一份，没有自己独立的份额。夫死无子，守寡不嫁，在唐、宋、明、清都是"合承夫分"，即取得丈夫应得的那一份。清代沿用明代条例，须由族长给他选定一位继嗣之人，以便以后承接他的那份财产。如果夫死无子而再嫁，那他就完全丧失了取得前夫那份财产的权利。不仅此也，甚至当初结婚时从娘家带来的嫁奁也要留在夫家，不得带到后夫家去。这比唐、宋时的规定明确得多。乾隆三十八年（公元1773年）进一步规定，孀守的儿媳和"已聘未娶"而"以女身守志"的儿媳，都应为其立继，以继承财产。①

可见，妇女的财产权及继承权，与她的婚姻状况有直接关系。原则上，一个家族或家庭的财产，不论是一部分还是全部，都不准妇女因出嫁而带走。从实质上讲，在一般情况下，清代妇女并没有析产权。孀居者只是代表她的丈夫享受继承权的，或者说，仅是暂时地为她的儿子或继子保有继承权而已。当然，孀居者在她的儿子析产或承继之前，她实际上拥有财产的支配权和使用权。

第三，嗣子的确立，权力在家长本人，无儿无女则乏人奉祀祖先，财产也无人承继。按照宗族制度的传统，需从同族血缘近亲中选择子侄辈一人为继子（嗣子），以便有人承祀。一旦嗣子关系确立，法律立即予以承认。前述有儿子的人立嫡子的规则是先嫡后庶，先长后幼，其顺序是不可紊乱的。没有儿子的人确立嗣子，原则上也得按照血缘关系，先近后远，先长后幼排定顺序。但明、清条例规定，"无子立嗣，除依律外，若继子不得于所后之亲，听其告官别立。其或选贤能及所亲爱者，若于昭穆伦序不失，不许宗族指以次序先争，并官司受理"（"户律"，"户役"）。这就给了无后者自己更换已经选定的继子的权利，而且官府受理这类案件，以保障无后者的这个权利。如果立嗣以后又生子，嗣子仍有新生子同等的继承权，"其家产与原立子均分"（"户律""户役"）。

乾隆三十八年再订新例，"无子立嗣，若应继之人平日先有嫌隙，则于

_____

① 《大清律例》户律，户役。

昭穆相当亲族内，择贤择爱，听从其便。如族中希图财产，勒令承继，或忿恚择继，以致涉讼者，地方官立即惩治，仍将所择贤爱之人断令立继。"① 这就是说，无后者立嗣，不但因对已经按照一定血缘顺序选定的继子不满意时有权更换，而且从一开始就有权按照自己的意愿选择；族人无权反对，官府予以支持。近代法律中，财产所有者有权写立遗嘱，指定将财产留给自己中意的任何人。清代的无后者择嗣规定，已向此靠近了一步。

第四，"养老女婿"也可分得财产。明、清时，一个人如果没有儿子，只有一个女儿，则可凭媒介绍，写立婚书，招一女婿入赘。婚书写明该入赘女婿有养老的责任，或者写明准许他携带妻子离开的时限。招了"养老女婿"，可以"仍立同宗应继者一人，承奉祭祀。"在既有"养老女婿"又有继子的情况下，老人的遗产将由二人平分。② 明代人习惯于收养"义男"。"义男"和"养老女婿"都是外姓，但这没有关系。只要他们是"为所后之亲喜悦者，听其相为依倚，不许继子并本生父母用计逼逐。"③ 不过，条例同时也明确地规定，异姓"义男"如果"有情愿归宗者，不许将分得财产携回本宗，"④ 其目的显然在于防止义子怀私负恩，保护私有财产不流往外姓。

第五，惩治争继者。尽管承继的主要目的是为了奉祀祖先，接续香火，但当过继关系一旦确立，继子就当然地拥有一分财产继承权。为了这份财产，绝户人家的多子近亲都希望自己的一个儿子得以过继。因而，同族各房争继的事时有发生，甚至相互成仇。乾隆四十四年（公元 1779 年）湖北某地的曾志广因图谋夺继，用石头把亲叔父曾生迥打死，酿成命案。曾志广被判处凌迟。以此案为由，设立了一条新例："因争继酿成人命者，凡争产谋继及扶同争继之房分，均不准其继嗣，应听户族另行公议承立。"⑤

三

商品交换是民间经济的重要内容。《大清律例》关于市场、商业的规定，

---

① 《大清律例》户律，户役。

② 《大清律例》户律，婚姻。

③ 《大清律例》户律，户役；参阅户律，婚姻。

④ 《大清律例》户律，户役。

⑤ 《大清律例》户律，户役。

主要集中于"户律""市廛"一节，其中包括："私充牙行埠头"、"市司评物价"、"把持行市"、"私造斛斗秤尺及器用布绢不如法"等律。

首先是关于牙人的规定。在唐律中没有有关的条文。明、清时期，各行各业逐步都设立了牙人。商人运货到达发卖地，需就本行选定当地一位牙人，将货物相投托。批买商人，也要托牙人代觅卖主。这就是所谓"投主"。牙人衡量货物之好坏，定价格之高低，代双方说合以成交，他则从中收取佣金。埠头乃是江河码头上控制船户的人。商旅雇船运输，必需经过埠头才能找到可靠的船户；船埠头从中收取佣金。商人投主后，牙人对客商货物负有责任。运输过程中，埠头也要就其所荐船户的可靠性向商人负责。设若上当受骗，或发生其他损失，牙人、埠头应该赔偿。官府从治安角度出发，要求牙人汇报客商往来情况，要求埠头汇报船户的情况。所以官府要求这两种人必得由有家有业、殷实可靠的人充当。清律全承明律："凡城市乡村诸色牙行及船（之）埠头，并选有抵业人户充应，官给印信文簿，附写（逐月所至）客商船户籍贯姓名、路引字号、物货数目，每月赴官查照（其来历引货。若不由官选）私充者，杖六十，所得牙钱入官；官牙、埠头容隐者，笞五十，各革去。"①

衙门里的胥役，倚仗与当地官府上下往来熟悉，往往形成一股势力，无人敢于轻易得罪他们。他们因见充当牙行有利可图，往往改名换姓，或以子侄名义，充当牙人，暗中操纵，控制客商，强拉买卖，抽取佣金之外，勒索牟利，为害正常的商业活动。乾隆五年（公元 1740 年）定例，"各衙门胥役，有更名捏姓兼充牙行者，照更名重役例杖一百，革退。如有诓骗客货，累商久候，照'棍徒顶冒朋充霸开总行例'，枷号一个月，发附近充军，若该地方官失于觉察，及有意徇纵，交部分别议处；受财故纵，以枉法从重论。"② 嘉庆二十三年（公元 1818 年）时，安徽婺源县一名退役的典史，名叫程慎思，以他孙子的名字领帖，顶充茶叶牙人。被揭露后，查明"虽讯无额外多索情弊，实属朋比扰累商旅"，按照这个条例，受杖一百。③

平抑物价，是中国古代历朝政府都十分注意的大事。唐律规定司评物

---

① 《大清律例》户律，市廛。
② 《大清律例》户律，市廛。
③ 《读例存疑》卷 10；《刑案汇览》卷 10。

价，"诸市司评物价不平者，计所贵贱坐赃论，入己者以盗论。"① 宋代"诸物价每月一估，每物具上中下等，实值时估"。② 明清两朝律文虽仍题为"市司评物价"，物价评估实由牙行主持。"或以贵（为贱），或以贱（为贵），令价不平者，计所增减之价坐赃论（一两以下笞二十，罪止杖一百徒三年）；入己者，准窃盗论，免刺。"③

在市场上，牟利之徒往往不公平买卖。他们与牙行串通，强行把持行市，抬高价格卖出自己的货物，压低价格强买他人的货物。清律对此严禁："凡买卖诸物，两不和同，而把持行市，专取其利，及贩鬻之徒同牙行共为奸计，卖（己之）物以贱为贵，买（人之）物以贵为贱者，杖八十。若见人有所买卖，在市（混以己物）高下比价，以相惑乱而取利者，（虽情非把持，）笞四十。若已得利物，计赃重（于杖八十、笞四十）者，准窃盗论，免刺。（赃轻者，仍以本罪科之。）"这条法律承自明律，而明律脱胎唐律中的"卖买不和较固"律。④ 所谓"较固"，是强执其市，不许外人买卖，抬价以卖己货，压价以买他人商品的意思。对于这种行为，明清时代更订新例，加重了量刑等级："各处客商辐辏去处，若牙行及无籍之徒用强邀截客货者，不论有无诓赊货物，问罪，俱枷号一个月。如有诓赊货物，仍追比完足发落。若追比年久无从赔还，累死客商者，发附近充军。"⑤ 所谓用强邀截，就是把持行市。

清代继承了明代律例而外，于康熙年间增加了禁王公等家人把持市场的条例："凡内府人员家人及王、贝勒、贝子、公、大臣官员家人领本生理，霸占要地关津，倚势欺凌，不令商民贸易者，事发，将倚势欺凌之人拟斩监候。如民人借贷王以下大臣官员银两，指名贸易，霸占要地关津，恃强赊累地方者，亦照此例治罪。"⑥ 对于倚仗皇亲国戚、大臣官员势力把持市场的行为特加禁止。清代满族支持家人经商牟利，由来已久，所以康熙初年有此禁例。这个条例的精神，和唐代开元二十五年的一个禁令相似："诸王公主及

---

① 《唐律疏议》杂律。
② 宋庆元关市令，见《唐令拾遗》第716页。
③ 《大清律例》户律，市廛。
④ 《唐律疏议》杂律。
⑤ 《大清律例》户律，市廛。
⑥ 《大清律例》户律，市廛。

宫人，不得遣亲事帐内邑司，如客、部曲等，在市兴贩及邸店沽卖者，出举。"①

乾隆元年（公元 1736 年）又增加新例，要求官府大小衙门购物时不得强买："大小衙门公私所需货物，务照市价公平交易，不得充用牙行、纵役私取。即有差办，必须秉公提取，毋许藉端需索。如有纵役失察，交部分别议处。其衙役照'牙行及无籍之徒用强邀截客货者，不论有无诓赊货物'例，枷号一个月，杖八十；如赃至三十五两者，照枉法赃问拟。所得赃私货物，分别给主人管。"② 此例也和唐代的规定有相通之处。开元七年令："诸官与私交易以物，为价者，准中估价。"③ 禁止衙役依官衙势力损害商人利益。

清代法律沿袭了古代传统，对市场管理，抓住买卖中的数量和质量两个环节。在数量方面，规定度量衡器全由官定，禁止私造斛、斗、秤、尺。律称："凡私造斛、斗、秤、尺不平，在市行使，及将官降斛、斗、秤、尺作弊增减者，杖六十；工匠同罪。""其在市行使名斛、斗、秤、尺，虽平而不经官司较勘印烙者，（印系私造，）笞四十。"④ 官造度量衡器造做不合规格者，官及工匠受惩。清律承自明律，明律此条来自唐律，但其量刑比唐律所定重得多。唐律"诸私作斛、斗、秤、度不平而在市执用者，笞五十"⑤ 明、清则加到"杖六十"了。在质量方面，清律规定："凡民间造器用之物，不牢固正实；及绢、布之属纰薄短狭而卖者，各笞五十。"⑥ 唐律中同一规定："诸造器用之物及绢、布之属，有行滥短狭而卖者，各杖六十。得利，赃重者计利准盗论，贩卖者亦如之。市及州县官司知情，各与同罪，不觉者减二等。"⑦ 清代对此量刑比唐律所定要轻，而且官司不必像在唐代那样，对市场上出现质量差次的商品负责了。

对市场商品交易的这两项管理法规，目的显然在于维护公平交易，特别是统一度量衡的制度是很必要的。但在清代实际上管理很松懈。以度量衡而

---

① 《唐令拾遗》杂令。
② 《大清律例》户律，市廛。
③ 《唐令拾遗》关市令。
④ 《大清律例》户律，市廛。
⑤ 《唐律疏议》杂律。
⑥ 《大清律例》户律，市廛。
⑦ 《唐律疏议》杂律。

论，仅官府所定的就不止一种。到光绪时，度量衡"则各自制造，俱不画一。即以京城用白银而论，有库存平、市平、公砝平。又有二两京平，其他可知已"；"尺则有工部尺、匠尺之别；衡则有库平、曹平、二两平等之别；各省又有市尺、市平；量更各省不同。其不一甚矣"。[①] 同时，"器用布绢不如法"律也"已成具文矣"[②]。其实，律文中对所谓器用之物的"不牢固正实"，绢布之属的"纰薄短狭"，本来就没有具体标准，从而这些法律很难有效地执行，远不是到光绪年间才成为具文的了。

在清代，不动产的交换也是很普遍的。尽管这种交易不是在市场上进行的，但也是一种商品交换。当时买卖房屋、田地，也像其他商品买卖一样，要向官府纳税。又因土地需纳赋承差，买卖双方实际过割后，赋役方得落实到真正的所有者身上。所以清律规定："凡典买田宅不税契者，笞五十；（仍追）契内田宅价钱一半入官。不过割者，一亩至五亩笞四十；每五亩加一等，罪止杖一百。其（不过割之）田入官。"为了田房买卖关系的正常进行，清律要求业者的交易行为遵守一定的规矩，即一处田房，在同一时间内，只许完成一次典或卖，"若将已典卖与人田宅朦胧重复典卖者，以所得（重典卖之）价钱计赃，准窃盗论，免刺，追价还（后典买之）主。田宅从原典买主为业。若重复典买之人及牙、保知（其重典卖之）情者，与犯人同罪，追价入官；不知者不坐"[③]。重复典卖，当然会引起纠纷；法律做出这样的规定，显然十分必要。这条法律是明代确立的，清律因之。它和唐律不同。这是由于田制不同的缘故。薛允升在《唐明律合编》一书中指出，"唐律有口分田不准卖、永业田准卖之分，余俱无文。明律则重在税契及过割等事矣。"[④] 元代已有律："诸典卖田宅，从有司给据立契，买主卖主随时赴有司推收税粮。若买主权豪，官吏阿徇，不即过割，止令卖主纳税，或为分派别户包纳，或伪立诡名，但受分文之赃，笞五十七。仍于买主名下验元（原）价追征，以半没官，半付告者。"[⑤] 可见从元代起已在强调过割了。

所谓典，类似动产的"当"。双方在契约中写明，到了规定的期限，原

---

① 《唐明律合编》卷27。
② 《唐明律合编》卷27。
③ 《大清律例》户律，田宅。
④ 《唐明律合编》卷13。
⑤ 《唐明律合编》卷13。

业主有权退还典价，收回原业。明清法律保障原业主的赎典权，规定："其所典田宅园林碾磨等物，年限已满，业主备价取赎。若典主托故不肯放赎者，笞四十。限外递年所得（多余）花利，追征给主。（仍听）依（原）价取赎。其年限虽满，业主无力取赎者，不拘此律。"①

业主典出不动产，到期无力回赎时，准许重立一张绝卖契据，完成田房的买卖手续。从此之后，该房、地产的所有权完全转移，原业主不得再行回赎了。一般情况下，立绝卖契时，原典须凭中再付一次补充款项，称为"找贴"或"找赎"，补足产价。从道理上讲，原业主从此已与该产业无关，没有任何权利了。但实际情况不完全如此。

田宅山场园林等不动产与其他商品毕竟有很大差异。它们的价格逐渐上涨，又可由之获得产品、地租或房租等收益，加之买主当时在特定条件下可能压价购买等原因，尽管在绝卖之后，卖主仍旧提出找价，要求新业主补充支付一笔金额。找价现象普遍存在于长江下游、浙、闽、台湾，乃至华北、西北、西南的许多省份。雍正三年（公元1725年），皇帝同意云南巡抚杨名时的建议，"民间田产，先由吴逆（引者按，指吴三桂。）赋重差繁，减价绝卖。今承平垦熟之后，指定原价告找告赎，争控不休。应通饬永禁。"② 其他地方虽然没有云南当时的特殊情况，找价的事情也是不少的。为此，雍正八年（公元1730年）依侍郎王朝恩的建议，制定了一个条例："卖产立有绝卖文契，并未注有'找贴'字样者，概不准贴赎。如约未载'绝卖'字样，或注定年限制回赎者，并听回赎。若卖主无力回赎，许凭中公估找贴一次，另立绝卖契纸。若买主不愿找贴，听其别卖，归还原价。倘已卖绝，契载确凿，复行告找告赎；及执产动归，原先尽亲邻之说，借端掯勒，希图短价；并典限未满而业主强赎者，俱照不应重律治罪。"③ 按照这个例文，契上写与不写"绝卖"二字，是非常重要的断案依据。但这并不能止民间争产事件。"州县讼案大约争产居多"④。所以乾隆九年（公元1744年）定例："民间田房如系卖契，又经久远，即无'杜绝'等项字样，概不准赎。"⑤ 换言之，

---

① 《大清律例》户律，田宅。
② 《清世宗实录》卷29。
③ 《大清律例》户律，田宅。
④ 《清高宗实录》卷436。
⑤ 《清高宗实录》卷436。

契约写不写"杜绝"、"绝卖"字样已不重要，只要是"卖"契，而且出卖时间已长，即不准回赎，当然也不准找赎了。其实这个规定是难以行得通的。因为不写"杜绝"等字样，卖者更有借口，而时间的"久远"并无具体时限，难以掌握。所以它既不能减少产业的争夺和诉讼，也难以制止找贴行为。

乾隆十八年（公元 1753 年）再依浙江按察使同德的建议定了一个新例："嗣后民间置买产业，如系典契，务于契内注明'回赎'字样，如系卖契，亦于契内注明'绝卖永不回赎'字样。其自乾隆十八年定例以前，典卖契载不明之产，如在三十年以内，契无'绝卖'字样者，听其照例分别找赎。若远在三十年以外，契内虽无'绝卖'字样。但未注明'回赎'者，即以绝产论，概不许找赎，如有混行争告者，均照不应重律治罪。"①

雍正八年定例与乾隆十八年定例相比，前例只承认由典转为卖时一次找贴的合法性，后例则进一步允许此前三十年内一切无"绝卖"字样的契约，原业主均可找赎。本来就已流行的找赎行为，当然更具有合法性了。民间房屋土地典卖，往往因逃避缴纳契税，典卖时并不经官印契，而以白契成交。这种情况下，卖主要求找贴时，买主往往甘愿找贴而不愿以白契见官，以免许多麻烦。这自然在一定程度上增加了找贴现象的普遍化。尽管有五年以上不许再赎的例文，而在实际生活中，却有数十年乃至百年后，卖者的子孙还向买者的后代要求找价，以及一次买卖十余次找价的事例。② 当然，找贴并不是赎产；可找价却意味着买卖行为并未彻底完成。这是一个值得注意的现象。

无论如何，明清时期田房等不动产买卖活动，也和分家、继承活动一样，契据是非常重要的证件。与房地财产有关的诉讼，须上交契约验证，官府则以印契（红契）为准。两朝法律都规定："告争家财田产，但系五年之上，并虽未及五年，验有亲族写立分书已定，出卖文约是实者，断令照旧营业，不许重分再赎。告词立案不行。"③ 乾隆三十二年（公元 1767 年），根据安徽按察使陈辉祖的建议，制定了一个新例，"凡民人告争坟山，近年者

---

① 《大清律例》户律，田宅。
② 有关找价问题，参阅陈埜《中国不动产交易的找价问题》1987 年油印本。
③ 《大清律例》户律，田宅。

以印契为凭。如系远年之业，须将山地字号亩数，及库贮鳞册。并完粮印串，逐一丈勘查对。果相符合，即断令管业。若查勘不符，又无完粮印串，其所执远年旧契及碑谱等项，均不得执为凭据，即将滥控侵占之人按例治罪"①。用鱼鳞册及完粮印串作为辅助证件，这显然是针对未曾完成过割手续的买卖活动而来的。在这种情况下，未曾办过割手续的白契执有者的产权，将难以得到承认。

四

借贷关系是民间普遍的经济行为，也是易于发生纠纷的。历朝政府都曾制定法律条文以调节这类关系。

清律中有"违禁取利"律，确立了官府处理钱债关系诉讼案件的原则和办法。全文如下：

"凡私放钱债及典当财物，每月取利并不得过三分。年月虽多，不过一本一利。违者笞四十，以余利计赃；重（于笞四十）者坐赃论，罪止杖一百。

"若监临官吏于所部内举放钱债、典当财物者，（不必多取余利，有犯即）杖八十；违禁取利，以余利计赃，重（于杖八十）者依不枉法论。（各主者，通算折半科罪；有禄人三十两，无禄人四十两，并杖九十；每十两加一等，罪止杖一百流三千里。）并追余利给主。（兼庶民、官吏言。）

"其负欠私债违约不还者，五两以上违三月，笞一十；每一月加一等，罪止笞四十。五十两以上违三月，笞二十；每一月加一等，罪止笞五十。百两以上违三月，笞三十；每一月加一等，罪止杖六十。并追本利给主。

"若豪势之人，（于违约负债者）不告官司，以私强夺去人孳畜产业者，杖八十。（无多取余利，听赎不迫。）若估（所夺畜产之）价过本利者，计多余之物，（罪有重于杖八十者，）坐赃论；（罪止杖一百徒三年；）依（多余之）数追还（主）。

"若准折人妻妾子女者杖一百。（奸占加一等论；）强夺者加二等（杖七十徒一年半）。因（强夺）而奸占妇女者绞（监候）。（所准折强夺之）人口

───────────

① 《大清律例》户律，田宅。

给亲，私债免追。"①

这条法律的基本内容有二，即民间放债及典当，月利不得超过三分；年月虽多，不过一本一利；以及负久违约不还者，依所欠数额及违约时间，予以处分。这两个内容明显地体现了禁止索取高利和欠债必还的原则，对放债人及借债人双方各有约束，以保护正常的借贷关系。

律文特别注意禁止非经济因素影响民间钱债关系。不准现任官吏在其监临范围内向其下属及百姓放债典当；并不准豪势之人以私债强夺借债人的财产，人口。律注中写道："放债、典当以通缓急之用，取利之中有相济之义"。可见立法的原则乃是把钱债关系看成是相互帮助而不是剥削，所以禁止以政治的或其他的强势加入钱债活动中来。实际生活中，"必有乘人之急而罔利无度者，亦必有迟欠违约、负赖不还者"（律注），所以同时还要规定对违约负债者加以惩罚，以保护权人的经济利益。

清律中的"违禁取利"律沿自明律；明律中的这一条，则是从历朝有关条文的基础上发展而来的。吴坛在《大清律例通考》一书中写道："此条，唐律内系'负债违契不偿'、'负债强牵掣畜产'、'良人为奴婢质债'三条。明始并为'违禁取利'。"② 就"律"而言，是这样的。不过，唐代正律外还有"令"。开元二十五年（公元 737 年）令："诸公私以财物出举者。任依私契，官不为理。每月取利不得过六分；积日虽然多，不得过一倍。……又不得回利为本。（其放财物为粟麦者，亦不得回利为本及过一倍。）若违法积利，契外掣夺，及非出息之债者，官为理，收质者，非对物主不得辄卖；若计利过本不赎，听告市司对卖，有剩还之。如负债者逃，保人代偿"。在《大唐六典》中还记有"凡质举之利，收子不得逾五分。出息债过其倍，若回利充本，官不理"。官府给京司各衙门官员发放的"别借食本"，也是"皆五分收利，以为食本"③。

宋代除沿袭唐代上述两条律文而外，还将开元二十五年的令一并收入《宋刑统》："诸以粟麦出举者，任依私契，官不为理。仍以一年为断，不得因旧本更令生利，又不得回利为本"。"诸出举，和同私契敢利过正条者，任

---

① 《大清律例》户律，钱债。
② 《大清律例通考》户律，钱债。
③ 《大唐六卷》卷6，"比部郎中员外部"条注。

人纠告，本及利物并入纠人"。《宋刑统》值得注意的一条是规定了"天下私举质宜四分收利，官本五分生利"。宋代并开始禁以势放债，规定：禁止县官于"部内放债"，曾经议论："今后监临官于部内放债者，请计利以受所监临财物论。过一百疋者，奏取敕裁"①。唐代禁止以良人质债规定，也在《刑统》中保存。②

唐宋律书都将钱债律置于"杂律"内。《元典章》开始将钱债律在户律中专辟一卷。其中规定："民间私借钱债，验元（原）借底契，止还一本一利。其间虽有续倒文契，当官毁抹，并不准使。若先有已定还数目，前后通算，止还一本一利"③。至元杂令："诸以财物出举者，每月取利不得过三分。积日虽多，不得过一倍，亦不得回利为本及立倍契。若欠户全逃，保人自用代偿"。④ 至元十九年（公元1282年）四月，中书省因"权豪势要之家出放钱债，逐急用度，添利息每两至于五分。或一倍之上，若无钱归还呵，除已纳利息外，再行倒换文契，累算利钱，准折人口头匹事产，实是于民不便"，建议"今后若取借钱债，每两出利不过三分"。皇帝旨准："诸人举放钱债，每贯月利三分，止还一本一利，已有禁条。其倒换文契、多取利息者，严行治罪。"大德二年（公元1298年）八月，因军官放高利贷盘剥军人，议准：放利钱"一两钞一月三分利钱"，"今后多要呵，本利没收"。至元二十九年（公元1292年）因大城县李某趁灾荒以高利放粮，"自春至秋，每石利息重至一石，轻至五斗。有当年不能归还，将息通行作本，继倒文契。次年亦如之。有一石还至数倍不能已者。致使贫民准折田宅、典雇儿女，备偿不足"，中书省要求礼部议得："举借斛粟，合依乡原例，听从民便举借。年月虽多，不过一本一利。如有续倒文契，钦依已降条画追断"，准行。⑤

从上述自唐至清关于钱债的律令条文的发展脉络中，我们发现下列现象是值得注意的：

第一，关于私人货币或实物借贷的利息，唐代先定为六分、五分，宋代

① 《宋刑统》卷26。
② 《宋刑统》卷26。
③ 《元典章》卷27，中统二年（公元1251年）八月旨。
④ 转自《唐令拾遗》杂令。
⑤ 以上均见《元典章》户部。

降至四分。薛允升说，宋代青苗条例规定，"人户所请价钱斛斗，至秋成应纳时，如物价稍贵，愿纳现钱者，比附元请价钱不得过三分。……此利不过加三，始于宋也"。[①] 一再重申月利三分的，应该说是元代。将债利不过三分正式列入律文的则是明代，而清律因之。可见法定利息总的来说是下降的。四分以上的高利，在唐代是准许的，而在元以后则是非法的。

第二，关于久欠的债务，自唐以来，一直规定利不得过一倍，即实行"一本一利"的利息限额。薛允升据《事物元会》引《元史》："元太宗著令，凡假贷，岁入惟子母相侔而止。世祖至元六年（公元1269年）又申明此制，令民间贷钱虽逾限止偿一本一息"，认为这是"远年债负一本一利之始"。[②] 看来他的说法有可商榷之处。

第三，唐、宋、元都禁止回利为本，即禁止"利滚利"。而明、清律都没有将此条收入。

第四，负债过期不偿案件，历朝官府都要受理，并惩治欠债者。但明、清的惩罚，比唐、宋时轻；违契受罚的时限也比唐、宋所定为宽。

第五，负债过期，若债主私自取负债人的牲畜财产作抵，在唐、宋时，只要所取不超过债务本利，不论；只当超过本利数额时方坐赃论处。明、清时则严格得多，不论强取是否超过本利数额，但凡强取都要杖八十，过额者更坐赃论处，超过数额的财产退还原主。

第六，唐、宋律皆规定，禁"以良人为奴婢质债"，实质是禁止压良为贱。明清律中增加禁止债权人以债务人的妻、妾、子女准折抵债。

第七，宋代开始禁止官吏在其职务活动范围之内放债。明、清则正式对此定律禁止。

上述各点表明，自唐以来历代王朝都对民间钱债关系的调整十分关注，立法加以干涉。其总的趋向是对正常的借贷关系加以保护，而对高利贷及以权势取利的行为则限制越来越多。清朝除去前引律条之外，还累发谕旨禁止高利贷。例如，顺治三年（公元1646年）刚刚颁布《大清律》，顺治五年（公元1648年）闰四月就下谕旨："今后一切债负，每银一两止许月息三分，不得多索及息上增息。并不许放债与赴任之官及外官放债于民。如违，与

---

① 《唐明律合编》杂律。
② 《唐明律合编》杂律。

者、取者俱治重罪"①。顺治五年（公元1648年）十一月大赦条例中也再次提到："势豪举放私债重利剥民，实属违禁。以后止许照律每两三分行利；即至十年，不过照本算利。有例外多索者，依律治罪"②。一再重申条律的内容。

此外，清朝为约束高利贷，还陆续制定了一些条例：

首先是在禁止以势取利方面。乾隆三十一年（公元1766年）定例："监临官吏于所部内举放钱债、典当财物者，即非禁外多取余利，亦按其所得月息，照'将自己货物散与部民，多取价利，计赃，准不枉法论；强者，准枉法论；不枉法各主者，折半罪'律减一等问罪。所得利银，照追入官。至违禁取利，以所得月息全数科算，准不枉法论；强者，准枉法论；并将所得利银追出，余利给主，其余入官。"③ 同类性质的另一禁例，是针对八旗中的佐领、骁骑校、领催等军官的。佐领等管辖八旗兵丁。他们有的向兵丁发放高利贷，到兵丁领取钱粮饷银时，佐须等勒令兵丁清偿本利，以至兵丁生计发生困难④。故雍正二年（公元1724年）十月定例："佐领、骁骑校、领催等，有在本佐领或弟兄佐领下，指扣兵丁钱粮放印子银者，系佐领、骁骑校，照流三千里之例枷号六十；系领催，照近边充军例枷号七十五日；俱鞭一百，夥同放印子银者，照为从杖一百徒三年例枷号四十日鞭一百。如非在本佐领下举放重债、勒取兵丁钱粮，及民人违禁向八旗兵丁放转子、印子、长短钱，扣取钱粮者，照'诈欺官私取财'律，计所得余利，准窃盗论，利银均勒追入官。佐领、骁骑校、催领等代属下兵丁指扣钱粮保借者，佐领、骁骑校革职，领催鞭一百。其指借债之人，照'违制律鞭'一百；自行首出者免其治罪，所欠债目并免著追。失察之该管文武各官，俱交部分别议处。八旗佐领每月仍将有无放债之人，出具印结呈报该参领。按季加结，呈报都统查核。"⑤

其次是强调和重申向官吏放京债的禁令。官员候选多时，一旦得放外任，急需盘缠及置装等费。有放高利贷者专门把银两放给他们，称"放京

---

① 《清世祖实录》卷38。
② 《清世宗实录》卷41。
③ 《大清律例》户律，钱债。
④ 《清世祖实录》卷25。
⑤ 《大清律例》户律，钱债。

债"。顾炎武在《日知录》中说，"京债之累，于今为甚"。康熙、雍正年间"即有以八当十之事"；乾隆中叶，"月选各官借贷赴任，放债之人乘隙居奇，创立短票名色，七扣八扣，辗转盘剥"①。乾隆后期也有记载：京债"竟至有三扣四扣者"②。有的债主更随官到任充作门丁等职，靠搜括百姓取利，官不敢管。有的则经常在衙门坐索高利。乾隆五十年（公元 1785 年）山西民人刘某向黄陂县典史任朝恩放债，不断追索本利，以至将任某逼死。③放京债现象，明代就有。明律早有例文禁止："听选官吏、监生人等借债，与债主及保人同赴任所取偿，至五十两以上，借者革职，债主及保人各枷号一个月发落。债追入官"。清代沿用这条例文。④乾隆二十三年（公元 1758年）又定一条例："放债之徒，用短票扣折违例巧取重利者，严拿治罪，其银照例入官。受害之人，许其自首免罪，并免追息。"⑤尽管设立了这些条例，乾隆皇帝也承认，放京债的现象"亦难禁止"，无法一一究治。退而从宽，只"不准放债之人随赴任所。并令各督抚严行查察。如有潜赴该员任所追者，准该员即行呈明上司，按律究办。"⑥

鸦片战争前，中国的发展极为缓慢，王朝制度及其经济未见重大的质的突破。适应这种经济制度和政治制度的法律体系，除去随着历代王朝更迭而有某些局部的修正、补充外，其基本原则得以始终贯彻。本文提到的清代有关民间经济的法律条文，大多数是从明代法律的原文承袭而来，仅加注释而已。明律的最后厘定是在十五世纪末，那就是说，这些律文作为现行法律已存在了两个王朝，历时长达四百年左右。明、清律关于民间经济的许多基本原则、量刑的等级、乃至律文中的某些用语，均来自唐律。设若从《唐律疏议》成书的年代——永徽四年，即公元 653 年算起。这些原则的产生已有十二个世纪的悠久历史了。当然，正如文中已经提到的，清代法律相对前朝而言还是有所发展的，新的条例的制定就证明了这一点，其所以强调清律自前朝法律的继承性，是想说明，清代法律与历朝法律是同一类型政治经济体系

---

① 《清高宗实录》卷 561。
② 《读例存疑》卷 16。
③ 《读例存疑》卷 16。
④ 《大清律例》户律，钱债。
⑤ 《大清律例》户律，钱债。
⑥ 乾隆五十年（公元 1785 年）3 月 14 日上谕。转自《读例存疑》卷 16。

及同一思想体系的产物。

清代及其以前的社会经济，乃是一种结构简单的社会经济，它是在以低速发展的小农经济的基础上构成的。王朝政府对经济方面的注意力，主要在于维持政府经济和皇室经济，焦点是赋税。对于民间经济则着重于调解和处理纠纷，惩治不法，维持社会安定，而不在于发展民间经济。这在清律中表现得比较清楚。调解和处理民间经济纠纷的基本原则之一是维护私有财产。在当时的条件下，这个原则既保护地主阶级的利益，也保护中小土地所有者的利益。特别是后者，对维护和再生小农经济起着重要的作用。清律规定的诸子均分遗产制则趋向于大地产的分化，在一定程度上遏制土地集中趋势，这从一定意义上说，也对巩固和再生小农经济有利。在市场交易方面，清律关于牙行制度的规定，从物价到买卖方式均加控制，把市场限制在一定的交易秩序之中，其结果必然是限制了商业的自由竞争，抑制了商业资本的活跃，商品经济的发展从而受到局限。

法律及其基以建立的原则，代表着统治阶级的意志。统治阶级中的最高统治集团总是希望社会稳定在一定的秩序内，希望用他们制定的法律来巩固该社会。但在实际上，由于各种原因，譬如，因为法律条文存在的条件已经发生变化，因为律文难以执行，因为没有好的执法者，因为吏治的败坏而执法者自身无视法律乃至破坏法律，特别是因为剥削者与被剥削者之间、贫者与富者之间、买者与卖者之间、借者与贷者之间、统治者与被统治者之间存在的诸多矛盾，如此等等，使事情变得错综复杂，社会并不全在法律所规定的框架内运转，律例却在相当程度上成为抽象的原则，有的条文几成具文，例如"私造斛斗秤尺"、"器用布绢不如法"等律就是这样。有的条文则面对社会上大量的违法现象而难起作用。例如律文保护私有不动产，任何人不得侵犯；但清初旗人的大规模圈地的根据恰是皇家指令，原有土地主人的私有权何曾受到一直存在的法律的保护！又如关于钱债月利三分的规定何等严格，但在实际生活中，农村高利贷普遍存在，典当业的利息也从不止三分，至于向官员放京债而后随任索取，其利息更高了。官府并未对这些高利贷者一一绳之以法，按律加刑。因此，把原则具体化了的法律，并不能使社会完全成为原则所框定的模式。

当然，这样讲也不意味着上述有关清律全无用途。它毕竟是当时社会的规矩，是民间经济的行为准则，也反映其道德规范；而且，从理论上说，它随时可以发生作用。既然如此，那么当然要问，究竟这些律例在当时的社会经济中起过什么作用？作用到什么程度？这就不是仅仅研究条文所能回答的了，我们只能从当时的实际生活以及大量的案例中去寻找答案；对此，容后再论。

（载《中国经济史研究》1994 年第 1 期）

《明清时期山东商品经济的发展》[*] 序

山东省物产丰富，人文荟萃，是我国较早开发的地区之一。该省地理位置颇具特色。若从中部的泰山、沂蒙山四望，西部、西北部一派平川，与河南、河北相接，构成华北平原的一部分；运河贯通南北，将华北与东南联接。中部和南部山区由高而缓，南下与安徽、江苏连为东部沿海的组成部分；东北部及东部，三面临海，成为半岛，与辽东半岛环为渤海的门户。所以，从地区经济的角度看，不论是研究华北平原经济，华东沿海经济，还是研究山区丘陵地区经济、半岛海洋经济，都应该给山东以足够的重视。对山东经济发展进行全面研究，也就对我国的平原、山区、丘陵、海洋等各种类型地区的经济发展形态都有了相当典型的认识。

明清时期，山东是南北内陆交通的通道省区，也是南北沿海贸易必经的要地；它的经济发展水平虽逊于江南，却又远胜西北。如果把江南、广东看做是经济"发达"地区，山东则可称作"较发达"地区。明清经济史研究中，人们往往给发达地区以特别的眷顾，而对山东这样的经济较发达地区的深入研究，相对少得多了。其实，从一定意义上说，全国各省区中，山东的经济发展水平更具代表性，仅对诸如长江三角洲和珠江三角洲这样的经济发达地区的认识很多，而对更广大的较发达地区的经济发展状况不甚了了，是难以正确地全面评价明清时代的中国经济的，当然也有碍于对中国近代化起点的认识。所以进一步研究明清山东经济的发展状况，无疑是有重要意义的（附带地说，对于河北、河南、陕西、山西、江西、湖南等省的明清经济史研究，也莫不如此）。

---

* 许檀著，北京：中国社会科学出版社，1998 年 3 月版。

　　建国以来有关明清山东经济史的研究，更多的是关心生产关系问题和资本主义萌芽问题。许檀同志的这本著作，在前人研究的基础上，对山东农业、渔业、手工业、矿业的生产发展作了详尽的描述，而对各类商品的流通状况着墨更多，通过对流通环节的细致考察，绘出了明清时期山东经济的发展轨迹。这本书的视角显然有所不同，从而对山东经济史研究做了重要的补充。

　　在以地主制经济为特征的封建社会里，以小生产为特征的各种所有制形式的主体（不论地主或佃农、自耕农、手工业作坊主或小手工业者），不可能在本经济单位内全部自行解决使用价值形态的收入单一（少样）性和需求多样性的矛盾。在这个社会的总产品中（包括农业、渔业、手工业和矿业产品，即各种生产资料和生活资料），有相当部分必须经过商品交换过程。不经过这个环节，生产循环就要发生障碍，再生产难以继续。这是地主制经济各个经济单位的经营方式所决定的。从这个意义上说，地主制经济的发展是以商品交换为条件的。在这个社会中，商品经济是为地主制经济服务的；它不是地主制经济的对立面，不是地主制经济的掘墓人。这是以小商品生产为基础的商品经济，在很大程度上，产品的多寡决定了商品量的大小，从而也决定了商品交换的规模。因此，在土地面积扩大，生产集约化程度有所提高，劳动人口增加，从事副业生产人口比例增加，生产技术和生产条件改善等情况下，产品数量扩大，商品经济的规模和范围就越来越大。到了明清时代，商品交换达到了中国封建社会空前的程度。经济发达地区、较发达地区和欠发达地区的商品化程度，当然会因生产水平不同而有所差异。

　　从这本著作中我们看到，明清时期，山东在有着以孔府这样的典型封建贵族大地主、官僚地主、庶民地主以及大量自耕农存在和发展的同时，商品交换活动如此活跃。尽管也有少量雇工耕种的经营地主和富农的存在和发展，但地主制经济的封建性质并无根本的改变。这充分表明，这里的商品交换是为封建的地主制经济服务的，是封建地主制经济运动链条上的一个环节。商品经济的发展乃是地主制经济繁荣的必要条件。以小商品生产为特征的地主制经济，也完全不同于以雇佣劳动为特征的资本主义大经济。尽管地主制经济范畴以商品经济为条件，但商品生产总是停留在简单商品生产阶段，商品流通也总是从属于地主制经济范畴，为地主制经济服务。这样的商品经济，其发展程度无法和资本主义的相比，其结果也只能是促进地主制经济繁荣。所以，对明清商品经济的研究，首先应着眼于它在封建经济发展过程中的作用，而不应首先着眼于它对封建经济的破坏作用。我以为，这一认识上的不同，对研究的结果是会有相当影响的。

许檀同志在这本书中特别强调商品流通在区域经济发展中的重要作用。她在叙述了明清时期山东生产状况和水平的基础上，对山东主要商品的流通状况作了相当详细的描绘。在分析了大量历史资料后，对山东商业城镇和集市的发展进行了深入的研究。她指出，正是这个遍布全国的农村集市网使得小农经济再生产能够正常进行，使得大小不同范围的地区形成经济圈，而相邻经济圈的重叠与联系又成为不可分割的地区经济的基础，进而使全国范围的地区分工互补和在当时条件下的资源优化配置成为可能。这些见解，很有助于正确地认识和分析明清时期在全国范围普遍发展的农村集市网，同时也有益于深入地理解以地主制经济为基础的中国封建经济。

许檀同志从事明清经济史研究用功极勤，资料功夫很深，并且常能提出独到的见解，这在本书中已有很好的体现。这本书是她在多篇具有较高水平的专题研究基础上的综合成果，是她十多年来在艰苦的条件下辛勤劳动的结晶。我深为这本专著的问世感到高兴，谨草弁言以贺。

（1997 年夏）

《晋商兴衰史》序[*]

　　晋商是明清时代最大的商帮之一，他们曾对中国封建经济的发展起过重要的作用。

　　明清时代的中国封建经济是以地主制经济为主体的经济。地主制经济是以地主、佃农、个体农民以及其他小生产者家庭为独立经济单位进行经济活动的。佃农向地主缴纳品种单一的实物地租——粮食。在经济上相对独立的佃农和众多小农收成获得的粮食也罢，地主得到的租谷也罢，假若没有交换，没有流通，就难以进行再生产，也难以满足消费的需要，当然也谈不上整体的社会经济的顺利运转。有了交换，有了流通，问题迎刃而解。归根到底，地主制经济制度乃是中国封建社会中商品经济存在和发展的根本原因。在这样的经济体制中，商人促进了商品经济的发展，同时也促使地主制经济的壮大和繁荣。

　　明清社会中国地主制经济已经发展到完全成熟的阶段。社会经济的繁荣达到了前所未有的程度。山西商人和全国其他商人一道，为数百年封建经济的繁荣和发展做出过不可磨灭的贡献。他们在全国相当大的范围内，沟通了生产者与消费者之间的关系，发展了城市与乡村之间的经济关系，扩大了区域之间的经济联系；在诸如粮、棉、布、盐、铁、木等最为重要的生产资料和生活资料的地区性的买卖以及全国性运销中，他们都起着举足轻重的作用。在旧式金融方面，票号是山西商人的创造性发明。票号的产生，标志着中国封建社会商品经济的发展达到了新的水平，也为商品经济的发展起了极

　　* 《晋商兴衰史》张正明著，太原：山西古籍出版社，1995 年第 1 版；《晋商兴衰》张正明、张舒著，太原：山西经济出版社，2010 年第 1 版。

大的推动作用。

明清时代的山西商人资本的运转方式和它本身的经营方式，都与地主制经济的结构是完全协调的。他们用"货币——商品——货币"的活动方式，以交换为手段，将其触角所及的人和物，统统装到商品经济的车子上来，推动他们在传统的经济模式下不断前进。山西商人及其资本和其他商帮一样，是中国封建社会商品经济发展到一定程度的产物，反过来又有力地促进了商品经济的发展。他们在封建社会生产、分配、交换、消费经济链条的转动中起着推动和润滑的作用。

明清山西的官商，或称之为"大商"，还满足了政府在军事上的物质供应和财政上的需要，就此而言，山西商人中的"大商"比民商（或称之为"小商"）多了一种功能：封建政府的工具。这类活动中，他们在赚取大量财富的同时，也为巩固封建政权做出了贡献。

明清时代山西商人资本的利润实现方式主要是贱买贵卖，即不等价交换，当时不等价交换得以实现，主要由于地区间存在商品差价和某些商品存在垄断价格。山西商人的利润来自一切与之发生经济关系的对象：小生产者、消费者、债务人，乃至包括官僚和政府（财政），最终当然来自小生产者。明清山西商人的存在条件反映了小商品经济已经有了长足的发展，但生产力水平仍然相当低下，也反映了全国性的生产力地区性不平衡，以及资本主义生产关系的不存在。

所以，如果给山西商人定性的话，是封建性的。在地主制经济体制之下，无论山西商人集团及其资本有多么巨大的发展，都不是必然导向资本主义的，相反，这个集团及其资本越是巨大，其地主制经济的属性，即封建性，就越明显。

山西商人在省内外活跃的经济活动中获利颇丰，因而在一定程度上缓和了山西某些州县人多地少的矛盾，减轻了本省因地瘠而民贫的现象。正如这本书中所描述的那样，山西商人的足迹东南到台湾、海南岛，西南到云南、贵州、打箭炉，西北到达塔尔巴哈台、伊犁，东北则到了黑龙江。北向内蒙、外蒙，南下少数民族地区，有力地促进了民族经济的发展。他们由北而西，直达俄国彼得堡、莫斯科，同时东渡大海，前往朝鲜、日本，甚至远到伊朗，在对外贸易方面做出了重要贡献。

山西商人的店铺字号，内部东伙之间依靠一定的原则组成适当的关系，在商业、金融方面积累了整套的经营方法。历史证明，在当时的条件下，这些原则和方法是极为有效的，否则不可能活跃长达五百余年之久。其中有些在今天看来仍然是合理的，应该被当作文化遗产，认真分析研究，吸收利用。

由此可见，不论对于研究明清时代的全国经济史还是山西经济史，研究地主制经济还是财政、金融、商业等部门经济，研究民族经济还是对外经济，研究商业经营方法还是商业道德，山西商人都是可以深掘的文化宝藏。这方面的研究成果，既能大大丰富中国经济史学，也能对今天发展社会主义商品经济，提高商业企业的经营水平有所启迪。由于山西商人在国外的经济活动及有关的研究成果，当然对研究中外经济关系史和各国家的经济史，有着特殊的意义。

张正明教授多年从事中国经济史研究，山西经济史尤为专长。他的学术资料积累相当丰富。对山西的土地关系、农业、手工业、金融业、商业，以及阶级关系等方面，都曾涉及，并都达到了较高的研究水平。《晋商兴衰史》一书正是他在如此广博的学术基础上，并吸收了前人研究成果写成的，书中披露了许多新的史料。例如合盛元票号在日本神户、横滨开办银行的日文资料，为清档中有关史料做了有力的补充和印证。书中对山西商人的兴起、活动、特点、性质、经营方式、成功经验、衰落原因以及历史地位和历史作用等方面，一一进行详尽的叙述和剖析。书中把山西商人和安徽商人进行比较，指出山西商人资本的实力在明代时已超过徽帮，其活跃的年代也超过后者，作者还指出晋商与徽商的另一不同，即晋商以商为本，学而优则商，而不是学而优则仕。这都是值得注意的现象。

《晋商兴衰史》一书的出版，是有其特定的学术价值的。这本书丰富了山西经济史和明清经济史的内容，同时，也正像人们所期望的那样，其中关于晋商成功之道的研究，对社会主义经济建设中的商业文化建设也会有很大的帮助。

谨此祝贺正明教授取得这一硕果。

（1995 年 8 月）

在"弘扬晋商优秀文化　共同铸造诚信社会"主题座谈会上的发言

（2004 年 3 月 10 日 · 北京钓鱼台）

能够参加《弘扬晋商优秀文化 共同铸造诚信社会》主题座谈会，深感荣幸。谈几点想法：

第一，在中共山西省委宣传部主持下、山西省对外文化交流协会、山西电视台、山西电影制片厂、山西安泰集团股份有限公司以及三多堂影视股份有限公司等多家单位联合推出的八集电视剧系列片《晋商》，从经济、政治、文化等多个视角审视晋商，探讨了晋商们的成功与失败。它摒弃说教式的方法，很自然地做到了传播知识，进行国情教育，是所谓寓教于乐，取得了很好的社会效益。这部电视片既是一部科教片，用通俗的形式把社会科学研究的成果传递给广大群众；同时，它也是一部宣传片，把山西的历史、人文很形象、很生动地介绍给了中外观众。

晋商问题在中国经济史中有特殊的地位。明清以来，北晋南徽，同为全国各系商人之首。长达五百年时间里，晋商在流通领域中有着举足轻重的地位，在朝廷财政运转中也起着重要的作用。所以在中国经济史中，凡商业史、财政史、金融史、外贸史以及地区经济史中，都不能不涉及晋商。作为一名中国经济史研究工作者，我非常欢迎电视系列片《晋商》的诞生。因为它是一部社会科学的科教片，它把社会科学的研究成果以通俗、形象的方式普及于大众。

第二，尽管我国传统经济与当前社会主义初级阶段的经济，在制度上有着根本的差异，但传统经济也有某些经验可供吸收，某些教训值得汲取。所以历史上的许多经济现象都值得总结、分析和探讨。掌握有关这方面的知识，应该是经济工作者、经济理论工作者以及有文化的企业家必备的基本素质之一。这些基本知识给我们提供起码的国情教育。学习这些基本知识，是传统美德的继承和传播的重要途径。

晋商能够纵横天下数百年之久，是有其特定的、深刻道理的；晋商之所以于后来衰败，也是有深层的具体原因。深入探讨这些道理和原因，就会从中发现古今之通理，为后人提供丰富的营养。

第三，晋商得以长时间兴旺发达，有很多原因。其最重要的原因，莫过于商德彰著，诚信为先。"诚信"就是信用。信用就是人与人社会交往中，本人的诚实守信和对他人的信任。经济行为中的信任关系形成的基本条件是个人、企业、经济单位遵守诺言，遵守契约、合同。信用经济是建立在行为双方相互信任，以及用法律保障的相互信任基础上的经济。没有信用，储蓄、信贷、期货、股票等，都失去了正常运作的条件。

众所周知，一段时间以来，经济生活的各个领域，不论在生产环节、分配环节还是交换环节，信用度之低已经达到不能容忍的程度。不诚无信远不是个别人、个别企业的个别现象，已经在某种程度上影响了经济的正常运转，以至有人用"诚信危机"、"信用危机"来概括了。如果把视野稍加扩大，人们不难发现，讲假话在政治领域也不是什么罕见的现象。这种状态，对国民经济的正常发展极为有害，已经到了非花大力气整治不可的时候了。

晋商曾经兴盛四五百年的历史事实表明，在其经营理念、指导思想中，"诚信为本"占有极为重要的地位。这样的人文精神乃是中华民族优秀品质，是应该得到继承和发扬的。当然，我不是说古人的商业活动或其他活动中从无欺诈；如果是那样的话，也就不会在明清时代出版的商书中写上防止上当受骗的内容，也就不会在明代出现《杜骗新书》这样的奇书。尽管如此，我们必须承认，诚信是我们民族基本的美德之一。当前，社会主义初级阶段，政治、经济、社会、文化等各方面的发展，都在急切地呼唤传统诚信美德的回归。

诚信危机出现的原因是多方面的，从更深的层次说，它是近三四十年来人文教育缺陷的必然后果。诚信作为个人品德，是每个人都应该具备的。诚信作为社会准则，是每个人都必须遵守的。在目前情况下，要做到人人诚信，既亟须严肃的法律环境加以保证，同时又需要宣传和教育加以培育。所以对晋商在经济活动中的诚信精神，做更为深入的发掘、研究，加以总结和宣扬，是非常必要的。希望山西省的同志们在省委宣传部的领导和带动下，做出更多、更好的科研（论著、资料汇编）、小说、电视、电影、戏剧以及其他多种形式的成果。

所有的社会成员都讲诚信，是极其重要的，是诚信社会的基本保障，也是我们的追求目标，为此我们要坚持不懈地进行品德素质教育。但这是长期的任务，难以立竿见影。在很长的时间内，我们都不能仅仅依靠社会成员的品德或良心办事。当前诚信社会的建立，还需要建立和健全良好有序的政治、经济环境，严格的规章制度，精良的科技手段，完善的法律体系，无私的司法与执法队伍，以及强大的社会舆论监督。所以，就当前的情况看，诚信社会的建立还需要下很大的工夫。

第四，《晋商》电视片中介绍的晋商的衰败，也是对今人有着启迪作用的重要经验教训。在长期兴盛之后，清末民初晋商走向衰败，有着主观的和客观的多方面原因。客观条件的变化不以个人意志为转移，它往往是对所有的受体起作用的；在同样的客观条件下，晋商衰败了，这就更要从主观方面找其主要原因了。在封建条件下成长壮大的晋商，当资本主义经济兴起之际，因循守旧，墨守成规，不能适应形势，不能及时转轨、改制，家族式经营不能及时企业化，传统经营不能及时改革体制，使得他们的店、铺、庄、号不可能变为一个全新的、有活力的现代企业去因应客观环境的挑战。这可能是晋商衰败主观因素中比较突出的一条。一次机遇没有抓住，百年基业因而丧失，教训是极其惨痛的。由于体制、组织以及理念的僵化，从而导致丧失自身及时调整的能力，可能是不同时代、不同类型企业衰败的共性原因之一。有关教训的总结，对当前新兴的家族式的民营企业的发展，是很有借鉴意义的；即使是对国营企业，也不无参考价值。

最后想说，精品总是千锤百炼、反复磨砺的成果。《晋商》这部电视片并不很长，仅有八集。但它的创意、制作，前后经历了三年时间，是从20集中精炼浓缩出来的。它不是为赶任务而粗制滥造出来的，所以它成了精品。我衷心祝贺本片的成功,同时也希望本片的成功经验能够用于更多的电视片的制作,生产更多的精品。

〔这篇发言作为"序言"收入《晋商》(北京三多堂影视广告有限公司著,北京:汉语大辞典出版社 2004 年 4 月版)一书。其缩写本《晋商成败值得借鉴》刊于《山西日报》2004 年 7 月 23 日。〕

《山西票号经营管理体制研究》[*] 序

晋商在明清两朝的经济发展中作出过重要的贡献，这是无可争议的历史事实。作为个别家族、个别商号店铺而言，此赢彼亏，兴衰无定；但作为整体而言，晋商绵延不断地在全国乃至国外活跃长达五百年之久，绝非偶然，而是有其内在的原因和客观条件的。这在中国经济发展史上是非常值得研究的现象。

晋商经二十几代人（假设大体二十年至二十五年为一代人的话）洒尽毕生心血汗水，在流通领域中顽强拼搏。他们在带来巨额财富的同时，陆续形成了特有的全套经营理念，积累了极其丰富的成功经验。在实践过程中，晋商也不断承受败走麦城的涩痛。从发展史的高度看，某些个人潦倒、商号倒闭都是小败；而关键时刻的关键性的失误则导致晋商整体衰败，失去昔日的辉煌。成功的经验和失败的教训，都是他们留给后人的精神财富。这笔精神财富不只是属于山西商人，也属于中华民族。

任何理念、经验和教训总是特定历史条件下的产物，都是有条件的，有其历史局限性的。但是历史的遗留中有许多是具有跨时代意义的。善于总结就可从中获益；对前人经验的无知或者藐视，都可能让我们在新条件下走不必要的弯路。在以全面建设小康社会为目标的今天，明清晋商留下的这笔精神财富，就有很多值得借鉴的内容。所以近年来学者们从不同的角度、不同的层次对其进行总结，结合当前的条件寻求启发，无疑是十分有益的。

身股制度是山西票号重要制度之一。身股制度实现了资本所有权与经营权的分离，作为身股持有者的大掌柜拥有相对独立的经营权。身股作为一种

---

* 张桂萍著，北京：中国经济出版社，2005 年 12 月版。

分配制度，准许经营者——大掌柜以及具有足够知识和经验、具备条件的下属人员拥有人力股，与银股（即财力股）一道参与分红。拥有参与利润分配权，使得经营者有必要竭尽全力搞好企业，以获更大的收益；拥有经营权使得经营者有可能实现其经营意志。因此，山西票号的身股制度极大地调动了大掌柜和所有顶有身股者的积极性、主动性和创造性。张桂萍同志在这本书里进而把这种激励制度跟票号的组织结构联系起来，跟票号的人才遴选和培训联系起来，指出山西票号的身股制度不仅仅是分配制度，而且是经营管理体制的核心所在，并认为，以身股为本的经营管理体制下形成的"本少利厚快速高效"的经营模式和群体结构，创造了山西票号的辉煌。激励机制与企业体制的有机结合，可能是山西票号持久成功的重要原因之一。她也客观地指出，身股为本的经营体制后来又严重地阻碍了票号的资本积累和自身的发展，特别是由于这种体制缺乏与时俱进的变革机制，终于在时代变革之际导致了山西票号的全面衰败。这项研究很有启发意义。

　　总结经验和教训本身不是目的，更重要的是怎样使这些经验教训留给我们的精神财富在新条件下发挥其应有的作用。张桂萍同志是搞经济管理工作的，她研究这一课题的目的乃是为国内企业界试图仿效国际上普遍采用的企业激励机制提供历史借鉴。衷心期望她的研究成果能够为企业体制改革者的思路有所启发。

（2005 年 8 月 20 日）

在"晋商与'西口文化'论坛"上的发言

一

首先,感谢主办方的邀请,使我能有机会参加这次"晋商与西口文化"论坛。在此,谨祝会议取得圆满成功。

我是第一次到右玉。此前以为晋北地区不是黄沙漫天,就是煤灰飞舞,不是宜居适旅之地。历史事实也的确如此。几千年来的战祸以及人为的胡乱砍伐,森林植被早已严重破坏,使这块土地的自然环境变得极差,导致灾害频仍,民不聊生。所以"男人走口外,女人挖野菜"的景象成为右玉百姓历史上的"正常"生活状态。并不了解今天的右玉发生了什么变化。

到了右玉才知道,这些已经成为历史了。昨天,南山山顶的考察令我大开眼界。片片红色屋顶组成的县城坐落在大片林木草场之中,成为公园中的点缀。右玉县的历届领导班子领导全县人民坚忍不拔、艰苦奋斗、持续不断地把绿化进行到底,使得全县绿化面积从解放时的 0.3% 增长到将近 50%。在沙化严重的今天,这是十分了不起的成绩。右玉的自然环境面貌的改变终将带来人民生活水平的提高,这是可以预期的。在祖国母亲的版图上,长城是一条项链,右玉就是项链上的一块绿宝石。衷心希望这块宝石更大更绿,也盼望这条项链上缀上更多的绿宝石。

二

我对"西口文化"学识贫乏,知之甚少,是以诚心和虚心的态度来学习的。下面谈三点认识。

第一，"走西口"首先是一部晋民的苦难史。所谓"西口"，就是相对于"东口"张家口而言的杀虎口。杀虎口所在的地区"山西边界之归化、绥远、包头镇，控扼草地，毗连大青山，南抵杀虎口，西逾缠金，东接得胜口，与蒙古、回部错壤"，[①] 是"内蒙古通驿要口"之一。

所谓"走西口"，大抵是清代北边平靖以后直到民国时期以杀虎口为出口的晋人北流运动。"走西口"几成为山西人长时段的、持续的、习惯性的而且具有传承性的群体行为。他们的行动基本上是为生存而挣扎的表现。"走西口"是低生产力水平时代小农经济的产物。其基本动因大多是被贫瘠的土地，频仍的天灾，加之战争、匪乱等人祸所迫。他们离开灾荒的故土，到口外从事体力劳动：放牧、佃地、受雇、垦荒、小贩、从事小手工艺等以求糊口，绝大多数是在为活命而奋斗。尽管他们做了最大的努力，也不一定能够改变贫困状态。对于"走西口"的人群来说，客死他乡不是新闻，广袤的口外土地上不乏晋人的坟场。

所以说，"走西口"主要是民族悲剧之一幕。

第二，"走西口"的成功者身上体现的优秀品质值得弘扬。上面所说的苦难人群，可能是走西口人群的绝大部分，但不是全部。北上的人群中有人成功了，并出现了新的商业群体。成功者的榜样，给人们带来了新的希望。并不贫困的人也走西口了。他们的目标不是求活命，而是求发达。从此以后，山西人并非到了极其贫困的境地才外出，而在一定程度上，"走西口"成了山西人的习惯。就像县志里描写的那样，太谷人咸善谋生，"跋涉数千里率以为常"，盂县人"往往服贾于远方，虽数千里不辞"。可见"走西口"人群中很有一些是做着淘金梦奔向北边的。

口外地区和内地的物产相互需求，造就了商业发展的条件。由此形成了各种各样的机遇。谁能抓住机遇谁就可能获得成功。其中最为出类拔萃的人，看准了民族贸易和对俄贸易。"走西口"的人群中获得成功的毕竟是少数。他们是当时的"精英分子"。他们的共同点是，都具备六个特质：勤（吃苦、勤学、敬业）；韧（起点生意再小也做，必求成功绝不止息）；智

---

① "其内蒙古通驿要口凡五道，曰喜峰口、古北口、独石口、张家口、杀虎口，以达于各旗。内蒙路近，商旅通行，水草无艰。"以上均见《清史稿》卷一四四，兵志八。

（善于捕捉机遇创立、善于总结经验，及时建立一整套经营管理制度）；严（严格执行各项制度）；勇（不畏艰辛，敢于冒险，敢于与各种妨碍自己成功的力量进行斗争）；信（对客诚信，对内守诺）。对于个人而言，这些品质凡缺其一者，必不成事；即或得到短暂的成功，最终也会导致失败。大多数人难以具备这六点，所以世世代代走西口的人成千上万，成就传世基业的只是少数。当然，这些品质是中华民族所共有的，不仅属于"走西口"的成功者；但的确在他们身上得到充分的体现。这些特质，也正是今天社会所需要的，是应该加以弘扬的。特别是当今诚信严重缺失的时候，尤其要大声疾呼"信"字的回归。

第三，杀虎口关的功能转换。雁北地区是蒙古草原与内地相通的要道关口，是我国古代史上北边战事的必争之地，胡人不得此地难以南下，汉人不据此地不足以御敌。历史上北边以长城为界的所有重要民族政权与朝廷的战斗，都曾在这一带展开。如秦汉之于匈奴，隋唐之于突厥，宋之于契丹，明之于鞑靼等等。明嘉靖二十三年（1544年），建城筑堡。从此"杀胡口"成为长城上的重要关隘之一。清代时杀虎口属山西朔平府右玉县；大墙之外，北对本府宁远厅（凉城），偏左邻接归绥六厅之和林格尔厅，内地与内蒙各旗的五个通驿要口之一，以其为起点伸延开去，设立军台，守以台军。康熙帝讨伐葛尔丹大军也是由此出关的。杀虎口关隘是军事要塞，其功能当然是为战争服务的。

国家、民族矛盾的激缓决定了杀虎口功能的转换。自康熙平准噶尔之乱以后，清朝廷比较成功的民族政策和宗教政策造就北边相对安宁的局面，面对大青山的边防重镇杀虎口，没再发生重大的军事行动。清廷虽然在防备方面没有放松，仍然时而调整驻防与修缮关堡，但杀虎口所起的实际作用毕竟已经不以战防为主了。杀虎口的功能从为战争服务为主转变成为财政经济发展服务为主，逐渐成为一个和平的关隘。① 自十七世纪末以后，在杀虎口展开的活动大体可概括为以下三个方面：

一是贡道。《大清会典事例》所列驿路和军站路的第四条，即京师→宣

---

① 有一种说法：清乾隆年间，改"杀胡口"为"杀虎口"，是"为缓和民族矛盾"。其实确切地说，不是"缓和"民族矛盾，而应该说这是清朝廷政权的满蒙关系政策的体现。

化府宣化驿→杀虎口→萨尔沁站→归化城站→绥远城。① 边陲局势的相对稳定、和平，贡道成为杀虎口作用之一。"定鼎后，禄爵世及，岁时朝贡，置理藩院统之。部落二十有五，旗五十有一，并同内八旗。乾隆年间，改归化城土默特入山西，仍有部落二十四，旗四十九。"各部落及旗，分别走由山海关、喜峰口、独石口和杀虎口等四条贡道入京。以杀虎口为贡道的有"归化城土默特、乌喇特、鄂尔多斯三部，旗十二"。②清代常关正副监督，"或部臣题请特简，或由京掣差部司官，或改令外官兼辖"，"张家口、杀虎口，部院司员兼充"。③"张家、杀虎二口，专差满、蒙官。"康熙五年，"裁古北口差归密云县管理，惟两翼、张家口、杀虎口如故，"仍由满、蒙司官担任。④ 乾隆三十三年定杀虎口、归化城交山西巡抚管理。⑤ 这时杀虎口的各种建置，其主要意义已不在军事，而在服务，附近军台官兵，为南来北往的汗、王、贝勒过境"警晨夜，饲牲畜"。⑥

二是京师与北边驿程中的要站，同时也是商民的交通孔道，对清代内蒙与内地民族交往和物资交流起着重要作用。赴蒙古草原贸易的商人，其经营地域有乌里雅苏台、科布多和北雅尔、伊犁、古城子（奇台）、红庙子等处。这种贸易，"途中均无旅店可宿，须结驼队运输，自携锅帐"。他们的交易量很大，但从货物内容看，北销草原的包括某些手工业产品。而南返中原的都是农、牧、矿业初级产品；两者都以小生产和生活的必需品为主。当然，这种贸易水平是以小农经济为基础的低水平经济所决定的，不是简单地由商业决定的。不论如何，晋商"走西口"是有利于经济发展的。利益所及，不只是杀虎口当地，而且惠及内外蒙古、新疆北部乃至作为晋商活动腹地的华北、华中、华南等广大地区。

"商旅出其途，亦资捍卫焉"，⑦明确规定保护商旅的安全成为军事要隘官兵的重要任务，这是很重要的转变。这对长城内外经济交流当然非常

---

① 卷五五九，兵部，邮政。
② 《清史稿》卷八十四，地理志二十四。
③ 《清史稿》卷一二一，职官志一。
④ 《清史稿》卷一三二，食货志六。
⑤ 《清史稿》卷一三二，食货志六。
⑥ 康熙三十一年"自杀虎口至吴喇忒，置台九。"乾隆三十四年，"自杀虎口路吴喇忒大路外起，置台七。"《清史稿》卷一四四，兵志八。
⑦ 《清史稿》卷一四四，兵志八。

有益。

三是税关。杀虎口作为税务常关对清廷财政所做的贡献更为突出。从清顺治七年（1650 年）杀虎口设立税关，到 1929 年杀虎关与塞北关合并，杀虎口税关存在了 280 年之久。①

南北交流货物，凡经杀虎口者均在此关纳税。如农具，山西大同、朔平、宁武等郡的农民，到北部蒙古地区垦种、贸易，"每岁粜卖粮食，置办农具"，② 商人们出入堡门各口，从山西向蒙古地区运销农具。③向北方运销的农具，经杀虎口征收农器税。④ 如牛只，山西杀虎口和古北口一样是北牛南下的关口，在此收取牛税。⑤ 其他如茶叶烟酒、粮食草药、干鲜杂货、布匹百货，衣服靴袜，以及各类金属制品等等，都要在此上税。⑥

其中木税尤为突出。阴山山系的大青山，位于黄河中游北岸地区。康熙三十八年，许商民进大青山伐木，准其输税后"入口贩卖"。⑦ 康熙四十一年，大青木税于归并杀虎口兼辖。⑧雍正五年河宝营木税由杀虎口监督征收。⑨乾隆四年定归化城木税额归杀虎口征收。⑩ 杀虎口木税的管辖范围在扩大；其他权力也在扩大。如乾隆五十七年开山西得胜口，其税务归杀虎口监督稽征。⑪ 到咸丰十一年时，松柏林木茂盛，"远近望之，岚光翠霭，一带青葱，如画屏森列"，还基本保持森林景观。⑫木材下山后分水、陆两路内运："木植砍伐堆积山厂，春秋二季，水贩进山构［？购］买，由黄河运至河保

① 张正明《晋商兴衰史》山西古籍出版社 1995 年版。

② 乾隆二十九年三月二十二日山西巡抚和其衷奏，见《宫中档乾隆朝奏折》第 20 辑，第 842 页。

③ 《清世宗实录》卷二六，顺治三年五月甲子。

④ 王庆云：《石渠余纪》卷六，纪杂税。

⑤ 雍正六年正月二十二日山西巡抚觉罗石麟奏，见《宫中档雍正朝奏折》第 9 辑，第 636 页。

⑥ 参阅张正明《晋商兴衰史》山西古籍出版社 1995 年版。

⑦ 《清圣祖实录》卷一九三，康熙三十八四月丁巳；光绪《大清会典事例》卷九四二，工部，关税。

⑧ 《清史稿》卷一三二，食货志六。

⑨ 《清史稿》卷一三二，食货志六。

⑩ 《清史稿》卷一三二，食货志六。

⑪ 《清史稿》卷一三二，食货志六。

⑫ 大青山"在归化城北二十时，东接察哈尔境，迤北而西，南抵鄂尔多斯，以黄河为界，北有数口，皆通大漠，高数千仞，广三百余里，袤百余里，内产松柏林木"，《归绥识略》卷五，山川，阴山。

营交税","再至山西河津县仓头镇市场售卖,仓头镇收取木筏税,船板在仓头发卖,"经河南转售北方各省乃到江苏。另一路就是从陆路驮往归化城,并进杀虎口交税发卖。①

杀虎口的税务对清代的朝廷财政以及是山西、内蒙地区的经济发展都是有较好的重要影响。当然我们也不能忽视税官传统的贪污行为带来严重负面影响。

杀虎口关隘功能的转变清楚地表明:战争、动乱给边区带来的只是无尽的灾难和痛苦,正确的边邻政策和民族政策才能造福于人民。

三

"文化"是内容极为丰富的概念。我对"西口文化"不敢妄言。但我希望从研究"西口文化"的学者那里学到以下知识:

第一,晋民的苦难史。如果肯定贫苦农民是讨论"西口文化"时最值得纪念的无名人群,那么写一部晋民苦难史来纪念他们会是很有意义的事。鉴于他们到达口外通过多种谋生手段以求生存,遇到诸多不同的接纳对象,因此,在陈明他们的苦难及原因的同时,也要对晋人所达的内蒙地区的生存条件,蒙古王公牧场、旗地、官地等制度和状况,以及他们接纳和使用晋人的条件等方面进行研究,探讨为什么塞外对晋人有那么大的吸引力?走出西口的晋人在求生过程中所付出的辛勤劳动对当地作出了什么贡献?总之,研究对象从山西本身扩大到内蒙,甚至更广大的地区以后,我们就会学到更多的知识。

第二,将山西人的"走西口"与山东人的"闯关东"进行比较。清代以来到民国时期山东人口外移也是很令人瞩目的事。内蒙、西北和江淮都有他们的身影;但东北三省是他们的主要方向,是谓"闯关东"。"走西口"与"闯关东"从时段、原因、持续性等诸多方面有着共同点;同时也有各自的特征。似乎可以将"走西口"与"闯关东"的条件与后果等进行全面的比较,分析我国清代以来不同移民问题的共性与特征。这样的研究成果不但有

---

① 乾隆二年三月十二日杀虎口监督色楞泰奏。见第一历史档案馆藏档案;《晋政辑要》卷十一,户制,杂税八;乾隆八年十月十八日山西巡抚刘于义奏,见《历史档案》1990年第3期等。

益于"西口文化"研究的深入，而且对我国的移民史和地区经济史的深入会有很多帮助。

　　谢谢大家！

（2006 年 8 月 8 日，右玉县）

《明清晋商制度变迁研究》[*] 序

　　明清两代，山西商人称雄中国经济舞台长达 5 个多世纪之久。在如此漫长的时期里，晋商一直是山西地主制经济运转过程中的主体集团之一。在重要商品的地域性买卖以及全国性商品运销、对外贸易、金融汇兑，乃至在政府军事物资供应、饷源以及财政支持等方面，晋商都曾起了不可忽视的作用。晋商的兴盛是我国前资本主义社会中商品经济发展到一定程度的结果。晋商活跃的经济行为对商品经济的发展起了重要作用，有力地促进了地主制经济的壮大，对明清两代的经济发展作出过不可磨灭的贡献，同时也在一定程度上起到了巩固王朝统治的作用。

　　晋商通过长时段、大范围的经营实践创造了一整套经营理念、运营机制、制度章程，给后人留下了极其丰富的经验；由盛而衰的历程也给人以非常深刻的历史教训。晋商的活动理念、规范、作风，既来源于传统文化，同时也成为中华文化的重要组成部分。其中菁华乃是中华民族的宝贵遗产，理应受到后世的重视。不论是经验还是教训，都值得今人咀嚼，吸收其中营养以有益于当前。这也正是历史上的晋商在今天受到重视的原因所在。所以，近年来有关晋商的宣传相当活跃。有关晋商小说的出版、文物的修葺与展示、旅游活动的开展、反映晋商活动的电视剧和人文纪录片的播出，都对广大群众了解晋商发展史，吸收其有益经验等起到了很好的作用，社会各界反响强烈。

　　对晋商认识的深刻程度取决于对它的学术研究水平。在学术方面，晋商问题自 20 世纪 30 年代就已有学者研究；80 年代以来日益引起学术界的关

---

　　* 刘建生、刘鹏生、燕红忠著，太原：山西人民出版社 2005 年 5 月版。

注，发现并陆续整理了相当大量的晋商史料，发表了一大批专著和论文。有关晋商研究机构的组成，以及许多探讨晋商问题课题的确立，都表明这方面的研究方兴未艾。晋商研究的已有成果，大多是从专业史、地方史的角度进行分析研究，进行历史的探讨，以得出具有启迪性的结论。大家都知道，在学术研究中理论的探讨更能窥见发展的规律性，触及事物的本质，从而给人们以一般意义上的、更为深刻的教益。但是此前运用特定的理论对晋商兴衰进行系统分析的研究真如凤毛麟角。因而从整体上说，对晋商兴衰的规律性的探讨还是很有深入余地的。

刘建生教授十多年来致力于山西经济史和晋商史的研究，著述甚丰。他和刘鹏生、燕红忠等合作的这部《明清晋商制度变迁研究》将晋商的盛衰看作是一个制度变迁的过程，运用新制度经济学中的制度分析方法，对晋商制度变迁的主体、变迁的动因，以及制度的方式进行了系统分析，从理论上对晋商的发展脉络、运行机制、变迁规律进行了梳理和论证。在分析晋商本质特征的基础上，作者通过对晋商的制度系统、制度配置、制度成本—绩效的系统研究，运用制度分析，建立了一个较完整的晋商制度变迁模式的理论框架，并对关系晋商兴衰的管理机制、组织系统、资本运营、信用博弈、交易成本、官商关系等做出了新的解释，归纳了制度配置——制度变迁的内在运行规律。作者运用了规范分析与实证分析、制度分析与非制度分析以及历史与逻辑相结合等多种方法，对大量可靠的史料进行理论分析，使晋商研究得到进一步的深入。这是对晋商研究非常有益的尝试。

明清晋商研究所涉及的问题是多方面的，内容也是相当丰富的，对晋商经济、政治、文化等多角度、全方位研究的总和，堪称为晋商学。《明清晋商制度变迁研究》一书的出版为这门学问放上了一块重要的基石。当然，新制度经济学的分析方法不是晋商史唯一的研究方法；书中也可能存在着这样或那样的缺点和不足，此后学者们也可能提出不同的看法，这都是正常现象。无论如何，刘建生教授等运用经济学理论对晋商进行研究的这部著作为晋商史研究开辟了一条新的途径，为晋商史研究以及中国古代经济史研究作出了重要的贡献，这是应该充分肯定的。

（2004 年 9 月 1 日）

《晋商信用制度及其变迁研究》* 序

当前我国信用的严重缺失及其在国民经济发展中的显著影响，已经引起各方面的注意。社会各界对诚信道德的呼声正高；学术界有关信用问题的研讨虽已获得丰硕的成果，但仍方兴未艾。

考察明清经济史很容易发现，不论是徽商、浙商抑或其他经济集团和个人，凡成功者莫不以诚信为其基本特征之一。可以说没有例外。通过介绍，通过深入地分析，让人们了解他们的诚信思想和信用制度的真谛，以弘扬先人优良品德，光大民族精神，肯定有益于精神文明的提高和有关制度的建设。研究晋商史的学者们在这方面也已做了不少工作。学者们艰辛搜访，发现、整理了大量宝贵史料，并通过多项实证研究，已经把晋商兴衰的历史比较清晰地复原在人们面前。筚路蓝缕，功劳显著。从晋商研究的发展脉络可以看出，当前有关信用因素在晋商兴衰过程中所起的关键作用问题，越来越受学者们关注。在这方面，学者们从人文的角度出发，从伦理价值观入手，多方展示晋商以义制利、取信于人、儒商相融的形象。有关成果很有学术价值，也很有现实意义。值得注意的是，近年来山西大学晋商学研究所以刘建生教授为首的一批青年学者，在前人研究的基础上，运用经济学相关理论，借鉴国内外信用制度分析的理论框架，结合当今社会的信用建设，理性地分析、阐述晋商的商业信用和金融信用，写出了一批颇有特色的论文，进一步发展与完善了晋商信用问题的研究。

《晋商信用制度及其变迁研究》，就是这个集体近年来研究总结和提高的成果。作者根据新古典经济学、新制度经济学的理论，结合中国的文化环境

---

　* 刘建生、燕红忠、石涛、丰若非著，太原：山西经济出版社 2008 年 3 月版。

和历史演进特点，运用历史制度分析、博弈论等分析方法，建立了一个适宜于晋商信用制度研究的理论模式和分析框架，在前人已经发掘的大量可靠资料的基础上，对晋商的信用制度安排及其长期变迁过程中的相关问题，做了多视角、多层次的分析研究。这样就把历史上的晋商诚信与当前信用经济制度的建设联系到一起，成为具体的可以为鉴的内容。正因如此，本书得出的一系列结论和据以提出的对策性建议颇具参考意义。

《晋商信用制度及其变迁研究》是《明清晋商制度变迁研究》的姊妹篇，也是后者的延续和深化。这两本书为晋商研究确立了新的起点。学术研究中新的尝试往往存在这样或那样的不足之处，这是不足为奇的；对这本书中的方法、观点，读者也会提出不同的意见。不过有一点可以肯定，即这本专著使晋商的诚信问题成为制度层面的剖析对象，而不仅仅再是道德层面的一个历史例证；同时它也为信用经济方面的研究和教学添砖加瓦，提供了扎实的内容。我衷心祝贺这本书的面世。

（2006 年 8 月 5 日）

加强中国经济史研究是发展经济学科的
一项重要战略任务

经济史是这样一门科学，它通过对一个国家的生产力和生产关系、经济基础和上层建筑之间的相互作用的具体发展过程的研究，探索这个国家各种生产方式经济发展的阶段特点及规律。经济史科学的研究对象和方法，决定了它和政治经济学有着密不可分的关系，也和历史学联系密切，是一门综合性的学科。马克思主义历史唯物论的观点、方法，决定了经济史学对社会科学所有各个学科的研究都具有重要的意义和作用。经济史学的重要性问题，自马克思主义历史唯物论建立以来，经典作家就不止一次地指出过。从理论上说，像我们这样以马克思主义为指导思想的社会主义国家的社会科学界，大力发展经济史学乃是理所当然的；从一定意义上讲，并应给以优先发展的地位。但直到目前，我国的经济史研究力量仍然相当薄弱，研究成果还远没有达到应有的水平。加强中国经济史研究，在发展我国社会科学方面，是一项重要的战略性要求。中国经济史这门基础学科，如果再不目标明确地、有计划地大力发展，将成为社会科学水平提高的严重障碍。本文仅就经济史和政治经济学的关系和中国经济史对政治经济学发展的重要性问题谈一点个人看法，并就如何打开中国经济史研究的新局面提出一些建议。

一

经济史学对政治经济学的发展具有特别重要的作用。要说明这个问题，先得从政治经济学说起。

恩格斯在《反杜林论》中指出，政治经济学"是研究人类社会中支配物质生活资料的生产和交换的规律的科学"。"研究人类各种社会进行生产和交换并相应地进行产品分配的条件和形式的科学",是广义政治经济学;恩格斯把主要论述一种生产方式的(譬如资本主义生产方式的)政治经济学称之为狭义的政治经济学。①

政治经济学所论述的经济规律是从人类各种社会中抽象出来的。这些规律作用于一切具备其发生作用的条件的国度,不受时间和空间的限制。从这个意义上说,政治经济学作为一门社会科学,就像自然科学一样,是没有国界的。

同时我们也应注意到,恩格斯说,"政治经济学本质上是一门历史的科学"②。称政治经济学是一门"历史的"科学,当然不能理解为它就是历史,或者它就属于历史学科。而是说,"人们在生产和交换时所处的条件,各个国家各不相同,而在每一个国家里,各个世代又各不相同。因此,政治经济学不可能对一切国家和一切历史时代都是一样的。"③ 适合于人类一切发展阶段的生产和分配的最普遍的规律是不多的;绝大多数的经济规律只作用于特定国家的特定时代。因为只有此时此地才具备它发生作用的条件。

马克思主义绝不要求把经典作家根据某一特定国家在特定的历史条件下的历史发展所得出的特定的结论,作为亘古不变的规律,强加在另一历史条件下的另一国家。马克思自己就反对这样做。④

即使是政治经济学中带有普遍性的规律,诸如生产关系要适合生产力性质的规律,价值规律等等,在不同国家、不同生产方式中发生作用的形式也是千差万别的。运用这些普遍的、一般的原理来研究某一国家或民族时,也要把它和其他原理联系起来,和该国该民族的具体情况联系起来,加以历史的考察。极相似的事情,在不同的历史环境中出现就引起了完全不同的结果。使用一般历史哲学理论这一把万能钥匙,永远不能理解这种现象。⑤

① 恩格斯:《反杜林论》,《马克思恩格斯全集》第 20 卷第 160、163、164 页。重点是引者加的。

② 恩格斯:《反杜林论》,《马克思恩格斯全集》第 20 卷第 160—161、160 页。

③ 同上。

④ 马克思在 1877 年给《祖国纪事》杂志编辑部的信中,曾就尼·康·米海洛夫斯基将他重要的关于原始积累理论做一般概括以适用于一切国度和民族,提出了尖锐的批评。见《马克思恩格斯全集》第 19 卷第 129—130 页。

⑤ 见马克思:《给"祖国纪事"杂志编辑部的信》,《马克思恩格斯全集》第 19 卷第 131 页。

　　具体地分析具体的情况，是马克思主义活的灵魂。不按这一条办事，马克思主义就失去了生命力，变成僵死的教条。正是从这个意义上讲，各国及其不同生产方式的政治经济学各具特色。

　　对于一个国家来说，任何一个时期的经济总是在既定的条件下展开的，自有其来龙去脉。每个国家历史上的各个经济发展阶段，都是从低级到高级地发展着。前一阶段孕育着后一阶段特征的萌芽；后一阶段保留着前一阶段特征的残存形态。历史发展状况，就是当前经济由以发展的起点。换言之，一种生产力和生产关系的形成，总是这个国家民族经济发展的结果。正因如此，对于某一个国家有史以来的整个生产、交换和分配的发展过程的规律性，绝不能用对其他国家的认识来代替。正如列宁所说，马克思的理论"所提供的只是一般的指导原理，而这些原理的应用，部分地说，在英国不同于法国，在法国不同于德国，在德国又不同于俄国。"① 我们当然可以补充说，在中国又完全不同于上述所有国家。普遍规律是从具有特色的具体经济过程中抽象而来的。我们应像列宁要求俄国社会主义者那样，"独立地探讨马克思的理论。"②

　　研究"人类各种社会"的生产、交换、分配条件和形式的广义政治经济学，是在上述研究基础上的更大范围的概括，是更高级的抽象。这样的广义政治经济学，恩格斯在1878年时说，当时"尚有待于创造"③。事实上，一百零五年后的今天，它仍未能产生。其原因有二：第一是，以一种生产方式的发生发展灭亡过程的规律性为研究对象的狭义政治经济学，除对资本主义社会的研究拥有了以《资本论》为代表的伟大成果外，其他生产方式的政治经济学还不能认为已经建立。譬如，我们在《资本论》第三卷中读到的马克思对封建地租的历史考察和理论的分析就不是马克思主义地租理论的成熟形态。十九世纪七十年代，马克思曾对俄国1861年"改革"以后关于土地所有权的统计资料进行了多年的研究，准备据此重新改写地租问题。遗憾的是他没有能够实现这个计划。④ 如果当年马克思发现了跟英、俄有着极大差异的中国地主经济制的丰富的地租资料，他定会欣然命笔，再次拟定改写地租

---

① 列宁：《我们的纲领》，《列宁全集》第4卷第187—188、187页。
② 列宁：《我们的纲领》，《列宁全集》第4卷第187—188、187页。
③ 恩格斯：《反杜林论》，《马克思恩格斯全集》第20卷第163页。
④ 见恩格斯：《〈资本论〉第三卷序言》，《马克思恩格斯全集》第25卷第10—11页。

篇章的新计划。以马克思对待科学的严肃态度看，我们这种设想是有理由的。既然对封建主义生产方式的核心问题——地租的研究尚且如此，那么自然很难说封建主义政治经济学已经建立。广义政治经济学未能产生的第二个原因是，以马克思主义为指导的本国各种生产方式的特殊经济规律的研究，以及普遍规律在各国的运动的具体形式的研究，在世界上许多重要国家都还没有认真地、系统地进行；其中也包括我们自己的国家。

因此，我们必须以马克思主义为指导，深入地研究分别以各种生产方式为中心的狭义政治经济学。并在研究中把重点放在我国各生产方式的特殊经济规律以及普遍规律在我国的生产、交换和分配中的作用形式方面。通过这种探讨，提供一类典型，与全世界的马克思主义者共同为广义政治经济学的创造而努力。但这个问题在我国政治经济学界似乎没有引起足够的重视。现有的某些政治经济学教科书反映出的状况是，政治经济学研究的重点是社会主义和资本主义两部分。经济学界为其他生产方式的研究安排的力量实在太小了。

在特定的历史条件下，为了一定的需要而突出地加强对某一种生产方式的研究，往往是必要的。马克思为了批判资本主义制度，用毕生的精力写出了不朽的巨著《资本论》，无可辩驳地得出了资本主义必然灭亡的结论。可我们同时也应注意到恩格斯曾十分肯定地说过的话，要对资产阶级经济学全面地批判，"只知道资本主义的生产、交换和分配的形式是不够的。对于发生在这些形式之前的或者在比较不发达的国家内和这些形式同时并存的那些形式，同样必须加以研究和比较，至少是概括地加以研究和比较。"[1]《资本论》中就有许多关于封建社会的论述；马克思的全部理论研究中，大量地涉及对原始公社以来许多民族的古代经济，而不是单打一地只谈资本主义，因为历史是无法割断的。

新中国建立以来，我们把政治经济学社会主义部分的研究作为中心任务，放在政治经济学研究的首位，为实现祖国社会主义四化建设而服务，这是完全应该的。为此，不论建立研究组织还是安排研究和教学力量，都应保证这个重点。但在保证重点的同时，对前社会主义政治经济学的研究也不该忽视。因为前社会主义政治经济学的研究成果不仅为建设政治经济学学科所

---

① 恩格斯：《反杜林论》，《马克思恩格斯全集》第 20 卷第 164 页。

必需，而且对当前经济政策的制定也有重要的意义。

所谓前社会主义政治经济学，指的是包括原始社会的、奴隶制社会的，封建社会的以及资本主义的政治经济学。对资本主义政治经济学的研究，经济学界还是投入了相当大的力量的。在许多教科书中，它都占有和社会主义部分几乎对等的篇幅。特别反映在经济思想史学科对《资本论》的研究，从它的结构到逻辑，从其中的数量分析到文学艺术，应有尽有，深入细致。问题在于，对我国来说最重要的是关于资本主义一般经济规律在半殖民地半封建社会是怎样发生作用的问题，问津者寥寥。

不管人们是否从理论上承认半殖民地半封建社会为一独立的社会形态，它在我国存在了整整一个世纪之久则是无法抹杀的事实。资本主义的经济规律在这里发生作用的条件和在资本主义国家很不相同，它受着封建经济的制约，其表现形式是很特殊的。多个帝国主义国家联合控制的多民族的半殖民地半封建社会，既不是完整的一国统治的殖民地，也非完整的封建社会，更不同于资本主义社会。在经济关系方面，外国资本主义、官僚资本主义、民族资本主义、封建地主制，甚至农奴制、农村公社制等同时并存。在依靠许多帝国主义国家支持下才能存在的中国反动政权，屈从于帝国主义压力，做出有利于各国帝国主义，同时也有利于一小撮统治集团利益的经济政策，对人民的压榨搜刮特别残酷。因此，经济基础决定上层建筑的一般规律在半殖民地半封建中国表现为上层建筑的反作用特别增大。旧中国既是许多帝国主义进行间接统治的，各个帝国主义各自考虑自己的利益，并不从全局着眼统治中国，因而划分势力范围，形成了中国军阀割据，加深了中国经济发展严重的不平衡性。在经济上，先进与落后的技术统一在一个国家之中。在老牌的资本主义国家仍在其最高阶段上不断发展的时候，属于这一体系的中国半殖民地半封建经济已经发展到其国家机器不得不短命而亡的地步等等，都表现了半殖民地半封建社会特有的规律性。这个社会经济发展前景和资本主义一样，其归宿也是走向社会主义道路。但是，它所经过的道路和在这种畸形基础上建立起来的社会主义，绝不会跟发达的资本主义国家所走的道路和在其基础上建立起来的社会主义一样。因此，只研究典型资本主义的规律性显然是不够的。我们必须对半殖民地半封建国家的经济形态进行深刻的研究。不能认为，革命既已成功，社会主义经济既已建立，有关半殖民地半封建社会经济的研究就可置之不顾，不必理会了。甚至可以这样说，新中国在经济政策方面如果曾经有过某些失误的话，其原因未尝不包括对半殖民地半封建社会经济运动规律及其影响了解不深的因素。还应提到，由于半殖民地半封建社会是殖民主义的产物，研究它，对全面理解资本主义，帝国主义经济当然也有着重要的意义。所以说，半殖民地半封建社会生产、交换、分配的条件和形式的研究势在必行。

历史上封建各国的闭锁性决定了各国封建经济的特殊性。我国的封建经济跟其他国家的相比，有相当大的差异，它在循照自身的规律独立地向前发展。当世界已经进入资本主义最高阶段时，我国的封建社会才被强制地卷入一个陌生的世界经济体系之中，成为半殖民地半封建社会。中国封建社会长期地不受其他国家封建体制影响地向前发展，它的经济制度在世界各国的封建制度中是一个独立的、完整的典型形态。我国的封建经济制度在比英国、德国加法国面积之和还要大八倍多的范围里，在以千年为单位的时间内顽强地存在着，它对近百年旧中国的意义自不待言，即使到了今天，我们还不时地感到它和原以它为基础的封建制度、封建意识残余的力量。这样一种制度的经济规律当然值得大大地深入研究。在我们的政治经济学中应该有相当的篇章来补充封建经济规律的阐述。所以说，对于封建主义经济规律在我国的作用，以及我国封建制度特有的经济规律的研究也是势所必须的。

基于同样的道理，对我国的原始社会和奴隶制社会的经济规律也应加以研究，毋庸赘述。

政治经济学界对此重视不够，在某些政治经济学教科书中反映得相当明显。那就是，奴隶社会部分主要讲古希腊、罗马的状况；封建社会部分主要是根据西欧大陆各国史得出的结论；资本主义社会部分当然是根据英国经济史总结的一般规律；而社会主义部分陈述的则完全是中华人民共和国的内容。这些教科书的前社会主义部分基本上没有摆脱苏联政治经济学教科书的影响。其中前社会主义部分联系到我国情况时，只是列述若干史实情况，极少谈到中国特有的规律以及制约普遍规律在中国发生作用的条件、特征及其结果。虽然论证了人类社会从资本主义发展到社会主义的必然性，但未论证半殖民地半封建社会发展为社会主义的必然性；并且也影响到对政治经济学社会主义部分中关于我国经济政策制定的依据以及我国社会主义和其他社会主义国家经济发展之间的差异性的论证。离开了历史的论证，就会使读者感到我国社会经济中产生的许多问题带有偶然性，缺乏历史规律性的依据。所以说，对前社会主义经济形态的研究不给以足够的重视，看上去是为了集中力量建立社会主义政治经济学，结果却削弱了社会主义政治经济学，事与愿违。这不论对政治经济学本身的学科建设，对于教育青年，还是当作基础理论用于历史学以及社会科学其他方面的研究，都是不利的。

我们的祖国幅员之辽阔，人口在世界人口中所占比例之大，有文字的历史之长，都决定了在马克思主义基本理论的指导之下对中国历史上各种生产方式的经济运动规律的具体研究，将对广义政治经济学的建立具有极其重要的意义。进行这项研究乃是我国的马克思主义政治经济学工作者无可推卸的责任。这样做了，我国的政治经济学研究定能更加深入，具有自己的特色，定能抓住马克思主义的精髓，摆脱教条主义的羁绊。只有这样，才是真正地把政治经济学作为一门历史的科学来对待。现在还不提出并着手解决这个问题，其待何时。

二

完成上述任务，显然不是轻而易举的，需要组织力量，假以时日。准备工作诸事之首，莫过于大力开展中国经济史的研究。为此，必须就经济史科学对政治经济学的意义有明确的认识。

经济范畴，是生产方面社会关系的抽象。政治经济学就是通过经济范畴，按照它们的逻辑关系来做理论上的表述。马克思说："在形式上，叙述方法必须与研究方法不同。研究必须充分地占有材料，分析它的各种发展形式，探寻这些形式的内在联系。"这里所谓分析材料的各种发展形式，探索其内在联系，不正是经济史的研究吗？"只有这项工作完成以后，现实的运动才能适当地叙述出来，这点一旦做到，材料的生命一旦观念地反映出来，呈现在我们面前的就好像是一个先验的结构了。"① 所以说，政治经济学的方法是从分析中找出一些有决定意义的抽象的一般的关系，上升到各种经济学体系，即"抽象的规定在思维行程中导致具体的再现。"② 所以，马克思不因农业早于工业而在《资本论》体系中先论土地、地租，后论资本、利润，

① 马克思：《〈资本论〉第二版跋》，《马克思恩格斯全集》第23卷第23—24页。
② 马克思：《〈政治经济学批判〉导言》，《马克思恩格斯全集》第12卷第751、755页。

却恰恰相反。即使对资本、利润本身的分析，也是从商品、货币开始，进而论述货币转化为资本，剩余价值，最后才讲到原始积累。马克思并不是按照历史的顺序从原始积累开始去叙述资本主义的发展过程。不过，必须引起注意的是，马克思在《资本论》第一卷提出的所有重要结论都不是空洞的推理的结果，而是从史的研究中得出的。尽管《资本论》本身只是理论的归纳，在诸如工作日、分工和工场手工业、机器和大工业、工资、资本的积累过程、所谓原始积累等篇章中，也仍用了大量篇幅叙述了历史的发展过程，使得这部巨著有血有肉，所有的结论都有充分的史实根据，而不是干巴巴的"先验的结构"。

总而言之，理论的抽象必须来自具体的史实。史料提供了上升到理性认识阶段的所有素材。"哪怕是最抽象的范畴，虽然正是由于它们的抽象而运用于一切时代，但是就这个抽象的规定性本身来说，同样是历史关系的产物，而且只有对于这些关系并在这些关系之内才具有充分的意义。"① 正因如此，恩格斯说，"马克思的'全部理论是他毕生研究英国的经济史和经济状况的结果'。"②

我们完全有理由这样认为，经济史学就其本质而言，属于经济学科。它对于政治经济学来说，是基础学科，或者说，政治经济学是建筑在经济史之上的。不认真研究经济史，就不能产生科学的政治经济学。经济史之于政治经济学绝非可有可无。附带申明一句，这里强调经济史的重要性丝毫不意味着否定马克思主义政治经济学理论对于经济史研究的指导意义。这个问题，容在讨论经济史研究方法时再去强调，在此不加申述。

目前，关于新中国经济史的研究相当薄弱，这不能不给政治经济学社会主义部分的研究带来消极的影响。又由于对政治经济学前社会主义部分的研究并未大力开展，当然更不重视前社会主义经济史的研究。在我国经济学界，像已故的王亚南同志那样身体力行地深入研究半殖民地半封建经济形态以及封建地主经济形态的经济学家，真可谓凤毛麟角。对中国经济史的忽视，在经济理论刊物上有所反映。更为明显的是，最近制定社会科学长期规划，把中国经济史列入历史学科，排除在经济学科之外了。这种安排表明，

---

① 马克思：《〈政治经济学批判〉导言》，《马克思恩格斯全集》第 12 卷第 751、755 页。

② 恩格斯：《〈资本论〉英文版序言》，见《马克思恩格斯全集》第 23 卷第 37 页。

没有把经济史学科和政治经济学联系起来考虑。恐怕这是因为它带有"史"字，而忽视了它本质上属于经济学科的缘故。对中国经济史做这样的安排，也许说明了历史学界对中国经济史研究的重视，是件好事；但不也正说明经济学界的领导对中国经济史研究的忽视吗？

恩格斯对经济史研究非常重视，他在十九世纪八十至九十年代曾多次强调过经济史研究的重要性。[①] 1894 年时，他把出版物中对于经济史的"不可原谅的忽视"视为当时德国社会科学研究"达到正确理解的最大障碍"。他甚至还曾向青年文学家提出必须"钻研"商业、工业、农业等部门经济史的要求。根据这种精神，要求经济学家也拨冗研究一点中国经济史，至少是要求经济学界的领导给中国经济史以较多的重视，使经济学科中列入中国经济史的研究规划，加强这方面的领导，应该说是必要的。这绝非出于个人好恶，而是马克思主义社会科学发展，特别是其中的政治经济学的发展提出的要求。这样做，是在政治经济学研究中坚持马克思主义的重要表现之一。

三

中国经济史学还是一个年轻的学科。多年来，它基本上处于打基础的阶段，资料收集整理工作十分繁重，队伍实在过小。尽管如此，从事这门科学研究和教学的同志还是做出了不少成绩，整理了许多系统的研究资料，进行了若干专题的研究与讨论，也出版了一些专门著作。但相对而言，它确是社会科学中非常薄弱的环节。经济史学界还没有能贡献出较多的足以使人重视的重大成果，这或许是未能得到经济学界重视的原因。不过学科是否取得了重大成果和它在马克思主义社会科学中的地位毕竟是两码事。在全国进入一个新时期时，经济史学也应打开新的局面。建议学术界领导重视中国经济史的研究，并为此采取四个方面的措施。

第一，需要在经济科学长期规划中列上中国经济史学科。

中国经济史和史学当然有极为密切的关系。从历史唯物主义的角度说，经济史也是通史及其他专史的基础。在诸如政治、法律、哲学、宗教、美学

---

① 见《马克思恩格斯全集》第 21 卷第 412 页；第 27 卷第 283 页；第 37 卷第 433 页；第 39 卷第 200 页等。

以及文学等整个社会科学的研究领域中，不弄清经济发展状况及其规律性就无法达到最终的正确解释。关于这一点，经典作家的论述是很多的。弄清经济发展状况及其规律性的科学，正是经济史学。因此，经济史学的研究对象决定了它在马克思主义唯物史学所属各个专业史中居于首要地位。经济史学对于社会科学的重要性，特别是对历史学的重要性，在中国学术界，早在三十年代关于中国社会史和中国社会性质论战以及关于中国农村经济性质论战中就已被注意了。毛泽东同志早在四十年前号召研究近百年中国史应先就各种专史进行分析的研究时，首先指出的就是经济史。

新中国建立不久，五十年代中叶，严中平同志已经看到，不加强中国近代经济史的研究，其他专史和通史都很难前进了。近年来，刘大年同志、林甘泉同志以及史学界、经济史学界许多同志都提出加强中国经济史研究的呼吁，把经济史称之为史学研究的"突破口"。历史研究愈加深入，对经济史研究的要求也就愈加迫切感，这是马克思主义史学发展的必然现象。因此史学界行动起来了，建立和健全中国经济史研究的组织，网罗人才，出版刊物，工作正在逐步展开，特别是，历史学界毅然承担起中国经济史学科的规划任务。这是十分喜人的事。

需要引起注意的是，历史学和政治经济学都需要经济史学，但这两个学科对它的要求不尽相同。通史的内容包括经济史；从历史唯物主义的要求看，经济史应能说明政治史、法律史、文化史以及其他专史各种重大历史现象的产生和发展。如前所述，经济史是政治经济学的基础，经济史学探索经济关系发展过程所得的规律性是政治经济学理论的素材。因此，二者对经济史学要求的目的不同，选题的重点和研究的方法也随之同中有异。按照通史要求进行的经济史研究，尽管相当系统，也难以完成政治经济学学科建设理论概括的需要；反之亦然。二者不能相互代替。根据这种情况，学科长期规划应实行"双轨制"，建议在历史学科规划经济史研究的同时，经济学科规划中也包括经济史研究规划。这对历史学、政治经济学以至整个社会科学的发展都将是有利的。

第二，需要一个本学科的纲领性的奋斗目标。

任何一个题目，孤立地看，都可以称之有重要意义，值得个人为之钻研一生，甚至可以带上若干助手和研究生，大干一番。但把它放到学科对象的整体中考察，或用学科总任务去衡量，它可能并非那么关键。中国经济史学界未曾就本学科应该达到的目标以及为达到此目标应该着重研究的关键问题做过认真的研究、讨论。许多重要问题，特别是难度较大的问题，无人问津。有些问题却又吸引过多的力量长期争论。中国经济史这支队伍人数相当之少。只有有计划地把仅有的较少力量有效地组织起来，才能在一定时期之后，在比较重大的课题上获得多方面的成果。为此，最好能就中国经济史应该解决的重要问题开出一个单子来，作为这门学科的一定时期内总的奋斗目标。有了它，个人的研究题目就有了衡量的标准，便于较好地掌握各个专题研究和讨论的深度，节省更多的时间去攻坚。当然，这个单子的最初形式可能很不成熟，很不完整，对问题的提法也未必条条妥当。但这没有关系，可以在今后的研究中一再修改。有了它，毕竟可以在一定程度上减少盲目性，加强计划性，使这门学科摆脱"失控"状态，在拟定总目标的基础上制定长期规划。

第三，需要一个具有较高理论水平的学术领导核心。

目前，中国经济史学界没有一个研究机构或一种其他组织形式能把全国的经济史研究力量组织起来。希望有一个机构或组织，经常地从经济史学科的建立以及适应经济学科及历史学科的需要出发，较多地注意国内外中国经济史学界的研究动向，高瞻远瞩地思考较大范围的问题，定期地进行座谈、交换情况和意见并加以评论，提出有关中国经济史研究方面的号召和建议；有计划地引导中国经济史研究这支小小的队伍投入重要研究领域的开拓和深入探讨，并提倡良好的学风，使得从事中国经济史研究的队伍逐步组织起来。这个组织，可以是全国性的中国经济史学会；根据条件，也可考虑其他形式。不论采取什么形式，希望它把工作重点放在踏实的学术指导方面。同时也希望能够出版一份较大型的中国社会经济史学术性刊物。针对这一学科特点，这个刊物每期篇数不妨少些，但每篇都以马克思主义的观点为指导，有丰富的资料和较强的说服力。它并能经常发表一些就经济史研究的倾向性问题进行评论的文章；同时还辅以简短的书评以及国内外研究动态、文摘等。

第四，需要定向培养人才，适当扩大研究队伍。相对中国经济史学科担负的任务而言，目前的研究队伍实在太弱了。这支小小的队伍，其老年化程度相当严重，亟待补充新生力量。中国经济史的研究对象与政治经济学具有共同性，但它的研究是按照历史的发展顺序展开的。这一特点决定了中国经济史研究工作者应该具备的条件，除掌握古汉语，外文等一般工具能力外，特别要求有较深的政治经济学理论修养，较为广博的中外历史知识、受过治史方法的基本训练，以及掌握辩证唯物主义和历史唯物主义的立场、观点、方法。目前大学不设经济史专业，不论是经济系还是历史系的毕业生均不能立即胜任经济史的研究任务。根据这种情况，建议教育部门允许科研单位少量地不断地向综合性大学的经济系"加工定货"，为这门学科的科研和教学定向培养人才。准许有志于此的大学生在学习期间根据上述必须具备的条件要求，跨系选课，毕业时，成为经、史、哲的通才。在经济史的队伍中，也需要培养学通古今的专家，克服目前在研究中搞近代者不能瞻前，搞古代者不愿顾后，腰斩王朝，割断历史的反常现象。

以上所说，只是一种愿望，需要展开讨论，集思广益，找出更好的办法来。但是不管采取什么办法，最终的关键在于领导（特别是中国社会科学院的领导）的重视。希望领导责成有关单位开展中国经济史研究的学术组织工作，并就有关问题于经济学界、历史学界、教育界以及出版界间进行必要的协调工作，这样，经济史学科庶几可望兴旺发达，使马克思主义的鲜艳红旗在社会科学研究领域中更加高高飘扬。

（1983 年 4 月完稿。载《经济研究》1983 年第 10 期）

中国经济史学会 2002 年年会开幕词

女士们、先生们：

中国经济史学会 2002 年年会暨市场发育与区域经济学术讨论会开幕了。

请允许我代表学会理事会向到会的山西省负责同志和山西大学领导同志表示热烈的欢迎，并衷心感谢您们对中国经济史学会的大力支持！在此也向所有到会的同行、同事和朋友们表示热烈的欢迎！

这次年会的主题是"市场发育与区域经济发展"。我想借此机会谈几点粗浅的认识：

一、商品经济是中国经济史学中非常重要的课题。人类社会经济自从货币产生以来，在生产→分配→交换→消费整个经济链条的运转过程中，商品形式就永远不能停止其发展历程，商品经济成为其后任何社会形态所共有的经济活动和经济现象。商品经济的发展对各该社会经济整体的发展，从来都起重要作用；在特定条件下，甚至起决定性作用。人类已经经历过的社会可以证明，商品经济的发展程度和社会经济水平成正比，也和社会文明程度成正比。（也许将来共产主义经济运行不是这样，但我们目前无法预测，也没必要作如此遥远的前瞻。）因此，对各个时期商品经济状况，以及商品经济的发展条件、作用、影响的研究，是必不可少的；否则就无法正确描绘那个社会的经济，更谈不上对那个社会的深刻认识。我们说，有关这个问题的研究对"各个时期"都必不可少，是因为商品经济存在的跨时代性、跨制度性。所以，恰如爱情和死亡是文学永恒的主题一样，商品经济是经济史学永恒的主题之一。

市场发育是商品经济研究的议题之一，研究市场发育史无疑会对当前市场健康发育有所启迪，提供有益的借鉴。我深信，这次会议提交的论文和发表的见解，将对商品经济研究的发展、对中国经济史研究的发展起到有益的作用。

二、商品经济研究的时代特征。新中国成立以来，中国经济史研究中（主要就中国古代经济史范围而言），大陆学者有关商品经济问题的讨论，至少有三个阶段值得注意。

第一个阶段是在上世纪 50 年代中期到 60 年代初。当时在经济学界讨论的问题是，以公有制经济和集体所有制经济为主的社会主义有没有商品经济。古代经济史学界论及商品经济，大多是在有关资本主义萌芽问题的文章中。一般说来，是把商品经济作为资本主义萌芽产生的条件来论述。比较普遍的认识是，商品经济的发展必然导致资本主义的产生和发展。所以，虽然是在讨论封建社会末期的经济问题，但其"潜台词"是，发展社会主义经济必须抑制商品经济。

第二个阶段是在上世纪 70 年代末至 80 年代上半期。1978 年中共十一届三中全会彻底纠正"文化大革命"的错误，反对"两个凡是"，提出要进行必要的经济体制改革和与之相适应的政治体制改革。那时改革尚未涉及计划经济体制。中国经济学界开始提出了发展社会主义商品经济的主张；有人认为中国商品经济水平低下，原因在于传统经济中商品经济不发展，强调中国封建社会的闭关自守和自然经济。古代经济史的研究也比较强调自然经济。

第三个阶段是上世纪 90 年代以来至今。对于计划与市场的关系这一经济体制改革的目标模式核心问题的认识逐步深入。80 年代中期到 90 年代后半期，经济学界关于社会主义与市场经济问题的研究和争论热烈展开。传统的观念认为，市场经济是资本主义特有的东西，计划经济才是社会主义经济的基本特征。1982 年中共十二大提出计划经济为主，市场调节为辅；1984 年十二届三中全会指出商品经济是社会经济发展不可逾越的阶段，我国社会主义经济是公有制基础上的有计划商品经济；1985 年邓小平同志提出"社会主义和市场经济之间不存在根本矛盾"，"把计划经济和市场经济结合起来，就更能解放生产力，加速经济发展"；1987 年中共十三大提出社会主义有计划商品经济的体制应该是计划与市场内在统一的体制；1989 年十三届四中全会后，提出建立适应有计划商品经济发展的计划经济与市场调节相结合的经济体制和运行机制。特别是在经过几年特殊情况之后，1992 年 1 月邓小平同志"南方讲话"进一步指出，计划经济不等于社会主义，资本主义也有计划；市场经济不等于资本主义，社会主义也有市场。计划和市场都是经济手段。计划多一点还是市场多一点，不是社会主义与资本主义的本质区别。这个精辟论断，从根本上解除了把计划经济和市场经济看做是分别属于不同社会基本制度范畴的思想束缚，使我们在计划与市场关系问题上的认识有了新的重大突破。这个思想在中共十四大得到确认。经济学界的讨论，也已进入对市场经济的研讨。在这样的大背景之下，中国经济史更多地涉及中国传统交换经济的制度和过程；更多地探讨了地区市场和专业市场、商人和商人集团。有关市场经济的理论探讨也在深入展开，学者在研究中对流通在经济运行过程中的作用更加重视。这时对商品经济问题以及市场问题讨论的深度和广度已经远远超过前 1 个 10 年，更不要说与五六十年代相比了。

总体上说，中国经济史学界有关商品经济和市场经济的学术研究，从选题到论证，都与当时的整体理论环境和经济建设息息相关，从而也带有明显的时代烙印。现在的问题是，中国经济史学在发展学科本身建设所需的基础研究的同时，在建设有中国特色的初级阶段的社会主义过程中，能够做些什么？这是值得我们思考的问题。我们不信奉"经典原理学"，我们从来都提倡"论从史出"。经济史学不是为诠释某种理论而存在的。经济发展本身在体现一定的规律性；中国经济发展的"史"的研究中应该出"论"。中国经济发展的长远而丰富的历程，蕴藏着大量的经验和教训，其中许多可以为当前经济建设提供有益的借鉴。我们可以叙述和总结的内容是极为丰富的。中国经济史学界一定能对本学科的发展作出贡献，也一定能对建设有中国特色的社会主义作出应有的贡献。商品经济的研究就是其中之一。从古代到近代，我国商品经济经历了在不同社会制度下的长期发展历程，这一历程及其形成的结果就是我们的国情内容之一。

三、区域经济史是近年来中国经济史的热门方向，各个经济区域的研究都取得了可喜的成绩。区域经济史研究成果，不论是对研究各该区域经济的发展，还是对认识全国经济发展史的全貌，都具有重要的参考价值；区域经济史研究总结的经验和教训，有的还具有普遍性、一般性，对其他区域，乃至全国经济发展都有启发和教益。山西省区的经济史的研究同样取得了重要的成绩。除去出版了若干综合性的著作外，有关金融、商业、贸易、矿冶、农业等各方面的研究以及资料的收集整理，成果都很丰富。其中有关票号与钱庄、晋商、内陆外贸等方面的出版物尤其引人注目。这些成果，对金融、商业、外贸以及本省经济建设都具有现实的参照意义。譬如，晋商史中就有重要的经验与教训。

其一是晋商的商德——诚信。"诚信"就是信用。信用就是人与人社会交往中本人的诚实守信和对他人的信任。信任关系形成的基本条件是个人、企业、经济单位遵守诺言，遵守契约、合同。信用经济是建立在相互信任以及用法律保障的相互信任基础上的经济。没有信用，储蓄、信贷、期货、股票等，都失去了正常运作的条件。

众所周知，目前经济生活的各个领域，不论在生产环节、分配环节还是交换环节，信用度之低已经达到不能容忍的程度。不诚无信远不是个别人、个别企业的个别现象，已经在一定程度上影响了经济的正常运转，以至有人用"诚信危机"、"信用危机"来概括了。这个问题，在座各位肯定都有很深的感受，列举资料似乎是多余的。

诚信危机出现的原因，是多方面的，从更深的层次说，它是近三、四十年来人文教育缺陷的必然后果。诚信是做人的品德，本应属于道德范畴，严格地说，应该是人文学科特别是哲学研究的问题。对于经济运转来说，诚信虽然是必要条件，是不可或缺的滑润剂，但毕竟不是经济运转本身。经济方面的诚信、义利等问题本来应是经济思想史的课题。但是，如果诚信已经被破坏到一定程度，已经到了严重影响经济正常运转的程度，将其收入经济史学的视野之内也就是很自然的了，甚至是必要的了。在这种情况下，经济史学对诚信给以足够的注意，我们也大可不必学究气地去议论它是不是经济史研究对象的问题了。其实，信用经济本来也是经济学的范畴。诚信既然已经成为民族经济发展的需要，我们对它的研究和宣扬义不容辞。毋庸讳言，当前正处在这样的时刻。

晋商曾经兴盛四、五百年的历史事实表明，在其经营理念、指导思想中，"诚信为本"占有极为重要的地位。这样的人文精神乃是中华民族优秀品质，是应该得到继承和发扬的。当然，我不是说古人的商业活动或其他活动中只有诚信而从无欺诈；如果是那样的话，也就不会在明清商书中列有防止上当受骗的内容，也就不会在明代出现《杜骗新书》这样的奇书。但是我们必须承认，诚信是我们民族基本的美德之一。

诚信作为个人品德，每一个人都应具备；诚信作为社会准则，人人必须遵守。在目前情况下，要做到人人诚信，既亟须严肃的法律环境加以保证，同时又需要宣传和教育加以培育。所以对晋商（当然不只是晋商，徽商也是一样）在经济活动中的诚信精神，应该做更为深入地发掘、研究，加以总结和宣扬，是非常必要的。在这方面，我们还不能说已经做得很够了。经济史工作者，特别是区域经济史、地方经济史以及商业史的专家们，在这方面多做些工作，当仁不让，义不容辞。

其二是晋商的衰败。在长期兴盛之后，清末民初晋商走向衰败，有其主客观方面的多种原因。客观条件的变化不以个人意志为转移，它也不是仅对某一位个体起作用；所以晋商衰败原因中更值得探讨的是主观方面。在封建条件下成长壮大的晋商，当资本主义经济兴起之际，因循保守，墨守成规，不能适应形势，不能及时转轨、改制，家族式经营不能及时企业化，传统经营不能及时改革体制，使之不可能以一个全新的、有活力的现代企业去因应客观环境的挑战。这可能是晋商衰败主观原因中比较突出的一条。体制、组织、理念僵化，从而丧失自身及时调整能力，可能是不同时代、不同类型企业衰败的共性原因之一。有关教训的总结，对当前新兴的家族式民营企业的发展是很有借鉴意义的；即使是对国营企业，也不无参考价值。

四、中国传统经济尽管与当前社会主义初级阶段在制度上有许多不同之处，但同时也有某些经验可供吸收，许多教训值得汲取；历史上许多经济现象值得分析、探讨。这是毋庸置疑的。这些问题应该是经济工作者、经济理论工作者，以及有文化的企业家必备的基本知识。这些基本知识给我们提供起码的国情教育。学习这些基本知识，也是诸如诚信之类传统美德的继承和传播的重要途径。这些基本知识也为进一步上升为理论打好基础。这些知识正是经济史学提供的。据说，目前某著名的社会科学综合性大学的部门经济专业，根本不设中国经济史课程，连本部门经济的专业经济史都不学了。难道我们的高等教育已经"近视"到如此程度吗？已经"功利"到如此程度吗？我建议，咱们经济史工作者在各种场合大声疾呼：重视经济史吧！

请原谅我说的离题太远了。

我们这次年会是在有着悠久历史的高等学府山西大学召开的。5 月 8 日是山西大学的百年华诞，在这喜庆的日子即将到来之际，请允许我代表学会理事会和大会向山西大学表示由衷的祝贺！祝愿山西大学在继承百年光荣传统的基础上，在新世纪的新百年里为祖国的教育和科学事业做出更加光辉的成绩！

本次年会得以顺利召开，是山西大学校领导热情支持的结果，请允许我代表学会理事会表示深切的感谢！这也是经管学院的领导以及参加筹备工作的全体同志努力的结果，在此诚心地向他们道声：您们辛苦了！

祝会议取得圆满成功！谢谢大家。

（2002 年 4 月 20 日，太原）

在"中国经济发展史上的政府职能与作用"学术讨论会上的发言

一

2002 年，中国经济史学会年会在太原开会的时候，各专业委员会分别决定，在 2003 年召开本专业学术讨论会。行动最早的是现代经济史专业委员会，他们与中国海洋大学管理学院联合，于 2003 年 4 月下旬在青岛召开讨论会，讨论的主题是"中华人民共和国 53 年来经济管理探讨"。以后，因非典肆虐，严重影响了所有工作进程。其他专业委员会不得不推迟已经决定的会期。直到今年 6 月上旬，近代经济史专业委员会与南开大学经济研究所和经济系联合，集聚了 70 余位中外学者，在天津讨论了"世界经济体制下的民国经济（1911—1937）"问题。

现在，古代经济史专业的讨论会召开了。这个会得以顺利召开，是得到了河北省委宣传部领导的支持。在以姜锡东教授为首的河北大学宋史研究中心的同志们的共同努力下，得以实现的。您们不畏酷暑，辛苦工作，为会议做了良好安排，在此谨以中国经济史学会的名义向所有参加筹备工作的同志们致谢。我向您们致以谢意，并致以敬意。

二

这次会议讨论的主题——"中国经济发展史上的政府职能与作用"，是一个十分重要的问题。注意运用基础与上层建筑关系这一马克思主义基本方法研究经济史的学者们，从来都是关注政府职能与作用问题。上世纪 80 年代末，经济学界也特别关注经济发展中政府职能与作用问题。这是改革开放的需要，经济体制改革的需要。

任何时代，任何政权都对经济的发展起着正面的或者是负面的作用。其作用，不论是直接的还是间接的，都是强大的。不同时代、不同政权对经济发展所的起作用是有很大的差异的。这种差异，决定于生产力发展水平和该政权的性质两个方面。以小农业和小手工业生产为经济基本模式的我国历代王朝，和以大工业生产为主导的资本主义国家相比，其政权对发挥经济职能的自觉性不可同日而语。资本主义国家，和以计划经济模式发展国民经济的社会主义国家相比，其政权对经济的干预方式也是全然不同的。所以说，生产力发展水平以及国家的性质，是考察经济发展中政权作用的两个基本出发点。

在一定时期内，政权为了某个阶级或阶层利益的增长，为了某种产业（经济部门、经济领域）的发展，为了某些地区的开发，会采取一定的手段对经济运行进行干预。干预的目的是多方面的，例如：为了保证皇室的奢靡消费，为了国家机器的正常运转，为了某个阶级或某些集团的利益，为了发展国民经济增加社会财富、为了增强本国经济的对外竞争力等。这些目的以哪个为主，那就要看是什么性质的政权、什么体制的国家、最高领导人遵循什么经济理论、当时处在什么历史时期、什么样的政治环境和国际环境等。因此，在经济史研究中，几乎所有问题都或多或少地涉及所在国家和地区的政府作用和影响。

在经济发展中，所谓"政府"的作用，当然不应仅指狭义的行政领导机构。例如在前资本主义时期要强调的是皇权通过王朝对经济发展过程所起的作用。又如在社会主义国家的政府所执行的是政党的方针政策。而政党方针政策往往是出自党的最高领袖。所以，单纯研究政府的行政措施是远远不够的。

在"经济发展中政府的职能与作用"这个问题上，我们看到经济史研究与政治史、党史、经济思想史等多种学科的交叉、渗透。研究对象相关条件的多样性以及历史现实的复杂性，给我们的经济史研究提供了广阔的空间，这里是有很多工作要做的。深信这次讨论会能为今后的更广泛地开展这方面的研究提供有益的启发。

这个方面的历史问题研究成果是会为政府政策的制订与执行有所启迪，

提供借鉴的。从这个意义上讲，它有很强的现实意义。它们能给人多少启迪，当然与成果的水平深度成正比。至于能够借鉴多少，则要看执政者对历史经验的重视程度、认识水平和吸纳能力了。

预祝会议取得圆满成功！

（2004 年 7 月 21 日，承德）

《广州近代经济史》[*] 序

自秦汉以来，广州已是中国南方的政治、经济、军事、文化中心和中国对外通商的重要口岸。到了唐朝，广州是全国最大的对外贸易港口，也是世界著名的贸易港口之一。进入唐朝中期以后，商品性的生产出现了一个上升阶段，商业不断发展。当时广州经济的发展，在全国经济中占有重要地位。北宋时，辽、夏两国阻隔西北，"丝绸之路"日渐衰落，广州以中国第一大港、世界著名港口和海上"丝绸之路"的起点屹立在祖国的南端。明朝曾一度实行海禁。到了嘉靖年间，全国撤销了浙江、福建两个口岸，独留广州口岸，从而使广州在全国对外贸易的中心地位得到恢复。对外贸易的繁荣，促进了广州工农业生产的发展，特别是以冶铁、纺织、陶器、造船业为主的手工业获得了较大发展，使广州成为全国主要手工业地区之一。清乾隆二十二年（1757 年）后至鸦片战争爆发止，历时 80 多年，广州是全国唯一的通商口岸，因而也是广州对外贸易的繁荣时期。鸦片战争后，中国一步一步地沦为半殖民地半封建社会。《南京条约》签订后，开放广州等 5 处为对外通商口岸。这样，广州作为全国对外贸易中心的地位逐渐衰落。随着国门打开，外国资本不断输入和洋务运动产生，促进了广州近代工业兴起。中国第一家民族资本主义工业企业——继昌隆缫丝厂，中国民族资本创办的第一家电灯公司——广州电灯公司，中国第一家民族资本火柴厂——佛山巧明火柴厂等民族资本企业相继在广州地区创办，对推动我国近代工业兴起起了一定作用。进入民国后，广州是孙中山领导的资产阶级革命政权的大本营。他在致力革命活动的同时，对广州经济建设十分重视；著名的《实业计划》，充分

---

* 丘传英主编，广州：广东人民出版社 1998 年 6 月版。

肯定了广州的经济地位，对后来广州以至全国的经济建设都产生过积极的影响。广州还是大革命时期的策源地，著名的省港大罢工、广州起义等均发生在这里。正是由于这些历史原因，使得对广州近代经济史的研究，在中国经济史研究中具有举足轻重的地位，一直为经济史学界所关注。整理和研究这一区域性的经济史无疑是重要的，过去不少专家学者在这方面做了不少工作，只是比较系统的专著还不多见。

《广州近代经济史》一书作者丘传英、吴智文、蔡亲海、何礼荣先生有鉴于此，在近几年中广泛收集资料，进行认真研究，于近期写成了这一专著。它采用横排竖写的方法，以时系线，以类系事，以事系人，事以类从，做到纵不断主线，横不缺主项，宏观和微观相结合，分门别类地对对外贸易、工商业、农业、交通运输业、城建、财政金融等经济部门的发展状况进行记述，把广州地区近代（1840 年鸦片战争至广州解放前夕）经济发展、经济管理、经济开发的概貌详尽地展现给读者。同时，它又通过深入浅出地剖析，总结了各时段的经验教训，给读者以有益的启示。此书详略适度，史料系统丰富，广州地方特色鲜明，是一部有一定学术价值的史书。它非但对经济史学工作者有参考价值，同时也对科研工作者、机关工作人员和企事业单位领导了解国情，以及对广大青年进行爱国主义教育，都具有一定的参考作用。

（1997 年 10 月 25 日）

《近代化起点论》* 序

高淑娟博士的专著《近代化起点——中日封建社会末期对外经济政策比较》付梓问世了，这是一件令人高兴的事。

近代化是一个过程。这个过程的起点，清帝国是"闭关自守"，日本则是"锁国"政策，都把自己与世界的联系减少到了最低限度。如何应对资本主义列强的不断进攻，怎样才能适应残酷的国际环境，这是两国共同面对的问题。历史已经表明，两国发展的结果是迥然不同的，一个走向军事帝国主义，一个沦为半殖民地。为什么会是这样，确实值得深入地探讨。近年来中日两国史学界对此进行了大量的研究，提出了许多精彩的论断。高淑娟的这本书参加到这一讨论中来，提供了值得注意的资料与观点。

清代"闭关自守"和日本幕府时期"锁国"，都体现在许多具体的条例、规定、措施上。所以，若要对"闭关自守"和"锁国"提出总体看法，就不能绕过对具体问题的分析。大家通常认为，近代化之前中日两国的国情是基本相同的。高淑娟则从两国封建社会末期的贸易政策入手，对诸如四口通商与平户商馆时代、海禁与锁国、广州一口通商与长崎一口通商、广州与长崎、澳门与出岛等具体经济政策，对两国各自不同的"朝贡贸易"政策、对国内商人、国外商人、侨民等的管理政策差异进行史实的描述，具体地比较，得出了这样一个看法：两国的经济政策，看似相同而实质上并不相同。日本前近代幕府锁国而地方政权依然开展对外贸易。德川幕府一方面实施对华间接经济交往，一方面在东南亚各地开拓以自己为中心的"朝贡"贸易圈，幕府时期虽然号称"锁国时代"，却也只是形式上的锁国，并由此培育出适应近代化需要的社会基础；而清王朝即使在四口通商时期，从价值取向

---

* 高淑娟著，北京：中国社会科学出版社 2004 年 10 月版。

到政策目标导向上仍然属于封闭保守的性质，致使中国失去了主动参与第一次世界工业革命发展的历史机遇，综合国力由盛而衰。

在具体分析的基础上，高淑娟进而对这一时期中日两国对外经济政策的目标、手段的不同，以及各项政策执行过程的刚性差异等方面进行了探讨，分析了两个政权在应对国内外客观环境制定和调整对外经济政策方面存在的细微差异。她更进一步分析了中日两国不同对外经济政策赖以形成的经济基础和社会条件，揭示了看似相同实则不同的对外经济政策的决定性因素。

论从史出，大量翔实的史料，使本书提出的意见令人信服。这本书对近代化问题的讨论作出了应有的贡献。

在写作过程中，高淑娟曾两赴东瀛，得以与日本学者交流，并搜集许多日文资料，其中有的是在国内较难看到的，对这项研究质量的提高大有裨益。她用功甚勤，所以有此收获。我期待着她做出更多更好的成果。

(2003 年 10 月)

《关于农村公共食堂的几个问题》的写作经过

《纵横》2004 年第 12 期刊载的《毛泽东纳谏：同意解散农村公共食党》一文中谈到中国科学院经济研究所昌黎工作组所写《关于农村公共食堂的几个问题》（以下简称《食堂报告》）一文的产生过程，说"当夜，研究人员经君健就写出一份调查报告：《关于农村公共食堂的几个问题》，用实际材料说明食堂有七个弊端"；又提到："中宣部内刊《宣教动态》登了出来。《宣教动态》删去了后面的建议部分，只留下农村公共食堂的七个弊端"云云。我是工作组成员之一，是《食堂报告》的主要调查和执笔人。现根据本人的回忆，对以上两个问题做些补充和修正。

经济所昌黎工作组的组成及其工作方式

首先谈谈我所知道的中国科学院经济研究所昌黎工作组的情况。1958 年秋，人民公社已在全国建立，经济所为了探索社会科学为现实经济服务的道路，提高经济学研究水平，通过理论与实际密切结合，积累第一手的资料和工作经验，经中国科学院哲学社会科学部和中宣部批准，派出一个工作组，比较长期地入驻农村。这是改进经济研究工作的一次试验，所以该组也被称作经济研究工作的"试验田"。中宣部科学处并希望工作组成为"气象站"之一，及时地向上反映农村政策的执行情况。

这个组定名"中国科学院经济研究所昌黎工作组"，由经济所的党的核心组副组长董谦同志任组长，王绍飞同志任副组长，从所内各研究组中选派 15 人参加。（组员中有北京师范大学经济系的一位同志；此外还有北京大学经济系的应届毕业生全体参加调研工作。）该组的工作方式是挂职参加当地工作。经省、地、县各组党组织的批准同意，工作组的成员按当时的机构建置，相应担任县、人民公社、管理区、大队等各级党和行政的副职，在当地党委领导下，与基层干部一道工作。调研重点地区为昌黎县的果乡人民公社；活动的范围遍及整个昌黎县，乃至邻近的抚宁、卢龙两县。我们进村后就住到社员家中，白天跟他们下地劳动，在生产队食堂共进三餐，晚间和社员、干部一道评工分、讨论工作，或听积极分子们"辩论"错误思想。所以对当时有关人民公社的各项政策在农村基层如何贯彻，贯彻中有什么问题，以及基层干部和群众的真实思想等，我们了解得十分具体而确切。

《食堂报告》的写作经过

1958 年 11 月中旬到达昌黎县后，我被分配到果乡公社梁各庄管理区施各庄大队，兼任大队副队长。我在施各庄工作期间，通过调查统计发现，公共食堂成立前后，真正参加农业劳动的妇女人数基本上没有发生变化。做饭这件事由原来的分散劳动变成集体劳动后，引起了做饭方法上、燃料上、条件上的一系列变化。本来各家老年妇女附带就可以做的事情，集中到食堂就需要固定一批强劳力来做，食堂占用劳动力的比重相当大，而且都是强劳力。此外，食堂还存在一系列不利于生产，不利于团结，严重影响群众生产积极性的问题。我们所看到的情况与当时报刊连篇累牍的食堂优越性的宣传全然不同。社员和基层干部对公共食堂意见极大，但上达无门，因为公开的反对意见是要受到"辩论"（即批判）的。

1959 年 4 月中旬，我向工作组领导汇报了上述情况，又和 3 位同志分别去钱庄子、两山和耿庄等 3 个管理区就此问题进一步调查。调查的结果进一步证实农村公共食堂不但没有解放劳力，而且要占用强劳力。

5 月 7 日工作组的阶段工作总结会上，董谦同志告诉大家，副组长王绍飞同志所写反映人民公社存在问题的信，得到毛泽东主席的批示："河北省昌黎县的情况和他们所提出来的意见，是有普遍性的，各地各级党委都应注意解决，越快越好"；要求各省、市、区党委第一书记"将此信及附件发给各级党委，一直到生产队的支部书记"；并"即送刘、邓、震林阅，尚昆用电报发去。发后再送周、陈、林、朱阅。"〔《党内通信》（1959 年 5 月 2

日）。载《建国以来毛泽东文稿》第八册第241页。文中所说"附件"，注："即王绍飞的报告"。着重点是原有的。] 这个消息极大地鼓舞了全体同志。中央如此重视王绍飞反映的问题，说明我们工作组起到了中宣部所要求的"气象站"作用。大家应该学习王绍飞敢想敢干的精神，及时向上反映我们掌握的情况，以有利于党的政策在农村中得到正确的贯彻。

当晚的会议，大家在高度兴奋的气氛中，纷纷提出许多应该反映的问题。我谈了几个问题，其中包括对公共食堂的看法。应邀参加会议的昌黎县委第一书记吕剑飞也说到食堂存在问题，如不利于养猪等。董谦同志说，中央也在讨论公共食堂问题，我们应该及时反映有关情况。他提出：写出的报告第一要材料可靠，第二要先肯定成绩，第三要反映存在问题，提出解决办法，第四要抓紧。

我们连夜起草报告。我写食堂占用了强劳动力问题，把已积累的有关不利养猪积肥、浪费燃料以及房屋和家具平调等问题的资料交给另外一位同志起草，最后由我统稿。次日清晨完成了初稿，题为《关于农村公共食堂的几个问题》。董谦同志看后提出两点意见：第一、食堂与生活集体化的关系和食堂管理水平两个问题过简，适当补充；第二、11日必须完成。当天我们再去施各庄，召集大队党支委和生产队长等参加的干部会，调查与核实食堂问题，大家的意见与报告稿所写的情况是一致的。我就上述两方面的问题作了补充，再把全稿统改一遍。11日上午我把定稿交给董谦同志。

我之所以较详细地叙述报告写作过程，只是想说明，一，我执笔撰写《食堂报告》所用时间虽然不多，但它却是5个月体验和调查的结果；二，我只是主要调查者和执笔人，报告中包含了工作组很多同志的劳动。

《食堂报告》全文刊出

董谦同志把报告带回北京，经济研究所党的核心组扩大会议（有中宣部科学处和中科院哲学社会科学部负责同志参加）讨论了这篇报告。据说，会上没有原则性的不同意见；决定由董谦分送中宣部、学部、河北省委、昌黎县委等有关领导。

《食堂报告》刊登于《宣教动态》，署名"中国科学院经济研究所河北昌黎县工作组"。刊出的报告对原稿基本内容和框架没有改动，但对原稿的标题改动较大。首先是文章题目从《关于农村公共食堂的几个问题》改为《农村食堂究竟有无优越性》。分节小标题《食堂与妇女劳动力的解放》改为《食堂化并没有解放妇女劳动力》，《食堂与粮食问题》改为《浪费粮食》，《食堂与肥料》改为《影响社员不能养猪积肥》，《食堂与燃料》改为《燃料紧张》，《食堂的房屋设备》改为《占用房屋增加社员负担》，《食堂与生活集体化》改为《只有大集体，得不到小自由》，《食堂与管理水平》改为《缺乏管理食堂经验》。可见，本来"中性化"的题目经改动后全部"尖锐化"了。原稿对食堂改进和建议的内容没被删掉，也全文刊出，并加上标题：《认为解散食堂，化整为零，可以解决许多矛盾》，"解散"被突出了。总之，经改动后，从大小标题上就可看出《食堂报告》是在全面地、系统地、旗帜鲜明地否定农村公共食堂的优越性。

1959 年夏天的在庐山会议上，毛泽东主席批判彭德怀同志的发言中特别肯定了农村公共食堂，说"食堂是个好东西"，"节省物资，包括粮食油盐柴草菜蔬，比在家吃得好"；点名批判《食堂报告》，说："有个右派出来了；一个科学院调查组，到河北昌黎县，讲得食堂一塌糊涂，没有一点好处，攻其一点，不及其余。学那个宋玉的办法，写《登徒子好色赋》"。（《毛泽东 7 月 23 日的讲话》。转自李锐《庐山会议实录》第 135—136 页。）于是，在 9 月份全党开展的"反右倾"运动中，《食堂报告》当然地成为中国科学院和哲学社会科学部的批判重点，工作组组长董谦同志被打成"右倾机会主义分子"。

庐山会议以后，在毛泽东主席领导下，公共食堂在全国农村进一步推广。三年困难时期，全国人民特别是农民付出了极为沉重的代价。1961 年 1 月，毛泽东组织了大规模的调查研究。6 月 15 日中央通过《农业六十条》，允许农民自己决定办不办食堂。6 月 19 日发出《关于坚决纠正一平二调错误、彻底退赔的规定》，农村公共食堂才得解散。

1961 年初，毛泽东调查研究食堂问题时对王任重同志说："看来，过去过分强调办农村公共食堂是不对的。"还说，"1959 年科学院经济研究所有一个调查组到河北丰润县作过调查，不赞成办农村食堂，调查组的同志还因此被打成了'右倾机会主义分子'，现在看来当时只有那个调查报告是正确的。"（王任重《实事求是的典范——纪念毛主席诞辰 85 周年》，载《中国青年》，1978 年第 4 期。其中"丰润县"应作"昌黎县"。）3 月，他在广州对胡乔木同志也谈了这个看法。(《胡乔木同志对召开中国社会科学院各学科知名人士批判"四人帮"炮制的"两个估计"座谈会的指示》，1978 年 2 月 14 日。) 他和刘少奇同志指示要平反。

（载《纵横》2005 年第 5 期。）

代价沉重的空想社会主义大试验

1958—1961 年年底，在"总路线"、"大跃进"、"人民公社"三面红旗的覆盖之下，我国农村中遍地出现了公共食堂，数亿农民扶老携幼地过上了集体生活。农村公共食堂当时被视为人民公社的基石，社会主义阵地和通往共产主义的桥梁。中共中央要求的目标是全国农村百分之百地食堂化。赞成还是反对建立食堂，在当时是划分政治立场的重要标志之一。号称"自愿"的原则下，反对食堂的社员会强遭"辩论"，或当作富裕中农、坏分子批判、斗争，干部则会被戴上右倾机会主义分子的帽子。就是在这三年（困难时期）里，中国大地上的非正常死亡数以千万计。如此浩劫酿成（酿成如此浩劫），农村公共食堂起了推波助澜的作用。

农村公共食堂是中国特定历史时期的特定事物（产物），即使在世界历史中也是空前的、罕见的。往事已逝四十余载，"公共食堂万岁"这震天响的口号已远远淡去，那段生活却给数亿农民留下刻骨铭心的经历和沉痛的记忆。以千万生命谱写的篇章是不该忘记的。这段历史的亲历者应该如实地写下这悲惨的一页。1958 年，我有机会参加一次对农村人民公社的调查，目睹了也参与了农村人民公社的实践，包括农村公共食堂的实践。所以我想就与农村公共食堂有关的问题记下来。

现在就从一份有关农村公共食堂问题的调查报告说起。

一 《关于农村公共食堂的几个问题》调查报告的产生

1959 年 5 月，中国科学院经济研究所河北昌黎工作组①写了一份题为

---

① 中国科学院经济研究所昌黎工作组，成立于 1958 年 11 月。它既是经济科研工作方法的试点，又是经济所这项调研活动的试点，所以在所内一般称之为"试验田"。这个工作组的工作方式

《关于农村公共食堂的几个问题》的报告①（以下简称《食堂报告》），当时由工作组组长董谦在中共经济研究所核心组扩大会议上作了报告，讨论通过，决定由董谦分送中宣部、学部、河北省委、昌黎县委等有关领导②。

这篇报告是该调查组成员在河北省昌黎县果乡公社，经过四个月的"四同"（同吃、同住、同劳动、同工作）获得的第一手资料写成的。报告首先肯定了人民公社化前夕公共食堂曾起过良好的作用，但因各地条件不同，食堂仍然存在许多问题。《食堂报告》所反映的问题是昌黎县果乡公社的真实情况。

《食堂报告》指出，食堂存在七个问题：

第一是食堂化并没有解放劳动力。报告说，食堂成立前后，真正参加农业劳动的妇女人数基本上没有发生变化。过去出勤的，现在仍然出勤；过去不出勤的，现在仍然干她们自己的事。妇女劳动时间的长短，食堂成立前后变化也不大。做饭在一个农妇一天的生活中所占的时间是很少的，对她们参加生产影响不大。由于做饭把身子缠在锅台上不能参加劳动的情况是极少的。农村妇女结了婚，一般都有三四个孩子，照顾孩子的问题并不是食堂所能解决的。做饭这件事由原来的分散劳动集中起来成为集体劳动，这就引起了做饭方法上、燃料上、条件上的一系列变化。公共食堂需要集中厨房、饭厅和大型的锅、灶。原来是做三两斤米，甚至斤把米的劳动，现在变成了做几十斤、几百斤米的劳动；本来挑一担水可以全家吃一天，现在挑几十担水才够做一顿饭。因此，原来一个老年妇女附带就可以做的事情，现在不得不占用一批强劳力固定下来做，食堂占用劳动力的比重是相当大的，而且都是壮劳力。因此，从妇女劳动力的解放这一点来说，有相当一部分食堂没有起到其应有的作用。

第二是浪费粮食。报告说，一则忙闲不分，去冬放开肚皮吃干粮，今春

是，经省、地、县各组党组织的批准同意，工作组成员在昌黎县分别担任县、公社、管理区、大队等各级党和行政的副职，在当地党委领导下，与当地干部一道工作，与群众同吃、同住、同劳动。因此对当时各项政策在基层如何贯彻以及贯彻中存在的问题，了解得相当具体。关于公共食堂问题的资料，就是和农民群众一道在食堂就餐中的实际体会和所见所闻以及后来在更大范围调查的结果。工作组调研活动的重点和基地在昌黎县果乡人民公社；活动范围以昌黎县为主，涉及临近的抚宁、卢龙两县。组长董谦是经济所党总支部书记，核心组副组长。

① 报告原文见本文附件。

② 调查报告的产生，参见拙稿《〈关于农村公共食堂的几个问题〉的写作经过》，载《纵横》2005 年第 5 期。

春耕粮食不够发生问题。二则不能用野菜来当粮食；即使可以，也没有那么多人去挖野菜。食堂全部要用真正的粮食。三则口粮定量不够，如果把粮食按照定量分发到户的话，其浪费是不可能超出这个定量的。四则责任转移。过去粮食分到户，够不够自己负责。现在粮食归食堂掌握，社员吃不饱就要找食堂，找领导。

第三是影响社员不能养猪积肥。食堂化以后，粮食加工集体化，糠、麸归了食堂；做饭、吃饭集体化，泔水也没有了，使得社员私养猪大大减少。不但影响城市副食品供应，减少社员收入，更严重的是积不了肥，从而影响农业增产。第四是烧柴紧张。食堂化后，社员不烧火做饭，既不能积肥，又增加了煤炭供应的紧张程度。尤其是冬季，社员家里不做饭也得烧炕，燃料双方支出，很不合算。烧煤也增加了社员的生活费用。

第五食堂占用房屋、家具，一定程度上影响了这些社员的生产积极性。

第六是只有大集体，得不到小自由。有些干部片面地强调生活集体化，不管社员住家离食堂多远，不管天寒地冻，也不管年老体弱，病人、小孩，一律都得到食堂吃饭，不准把粮食领回去自己做。群众的口味爱好不一，食堂也很难做到大家满意。群众反映，只有大集体，得不到小自由。

第七是缺乏管理食堂经验。约有一半食堂从来没有公布过账目，更有个别干部压制民主，不准对食堂提意见，这也在一定程度上影响了群众的生产积极性。报告还指出，"很多群众参加食堂，是'化'进来的。相当多的生产小队长和更多的群众对食堂有意见，但是不敢讲，怕挨'辩论'"[1]。

根据以上情况，报告提出建议："可以不搞经常性的公共食堂，化整为零，把粮食按照定量分到户里去。""即使一些单身汉或劳力多人口少的户需要有人帮他们解决做饭问题，或者农忙时需要延长劳动时间，要求搞农忙食堂，也可以搞。但最好以互助形式出现，用小食堂代替大食堂，化大为小，一般一个食堂不超过十户或一个小队为宜。这样才便于以女劳力代替男劳力，以弱劳力代替强劳力；才可以不添置过多的设备，使用过多的煤炭；同时，因为占用吃饭时间少，也才更有利于生产活动。"报告最后还说："当

---

[1]　群众加入公共食堂，除有不少实际困难外，还有许多思想问题。解决这些思想问题的办法，往往不是说服，而是用"辩论"的方法压服。所谓"辩论"，就是把批评或反对食堂的意见当作富裕中农思想或者地富反坏右分子的反动思想予以批判、斗争。从1958年10月29日《人民日报》刊登中共南阳地委农村工作部的《办好公共食堂的经验》这篇文章中可以窥其一二。

然，有的地区或小队真正可以解放劳动力，可以很好地解决上述问题，并且群众愿意的话，仍然可以而且应该继续搞大食堂。总之，要做到因地制宜，因时制宜，群众满意，有利于生产。"从这段话可以看出，报告虽然指出食堂存在那么多问题，但并没有提出彻底解散食堂的主张；其建议是相当"温和"的。

实事求是地说，我作为主要调查者和执笔人在写这个报告的时候，跟调查组的许多同志一样，并不了解当时全国公共食堂存在的更为严重的问题以及各地食堂解散的情况。我们只是反映在昌黎调查的实际情况，并提出改进意见而已。但《食堂报告》指出的问题，几乎包括了下面将要提到的 1961 年毛泽东组织的食堂大调查时发现的所有问题。

这篇调查报告以《农村食堂究竟有无优越性》为题刊于 1959 年 5 月 23 日出版的第 36 期《宣教动态》。完全出乎意料的是，在同年 7 月的"庐山会议"上，它受到毛泽东严厉的批判；但在两年之后，又得到毛泽东的充分肯定。这究竟是为什么呢？只有弄清毛泽东在农村公共食堂兴衰过程中的态度和所起的作用，才能得到答案。

二　1958 年农村公共食堂的产生与发展

在 1958 年 3 月 8—26 日的成都会议上，批评 1956 年反冒进，确立了"鼓足干劲，力争上游，多快好省"为社会主义建设总路线。5 月的八届人大二次会议，通过总路线及其基本点。国民经济各条战线要全面"大跃进"。

1958 年下半年，按照《人民日报》的说法，已经是"东方欢乐西方愁"的时代，国民经济全面大跃进，"在不久的将来，就可以超过英国"[①]。在农业方面，据正式报道，已经放出了早稻亩产 36900 多斤（湖北麻城），花生亩产一万多斤（福建南安）的卫星，据说这是证实了毛泽东在 1955 年冬的"科学预见"："将来会出现从来没有被人们设想过的种种事业，几倍、十几倍，以至几十倍于现在的农作物的量。"[②]河北省徐水县县委第一书记张国忠

---

①　1958 年 8 月 3 日《人民日报》社论。

②　1958 年 8 月 13 日《人民日报》社论。

当面汇报，秋季要收 11 亿斤粮食。毛泽东听了很高兴①。他在河南省襄城县听到烟叶"已经长到一人多高，每棵有七十多个叶，每亩计划产三万斤"。长葛县的玉米计划亩产 25000 斤②。他都相信了；至少在当时，没有见到有关他怀疑这些数字的报道，相反，他在赞扬和鼓励。在山东历城县北园社，他听到过去一亩只产二三百斤的田现在要争取产 4 万斤，高兴地叫"好"③。毛泽东高兴之余所想到的是如何处理这么多的粮食。所以他在徐水时提出问题："你们全县三十一万多人口，怎么吃得完那么多粮食？粮食多了怎么办？"④ 他相信，这些数字就是千百年来广大贫苦农民梦寐以求的吃饱肚皮愿望的物质基础⑤。

农业战线掀起了大规模农田水利建设高潮。凭着铁锹、镢头进行大型水利工程，只能依靠人海战术。人们想尽一切办法，动员所有的劳动力出勤，充分利用每个劳动力的所有时间，以满足工程的需要。妇女劳动力出工的要求日益迫切。为此，劳动力组织实行军事化、行动战斗化、生活集体化。在这种情况下，农村出现了各种服务事业，如托儿所、敬老院等，最重要的是农村公共食堂。

农业生产合作社规模太小，已无法满足上述要求，人民公社应运而生。农村公共食堂的产生，催化了人民公社的产生，也被认定是人民公社的重要基石。《人民日报》陆续刊出有关农村公共食堂的报道⑥。这些报道引起毛泽东的密切注意。

据毛泽东的秘书李锐回忆："早在 1958 年 4 月左右，以大搞农田水利建设为中心的生产高潮掀起以后，毛泽东和中央领导层中的许多人，已在开始思考和酝酿新的农村基层组织结构问题。"⑦

1958 年 7 月 12 日，新华社《内部参考》上刊载了湖北省粮食厅工作组

---

① 《毛泽东同志视察徐水安国定县》，见 1958 年 8 月 11 日《人民日报》。

② 《毛泽东同志视察河南农村》，见 1958 年 8 月 12 日《人民日报》。

③ 《毛泽东同志视察山东农村》，见 1958 年 8 月 13 日《人民日报》。

④ 《毛泽东同志视察徐水安国定县》，见 1958 年 8 月 11 日《人民日报》。

⑤ 当时，中央领导同志中并不是仅仅毛泽东一人相信。例如，刘少奇对吃饭不要钱表示赞赏的。见 1958 年 9 月 30 日《人民日报》，载《刘少奇同志视察江苏城乡》。

⑥ 如 1958 年 7 月 8 日介绍湖南、湖北、福建等地情况；7 月 9 日介绍北京郊区包括"食堂化"在内的"四化"情况等。

⑦ 李锐：《公共食堂始末》。载《李锐诗文自选集》，中国文联出版公司 1999 年版，第 149 页。

《农业社办食堂对发展生产改善生活有很大促进作用》一文，介绍农业社办食堂的经验。文章说，湖北省京山县合作乡八一社，早在 1955 年就办起农忙食堂，开始时由于管理不好，两次垮台，三次兴办。1957 年全社五个队都办起了常年食堂，全社 252 户都自愿地参加。食堂对促进生产、改善生活有四大好处：第一节省了劳动力；第二扩大了社员收入；第三节约了粮食，节约了燃料减少社员开支；第四有利于发展生猪生产①。很可能是报道中所说食堂的屡垮屡兴，使得食堂产生和存在的必然性有了具体的例证，毛泽东看后，当即（十四日）批示《红旗》杂志总编陈伯达发表。8 月 1 日出版的《红旗》第五期全文刊载②。这是我们看到的毛泽东关注农村公共食堂问题的第一个记载。

8 月上旬，毛泽东到徐水视察时，听到保定地委书记李悦农汇报当地的妇女都脱离了"四台"（炕台、锅台、磨台、碾台），高兴地说，"是呀！人人都吃食堂，社社都办幼儿园……"③ 他对食堂解放妇女劳力很感兴趣。一个月后，9 月 5 日，他在第十五次最高国务会议上的讲话中说："农民劳动起来是有纪律的，军事化，干劲甚大。公共食堂一来，节省时间，免得往返。节省粮食，节省柴火，节省经费，此外，还节省大批时间。这是徐水县的经验。"④这是毛泽东首次在会议上肯定公共食堂。

8 月 7 日公布的《河南省遂平县嵖岈山卫星人民公社试行章程》（草稿）第十七条规定："公社要组织公共食堂、托儿所和缝纫小组，使妇女从家务劳动中解放出来。为了便于管理，公共食堂和托儿所一般地以生产队为单位建立。不愿意参加食堂和托儿所的，听其自便。参加食堂的，也可以自己另备小菜。公共食堂、托儿所和缝纫小组工作人员的工资供给，由公社负责；他们为社员服务所收的费用，按照不赔不赚的原则规定。公共食堂要经营菜地，喂猪喂鸡，不断地改善伙食。"这个章程规定，公社建立托儿所、幸福园（养老院）、医疗机构、学校、图书馆、剧场，统一建设住宅以及公共墓地。按家庭人口得到免费的粮食供应，实行粮食供给制。社员要交出全部自留地，并将私有的房基、牲畜、林木等生产资料转为全社公有，但可以留下

---

① 1958 年 7 月 12 日新华社编《内部参考》第 2528 期。
② 《建国以来毛泽东文稿》第七册，第 315 页。
③ 康濯：《毛主席到了徐水》，原载 1958 年 8 月 11 日《人民日报》。
④ 《建国以来毛泽东文稿》第七册，第 378 页。

小量的家畜和家禽。这样就可割掉"资本主义尾巴"。这是第一个人民公社章程，是一个示范性的文件。毛泽东加了批示："此件发各同志讨论。似可发各省、县参考。"①并对这个简章做了几处修改，有力地推动了人民公社化运动。从此，公共食堂和粮食供给制（也就是吃饭不要钱）正式进入文件。

就在小社并大社和大跃进的情况下，农村开始办起了一批公共食堂。小社并大社开展得最早的河南省，到8月份，全省已建立公共食堂265462个，参加人数3558万人，占农村人口的79%②。

8月29日，《中共中央关于在农村建立人民公社问题的决议》把公共食堂和幼儿园、公共浴堂、幸福院等并列，认为它们可以"把农民引向了更幸福的集体生活，进一步培养和锻炼着农民群众的集体主义思想"。

9月中、下旬，毛泽东在安徽合肥、舒城等地视察，再次赞扬食堂，说没有公共食堂及其他公共福利设施，妇女不可能彻底解放③。同时，第一次公开称赞吃饭不要钱。他说："吃饭不要钱，既然一个公社能办到，其他有条件的社也能办到。既然吃饭可以不要钱，将来穿衣服也就可以不要钱了。"④

《红旗》杂志社论则把食堂提高到理论高度来认识。说由于公共食堂普及全体社员等原因，许多地方的人民公社，"已经消除了生产资料私有制的某些最后的残余"。与此相提并论的是，"在实行社内的粮食供给制这类的发展中，人们还不难看出共产主义的萌芽的生长"⑤。

9月8日，毛泽东在第十五次最高国务会议上的第二次讲话中说："人民公社是一件大事。人民公社大概九月就差不多搭架子搞起来了。看样子，来势很猛，没有办法阻挡，你叫他慢，那不行。至于把一些问题搞清楚，充实这个架子，那就要冬春。这件事要好好领导，要采取欢迎的态度。人民公社的特点是大公社，这是最近这几个月出来的新事件。"⑥截止到1958年9月4

①　《建国以来重要文献选编》第十一册，第387—398页。

②　《关于巩固人民公社的几个问题》第26页。转引自沈家善《"大跃进"时期农村公共食堂始末》，载《党史研究资料》1986年第11期（总第112期）。

③　中共中央文献研究室编：《建国以来毛泽东文稿》，第七册，中央文献出版社1992年版，第430、433页。又见人民日报记者《毛主席在安徽》，1958年10月4日《人民日报》。

④　《人民日报》记者《毛主席在安徽》，1958年10月4日《人民日报》。

⑤　《红旗》1958年第7期。

⑥　《建国以来毛泽东文稿》第七册，第398页。

日，全国农村才建立 9034 个人民公社①。但到了 9 月底，全国共建起 23384
个人民公社，加入农户 112174651 户，占总农户的 90.4%②。到了 10 月份，
全国广大农村基本实现了公社化。其后的根本任务就是如何进一步巩固和发
展人民公社制度了③。

巩固人民公社的任务，关键何在？1958 年 10 月 25 日《人民日报》社论
《办好公共食堂》回答了这个问题："办好公社的集体福利事业，特别是办好
公共食堂，已经成为当前人民公社化运动中的一项十分重要的工作，成为巩
固人民公社的一个基本关键。"公共食堂成为向共产主义过渡的社会组织的
重要组成部分，它的成败被提高到与人民公社的成败密切相关的决定性因素
之一了。

9 月底时，据江西、陕西、河北、福建四省不完全统计，共建立公共食
堂 563373 处④。据东北、华北地区九个省市初步统计，已经建立起来的公共
食堂有 1074000 个，80% 以上的农户参加了食堂⑤。上述《人民日报》社论
认为，公共食堂将"成为我国人民的新的生活方式"。"公共食堂不是一般
的生活问题，而是五亿农民的生活问题，不久还会变成全国人民的生活问
题。这不是小事情，而是很大很大的事情，是全民的大事情。特别是实行了
吃饭不要钱的粮食供给制或伙食供给制以后，公共食堂问题，实际上已经成
了全体社员劳动果实的分配问题的一个方面，办不好就会影响社员的劳动积
极性和公社的整个生产。""它在解放生产力和建设社会主义、共产主义的伟
大事业中起着十分巨大的作用。"所以，"办好公共食堂，不仅是一件极其重
要的经济工作，也是一项十分重大的政治任务"。食堂与共产主义事业紧密
地联系在一起了。

《社论》对如何办好食堂进行极为具体的指导。提出了办好公共食堂的

① 《对全国办人民公社情况汇报的批语》注释［2］，见《建国以来毛泽东文稿》第七册，第
402 页。

② 《全国基本实现了农村人民公社化》（中央农村工作部《人民公社化运动简报》第四期）。
转见国家农业委员会办公厅编《农业集体化重要文件汇编（1958—1981）》，中共中央党校出版社
1981 年版，下册，第 84 页。

③ 参阅《人民日报》社论《办好公共食堂》1958 年 10 月 25 日。

④ 《全国基本实现了农村人民公社化》，转见《农业集体化重要文件汇编（1958—1981）》下
册，第 84 页。

⑤ 《人民日报》1958 年 10 月 25 日社论《办好公共食堂》。

主要标准（详细到要磨豆腐、腌小菜，等等）；规定了公共食堂的规模；要求"党委负责，书记动手"以及思想教育、提高警惕防止破坏等①。这篇《社论》是有关食堂的纲领性文件；以后各地关于食堂工作的汇报，以及中央有关文件中对食堂的要求，大体就是这些。

11月8日，毛泽东在为提交部分中央和地方领导人会议（即第一次郑州会议）讨论的文件《十五年社会主义建设纲要四十条（1958—1972年）》初稿上，加上了"要把为食堂服务的工作，看成是为人民服务的一种崇高的工作"一句话②。一个时期后，中央政治局委员、中央书记处书记、国务院副总理谭震林、农业部部长廖鲁言关于农业生产和农村人民公社情况报告中用了这句话③。毛泽东在这句话前后加上："关于生活问题，主要有吃饭、睡觉、带小孩三件大事。睡眠一定要有八小时，加上吃饭和休息时间四小时，共计十二小时，一定不可少。劳动时间，一般为八小时，忙时可以有十小时，最忙也不可超过十二小时，以为持久之计。""生产和生活两方面，必须同时抓起来。不抓生活，要搞好生产是困难的。生产好，生活好，孩子带得好，这就是我们的口号。"④这是食堂问题第一次正式进入中共中央的纲领性文件。

自此以后，大约长达两年的时间，农村公共食堂问题再也没有离开毛泽东的脑际。

11月10日，《人民日报》又发表一篇社论，再论办好公共食堂。提出把食堂要管供菜一事"务必当做一项重要的政治任务来完成"。

这篇社论中称赞说："江苏有个很好的口号：'鼓足干劲生产，放开肚皮吃饭'。它把生产和生活的关系说得非常清楚，要鼓足干劲生产，就要放开肚皮吃饭，要放开肚皮吃饭，就要鼓足干劲生产。"⑤　"三餐干饭不要钱"的

---

①　《人民日报》1958年10月25日社论《办好公共食堂》。

②　《建国以来毛泽东文稿》第七册，第507页。

③　《农业集体化重要文件汇编》下册，第108页。

④　《建国以来毛泽东文稿》第七册，第541页。

⑤　1959年7月庐山会议上，中央政治局委员、中央书记处书记、国务院副总理谭震林在发言中说，"谈到去年农村工作确实有一个大错误，就是估产偏高，又没有抓好过日子问题，相反还提倡'放开肚皮吃饭'。"并说"这个错误我应该负责任，要批判，要处分，应该由我承担。"见李锐《庐山会议实录》，河南人民出版社1994年版，第146页。）

口号也传遍全国①。

当时，粮食的丰产程度被无限夸大。有人说当时粮食有一万亿斤以上，有的说有九千亿斤，棉花有六七千万担；也有的说，粮食要多少有多少，现在是工业大大落后于农业②。总之，粮食已经多得不知怎么办好了。

吃饭不要钱，放开肚皮吃，粮食供给食堂化，肚子再大也不怕。这种情况，有识之士无不担忧。真正的农民也对此政策不解。12月17日，彭德怀在韶山毛泽东故居谢家屋场食堂，就听到一位老农说："家有千贯，不能放开肚子吃饭。吃食堂，人人都放开肚子，吃吃就吃穷了。再吃，遇上灾年怎么办？谁家都没有一点粮食了。"但也有不怕的，一个年轻人说："有国家撑着，怕什么？又不是哪一家哪一户？"彭德怀没有讲话③。

全国各地建立的公共食堂，到1958年12月底止，共有289万多处。参加食堂的农户一般都达到当地农户总数的90%，多的达到百分之百④。这些所谓的成绩，被当时报刊连篇累牍的宣传文章用以证明国民经济形势大好。

三　在整社的同时整顿食堂

1958年秋季，国民经济的严峻形势已经显现了。农村瞒产私分普遍，农产品收购却完不成任务；粮食、油料、猪肉、蔬菜全面紧张，情况相当严重了。李锐这样写道："据我接触到的材料，由于办公共食堂，1958年尾到第二年初，河南、山东、安徽、云南、湖北、江苏等省不少县，'共产风'刮得厉害，粮食又超征购的社队，已发生浮肿病和饿死人现象。有的食堂每人每天六两，由于有人多吃多占，十天里有八九天喝薯粉汤或吃萝卜喝开水，

① "［中南局书记］陶铸听到湖北的汇报，说那里的农民走到哪就吃饭，不要钱，不要粮票。陶铸就兴奋地说："我为了革命，为了农民，奋斗了半辈子，打了好几年仗，坐了好几年牢。中国农民几千年吃不饱，现在能一天三餐干饭，而且不要钱，这个梦寐以求的理想实现了。"广东新华分社社长杜导正说，他当了"客里空"，当即给新华社发了一条《三餐干饭不要钱》的消息，《人民日报》发表在一版上，此后就成了传遍全国的口号。见许水涛《陶铸对于中国农民问题的深情关注——"农民记者"杜导正访谈录》，载《纵横》2003年第10期。
② 马社香、夷学苗：《韶山之谜》，载《深圳商报》1999年12月18日。
③ 马社香、夷学苗：《韶山之谜》，载《深圳商报》1999年12月18日。
④ 新华社：《集体福利事业大发展　妇女彻底解放笑颜开》，载1959年3月7日《人民日报》。

已开始吃各种瓜叶、野菜。"① "据河北省委书记解学恭 1959 年 1 月调查,当时徐水县浮肿病 2447 人,死亡 262 人。高林公社高林村对 20 名浮肿病人统计,1 至 9 岁儿童占 45%,老人占 50%,壮年人占 5%。容城公社 316 名浮肿病人中,有 74 人因饥饿引发心脏病、肾衰竭而亡,病死率 24.4%。另据徐水有关部门统计,1959 年春,徐水有 11352 人被迫外逃,县委不得不在车站设站劝阻。"②这些情况已使毛泽东清楚地看到: "凡是违背客观规律的,就要受挫折。现在没有蔬菜吃,副食品百货严重不足,就是因为我们脱离了客观规律。"③他也看到了党的领导 "跟农民的关系在一些事情上存在着一种相当紧张的状态"④。

原因何在?毛泽东认为: "主要地应当从我们对农村人民公社所有制的认识和我们所采取的政策方面去寻找答案。"⑤答案就是: "在公社范围内,实行贫富拉平,平均分配,对生产队的某些财产无代价地上调,银行方面也把许多农村中的贷款一律收回。一平、二调、三收款,引起广大农民的很大恐慌。这就是我们目前同农民关系中的一个最根本的问题。"⑥否认生产队的所有制, "不可避免地引起广大农民的坚决抵抗。从 1958 年秋收以后全国性的粮食、油料、猪肉、蔬菜'不足'的风潮,就是这种反抗的一个集中表现"⑦。在这次讲话中,毛泽东认识到: "社会对于粮食的需要总是会不断增长的,因此,至少在几年内不要宣传粮食问题'解决'了"⑧。

中共八届六中全会(1958 年 11 月 28 日到 12 月 10 日,武昌。)按照毛泽东的意见,通过《关于人民公社若干问题的决议(草案)》,提出要在 1958 年 12 月至 1959 年 4 月的五个月时间, "对本地区人民公社进行一次教育、整顿和巩固的工作,即整社工作"⑨。

---

① 《公共食堂始末》,《李锐诗文自选集》第 160 页。

② 李锐:《徐水"共产主义天堂"》,《李锐诗文自选集》第 143 页。

③ 1959 年 2 月 2 日下午在各省、市、自治区党委第一书记会议上的讲话。见《建国以来毛泽东文稿》,中央文献出版社 1993 年版,第八册,第 34 页。

④ 《在郑州会议上的讲话》(1959 年 2 月 27 日),见《建国以来毛泽东文稿》第八册,第 66 页。

⑤ 同上书,第 66—67 页。

⑥ 同上书,第 67 页。

⑦ 同上书,第 70 页。

⑧ 《在郑州会议上的讲话》(1959 年 2 月 27 日),见《建国以来毛泽东文稿》第八卷,第 73 页。

⑨ 中央文献研究室编:《建国以来重要文献选编》,中央文献出版社 1995 年版,第十一册,第 622 页。

毛泽东并不认为上述情况跟农村公共食堂有什么关系，也没见对饿死人、浮肿病等残酷现实有什么反映，他还是坚持要搞好公共食堂的。他说："食堂吃冷饭，有饭无菜，也会垮掉一批，认为一个不垮，是不切合实际的。因搞得不好而垮，这是很合理的。总的来说，垮掉是部分的，暂时的；不垮是永久的，总的趋势是发展和巩固。"又说："我是到处讲倒霉的事，无非是公共食堂、公社垮台，党分裂……打游击。我们有一条马克思主义的规律管着，不管怎样，这些倒霉的事总是暂时的、局部的。我们历史上多少次失败，都证明了这一点。"①

在为八届六中全会做准备的中共中央政治局扩大会议上，毛泽东批发了两个有关食堂的文件。其中一个是湖北省委拟订的《关于做好当前人民生活的几项工作的规定》。这个文件规定了办好食堂的十二条非常具体的要求。连"社员，来了客人，可以带到食堂吃饭，食堂不另外添菜招待"都在规定之内。毛泽东为这份规定拟了标题："关于人民生活问题"，并写了批语，命印发大会②。另一个是河北省委关于农村人民公社问题向中央的报告，其中也包括食堂问题③。

1958年11月底至12月初的中共八届六中全会上通过的《关于人民公社若干问题的决议（草案）》十分具体地规定了对农村公共食堂的要求，强调"要保证所有的社员吃得饱、吃得好、吃得干净卫生，并且适合民族习惯和地方习惯。公共食堂要有饭厅，要经营好菜园、豆腐坊、粉坊、酱园，要养猪羊、养鸡鸭、养鱼等。饭菜要多样化，要有味道。要同营养学家商量，使食品当中包含有生理上必需的热量和营养成分。对老人、小孩、病人、孕产妇和哺乳的母亲，在伙食上要给以必要和可能的照顾，并且可以允许某些社员在家做饭吃。公共食堂要实行管理民主化。食堂的管理人员和炊事员要选择政治上可靠的人员担任，最好经过民主选举。"④这些内容，很多取自湖北省委拟订的《关于做好当前人民生活的几项工作的规定》；而这个规定的许多具体内容，又多采自上述《人民日报》社论。

中共八届六中全会闭幕的前一天（1958年12月9日），毛泽东在长篇讲

---

① 《公共食堂始末》，《李锐诗文自选集》，第162页。
② 《建国以来毛泽东文稿》第七册，第541页，原发表于12月20日《人民日报》。
③ 《建国以来毛泽东文稿》第七册，第624页。
④ 《建国以来重要文献选编》第十一册，第615页。

话中大谈两种可能性问题，把公共食堂的巩固与垮台作为例证，与共产党、共和国的巩固与垮台相提并论。他说："食堂、托儿所、公社，巩固和垮台两种可能都存在。垮台是部分的和暂时的。党的巩固和分裂，都可能。小分裂是必然的，几乎每天都有，无此不能发展。大分裂也有可能。大、中分裂都是暂时的。人民共和国，或者胜利，或者灭亡，如果有灭亡的情况出现，它只是暂时的，而世界上资产阶级的灭亡，则是永久的。"① 足见，这时公共食堂问题在毛泽东的心目中占有极为重要的地位。也可看出，毛泽东坚信办食堂是为了广大农民，特别是为了贫下中农的福祉。他仍然对搞好人民公社和食堂有十足的信心。他可能已经感觉到了公共食堂有问题，但是对食堂破坏性的严重程度及其对五亿农民生产积极性的伤害程度，严重估计不足。

在坚持人民公社和坚持公共食堂的前提下，毛泽东认为，一平二调应该反，但平调的东西"有些是不得不借用的，如公社公共事业所需要的部分房屋桌椅板凳和食堂所需要的刀锅碗筷等"②。他不认为公共食堂无偿占用群众的生活资料是平调了农民财产，是侵犯农民的财产权。

朱德对食堂有自己的看法。1959 年 2 月 17 日，他在对中共广东江门地委负责同志谈话时说："农村办公共食堂，都吃一样的饭菜，像军队一样，这有点生硬。军队都是年轻人，又是作战部队，可以这样办。社员的生活如果这样长期搞下去，就成问题了。这是一个关系到几亿人口吃饭的大问题。"③这个意见，也许毛泽东并不知晓。

对于公共食堂存在的问题，毛泽东此时当然不会全然不觉。例如，他说"食堂太大不好"，"食堂也不能办得太大，跑几里路吃饭，吃饱饭走回家又饿了"④。他也曾考虑过："半粮食供给制（例如 250 斤），是否应当正式规定，范围多大（是否占全省 25% 的食堂）？""非农忙时食堂散伙，在一部分地方，如何？""富裕中农不参加食堂，如何？"⑤

吃饭不要钱，毛泽东仍是坚持的。1959 年 3 月 20 日，他同江西省委和

① 《建国以来毛泽东文稿》第七册，第 640 页。
② 《在郑州会议上的讲话》（1959 年 2 月 27 日），见《建国以来毛泽东文稿》第八册，第 71 页。
③ 《朱德选集》，人民出版社 1983 年版，第 371 页。
④ 1959 年 3 月 20 日《同江西省委和部分地、市委负责人谈话提纲》，《建国以来毛泽东文稿》第 8 册，第 140 页。
⑤ 1959 年 3 月，《关于人民公社若干问题的提纲》，见《建国以来毛泽东文稿》第 8 册，第 141 页。

部分地、市委负责人谈话时说："对供给制你们有什么意见？有的地方提出搞半吃饭不要钱，也有的提出老人小孩不要钱，青壮年要钱。吃饭不要钱这个办法不能变，变了贫农、下中农不赞成，我们中国人太苦了。你们现在不要动，可以研究一下，摸一个底，进行一些试验，多想点办法。"①

1959年3月中共八届七中全会上通过的《关于人民公社的十八个问题》②，在第二次郑州会议纠左成果的基础上，又有所前进，但正如《毛泽东传（1949—1976）》一书作者所评："应当说，这个'前进'还是远远不够的，表现出这个文件的局限性，实际上是反映了毛泽东和中共其他领导人在认识上的局限性。文件的局限性还表现在：一是农业生产继续搞高指标，维持了八届六中全会的决定。二是仍然保留公共食堂和供给制这两个脱离实际、脱离群众、严重影响生产积极性、严重束缚生产力发展的制度。三是整个的政策调整，还是放在将来要向公社为基本核算单位的集体所有制过渡的基础上。"③

5月，中共中央再次强调要"认真地整顿公共食堂"，提出了"积极办好，自愿参加"的方针，规定了"口粮分配到户"的原则④。与此同时，恢复了社员的自留地，允许社员私养家畜家禽⑤。按照中央的精神，各地食堂进行了初步整顿。主要是按照便于生产、便于社员生活的原则，调整了食堂规模，一般以生产队为单位建立食堂；根据大集体、小自由的原则，采取各种灵活的办法，尽量给社员吃饭以方便；实行了口粮分配到户、分配到社员，以人定量。在食堂吃饭的，粮食交给食堂，节约归个人；不在食堂吃饭的，粮食全发给个人保管使用。可是，同时又提出，既要使参加食堂的社员真正自愿，又不能采取放任自流的态度，把食堂一风吹散⑥。

在这次整顿中，有的地区从实际情况出发，取消了供给制，解散了公共

---

① 3月20日毛泽东同江西省委和部分地、市委负责人谈话。见《建国以来毛泽东文稿》第八册，第138页。

② 即1959年3月25日到4月1日中共中央政治局扩大会议发表的《上海会议纪要》。《建国以来重要文献选编》1996年版，第十二册，第162—182页。

③ 《毛泽东传》，中央文献出版社2003年版，下册，第937页。

④ 《中共中央关于人民公社夏收分配的指示》（1959年5月26日）。《农业集体化重要文件汇编》下册，第221页。

⑤ 《中共中央关于分配私人自留地以利发展猪鸡鹅鸭问题的指示》（1959年5月7日）；《中共中央关于社员私养家禽、家畜、自留地等四个总是的指示》（1959年6月11日）。《农业集体化重要文件汇编》下册，第222、223页。

⑥ 《当代中国的农业合作制》，当代中国出版社2002年版，上册，第557页。

食堂。山西参加公共食堂的人数一度剩下不到农村户口的 20% ；青海也曾有诉食堂的苦，刮了解散食堂的风①；辽宁全省有 40% 左右的生产队食堂没有恢复②；甘肃省通渭县，全县 2800 多个食堂，只剩下十几个③。5 月中旬，四川泸州地区在地委书记邓自力的指挥下，解散了公共食堂。湖南慈利县于 5 月底风闻整顿食堂的批示后，几天之内就散了 1366 个食堂④。整顿工作持续进行一段时间，7 月 4 日安徽中共安徽省委书记处书记、安徽省副省长张恺帆到无为县检查工作，他感到最突出的问题是公共食堂不能再办下去了。他在新民公社王福大队向队干部和群众宣布吃饭还原、住房还原、小块土地还原的"三还原"，并要县委向下贯彻。到 7 月 15 日，全县 6000 多个食堂被"一风吹散"，并对少数"雷打不散"的也下令统统解散⑤。其他如青阳散掉 99% ，贵池散掉百分之百⑥。

四　庐山会议反"右倾机会主义"

（一）会议开始前浓厚的反左气氛

刊有《食堂报告》的那期《宣教动态》出版后，没有见到毛泽东表示任何态度⑦。此时，他正在考虑反"左"，解决一平二调等问题。在这种大背

---

①　农业部党组：《关于庐山会议以来农村形势的报告》（1959 年 9 月 29 日），《农业集体化重要文件汇编》下册，第 250 页。

②　中共中央办公厅：《八个省农村公共食堂情况》（1960 年 3 月），《农业集体化重要文件汇编》下册，第 292 页。

③　同上书，第 294 页。

④　《公共食堂始末》，《李锐诗文自选集》，第 166 页。

⑤　参阅《庐山会议实录》，第 44 页。

⑥　《公共食堂始末》，《李锐诗文自选集》，第 167 页。

⑦　第三十六期，1959 年 5 月 23 日。李锐在《公共食堂始末》一文中写道，对中科研究院经济所昌黎调查组写的这个报告，"毛泽东很重视"，"5 月 2 日即作了专门批示，指出，昌黎县的情况有普遍性，各地各级党委应该注意解决，越快越好。"（《李锐诗文自选集》，第 166 页。）这段回忆有误。因为中国科学院经济研究所昌黎调查组写的这个报告于 5 月 23 日才在《宣教动态》刊出，毛泽东不可能于 5 月 2 日写出批示。李锐所说的报告，是中国科学院经济研究所昌黎调查组另一位成员副组长王绍飞于 4 月 13 日写的一篇关于昌黎农村工作存在问题的一封信。该信写的是有关分配、生产指标、粮食以及大集体和小自由的兼顾等问题。毛泽东于 5 月 2 日以《党内通信》为题，将此信转发省、市、区党委第一书记："如果你们同意，请将此信及附件发给各级党委，一直到生产队的支部书记。"批示中的"附件"即指王绍飞写的信，而不是同一调查组所写有关公共食堂问题的报告。（见《建国以来毛泽东文稿》第八册，第 241 页。）

景下，他决定外出了解情况。

本应在 6 月份召开中央会议，6 月 13 日，毛泽东下令推迟了；他认为，现在农村中要解决的问题是食堂如何办，他想摸一下，准备最近出去，中央会议 6 月不开了①。由此也可看出，他是希望把食堂坚持下去，但对下面的情况并不放心，知道食堂是存在不少问题的，想了解个究竟。

中共中央政治局扩大会议改于 7 月份在庐山召开。毛泽东准备在这次会议上继续反"左"，以解决大跃进和人民公社化几个月以来出现的各种问题。上山之前，他回到自己的家乡看看。

6 月 26 日，毛泽东在韶山故居公共食堂谢家屋场的墙上看到大标语："公共食堂好，饭菜样样香，男女老少喜洋洋。"他连念了两遍，笑着说："搞得不错嘛！饭菜样样香，能样样香吗？"②他很开心。

毛泽东于 6 月 29 日到庐山后，为庐山会议讨论项目提出了 14 个问题，其中第 7 项就是食堂问题③。7 月 2 日常委会上的谈话又为会议拟订了 18 个议题。他对其中食堂问题讲得很多："要积极办好。按人定量，分粮到户，自愿参加，节余归己。吃饭基本上要钱。在这几项原则下，把食堂办好，不要一哄而散，都搞垮了，保持 20% 也好。""办食堂全国有两种办法：一为河南的积极维持，一为湖北的提倡自愿。湖北的基本解散了，有的未散，暂时回去了。湖北拟从少到多，开始 30% 至 50%，将来达到 80%。食堂要小，形式要多种，供给部分要少些，三七开或四六开，可以灵活些。食堂和供给制是两回事。"④李锐回忆说："在刚上庐山的 7 月 2 日常委会上，毛泽东讲了 19 个问题，食堂问题是其中的第 5 个。"这个问题，"就是采纳了［科学院经济所昌黎］调查组的意见的。"⑤"吃饭基本上要钱"以及"食堂和供给制是两回事"，跟他以前的提法已经有了变化；但他对食堂的基本态度没有变，仍然是"积极办好"，"不要一哄而散"。

从 6 月底到 7 月 23 日前，有多位中央和地方负责同志，通过相互交谈、

---

① 1959 年 6 月 13 日毛泽东在中南海颐年堂召开中央政治局会议讨论工农业生产和市场问题。《杨尚昆日记》（上），中央文献出版社 2001 年版，第 398 页。

② 马社香、夷学苗：《韶山之谜》，载《深圳商报》1999 年 12 月 25 日。

③ 《杨尚昆日记》（上），中央文献出版社 2001 年版，第 404 页。

④ 中央文献研究室编：《毛泽东文集》第八卷，中央文献出版社 1999 年版，第 81—82 页。

⑤ 《公共食堂始末》，见《李锐诗文自选集》，第 165 页。

和毛泽东交谈或者在小组会发言，对办不办食堂，发表各种不同意见。根据李锐的回忆，庐山会议前，大多数人还是要保食堂，认为这是社会主义乃至共产主义的一个标志①。

不赞成大搞公共食堂的领导同志也不少。例如，朱德在上庐山前后，对许多地方负责同志说过对食堂的否定意见。6月16日，朱德在听取中共吉林省委负责同志汇报时说："吃饭不要钱不行。要把粮食分给个人，由个人负责调剂，加点菜和薯。过去我们说粮食问题不大，是因为把粮食分到社员家里，自己掌握。一办食堂，就会造成很大的浪费。不吃大锅饭，可以节省很多东西出口，换回来更多的钢铁、机器。只有生活资料归个人所有，归个人支配，才能调动社员的积极性。有些人怕因此发展了资本主义，这种顾虑是多余的，因为生产资料掌握在集体和国家手中。群众的生活应该是越富越好。"②7月9日他对中共广东省委第一书记陶铸同志说："吃大锅饭，我一向就担心。这么多人的家是不好当的。如果去年不刮那么一股风，不知能出口多少东西！"③7月11日，他对周小舟说："食堂若不退回去，就要改造，以自愿为原则。把粮食分到户和节约粮食结合起来。农民是劳动者，又是私有者。去年试验了一下，他们知道在家吃饭比在公共食堂吃好，可以把粮食节约下来，把猪、鸡、鸭喂起来。这样，看起来是保留了私有制，但实际上对公有制是个补充。这两年我们只强调最好是消灭私有制。现在保留一点私有制，保留家庭事业，农民才愿意多生产出一些东西来供应市场。你不这么搞，他就不生产。去年吃大锅饭把东西吃掉了，这是个极大的教训。"④7月16日，他又对河南省委第一书记吴芝圃说："参加农村食堂，还是要实行自愿原则。想回家吃饭的也要允许，对人们不要歧视，不要戴帽子。在家吃饭，有自留地，吃饭、吃薯、吃粮食的保险系数比公社包起来还大。即使食堂都垮了，也并不影响公社的巩固。人们不向公社要吃要穿，公社反而会巩固起来。回家吃饭，让农民自己建家和管家，老的，小的，都由他们自己管。靠公社管就下不了台。在家吃饭还可以发展副业生产，烧炕取暖也方便。去年如果不是吃大锅饭，像高级社那样再维持几年，农民就皆大欢喜了。至少

---

① 《庐山会议实录》，第123页。
② 《朱德选集》，第371页。
③ 《朱德选集》，第372页。
④ 《朱德选集》，第372页。

肉、蛋、鸡会有得吃。今年农业还是跃进，但要过穷日子，慢慢积点东西下来。我担心仍然吃大锅饭，就难搞好。成立食堂靠党团员带头，退出去也要靠党团员带头①。

湖南省委第一书记周小舟不赞成办常年食堂，认为办食堂浪费物力人力②。他曾对彭德怀说："现在吃大锅饭（公共食堂），就要大锅大灶，烧柴火也不节省，劳力也不节省；小锅小灶，妇女、弱劳力都可以煮饭；现在非强劳动力不可。搞了公共食堂，家庭用水也不方便，群众对公共食堂有意见。"③

湖南省委书记周惠就曾当面向毛泽东明确表态说，"大办食堂这个提法不能再讲了，浪费太严重"；并把带来的材料交给他，说，绝大多数同志都是主张"自愿为主，不能再硬性规定，强办下去"。毛泽东说："公共食堂要自愿参加，但也不要一哄而散；对群众的积极性不要泼冷水；要团结，不要过于看重一个指头、两个指头、三个指头的问题。""要看大局，算大账。"④周小舟说："湖南粮食情况较好，是由于没搞敞开肚皮吃，但其他方面一样紧张。""食堂问题，湖南的反对派有六条理由：一、根本不节约；二、不利于养猪；三、破坏林业；四、不能积肥；五、不节约劳力；六、吃得不愉快。不过，我们还是要努力办好，采取些措施，粮食指标分配到户，按月领，以防浪费。"毛泽东说："斯大林讲过，集体农庄加食堂就是公社。他吃亏在于只许说好，从不讲缺点，所以有错不能很快纠正。""拒绝批评不行。有意见还是叫人家说出来好。否则怎么能统一思想？"⑤还说"粮食、钢铁、公社和食堂，都发生了问题，承认。下面讲了些假话，可以转告大家，心情也不要那么沉重。"⑥

刘少奇认为食堂问题，决不能大办，劳民伤财，应自愿为主⑦。

7月6日上午，朱德在中南组讲了一段语重心长的话：要认识农民还有

---

① 《朱德选集》，第373页。
② 《庐山会议实录》，第39页。
③ 《彭德怀自述》，人民出版社1981年版，第268页。
④ 1959年6月29日。权延赤等：《天道——周惠与庐山会议》，广东旅游出版社1997年版，第163页。
⑤ 权延赤等：《天道——周惠与庐山会议》，第178页。
⑥ 权延赤等：《天道——周惠与庐山会议》，第183页。
⑦ 《庐山会议实录》，第98页。

私有者这一面。以农民私有制看得重些。办公共食堂，对生产有利，但消费吃亏。供给制是共产制，工人还得发工资，农民就那样愿意共产吗？食堂自负盈亏，公家吃总亏，办不起来不要硬办，全垮掉也不见得是坏事。……食堂要吃饱、吃好，人心才能稳定①。他甚至尖锐地提出，"食堂即使全部都垮了，也不一定是坏事"。②

尽管有这许多否定食堂的意见，这时毛泽东在食堂问题上尚能容忍不同意见和批评意见。他除仍坚持"积极办好，不要一哄而散"，"对群众的积极性不要泼冷水"，"不要过于看重一个指头、两个指头、三个指头的问题"，"要看大局，算大账"等意见而外，看不出有什么过激的反应。后来的事实证明，他所说"有意见还是叫人家说出来好"的目的不是修正自己的意见，而是把大家的思想"统一"到他的意见上来。

7月10日，他批转了《河南省委关于公共食堂优越性和改进公共食堂的报告》。这个报告强调食堂解放劳动力特别是妇女劳动力；食堂适合公社化后集体生产的组织形式；食堂便于改善群众生活；食堂可以节约粮食、燃料和用具；食堂便于进行基本建设，实现炊具改革；食堂便于搞小集体事业生产；食堂便于搞好公共卫生，以及食堂可以养成集体生活习惯，加强思想政治工作和文化学习。并提出今后的四项改进意见③。毛泽东没有对这个文件多加评论，但印发给会议参考。这个报告的内容明显符合他的想法，印发参考的用意也是十分清楚的。

1959年7月10日下午，毛泽东召集会议并作第二次讲话。他着重讲对当前形势的看法，他说："去年北戴河会议的时候，人心高涨，但埋伏了一部分被动。不论谁批评，都要承认当时有一部分缺点错误。……引起了各方的不满。现在我们有些被动，但也不是完全被动，不会因此垮台。我不相信公社会垮，可能垮一部分，以后再办。食堂即使垮了三分之一，也是好事。食堂准备留它一半，也是好事。垮了和坚持下来，我都赞成，两边都支持。其实，公共食堂在公社化之前就有了。"他说："从总的形势来说，就是这

---

① 《庐山会议实录》，第32页。

② 朱德在华中、中南小组会上的发言，1959年7月6日。转引自《毛泽东传》下册，第966页。参阅李锐《李锐往事杂忆》，江苏人民出版社1995年版，第332页。

③ 《建国以来毛泽东文稿》第八册，第347页，正文及注。

样："九个指头和一个指头。""算总账不能说得不偿失。"①

庐山会议原来安排要通过的一个会议纪要,即《庐山会议诸问题的议定记录》,由毛泽东指定胡乔木、杨尚昆、陈伯达、吴冷西、田家英等5人小组起草;后命增加陆定一、谭震林、陶鲁笳、李锐、曾希圣、周小舟等成为11人小组。"从人员组成情况来看,毛泽东无疑希望这个文件是一个继续纠左的文件。"因为"这几个人这次不只是当作所谓'秀才'看待,而是被认为对'大跃进'确有不少中肯的意见"。7月14日,写出《庐山会议诸问题的议定记录》第一稿,16日印发。其中第11个问题是公社食堂问题:"公社食堂,凡是有条件办的地方,应当坚持办下去,并且努力办好。如果条件较差,困难较多,可以缩小,成为一部分人参加的;可以把常年性的食堂改为临时性的农忙食堂;也可以暂时不办。"②"秀才"们以为,把周小舟放在起草十一人小组内,表明毛泽东是赞赏湖南的做法的③。

彭德怀刚从东北、西北、湖南等地视察回来,了解了大量的真实情况,对工作中"左"的现象及其恶果非常忧虑。上庐山后,多次发言直抒己见。1959年7月14日,写了一封信,送毛泽东参考。毛泽东在这封信上加了一个标题《彭德怀同志的意见书》,批示印发给各同志④。彭德怀的信,提到诸如"过早提出吃饭不要钱,某些地区认为粮食丰产了,一度取消统销政策,提倡放开肚皮吃"等,但没有直接涉及公共食堂是否应该办,或者食堂是什么性质的问题⑤。

与会同志继续发表关于食堂问题的不同意见。如李先念在小组会上主张食堂"要坚持自愿参加的原则,分别不同情况办常年的、季节的、临时的、一部分人参加的食堂。"他肯定食堂的好处是可以节约劳力,但他提出了三个难以解决的问题:"是否多吃和浪费粮食?三百六十斤口粮肯定不够,在家吃饭可以糠菜半年粮;燃料问题,北方用煤要增加,今年预计要销八九千

---

①　毛泽东在庐山会议上的讲话记录,1959年7月10日。转引自《毛泽东传》下册,第971、972页。参阅《庐山会议实录》第55页。

②　《庐山会议实录》,第92页。《毛泽东传》下册,第967页。庐山会议由反左转为反右后,《议定记录》没有通过,不了了之。

③　《庐山会议实录》,第75—76页。

④　《彭德怀自述》,第276页。

⑤　《彭德怀同志于1959年7月14日给毛主席的信》,见《彭德怀自述》附录一。

万吨；副食品的商品率是否会下降？（有人插言：肯定要下降。）"① 如果这三个问题解决不了，对食堂的肯定实际上成了空话；从这个意义上说，他的内心是在否定食堂。

有不少人对彭德怀的信持不同意见。程子华就赞成办，他说："对食堂不满意的，也只是少数人。"②湖北省委第一书记王任重说："经过几年努力实现'吃饭不要钱'是可能的，也是必要的。"他说："办食堂是个正确方向，但可以根据地区的不同，灵活执行，不必强求一致。"他不同意有的同志提出的"根据条件可办可不办"的方针，认为"积极办好，自愿参加"的方针是对的③。陈正人、贺龙、柯庆施、李井泉等也表示不同意彭德怀的意见④。

7 月 16 日，毛泽东突然提出，延长会期，重新编组，并从北京调一些重要人员来参加会议，为会议转向做了一系列部署。

7 月 21 日，张闻天在小组会上作了三个小时的长篇发言，在肯定成绩是伟大的，总路线是正确的以后，系统论列了"大跃进"以来的缺点和错误，并从理论上进行了分析。对彭德怀的信是肯定的，对其中一些受到非议的观点进行了辩护。他说："农村除受七千万人上山的影响，又对粮产估计过高，办起公共食堂，实行'吃饭不要钱'，而且闹了一阵'放开肚皮吃饭'，因而浪费粮食不少。""强迫命令也还有：要退出公共食堂，就不给你粮食，而且要斗你。"⑤他建议取消"吃饭不要钱"，改为实行社会保险，照顾少数丧失劳动力的人。同时明确指出，我们不能搞平均主义，还是要按劳分配，"不缩小供给部分，按劳分配的原则就贯彻不了。现在有些人把供给制、公共食堂等同于社会主义、共产主义，怕取消供给制就不够进步，退出食堂就不是社会主义。其实，这完全是两回事，是两个不同的范畴。社会主义并不一定要采取供给制、公共食堂这种办法。"⑥ 今天看来，如果当时会议接受了张闻天的意见，全国将少死两千多万无辜的农民。

张闻天的发言引起了毛泽东的高度注意。

---

① 1959 年 7 月 20 日小组会，见《庐山会议实录》，第 116 页。
② 1959 年 7 月 22 日小组会，见《庐山会议实录》，第 110 页。
③ 《庐山会议实录》，第 115 页。
④ 参阅《庐山会议实录》，第 110、112 页。
⑤ 张闻天：《在庐山会议上的发言》（1959 年 7 月 21 日），见《张闻天文集》，第 325 页。
⑥ 张闻天：《在庐山会议上的发言》（1959 年 7 月 21 日），见《张闻天文集》，第 334—335 页。
参阅李说《庐山会议实录》，第 123—124 页。

（二）7 月 23 日毛泽东突然"反右倾"

7 月 22 日，毛泽东找几个人谈话。柯庆施、李井泉对纠"左"不满。柯庆施说，现在很需要毛主席出来讲话，顶住这股风，不然队伍就散了。他认为，彭德怀的信是对着总路线，对着毛主席的。当天晚上，毛泽东与刘少奇、周恩来商量准备第二天开大会。①如果说，彭德怀的信触动了毛泽东，对改变毛泽东着力纠左的初衷起了主要作用，张闻天的发言更进一步影响了这个变化；那么，柯庆施等人对毛泽东的进言，则直接促使毛泽东下了"反右倾"的决心。②

1959 年 7 月 23 日上午，毛泽东终于开始反击了。他说："你们讲了那么多，允许我讲点把钟头，可不可以？"随之，批判右派言论，充分肯定反右派斗争、大跃进的正确性，批判彭德怀提出的"小资产阶级狂热性"论点。认为刮"共产风"的主要是县社两级干部，只一个多月就把风压下去了。"我说就是硬着头皮听，无非是骂祖宗三代，这也难。我少年中年时，也是听到坏话就一股火。人不犯我，我不犯人；人若犯我，我必犯人；人先犯我，我后犯人。这个原则，我现在也不放弃。""假如办 10 件事，9 件是坏的，一定灭亡，应当灭亡。那我就走，到农村去。你解放军不跟我走，我就组织红军去，另外组织解放军。我看解放军会跟我走。"批评在关键时刻动摇、在历史的大风大浪中不坚定的人；认定一部分同志"重复了 1956 年下半年、1957 年上半年犯错误同志的道路，他们不是右派，但是他们把自己抛到右派边缘去了，把自己抛到离右派 30 公里，接近 30 公里。""这种同志采取边缘政策，相当危险。不相信，将来看。"③

就在这种紧张气氛中，讲到了公共食堂问题。他说：基层干部率领一亿几千万人民，"要办公社，办食堂，搞大协作，大规模耕作，非常积极。他们要搞，你能说这是小资产阶级狂热性？这不是小资产阶级，是贫农、下中农、无产阶级、半无产阶级。"总之，"一亿五千万人在一个时期内有狂热性，他们要搞。"

---

①　吴冷西关于庐山会议的回忆。转引自《毛泽东传》下册，第 978 页。

②　《毛泽东传》下册，第 978 页。

③　《毛泽东传》下册，第 980—981 页。

"食堂问题。食堂是个好东西，未可厚非。我赞成积极办好，赞成那些原则，自愿参加，粮食到户，节约归己。如果在全国能保持三分之一，我就满意了。我是讲全国范围。我这一讲，吴芝圃就很紧张，生怕把你那个食堂搞掉。还有一个四川，一个云南，一个贵州，一个湖北，还有一个上海（上海有11个县），90%以上还在食堂里。试试看，不要搞掉。不是跳舞有4个阶段吗：'一边站，试试看，拼命干，死了算。'有没有这四句话？我是个野人，很不文明。我看试试看。1/3人口对五亿农民来说，多少人？一亿五千万，坚持下去就了不起了，开天辟地了。第二个希望，一半左右，如果多几个河南、四川、湖北、云南、上海等等，那么，一半左右是可能的。要多方面取得经验，有些散了，还得恢复。《红旗》登的一个食堂，败而复成，这篇是我推荐的。食堂并不是我们发明的，是群众创造的。并不是公社发明的，是合作社发明的。湖北有个京山县，京山县有一个合作社，那个合作社就办了个食堂。河北1956年就有办的，1958年搞得很快。曾希圣说，食堂节省劳力。我看还节省物资，包括粮食油盐柴草菜蔬，比在家吃得好。如果没有后面这一条，就不能持久。可否办到？可以办到。我建议河南同志把一套机械化搞起来，如用自来水，不用人挑水。这样可以节省劳力，还可以节省物资，节省粮食。我跟你们谈，你们说可以嘛。现在散掉一半左右有好处。总司令，我赞成你的说法，但又跟你有区别。不可不散，不可多散，我是个中间派。河南、四川、湖北等是"左"派。可是有个右派出来了；一个科学院调查组，到河北昌黎县，讲得食堂一塌糊涂，没有一点好处，攻其一点，不及其余。学那个宋玉的办法，写《登徒子好色赋》（接着就讲这个故事的原委）。我讲食堂，走了题了。科学院的调查，攻其一点，不及其余。食堂哪没有缺点。无论什么事都有缺点。无论什么人都有缺点。孔夫子也有错误。我看过列宁的手稿，改得一塌糊涂；没有错误，为什么要改？食堂我看可以维持，可以多一些，再试试看，试它一年，二年，估计可以办得下去的。人民公社会不会垮台？我看现在这样大风大浪里头，没有垮一个，将来准备垮一半，还有一半；垮七分，还有三分。要垮就垮。食堂、公社办得不好，一定要垮。共产党就要做工作。办好公社，办好一切事业，办好农业，办好工业，办好交通运输，办好商业，办好文化教育。"①

---

① 《毛泽东7月23日的讲话》，转自《庐山会议实录》，第135—136页。

这段话讲得十分明确，食堂是个好东西，食堂不是他发明的，但是由他提倡、推动而普及的。他是"中间派"，没有"左"的问题。这时他只片面地强调公共食堂应该有的优点，而无视已经暴露的诸多问题，完全没有考虑现实生活中已经出现的浮肿、死人现象，以及这些现象与供给制、公共食堂之间有什么关系。虽然没说搞公共食堂要"拼命干，死了算"，至少"试试看"的态度是十分坚决的。

他想起了宋玉反击登徒子的方法，抓住登徒子使丑陋的老婆生下五个儿子这一点，证明登徒子好色，用"攻其一点，不及其余"的方法攻击他人。而"攻其一点，不及其余"，恰是毛泽东最痛恨的手法之一。在他看来，这是敌人使用的手段。1958年1月，他制定的《工作方法六十条（草案）》中，第三十五条写道："'攻其一点或几点，尽量夸大，不及其余。'这是一种脱离实际情况的形而上学的方法。1957年资产阶级右派分子向社会主义猖狂进攻，他们用的就是这种方法。我党在历史上吃过这种方法的大亏，这就是教条主义占统治地位的时期。立三路线也是如此。修正主义，或者右倾机会主义，也用这种方法。陈独秀路线和抗日时期的王明路线，就是如此。1934年，张国焘也用过这种方法。1953年高岗饶漱石反党联盟，用的也是这种方法。我们应当总结过去的经验，从认识论和方法论上加以批判，使干部觉醒起来，以免再吃大亏。好人犯个别错误的时候，也会不自觉地采用这种方法，所以好人也要研究方法论。"[①]

"科学院的调查组"（即经济所的《食堂报告》的作者）既然使用这种方法，其为"右派"业已定案了。

如前所述，彭德怀的意见书中并没有明确反对食堂。反对食堂的人很多，其中意见最为尖锐的是张闻天。张闻天个人有意见尚可，他却支持彭德怀。二人联手是毛泽东难以容忍的。他现在把《食堂报告》抛出，定性为"右派"，倒不是因为报告本身突然变得重要起来，而是他信手拈来的一个代用品，棍子落在代用品上，目标却是打击彭德怀和张闻天。《食堂报告》的作者实际上成了杀给猴看的鸡。毛泽东之所以选中《食堂报告》为代用品，可能因为这是在他上山之前看到的唯一一份系统否定食堂所有优点的文字材料，印象特别深刻。

---

① 《建国以来毛泽东文稿》第七册，第60页。

庐山会议后半段，从工作上的纠"左"，变为政治上的反右，斗争气氛日益升温，施行对事也对人的方针，对彭、黄、张、周等人展开批判。随后定性为反对右倾机会主义向党猖狂进攻的斗争。

食堂问题的争论已经成为这场斗争的重要组成部分。因此，至少在当时，食堂本身存在的诸多问题，已经不是毛泽东考虑的重点了。食堂只能继续坚持下去，他决心用五亿农民"试试看"。

有一件事很值得注意。在 7 月 23 日下午，即毛泽东批判彭德怀的当天，朱德在小组会发言中，仍然对食堂持否定态度。他问道："去年农业是好收成，粮食为什么还紧？"他的答案是："主要是吃大锅饭吃掉了。好的，吃了，坏的，烂了。农民对私有制习惯了，分散消费可能节省一些。"①在毛泽东刚刚大发雷霆之后，还敢公开尖锐批评食堂的，唯有朱老总一位。在当时的形势下，毛泽东不予理会，没有批他已经不错了。尽管朱德的意见没能起任何作用，但他在食堂问题上一贯坚持实事求是，坚持为人民说话的精神，非常令人敬佩，是很值得后世学习的。

9 月份，反右倾运动在全国范围轰轰烈烈地展开了。"把好人、讲老实话的人整成了'右倾机会主义分子'，甚至整成了'反革命分子'。"②庐山会议上首当其冲的《食堂报告》在全国都出了名，钦定的案件当然成为中国科学院哲学社会科学部的反右倾运动重点事件。上送这个报告的经济研究所昌黎"试验田"的组长董谦则在劫难逃，被扣上'右倾机会主义分子'帽子。我作为《食堂报告》的主要调查和起草人则在不同的范围和场合接受应有的批判。报刊上批判《食堂报告》内容的文章连篇累牍。经济所的《经济研究工作通讯》编辑部和经济研究所昌黎试验田第二期工作组发表《公共食堂万岁》一文，称《食堂报告》是"彻头彻尾的右倾机会主义的报告"。③经济所又组织干部再赴昌黎，写了《对昌黎农村公共食堂的重新调查》证明，"有许多事实同他们上次调查的完全相反"，也在《宣教动态》刊出④，用以

---

① 《朱德选集》，第 373 页。这个发言，李锐的记录是"如果不能节约粮食，小食堂就比大食堂好。农民私有制惯啦，分散消费，还能节省一些。"《庐山会议实录》，第 145 页。

② 《毛泽东文集》第八卷，第 273 页。

③ 《经济研究工作通讯》1959 年 10 月 28 日。经济所党总支的某些人为了避免嫌疑，竟然还在给董谦的处分决定上，不顾事实地坚持加上他"背着核心小组擅自送材料"的违纪罪名。

④ 《宣教动态》1959 年第 85 期，10 月 21 日出版。

表明经济所的态度，支持毛泽东对《食堂报告》的批判。

（三）庐山会议后期继续批判反对食堂的言行

7 月 29 日，毛泽东要求将《赫鲁晓夫谈苏联过去的公社》、《番禺县有些农民自办小型食堂》和《增城县重灾公社见闻》三篇报道印发与会人员。他为此写的批语中说："不合历史要求的东西，一定垮掉，人为地维持不垮是不可能的。合乎历史要求的东西，一定垮不了，人为地解散也是办不到的。这是历史唯物主义的大道理。"①

7 月 31 日，中央政治局常委会上，毛泽东说，1959 年"6 月 15 日北京开会，21 日从北京出来。对于右倾，我也给了些影响，我说过食堂留一半、留三分之一也好的话。出现了两种传话，先念传达的是三分之一，吴芝圃传达的是百分之百。到郑州，还有人以为我是不主张办食堂的人，食堂未可厚非，平江一个大队书记下令解散，第二天群众又自动集合办起来。""所谓办公社的物质基础问题，西方国家物质基础雄厚，波兰等国家也不错，但他们要办食堂、办公社就难。"②

8 月 2—16 日，在庐山召开的中共八届八中全会，正式宣布反对右倾机会主义。这是前一阶段中央政治局扩大会议的继续。毛泽东在第一天会议上就宣布了会议的主题："我们反了 9 个月'左'倾了，现在基本上不是这一方面的问题了，现在庐山会议不是反'左'的问题了，而是反右的问题了。因为右倾机会主义在向着党，向着党的领导机关猖狂进攻，向着人民事业，向着六亿人民的轰轰烈烈的社会主义事业进攻。"③

8 月 5 日，毛泽东为中共湘潭地委工作组整理的《湖南省平江县谈岑公社稻竹大队几十个食堂散伙又恢复情况》的材料加了长篇批语："此件很值得一看。一个大队的几十个食堂，一下子都散了；过一会，又都恢复了。教训是：不应当在困难面前低头。像人民公社和公共食堂这一类的事情，是有深厚的社会经济根源的，一风吹掉是不应当，也不可能的。某些食堂可以一风吹掉，但是总有一部分人，乃至大部分人，又要办起来。或者在几天之

---

① 《建国以来毛泽东文稿》第八册，第 390 页。

② 《庐山会议实录》，第 180 页。

③ 毛泽东在中共八届八中全会上的讲话记录，1959 年 8 月 2 日。转引自《毛泽东传》下册，第 995 页。

后，或者在几十天之后，或者在几个月之后，或者在更长时间之后，总之又要吹回来的。孙中山说：'事有顺乎天理，应乎人情，适乎世界之潮流，合乎人群之需要，而为先知先觉者决志行之，则断无不成者也。'这句话是正确的。我们的大跃进，人民公社，属于这一类。困难是有的，错误也一定要犯的，但是可以克服和改正。悲观主义的思潮，是腐蚀党、腐蚀人民的一种极坏的思潮，是与无产阶级和贫苦农民的意志相违反的，是与马克思列宁主义相违反的。"①

就在这个时候，发生了前面已经提到的安徽省委书记、副省长张恺帆解散食堂的事件。其实，张恺帆在无为县是在贯彻中央 1959 年 3 月郑州会议、4 月上海会议的精神，贯彻毛泽东《党内通讯》的六条指示，采取一系列措施，整顿干部思想作风，抢救病人，制止死亡，帮助群众安排生产和生活②。其中包括解散食堂。8 月 4 日，安徽省委给中央并告安徽省委第一书记曾希圣一份报告，说张恺帆"下令解散食堂，并以怀疑的心情责令县委办公室调查公社化前后几个情况的变化，结果引起无为县工作上的混乱"③。毛泽东 8 月 10 日为之批示：

"印发各同志。右倾机会主义分子，中央委员会里有，即军事俱乐部的那些同志们；省级也有，例如安徽省委书记张恺帆。我怀疑这些人是混入党内的投机分子。他们在由资本主义到社会主义的过渡时期中，站在资产阶级立场，蓄谋破坏无产阶级专政，分裂共产党，在党内组织派别，散布他们的影响，涣散无产阶级先锋队，另立他们的机会主义的党。这个集团的主要成分，原是高岗阴谋反党集团的主要成员，就是显明证据之一。这些人在资产阶级民主改革时，他们是乐意参加的，有革命性。至于如何革法，也是常常错的。他们没有社会主义革命的精神准备，一到社会主义革命时期，他们就不舒服了，早就参加高岗反党集团，而这个集团是用阴谋手段求达其反动目的的。高岗集团的漏网残余，现在又在兴风作浪，迫不及待，急于发难。迅速被揭露，对党对他们本人都有益。只要他们愿意洗脑筋，还是有可能争取过来的，因为他们具有反动与革命的两面性。他们现在的反社会主义的纲

① 《建国以来毛泽东文稿》第八册，第 410—411 页。
② 《建国以来毛泽东文稿》第八册，第 433 页，参阅《庐山会议实录》，第 44 页。
③ 《建国以来毛泽东文稿》第八册，第 432 页。

领，就是反对大跃进，反对人民公社。不要被他们的花言巧语所迷惑，例如说，总路线基本正确，人民公社不过迟办几年就好了。要挽救他们，要在广大干部中进行彻底地揭发，使他们的市场缩得小而又小．一定要执行治病救人的方针，一定要用摆事实、讲道理的方法，还要给他们革命与工作的出路，批判从严，处理从宽。"①

批语的内容只是根据毛泽东的"怀疑"设定张恺帆的所谓历史问题，将莫须有的罪名强加于人，进行反右倾斗争，其实与食堂问题已经没有什么关系了。一个星期以后，即 8 月 16 日这段批语的基本精神经过毛泽东亲自审定，收入中共八届八中全会的决议②。不同的是，在决议中"混入党内的投机分子和阶级异己分子"的罪名均已坐实，不是什么"怀疑"了。

8 月 16 日中共八届八中全会闭幕，做出四项决议：《为保卫党的总路线、反对右倾机会主义而斗争》、《关于开展增产节约运动的决议》、《关于以彭德怀同志为首的反党集团的错误的决议》和《关于撤销黄克诚同志中央书记处书记的决定》。在《关于开展增产节约运动的决议》中再次强调："农村的公共食堂应该坚持积极办好、自愿参加的原则，粮食依人定量，分配到户，食堂凭票吃饭，节余归己。"③

从此，以"五风"④为主要标志的"左"倾错误重新泛滥，终致酿成其后严重经济困难的局面。

1959 年 9 月，中央发出通知，决定把《中国共产党八届八中全会关于以彭德怀同志为首的反党集团的错误的决议》和《为保卫党的总路线、反对右倾机会主义而斗争》的决议，先后传达到党内外；随即在党内开展了一场"反右倾"运动。运动中一大批党员干部受到错误的批判和处分，许多敢于讲真话、说实情的同志被错误地划为右倾机会主义分子，有的甚至被打成"反革命分子"。

---

① 张恺帆因此受到开除党籍、撤销副省长职务的处分。直到 1962 年 7 月方得平反。见《建国以来毛泽东文稿》第八册，第 431—433 页正文及注。

② 参阅《对八届八中全会"为保卫党的总路线、反对右倾机会主义而斗争"稿的批语和修改》，见《建国以来毛泽东文稿》第八册，第 404—406 页；《为保卫党的总路线、反对右倾机会主义而斗争——中国共产党第八届中央委员会第八次全体会议决议》，见《建国以来重要文献选编》第十二册，第 507 页。

③ 《建国以来重要文献选编》第十二册，第 521 页。

④ 所谓"五风"，是指"共产风"、"浮夸风"、"命令风"、"瞎指挥风"和"干部特殊化风"。

经毛泽东亲自点名批判的《食堂报告》在劫难逃，当然成为中国科学院哲学社会科学部和经济研究所反右倾运动的重点。经济所昌黎工作组组长董谦也当然地被扣上右倾机会主义分子帽子。随之，各种报刊刊登了许多批判《食堂报告》内容的文章①。

历史证明，庐山会议后期，毛泽东同志发动对彭德怀同志的批判是错误的，在全党开展的"反右倾"斗争也是错误的。八届八中全会关于所谓"彭德怀、黄克诚、张闻天、周小舟反党集团"的决议同样是完全错误的②。

庐山会议以后，毛泽东仍然把食堂问题放在重要地位，十分关注。

《人民日报》为了批判"右倾歪风吹掉公共食堂"，于1959年9月22日发表了《公共食堂前途无量》的社论。全面批判帝国主义者、一切反动分子和"右倾机会主义分子"对农村公共食堂的"种种谩骂"。这篇社论写道，公共食堂"受到几亿农民的热烈赞扬"，"自觉自愿地在那里办"。社论认定的事实是"公共食堂一成立，就解放了大批妇女劳动力，使她们有可能直接投入农业生产、副业生产或者工业生产"；"确是保证了农民生活的改善，而且将保证它的继续改善"；"带给许多农民家庭更大的幸福"；"节约不少物资"；家务劳动社会化，妇女开始把琐碎家务普遍改造为社会主义大经济。社论强调公共食堂的产生"有深厚的社会经济根源"，"绝不是一阵风吹起来的，也不是一阵风吹得散的"，社论认为，公共食堂和大跃进、人民公社，"在现阶段，将大大有助于加速社会主义的建设"；而在将来，由社会主义过渡到共产主义的时候，"必将发展成为完全的共产主义！"

随之，好消息不断传来。1959年10月8日，薄一波给毛泽东一封信，十分兴奋地告诉毛泽东说，薄的家乡"公社化后粮食大增产，工业也搞得很好"；"公共食堂59座，看来是基本上都到公共食堂了"；"群众情绪高涨"。③这些好消息是毛泽东非常乐于听到的。9、10月间，毛泽东多次外出视察。在各地事先精心安排的情况下，毛泽东一路所见所闻，都是粮棉高产，一片丰收在望的景象，使他基本上信以为真，确认国内的经济形势已显著好转："庐山会议后，8月上旬起，设备、条件还是那样，但是产量、产值就

---

① 如1959年9月22日《人民日报》社论《公共食堂前途无量》；《中国妇女杂志》1959年第9期专论《办得对、办得好、办得适时》等。

② 1981年中共中央通过的《关于建国以来党的若干历史问题的决议》。

③ 薄一波给毛泽东的信，原件，1959年10月9日。转引自《毛泽东传》下册，第1007页。

变了，而且变得很显著。变得不显著，人家不信。"在他看来，真的是通过反右倾运动把群众的劲鼓起来的，生产真的搞上去了①。1959 年 11 月 19 日，中共中央办公厅编印的《情况简报》第 174 期上摘登的三份材料。其中《农村公共食堂恢复和发展很快》一文说，据 12 个省、区的材料看来，最近两三个月，农村公共食堂恢复和发展都很快，常年食堂也有很大的增长。目前各地在积极恢复和发展食堂的同时，开始大力抓食堂的巩固工作。毛泽东批语认为"可看"，交江青、林克等阅②。这些为了愉悦圣听而精心制造的各种繁荣假象，在他看来，都是庐山会议斗争的伟大成果。在这样的思想背景下，毛泽东是不会把食堂存在的问题当回事的。

从 1959 年下半年起，高指标、浮夸风、"共产风"随着反右倾运动在全国范围愈演愈烈，全国农村在更大范围出现了浮肿病和非正常死亡数字加剧，人口外流现象严重。毛泽东坚持公共食堂"试试看"，数亿农民只能继续在痛苦中煎熬。

五　公共食堂再次大发展

庐山会议以后，"左"倾错误恶性泛滥，导致国民经济比例严重失调，农业生产遭到了极大的破坏。在毛泽东坚持办下去的方针下，各地公共食堂有了更大的普。1959 年 9 月 22 日《人民日报》提供的数字是："经过整顿以后，河南省共有公共食堂 32 万个，参加食堂的人数占农村总人口的 99%。四川农村有 59 万多个公共食堂，安徽农村有 205000 个公共食堂，上海市郊各县有 20000 多个公共食堂。北京市郊区有 7000 多个公共食堂，最近还在不断增加；此外，还有湖南、云南、贵州等省，农村公共食堂都办得比较多、比较好。其他各省和自治区的农村公共食堂，也都采取了各种适应当地条件的措施而日见巩固。"③报纸上赞扬食堂的文章、报道像雪片一般，连篇累牍。

国家统计局 1960 年 1 月整理的《一九五九年年底全国农村公共食堂发

---

① 《毛泽东传》下册，第 1017—1709 页。
② 《建国以来毛泽东文稿》第八册，第 594—595 页。
③ 1959 年 9 月 22 日社论《公共食堂前途无量》。

展情况》材料说，截至 1959 年底，全国农村已办公共食堂 391.9 万个，参加食堂吃饭的约 4 亿人，占人民公社总人数的 72.6%。其中 90% 以上的人口参加食堂的有河南、湖南、四川、云南、贵州、上海、安徽 7 个省市；70%—90% 的人口参加食堂的有北京、新疆、浙江、广西、广东、河北、山西 7 个省市区；50%—70% 的人口参加食堂的有湖北、福建、江西、陕西、江苏、宁夏 6 个省区；50% 以下人口参加食堂的有甘肃、山东、青海、吉林、黑龙江、辽宁、内蒙古 7 个省区。参加食堂人口的比例最高的是河南，为 97.8%；最低的是内蒙，为 16.7%。这些数字使得毛泽东甚感欣慰。在他看来，这些资料证明公共食堂绝不会垮。他在材料上写了一条批语："中央认为，这样的统计极为有益，使读者对全国面貌，一目了然。"①

这样的成绩还没有达到要求的百分之百。1960 年毛泽东继续大抓，多次批示文件材料，指挥全国农村食堂的建设。

1960 年 1 月 7—17 日，毛泽东在上海主持召开中央政治局扩大会议。这次会议的主要议题是批准了国家计委《关于一九六〇年国民经济计划的报告》，提出今后 3 年和 8 年的设想，继续"大跃进"。会议要求本年内大办公共食堂，试办和推广城市人民公社。

毛泽东坚持认为困难是暂时的，凡是他要干的就是对的。他对河南省委负责人说："方针、政策、计划是否正确，不是理论的问题，而是实践的问题，横直去做，做出结果出来了，就是正确。方针政策是否反映了客观实际，是要靠做。"②这种否定理论指导作用的提法，显然是十分错误的，是不符合他所坚持的马克思主义理论指导原则的。这且不论"横直去做，做出结果出来了，就是正确"的提法，说明白了就是只要他想干的，永远正确。

1960 年 2 月 24 日，贵州省委给中央并毛泽东的报告，汇报主要讨论农村公共食堂问题的地、州、市委第一书记会议内容。报告说，贵州省 13 万多个食堂中，固定的或基本上固定的占 80% 左右，其中出现了一批办得很好的，已成为生产小队政治、经济、文化活动的中心，巩固了人民公社，生产也搞得很好，显示了食堂的优越性和重要性。有的还提高了集体化的程度，

---

① 《建国以来毛泽东文稿》第九册，中央文献出版社 1996 年版，第 72、76 页。
② 毛泽东同中共河南省委负责人谈话记录，1960 年 5 月 11 日。转引自《毛泽东传》下册，第 1074—1075 页。

形成了较大的居民点，为建设新农村创造了条件。不固定的食堂有三种情况：一是虽然集体做饭，但做得不够吃，分给各户，推出了事；二是时办时停；三是各户单独起伙，食堂有名无实。在这些地方，个别的已发生外逃、肿病和死人现象。主要原因，一是基层组织有问题，有的被富裕中农把持，千方百计地拖垮食堂，挖人民公社的墙脚。二是实际工作抓得不紧、不具体、不切实，听任食堂涣散下去。会议决定采取措施，立即组织干部带着粮食供应指标下去整顿。这个报告提出，"富裕中农同我们作斗争的主要矛头是针对食堂"。"所以食堂也是我们必须固守的社会主义阵地，失掉这个阵地，人民公社就不可能巩固，大跃进也就没有保证。"①

两天后，中共中央将这一报告转发各省、市、自治区党委。3月4日毛泽东写了批语，并以中央的名义发给各地："华东局，各协作区委员会，各省委、市委、自治区党委：贵州省委关于目前农村公共食堂情况的报告，写得很好，现在发给你们研究，一律依照执行，不应有例外。中央所以这样下断语，是因为贵州这一篇食堂报告，是一个科学总结，可以使我们在从社会主义向共产主义过渡的事业中，在一年到十年内，跃进一大步。因此应当在全国仿行，不要例外。仿行时要有步骤，要有坚强领导，要提高干部和群众的觉悟，要走群众路线。在1960年一年内，全国食堂达到贵州现时的那种水平，也就很好了。在领导不强的地方可能一年达不到，那就在1961年达到也可以。即使更长一点时间达到，也可以。总之一定要达到，并且还要提高。请你们在今年春季专为食堂问题开一次规模较大的会议，是为至要。此件及附件，可登党刊，并可转发公社党委。"② 贵州报告成为样板，命令各地食堂达到贵州的水平③。

贵州报告中说到的"外逃、肿病和死人"的"个别情况"，其实这已经不是一个省的情况了。中共山东省委1960年2月27日的报告说："去秋至今累计，全省共外流人口包括流向外县和外省的达九十多万人"。同时，饿

---

① 贵州省委《关于目前农村公共食堂情况的报告》，《农业集体化重要文件汇编》下册，第288页。

② 《建国以来毛泽东文稿》第九册，第44—46页。

③ 这是一篇很重要的批示，毛泽东一直记得很清楚。1961年3月5日，毛泽东在广东省委三号楼，主持召开中央政治局常委扩大会议上，再次提到这个批示。这是后话，我们下面将再提到。

饭群众增加，山东农村同期患水肿病的达 9 万多人，非正常死亡 1000 多人[1]。问题已经严重到如此程度，都没有引起毛泽东的重视，在他看来，贵州的情况既然认定富裕中农的主要斗争矛头是食堂，只要清理了食堂中的富裕中农，问题自然可以得到解决。各地开始调整食堂工作人员。如河南的信阳、洛阳、许昌三个专区清洗各类不纯分子或调换不适合的管理人员和炊事员 2.8 万多人[2]。

3 月 5 日，中共黑龙江省委农村工作部电话汇报食堂情况说，黑龙江省常年食堂占 75% 左右，季节性（农忙）食堂占 25% 左右。从性质上分，劳动力食堂占 90% 左右，全民性食堂占 10% 左右，但发展趋势是向全民食堂过渡。大多数食堂办得较好，各级领导对食堂也抓得很紧，不少地方实行统一领导，分片包干，一手抓生产，一手抓生活。毛泽东也写了批语："加强领导，全民食堂，猪菜丰富，计划用粮，指标到户，粮食到堂，以人定量，凭票吃粮，节余归己，按月算账，明明白白，账单上墙，生活生产，两样都强，人心振奋……"[3]。

3 月 7 日，中共中央办公厅编印的《情况简报》第 117 号刊载了《八个省农村公共食堂情况》、《河南省农村公共食堂情况》、《一九五九年年底全国农村公共食堂发展情况》三份材料。毛泽东为此替中央起草批语，批给上海局、各协作区委员会，各省委、市委、区党委，中央一级各部委、各党组：说这三个文件"都好，使人看了高兴。现在发给你们研究，参考、仿行。其中放在括号内的一些指示性的断语，是中央加上去的。请你们对这个极端重要的公共食堂问题，在今年一年内，认真大抓两次，上半年一次，下半年一次，学贵州、河南等省那样做出科学的总结，普遍推行。从省到社四级都应组织生活福利委员会，派一个懂得政治、热心肯干、善于分析问题、勤于到食堂考察研究而没有一点官僚主义作风的书记去充当领导。在每一个食堂内都组织一个食堂管理委员会。工厂、矿山、街道、机关、学校、团体、军队的公共食堂，一律照此办理。中央，3 月 15 日。"[4] 可见，当时公共

---

① 见《中国共产党执政四十年》，中共党史出版社 1991 年版，第 178 页。
② 《河南省农村公共食堂情况》。《农业集体化重要文件汇编》下册，第 296 页。
③ 《在黑龙江省农村公共食堂情况汇报上写的几句话（1960 年 3 月）》，《建国以来毛泽东文稿》第九册，第 68 页。
④ 《建国以来毛泽东文稿》第九册，第 69 页。

食堂在毛泽东的心目中仍是极端重要的问题。

在这三个文件上的批语分别是：

1960 年 3 月 7 日在中办整理的《八个省农村公共食堂情况》材料中的一段话，毛泽东加以修改并写批语：

"建立了民主管理制度，认真执行了统一用粮，指标到户，实物到堂（中央指出，一部分不能到堂吃饭的，如老人，病人，孕妇，婴儿，则将他们的粮食送到他们自己手中，另一部分不愿参加食堂吃饭的人，例如少数富裕中农及其他阶层的人，也照这样办。就全国说来，能够争取占全体农村人口 80% 的人到食堂吃饭，就很好了。像河南、湖南、四川、云南、贵州、上海、安徽七个省市争取了 90% 以上的人到食堂吃饭，当然更好。但其他各省、市、区，暂时达不到这个程度的也不要勉强，两三年内争取逐渐达到，是可以的）"按人定量，凭票吃饭，节余归己，定期结帐，帐单上墙，人人有底，乐意欢心等办法。①

除此之外，毛泽东还对《八个省农村公共食堂情况》中写了多条批语：例如，《材料》的第五条写道："有几个省认为，口粮分配实行'指标到户，粮食分到食堂'的办法好，对于掌握粮食，减少浪费，搞好生活，巩固食堂有极大好处；而有一些食堂，把粮食分配到户，现在已没有吃的了，造成很大被动。"他批示："中央认为，这个问题，必须坚决地逐步地实行解决，一律按照河南、湖南、四川、云南、贵州、上海、安徽 7 省市的办法去做为好。"又如《材料》的第七条写道："办好食堂的关键还在领导，黑龙江省委决定从省到社都要成立各级生活福利委员会。甘肃省委指示，各级党委必须有一个书记经常抓公社的生活福利工作，而重点是办好食堂。河南各级党委都有一个书记抓公共食堂工作，而且派干部深入食堂大搞试验，亲自当管理员、炊事员。这是办好食堂的一条重要经验。"他批示："请各省、市、区党委注意，从省到社，一律建立生活福利委员会，而以办好食堂为重点

---

① 《建国以来毛泽东文稿》第九册，第 70 页。为了便于区别，毛泽东增加的内容使用楷体字；括号内的楷体字是他的批语。八省，指河南、河北、山西、山东、甘肃、辽宁、吉林、黑龙江。

任务。"①

《河南省农村公共食堂情况》（即中共河南省委书记处办公室 1960 年 3 月 5 日关于这一情况的电话汇报）中说："河南全省有农村公共食堂近 336000 个，在公共食堂就餐人数占到农村总人口的 99％，其中办得最好的一类食堂占 66％，二类食堂占 31.2％，三类占 2.8％。"并说："这些公共食堂一般是以生产队为单位建立的，各级党委都有一位书记在抓这项工作，不少党委和干部深入食堂大搞'试验田'，有的县提出三级书记进食堂，通过搞'试验田'、干部当炊事员和管理员，巩固了食堂。"毛泽东也写了批语："中央认为，这些办法极好。"②

毛泽东于 3 月 16 日给刘少奇、邓小平写信，要求"迅速办理"他 3 月 7 日的那些批示，并"请邀集有关同志谈一下，如同意，请迅速发出去。如有意见，请径作修改。"③他写的"中央认为"，谁又敢"径作修改"呢？

1960 年 3 月 24、25 日，毛泽东在天津召开了中央政治局常委扩大会（通称天津会议）。这次会议基本上还是"大跃进"、人民公社的路线，仍然要求城乡食堂普遍化，要求城市人民公社普遍化等④。

《红旗》杂志 1960 年第 8 期刊登署名文章，说当时"全国农村参加公共食堂的人，已占公社人数的 80％以上"，"但是就全国范围来说，距实现公共食堂普遍化，还有相当的距离，已经办起来的公共食堂还需要改进和提高。因此，继续大办公共食堂，办好公共食堂，是我们当前一个极端重要的政治任务。"⑤

4 月 6 日，国务院副总理谭震林在人大二届二次会议上的报告中，也再次强调要"继续大办食堂，办好食堂"⑥。

1960 年 4 月 28 日，毛泽东又一次南下视察。

河南是左害重灾区，是死亡最为严重的省份之一。毛泽东听到的汇报是怎样的呢？全国形势很好。谭震林、廖鲁言等汇报说："我们派了十几个考

①　《建国以来毛泽东文稿》第九册，第 71、72、73—74 页。
②　《建国以来毛泽东文稿》第九册，第 72—75 页。
③　3 月 18 日中央下发了这一批语。《建国以来毛泽东文稿》第九册，第 84、85 页。
④　参见《毛泽东传》下册，第 1061 页。
⑤　林一舟：《大办公共食堂 办好公共食堂》，《红旗》1960 年第 8 期。
⑥　《农业集体化重要文件汇编》下册，第 309 页。

察团到安徽阜阳专区，考察的结果，他们反映的材料，事实上，那个死人是个别的，多数人治好了，外流的人数也不多，而且粮食吃得相当多。"吴芝圃则把死人的主要原因归结为只是"去年工作上也有毛病，搞基本建设公用粮食太多，抗旱也多吃了粮食"。"信阳专区说病了十来万人。正常死亡与浮肿病死亡也很难分，死亡率是增加的，信阳专区可能增加好几万人。""今年浮肿病多，主要是信阳专区，旁的专区也都有一点，不怎么严重。"其他地方，如粮食有问题的河北大名县，谭震林等"派了一个组去摸一摸"后得出的结论是"人的脸都红光满面，不像吃八两粮食的样子"①。一个专区就病了十来万人，死亡增加好几万人，竟然认为"全国形势很好"，问题"不怎么严重"。这就是当时主管农业的副总理、农业部部长和河南省委书记对形势的基本估计！这样的估计正也是毛泽东乐于听到的。人命之轻，乃至于斯！

不过，事实是无情的。工业方面大讲持续大跃进，生产指标越提越高，工业规模扩大过快，基本建设项目上得过多，大量农村劳动力流入城市，农村和城市的缺粮状况日趋严重。经济形势已很紧张。物资供应全面紧张。上海纱厂甚至因为没有棉花供应而停工。到1960年四五月间全国经济形势的恶化程度已相当严重。这时毛泽东才感到十分被动。

就在这种情况下，1960年6月10—18日在上海召开了中央政治局扩大会议。会上毛泽东做了《十年总结》讲话，批评"管农业的同志，和管工业的同志、管商业的同志，在这一段时间内，思想方法有一些不对头，忘记了实事求是的原则，有一些片面思想（形而上学思想）"。他说："我本人也有过许多错误。有些是和当事人一同犯了的。"他所说的有"许多错误"主要是指高指标。对此，他认为只要改过来就完全主动了。对他来说，最主要的是如何掌握主动权。他说自己在庐山上"基本上取得了主动权"。反击"右倾机会主义猖狂进攻"，"获得胜利"。就是说，到1960年年中，全国经济形势极度恶化的情况下，"左"倾指导思想还是得到充分肯定的。②

关于食堂问题的又一次被提起，是在1960年7月5日至8月10日在北戴河召开的中央工作会议上。这次会议主要讨论国际问题（中苏关系），对国内问题没有深入讨论。毛泽东在会议最后一天讲话中谈到经济问题时，承

---

① 《毛泽东传》下册，第1069—1070、1072—1073页。
② 《建国以来毛泽东文稿》第九册，第213—216页。

认过去批转贵州省关于食堂办得好的地方不要自留地的那个文件，是有毛病的①。

9 月，广西壮族自治区人民委员会关于农村的十项政策中规定，必须贯彻执行"粮食归大队，按期拨食堂，粮证发到户，节余归自己"的办法。湖北省委关于调动群众积极性的十项措施也强调坚决执行"凭票吃饭，节约归己，定工吃饭，旷工出钱"的制度②。

河北省委书记阎达开 10 月 20 日关于农村口粮标准、办好食堂和分配等问题的几个措施的口头汇报要点中的第二条是办好食堂采取两个措施："一是专门给食堂拨出菜地，社员自留地在外，这样办好食堂有物质基础；二是派最好的干部认真办食堂，建立制度，杜绝各种不合理现象。"毛泽东于 10 月 27 日批示印发各中央局，各省、市、区党委第一书记参考③。总之，食堂必须办下去。

六　重新整顿食堂

庐山会议前，毛泽东本打算抑制工作中左的错误，庐山会议突然改反左为反右以后，左的问题有了更进一步的发展。1960 年下半年，国民经济形势已相当严重，农村生产力遭到严重破坏。粮食年产量下降到 2870 亿斤，比 1957 年减少 26% 以上。全国范围生产下降，物质匮乏，因粮食、食品严重不足而患浮肿症者城乡都相当普遍，农村尤为严重。河南、甘肃、安徽等由于"灾荒"和"阶级斗争"，均出现大量死人的现象。1961 年春，河南省正阳县已死 8 万多人，新蔡县已死近 10 万人。两年前曾由毛泽东亲自修改章程的遂平县嵖岈山人民公社，此时死亡近 4000 人，占总人口的 10%，有的队人口死亡达 30% 左右。"不论淮南、淮北广大群众在经济上都遭受了极大的摧残，生活异常困难，真正是十室九空，家贫如洗。"④

---

① 《毛泽东传》下册，第 1089 页。以后，毛泽东于 1961 年 3 月 5 日在广东召开的中共中央政治局常委扩大会议上的讲话中，再次承认这个批语是错误的。

② 《农业集体化重要文件汇编》下册，第 353、361 页。

③ 10 月 25 日中办《情况简报》第 181 期，《建国以来毛泽东文稿》第九册，第 328 页。

④ 1960 年 12 月 22 日中共信阳地委关于整风运动和生产救灾工作情况的报告，《农业集体化重要文件汇编》下册，第 421 页。

我们未能看到政府公布确切的全国人口死亡数字，难以知道到 1960 年初时的真实死亡情况。根据学者计算，1958—1962 年全国非正常死亡人口合计约 3250 万，其中四川人口死亡最多，达 940 万；安徽次之，633 万；河南、湖南再次之，分别为 293 万和 248 万。非正常死亡人口占灾前人口的比例排序，安徽第一位，为 18.37%，四川第二，为 13.07%，贵州第三，为 10.23%①。这是三年的总和。我们无法确切得知截至 1960 年 10 月时的数字。假设只占三年总和的 1/2，则为 1625 万；如占 2/3，则为 2166 万。姑取中数，将近 1895 万，这是 60 多次唐山地震才能达到的死亡人数！

基层干部问题极多，坏人不少。用毛泽东的话说，"1/3 地区的不好形势，坏人当权，打人死人，粮食减产，吃不饱饭。民主革命尚未完成，封建势力大大作怪，对社会主义更加仇视，破坏社会主义的生产关系和生产力。"② 他把问题的最终缘由归结为阶级斗争，基层干部里对社会主义仇视的"坏人"的破坏。

一段时间以来，毛泽东看到不少反映农村严重情况的报告。他开始有些寝食不安了。据说，从 10 月开始，毛泽东开始吃素，不吃肉了。他对护士长说："国家有困难了，我应该以身作则，带头节约，跟老百姓共同渡过难关，不要给肉吃，省下来换外汇。吃素不要紧。"身材高大的毛泽东这时的体重下降到 75 公斤③。

1960 年 10 月 23—26 日，毛泽东召集华北、中南、东北、西北四个大区的省、市、自治区党委主要负责人开会，听取他们关于农业情况的汇报，主要是讨论如何纠正和堵塞"共产风"的问题，以及问题严重而暴露比较早的山东、河南两省的问题。河南省委主要负责人汇报了信阳事件，大家十分震惊。会议对他进行批评，指出他在政策上犯了严重的"左"倾错误④。

---

① 曹树基：《1959—1961 年的人口死亡及其成因》，提交"2004 年中国经济史学会年会"论文。他主要采用 1953 年、1964 年和 1982 年全国各市县人口普查数据作为分析的基础。再通过各地地方志中记载的历年人口数，计算出各地灾前、灾后的人口增长速度。求得 1958 年和 1961 年的人口。二者相减，所得净减少人口，即非正常死亡人口的一部分。

② 《一定要在五个月内把 1/3 地区的形势都转变过来，争取 1961 年的农业大丰收——毛主席在中央五人小组一个报告上的批示》（1960 年 11 月 15 日），见《建国以来重要文献选编》第十三册，中央文献出版社 1996 年版，第 695 页。

③ 访问吴旭君谈话记录，2002 年 5 月 21 日，转引自《毛泽东传》下册，第 1092、1093 页。

④ 《王任重日记》1960 年 10 月 26 日，转引自《毛泽东传》下册，第 1093 页。

　　"左"倾错误酿成的后果已经如此严重，必须采取紧急措施加以纠正。中央委托周恩来主持起草《关于农村人民公社当前政策的紧急指示信》，即《十二条》，经毛泽东审改后，于1960年11月3日发出。

　　《十二条》在充分肯定成就伟大而且史无前例、总路线完全正确、人民公社无比优越、整个形势大好的情况下，要求从所有制、按劳分配等方面纠正"一平二调"的"共产风"。规定以生产队为基础的三级所有制至少7年不变，按劳分配制度至少20年不变。其中第二条，食堂等集体福利事业借用房屋家具，承认社员的所有权，付租金；第七条，在分配给社员个人消费的部分中，供给部分与工资部分三七开。能实行伙食供给制的就实行伙食供给制，不能实行伙食供给制的就实行粮食供给制，不能实行粮食供给制的就实行粮食半供给制。实行粮食半供给制的时候，口粮还是按标准全部发给食堂，在供给范围以外的那一部分口粮，价款由各人所得的工资中分别扣除。第九条"安排好粮食，办好公共食堂"的全文如下：

　　"公共食堂必须办好。'政治到食堂，干部下伙房'，是办好食堂的关键。食堂一定要由在食堂入伙的人民主管理。管理员、炊事员应该由品质好、作风好、成分好、办事公平的人担任，必须民主选举，并且随时接受群众的监督。食堂账目必须按月公布。坚决实行以人定量、指标到户、粮食到堂、凭票吃饭、节约归己的制度。各人节余的粮食，愿意要粮的发粮，愿意要钱的发钱，坚决兑现。

　　"公共食堂的制度必须坚持。但是，在北方，在严寒季节和燃料缺乏的地方，经过县委批准，可以允许采取由食堂统一管理、由各户分散做饭的临时办法，适应社员家庭取暖的需要。

　　"食堂必须自己种菜，自己养猪，大搞副食品的生产，逐步做到：粮食由生产队供应，油盐柴菜从食堂自己生产和经营的副业收入中解决。食堂还必须大搞瓜菜和各种代食品，实行粮菜混吃，既节约粮食，又保证吃饱。"

　　"食堂种的菜、养的猪和打的柴草等等，不能在食堂与食堂之间无偿调拨。必须进行调剂的时候，一定要按照自愿两利、等价交换的原则办事。食堂自给有余的蔬菜和柴草，可以到市场出售。"① 同日，中共中央发出了《关于贯彻执行"紧急指示信"的指示》，要求各省、市、自治区党委在12

---

① 《建国以来重要文献选编》第十三册，第662、668—669、671—672页。

月中旬以前"必须原原本本地向群众传达，不折不扣地切实执行"①。

供给制与工资制三七开和食堂制不在这次反左的范围之内，仍然继续坚持，未见松动。

中共中央紧急指示信发出后，毛泽东密切关注着各地贯彻执行的情况。他"看到反映农村严重情况的报告越来越多，包括像信阳事件那样的报告，对他震动极大。'五风'造成的损失是惨重的。粮食严重减产，农村中饿病逃荒死人现象大量出现。特别是在有些地方，干部蜕化变质，违法乱纪，摧残人命，无法无天，使人感到，这种地方已经不是共产党领导的天下了。"②

1960 年 12 月 24 日至 1961 年 1 月 13 日，中共中央在北京召开工作会议，分析了当前的农村形势，这时对"存在着性质不同和程度不同的严重问题"的县、社、队的估计，缩小为 20%。总结了各地整风整社试点经验，讨论了进一步开展农村整风整社运动和贯彻执行中央十二条紧急批示的问题。1 月 20 日发出《中央工作会议关于农村整风整社和若干政策问题的讨论纪要》，要求彻底检查和纠正"共产风"、浮夸风、瞎指挥生产风、特殊化作风、强迫命令风，要彻底反对贪污、浪费、官僚主义。要求必须彻底清算平账，坚决退赔。退了东西，赔了钱，还必须向群众作检讨③。

"以人定量、粮食到堂、凭票吃饭、节约归己的办法，必须切实实行。社员节约的口粮，除了确实自愿要钱不要粮的以外，一律发给粮食。"④所谓粮食"到堂"者，到公共食堂也，坚持食堂制仍然不在话下。

只要左的方针不变，供给制不取消，食堂仍旧坚持，问题是得不到根本解决的。整顿得再好，也只治标而已。

七 关于农村公共食堂的大规模调查研究

"左"倾错误的继续发展，使得国民经济发展从 1960 年下半年已经开始面临严重的困难。1961 年年初，"据公布的统计数字，1960 年粮产 2870 亿

---

① 《建国以来重要文献选编》第十三册，第 677 页。
② 《毛泽东传》下册，第 1096 页。
③ 《建国以来重要文献选编》第十四册，第 89—101 页。
④ 《建国以来重要文献选编》第十四册，第 97 页。

斤，比1959年减产530亿斤，人口净减1000万人"①。食堂暴露的问题越来越明显，实在办不下去了。在北京中共中央工作会议（1960年12月24日至1961年1月13日）上，毛泽东对形势已有所认识。他在闭幕时的发言中说："现在看来，搞社会主义建设不要那么十分急。十分急了办不成事，越急就越办不成，不如缓一点，波浪式地向前发展。"② 这就是说，他认为"左"一套做法不是错了，而是"急"了。全国人民付出这样大的代价，使他认识到这一点已经很不容易了。即使认识到这个水平，对今后的降温也是十分重要的。他还说："我这个人就是官做大了，我从前在江西那样的调查研究，现在就做得很少了。"他建议各级领导于1961年"搞一个实事求是年"，使自己心里有底，不再只凭想像和估计办事。一切从实际出发，没有把握就不要下决心③。他没有像以前那样亲自进行深入的调查，这是事实，但是说各地的真实情况无一送达他的案头，恐怕很难令人相信。下面食堂出现的问题，在送上的调查、报告中早就有所反映，只因不合他的口胃，故视而不见，或者不予重视罢了。

正如《毛泽东传（1949—1976）》的作者所说："毛泽东的性格，凡是他认定的事情，非坚持到底不可，谁都难以改变。"④ 但形势已经发展到如此严重的地步，他可能已经感到，再坚持下去是要出大乱子的。国民经济发展的恶劣形势，迫使毛泽东不能继续沉浸在虚言假话吹成的"大好形势"之中，而必须认真对待真实情况了。或者面临崩溃，或者改弦更张，不得不重新抉择。国民经济主要症结在农业，农业的症结在提高农民的生产积极性，提高农民的积极性最主要的问题是三级所有制问题和食堂问题。要想挽狂澜于既倒，必须从这里开始。国民经济的现状使得毛泽东意识到，共产主义不是"左"倾方针就可很快到达的，违反客观经济规律必然受到惩罚。他决心从农业，从三级所有、供给制、食堂等问题入手解决。他必须实事求是地了解和承认事实真相。其实，事实真相早就反映很多了，只不过他不认为那是真相而已。他要自己转这个弯，所以开展大规模的调查研究。

1961年1月14日召开的中共八届九中全会按照毛泽东的意见，要求国

---

① 《公共食堂始末》，《李锐诗文自选集》，第173页。
② 《大兴调查研究之风》，见《毛泽东文集》第八卷，第236页。
③ 《大兴调查研究之风》，见《毛泽东文集》第八卷，第233—238页。
④ 《毛泽东传》下册，第1137页。

民经济要波浪式、螺旋式发展，提出在大发展以后需要"调整、巩固、充实、提高"的八字方针①。

会议结束后的第三天，即 1 月 20 日，毛泽东命令三大秘书：中央政治研究室副主任田家英，中央政治局候补委员、中央政策研究室主任陈伯达和中央书记处候补书记胡乔木，各带一个调查组，每组 6 人，分别去浙江、广东和湖南的生产队调查。10—15 天后，到广东与毛泽东会合②。在给田家英的信中，只要求调查"最好的"和"最坏的"生产队，但对调查内容没有提出要求。

1 月下旬，他亲自到杭州指导三个调查组的工作。途中，毛泽东在专列上先后听取了河北、山东、江苏三省党委负责人关于贯彻中央工作会议、八届九中全会精神的汇报，包括调查研究问题、整风整社问题、人民生活问题、轻工业生产和市场问题，这些都是毛泽东当时最关心的问题③。看来，这些问题应该也是他让田家英等调查的内容。

田家英主持的浙江调查组，有关食堂问题得到两种不同的意见。在一个点上的调查得出的结论是应如何把食堂办好；在另一个点上，群众对食堂有强烈不满情绪，认为食堂难乎为继，应当解散。田家英参加了那后一个点的调查，赞成他们的意见。

当田家英向毛泽东汇报的时候，不少人曾因反对食堂被打成"右倾机会主义分子"的事记忆犹新，中央刚刚发出强调必须"坚持食堂"的《十二条》批示信，更何况主张维护食堂的大有人在，包括一些高级负责人。他不能不考虑后果。但他最后还是勇敢地汇报了真实情况，并陈述了自己的意见④。2 月 6 日他汇报后，毛泽东说了一些意见："食堂问题。按群众要求办事，可以多种多样。单身汉、劳力强没有做饭的，要求办常年食堂，多数人要求办农忙食堂，少数人要求自己做饭。这个问题要调查研究一下，使食堂符合群众的需要。30 户有 5 户要求办常年食堂的，那就要办。养猪的要求在

---

① 李富春：《关于安排 1961 年国民经济计划的意见》（1961 年 1 月 14 日）。报告对农业方面，如三七开、供给制、食堂等问题，都没什么改变。见《建国以来重要文献选编》第十四册，中央文献出版社 1997 年版，第 31 页。

② 《关于组织三个组下去调查研究给田家英的信》（1961 年 1 月 20 日）。见《建国以来重要文献选编》第十四册，第 106 页。

③ 《毛泽东传》下册，第 1120 页。

④ 参阅逄先知《毛泽东和他的秘书田家英》，《求是》1989 年第 24 期。

家里做饭，是可以的。总之，要符合群众的要求，否则总是要垮台的。"①

同一天，毛泽东听取浙江省委负责人江华等汇报时讲到食堂问题，他说："食堂划小为好，几户人家办一个，大了恐怕对生产不利。要多样化，有长期食堂，有农忙食堂，也有自己烧饭。办食堂一定要适合群众的要求。总而言之，不论办什么事一定要适合情况，适合情况了就能增产，适合情况了群众就高兴。"②

毛泽东听了"食堂难乎为继，应当解散"的提法而没有发火。食堂问题已经不再是摸不得的禁区了。"养猪的要求在家里做饭，是可以的"，也可以有"自己烧饭"，表明毛泽东已经对食堂问题有所松动，为自己原来坚持办下去的立场台阶了。从此，毛泽东开始踏上了逐步解决食堂问题的历程。

2月10日，毛泽东在江西在听取省委负责人杨尚奎等汇报关于食堂问题时说：办食堂要满足三种人的要求。比如没有结婚的单身汉，或者结了婚没有孩子的，他就愿意吃常年食堂，就办常年食堂；比如有孩子的人，农忙时愿意吃食堂，农闲时愿意在家里自己做饭吃，就办农忙食堂；还有一部分人不愿意在食堂吃的，那就满足他，可以不参加食堂③。

2月11日、12日两次听取湖南组的胡乔木和湖南省委负责人张平化等的汇报。当张平化、胡乔木汇报食堂问题的时候，毛泽东一开始就提醒说，吃食堂不能勉强，并问，你们这里是不是还勉强？胡乔木认为，根据他们的调查，食堂这个制度现在还不算勉强的。他说："我们原来很留神研究这个问题。长沙县的情况很特别，非常明了，食堂根本不可能散了，它把好多人家连到一起去了，一个食堂就是一个屋场，所谓屋场就是一个小队。"毛泽东问："为什么弄成这个样子？"胡乔木说："这是因为拆房子拆得多，搬房子搬得多，已经搞到这一步，再返回去就没有必要了，群众现在习惯了，他觉得这样有好处。我们问了一些贫农、下中农，他们对食堂都还是满意的。他主要是觉得痛快、干脆，不管那么多的闲事了，这个群众还是高兴的。"毛泽东又问："这是并了的，没有并了的呢？要走那么远的路去吃饭，谁人

---

① 逄先知：《毛泽东和他的秘书田家英》。《求是》1989 年第 24 期。

② 毛泽东同中共浙江省委负责人谈话简要记录，1961 年 2 月 6 日。转自《毛泽东传》下册，第 1122—1123 页。

③ 毛泽东同中共江西省委负责人谈话简要记录，1961 年 2 月 10 日。转引自《毛泽东传》下册，第 1126—1127 页。

来吃呀?"张平化接过来回答:"有这个问题。这次我专门回家看了一趟,在大山区里头。他们那个生产队原来有五个食堂,以后并成三个。这一次整社,群众要求再分成五个,还有个别较远的单家独户,允许他单独开伙。"毛泽东又问:"你们有没有农忙食堂?"张平化答:"没有。我们有个规定,冬天的时候,晚上可以回家做一顿,因为要烤火。"毛泽东特别嘱咐:"烤火问题要解决。"张平化说:"食堂办得好不好,柴火关系很大。"讲到柴火,毛泽东联想到浙江的调查,他说:"浙江同志讲,食堂实际上是一个造饭工厂,它不做菜的,社员把饭打回去吃,回去凉了,又要热一顿,结果柴火两头分散,家庭要烧柴火,食堂又要烧柴火。"张平化说:"我们也有这种情况,因为居住分散,回家他还得煮一次。"毛泽东说:"那何必呢?"胡乔木接着又谈起他们调查的情况:"我在一个小队里面,住了五六天的样子,他们那个大队食堂搞得好,食堂都有桌子,一桌一桌地坐,我们在那里和大伙一起吃饭。吃饭还是有保证,粮食、菜、油、盐这些都有保证,所以社员对这一点还是满意的。"张平化紧接着说:"食堂办得好,它是受社员欢迎的。办得好的食堂,把各家各户的特点都照顾到了。"毛泽东在湖南听到的都是对食堂肯定的话,这与浙江的调查正好相反。他进一步提问:"既然社、队有一、二、三类,难道食堂就没有三类的?"张平化说:"去年我们排了一下,办得比较好的占百分之十;办得差一点的占百分之二十。总的来说,垮食堂还没有成风。"胡乔木又补充了一句:"它遇到灾难的时候,还起到很大的作用。"①胡乔木调查的是一个好生产队,所以食堂情况也比较好。

由陈伯达带队的赴广东调查组在新兴县和南海县调查。在新兴县达里洞公社蒙坑大队,找了梁纪南等干部群众了解情况,并到公共食堂、粮仓去察看。他们了解到,分配上实行平均主义,大家都到公共食堂吃"大锅饭"。就餐人数和就餐地点不固定,吃饭不限量,造成粮食大量浪费,很快就出现粮食紧张的局面。这一切严重挫伤了农民的生产积极性,整个大队农民的收入大幅度下降(每人日劳动报酬都降至 0.4 元),群众在公共食堂吃不饱饭,很多人患了水肿病,有的甚至饿死②。

---

① 毛泽东同中共湖南省委负责人和湖南调查组负责人谈话记录,1961 年 2 月 11 日。转引自《毛泽东传》下册,第 1130—1131 页。

② 陈弘君:《一九六一年春毛泽东在广东的调研及其启示》,载《中共党史研究》2003 年第 3 期。

　　2月13日，毛泽东抵达广州。19日，他接到广东调查组的《调查纪要》。《纪要》认为，社员之间的平均主义，主要表现在供给与工资的比例、公共食堂的某些制度上。公社干部认为，"劳动力强的和弱的都一样地吃，能挑百斤泥的人没有劲了，劳动力弱的也不积极，有些人就'走自发'，谁也瞧不起工分了。"①

　　3月5日，在广东召开的中央政治局常委扩大会议上，毛泽东说："在庐山会议之前，我们对情况的了解还是比较清楚的，但在庐山会议之后就不大清楚了。因为庐山会议之后一反右，有人讲真实话，讲困难，讲存在的问题，讲客观实际情况等等，都被认为是右的东西。结果造成一种空气，不敢讲真实情况了。相反就产生了另外一种情绪，不讲实际了。"毛泽东之所以对食堂问题较前有所松动，是因为他开始对庐山会议的后果有所反思了，这时开始认真分辨真话、假话了。

　　在会议进行中，毛泽东问周恩来，今年的钢产量能不能搞到去年的水平。周恩来回答毛泽东提出的问题，汇报钢、煤的生产和市场供应情况。汇报进行中，毛泽东却突然打断周恩来的话，把话题转到了食堂，说："食堂可以搞多种多样，有长期的；还可以办农忙食堂；另外一些人可以让他去家里单独吃，但是这一种我们不提倡。"他接着又说："总而言之，要适合群众的要求，要反映群众合情合理的要求。食堂也是一样。"毛泽东只按照自己的思维进程行事，甚至对周恩来应有的礼貌都不顾了②。由此也可看出，此时此刻在他的心目中，食堂比钢铁问题重要得多。

　　他似乎是在检讨："不要批文件过多，过去我也是热心家，也批了许多文件。我就批了贵州关于食堂问题的那个文件，结果对各省影响很大。"③ 这就是前面提到的，1960年2月24日，贵州省委向中央并毛泽东汇报地、州、市委第一书记会议讨论农村公共食堂问题的文件，毛泽东批示要求公共食堂"全国仿行，不要例外"，达到并超过贵州省的水平。对于这个指示，毛泽东已经是第二次检讨了。（第一次是1960年8月10日在北戴河召开的中央工

---

①　陈弘君：《一九六一年春毛泽东在广东的调研及其启示》，载《中共党史研究》2003年第3期。

②　毛泽东在中共中央政治局常委扩大会议上的讲话记录，1961年3月5日。转引自《毛泽东传》下册，第1133—1137页。

③　同上。

作会议上。)

3月7日，毛泽东向王任重了解湖北农村情况。他又谈起食堂问题，说："参加食堂也是要大家愿意。如果不愿意就搞农忙食堂，不愿意吃食堂的也可以让他在家里吃。"但他又说："我们办食堂这个制度是肯定了的。"王任重说："食堂不办不行，肯定还是要办，因为妇女要参加劳动，还有一部分贫农确实要吃食堂。但有一部分中农也确实不愿意吃食堂，因为不如家里吃得好。"毛泽东说："城市里头吃食堂的人才占百分之四十，农村有百分之二十的人吃食堂就行了。"王任重说："河南他们还是肯定吃食堂，现在就是一个烧柴问题。好多人去拾柴供应食堂，结果没有多少劳动力去搞生产。有的拆房子烧，有的拆桥烧，有的甚至把修好了的水闸拆了当柴烧。"毛泽东说："那就非得改变不可！"① 在食堂问题上，这时的王任重比毛泽东还左。毛泽东的真实想法到底如何？有关公共食堂的调查研究结论，到底有无禁忌？人们并不摸底。所以很难说清，这时王任重是真的主张办食堂，还是出于摸不透毛泽东的真实意图，慑于庐山之鉴，不敢否定食堂。当时，在领导干部中，这样的同志可能不少。

三南会议期间（中南、西南、华东三个地区的大区和省、市、自治区负责人参加，在广州开），中央和省委调查组请了新兴县里洞公社蒙坑大队总支书记梁纪南和苏品芳到广州来，于3月14—15日就有关人民公社的几个重要问题与他们交换意见。关于食堂问题，他们主张粮食分到户，农忙办食堂，这样生产队菜地就有可能给市场提供更多的菜，社员也能养猪、积肥。②

3月13日，"三南会议"最后一天，毛泽东讲到食堂问题时说："有些食堂难以为继。广东有个大队总支书记说，办食堂有四大坏处：一是破坏山林，二是浪费劳力，三是没有肉吃（因为家庭不能养猪），四是不利于生产。前三条都是讲的不利于生产，第四条是个总结。这个同志提出的问题值得注意。这些问题不解决，食堂非散伙不可，今年不散伙，明年也得散伙，勉强办下去，办十年也还得散伙。没有柴烧把桥都拆了，还扒房子、砍树，这样的食堂是反社会主义的。看来食堂要有几种形式，一部分人可以吃常年食

① 《毛泽东传》下册，第1137页。

② 陈弘君：《一九六一年春毛泽东在广东的调研及其启示》。载《中共党史研究》2003年第3期。

堂，大部分人吃农忙食堂。北方冬季食堂非散伙让大家回家吃饭不可，因为有个取暖的问题。"① 他这里提到的食堂情况，就是新兴县里洞公社蒙坑大队梁纪南向广东省委常委、副省长安平生写信反映的②。

这是我们第一次看到毛泽东正式肯定对食堂的批评意见。他没有把这位广东的大队总支书记说成是阶级敌人、富裕中农或者右倾机会主义分子，反而尖锐地指出"这样的食堂是反社会主义的"。此时，毛泽东在解决食堂问题上已经迈出了一大步。不过他还没有要彻底解散食堂的意思。

这次调查研究的成果是显著的。其所以能够取得这样的成果，实际上是国民经济的发展已经遇到了极大的困难，特别是农业生产遭受严重破坏，农村凋敝，饿殍遍野，使得毛泽东不得不放弃过去坚持的错误政策。但这种转弯需要寻找一个体面的方式，调查研究可能是最好的下台阶。

八　农业"六十条"（草案）开始了对食堂的否定

1961 年 3 月 14 日晚上，毛泽东在广州召开中共中央工作会议，主要围绕公社体制问题、食堂问题、供给制问题进行了讨论。对待这些问题，特别是食堂、供给制问题，意见仍是很不一致的③。但会议最后通过了《农村人民公社工作条例（草案）》（即"六十条"草案）

"六十条"草案中的第三十四条是这样写的："在一切有条件的地方，生产队应该积极办好公共食堂，真正做到便利群众，便利生产。公共食堂必须严密制度，杜绝贪污；必须实行民主管理，定期选举工作人员和公布账目。公共食堂必须真正实现自愿参加的原则，根据具体情况和社员要求，可以办全部人参加的食堂，也可以办一部分人参加的食堂；可以办常年食堂，也可以办农忙食堂。在居住分散或者燃料困难的地方，也可以不办公共食堂。社员的口粮，可以分到食堂，指标到户，节约归己；也可以分配到户。口粮分配到户的办法，可以分期发，也可以一次发。"④

① 《要做系统的由历史到现状的调查研究》，《毛泽东文集》第 8 卷，第 254 页。
② 陈弘君：《一九六一年春毛泽东在广东的调研及其启示》，载《中共党史研究》2003 年第 3 期。
③ 《毛泽东传》下册，第 1143 页。
④ 《建国以来农业合作史料汇编》，第 635 页。

同时，中共中央发出《关于讨论农村人民公社工作条例草案给全党同志的信》。信中指出："关于群众生活的问题，例如供给制问题，食堂问题，特别要慎重处理，绝对不允许把群众（尤其是生活困难的群众）丢下不管。同时，还要防止坏分子乘机进行反动宣传和破坏活动。"①

"六十条"在食堂问题上有了较大的松动。规定强调，"在一切有条件的地方"办好食堂；允许多种形式的食堂存在；特别关键的是，在一定条件下"也可以不办食堂"。比起过去的规定有了一定的灵活性②。

广州会议闭幕后，从中央领导人到各省、市、自治区负责人，包括毛泽东直接领导的三个调查组，带着"六十条"草案，深入基层，征求意见，开展更大规模的、更加深入的调研③。

4月9日，毛泽东在长沙先后与张平化（湖南省委第一书记）、胡乔木谈话。张平化说："讲食堂好的，讲得很多；讲食堂坏的，也讲得很多。我听了以后，觉得原来自己对食堂的看法有些片面，好像不喜欢食堂的就是那些富裕中农。"毛泽东说："才不是哩！"张平化说："现在看来不见得。"毛泽东肯定地说："不是。愿意参加食堂的是少数人。食堂的确存在这几个问题，所说用工太多，浪费劳动力嘛！浪费柴火，破坏森林嘛！还有浪费粮食，再一个就是社员不能养猪。得两头搞，一头是搞食堂，一头是家里开伙。"④毛泽东对张平化说："供给制，是多劳多得，还是多劳不能多得？平均主义问题嘛！食堂也是个平均主义问题嘛！"⑤张平化顺着毛泽东的意图逐步试探的神情，跃然纸上。

平均主义是毛泽东反"左"的主要内容之一。把食堂看成是平均主义问题，意味着毛泽东明确地否定公共食堂了。

同一天，胡乔木向毛泽东汇报毛泽东的家乡韶山大队的情况。关于这次谈话的情况《毛泽东传（1949—1976）》⑥也有十分生动的记录，现把其中关于食堂问题转抄如下：

①　《建国以来重要文献选编》第十四册，中央文献出版社1997年版，第223页。

②　"在居住分散或者燃料困难的地方，也可以不办食堂"一句，在6月15日公布的《（修正草案）》中被删掉了。《建国以来重要文献选编》第十四册，第401页。见下文。

③　《毛泽东传》下册，第1149页。

④　《毛泽东传》下册，第1151—1152页。

⑤　毛泽东同张平化谈话记录，1961年4月9日。转引自《毛泽东传》下册，第1152—1153页。

⑥　转引自《毛泽东传》下册，第1147—1148页。

胡乔木说："食堂问题在目前特别突出。干部很敏感，群众也很敏感，一谈就是食堂。原来我在长沙看到的情况，是食堂搞得好的。同时还有这么个原因，就是过去省委一贯强调这个东西，干部不敢议论这个问题，群众也不敢议论，所以就没有发现怀疑的言论了。这回'六十条'这么一说，好些大队反映，说念这一条的时候，群众最欣赏的是末了一句：'可以不办'。我们在韶山大队为着先试探一下，找三个小队长和这三个小队的一部分社员，一起座谈'六十条'里面的主要问题。座谈会一开始，就对食堂问题展开了非常尖锐的争论。双方都举出理由，针锋相对。"

毛泽东问："你参加了？"

胡乔木答："我参加了。我们原来都没有这个思想准备。我原来对于食堂还是比较热心的，经过几次辩论以后，觉得他们提出不办食堂的理由是有道理的，是对的，应该考虑。"胡乔木列举了一些理由，肥料减少了，山林被破坏了。

毛泽东说："还有，浪费劳动力。浪费劳动力，破坏山林，不能养猪，就是广东提的那几条。还有一条，是不是浪费粮食的问题。"

胡乔木说："他们也讲到这个问题。家里吃饭，多一点少一点，他就是量体裁衣了；而吃食堂呢，有那么多定额，反正要吃掉，吃掉了还觉得不够，吃得不好。"

毛泽东又说："还有一条，在食堂吃饭没有家里搞得好吃。"接着又问："现在马上散行不行呢？"

胡乔木答："农村里头有些问题了。"

毛泽东："锅灶、柴火、粮食。"

胡乔木："主要还有房子问题。根据韶山公社五个大队的统计，八十九个食堂，已经散掉五十个，讨论'六十条'以后，估计还要继续散。"

毛泽东又问："他要维持干什么呢？"

胡乔木："有个思想没有解放，因为省委宣传部宣传得比较久，都说食堂是社会主义阵地。"

毛泽东："河北也是这么宣传的嘛，什么社会主义食堂万岁。"

胡乔木："《人民日报》写过社论，也说公共食堂万岁。我觉得，第一，现在解散有利；第二，现在可以解散。"

毛泽东："要看现在有没有锅灶，有没有粮食，有没有柴火，有没有房子。"

胡乔木根据实际调查的情况说："我们倾向于快一点解决为好。虽然有些困难，分过了之后，群众还是会陆陆续续自己去解决的。"

胡乔木这次对食堂问题的汇报与上一次汇报不同了。他的汇报，把广大群众对解散食堂的迫切希望和要求，活灵活现地展示出来，给人以身临其境的感觉。所以，毛泽东听完汇报后说："听你这一讲，我现在到韶山去，也看不出什么名堂出来，还不是你讲的这一套。"湖南调查组关于食堂问题再调查的结果，对毛泽东后来下决心全部解散食堂，肯定是有重要影响的。

胡乔木又汇报分配问题。他说："食堂问题也跟分配问题连在一起，如果把食堂问题解决了，分配的问题也就好解决了。"①

4月14日，胡乔木报送了四份材料。第一份材料是《关于在韶山公社解决食堂问题的报告》。报告说："在韶山公社干部和社员讨论农业六十条的时候，我们遇到的最突出问题就是公共食堂问题。从群众反映看来，大多数食堂目前实际上已经成了发展生产的障碍，成了党群关系中的一个疙瘩。因此，我们认为，这个问题愈早解决愈好。"报告认为，这主要是因为它同工分值降低、社员收入减少和分配上的平均主义直接联系在一起，又在群众的日常生活中引起了许多不便。生活用工往往占生产队全部用工的三分之一至二分之一，因而大大降低了农业劳动的工分值，直接影响了劳动积极性；食堂不利于发展养猪等家庭事业，粪肥减少，生产队和家庭事业收入都减少了；食堂烧大柴，破坏山林，同时又减少了灰肥；食堂供给制使得许多辅助劳力本来可以劳动的，也不劳动了；很多社员感到吃饭"不自由"，纠纷增多了；基层领导干部领导食堂比领导生产花的精力更多。报告说："在这种情况下，大多数食堂势在必散，而且散了并不是什么损失，反而对整个工作有利。"韶山公社六个大队的汇报会，湖南省委第一书记张平化参加了。会上决定，每个大队除了研究一个可以办好的食堂之外，研究一个食堂的有领导地分散，以便取得经验。"这个经验证明，群众要求散的食堂不但应该散，而且可以散得很快很好。"这份报告最后讲了实情："事实上，韶山公社各大队的食堂，在讨论六十条以前即有一

---

① 《毛泽东传》下册，第1149页。

半处于停顿状态，在讨论六十条以后，散的已经是绝大多数，而且散了以后，对生产只有好处。"并且说："因此，我们认为，对于这个问题应该毫不犹豫，当机立断。如果群众确实要办的，也应该独立核算，同生产队的包工和分配分开，以便提高劳动日的工值和克服社员分配上的平均主义现象。"①

胡乔木报送的第二份材料是《韶山公社讨论农村人民公社工作条例（草案）情况简报》。报告举出大量数字说明，多数人不自愿办公共食堂。有的社员说："只要允许私人煮，沙罐王也要过好生活。"②

胡乔木报送的第三份材料是《关于韶西大队杨家生产队食堂分伙后的情况简报》。《简报》说，农业六十条与干部、群众见面后，杨家生产队召开了管理委员会，一致同意马上散食堂。接着又开了社员会，经过讨论，从第二天起就正式分伙做饭。干部和部分社员向我们反映，散食堂以后出现了如下情况：第一，节省了很多福利工。第二，提高了劳动积极性。第三，增加了肥料。第四，节省了烧柴。第五，社员用粮更加灵活，更加精打细算，能节约用粮。第六，为吃粮、吃菜而互相怀疑、"扯皮"的人和事少了。由此看来，真正是群众要求散的食堂不如早散为好③。

胡乔木报送材料时给毛泽东的信中讲到湘乡死人的情况："我们原听说邻近韶山的原东郊公社现龙洞公社死人情况严重（从1958年10月到1961年3月，三个大队死七百零七人，占现有人口百分之十三点五），拟去该处调查。结果因为道路不便，临时到原东郊公社现陈赓公社的楠香大队、七星大队、水底大队、石匠大队的几个生产队看了一下，发现这几个大队的情况也很严重，楠香和石匠两大队三年来死亡率都达百分之二十左右。据县委说，全县三年约死三万人，去年约死二万人，而以去年年底最为严重。全县病人在去年年底达七万人，现已减至一万余，但我们去的地方，有些生产队病情尚未停止。经过彻底整风的地方，群众敢于讲话，气氛较好，倒是一类二类的队，因为没有整风，现在问题反而多些。全县粮食都由大队而不由小队保管和加工（据说邵阳全区从1958年以来就这么办），对于社员安排口粮

---

① 《建国以来重要文献选编》第十四册，第303—309页。
② 《建国以来重要文献选编》第十四册，第310—315页。
③ 《毛泽东传》下册，第1156页。

和发展养猪都很不利。""未经整过风的社队，县委也准备在插秧后着手整风。湘乡原被认为一类县，从我们所看到和听到的问题说来，其严重不下于湘潭，而在去年年底大量死人这一点上还有过之。"①

胡乔木报送的这些材料，对食堂问题的最后解决起了催化剂的作用，是非常关键的。毛泽东于 4 月 15 日上午写了批语："张平化同志：胡乔本同志来信一件及附文四件，送上请阅。我看可印发你们的三级干部会议各同志，予以讨论。请在今日印好发出。发出时，请送刘少奇同志、王任重同志、王延春同志各一份，送我二十份，为盼。"②

4 月 16 日晚，毛泽东召集刘少奇、陶铸（时任中共中南局第一书记、广东省委第一书记）、胡乔木、王任重开会。会上，"谈到食堂问题，大家都认为这是脱离群众、最不得人心的一件事。办了公共食堂妨碍了生产的发展，对于救灾非常不利"③。

这段时间，中央及地方的许多负责同志根据毛泽东的要求到各地调研公共食堂问题。

4 月 25 日，毛泽东命中共中央书记处书记邓小平和田家英一道起草一个召开中央工作会议的通知，要求各省、市、区党委的负责同志和农村人民公社工作条例起草委员会的委员们 5 月 15 日前来京，参加中央工作会议。会议的任务是继续广州会议尚未完成的工作：收集农民和干部的意见，修改工作条例六十条和继续整"五风"。要求与会同志在到会前先对农村中的若干关键问题（食堂问题，粮食问题，供给制问题，自留山问题，山林分级管理问题，耕牛、农具大队有好还是队有好问题，一、二类县、社、队全面整风和坚决退赔问题，反对恩赐观点、坚决走群众路线问题，向群众请教、大兴调查研究之风问题，恢复手工业问题，恢复供销合作社问题）进行重点调查④。会上要解决的诸多问题当中，食堂问题被毛泽东列于当时农村关键问题的首位。他同时也给一些负责同志如四川省委第一书记李井泉、农机部部长陈正

---

① 胡乔木为报送材料给毛泽东的信（1961 年 4 月 14 日）。见《建国以来重要文献选编》第十四册，第 301—302 页。
② 《建国以来重要文献选编》第十四册，第 300 页。
③ 《王任重日记》1961 年 3 月 16 日。转引自《毛泽东传》下册，第 1157 页。
④ 《给邓小平的信》（1961 年 4 月 25 日）。《毛泽东文集》第八卷，第 268—269 页。

人等单独发函，要求进行调查①。

4 月 26 日，中央发出《中共中央转发毛泽东批示的几个重要文件——胡乔木关于公社食堂问题的调查材料》，全文如下："各中央局，各省、市、自治区党委：根据毛泽东同志的指示，现将胡乔本同志的一封信和附文四件转给你们，请你们仔细研究，作为研究和解决食堂问题和有关问题的参考。这个文件是否转发至下级，由你们自行决定。"②

转毛泽东发胡乔木的调查材料，实际上是在向中央工作会议的参加者宣布他要解散食堂的意图，反对公共食堂问题已经不会被扣上向社会主义进攻的右倾机会主义分子帽子了。

在这段时间里下去调查并向毛泽东汇报的负责同志很多，例如，朱德到四川、河南、陕西进行调查③；刘少奇到长沙和他的故乡湖南宁乡县调查④；周恩来到河北武安县伯延公社调查⑤；胡乔木到湖南调查⑥；云南省委第一书记阎红彦在思茅地区普洱、景谷两县调查⑦；邓小平和彭真在北京顺义、怀柔调查⑧；张平化在湖南省浏阳县文家市公社大江大队调查⑨，等等。

他们向毛泽东报告的信函中反映的公共食堂存在的问题大体包括：浪费劳力、浪费时间、浪费烧柴、群众不便、平均主义和发展私人养猪、家庭副业有矛盾等，没人强调公共食堂的优越性。

---

① 《给李井泉、陈正人的信》（1961 年 5 月 6 日），见《毛泽东文集》第八卷，第 270 页。

② 《建国以来重要文献选编》第十四册，第 300 页。

③ 《朱德选集》第 374—375 页。转引自沈家善《"大跃进"时期农村公共食堂始末》，载《党史研究资料》1986 年第 11 期（总第 112 期）。

④ 《刘少奇选集》下卷，第 329 页。转引自沈家善《"大跃进"时期农村公共食堂始末》，载《党史研究资料》1986 年第 11 期（总第 112 期）。刘少奇在他的故乡宁乡县调查时看到和听到的关于食堂的情况以及饥饿的社员因吃观音土而死亡的事，在张步真《渴望真话—刘少奇在 1961》（珠海出版社 1998 年版）一书中有详细的描写。

⑤ 《关于食堂和评工记分等问题的调查》（周恩来给毛泽东电话的记录），见《建国以来重要文献选编》第 14 册，第 318 页。

⑥ 《胡乔本给毛泽东主席的信》1961 年 5 月 8 日。见《建国以来重要文献选编》第 14 册，第 321、322 页。

⑦ 《建国以来毛泽东文稿》第九册，第 501 页。

⑧ 《建国以来重要文献选编》第十四册，第 328—329 页。又，张彭、赵有福《忆彭真的怀柔县农村调查》一文，对彭真在怀柔、顺义等地调查食堂问题的谨慎态度，有详细的叙述。见《人民日报》1998 年 4 月 25 日。

⑨ 《毛泽东转发张平化的信——关于在浏阳县文家市公社大江大队作调查的报告》（1961 年 5 月 14 日），《建国以来重要文献选编》第十四册，第 332—336 页。

他们所反映的群众对公共食堂的态度是：周恩来报告说：河北武安"绝大多数甚至于全体社员，包括妇女和单身汉在内，都愿意回家做饭"；朱德报告说：豫东地区"允许群众回家做饭不到一个月的时间，浮肿病即下降百分之四十至五十"。胡乔木报告说：韶山公社对于在短短的三天时间内基本解决全公社的食堂问题，"群众反应热烈的程度难以想象，有的甚至说这是'第二次解放'"。"有农民说，六十条只要三条就能吃饱饭，一是不办食堂，二是按劳分配，三是超产全奖"。张平化报告说：湖南省浏阳县文家市公社大江大队的群众"对农业六十条非常欢迎，对小自由表现非常积极"；"听到食堂可以不办，就认为是'松了绑'"。"有人说：'共产党是走群众路线的，现在两条群众路线，已经走了一条，食堂可以不办了，还有一条，就是分田到户，迟早也是要走群众路线的。'"

只有邓小平、彭真在北京顺义、怀柔的调查认为"食堂问题比较复杂"，"群众意见很不一致。""近郊菜区入食堂的多些，远郊区各县入食堂的少些；一类队，收入少，甚至一二类队，食堂办得糟的，入伙的很少，有的全部散了。同一个大队中，有的生产队全退了伙，有的生产队，吃食堂的却仍有百分之二三十、五六十，甚至更多的。""现在情况还在变化，有些人退出食堂自炊一个时期后，又要求入食堂，散了食堂的地方，也有少数人要求再办。"他们认为，"吃不吃食堂的问题，比较复杂，不能像供给制一样，一刀两断地下决心。尤其要走群众路线，让社员慢慢考虑，好好讨论，完全根据群众自愿，他自己感到怎样合算就怎样办。"这是最近一段时间内最为欢迎食堂的情况反映。

5月14日，毛泽东给张平化的回函说："你的这封信，可发湖南全省各地、市、县、社党委研究，仿照办理。都要坚决走群众路线，一切问题都要和群众商量，然后共同决定，作为政策贯彻执行。各级党委，不许不作调查研究工作。绝对禁止党委少数人不作调查，不同群众商量，关在房子里，做出害死人的主观主义的所谓政策。"①毛泽东承认"主观主义的所谓政策"是要"害死人的"；而这种害死人的政策，乃是"党委少数人""不同群众商量，关在房子里"做出的。他一再坚持的公共食堂政策，正是这样的政策，

①《毛泽东转发张平化的信——关于在浏阳县文家市公社大江大队作调查的报告》（1961年5月14日），《建国以来重要文献选编》第十四册，第332页。

导致大量人口非正常死亡。

九　农村公共食堂的终结与《食堂报告》案的平反

1961 年 5 月 21 日至 6 月 12 日，中共中央工作会议在北京召开。会议修改《农村人民公社工作条例（草案）》，形成《修正草案》，于 6 月 15 日公布。《草案》共计 10 章 60 条，简称"农业六十条"。第五章第三十六条："在生产队办不办食堂，完全由社员讨论决定。凡是要办食堂的，都办社员的合伙食堂，实行自愿参加、自由结合、自己管理、自负开销和自由退出的原则。这些食堂，都要单独核算，同生产队的财务分开。""生产队对于社员办的食堂，应该给予可能的支持和帮助，但是在经济上不应该有特殊的待遇。对于参加和不参加食堂的社员，生产队都应该同样看待，不能有任何的歧视。""社员的口粮，不论办不办食堂，都应该分配到户，由社员自己支配。口粮分配到户的办法，可以在收获后一次发，也可以分期发。"①

办不办食堂完全由社员自己决定，对参加或不参加食堂的社员同样看待，终于把选择吃饭方式的权利还给了农民。不参加食堂不再是富裕中农思想，不再受"辩论"。对不参加食堂吃饭的社员不能有任何的歧视，他们可以堂堂正正地做人了。食堂问题的彻底解决，亿万农民的感受正如湖南农民所说，是"松了绑"，得到了"第二次解放"。

6 月 19 日，中共中央发出《关于坚决纠正平调错误、彻底退赔的规定》，要求各级党组织必须下最大的决心，坚决纠正平调错误，全部、彻底进行退赔。规定的处理原则中，农民被平调的生活资料，如房屋、家具、锅、碗、刀、灶、炕、床、被、衣、缸、桶等，与生产资料一样，应该首先退赔，并且主要用实物退赔②。其中包括了在大办食堂而平调社员的有关物资。

食堂终于解散了，社员为建立和维持食堂而无偿提供的物资得到了应得的退赔。至此农村公共食堂问题总算画上了句号。

---

① 《建国以来重要文献选编》第十四册，第 401 页。
② 同上书，第 431 页。

毛泽东在北京会议上承认，庐山会议以后，"把好人、讲老实话的人整成了'右倾机会主义分子'，甚至整成了'反革命分子'"，"现在看是犯了错误"。"凡是冤枉的人都要平反。"① 经济所昌黎"试验田"的《食堂报告》和作者们的命运也因此得以改变，毛泽东点名下令平反。

1961 年年初调查研究食堂问题时，毛泽东对王任重说："看来，过去过分强调办农村公共食堂是不对的。"还说："1959 年科学院经济研究所有一个调查组到河北丰润县作过调查，不赞成办农村食堂，调查组的同志还因此被打成了'右倾机会主义分子'，现在看来当时只有那个调查报告是正确的。"②

他在广州对胡乔木也谈了这个看法。胡乔木于 1978 年时说："1961 年，我在广东参加搞人民公社六十条的时候向毛主席提到经济所的调查，主席当时早已察觉了这个问题，说看来他们的意见是对的。我说他们受了处分，主席说赶快撤消。"③

1961 年 5 月 27 日，中国科学院党组书记张劲夫在党组扩大会议上说："董谦为食堂问题被批判为右倾机会主义分子，现在主席、少奇同志指示要平反。"④经济所昌黎"试验田"一案至此宣告结束。

经济所昌黎"试验田"的《关于农村公共食堂的几个问题》产生于 1959 年 5 月，董谦的右倾机会主义分子帽子撤销于 1961 年 5 月，前后历时整整两年。

《关于农村公共食堂的几个问题》只是一篇短短调查报告，其用意不过是向上级反映一点所看到的真实情况，提出一些改进建议而已。作者们完全没有想到它会引起如此轩然大波，在庐山会议上成为右倾机会主义的典型。毛泽东对这个报告的认识，从最初的不表态，到定性为"右派"意见，再到"当时只有那个调查报告是正确的"，呈现马鞍形的大波动。这个波形全程长达两年，与数以千万计的所谓非正常死亡，与数亿农民的身心苦难紧密联

---

① 《毛泽东文集》第八卷，人民出版社 1999 年版，第 273 页。

② 王任重：《实事求是的典范——纪念毛主席诞辰八十五周年》，载《中国青年》，1978 年第 4 期。参见其中"丰润县"应作"昌黎县"。

③ 《胡乔木同志对召开中国社会科学院各学科知名人士批判"四人帮"炮制的"两个估计"座谈会的指示》，1978 年 2 月 14 日。

④ 根据中国科学院保存的档案。转引自《毛泽东传》下册，第 986 页。

系着。

作为《食堂报告》的起草人，并没有因为得到平反而欣喜。因为所谓平反，只是承认其无罪而已，并非有功。实际上《食堂报告》变成了无效劳动，没能对食堂政策的调整有所帮助。半个世纪过去了，领导者们谁曾为数千万饿死的冤魂做过虔诚的悼念、致哀？谁曾给过数亿遭受苦难的农民一点物质补偿？谁曾勇敢地承担责任，向他们低下头来说一声对不起呢？谁曾想到做点什么以使后世永远不会忘记这样的悲剧，而不是尽量缩小事实、回避问题，抹杀人们的记忆呢？

十　农村公共食堂兴散的启示

从 1958 年 10 月 25 日《人民日报》社论《办好公共食堂》发表开始[①]，到 1961 年 6 月 15 日《六十条（修正草案）》正式公布为止，全国数亿农民吃了两年八个月的公共食堂。

在机械化水平极低、以人海战术为基础来进行的大规模水利工程建设过程中，临时性的公共食堂在提高劳动力出勤率方面曾经起过一定的作用。但强行把食堂普及化、常年化，作为全体农民军事化、组织化、集体化的手段，成为人民公社组织的基本内容之一的时候，恰似多走了一步的真理，食堂变成荒谬的事物。各项"左"倾措施的影响使得全国百姓"饿了两年饭"[②]，"有不少的人害过浮肿病"[③]，甚至在全国范围许多地区出现饿死人

---

① 附带提及，党的报刊在"大跃进"时所起的作用令人难以称赞。胡乔木曾说："近来理论宣传中的问题，首先的报纸，《人民日报》过去犯了许多错误，许多不正确的口号，如'人有多大胆，地有多大产'，'反唯条件论'，宣传中发展了很大的片面性，唯心观点，应足够地估计这点，当然不能抹煞一切。"（1961 年 5 月 25 日在中共中央政治局常委会分组会上的发言。见《杨尚昆日记》，中央文献出版社 2001 年版，下册，第 32 页。）在食堂问题上，《人民日报》的确起了重要的推波助澜作用。我曾粗略统计，《人民日报》于 1960 年 11 月、12 月、1961 年 1 月关于农村公共食堂的宣传达到高潮，三个月时间内，共发表新闻报道及文章 93 篇。1961 年 3 月又发表了 11 篇，4 月份起，完全停止了这方面的报道。该报最后一篇载于 3 月 29 日。

② 刘少奇：《在扩大的中央工作会议上的讲话》（1962 年 1 月 27 日）。见《建国以来重要文献选编》，人民出版社 1997 年版，第十五册，第 94 页。

③ 1962 年 1 月 27 日刘少奇在扩大的中央工作会议上讲话时的插话。见《建国以来重要文献选编》，第十五册第 94 页。河南省委第一书记吴芝圃说，1959 年春节的时候，河南就已经有"几万人浮肿"。见李锐《李锐往事杂忆》，江苏人民出版社 1995 年版，第 328 页。

的现象。对于如此严重的后果，吃饭不要钱的食堂起了推波助澜的恶劣作用。"七分人祸"① 严重挫伤了农民群众的生产积极性，破坏了农业生产力，给国民经济建设带来不可估量的损失，也大大损害了共产党在人民心中的形象。农村公共食堂是当时"左"倾思潮的代表性产物，它的兴衰始末聚集很多值得深入思考的问题，其中的苦涩足供几代人品味。经验、教训不是我这样的平民可以妄谈的，只想就此谈些个人体会。

人民有选择生活方式的自由。农民吃不吃公共食堂，似乎只是吃饭的形式问题，比起整个国民经济工业、农业生产建设事业以及文化、外交国防等各项事业来，是微不足道的。但是，民以食为天，俗话说："一日三餐不可少，一顿不吃饿得慌。"吃饭一事是群众最为切身的利益。这件事情处理得正确与否，关系到全国数亿农民的切身利益，直接影响他们的情绪和生产积极性。作为个体的农民，每家每户都有自己传统生活方式的自由，完全可以自行解决。自由选择生活方式是公民应有的权利。如果把生产、分配以及生活方式的选择都变成为集体行为，以政府行为强制个人进公共食堂吃饭，情况完全不一样了。集体和政府承担了责任。过去吃不饱吃不好是农民自己的事，食堂化后吃不饱吃不好，农民当然要找集体、找政府了。这是集体和政府不可能做好的事，一定要这样做，无异于给自己背上一个根本背不动的沉重包袱。

更重要的是，在生产资料已不属于自己、连选择生活方式的自由和权利都已失去的农民，已经不成其为现代意义上的公民，而近乎被束缚在土地上的封建农奴了。毛泽东引用孙中山的话："事有顺乎天理，应乎人情，适乎世界之潮流，合乎人群之需要，而为先知先觉者决志行之，则断无不成者也。"② 这话确实没错。农村公共食堂在当时就是一个既不顺乎天理、应乎人情，也不合乎人群之需要，更不适乎世界之潮流的东西。20 世纪 50 年代末60 年代初，战后复苏的世界经济在高速增长，许多小国和落后地区的经济正在起飞。同一时期，我们国家的最高领导却花费大量宝贵的时间和精力，起

---

① 刘少奇：《在扩大的中央工作会议上的讲话》（1962 年 1 月 27 日）。见《建国以来重要文献选编》第十五册，第 89 页。

② 1959 的 8 月 5 日毛泽东写的一段批语中引用。见《建国以来毛泽东文稿》第八册，第 410—411 页。

劲地干那悖乎天理人情、不得人心的蠢事。公共食堂在毛泽东以全党全国之力的强大支撑之下最终还是垮了。正如毛泽东所说，"不合历史要求的东西，一定垮掉，人为地维持不垮是不可能的"①。自由选择生活方式是公民应有的基本权利，不是可以任意剥夺的。试图剥夺人权的事肯定不合乎人群之需要，不合乎历史要求，更逆溯于世界潮流，怎么可能不垮呢。

公共食堂的推广是空想社会主义的一次大试验，也成为中国古代贫苦农民平等愿望的大实践。李锐在分析毛泽东晚年错误思想形成有诸多原因，包括当代国际共产主义运动的冲击、中国小农经济的影响、现行体制的障碍和封建专制主义的影响、中国传统文化的负效应、个人崇拜与标新立异的心态、狭隘的经验主义和实用的教条主义，等等②。就食堂问题而言，空想社会主义思想和小农经济的平均主义思想对他的影响，可能是重要原因。

毛泽东在青年时代曾受空想社会主义的影响，构想过改造社会的"新村"蓝图③。20世纪50年代，据说当时在领导层中，空想社会主义颇感兴趣的不止毛泽东一人④。

毛泽东之所以坚持大办食堂，从主观方面看，他可能是真心地希望贫苦的农民百姓都不愁吃穿，希望食堂能够解决亿万农民的吃饭问题，使他们既能过上好日子，又能全力以赴地投入生产，早日进入吃穿不愁、大家一样的共产主义社会。达到这个目标的时间越短越好，一县范围甚至一社范围也行。他也欣赏斯大林说的"集体农庄加食堂就是公社"⑤。他认为，公社就是共产主义的理想模式；食堂是公社的基本内容之一，反对食堂就是反对走向共产主义。

几千年的小农经济意识和中国历史上农民起义的平均主义在毛泽东的思想深处也有着极其深刻的影响。1958年年底，中共八届六中全会期间，正在极力推行人民公社制度的毛泽东对陈寿《三国志》中的《张鲁传》发生了极大的兴趣。

①《建国以来毛泽东文稿》第八册，第390页。
②薛晓源编：《直言——李锐六十年的忧与思》，今日中国出版社，第286—315页。
③参阅《毛泽东传》上册，第52—53页。
④《公共食堂始末》。载《李锐诗文自选集》，第149页。
⑤《天道——周惠与庐山会议》，第179页。

《张鲁传》有一段话的大意是：张鲁字公祺，本是沛国丰人。承祖、父之传，在益州（四川）"造作道书以惑百姓"，行"五斗米"教，世号"米贼"。后来据汉中之地，"以鬼道教民"。自号"师君"；初来学道的人，都叫"鬼卒"。资深者称"祭酒"，各管理一部分信徒。管得多的，为"治头大祭酒"。要求信徒们诚信不欺诈。有病自首其过。大都与黄巾相似。要求祭酒们都作"义舍"，类似驿站。将义米肉悬挂于义舍之中，行路者经过，吃饱为限；如果吃用过多，辄会受到鬼道的惩罚。犯法者，可以原谅三次，再犯者行刑。不设置官吏，都由祭酒来治理。汉民夷民群众都很高兴这种办法。以此张鲁"雄据巴、汉垂三十年"。

12 月 7 日，毛泽东在武昌批示印发《张鲁传》，并写了一段批语：

"这里所说的群众性医疗运动，有点像我们人民公社免费医疗的味道，不过那时是神道的，也好。那时只好用神道。道路上饭铺里吃饭不要钱，最有意思，开了我们人民公社公共食堂的先河。大约有 1600 年的时间了。贫农、下中农的生产、消费和人们的心情还是大体相同的，都是一穷二白。不同的是生产力于今进步许多了。解放以后，人民掌握了自己这块天地，在共产党的领导之下。但一穷二白古今是接近的。所以这个《张鲁传》值得一看。"① 毛泽东认为，历代大小规模不同的众多农民革命斗争有一个共同点，"就是极端贫苦农民广大阶层梦想平等、自由，摆脱贫困，丰衣足食。一方面，带有资产阶级急进民主派的性质。另一方面，则带有原始社会主义性质，表现在互助关系上。第三方面，带有封建性质，表现在小农的私有制、上层建筑的封建制——从天公将军张角至天王洪秀全。""带有不自觉的原始社会主义色彩这一点就最贫苦的群众来说，而不是就他们的领袖们来说，则是可以确定的。现在的人民公社运动，是有我国的历史来源的。"②

这是毛泽东在中共八届六中全会期间写的，并印发给与会同志的文件。12 月 10 日，在这个批语的铅印件上，作者用毛笔划去，另写了一篇③。修改后的批语，基本上没有与当前的人民公社运动等相联系。倒像是一篇单纯评论历史的札记，实际上，毛泽东向大会印发材料不可能是为了谈论历史；

---

①　《建国以来毛泽东文稿》第七册，第 627 页。
②　《建国以来毛泽东文稿》第七册，第 627 页。
③　《建国以来毛泽东文稿》第七册，第 629 页。

修改前的批语才能真正代表他当时的心境。

　　原来在毛泽东心目中，"义舍"开公共食堂之先河。人民公社的公共食堂，就类似于1600年前五斗米教的"义舍"，吃饭不要钱，吃饱为止。他强调了古代和当前的共同点——一穷二白。似乎越穷越要搞吃饭不要钱。这就可以解释，为什么他在安徽赞扬"吃饭不要钱，既然一个公社能办到，其他有条件的社也能办到。"而且还扩大到穿衣服也不要钱了①。中国古代小农经济下的贫苦农民，不患寡而患不均，均贫富是中国农民千百年来的最大愿望。供给制和吃饭不要钱，正在最大程度上满足农民的愿望。不过，张鲁"义舍"中的免费餐是给行路人准备的，好像并没有命令村子里的所有农民全去白吃②；毛泽东的公共食堂超过张鲁者多矣。

　　更有甚者。毛泽东说过，"武王伐纣，实行三化，组织军事化，行动战斗化，生活集体化……那时恐怕还是奴隶时代。为什么公共食堂军队能搞，农村就搞不得？……公共食堂一不死人，二不瘦人，甚至还胖一点，这总不会犯原则错误吧？"③他明知道武王是在对奴隶实行三化，却非要把社会主义的农民百姓也军事化、组织化、集体化，难道不是农民奴隶化吗？"三化"组织中的农民，即使真的能填饱肚子，还有自由可言吗？"公共食堂一不死人，二不瘦人，甚至还胖一点"的预期没能实现，饿死、浮肿、逃亡的残酷现实正在全国农村蔓延，毛泽东正在犯着严重的"原则错误"！

　　我们姑且承认毛泽东推行并坚持人民公社、公共食堂，其出发点和动机是好的，是为贫苦农民大众谋利益的④，但是他急于到达的所谓共产主义彼岸的思想，却是空想社会主义和小农意识的混合物。这是极具有中国特色的空想社会主义。人民为这场大试验所付出的代价是生命、健康、财产和自由。

---

　　①　《人民日报》记者《毛主席在安徽》。1958年10月4日《人民日报》。

　　②　中国传统文化对毛泽东有深远的影响。李锐曾有这样的评论："早年读的《礼记·礼运篇》和康有为的《大同书》，给他晚年的共产主义理想打下最初的基础，而且给予他以怎么样也摆脱不了的简单粗糙的理想主义色彩，这都是无可置疑的儒家的影响。与此类似，他引《张鲁传》五斗米道的材料，来说明人民公社吃饭不要钱，等等，以为三国时的农民起义的纲就有了社会主义作风；同时也就让小农经济的农民理想乌托邦，进入今天的社会主义建设。"李锐：《直言—李锐六十年的忧与思》，今日中国出版社1998年版，第300页。

　　③　《公共食堂始末》，《李锐诗文自选集》，第163页。

　　④　"那些忘记实事求是作风的同志，是因为不了解情况，武断办事，是犯了错误的。这些同志，在主观上可能是好心好意，但是，思想方法根本不对头。"1962年1月27日刘少奇在扩大的中央工作会议上的报告。见《建国以来重要文献选编》第十五册，第64页。

　　错误的思想加上无限制的权力产生极大的破坏力。农村公共食堂问题不是毛泽东一时心血来潮的结果。从前面介绍的情况看，农村公共食堂最初并不是毛泽东提出要办的，但是当他发现了这一事物后，推行最力者非他莫属。食堂的推广、发展过程，基本上是毛泽东亲自抓的。大量的口头指示、会议讲话，撰写批语、转发文件、召开会议，撰写、修改并定稿中央文件以及报刊社论，等等，都表明他全力以赴地搞好农村食堂。在这个问题上，他的个人意愿多于集体意愿，甚至凌驾于集体之上。从 1958 年 3 月成都会议算起，到 1961 年 9 月北京会议止，三年半时间里，中共中央开了大约 25 次最高领导层会议，几乎所有会议都曾讨论食堂问题。他以中共中央的名义签发各种批示。从前面叙述的历史过程看，虽然写着"中央认为"，其实并没有经过中央全会或政治局会议的讨论，甚至文件发出前并未向与中共中央其他成员告知。各个会议的决议中有关食堂的决定，大多是不加注明地直接引用他的话，或者由他亲自补充修改。所以有关食堂问题文件中绝大多数的"中央认为"不能理解为是中共中央集体领导的结论。毛泽东个人意志和行动在农村公共食堂问题上起决定性的作用，是肯定无疑的。

　　毛泽东之所以能做到这一点，因为他是中国共产党的最高领导。1949 年以来的历次运动已经表明，实际上，他的思想、言论和行动代表中共中央、政治局和政府。他拥有实际上的绝对权力，党之内无与抗衡，党之外没有制约。

　　在庐山会议期间，周恩来曾经对计委、经委的负责人说过这样一段话："主席对大家的谈话，有的是启发性的，有的是征求意见性的。大家听到以后，不假思考，就以为件件都是主席的决定，就照样传达执行。这样一来，以后主席就不好随便给大家谈话了，那主席的日子还怎么过法？见了面只好今天天气哈哈哈，或者只有考虑成熟了，一开口就宣布命令。那党内还有什么民主呢?！这实际上等于封锁主席嘛！"他举了钢产量指标的例子。1958 年的 1070 万吨钢，本来主席是提出来问问的，我们没有经过多少调查研究，全党就行动起来，这是一个严重的教训。根据谷牧的回忆："总理讲这番话的时候，神情很严肃，也显得很激动。"① 事实上，在

---

　　① 1959 年 7 月 21 日。见谷牧《回忆敬爱的周总理》：《我们的周总理》，中央文献出版社 1990 年版，第 8 页。转引自《周恩来传》第三册，第 1475 页。

已经被神化了的毛泽东面前，谁能分辨他的哪句话是成熟还是未成熟的呢？在他随时可能将人置于万劫不复境地的情况下，谁又敢不把他的话当成圣旨呢？

再以前面提到过的张凯帆一案为例。张凯帆是安徽省委委员、副省长，毛泽东8月4日收到曾希圣的报告，批示于1959年8月10日，16日就已写入中共中央八届八中全会的决议中去了。当然，有两种可能：一是组织部门办事效率极高，对张的所有历史和现行问题的审查在五六天内全部调查清楚，立即结案并由毛泽东宣布。二是在此之前已经对张凯帆进行过长期审查，毛泽东批示时早已得到组织部的结论，只是借此机会宣布而已。如果这两者都不是的话，只能理解为毛泽东以其个人的情绪决定"即兴"地将莫须有的罪名强加给全会决议了。

毛泽东无视公共食堂造成的恶果，坚持"试试看"的方针，多次拒绝改正的机会。1958、1959年之交，豫、鲁、冀、皖、滇、鄂、苏等许多省份都已出现死亡、浮肿、外逃，这时他曾经认识到了"我们脱离了客观规律"①，但他不认为这跟公共食堂有关，坚持认为食堂垮台"是暂时的、局部的"，"总的趋势是发展和巩固"②。1958年年底，中共八届六中全会上的讲话把公共食堂的巩固与垮台与共产党、共和国的巩固与垮台相提并论③。

1959年年中，中共中央再次强调要"认真地整顿公共食堂"，提出了"积极办好，自愿参加"的方针，规定了"口粮分配到户"的原则④。在这次整顿中，晋、青、甘、川、皖等省从实际情况出发，取消了供给制，解散了公共食堂。这时正是彻底解决问题的好机会。1959年7月庐山会议前段，许多中央和省级领导指出食堂问题很多，证实地方解散食堂是正确的。几天以后，反左突然变为反右，公共食堂大大发展，解决问题的可能性完全丧失。其后的时间里，左的错误所形成的恶劣后果被推向极端。

1960年年中在上海召开的中央政治局扩大会议上，毛泽东作《十年总

---

① 1959年2月2日下午在各省、市、自治区党委第一书记会议上的讲话。见《建国以来毛泽东文稿》，中央文献出版社1993年版，第八册，第34页。

② 《公共食堂始末》，《李锐诗文自选集》，第162页。

③ 《建国以来毛泽东文稿》第七册，第640页。

④ 《中共中央关于人民公社夏收分配的指示》（1959年5月26日）。《农业集体化重要文件汇编》下册，第221页。

结》讲话时，已经感到食堂问题严重。他再次错过改正的机会。同年 10 月，信阳事件已经出来了，但直到年底，还是强调要把食堂办下去；11 月 3 日经毛泽东审改后《十二条》中命令还强调"公共食堂必须办好"，坚持搞"粮食到（食）堂"。1960 年年底中共中央在北京召开的工作会议，据公布的统计数字，1960 年粮产 2870 亿斤，比 1959 年减产 530 亿斤，人口净减 1000 万人。① 食堂暴露的问题越来越明显，实在办不下去了，这时他才不得不正视现实。

饿殍遍野，农村凋敝，国民经济遭受极大破坏，长达三年之久，举国上下无人能够改变毛泽东的意志。可见错误思想加上无制约的绝对权力，会产生多么可怕的破坏力。建立一种可以制止这种情况发生、发展的制度是非常必要的。

调查研究的关键在于领导对调查研究的态度。 调查研究是毛泽东最为熟悉的工作方法之一。早在 20 世纪 30 年代初他就提倡调查研究。他的《反对本本主义》写得多么好啊。

1961 年年初，毛泽东再次提倡大搞调查研究，并且身体力行，要求大家"要把实事求是的精神恢复起来"②。他用了大约半年的时间，组织多个专门的调查组，进行没有思想禁区的调查，掌握了人民公社存在的许多情况。在取得一定成效，制定《六十条》（草案）后，又要求中央及地方主要领导同志再深入基层调查，听取群众意见，《六十条》（修正草案）最终割掉了已经长了两年的各种"左"的尾巴。这次空前规模的调查活动，一直被人们当成实事求是的楷模。

通过对食堂兴衰过程的考察，我们感到，认真的社会调查研究，肯定是获得真实情况的好方法，是无可争议的。更值得注意的是，反映真实情况的调研结果是否能够得到上级领导的正确对待。一项调查，假定其结果是真实的，结论是正确的，上报以后可能受到不同的对待：

第一种情况，调查结论与领导意图相符。这样的调查报告可能成为

---

① 《公共食堂始末》，《李锐诗文自选集》，第 173 页。

② 《大兴调查研究之风》[1961 年 1 月 13 日，在中共中央工作会议（北京）闭幕上的发言的一部分]。见《毛泽东文集》第八卷，第 233—238 页。

领导决策的依据。如果领导的意图是正确的，调研结果会起到很好的作用；如果领导的意图是错误的，调研结果将为一项错误政策的制定推波助澜。

第二种情况，调查结论与领导意图相左。领导可能采取的态度有三种：

第一种态度：认真研究，取其精华，修正或推翻原来的想法，作出更符合实际的决策。即使调查结论是不正确或不完全正确，也可反复论证，取其精华，弃其糟粕。对调查人员而言，汲取经验、教训而已。这是最为理想的处理方式，调研结果得以发挥应有的作用。

第二种态度：不予置评，束之高阁了事。这种方式使调查研究的结果不能发挥应有的作用，可能因为没有接纳调研的正确意见，而制定了错误的政策，或者使决策包含了本来可以避免的缺陷。

第三种态度：大加挞伐，批判调研内容，乃至罪及调研者。这是完全错误的态度。即使决策者的意见是正确的，也不应该采取这种态度。决策者的意见如果是错误的，采取这种态度的后果肯定很严重。施行言者有罪的方针，调研者往往屈获不白之冤。其后果不但阻塞言路，使人不敢讲话；而且鼓励投机分子巴结领导，孳生诣佞。调查研究作为一种工作方法，业已失去它应有的作用和意义，沦为证明领导英明的工具了。正如毛泽东所说："我们有些同志惯于拿帽子压人，一张口就是帽子满天飞，吓得人不敢讲话。"[①]

1959年庐山会议与会者上山前，许多负责同志在各地进行了调查，对食堂是有不少反对意见的。事实表明，大家调查结果遇到的正是上述第三种态度。《食堂报告》也一样。不但调查内容遭批，而且罪及言者。

庐山会议以后到1960年年末，关于食堂问题的调查不可谓不多，却异口同声地称赞食堂的优越性。这段时间里，公社干部和社员是在"公共食堂万岁"、"公共食堂是通往共产主义桥梁"，反对食堂就要"挨辩论"（批判、斗争）的背景下应对调查的。调查者写下调查结论的时候，首先想到的不是事实如何，而是满天飞舞的"右倾机会主义"帽子，考虑的是不是冒险反映事实。

---

① 《在扩大的中央工作会议上的讲话》（1962年1月31日）。见《建国以来重要文献选编》第十五册，第136页。

这种状态其实不是 1959 年才开始的。自从反右派以来，以言获罪几成不成文法。"引蛇出洞"教给人们必须谨慎从事，不可贸然上达真情。面带微笑的上级，背后或许攒着棍子和帽子；朝夕相处的同事，可能正在打"小报告"揭发你的言论。现实生活教给人们如下经验：讲缺点、谈问题有危险，讲优点、报成绩很保险；宁左勿右的表态是避祸的获身法宝；打探中央精神与揣摩上级意图以顺势迎合，成为风气。大跃进以来，报喜不报忧之风更是变本加厉。

1961 年年初的情况很不一样。毛泽东派出的食堂调查组开始向毛泽东反映真实情况了，撤销食堂的意见占了上风。毛泽东没有发火，没有批判，表现为上述第二种情况下的第一种态度：调查意见与领导相反，但领导认真研究，取其精华，修正或推翻原来的想法，作出更符合实际的决策。所以，这次调查成为毛泽东实事求是的典型例证。

但是，从前面叙述的过程来看，毛泽东组织这次调查，是他已经看到形势和问题的严重性，已经准备暂时放弃原来坚持的东西，如三级所有制、供给制、公共食堂等。1961 年 1 月的中共八届九中全会时他已有了这种改变。所以，这次调查所遇到情况实际上不是第二种情况，而是第一种，即调查结论与领导意图相符，调查的结果帮助毛泽东下定调整政策的决心。这次大调查与其说反映毛泽东善于纳谏，不如说仍旧是在"一言堂"框架内的行动。谁能设想，如果毛泽东仍然在坚持原来食堂观点，官员们敢写出大量的否定公共食堂的调查报告？

食堂兴散的历史，给人们一个很重要的启示，即各级领导要掌握好调查研究这个好方法，更重要的是应该以正确的态度对待调查研究的结果。主要问题不在下级"敢不敢"上达真实情况，而在于在真理与事实面前，上下级是不是平等。只有当上下级在真理面前平等的时候，调查研究才能给上级决策以有益的帮助。领导所持的态度正确的话，他所主张的意见正确与否，不是关键；因为即使他原来的主张不正确，下级提供的真实情况能够帮助他坚持正确，修正错误。换言之，有了民主才有利于科学决策的产生。一个极为浅显的道理，手中的权力和掌握的真理不一定成正比，更不是当然统一的。解决之道，古人早有明训：兼听则明。手中有权力的人往往是记不住，或者根本不想记往这个浅显的道理。

人们在讨论食堂的兴衰史所得到的经验教训时，大多是强调实事求是的作风和调查研究的重要性。这对研究者来说是必要的。但对于各级领导来说，仅此还是远远不够的。应该永远端正对待调研成果的态度，不带成见地吸收其中的正确意见；在任何情况下都不要粗暴地对待它们；更要对事不对人，不轻易对在工作上持不同意见的同志进行政治上的处理，更不可进行刑事上的处理。

1957 年反右派时，毛泽东实施"阳谋"以后，人们噤若寒蝉。1958 年 3 月，他鼓励人们敢于讲话，他在成都会议上说："从团结、帮助出发而采取的尖锐性，只会使党团结，不会使党分裂。有话不说，则相当危险。"反问道："怕带〈戴〉机会主义帽子，怕撤职，怕开除党籍，怕老婆老公离婚，怕坐班房，怕杀头，六怕不好，都要准备。难道为了这些就不说话了吗？"还说："舍得一身剁〈剐〉，敢把黄〈皇〉帝拉下马。"①他紧握"戴"、"撤"、"开"、"离"、"关"、"杀"法宝不放，反要人们不怕，"都要准备"接受这些惩罚，这样才能"使党团结"。事隔一年，在庐山会议上，"六不怕"的敢说真话的人都挨了整，根本没想"把皇帝拉下马"的直言者，都险些挨了剐。

有话明说，实际上是钓饵。三年大灾难之后，他在 1962 年 1 月的七千人大会上又说："我们提倡不抓辫子、不戴帽子、不打棍子，目的就是要使人心里不怕，敢于讲意见。"不要让人"一犯错误，从此不得翻身"②，听起来这话的内容与他好像没关系，他是要取消"抓、戴、打"的。这是他从"大跃进"、"人民公社"得来的最重要的教训之一。

"抓辫子、戴帽子、打棍子"是对他人人权的侵犯，是违法的，没有人被授予这些权力。"抓辫子、戴帽子、打棍子"法律应该受到制止，根本不是什么提不提倡的问题。何况这"不得翻身"的人是否犯了错误，尚未可知。"言论"即使错误，也不是行动，并未触及法律，凭什么要言者"不得翻身"呢？"抓、戴、打"不彻底制止，大量的冤案将不断产生。人民需要的是言者无罪，言论自由。所以，"要使人心里不怕，敢于讲意见"最重要的不是什么"提倡""三不"，而是定"抓、戴、打"为非法，使"言者有

---

① 《在三月二十二日会议上的讲话提纲》。见《建国以来毛泽东文稿》第七册，第 116 页。

② 《在扩大的中央工作会议上的讲话》（1962 年 1 月 31 日）。见《建国以来重要文献选编》第十五册，第 136 页。

罪"永远成为过去，迎来没有"家长"的法制社会。

仔细研究一下前面叙述的食堂发展进程，人们也可以提出这样的疑问：对于解散公共食堂来说，1961年的调查真有必要吗？此前许多有关的调查以及中央和省地官员向他反映的情况为什么被置之不理，甚至有罪呢？其实，国民经济形势已经极坏，问题已经十分严重，毛泽东是十分清楚的。这一切，主要应该由他负责。如果庐山会议不搞突然反右，而把反"左"继续下去，情况会全然不同，问题不会发展到这种程度。历史事实却是，他的个人独断把反右硬拖了两年，使"左"的错误酿成全世界史无前例的灾难，几千万善良无辜的百姓成为饿殍。情况已经清楚到根本无须什么调查，形势迫使他必须改弦更张了。

（2004年3月14日初稿，2011年4月调整）

附件

关于农村公共食堂的几个问题

人民公社化的前夕，一些地方为了解决劳动力紧张的问题，建立起公共食堂。这方由于实现了食堂化，解放妇女劳动力。与此同时，它们在余粮户与缺粮户间起了粮食调剂作用，解决了一部分缺粮户的口粮。"点"的经验，大力推广。很快，全国农村就普遍实现了食堂化。至今，已经八、九个月了。各地都取得了一定的经验。但是，还不等于万事大吉了。由于条件不同，一些地区的食堂化仍然存在着不少问题。现在把我们在昌黎果乡人民公社看到的一些情况写下来，并提出我们的看法。

一　食堂与妇女劳动力的解放

我们说，解放妇女劳动力主要表现在两个方面。首先是出勤妇女名额的增加。也就是原来被束缚在锅台上不得脱身的妇女，由于成立了食堂，摆脱了锅碗瓢盆的"束缚"，投入生产。她们从家庭走上社会，由消费者变成了生产者。其次表现在妇女出勤时间比过去延长。就是说，妇女们本来可以出勤的一部分时间耽误在做饭上，成立了食堂以后，她们把这部分非生产时间变成了生产时间。

就我们遇到的情况看来，事实并不那么理想。一般说来，食堂成立前后，真正参加农业劳动的妇女人数基本上没有发生变化。过去出勤的，现在仍然出勤；过去不出勤的，现在仍然干她们自己的事。以施各庄为例，第一生产小队妇女整、半劳力45名，成立食堂以后，出勤没有任何变化。第二生产小队妇女整、半劳力69名，食堂成立以后，情况也是一样。秦印庄现在出勤的18名妇女，没有一名是在食堂化以前不出勤的。原来在家里带孩子做饭的老年妇女，现在不做饭了，只带孩子。她们本来就不能参加田间劳动，现在仍然如此。

其次，从妇女劳动时间上说，食堂成立前后变化也不大。这个地区妇女出勤时间，不论过去还是现在，都比男社员要短。因为她们早饭前不上班。这一点并不由于食堂的成立而有所改变。食堂成立以前，她们清早起床以后三件大事：做饭、喂猪、带小孩。早起，把一天的饭都做出来。叫做"一天一冒烟"。饭或粥做好以后就放在锅里，中午下地回来，加把柴热一下就行了。有时连晚饭也带出来了；不然就下班以后回家做晚饭。更多的户是家里有不能参加田间劳动的老年人在家里做饭。总之，做饭在一个农妇一天的生活中，所占的时间是很少的，对她们参加生产影响不大。由于做饭把身子缠在锅台上不能参加劳动的情况是极少的。从前面引证数字可以充分证明这一点。现在有了食堂，看来可以着重解决妇女早晨出勤的问题了。事实并不如此。农村妇女结了婚，一般都有三四个孩子，照顾孩子的问题并不是食堂所能解决的。从而，不解决农村儿童的全托，单靠食堂化是不能彻底解决妇女出勤问题的。而农村儿童的全托，目前谈何容易！

做饭这件事由原来的分散劳动集中起来成为集体劳动，这就引起了做饭方法上、燃料上、条件上的一系列变化。需要集中的厨房、饭厅和大型的锅、灶。原来是做三两斤米，甚至斤把米的劳动，现在变成了做几十斤、几百斤米的劳动；本来挑一担水可以全家吃一天，现在挑几十担水才够做一顿饭。因此，原来一个老年妇女附带就可以做的事情，现在不得不占用一批强劳力固定下来做，就菉乡公社目前情况看，大约每45—70人需要一名炊事员以耿庄管理7印庄第一生产小队为例，170人用饭的食堂占用劳动力的情况如下：

时间（1）	食堂占用劳力（2）			全小队五、四级	食堂劳力占全小队
	共计	其中：五级	其中：四级	劳力合计	五、四级劳力的%
春耕前	6	3	3	24	25
目　前	4	1	3	24	16.6
最近将来	5	2	3	24	20.8

注：（1）该队春耕前粮食由本队自己用畜力碾子加工。春耕时期粮食由其他管理区的电碾加工。今后，由于电碾加工能力有限，大部分粮食仍需自己加工，所以，在人力上有变化。由此也可以看出米面加工机械化对节省劳力的作用。

（2）菜乡公社劳力工资为五级制。五级为最高级。

从这个表上可以看出食堂占用劳动力的比重是相当大的，而且都是强劳力。

因此，我们认为，从妇女劳动力的解放这一点来说，有相当一部分食堂没有起到其应有的作用。

二　食堂与粮食问题

第一，忙闲不分。今年，粮食问题是相当紧张的。究其原因，除去根本上的生产水平一点而外，还有很多。其中之一，是去年食堂成立以后尽量吃饱吃好，但其中有浪费现象。这个地区农民吃粮从来都是遵循这样的原则：农忙吃干、农闲吃稀；主要劳力吃干，不参加田间劳动的人吃稀。食堂成立以后，则来了一个无冬无春，不分老少，一律平等，大家一样。去年冬天，放开肚皮吃，而且吃干的。春耕了，粮食发生了问题。

第二，先吃粮食。以前农民的口粮定量是原粮360斤，现在是400斤。为什么今年粮食问题还这么突出呢？原因是：有的地区过去有超产粮，他们吃的不止360斤，甚至不止400斤，超产粮没有了，从而粮食紧张。因为360斤定量实际上是不够吃的。过去没有超产粮的地区，除去按照前述原则自己安排吃粮以外，还要找一部分野菜、青菜来作代食品。而食堂就不能用野菜来当粮食；即使可以，也没有那么多人去挖野菜。食堂全部要用真正的粮食。

第三，节约问题。在食堂集体吃饭，比起从食堂往回打饭要节约。比起分户吃也要节约。但就目前情况来看，主要是口粮定量不够的问题。把粮食按照定量分发到户的话，其浪费是不可能超出这个定量的。一般说来，农民是真正知道爱惜粮食的人。

第四，责任转移。集体吃饭对农民说来是破天荒的一件大事。他们要求吃饱，吃好。这个要求是自然的、合理的。过去粮食分到户，够不够自己负责。现在粮食归食堂掌握，社员吃不饱就要找食堂，找领导。

为使人人对粮食负责，无论是分户吃或在食堂吃，都应考虑采用粮票制。

三　食堂与肥料

肥料问题是农业增产的关键。一口猪四亩肥（每亩按5000斤计算），而且是肥效很大的圈肥。目前，农村的积肥运动应该以养猪为中心。食堂化以后，粮食加工集体化，糠、麸也归了食堂；做饭、吃饭集体化，泔水也没有了。社员要养猪只有靠那干巴巴的120斤以白薯干为主的精料，是不可能把猪养好的。因此，在食堂化以后，社员私养猪只大大减少。过去很少农户不养猪，现在养猪的户是个别的，集体养猪又由于缺乏足够的经验，养不好，育肥率低而死亡率高。这不但影响城市副食品供应和减少社员收入，更严重的是积不了肥，从而影响农业增产。

四　食堂与燃料

食堂化以前，社员们主要依靠老年人、小孩或者自己农闲时间上山搂柴火做饭，很少用煤。这样，不但省煤，而且烧柴禾还又积下了草木灰当肥料。食堂化以后，情况恰恰相反。既不能积肥，又增加了煤炭供应的紧张程度。尤其是冬季，社员家里不做饭也得烧炕，燃料双方支出，很不合算。烧煤也增加了社员生活费用。

五　食堂的房屋设备

食堂占用了社员不少房屋和家具，有些还没有给予合理的报酬，也一定程度地影响了这些社员的生产积极性。要付房租，又要增加食堂开支，增加社员的生活负担。

六 食堂与生活集体化

有些干部片面强调生活集体化，不管社员住家离食堂多远，不管天寒地冻，也不管年老体弱，有病，小孩，一律都到食堂吃饭，不准把粮食打回去自己做。很多社员对此不满。再者，群众的口味爱好不一，食堂也很难做到大家满意。少量粮食粗粮细做比较简单，几百人的伙食细做起来所花人力和时间就很多了。群众反映成立食堂以后吃不到想吃的东西，吃不到可口的东西，食堂做什么就得吃什么，只有大集体，得不到小自由。

七 食堂与管理水平

搞食堂经验不足，未能从小到大地逐步实现食堂化，从而出现了一些管理上的缺点。以 梁各庄管理区为例，24 个公共食堂有一半从来没有公布过账目。有的把现金和粮票混在一起，账目不清；有的空报人口，多领粮食。对此，社员们是有意见的。更有个别干部压制民主，不准对食堂提意见。当然，关于管理水平的问题，一方面是个别现象，一方面是初期不可避免的问题，不能把它看作是食堂所固有的缺点，但是，这也一定程度地影响群众生产积极性。

从上述情况反映可以看出，有些地区的食堂化是存在不少问题的，要解决这些问题的关键是考虑生产小队的具体条件，不可强求一致。在即使成立食堂也不能解决上面提出的这些问题，尤其是劳力问题的情况下，我们认为，可以不搞经常性的公共食堂，化整为零，把粮食按照定量分到户里去。这样做并不影响供给制的实行。因为，这只不过是把"伙食"供给制变成"粮食"供给制罢了。但却同时可以解决一系列的矛盾：粮食问题、燃料问题（在实行了包工包产以后，社员可以自己去找茅柴来解决了）、养猪问题、灰肥问题、取暖问题等等。同时，它也影响妇女劳动力的出勤，或者说，影响很小。

即使一些单身汉或劳力多人口少的户 需要有人帮他们解决做饭问题，或者农忙时需要延长劳动时间，要求搞农忙食堂，也可以搞。但最好以互助形式出现，用小食堂代替大食堂，化大为小，一般一个食堂不超过十户或一个小队为宜。这样才便于以女劳力代替男劳力，以弱劳力代替强劳力；才可以不添置过多的设备，使用过多的煤炭；同时，因为占用吃饭时间少，也才更有利于生产活动。

最后，要强调一下自愿原则。现在很多群众参加食堂，是"化"进来的。相当多的生产小队长和更多的群众对食堂有意见，但是不敢讲，怕挨"辩论"。在这种情况下，我们认为还不大办为好。只有按照群众的意见办事，才能人人皆知满意，个个心情舒畅，从而发挥群众更大的生产积极性。

当然，有的地区或小队真正可以解放劳动力，可以很好地解决上述问题，并且群众愿意的话，仍然可以而且应该继续搞大食堂。

总之，要做到因地制宜，因时制宜，群众满意，有利于生产。

（中国科学院经济研究所昌黎工作组）

（1959 年 5 月 10 日）

严中平先生传

严中平先生，曾用笔名晦明，汉族人。1909 年 7 月 15 日生，1991 年 1 月 24 日逝世，享年 82 岁。严先生成长在江苏省涟水县一位农村小学教员的家庭里。他少年时就读于江苏省立第六师范学校（淮阴）、省立淮安中学及省立南京中学。1931 年考入中央大学（即今南京大学前身）英语系，次年考入清华大学法学院经济系。1936—1938 年进入南京的中央研究院社会研究所为研究生。1938—1942 年任助理研究员、副研究员。1947 年秋，他接受"英国文化委员会"的资助赴英进修；1950 年回国。此时中央研究院已由中央人民政府接管，改为中国科学院，他到该院社会研究所任研究员。1953 年，该所改为经济研究所，他被任命为该所中国近代经济史研究组组长；同年出任副所长，仍兼组长职。1978 年，经济所设中国经济史研究室，他以副所长兼任该室主任，1978—1982 年他兼中国社会科学院研究生院经济系主任。1982 年后被聘为经济研究所顾问。1983 年被聘为博士生导师。

解放后，严先生历任第三、四、五届北京市人大代表，第三届全国人大代表，第五、六届全国政协文史资料研究委员会经济组副组长。他还担任经济学团体联合会顾问、中国历史学会理事、中国经济史学会会长等职。

严先生于 1980 年应日本学术振兴会的邀请作为中国社会科学院学术代表团成员之一访问日本。1980 年 10 月，他作为中国代表团团长组织并主持了在北京召开的"自宋到 1900 年中国社会经济史"中美学术讨论会。

一

严中平先生早年酷爱文艺，在中学时代，经常阅读鲁迅、郭沫若等进步作家的作品。这些作品引导他接触了马克思主义的某些理论著作，如郭译《政治经济学批判》、河上肇著《马克思主义政治经济学基础教程》、卢那卡斯基的《艺术论》等等。

他相信经济是社会发展的基础这一马克思主义观点，他正是为了掌握有关社会发展基础的知识和理论而考入清华大学经济系的。但当时大学讲堂上教的全是资产阶级经济学，他认为这些知识并没有回答他所提出的问题，因此他努力自学《资本论》等马克思主义理论著作。他在马克思主义的著作中发现了他所要寻找的真理。从此，他在毕生的研究实践中坚持运用马克思主义理论，以历史唯物主义解释中国历史。

直到解放初期，马克思主义经典作家关于中国问题的论著的中译本也不是很多的。为了宣传马克思主义观点，他于1953年，根据英文本把马克思有关中国近代史的《俄国与中国》、《长江的开放》两篇文章译为中文；又和汪敬虞先生合译了马克思的《绿壳船亚罗号事件》、《毒面包案》、《巴麦尊内阁的失败》和《英国的政治》等文，载于1953年的《新建设》杂志。（均被收入1957年版的《马克思恩格斯论中国》一书）1956年，他又翻译了马克思的《东印度公司的特许状》、《东印度的改革一、二》、《印度的管理》和《英国、印度的土著贵族和公侯》等文章，收入中央民族学院研究部编的《马克思恩格斯关于殖民地及民族问题的论著》一书。其后，每当新的一卷《马克思恩格斯全集》或《列宁全集》的中译本出版，他必从头到尾认真阅读，加写自拟标题，然后汇抄成主题索引，一为自己查阅，二以提供给同事们学习参考。

严先生谆谆教导青年坚持以马克思主义的立场、观点、方法去研究中国历史问题。在认真学习马列主义经典著作的同时，他清楚地知道，从抽象的理论原则出发，运用逻辑推理的方法得出实际问题的具体结论，是教条主义风气，它定使科学研究走上邪路。他反对捡拾零星材料去填充理论的框架，而坚持充分占有材料，对中外历史的发展过程进行深刻的对比研究，以达到合乎历史实际的结论。他认为，马克思、列宁等经典作家并不懂中文，他们掌握的中国资料不多，所以他们关于中国历史问题的结论不可能句句都是真理。他曾指出经典著作中不符合中国历史实际的具体事例。他主张，既要坚持马克思主义的理论原则，又要根据中国的历史实际发展马克思主义。他认为，这个任务主要应该由中国青年去完成。

二

严中平先生从 1936 年开始,不间断地进行科学研究工作直至逝世,历经 55 个寒暑。1936 年,中央研究院社会科学研究所接受"太平洋国际关系学会"的委托进行关于中国棉纺织工业问题的研究,该所决定由一位先生和严中平先生合作承担这一项目。次年,在严先生完成江苏南通手工织布业的调查以后,日寇的侵略战火就烧到了上海,从此,先生所在的社会科学研究所便从南京节节西移,1938 年三迁至昆明后,工作方能继续。此时,我国的纱厂、棉田已多毁于侵略者的炮火,或沦入敌人手中,原来的研究计划已失去意义。此一研究项目改由严先生独立承担。他修订了原定对棉纺织业进行横断面研究的计划,改为通过对考察这一行业的发展过程去研究中国资本主义发生的历史。为此必须彻底重写所有已经写成的章节。他在极为困难的战争条件下,完成了一部 30 万字的专著,题为《中国棉业之发展(1289—1937)》。这本书先于 1942 年获得第一届"杨铨纪念奖金",后于 1943 年公开出版,它是严先生研究中国资本主义发展史的第一部著作。严先生在撰写这本书的过程中,还没有机会看到毛泽东同志关于中国近代社会性质和中国近代资本主义的论述,但是他经过对大量历史资料的细致的分析,认真地独立思考,达到了这样一个结论:在半殖民地半封建的中国,资本主义不可能顺利发展。这是非常难能可贵的。因此,该书虽然出版于白区"陪都"重庆,但却引起了马克思主义理论工作者的重视。到了全国解放以后,严先生对该书做了较大的修订,改名为《中国棉纺织史稿》,于 1955 年再版发行,1963 年重印。1961 年,高教部把这本书列为高等院校政治经济学专业的指定参考书。1966 年,日本学者依田熹家将它译为日文在东京出版,书名改为《中国近代产业发达史》。

1958 年,严先生应东德科学院院士库钦斯基(Jürgen Kuczinski)的邀请,合作写成《上海棉纺织工人状况》("Die Lage der Arbeiter in der Baumwollindustrie Shanghais")一书,于 1964 年在柏林出版(此书无中文版)。这项工作实际上是他关于棉纺织史研究的发展和继续。

严先生认为,研究中国近代产业的发展,既要研究中国大机器工业发生的特点,又要研究封建社会原有手工业的发展轨迹。因此,他在《中国棉业之发展》专著完成后，又选择了中国手工矿业中的一个重要部门即云南铜矿进行专题研究，内容涉及清代二百余年间滇铜开采的兴衰始末、组织形式、生产技术、运输、采买、铜价、厂欠，以及有关的制钱鼓铸等问题，写成《清代云南铜政考》一书。书中证明云南铜矿业的生产组织尚非工场手工业。这本书于1948年出版，1957年重印。

三

为了中国经济史学科的发展，严中平先生做出了重要贡献。首先是在学术界强调经济史科学的重要性，组织经济史学科的研究力量。在50年代，他从马克思主义经济基础和上层建筑的理论出发，在1956年7月17日《人民日报》上发表《中国近代史研究上的一个薄弱环节》一文，指出经济史研究的落后状态将阻碍其他史学研究的前进。其后，他又在各种会议上多次呼吁史学工作者重视中国经济史的研究。他还积极参加领导1956年全国12年科学规划关于经济史研究及资料规划的制定工作，为这一新兴学科以后的发展做出了带头人的贡献。

但30年来，经济史研究的状况还是比较冷清的。这方面的工作虽也取得一定的成绩，尚远远不能适应历史科学全面发展的需要。严先生认为，经济史研究的薄弱拖住了通史和其他专门史、断代史研究的后腿。80年代以来，史学界已经注意到这个问题，可惜措施不力，发展缓慢。所以，他仍不断大声疾呼，为了促进历史科学的繁荣昌盛，目前的迫切任务仍是大大加强经济史研究。严先生认为，队伍太小是经济史研究难以迅速前进的一大障碍，应该努力采取有效措施培养这方面的人才。既然高校目前尚未开设经济史专业，那么争取政治经济学或历史学专业的学生转而研究经济史是最主要的出路；另一潜力则在于从事通史、断代史研究的同志加强经济史的研究。

严先生对经济史学科的另一贡献是提倡扎实谨严的科研作风，组织大规模的资料编辑工作。他一向反对轻视资料的倾向。他认为，那种以为收集和整理资料是资料员所干的"下手活"的看法是极端错误的。他非常蔑视教条主义的空论学风；认为要想写出"摔在地下当当响"的文章，只有把自己的研究建立在大量坚实可靠的资料的基础上才有可能，这是谨严学风的最起码条件。因此，他提出在积累大量资料的基础上进行专题研究，在专题研究基础上进行综合研究的工作程序。这种研究程序，已成为他所领导的研究集体的共同财富和传统学风。针对 50 年代初期中国经济史研究缺乏资料的状况，他组织经济所的同志先编了一本《中国近代经济史统计资料选辑》，接着编辑一套《中国近代经济史参考资料丛刊》，经过数年努力，先后出版了中国近代工业、农业、手工业、外贸、铁路、外债和航运等资料。这套资料多数尚未编到 1949 年，财政、金融、商业、少数民族经济等重要资料也尚付阙如；50 年代后期和 60 年代的政治形势变化和发展，使得这项工作无法继续下去了。不过这套资料丛刊，仅已出版的各种，就已经为中国近代经济史学的教学和科研提供了比较系统的基本的资料，同时它也提倡了重视资料的踏实谨严的学风；它对推动中国近代经济史的教学与研究起了重要作用，达到了预期的目的，因而得到了国内外学术界的好评。为编辑这套丛刊，严先生付出了大量的劳动。1956 年，他对这项工作进行了总结，在《经济研究》杂志发表了《编辑中国近代经济史参考资料工作的初步总结》一文。这篇总结，为后人编辑经济史资料提供了丰富而具体的经验。

此外，严先生于 60 年代初吁请哲学社会科学学部并具体安排派人去成都四川大学联系并推动整理编辑清代"巴县档案"的工作；请章有义先生赴陕西三原县建议整理长盛和商店账册资料；组织经济所收藏安徽屯溪资料；并积极参与"中国近代经济史资料丛刊编辑委员会"的领导工作等等。总之，他对经济史资料编辑工作的推动是不遗余力的。

四

"史无前例"的十年动乱过去了，1979 年，经济研究所决定由近代经济史组部分同志编写《中国近代经济史（1840—1894）》专著由严中平先生主编。

通过对中国近代经济史的研究，严先生认为，帝国主义侵略中国的历史就是中国近代史的论断是完全正确的。正是帝国主义的侵略造成了中国近代史上两次政治大倒退。首先是鸦片战争以后，帝国主义把一个独立的中国变为一个不完全独立的半殖民地的中国，对中国进行间接政治统治；其次是辛亥革命以后，帝国主义的操纵把一个统一的国家变成为军阀割据的混乱天下。帝国主义的侵略，归根结底，为的是从经济上榨取中国人民的血汗。我们从事经济史的研究，需要时刻记住：政治暴力也是一种经济力量。中国经济是在这两次政治大倒退的形势之下发展变化着的，经济现象不可能单纯用经济规律得到充分说明。

根据这一总的线索，严先生把 1840—1894 年这段经济史，以 70 年代初叶为界，分为两大阶段。前一段落的突出特点是，西方入侵者凭借条约的权利、政治声势和炮舰威力对中国人民进行赤裸的暴力掠夺。这种暴力掠夺具有为所欲为的随意性和伤天害理的残酷性。帝国主义对中国进行了一百多年的半殖民地性间接政治统治，他们对中国所进行的经济侵略无不具有暴力掠夺性。但随着帝国主义经济力量的增长，他们对中国人民的侵略也跟着更多地采取经济手段。在 19 世纪 70—90 年代，帝国主义是通过掠夺中国进出口商品市场的领导地位进行的。为此，他们把势力深入到交通运输、保险、仓库、商品购销和金融周转等各个方面，培养了一个买办资产阶级，形成一套买办资本商业高利贷剥削网，形成一整套控制商品流通渠道的完整体系。条条渠道都得到通商口岸去由他们操纵领导。到了甲午战争以后，帝国主义对中国的经济侵略进入资本输出阶段，他们的势力就在继续掌握中国进出口商品市场领导地位的同时，更深入到中国的生产和财政领域，全面地控制中国的经济命脉了。严先生的这些论点，是从大量的历史事实中抽象出来的，具体地体现在他主编的《中国近代经济史（1840—1894）》一书中。

《中国近代经济史（1840—1894）》这本 1700 余页、130 万字的巨著，于 1989 年由人民出版社出版。1991 年，该书荣获第四届"孙冶方经济科学奖"。中国社会科学院副院长刘国光在第四届"孙冶方经济科学奖励基金"发奖会上讲话中评价说，严先生主编的这部著作"是解放以后 40 年来我国最重要的社会科学著作之一，代表了已有中国近代经济史研究的最高成就。这部巨著从 50 年代初即着手进行，历时近 40 年，是几代经济史学专家学者的劳动成果。这部著作突出的特点和优点是：一、马克思主义与中国历史实际相结合。作者运用马克思主义的立场、观点、方法，分析我国鸦片战争以来半封建半殖民地的经济发展史，依据对史实的分析，得出自己的论断，在一些问题上，不拘泥于已有的论断。如对鸦片战争的原因、性质，中国买办资产阶级的形成和构成，帝国主义侵略，农民起义对近代中国经济发展的作用，以及中国资本主义和资产阶级产生和发展等方面，都有自己的创见。二、中国经济与世界经济相结合。旧中国社会经济性质的演变和世界经济的发展、变化紧密相关。该书用相当篇幅分析了旧中国所处的国际环境，用史实深刻揭露了帝国主义侵略、帝国主义与中国封建统治势力相勾结对中国经济发展的破坏作用。该书既是一本科学著作，又是一本进行爱国主义教育的好教材。三、史论结合，实事求是。全书在掌握大量第一手材料的基础上，经过精心筛选，取材精练，论述清晰，和其他一些经济史著作相比，这方面比较突出。四、全书结构严谨、分析细腻，文字流畅。"

严先生主编的这部著作，标志着我国关于中国近代经济史的研究进入了一个新的阶段。

五

严中平先生应《红旗》杂志的约稿，曾就如何选择研究题目和如何分析研究两个问题，写成论文，分别发表于 1962 年及 1963 年的该杂志上。

在《关于选择研究题目》一文中，严先生强调，青年社会科学工作者选择什么题目进行研究，要根据客观的研究对象和个人的主观条件去确定。他把选题的原则归结为"从大处着眼"和"从小处着手"两点。从大处着眼，即从事物的普遍联系着眼去选择研究课题；从小处着手，即先个别后一般，先局部后全体，先断代后通代，先具体后抽象，随主观研究能力的不断提高而循序渐进。在《关于发现问题和分析研究》一文中，严先生强调追踪历史的依次发展阶段，从事物的历史联系去探索事物的逻辑联系，同时又强调分阶段总结写作的必要性。

1979 年，严先生为中国社会科学院研究生院经济系中国经济史专业的研究生讲课，系统地探讨了社会科学的研究方法问题。1983 年，他把这些问题写成《和青年谈科研方法的几个问题》发给研究生参考；1984 年定稿为《科学研究方法十讲》，送交出版。这本书除包括上述如何选择研究题目和如何分析研究两个问题外，还结合马克思主义的理论原则和中国的历史实际分别论述了核校前人论据、积累文献资料、理论联系实际、科学研究学风等等问题，并提出了自己的看法。他特别强调要扩大视野。他认为，研究近代经济史的人必须对外国经济史有一定了解，不能就中国论中国；必须对古代史有一定了解，不能就近代论近代；必须对政治史有一定了解，不能就经济论经济；必须重视理论上的提高，不能就事论事。严先生指出，对于科学研究的专业工作者来说，其主要任务是提高，因此，科研工作者必须立三"新"，即提出新的问题、新的观点、新的资料；所写文章至少要占其一，否则就称不上是科学研究成果。科研工作者只有破四"就"、立三"新"，才能到国际讲坛上去争得和伟大祖国的崇高威望相称的学术地位。在《科学研究方法十讲》中，严先生总结了 50 年来从事这一学科研究的经验，并提高到认识论上来进行分析，其参考价值显然已经大大超出了中国近代经济史研究的范围。

六

严中平先生在鸦片战争史和老殖民主义史方面曾下过很大工夫。

严先生于英国进修期间，先后在曼彻斯特大学、伦敦大学非洲和远东学院、不列颠博物院、伦敦档案馆和剑桥大学专门收集鸦片战争史的档案资料，准备撰写专著。后因服从组织安排，转向中国近代经济史的研究和组织工作，他仅发表了《太平天国初期英国的侵华政策》（《新建设》1952 年 9 月号）、《英国资产阶级纺织利益集团与两次鸦片战争史料》（《经济研究》1955 年第 1、2 期）、《英国鸦片贩子策划鸦片战争的幕后活动》（《近代史资料》1958 年第 4 期）和《1861 年北京政变前后中英反革命的勾结》（《历史教学》1952 年第 4、5 期）等数篇。至于严先生在英国所收集的关于鸦片战争的大量第一手珍贵资料，则一直未能充分利用。晚年，他非常想培养一位助手，或者招收一名博士研究生，利用这批资料写出高水平的鸦片战争史专著。在他逝世前不久还曾向我提及此事，要我代为物色合适的人选。能利用这批资料的合适人选并不是易得的，何况众所周知，这事远不是有了合适人选就能解决的。他终于带着永远的遗憾离开了我们。他宁愿放弃个人极感兴趣的研究题目而坚决服从组织分配的工作，表明他是无条件地把国家和集体的利益放在个人利益之上的。我们由此看到了严先生对国家、对经济史事业无私奉献的一颗赤诚的心。他的行动应该成为我们后代科学工作者的表率。同时，这批资料不能变为有分量的学术著作，当然也是学术上的损失。也许将来某天，他留下的这颗赤诚的心能感动有能力解决这个问题的人，使其遗愿得以实现。

十年动乱时期，严先生被扣上了"反动学术权威"的帽子，1969 年以花甲之年被发往河南息县干校掏粪浇园，进行"改造"。1972年回京后，所内研究秩序迄不正常，长期不能正常开展科研工作。严先生于浩劫之后，自幸"以留有余生，尚能执笔"，但"又以中国历史，儒法多事为惧，所以选择老殖民主义这个已为人所共忿的历史陈迹，揭露其海盗罪行"，于是不辞辛苦地往来于北京图书馆和中国科学院图书馆，阅读了大量的第一手资料。根据这些资料，他写出了西班牙美洲殖民帝国、菲律宾殖民帝国和葡萄牙东方殖民帝国的早期征服史。在这些研究中，严先生达到的结论是，被征服的国家或地区之所以被征服，虽有先进战胜落后的因素，但在很大程度上是因为那时的内部出现了叛徒、内奸、分裂主义和投降主义的结果。历史证明，凡是有了正确的领导，团结对敌，坚持反侵略斗争的地方。即使以棍棒和弓箭对抗加农炮、火绳枪，也能保持独立达几百年之久。这是一条值得牢牢记住的血的历史教训。

严先生对老殖民主义持全盘否定的态度。他认为，它们对美、亚、非三洲土著居民的杀戮和迫害，致死无辜以千万计，罪行累累，令人发指。对这种滔天罪行，不应作丝毫肯定。他的这一观点引起世界史学界个别同志的反对。他们认为，应该看到殖民主义给亚、非、拉人民同时也带来了资本主义新事物，作出了"新贡献"，不应全盘否定。严先生则认为，这些只能像马克思评价英国人在印度的作为那样，称之为"历史的不自觉的工具"，不能歌颂其为"新贡献"，否则便站到殖民主义者的立场上去了。严先生把老殖民主义史已经写完的部分集为一书，题为《老殖民主义史话选》，1984年由北京出版社出版。他原计划继续写荷兰及英国的老殖民主义史，后因"四人帮"被粉碎，研究所的工作开始恢复正常，他暂时放弃这项计划，又回到中国近代经济史的研究和组织工作中去了。

七

严中平先生一生的学术研究活动，为我们树立了坚持马克思主义指导，理论与史实相结合的典范。半个世纪以来，他不遗余力地为推动中国经济史学的发展而呼吁，为培养人才而努力工作。他的研究实践和科研组织工作开创了中国经济史研究的新阶段，为中国经济史学的发展作出了不可磨灭的贡献。他不愧为中国马克思主义经济史学的奠基人之一，在国内外学术界享有崇高的威望。

严先生在治学方面乐于助人，诲人不倦。凡他的同事或学生写了文章请他指教时，他都非常认真地批阅，在最短的时间内提出从理论到修辞的各种问题、意见和修改建议，其中既有原则的指导，也有具体的帮助，十分严格，绝无客套。经济所经济史组许多同志的作品都曾渗进了严先生的心血。例如我写的一篇文章，曾经先生披阅九次方得通过定稿，我由此获益良多。尽管严先生在许多他人作品中曾经花费很多精力，但从来不准署上他的名字。他这种严格要求和热情助人的精神感人至深。他在国外进修期间节衣缩食购买的许多外文学术书籍，全部慨赠经济所图书馆，以便大家利用。他在国外辛勤收集的史料，在研究组内也充分提供大家利用。在这些方面，严先生是公而无私的表率。

严先生一生洁身自好，对自己要求十分严格。他在担任公职中一向不徇私情，并敢于仗义执言。他对同志则以诚相待。同事中有家庭经济负担较重者，往往得到他的关心与帮助。他工作极为勤奋，而生活则十分俭朴。他不慕荣利，也从不搞特殊化。他刚正耿直，疾恶如仇；对趋炎附势之徒十分蔑视，对某些人的不正之风深恶痛绝。

严先生对某些人死后的特殊丧葬要求甚为反感，而对广东某地提倡死后以种植"骨灰树"的丧葬方式大为欣赏，认为这既可留下纪念，更可以自己的骨灰为绿化祖国做点贡献。他曾郑重其事地写了一份报告给中国社会科学院领导，建议提倡此事，就此做出具体安排。他在遗嘱中要求在他死后不为他开追悼会，不举行遗体告别仪式，并将遗体献给医院，作为他"对科学所做的最后一次微小的贡献"。

严中平先生不愧为全心全意为人民、为科学而献身的中国优秀知识分子的代表之一。他是我们学习的好榜样。

严中平先生将永远活在我们的心中！

（1991 年 12 月 19 日）

（收入《严中平文集》，北京：中国社会科学出版社，1996 年 10 月）

鲜明的立场　严谨的学风

——严中平、李文治先生百年诞辰纪念会上的发言

严中平先生和李文治先生两位都是我的老师，入行的引路人。我是 1954 年到经济所经济史组的，得到他们近 40 多年的教诲和熏陶，受益之深，难以言述。今天能参加他们的百年诞辰纪念会，甚感荣幸。大会给我机会表达对他们二位的缅怀之情，谨此致谢。

我虽然受教于两位先生多年，但至今并不具备全面评价他们的学术成就的能力，惭愧之至。下面仅重复严先生的某些观点，体现我对他的点滴认识。

严中平先生为经济史学奉献了一生，写出了传世的精品，更为学科发展做出了重要贡献。他从 1950 年回国以后，一直从事中国经济史学科的领导工作。在这个岗位上，竭尽全力。他领导的中国科学院经济研究所经济史组①成长为新中国的中国经济史学研究重镇，近半个世纪以来，一大批著名的中国经济史学的专家在这里集中、成长，高水平的学术论著迭出。就学科而言，他领导制订的中国经济史学科的 12 年科学规划，对上世纪五六十年代的学科发展产生了重大影响。他牵头成立了"中国经济史学会"，搭建了全国的学术交流平台。20 余年来，这个平台一直正常地为广大经济史工作者服务。他主持创办的《中国经济史研究》杂志，为广大经济史工作者提供了发表高水平学术论文的园地，已成重要学术刊物之一。他撰写多篇文章强调经济史学科的重要性，在各种会议上为重视这个学科的发展而呼吁，使上世纪 50 年代不甚为史学界和经济学界重视的状态大有改观，博得更多史学家

---

① 经济研究所后随上级单位改变而隶属"学部"、"中国社会科学院"。经济史组以后改为中国经济史研究室，以及发展为中国近代经济史研究室、中国现代经济史研究室。

和经济学家对经济史的注意，吸引了更多学子投身经济史学科。这些工作都起到了推动经济史学发展的良好作用，为这个学科达到今天的规模和水平做出了重要贡献。对于经济史学科而言，严中平先生居于重要的奠基人和带头人的地位，筚路蓝缕，其功至伟。

一 一位爱国主义的史学家

严中平先生是一位爱国主义者，他的论著充满爱国主义思想。他研究中国近代经济史时特别强调帝国主义侵华给中华民族经济带来的灾难。他认为帝国主义侵华的根本目的是从经济上榨取中国人民的血汗，中国近代史就是一部帝国主义侵略中国的历史。这个基本观点在他第一本代表作《中国棉业之发展》中就已确立："开关后的中国，先为列强商品的宣泄市场，后为列强资本的投放场所，故近百年中国经济史的演化，实为一部中国经济沉沦史。"① 以后他写了多篇揭露和批判帝国主义的文章，例如《论江宁条约与中外通商》、《"浮动地狱"里的滔天罪行》、《五口通商时代疯狂残害中国人民的英美"领事"和"商人"》、《英国资产阶级纺织利益集团与两次鸦片战争的史料》、《英国鸦片贩子策划鸦片战争的幕后活动》② 等等。他的反帝思想在后期更加突出。《帝国主义对华侵略的历史评价问题还需要讨论》③ 是他的遗稿，仍是反帝问题，对"开关好事"论展开了论战。

严中平强调指出，半殖民地半封建社会的形成，单纯用经济规律解释经济现象不能得到充分说明，必须看到政治暴力的作用，政治暴力本身就是不可忽视的一种经济力量。他认为帝国主义的侵略造成了中国近代史上两次政治大倒退。第一次是鸦片战争以后，帝国主义把一个独立的中国变为一个不完全独立的半殖民地的中国，对中国进行间接政治统治；第二次是辛亥革命以后，在帝国主义操纵下，把一个统一的国家变成为军阀割据的混乱天下。中国经济就是在这两次政治大倒退的形势之下发展变化着。根据这一总的线索，他把1840—1894年这段经济史，以19世纪70年代初叶为界，分为两个

---

① 第一章导言，商务印书馆（重庆）1943年版，第3页。
② 均见《严中平文集》（以下简称《文集》），中国社会科学出版社1995年版。
③ 见《文集》，第319—330页。

阶段。前一阶段的突出特点是，西方入侵者凭借条约权利、政治声势和炮舰威力对中国人民进行了赤裸裸的暴力掠夺。这种暴力掠夺具有为所欲为的随意性和伤天害理的残酷性。帝国主义对中国进行了一百多年的半殖民地性质的间接政治统治，其经济侵略具有暴力掠夺性。后一阶段帝国主义随着经济力量的增长，对中国的侵略更多地采取了经济手段。在 70 至 90 年代，帝国主义是通过攘夺中国进出口商品市场的领导地位进行的。他们把势力深入到交通运输、保险、仓库、商品购销和金融周转等各个方面，培养了一个买办资产阶级，形成一套买办资本商业高利贷剥削网，形成一整套控制商品流通渠道的完整体系。条条渠道都汇集到通商口岸去由他们操纵领导。到了甲午战争以后，帝国主义对中国的经济侵略进入资本输出阶段，他们的势力就在继续掌握中国进出口商品市场领导地位的同时，更深入到中国的生产和财政领域，全面地控制中国的经济命脉了。[①] 他主编的《中国近代经济史（1840—1894）》[②] 一书贯彻了两次大倒退的观点。

严先生从大量的历史事实中抽象出来的这些论点，使之逐步形成了强烈的爱国主义情结。他看到那些否认帝国主义侵华、美化殖民主义、否定民族英雄、颂扬民族败类的论调的时候，总是义愤填膺。在关于中国近代经济史研究的中心线索问题的讨论中，严先生放弃原来自己提出的中国资本主义发展和不发展的提法，而强调重视政治军事暴力对中国经济强大的甚至是决定性的反作用，其原因除去由于他对所掌握的资料有了新的看法而外，窃以为也是他的爱国主义情结强化的结果。

严先生不仅在研究侵华问题时站在中华民族的立场上，而且在研究工作中同情和支持所有受侵略、受压迫和受剥削的国家和民族，对一切帝国主义的侵略行径均持批判态度。他研究西班牙美洲殖民帝国、菲律宾殖民帝国和葡萄牙东方殖民帝国的早期征服史时，对老殖民主义持全盘否定的态度，无情地揭露一切西方殖民主义海盗冒险家的侵略行径。他收集了大量无可辩驳的史料写出《老殖民主义史话选》一书，揭露老殖民主义在美、亚、非三洲令人发指地杀戮以数千万计的无辜土著居民的累累罪行，以深恶痛绝的态度毫不留情地加以揭露，彻底批判。他坚决反对主张殖民主义给亚、非、拉人

---

① 本节内容主要来自《中国近代经济史（1840—1894）》，人民出版社 1989 年版。
② 人民出版社 1989 年版。

民带来资本主义新事物而应予以歌颂的观点，认为殖民主义行径的那种后果只能像马克思评价英国人在印度的作为那样，称之为"历史的不自觉的工具"。①

严先生在学术研究中坚持爱国主义立场很值得我们敬重。学术上的理性认识，直接指导了行动。严先生在英国进修时，正值全国解放，他欢欣鼓舞，毅然回归摆脱了半殖民地统治的新中国。并且在以后的研究工作中无情地批判一切对祖国不利的言行和任何人的媚外态度。严先生是一位大义凛然的、在殖民主义、帝国主义面前绝无软骨的马克思主义史学家。

二　一位坚持与中国历史实际相结合的马克思主义史学家

严先生进行学术研究是以马克思主义为指导思想的。上世纪 50 年代初，他为了研究鸦片战争问题，将多篇关于中国问题的论著译为中文。《马克思恩格斯全集》和《列宁全集》的中译本每出一册，他都认真阅读，并将有关经济史的论述精粹摘抄、汇编，除供自己索引、备忘，还提供给经济史组的同事们参考。严先生如此认真地对待马克思主义著作，坚持以马克思主义的立场、观点、方法去研究中国历史问题的同时，他又谆谆教导青年独立思考，切记"不唯书"。他认为本本主义、教条主义会将科学研究逼上窒息之路。他曾对章有义先生和我谈及当时苏联某些学者流行的以斯大林语录堆砌起来的文章，说："这也叫学术研究?!"他说，对历史研究来说，需要联系的实际就是确凿的史料。

严先生研究了马克思、恩格斯多种著作的发展过程后指出，马克思和恩格斯一生在不断完善他们的学说。他把马、恩自己补充和修改的内容归纳为 5 个方面：第一、补充和修改马克思主义形成时期的某些失误；第二、吸收他人新成果；第三、面对新情况、新问题，用客观实际去检验、补充和修改自己的论点；第四、对那些在理论原则的抽象意义上是完全正确的东西，由于客观形势的变化，在实践上已经无益，就公开宣布其为"已经过时了"；第五、对修辞、注释、完整性、通俗性等方面的进一步完善，以及征引文献

① 本节内容主要来自《老殖民主义史话选》，北京出版社 1984 年版。

校核后的更正。对此，严先生的结论是，中国的历史对于马克思主义来说，"存在许多新情况，新问题，新材料，是我们中国学人大显身手的领域。让我们坚持马克思主义历史观和经济观点的基本点，学习马克思和恩格斯的治学态度，把马克思主义发展到新的高峰吧。"①

严先生用确凿的史料论证了马克思关于中国问题的某些错误观点。他认为，马克思不懂中文，有关中国的知识，主要取自英国议会的辩论记录、蓝皮书和传教士、商人的著作以及当时欧洲报刊上的消息和评论。这些，基本上都是站在殖民主义者立场上说话的。在这种情况下，马克思却能站在被侵略者的中国人的立场上，以极其愤慨的心情揭露西方殖民主义海盗冒险家对中国的侵略罪行。例如在《中国革命和欧洲革命》② 一文中，马克思就把17世纪末叶以后清廷"排外政策"的"更主要的原因"归之于外国人的行径。严先生称赞说，"马克思从一片诬蔑中国声中，敏锐地观察到历史的部分实质，显示了这位大师具有高度洞察力的天才闪光。"③

但是，马克思关于中国问题的看法，也受到了这类资料的某些影响。就在同一篇文章中，马克思又说，"仇视外国人，把他们逐出国境，这在过去仅仅是出于中国地理上、人种上的原因"④，到清王朝才形成一种政治制度。这就是说，马克思认为自古以来中国就"仇视外国人，把他们逐出国境，"从而实行了"野蛮的"，"与文明世界隔绝的""闭关自守"政策。对此，严先生明确地表示，不能接受这个说法。他举出英国的官方调查资料、鸦片贩子叫嚣的资料以及大量历史事实，证明这种观点和历史实际全不相符。

严先生认为，关于在中国贸易不自由的指责，完全是歪曲事实。鸦片战争前夕，英国向中国大量走私鸦片以抵补贸易逆差，所以鸦片贩子与各类资本家群起鼓噪，一致叫喊中国仇外排外，贸易不自由。这种舆论的目的在于酝酿侵略战争。鸦片贩子叫嚣对中国人"用说理以外的辩论加以教训"⑤，1839年林则徐采取严厉措施，绝对不给鸦片走私以"贸易自由"，于是英国

---

① 《科学研究方法十讲——中国近代经济史专业硕士研究生参考讲义》（以下简称《十讲》），人民出版社1986年版，第167—169页。

② 《马克思恩格斯选集》卷2，第2—7页。

③ 《十讲》，第172页。

④ 《十讲》，第171页。

⑤ 《广州纪事和行情报》，1831年第2号。

外交大臣巴麦尊便按照鸦片贩子所建议的政略战略发动了鸦片战争。

严先生指出，中国人酷爱和平，地理上的艰难险阻并未隔断中国的对外交往。丝绸之路自汉以后绵延达几百年之久，对西南太平洋和印度洋沿岸各国的友好往来也历时好几百年。中国自古是一个以汉人为主的多民族国家，在漫长的历史时期中，外国人来华流寓各地者众多，且都受到优待，其中在中国做高官者也颇不乏人。外来的不同宗教的犹太人能够融入中国，有力地说明中国没有仇视外人。所以中国自古以来就由于"地理上、人种上的原因"而排外的论点是没有根据的。

中国王朝对外政策的变化，是从明朝初年开始的。外来海盗和海盗式商人的非法行动引起明清政府采取严格的对外监督和海防政策。洪武初年，因倭患严重而设市舶司制度，其目的在于杜绝海盗。洪武后期，朱元璋下令严禁私下通蕃。中外关系史上的这两次变化，都是为了防止外侵而采取的国防措施，其目的是为了保障人民生命财产的安全，并不是出于"仇视外国人"而实行"闭关自守"政策。

清王朝建立初期的确实行过严厉的迁海政策，但那是针对占据台湾进行反清斗争的郑成功的，与排外无关。康熙帝不仅容留外国教士在华居留，还重用他们。统一台湾以后的第二年，就开四口通商。可见，康熙帝不但没有仇视外国人，也没有"闭关自守"，倒是很重视海上贸易。

乾隆帝限在广州一个口岸进行贸易。两广当局又多次订立规章，限制外商非法行动，防范越来越严。这就是当时英国舆论指责"中国仇视外国人，把他们逐出国境"的"闭关自守"政策的主要内容。其实这只是限制外商的非法行径，是从巩固海防的角度出发的管理和防范措施，根本不是仇视外国人，或是闭关自守。外国人只要在中国法律规章允许的范围之内进行贸易，就受到保护和优待。世界上没有一个主权国家能够容忍外国船只随意闯入它的一切港口，或放任外国人在自己境内乱说乱动。

严先生得出了十分明确的结论："我们不承认在历史上中国封建政府，曾经实行过什么'闭关自守'政策，更不承认，中国曾经出于地理上、人种上的原因，对外实行过'野蛮的''与文明世界隔绝的''闭关自守'政策。马克思对这个问题的提法是一个失误。"①

---

① 本节内容主要来自《十讲》。

所谓明清"闭关自守"作为一个学术问题，是可以有不同看法的，学术界也一直在讨论着。但是把"闭关自守"归结为"地理上的"、"人种上的"原因，肯定错了。因为这种认识的结果是把它看成中国人所固有的，从来就有的，不可改变的了。这显然没有根据，与事实不符。绝不能因为这话是马克思说的就肯定是对的。严先生指出马克思的这一失误，给我们提供了一个范例：对待马克思主义著作，既要承认其真理性，又要通过史实加以检验。

在研究工作中坚持论从史出，要相信确凿史料得出的结论。对于社会科学、人文学科的研究工作者来说，既要坚持马克思主义的基本原理，又要与时俱进。在发现新史料的情况下，在产生新情况的条件下，必须做出新的判断与决策。马克思、恩格斯自己就是这么做的。应该确认，所谓"凡是"的提法对任何人都不适用，因为任何人都不是神。"句句是真理"的盲目崇拜也对任何人都不可用，因为一则人无完人，二则未来难测。

三　一位严格遵循科学规律的严谨的史学家

严中平先生治学作风十分严谨。他强调搞学术研究先要下硬工夫收集资料，继而客观地分析资料，绝对不可断章取义，夸大缩小，更不可篡改文献，颠倒黑白，弄虚作假。

他认为把研究建立在大量坚实可靠的资料基础上，是谨严学风的最起码条件。主张充分占有扎实的材料，对中外历史的发展过程进行深刻的对比研究，以达到合乎历史实际的结论，反对捡拾零星材料去填充理论框架。他批评轻视资料的倾向，指出以为收集和整理资料是资料员所干的"下手活"的看法是错误的。他提倡在积累大量资料的基础上进行专题研究，在专题研究基础上进行综合研究的工作程序。这种研究程序，已成为他所领导的研究集体的共同财富和传统学风。针对20世纪50年代初期中国经济史研究和教学资料缺乏的状况，他组织经济所的同志先编了《中国近代经济史统计资料选辑》，接着编辑一套《中国近代经济史参考资料丛刊》，经过数年努力，先后出版了中国近代工业、农业、手工业、外贸、铁路、航运、和外债等资料。尽管这套资料丛刊还称不上门类齐全，也还有其不足之处，但在当时它所起的作用是非常显著的：为教师们编写教材提供了资料，为近代经济史研究提供了基本的素材和线索，为政府工作人员提供了基础国情资料。它为大家节省了很多宝贵时间，初步解决近代经济史方面的"资料荒"问题，对教学与研究起了有力的推动作用，成为经济史学，乃至历史学、经济学研究与教学的案头必备。更重要的是这套资料丛刊的出版也提倡了重视资料的踏实谨严的学风。直到现在，这套资料丛刊仍在发挥其应有的作用。因而它得到了国内外学术界的好评。为编辑这套丛刊，严先生付出了辛勤的劳动。1956 年，他写了《编辑中国近代经济史参考资料工作的初步总结》① 一文，是这套资料全体编者的经验结晶，为后人编辑经济史资料提供了丰富的具体经验。

严先生于上世纪 50 年代末 60 年代初，两次组织经济史组多数成员较大规模地外出蒐集资料：一次是以上海徐家汇图书馆为中心，一次以第一历史档案馆为中心，均有重要收获。此外，他于 60 年代初向哲学社会科学学部姜君辰主任吁请重视整理编辑清代"巴县档案"，并派我去四川大学与徐中舒先生联系这项工作。他曾派章有义和许钧两位先生赴陕西三原县调研，建议整理长盛和商店账册资料。他还组织经济研究所入藏安徽屯溪资料。他督促和指导经济所图书馆妥善保存上世纪 30 年代入藏的清宫钞档资料以及其他珍贵资料等等。总之，他对经济史资料收集、整理和编辑工作的推动和支持是不遗余力的。

年轻同志到所后都想尽快出成果。严先生经常提醒年轻人打好基础，不要急于求成，不要急功近利。他一再强调，成果要禁得住"摔打"，禁得起时间考验，一大堆水稀稀的东西不如一篇"掉在地上当当响"的"干货"。为此，必须下苦工夫。我刚到经济史组时，严先生没有让我立刻投入研究工作，把我安排到图书馆。于是我在宗井滔馆长领导下，在汪熙曾等同志的指导下，穿梭于排排书架之间，从打扫卫生做起，做过了图书上架、整理、写标签、出纳、采购、手抄中文目录卡、打印外文目录卡，直到进行图书分类等馆员应该掌握的全套业务。开始接受这一分派时，我并不理解，认为这是浪费时间。干了 8 个月调回组内，感觉大不一样。正是通过这些"打杂"的工作，我浏览了大量图书杂志，使我获得了基本的目录学知识，熟悉了馆藏的全貌，对当时经济所的藏书了然于心。这对我以后的研究工作来说受益无穷。严先生对年轻人的治学要求是严格的，有效的。

严先生对我说，不要把自己当作能倚马千言一挥而就的"才子"。常人

---

① 《经济研究》1956 年第 4 期。

之资也能写出好文章，那就是要下工夫精雕细琢地"改"。好文章是"改"出来的。严先生自己的稿子总是一改再改。他不耻下问，写出文稿有时先给大家看，要求提意见，并多次修改。他披阅大家的稿件也十分认真，会提出从理论到修辞的各种问题、意见和修改建议，既有原则的指导，也有具体的帮助，十分认真、严格。经济史组许多同志的作品都渗透了严先生的心血。在他的带动下，当时经济史组有个好传统，个人写的文章在定稿前请一位乃至多位同志审阅。后学们在这个环境中受益良多。

严先生于 1986 年发表的《科学研究方法十讲——中国近代经济史专业硕士研究生参考讲义》，系统地探讨了研究方法问题。这本书中的若干篇章本是60 年代初应《红旗》杂志之约而写的，后来加以扩充，作为中国社科院研究生院经济系中国近代经济史专业硕士生上课的讲稿。该书讲述了中国近代经济史学研究的规范性程序和方法，告诉学生如何选择研究题目、如何分析研究、分别论述了核校前人论据、积累文献资料、理论联系实际、科学研究学风等等问题。他强调，专业的科学研究工作者的主要任务是"提高"，不能"炒剩饭"。近代经济史的科研工作者想有所创新，就要破四"就"、立四"新"。所谓破四"就"即必须对外国经济史有一定了解，不能就中国论中国；必须对古代史有一定了解，不能就近代论近代；必须对政治史有一定了解，不能就经济论经济；必须重视理论上的提高，不能就事论事。所谓立四"新"，即提出新的问题、新的观点、新的资料或者新的研究方法。所写文章至少要占其一，否则就称不上是有所提高。在这本书中，严先生举了很多例证，从具体操作方法直到如何以马克思主义为指导，逐一详解，并提高到认识论上来进行分析。这是他 50 年研究经验之谈，其中甚至包括经济史组这个研究集体的许多经验。这本书很少抽象的理论，更多的是看得见、摸得着、可操作性极强的具体方法，它不仅能把科研新手领进门槛，更重要的是可以培养严谨的学风。其参考价值显然大大超出了中国近代经济史研究的范围。

学习前辈学者运用科学的研究方法，树立严谨的学风，对于清除弥漫于学术研究领域的浮躁之气是多么必要啊。

以上三点体会，借以缅怀严中平先生。

（2009 年 10 月 17 日）

（载《中国经济史研究》2009 年第 4 期）

李文治先生传略

李文治先生，河北省容城县人，1909 年旧历 9 月 28 日生。中国社会科学院经济研究所研究员，社科院研究生院教授、博士生导师。

1937 年，李文治先生毕业于北平师范大学史学系。1940 年 7 月，到中央研究院社会科学研究所工作，全国解放后，该所改为中国科学院、中国社会科学院经济研究所，李文治在该所从事研究，直至退休。

治史之道

在北师大学习，对李文治先生以后的学术活动有重要影响。当时除听史学系陆懋德、王桐龄、邓之诚、齐思和、张星烺诸教授所开中国史、外国史、中西交通史和史学史等课程外，并选修了陈垣教授评介《廿二史制记》和吴承仕教授自编的《三礼名物》课。陈垣分析极为深邃，论证严谨。吴承仕试用唯物主义考释三礼所载名物，更具创见。1935 年杨秀峰教授讲述社会发展史，对李文治的学术方向起了更为重要的启迪作用。

李文治作为一位进步史学工作者，一贯坚持严谨学风，并且正视现实，从不掉在故纸堆里埋头于繁琐考据。他通过长期的科学研究实践，形成了自己一套科学的史学方法论。

李文治数十年的学术业绩主要集中在如下两方面：一是土地问题和农民战争问题，二是关于中国经济史的中心线索问题。有关前一方面的研究是在他做学生时代开始的。1934—1936 年间，他写了《南宋土地问题》、《南宋平均地权的几种理论》以及隋代《大业民变的经济动力》、唐代《黄巢暴动的社会背景》，《北宋民变的经济动力》等五篇文章。到中央研究院社会科学研究所以后，继续研究农民战争方面的课题。1940—1943 年写成《晚明民变》一书。这本书将明末农民战争的历程分为四个时期，即初起时期、极盛时期、渐衰时期及转向反清战争时期。作者把农民起义首先发生于陕西的直接原因归纳为饥荒、兵变、加派和裁驿；至于农民战争扩大的根源则是晚明政治腐败、官绅地主横暴、土地兼并集中、封建剥削苛重以及农民生活贫困等。书中关于农民战争的论述，对提出"均田"纲领口号的农民领袖李自成完全采取歌颂笔法。对晚明农民战争问题进行有系统的论述，据谢国桢解放后所著《增订晚明史籍考》评介，谓在当时国内乃系"首创"。不过谢老又说："作者盖受郭沫若先生《甲申三百年祭》之影响"，此说实乃误会。《晚明民变》虽然出版于一九四七年，但在该书绪论中已说明乃定稿于 1944 年秋，盖与郭老大作皆成于甲申，是在同年。可见书中观点都是作者的独立见解。

也在这一时期，李文治还写了几篇类似的论文，包括《水浒传与晚明社会》、《论晚明官僚地主和捐派》和《晚明土地分配问题》等，基调与《晚明民变》基本一致。如《晚明土地问题》一文，论述农民战争时期地权集中的情况。当时有的封建官僚从"弥乱源"出发提出"均田"，"限田"之类建议，李文治借用明末文人计六奇的议论，谓均田、限田之不行，"以利于贫贱不利于富贵耳"。作为地主阶级政治代表的封建国家机器是不可能接受"均田"、"限田"建议的。总之，从 1934 年直到解放前夕十多年间，他力图通过写作去揭露封建社会的黑暗面。

沿着这一思想脉络，李文治在全国解放以后，继续就中国封建社会的土地关系及阶级关系问题深入研究，写出了《晚明封建地主掠夺土地的几种方式》、《晚明统治阶级投靠清室与起义农民的抗清斗争》、《晚明官僚一笔贪污账》，《晚明农民领袖李自成》等文。1953 年李文治参加由严中平主编的《中国近代经济史统计资料选辑》一书的编写工作，承担其中地租部分。1954—1956 年李文治编辑了《中国近代农业史资料》（第一辑）。此后他又发表了《太平天国革命对变革封建生产关系的作用》、《关于研究中国封建土地所有制形式的方法论问题》、《明清时代的封建土地所有制》及《论清代前期的土地占有关系》等论著。在这十多年间，李文治在写作方面一个主要特点是力图贯彻阶级分析法。

李文治在研究课题中所处理的问题，涉及一个重要的理论问题，即如何看阶级斗争的历史作用问题，和一个重要的研究方法，即如何进行阶级分析。关于这两个问题，七十年代末以来，他逐渐形成了自己的看法。关于阶级分析法他采取肯定态度。而且认为从事历史科研首先要掌握阶级分析法。因为社会发展的基本矛盾表现为阶级对抗和冲突，如封建社会时期表现为地主与农民两大阶级的对抗；整个封建国家机器都具有强烈的阶级属性，它只能是地主阶级利益的政治代表。所有重大历史事件，只有通过阶级分析才能作出正确的科学论断。但是进行阶级分析需要和当时社会物质生产状况联系起来进行考察。根据历史唯物主义基本原则，是社会存在决定社会意识，不是社会意识决定社会存在。如经典作家所指出的，人类社会物质生产是"一切历史的基本条件"；社会生产关系"是随着物质生产资料、生产力的变化和发展而变化和发展的"。和阶级斗争相比，生产斗争是更根本的条件。就中国地主经济封建社会时期而言，封建依附关系有一个发展、强化、削弱和松解的发展过程，阶级关系的这种发展变化，归根结底乃是由于生产发展的结果。没有农业生产和商品经济的发展，农民和地主之间的相互关系的变化是不可能发生的。进行阶级分析还要和当时历史条件联系起来考察，如评价历史人物和历史事件要放在当时社会条件下进行衡量，采取历史唯物主义态度。过去在对历史人物评价中出现的贬低功绩、夸大过错的倾向，乃是由于没有掌握好历史唯物主义阶级分析法。当然，阶级分析法也有它的局限性。历史研究范围广泛，社会现象分歧复杂而丰富多彩，类似的历史过程在不同时期、不同地区有不同的具体内容，其形成和发展也各有其不同的具体情形，有时不能单靠阶级分析一法就能解释一切事物的发展变化过程。

关于阶级斗争的历史作用问题，李文治认为是和阶级分析法紧密联系在一起的。他认为阶级斗争对社会历史发展的促进作用应该肯定，但须和生产斗争联系起来考察。一定的阶级斗争是在物质生产一定程度发展的条件下出现的，是物质生产一定程度的发展促进社会生产关系的变化，而这种变化又返转来促进社会生产的发展。从人类社会历史实际考察，由一种生产方式向另一种生产方式过渡，虽然通常要经过阶级斗争，但最终根源是物质生产发展的结果。李文治又指出，对生产斗争和阶级斗争的相互关系要采取辩证观点。生产斗争、阶级斗争和封建社会相始终，何者起主导作用，因时期而不同。以中国地主经济社会而论，在每个封建王朝前期，农民小土地所有制广泛存在乃至点居统治地位，这时阶级矛盾缓和，而以生产斗争为主，物质生产发展比较迅速。每个封建王朝中期，地权逐渐集中，阶级斗争逐渐剧烈，出现阶级斗争与生产斗争两种矛盾并列的形式。封建社会后期，政治腐败，地权高度集中，物质生产的发展受到严重压抑，农民生活困难，相继爆发抗租、抗粮斗争乃至农民大起义，这时以阶级斗争为主。经过农民大起义，生产关系发生一定程度变化，为工农业生产进一步发展开辟了道路，只有这时才显示出阶级斗争的动力作用。任何一个封建王朝前期，是物质生产的发展在推动社会历史向前发展，后期则是农民战争打破束缚生产发展的桎梏而为物质生产发展创造条件。

李文治回顾自己从事历史研究的历程，认为在五六十年代时曾力图贯彻阶级分析法，强调阶级斗争的历史作用，可当时由于主观上思想的片面性和客观上时代的局限性，对两方面的理解都不够全面。他认为这种现象产生的根源，一是没有学懂辩证唯物主义和历史唯物主义，同时也由于时代的局限。正是这个缘故，不仅他个人如此，上述倾向在当时史学界中是一个带普遍性的问题。

80年代以来，李文治发表了《明清时代中国农业资本主义萌芽》、《论中国封建社会后期江浙皖三省原太平天国占领区土地关系的变化》、《地主经济与中国封建社会长期延续问题论纲》、《中国封建社会土地关系与宗法宗族制》、《论清代后期各种类型农业经营的发展及其社会性质》、《论清代后期强化封建土地关系的政策措施》、《论李自成的均田纲领口号的时代意义》、《论明清时代的地租》、《论中国封建社会后期的划分标志》等文章，更多地注意了经济关系问题。

李文治认为，历史研究属于社会科学，它的终极任务是探索人类社会历史发展规律。它具有一定社会功能，它的社会功能即社会价值，即历史科学如何为现实服务问题。他认为对为现实服务不能作狭义理解，应该是多方面的。古代史和今天距离甚远，直接为现实服务的因素不多，时间越古越是如此。古代历史事件虽然有的可供借鉴，作到"古为今用"，但这只是古史研究的一个方面，而且还不是主要的方面。历史科研为现实服务，更重要的应该是贯彻马克思主义哲学，通过历史研究宣传、丰富和发展马克思主义，同时批判形形色色的唯心主义，这应该是它的最主要的基本内容。这种要求无论是对近现代史或古代史研究都不例外。各朝历史尽管在时间上有古今的差别，和现实的联系情况或程度不完全相同，但可通过马克思主义哲学把它们和现实斗争紧密联系在一起。

李文治认为，历史科研要实现它的社会功能，它的论断必须建立在掌握丰富而可靠的资料基础之上，要对资料进行考订，去伪存真。从这方面说，严谨学风需要继承和发扬。因此要掌握历史文献，诸如目录学、版本学、校刊学、训诂学等；要掌握史学方法，诸如形式逻辑、数量统计、比较法等；还有其他与历史科研有关的诸问题。新时代赋予我们的使命是把掌握考订资料的严谨学风和科学理论相互结合起来，即用马克思主义哲学进行综合，把历史学发展为科学。

李文治指出，实现历史科研为现实服务还有一个有利条件，即中国古人给我们留下了丰富的文献记载和历史文物，这在世界其他各国是很少有的。这使建立马克思主义史学有着足够的资料依据。中国又是一个历史悠久而具有典型性的封建社会，这对建立具有中国特色的历史科学有着广阔的场所。关于这个问题，李文治的结论是：中国历史科学研究的任务，是通过马克思主义哲学，对中国历史发展过程进行全面分析，建立具有中国特色的中国史学，通过总结中国历史发展的特点和规律，宣传、丰富乃至发展马克思主义，批判形形色色的唯心主义，从这方面实现为现实服务的目的。

学术观点

50 年代末 60 年代初，国内学术界讨论了一系列有关中国的重要问题，其中不少涉及中国经济史，如中国资本主义萌芽问题，封建所有制形式问题，地主阶级的阶层划分问题，封建社会历史分期问题，封建社会长期延续问题等。李文治认为，这些问题之间在理论上是有其相通之处的，若对这些问题作出正确的论断，应该掌握一个基本标志，就是说，要找出研究中国经济史的中心线索。这个中心线索就是中国地主经济体制。

李文治所说"地主经济体制"是广义的，指以封建地主所有制为主导包括农民小土地所有制及官学田等各类国有制在内的整体。这个经济体制具有极大坚韧性和适应性，能自动调节生产关系以适应生产力的发展，从而显示出其顽强的生命力。正是在这种基础上，中国人民创造出世界上罕见的光辉灿烂的封建文明。也正由于地主经济的适应性，反过来成为束缚社会经济进一步发展的桎梏，形成封建社会长期延续和资本主义关系萌芽发生发展缓慢。中国封建社会历史时期发生的某些重大问题都和地主经济有或多或少的联系，为它的发展变化所制约。

关于这个问题他早在五六十年之际就开始注意了，但认识还不甚明确，70 年代末至 80 年代初的研究，他把这个问题的研究深化了，进入 90 年代的今天，他运用上述观点已完成了一系列重要的专著和论文的写作。

为了论证李文治的学术观点，下面试就他所接触的几个问题作一简短概括。

（一）封建土地所有制基本特征

中国封建社会时期的土地所有制，有地主所有制，有农民所有制，有各种类型的国有制。各类所有制的发展变化皆为地主所有制的发展变化所制约，是一个很值得探索的问题。

中国封建地主所有制应该分成为既有联系而又互相独立的两个组成部分。一个是封建地权，经典作家一再指出过：地租的占有是土地所有权的实现形式，而封建地租是地主占有农民大部或全部剩余劳动。一是基于实现地租的需要而形成的封建依附关系，即人身依附及超经济强制。封建依附关系是为实现封建地租而产生的附属物。人身依附指隶属制度。超经济强制指地主实现地租的暴力手段。在有人身依附关系的条件下，超经济强制以人身依附为条件。但超经济强制和人身依附关系毕竟不是一回事，超经济强制的强弱与人身依附程度不一定保持一致。封建地租的实现，超经济强制作用尤为重要。对封建地主来说，地租剥削是目的，封建依附关系只是实现地租的手段，这个手段是可以改变的。在人身依附关系趋向松解的条件下，地租的实现更多地依靠国家政权的保证。相对私人地主的超经济强制而言，这是一种变相超经济强制。

中国地主经济制，遗产采行诸子均分制，土地可以买卖，以及实物地租制等，决定了在封建依附关系方面具有如下特点：一是封建依附关系不是封建地权的固有属性。中古欧洲领主制，土地具有主人的阶位，土地显得像它主人的非有机的身体，封建依附关系构成封建地权的固有属性。中国地主制，尊卑贵贱等级关系不是同封建所有制连生的，对封建地权来说它是外加的，它可以脱离土地关系而独立存在。只有当地权、地主和生产劳动者农民三者相互结合之时才产生封建依附关系。一是封建依附关系松解。欧洲领主制是严格等级所有制，等级和阶级是一致的，等级是阶级差别的一种形式，阶级差别是按人的等级划分而固定下来的，每个人的等级地位固定不变，阶级地位遂也固定不变。而劳役地租的统治形式又加剧了封建依附关系。领主庄园不只是一个经济实体，也是一个政治实体。中国地主制则不然。中国封建社会虽然具有封建等级关系，但没有形成严格等级所有制，贵族官僚占地多寡和他们身份等级并不一致，甚至等级和阶级关系可以互相背离，而且还存在非身份性庶民地主。一个地主不管他占地多寡，他只是一个经济实体。加以地主阶级地位兴衰不定，官绅等级身份变动无常，以及实物地租的统治形式等等，严格而残酷的封建依附关系不容易形成，即使在历史上一度出现也不能持续很久。李文治指出：根据经典作家关于中古欧洲领主经济封建依附关系的论断分析中国地主经济的封建依附关系，是不完全符合中国历史实际的。

相对封建依附关系而言，体现封建地权的封建地租更能突出封建所有制的本质。在封建依附关系趋向松解乃至解陈的条件下，农民对地主只有单纯纳租义务关系，但只要地主仍继续占有农民全部或大部剩余劳动，则封建所有制仍在延续，而且这时更加赤裸地暴露出地租剥削的封建性。

因此，李文治认为，研究中国史，无论有关社会经济乃至政治变迁问题，应和地主经济体制联系起来，把它作为中心线索进行探索，更有利于掌握中国封建社会的本质，突出中国封建社会的特点。

（二）经济关系是鉴别土地所有制形式的标志

在五六十年代，历史学界曾经环绕中国封建社会时期土地国有和私有问题展开讨论。李文治认为关于这个问题的研究，要撇开法权观点和国家主权观点，而着重于经济关系的分析，才能作出正确的论断。所谓经济关系即生产关系，它具体反映于封建所有制的两个组成部分，即前面所说的封建地权和封建依附关系。通过土地关系，生产劳动者农民的剩余劳动归谁所有，他们对谁发生人身依附关系，受谁的直接的超经济强制，谁就是土地所有主。离开人的经济关系，就看不出谁是剩余劳动的主要占有者，看不出农民和地主的封建依附关系，无法区别国家主权和土地所有权这两个不同的概念，当然也就无法区别土地的国有和私有。最后，也无助于揭示封建社会的阶级关系和封建剥削的性质。

按照李文治的论断：通过经济关系的分析，很容易划清田赋和地租的界限，划清土地所有权和国家主权的界限，突出阶级关系。至于法权关系，只能作为考察经济关系的辅助说明，而不要为其所困扰。

通过经济关系的分析，其通过土地关系榨取农民全部或绝大部分剩余劳动的，并和农民发生直接人身依附及超经济强制关系的，如果是封建国家那就属国有制，如国家屯田、地方学田就是这种情形；如果是私人地主就属地主私有制，如官绅地主、庶民地主的土地以及勋贵庄田等就是这种情形。勋贵庄田就法权关系而言是禁止买卖的，族田义庄有的也得到国家法令保证而不准买卖，但这并不影响其私有性质。至于自耕农民所耕种的民田，农民所创造的剩余劳动，除其中一小部分以田赋的形式上交国家之外，其余部分并不以地租的形式归国家或私人地主，而是归农民自己所有；因为农民自己占有该剩余劳动产品，当然也就无需乎任何形式的封建依附关系及超经济强制。这种所有制只能是农民小土地所有制。据此分析，不只历代农民通过垦荒、购买、继承所获得的土地是农民私有地，即南北朝、隋、唐推行均田制时期由国家分配给农民的土地也属农民私有制。

李文治指出：有的作者根据经典作家关于东方地权的论断，有的作者单纯从法权关系出发，还有的把国家主权和土地所有权混淆起来，论证中国封建土地所有制形式，都是欠妥当的。李文治认为，论证封建社会时期土地国有或私有问题，必须通过经济关系的分析才能作出正确论断。

（三）封建土地关系的发展变化是划分历史时期的基本标志

中国封建社会经历了几千年。如何划分前期、中期和后期，划分历史时期的标志是什么，国内学者曾提出种种不同看法。李文治认为，能作为历史时期划分标志的，必须是既能反映当时社会性质，又能突出时代特征和社会经济发展趋势的事物或现象。因此在封建社会时期，这个标志应从封建经济本身也即封建土地关系的发展变化中去寻找，其他一切问题只能作为划分时期的辅助说明。这是由于：只有从生产力出发说明经济基础，又从生产关系出发说明上层建筑，才能比较确切地揭示社会性质及社会历史发展进程，其中生产关系又是最主要的一环，而生产关系又为封建土地关系所制约。

中国地主经济时代虽有各种类型所有制，但起主导作用的是地主所有制。如前所述，地主所有制的两个主要组成部分：一个是封建地权，封建地租是封建地权的体现形式，地租占有农民或全部或大部分剩余劳动，地主经济两千年基本不变；一个是封建依附关系，即土地所有者地主和生产劳动者农民的相互关系，它有一个发展变化的过程，而这种发展变化最能突出封建时代特征和社会经济发展趋势，这就是李文治据以划分历史时期标志的理论依据。

李文治指出：中国封建地主所采行的剥削形式主要是土地出租，也有少数进行直接经营，因此封建依附关系的变化又主要表现为租佃关系及雇佣关系的变化。以租佃关系变化而言，马克思曾对欧洲领主经济的封建依附关系作过如下概括：农民不自由的程度。"可以从实行徭役劳动的农奴制减轻到单纯的代役租"。一直过渡到资本主义社会，地权才摆脱了一切政治的和社会的"一切传统的附属物"，即彻底清除封建依附关系的残余。封建依附关系由发生、发展、松解到消亡是必然发展规律，它在封建生产关系不断再生产的历史长河中，伴随着社会经济的发展在不断发展变化，从而显示出封建社会历史发展的阶段性。

据此，李文治把由春秋战国至明清从地主经济为主导的封建社会划分成为几个不同的历史时期：由春秋战国历嬴秦至西汉，地权长期分散，汉武帝后逐渐集中，封建依附关系也逐渐发展，是封建社会前期。由东汉至南北朝，地权高度集中，世族地主发展，农民社会地位下降，贵贱等级关系尖锐对立，封建依附关系强化，是封建社会中期第一阶段。由隋唐至宋元，伴随社会经济发展，封建依附关系削弱，但广大佃雇农尚未摆脱对地主的人身依附，是封建社会中期的第二阶段。朱明建国，一般租佃制，主佃双方在封建法权关系方面是平等的，即废除了佃农对地主的直接的人身依附关系。明中叶后，农业雇工的身份地位也开始发生变化；到清乾隆年间，在法权关系方面，绝大多数农业长工变成自由雇工。明清两代主佃、主雇间在实际生活及法权关系方面的变化是划时代的变化。这时地主对佃、雇农虽仍具有不同程度的超经济强制权力，和宋元以前相比已大不相同。就在这时出现了资本主义萌芽。所以，明清两代进入封建社会后期。

李文治关于封建社会历史时期的划分，着重经济关系，尤其是封建依附关系方面的变化，但并不否认工农业生产及商品货币经济作用，但很难据以作为划分历史时期的标志。他也不否认上层建筑的作用，尤其是高度中央集权的封建国家机器所采行的政策措施，对社会经济的发展变化经常起着决定性作用，但认为它毕竟为地主经济的发展变化所制约。最后，地主经济的发展变化又为工农业尤其是农业生产发展所制约。

（四）封建等级关系是地主阶级的阶层划分标志

近几年来，关于如何对地主阶级进行阶层划分问题展开了讨论。中国地主制和欧洲领主制不同，一开始就出现大、中、小地主的差别。农民阶级也可以划分为不同的阶层或等级。无论地主阶级或农民阶级成员，由于社会地位和经济地位的不同，政治态度和社会经济方面所起的作用遂也不同。李文治认为，进行历史研究，如果把阶级分析简单化，仅只停留于地主与农民两大阶级的对立，而忽略于两大阶级内部的阶层划分，显然不完全符合历史唯物主义的基本要求。

几十年来，人们习惯于用占地多寡把封建地主阶级划分为大、中、小地主，这种划分法虽然也有一定道理，但有不足之处。人类自从分化为阶级以来都是阶级社会，但每个历史时期又具有不同特点。李文治认为：封建社会是等级社会，用等级关系——贵族官僚等身份性地主和庶民身份地主对地主阶级进行阶层划分，更能突出时代特征。

地主阶级的等级差别，地主经济一开始就已出现，到魏晋南北朝时期更加突出；即使封建社会后期封建依附关系松解之后，等级差别仍在延续。李文治认为：庶地主和官地主虽同属地主阶级，却属两个不同等级，他们的社会地位有很大差别。当然，贵族官僚等级内部还可因等级高低不同而进行更为细致的划分，但不管其占地多寡或等级高低，总属于"贵"的等级。庶民地主也可因占地多寡区分为大、中、小地主，但毕竟是"庶民"等级。

李文治指出：庶民地主所占比重因时期而不同。特别值得注意的是封建社会后期，这时庶民地主的发展具有划时代的意义。一是庶民地主发展和自由租佃的相互联系，这种变化兆始于明初，到清代前期有进一步发展。其次，庶民地主发展与自由雇工的相互联系。庶民地主很多是从自耕农发展起来的，保持了直接经营的传统，明清时代的经营地主主要是庶民地主，庶民经营地主的发展促成了雇佣关系的变化。这种变化兆始于明代中期，到清代前期有进一步发展。乾隆年间所规定的与雇主共坐共食、平等相称的长工摆脱了法律上的身份义务关系，这里雇主中的地主主要是庶民地主。三是与资本主义萌芽的联系。不只庶民地主的农业经营具有资本主义萌芽的性质，在广大农村发展起来的酿酒、榨油、制糖、造纸等家产加工手工业，一开始就摆脱了城市行会的束缚，在工业方面较早地出现资本主义萌芽。这类经营者主要是庶民地主。

由此可见，庶民地主的发展不只促成等级关系的变化，也促进阶级关系的变化。因此李文治认为，对封建社会时期的地主阶级，用身份等级关系比用大、中、小进行阶层划分更能突出时代特征，更符合历史唯物主义。

（五）地主经济与封建社会缓慢发展和长期延续

关于中国封建社会长期延续问题，国内学者进行了长期讨论，提出了种种看法。诸如耕织结合、地理条件、超稳定论、生产力论、中央集权等等。李文治提出自己看法：关键是地主经济体制的制约。李文治认为：对中国地主经济制要进行辩证的考察。在封建社会中期，地主经济已变成为阻碍工农业生产发展的桎梏。但由于地主经济制本身所固有的特点，它能伴随社会经济的发展进行自动调整以适应工农业生产的发展。因此，中国地主经济两千年，社会经济虽然有时出现停顿乃至倒退，但总的趋势是在不断向前发展，这是地主经济适应社会经济发展的具体反映。关于社会经济的发展，归根结底是生产力和生产关系的发展，生产关系又为生产力的发展所制约。关于中国封建社会时期生产力之所以能长期发展，李文治着重指出：在农业方面，相对中古欧洲领主制而言，中国地主经济具有一定优越性。第一，由地主经济所形成的小农租佃制，一开始就采行远较领主劳役租为先进的实物租制，宋元以后又出现永佃制，明清时代又出现分成租向定额租制的过渡。这类租佃制，农民在生产方面有更多的独立性和自由。其次，地主经济能适应封建依附关系的变化，由以所形成的租佃雇佣关系都不例外。而这种发展变化乃是地主经济对农业生产力发展的要求只有适应性的具体反映，第三，也是更重要的，是地主经济制约下自耕农始终广泛存在，他们较之租佃农更富有生产积极性。又由于地主经济是非等级所有制，土地可以买卖，具有极大灵活性，它较能适应地权分配和地主身份地位的变化。所有这一切就有力地证明，中国地主经济在一定范围内能自动调节生产关系以适应生产力的发展。只看到地主经济对中国社会经济发展的桎梏作用而忽略它适应社会经济发展的一面，是不符合中国历史实际的。

李文治还指出，由于地主经济对中国社会经济发展的桎梏作用，中国地主经济制经历了一千多年漫长岁月，一直到明代中叶才出现资本主义萌芽。资本主义萌芽发生以后，又经历了几百年还没有过渡到资本主义。发展如此缓慢，归根结底，仍由地主经济的制约。由于土地可以买卖，土地财产最为稳妥，地租收入最有保证，土地财产遂具有极大吸引力，因此所有社会财富都向土地聚集，而不转向生产，尤其是工业生产。在这种条件制约下，各类地权遂一再重建。如地主地权，在土地买卖过程中，有些地主没落了，有些地主不断扩大他们的地产，还不断出现新地主。如农民地权，农民战争固然是农民小土地所有制增长的契机，在土地买卖过程中也不断分化出新自耕农。以上各类地权的一再重建，体现为地主经济制的长期持续。

李文治又行指出：资本主义萌芽发展迟缓是中国封建社会长期延续的一个方面。生产力的发展及封建依附关系松解为资本主义萌芽的发生发展创造了条件，封建地权、地租剥削又延缓了资本主义萌芽的顺利发展。就农业部门而言，是高额地租阻碍了资本主义雇工经营，仍然是高额地租诱使具有资本主义性质的大经营朝着土地出租的方向倒退。就工业部门而言，地主掌握的财富固然很少向工业部门转移，商人所控制的货币也纷纷转向地产，只有很小部分投向工业生产。就是已出现的具有资本主义性质的工场手工业主，也每将部分产业利润购买土地。正是由于土地即地租的吸引力，工业才不能把流通领域的货币财富引向生产领域。当然，在繁重赋税和苛重地租剥削下的农民，购买力有限，而形成顽强的农副结合尤其是耕织结合，使工业产品缺乏足够的消费市场，对资本主义工业的发展也产生不利影响，但根源也在地主经济制。

据此，李文治作出如下论断：中国封建社会长期延续的两个主要内容——中国地主经济的长期延续及资本主义萌芽发生发展缓慢，皆源于地主经济的制约。又中国地主经济有适应社会经济发展的一面，最终又成为社会经济进一步发展的桎梏，这就是中国封建社会缓慢发展和长期延续的基本内容。

后来他又写了《再论地主制经济与封建社会长期延续》一文，主要从两方面进行论证，和西方领主制相比，一是能较大限度地适应土地关系的变化，二是能较大限度地适应商品经济的发展。

（六）自由劳动与资本主义萌芽

资本主义萌芽问题的研究是一个比较复杂的问题，李文治对这个问题进行了系统的研究。他认为资本主义萌芽是社会历史发展的产物，首先要看当时社会生产和商品经济发展是否已具备萌芽的条件。在这些条件已经具备的情况下要看是否在生产中已经出现自由雇工，是否突破封建行会的束缚。

李文治指出：明代中叶，在不少地区，工农业生产有进一步发展，商品货币经济有进一步增长，对资本主义萌芽来说是具备了一定条件的。关键是自由雇工问题。在中国历史上，雇工和地主经济几乎是同时出现的，问题是他从什么时候开始和"资本"发生联系。货币转化为资本，最根本的条件是劳动力变成商品，即货币持有者在流通领域购买到自由劳动力，榨取他们的剩余劳动以实现价值的增殖。所谓资本就是用于剥削雇工而带来剩余价值的价值，它体现着资本家和自由雇工之间的剥削和被剥削的生产关系。因此，自由雇工的出现是一个关键性问题。明代中叶，与工农业生产发展相适应，雇工经营有所发展，雇工队伍进一步扩大，就在这种条件下出现了封建雇佣向自由雇佣的过渡。清代前期雇工律例一再修订，据乾隆五十一年（1786）制定律例，长工基本解除了法律上的身份义务关系，变成自由雇工了。

此外还有封建行会问题。按明清时代的行会主要通行于工商业，农业从不受行会的干扰。据此，李文治认为：资本主义萌芽很可能首先在农业生产部门发生。这时雇工经营的，有富裕自耕农，有庶民经营地主；在地旷人稀地租偏低的地区，以及经济作物区，还出现富佃经营。在这类地区，除去地租及经营开支之外，还能获取部分利润。应该承认，所有以上各种类型雇工经营，在使用货币购买劳动力榨取自由工人剩余劳动并扩大再生产的条件下，经营者投入的货币已经变成为资本。

李文治还认为，工业资本主义萌芽有可能首先在地主和富裕农民兼营的农产加工手工业中发生。诸如酿酒，榨油、制糖之类。这类经营遍布广大农村，一开始就摆脱封建行会的束缚。而且这类工业发生较早，他们有就近收购原料的便利，在农村有广阔的销售市场。最后才是商人包买主和独立的工场手工业经营者。工场手工业主虽然和农业部门一样已和自由雇工发生联系，但摆脱封建行会束缚还需要一个历史过程。

李文治最后指出：中国资本主义萌芽发生以后，仍带有严重的封建残余，但事物的性质已经发生变化。资本主义萌芽尽管进展十分缓慢，乃至有的个体经营一再夭折，但就萌芽整体而言，总是日益增大，后来居上。既然是萌芽，雇工人数不是重要问题，关键问题要看货币是否转化为资本。

总之，李文治先生的研究很好地贯彻了实事求是，一切从实际出发的原则。他提出的中心线索问题，建立了一套关于中国封建社会研究的方法论。他比较彻底地运用马克思主义关于经济基础和上层建筑、生产力和生产关系的辩证关系的理论，从经济角度考察中国封建社会经济形态的基本内容，对中国封建社会土地所有制的基本特征、历史分期、长期延续及资本主义萌芽等重要课题提出一整套精辟的见解。概括地说，他的论著的特点是具有鲜明的立场，运用科学的方法和占有丰富的资料，其学术贡献是系统而卓越的。因此，他在中国史学和中国经济史学论坛上独树一帜，蜚声国内外。

李文治先生是位忠厚长者，为人正直，谦虚谨慎。在学术上无微不至关心后学，提携后学，是难得的良师楷模。我从李先生学习并共同工作达 37 年之久，日日领教，获益良多。

李文治先生年高耄耋，但仍用功极勤。每日伏案执笔，至夜不辍。

衷心祝愿李老健康长寿。我们渴望读到他更多的宏论。

（《晋阳学刊》1991 年第 6 期）

"地主制经济"是研究中国封建
社会的"牛鼻子"*

李文治先生是河北省容城县人，1909 年旧历九月廿八日生，今年是他的九十华诞之年。在此恭祝先生健康长寿！

1937 年，李先生毕业于北平师范大学史学系，1940 年 7 月到中央研究院社会科学研究所（中国社会科学院经济研究所的前身）从事学术研究工作，直至退休，笔耕不辍。耄耋之年，受眼疾困扰，仍以顽强的毅力坚持撰写文稿，无时无刻不在思考尚未完成的写作计划。他的工作成果精品迭出，为史学和经济史学做出重要的贡献，也为社会主义精神文明建设做出了重要贡献。李先生的第一篇论文完成于 1934 年，依此计算，今年乃是他从事科学研究六十五周年纪念。恭贺先生为我国学术做出了重要贡献！

一

李文治先生对中国封建社会研究的贡献是多方面的。关于农民运动的研究，他的《晚明民变》一书，堪称这方面的经典作品之一。关于李自成的研究，无疑是公认的权威意见之一。有关封建宗法宗族制度的研究，也是非常重要的。至于他编的《中国近代农业史资料（1840—1911）》（第一辑）40 年前出版后立即成为研究清代农业史乃至经济史学者案头必备的参考书，至今仍在科研和教学中起着应有的作用。其他几部专著，如《清代漕运》、《明清时代封建土地关系的松解》等书早为史学界和经济史界所瞩目。在这

---

* 这是作者为李文治先生论文集撰写的序言；曾提交 1999 年 6 月 8—10 日在北京召开的"中国封建地主制经济暨李文治先生九十寿辰学术研讨会"。

本文集中收入封建经济及土地问题、地主制经济问题、封建社会时期宗法宗族制问题、农民运动与农民战争问题以及其他问题等新文旧作二十余篇，大都是中国经济史研究中的精品。他的许多重要观点是先在这些论文中提出的。它们原来散见各处，查找不便，此次结集出版，得于案头参考，学者深感欣幸。

非常惭愧，我虽师事李先生多年，仍没有把握全面、准确地概括他的论点精华，不具备对李先生的学术做全面评价的能力。现只就他对中国封建社会经济这一个问题试做综述。

李先生在广泛、大量、深入地掌握史料的基础上，对中国封建社会经济问题提出的一系列精辟的看法，早为学术界所重视。有关的论点，在专著《明清时代农业资本主义萌芽问题》（1983）、《明清时代封建土产关系的松解》（1993），论文《地主制经济与封建社会长期延续问题论纲》（1983）、《论中国封建社会后期的划分标志》（1986）、《中国地主制经济与历史分期》（1989）、《论明代封建土地关系》（1991）、《从地权形式的变化看明清时代地主制经济的发展》（1991）、《再论地主制经济与封建社会长期延续》（1992），以及他以 89 岁高龄完成、并第一次收入本集的《论东周时期封建领主制向地主制经济过渡》和《论中国封建社会地主制经济的灵活适应性及制约功能》（1998）两篇新作，以及八十年代以来所写有关中国宗法宗族制度的多篇论文中。

赶牛而行，既不可拽牛角，也不能扯牛碎，最有效的办法是加环于鼻，一牵就走。对赶牛来说，最重要的莫过于找到鼻子；研究中国封建社会，同样也要找到"牛鼻子"，即抓住问题的关键。当然，封建社会的"鼻子"远不像牦牛的鼻子那么容易看到了。李先生找到了，那就是地主制经济。他用地主制经济令人信服地解释了中国封建社会几乎所有重要的问题。下面我简单概述先生有关这个问题的五个论点。

（一）中国封建社会长期延续问题实质是地主制经济的长期延续问题

中国史学界、经济史界关于中国封建社会长期延续问题的讨论，大半个世纪以来几乎不间断。学者们曾就中国封建社会长期延续的原因从多方面了提出各自的见解。例如，农业手工业结合所形成的自然经济统治，土地商业资本和高利贷三位一体的顽强结合，农业生产商品经济发展的制约，中央集权对土地户口的严格控制，国家对商业手工业所采取的压制策，権卖制度对商业资本发展的制约，村社都图里甲、保甲制度对生产力发展的束缚，宗族制对封建统治的维护，官僚制度的压迫作用，以及封建的上层建筑、意识形态的负面作用等等，曾得到很好的论证；诸如地理条件、超稳定、生产力等各种理论也都曾有提出。中国封建社会之所以长期延续，原因的确是多方面的，上述任何一条都很重要，不过也都不能说是唯一的。

李先生在同意各种意见的精到之处的基础上提出，中国封建社会长期延续的诸种原因固然是多方面的，但其中应该有最根本的。这根本的原因，应从经济基础方面去找，它就是地主制经济。他认为，地主经济可以有两种含义。狭义的地主经济是指民田地主所有制，其他各所有制形式，诸如屯田、学田等各类官田制，贵族庄田及八旗旗地制，尤其是民田中的农民小土地所有制，这各种类型土地关系的发展变化常由地主所有制所制约。广义的地主经济则泛指以地主所有制为主导的包括各种所有制形式的整个土地制度。地主制经济是封建社会得以存在的基础，也是这个社会的核心所在。

他认为，中国封建社会持续的年代特别长，而资本主义萌芽发生发展过程特别缓慢的现象，都是由中国社会经济结构内部矛盾所决定的，它的最终根源乃是地主制经济的制约。解决了地主制经济为何长期存在的问题，也就从最核心方面解释了封建社会为何长期存在。要解决中国封建社会的长期延续问题，最根本的是要弄清中国的地主制经济为什么长期延续；然后再来弄清地主制经济是怎样对中国封建社会长期延续起作用。根据这一思路，他精辟地指出，"所谓中国封建社会长期延续，实质是指地主经济长期延续问题。"李先生提出并从许多方面论证了这个问题，这是他对中国封建社会研究的重要贡献之一。

李先生认为，对中国地主经济制要进行辩证的考察。在封建社会中期，地主经济已变成为阻碍工农业生产发展的桎梏。但由于地主制经济本身所固有的特点，它能伴随社会经济的发展进行自动调整，以适应工农业生产的发展。因此，中国地主制经济存在的两千多年中，社会经济虽然有时出现停顿乃至倒退，但总的趋势是在不断向前发展，这是地主经济适应社会经济发展的具体反映。关于社会经济的发展，归根结底是生产力和生产关系的发展，生产关系又为生产力的发展所制约。关于中国封建社会时期生产力之所以能长期发展，他着重指出：在农业方面，相对中古欧洲领主制而言，中国地主经济具有一定优越性。第一，由地主经济所形成的小农租佃制，一开始就采行远较领主劳役租为先进的实物租制，宋元以后又出现永佃制，明清时代又出现分成租向定额租的过渡。这类租佃制，农民在生产方面有更多的独立性和自由。其次，地主经济能适应封建依附关系的变化，由以所形成的租佃雇佣关系也不例外。而这种发展变化乃是地主经济对农业生产力发展的要求具有适应性的具体反映。第三，也是更重要的，是地主经济制约下自耕农始终广泛存在，他们较之租佃农更富有生产积极性。又由于地主经济是非等级所有制，土地可以买卖，具有极大灵活性，它较能适应地权分配和地主身份地位的变化。所有这一切有力地证明，中国地主制经济在一定范围内能自动调节生产关系以适应生产力的发展。只看到地主制经济对中国社会经济发展的桎梏作用，而忽略它适应社会经济发展的一面，是不符合中国历史实际的。

李先生认为，地主制经济是了解中国封建社会的钥匙，它不仅是解释中国封建社会长期延续的最根本的原因，而且它也可以作为分期的标志，并且可以解释中国资本主义萌芽何以难于发生发展。

李先生还指出，由于地主经济对中国社会经济发展的桎梏作用。中国地主经济制经历了一千多年漫长岁月，一直到明代中叶才出现资本主义萌芽。资本主义萌芽发生以后，又经历了几百年还没有过渡到资本主义。发展如此缓慢，归根结底，也是由于主经济的制约。由于土地可以买卖，土地财产最为稳妥，地租收入最有保证，土地财产遂具有极大吸引力，因此所有社会财富都向土地聚集，而不转向生产，尤其是工业生产。在这种条件制约下，各类地权遂一再重建。如地主地权，在土地买卖过程中，有些地主没落了，有此地主不断扩大他们的地产，还不断出现新地主。如农民地权，农民战争固然是农民小土地所有制增长的契机，在土地买卖过程中也不断分化出新自耕农。以上各类地权的一再重建，体现为地主经济制的长期持续。

李先生又行指出：资本主义萌芽发展迟缓是中国封建社会长期延续的一个方面。生产力的发展及封建依附关系松解，为资本主义萌芽的发生发展创造了条件。封建地权、地租剥削又延缓了资本主义萌芽的顺利发展。就农业部门而言，是高额地租阻碍了资本主义雇工经营，仍然是高额地租诱使具有资本主义性质的大经营朝着土地出租的方向倒退。就手工业部门而言，地主掌握的财富固然很少向手工业部门转移，商人所控制的货币也纷纷转向地产，只有很小部分投向手工业生产。就是已出现的具有资本主义性质的工场手工业主，也每将部分产业利润购买土地。正是由于土地（地租）的吸引力，工业才不能把流通领域的货币财富引向其本身的生产领域。当然，在繁重赋税和苛重的地租剥削下的农民，购买力有限，而形成顽强的农副结合，尤其是耕织结合，使手工业产品缺乏足够的消费市场，对资本主义工业的发展也产生不利影响，其根源仍在地主经济制。

据此，李先生进一步指出：所谓中国封建社会长期延续问题的两个主要内容，即中国地主经济的长期延续及资本主义萌芽发生发展缓慢，皆源于地主经济的制约。中国地主经济有其适应社会经济发展的一面，最终又成为社会经济进一步发展的桎梏，这就是中国封建社会缓慢发展和长期延续的基本内容。总之，李先生认为，研究中国封建社会的历史，无论有关社会经济乃至政治变迁问题，都应和地主经济体制联系起来，把它作为中心线索进行探索，更有利于掌握中国封建社会的本质，突出中国封建社会的特点。

（二）封建土地关系的发展变化是划分历史时期的基本标志

中国封建社会经历了几千年，如何划分前期、中期和后期，划分历史时期的标志是什么，国内学者曾提出种种不同看法。李先生认为，能作为历史时期划分标志的，必须是既能反映当时社会性质，又能突出时代特征和社会经济发展趋势的事物或现象。因此在封建社会时期，这个标志应从封建经济本身也即封建土地关系的发展变化中去寻找，其他一切问题只能作划分时期的辅助说明。这是由于，只有从生产力出发说明经济基础，又从生产关系出发说明上层建筑，才能比较确切地揭示社会性质及社会的历史发展进程。其中生产关系又是最主要的一环，而生产关系又为封建土地关系所制约。

中国地主经济时代虽有各种类型所有制，起主导作用的是地主所有制。地主所有制的两个主要组成部分：一个是封建地权，封建地租是封建地权的体现形式，地租占有农民或全部大部剩余劳动，地主经济两千年基本不变；一个是封建依附关系，即土地所有者地主和生产劳动者农民的相互关系，它有一个发展变化的过程，而这种发展变化是能突出封建时代特征和社会经济发展趋势的。这就是李先生据以划分历史时期标志的理论依据。

李先生指出：中国封建地主所采行的剥削形式主要是土地出租，也有少数进行直接经营因此封建依附关系的变化又主要表现为租佃关系及雇佣关系的变化。以租佃关系变化而言，马克思曾对欧洲领主经济的封建依附关系作过如下概括：农民不自由的程度，"可以从实行徭役劳动的农奴制减轻到单纯的代役租"。一直过渡到资本主义社会，地权才摆脱了一切政治的和社会的"一切传统的附属物"，即彻底清除封建依附关系的残余。封建依附关系由发生、发展、松解到消亡是必然发展规律，它在封建生关系不断再生产的历史长河中，伴随着社会经济的发展在不断发展变化，从而显示出封建社会历史发展的阶段性。

据此，李先生把由春秋战国至明清两千年间以地主制经济为主导的中国封建社会划分为前、中、后三个历史时期。

1. 中国封建社会前期——由秦汉至南北朝。在这个时期中，秦至西汉是地主制经济初步发展期。在这一时期，先是地权相对分散，农民小土地所有制占据较大比重，至汉武帝时，地权逐渐集中，到西汉后期，地权集中高度发展。对此，王莽曾计划改制，因受到权贵地主的反对而失败。东汉时期，门阀权贵地主剧烈滋长，这时的豪族强暴，"膏田遍野，奴婢成群，徒附万计"。徒附主要指租佃农，他们"奴事富人，历代为虏"。此后魏晋南北朝时期，门阀豪族对上地的垄断更加突出，同政权联系更加密切，或以地主身份入仕，高官厚禄；或依势扩大占地规模。这类地主主要是同政权的密切结合，由中央到地方一切政权都操纵在他们手中。于是在社会上形成一种特殊等级门户。由于这种关系，出现所谓士庶之别。这时所谓士即指权贵地主。这时等级关系和阶级关系基本吻合，权贵等级即是大地主，庶民主要是农民下户。士庶等级差别日益加剧，贵贱等级关系尖锐对立，农民社会地位严重下降，封建依附关系日益强化，从此中国地主制经济呈现过去罕见的畸形状态。总之，在封建地主制社会前期，分成两个阶段，由秦至西汉是地主制经济正常发展阶段，由东汉历魏晋至南北朝是地主制经济逆转倒退的阶段。

2. 中国封建社会中期——隋唐至宋元。隋唐时代，地主制经济逐渐摆脱畸形状态进入正常发展轨道。但其间有一个转变过程，唐中叶以前，旧世族地主虽然逐渐退出历史舞台，但它的残余影响仍严重存在，新发展起来的权贵地主仍大讲门第之风，这种现象一直到唐中叶后，才发生较大变化，贵贱等级关系才逐渐削弱，地主制经济才又进入正常轨道。

宋朝最初七十余年间，有"民殴佃客死"者，"论如律"，判田主以命抵的案例，跟凡人之间相犯的处理没有差别，可能正反映了庶民地主有所发展的情况。但此时佃农又被牢牢束缚在土地上。包括江南及珠江流域绝大部分的江淮、两浙、荆湖、福建、广南等路广大地区内，佃客均不得随时离开本土；如要迁徙，必须得到主人的同意，并发给凭由方可。宋代缙绅地主的势力仍是相当强大的。但随着社会经济的发展，社会对劳动力的需求大为增加，要求更多劳动力投入市场，满足工商业发展的需求。同时农民为了摆脱地主人身束缚也进行了不懈的斗争。至宋仁宗天圣五年时，政府为了适应变化了的社会经济情况，制定了佃客离开土地不必取得主人"凭由"的条文之法。这个条文的出现，标志着主佃关系得到进一步的松解。虽然法律在各地的推行并不平衡，也不是一朝一夕之事，因此，该法制定后，也有一些反复情况。但从总的趋势看，主佃关系的松解是历史的必然。

不过，宋元时代，主要是宋代，地主制经济发展较快，农民小土地所有制一度占据很大比重，庶民类型地主大为发展。这类农民，尤其是自耕农能够较大地发挥生产积极性，所以，这个时期农业生产相对发展，商品经济也随之有较大的发展。

元代的私田佃客（地客）在很大程度上继续了南宋统治时期所处的状态，在元军占领三四十年后，买卖佃客的情况仍然存在。元代地主和佃户间的法律身份关系不是十分明确的。田主殴死佃客却和良人殴死他人奴婢一样断杖一百七，征烧埋银五十两。就这一点看，佃客的法律地位甚为低下，几近奴婢了。而在司法过程中，有的田主伤害佃客案件所判比律定殴死们客处分不要重些，佃客的法律地位又不像规定的那样低下。总的说来，元代的舆论和司法大抵是承认"所谓地客即是良民"的。这比宋代有了较大进步。反映了在主佃关系方面，实际生活中已比僵死的法律条文松弛得多了。

李先生把这一时期划分为隋唐和宋元两个阶段。在第二阶段中，宋代是地主制经济高度发展时期，元代的农业经济也有一定程度的发展。

3. 中国封建社会后期——明清时代。这个时期，地主制经济再次得到高度发展。明清时代地主制经济的发展变化，一是庶民类型地主的较大发展，一是封建等级关系进一步削弱，封建依附关系趋向松解。由于地主制经济进一步发展，农民有较大发展生产的积极性，这种发展为工农业生产及商品经济的进一步发展创造了条件。

但在清代前期，这种关系一度发生逆转。清朝初建，满族将落后的主奴习俗带入关内，这种情形在旗地广泛推行的北方尤为突出，部分农民社会地位下降，有的原来凡人等级的农民沦为具有奴仆性质的贱民，这是历史上的一次倒退，这种现象至乾隆朝才逐渐发生变化，地主制经济又逐渐进入正常发展的轨道。

李先生指出，历史上很早就出现了的庶民地主，在本历史时期又有具有划时代意义的发展。这一发展导致土地关系中贵贱等级关系的削弱及封建依附关系进一步松解。李先生认为，研究明清时代地主阶级问题，用封建等级关系的变化，即封建依附关系的削弱进行分析，比用地主占地多寡进行划分，（即划分为大、中、小地主）更能突出时代特征和点明问题的实质。当然，明太祖朱元璋曾经说过："食禄之家与庶民贵贱有别"，并规定庶民对乡官要"以礼相见"等，但这时的贵贱等级关系与隋唐及以前已经大不相同，尤其是庶民地主和农民阶级所形成的关系已不甚悬殊，封建依附关系趋向削弱以至松解乃势所必然。

关于封建依附关系的松解，以租佃关系而言，明朝建国之初，主佃双方在法权关系方面即以对等的身份出现了。废除了宋元以前佃农和地主之间具有等级性的人身依附关系体制，农民享有随时退佃的自由。明代中叶，雇佣关系也开始发生变化，部分雇工主要是短期雇佣摆脱在法权关系方面对雇主的身份义务关系。清代乾隆年间，部分农农业长工在法权方面也得到解放，成为自由劳动者。明清时代，主佃和主雇间在实际生活和法权关系方面的这种变化，是具有划时代意义的重大变化。这时地主对佃雇农虽然具有个同程度的超经济强制，但这时的佃雇农毕竟在身份上已成为自由劳动者。就在此时，中国在农业中有了产生资本主义关系的可能。

李先生关于封建社会历史时期的划分，着重经济关系，尤其是封建依附关系方面的变化，但并不否认工农业生产及商品货币经济作用，只不过认为它难以作为划分历史时期的标志。他也不否认上层建筑的作用，尤其是高度中央集权的封建国家机器所采行的政策措施，对社会经济的发展变化经常起着决定性作用，但认为它毕竟为地主经济的发展变化所制约。最后，地主经济的发展变化又为工农业尤其是农业生产力的发展所制约。

李先生更强调指出，由于封建所有制主要包括土地产权和封建依附关系两个主要方面，所以农民运动的矛头所向，有时以地主的土地产权为主，有时以封建依附关系为主，有时两者并提。反封建内容和差别，决定于当时封建土地关系的状况，它反映了不同历史时期的封建特征。

　　他认为，由秦至西汉是地主制经济开始发展时期，地权相对分散，尤其是秦朝数十年间，实行令农民自实田制，农民所有制占统治地位，这时农民所痛苦的不是土地问题，而是国家专制暴政和繁重的赋役，因此陈涉、吴广所领导的农民起义还没有把土地问题提到日程上来。西汉末年，土地兼并激烈，赋役繁重，刑罚残酷，连年灾荒，农民饥苦，但这时起义农民没有提出进行斗争的口号。由东汉历魏到南北朝时期，由于权贵门阀地主的发展，地主制经济出现倒退，贵族官僚地主专政，整个社会陷入一个贵贱等级关系森严的黑暗时代。相对地权和地租剥削问题而言，贵贱等级及人身压迫问题尤为突出，正是在这种条件下，有人把佛教某些教义如"是法平等，无有高下"之说提到日程上来，这是符合广大农民要求的。由隋唐至宋元，地主制经济进入正常发展阶段，封建地权集中分散变动无常，但佃农所遭受的人身压迫仍很严重。在这一时期起义农民斗争的目的反映于所提出的"均平"或"平均"二字，如唐代王仙芝、黄巢等是；"平均"二字可理解为财产上的平均和人身的平等。北宋王小波、李顺以"均贫富"相号召，方腊仍提"是法平等，无有高下"的口号，钟相、杨幺则将"等贵贱"与"均贫富"并提，这就把平均地权和废除人身压迫问题一同提到日程上来，这是地权问题更加突出的具体反映。到了明清时代，这时佃、雇农的社会地位及法权关系发生较大的变化，身份地位有了具有划时代意义的重大变化，封建所有制两个组成部分中的人身依附关系已不是主要问题，而封建地权变成了主要矛盾，所以李自成提出了"均田"问题。太平天国提出改革土地的《天朝田亩制度》将这个问题又向前推进了一步。明清时代农民战争善于解决土地问题的要求，标志着中国农民战争史进入了一个新的发展阶段。

　　李先生认为，不同时期农民起义所提的口号，反映了地主制经济的发展变化及其阶段性，也充分说明地主制经济发展变化对农民运动和农民战争性质变化所起的制约作用。不同时期农民运动的不同口号，对中国封建社会的历史分期问题有着重要的参考意义。

（三）封建土地所有制基本特征

　　李先生认为，广义的地主经济是泛指以地主所有制为主导的包括各种所有制形式的整个土地制度。中国封建社会时期的土地所有制，有地主所有制，有农民所有制，也有各种类型的国有制。各类所有制的发展变化皆为地主所有制的发展变化所制约。因此，什么是封建土地所有制的基本特征，以及如何区分土地所有制形式，都是值得探索的问题。

他指出，中国封建地主所有制应该分成为既有联系而又互相独立的两个组成部分：一个是以地租的占有为其实现形式的封建地权；一个是基于实现地租的需要形成的封建依附关系，即人身依附及超经济强制。人身依附指隶属制度。超经济强制指地主实现地租的暴力手段。封建依附关系是为实现封建地租而产生的附属物。超经济强制以人身依附为条件。但超经济强制和人身依附关系毕竟不是一回事，超经济强制的强弱与人身依附程度不一定保持一致。封建地租的实现，超经济强制作用尤为重要。对封建地主来说，地租剥削是目的，封建依附关系只是实现地租的手段，这个手段是可以改变的。在人身依附关系趋向松解的条件下，地租的实现更多地依靠国家政权的保证。相对私人地主的超经济强制而言，这是一种变相超经济强制。

中国地主经济制，土地可以买卖，遗产继承采行诸子均分制，以及以实物地租制为主。这些制度决定了在封建依附关系方面具有如下两个特点：

第一个特点是，封建依附关系不是封建地权的固有属性。中古欧洲领主制，土地具有主人的阶位，土地显得像它主人的非有机的身体，封建依附关系构成封建地权的固有属性。中国封建制中的尊卑贱等级关系，不是同封建土地所有制连生的，对封建地权来说它是外加的，它可以脱离土地关系而独立存在。只有当地权、地主和生产劳动者、农民三者相互结合之时才产生封建依附关系。

第二个特点是封建依附关系松懈。欧洲领主制是严格的等级所有制，等级和阶级是一致的，等级是阶级差别的一种形式，阶级差别是按人的等级划分而固定下来的，每个人的等级地位固定不变，阶级地位遂也固定不变。而劳役地租的统治开式又加剧了封建依附关系。领主庄园不只是一个经济实体，而且也是一个政治实体。中国地主制则不然。中国封建社会虽然具有封建等级关系，但没有形成严格等级所有制。贵族官僚占地多寡和他们身份等级并不一致，甚至等级和阶级关系可以互相背离。而且还存在非身份性庶民地主。一个地主不管他占地多寡，他只是一个经济实体。加以地主阶级地位兴衰不定，官绅等级身份变动无常，以及实物地租珠统治形式等等，严格而残酷的封建依附关系不容易形成，即使在历史上一度出现也不能持续很久。这反映了中国封建土地制度具有很大的灵活性。李先生认为，基于以上情况，根据经典作家关于中古欧洲领主经济封建依附关系的论断分析中国地主经济的封建依附关系，是不完全符合中国历史实际的。

相对封建依附关系而言，体现封建地权的封建地租更能突出封建所有制的本质。在封建依附关系趋向松解乃至解体的条件下，农民对地主只有单纯纳租义务关系，但只要地主仍继续占有农民全部或大部剩余劳动，则封建所有制仍在延续，而且这时更加赤裸地暴露出地租剥削的封建性。

李先生进而指出，以封建地权和封建依附关系作为基本内容的封建经济关系即生产关系，也是鉴别土地所有制形式的标志。

在五、六十年代，历史学界曾经环绕中国封建社会时期土地国有和私有问题展开讨论。李先生认为，根据经典作家关于东方地权的论断，或单纯从法权关系出发，或把国家主权和土地所有权混淆起来，论证中国封建土地所有制形式，都是欠妥当的。李先生认为关于这个问题的研究，要撇开法权观点和国家主权观点，而着重于经济关系的分析，才能作出正确的论断。

他认为，所谓经济关系即生产关系，也即前面所说的封建地权和封建依附关系。通过土地关系，生产劳动者农民的剩余劳动归谁所有，他们对谁发生人身依附关系，受谁的超经济强制，谁就是土地所有主。离开人的经济关系，就看不出谁是剩余劳动的主要占有者，看不出农民和地主的封建依附关系，无法区别国家主权和土地所有权这两个不同的概念，当然也就无法区别土地的国有和私有。最后，也无助于揭示封建社会的阶级关系和封建剥削的性质。李先生论断，通过经济关系的分析，很容易划清田赋和地租的界限，划清土地所有权和国家主权的界限，突出阶级关系。至于法权关系，只能作考察经济关系的辅助说明，而不要为其所困扰。

在土地占有关系中，通过土地关系榨取农民全部或绝大部分剩余劳动的，并和农民发生直接人身依附及超经济强制关系的，如果是封建国家，那就属国有制，如国家屯田、地方学田就是这种情形；如果是私人地主，就属地主私有制，如官绅地主、庶民地主的土地以及勋贵庄田等就是这种情形。单从是否准许买卖这一点，并不能准确地辨别土地所有性质。如勋贵庄田就法权关系而言是禁止买卖的，族田义庄有的也得到国家法令保证而不准买卖，但这并不影响其私有性质。至于自耕农民所耕种的民田，农民所创造的剩余劳动，除其中一小部分以田赋的形式上交国家之外，其余部分则归农民自己所有。因为农民自己占有该剩余劳动产品，当然也就无需乎任何形式的封建依附关系及超经济强制。这种所有制只能是农民小土地所有制。据此分析，不只历代农民通过垦荒、购买、继承所获得的土地是农民私有地，即使是南北朝、隋、唐推行均田制时期由国家分配给农民的土地也属农民私有制。

（四）封建等级关系是地主阶级的阶层划分标志

李先生认为，中国封建地主就其占有的土地数量而言，当然存在大、中、小地主的差别；所以人们习惯于用占地多寡把封建地主阶级划分为大、中、小地主。这种划分法虽然是有道理的，但也有其不足之处。农民阶段也是可以划分为不同的阶层或等级的。无论地主阶级或农民阶级成员，由于社会地位和经济地位不同，政治态度和社会经济方面所起的作用显著不同。所以，在研究中国封建社会历史时，如果把阶级分析简单化，仅只停留于地主与农民两阶级的对立，而忽略了两大阶级内部的阶层划分，是不完全符合历史唯物主义基本要求的。

人类自从进入阶级社会以来，每个历史时期的阶级结构各具特点。李先生认为：封建社会是等级社会，用等级关系——贵族官僚等身份性地主和庶民地主对地主阶级进行阶层划分，更能突出时代特征。地主阶级的等级差别，自地主经济制形成开始就已出现，到魏晋南北朝时期更加突出；即使封建社会后期封建依附关系松解之后，等级差别仍在延续。他认为：庶民地主和官僚地主虽同属地主阶级，却属两个不同等级，他们的社会地位有很大差别。当然，贵族官僚等级内部还可因等级高低不同而进行更为细致的划分，但不管其占地多寡或等级高低，总属于贵族等级。一个庶民地主也可因占地多寡区分为大、中、小地主，但毕竟属于庶民等级。

李先生指出：庶民地主所占比重因时期而不同。特别值得注意的是，封建社会后期庶民地主的发展，具有划分时代的意义。意义有三：一是庶民地主发展和自由租佃相联系，这种变化兆始于明初，到清代前期有进一步发展。其次，庶民地主发展与自由雇工相联系。庶民地主很多是从自耕农民发展起来的，保持了直接经营的传统，明清时代的经营地主主要是庶民地主，庶民经营地主的发展促成了雇佣关系的变化。这种变化兆始于明代中期，到清代前期有进一步发展。乾隆年间所规定的与雇主共坐共食、平等相称的长工摆脱法律上的身份义务关系，这里雇主中的地主主要是庶民地主。三是庶民地主与资本主义萌芽相联系。不只庶民地主的农业经营具有资本主义萌芽的性质，在广大农村发展起来的酿酒、榨油、制糖、造纸等家庭加工手工业，一开始就摆脱了城市行会的束缚，在工业方面较早地出现资本主义萌芽。这类经营者主要是庶民地主。

由此可见，庶民地主的发展不只促成等级关系的变化，也促进阶级关系的变化。因此李先生认为，对封建社会时期的地主阶级的阶层划分方法，用身份等级关系，比用占有土地多寡更能突出时代特征，更符合历史唯物主义。

（五）自由劳动与资本主义萌芽

中国资本主义萌芽也是一个非常复杂的问题，学术界已有大量的研究成果。如前介绍，李先生认为中国封建社会长期延续，实质是地主制经济长期延续；同样，中国资本主义萌芽之所以难以发展，也是地主制经济制约的结果。他对明清时代的土地关系松解作了大量论证研究，指出土地制度的封建宗法关系松解的因素，如地权分配及地主身份地位的变化，土地买卖关系的迅速发展，使中国以地主经济为主体的土地关系具有孕育农业资本主义萌芽的可能。

李先生认为，中国自秦汉以后的封建社会，地主制经济之所以能起到如此作用，一是因为它能够较大限度地适应封建土地关系的变化，此点已如前述；二是因它能够较大限度适应商品经济的发展。地主制经济不但不因上述发展变化的冲击趋于削弱，而且能适应上述变化和发展，在整个封建社会时期，工农业尤其是农业生产还有所发展，从而构成为具有中国特色的封建主义经济。

在这方面，李先生特别着重研究了地主制经济与商品经济的相互关系问题。他指出，明清时代，商品经济在相当广大地区有了进一步的发展，商业资本积累相当可观，从这方面说已为资本主义经济发展提供了前提。但商业资本本身并不能产生新的生产方式，只有产业资本才能决定生产方式的资本主义性质。当商人在营运方面将所积累的资本从属于资本主义生产，或者直接投向工农业生产转化为产业资本时，才能改变商业资本的性质。明清时代，商人资本的发展趋向，或从事于封建性的盐业、典当高利贷活动，或继续停留于流通领域，或购置地产进行土地出租，或用于控制生产继续进行商行资本剥削，很少转向工农业生产。这时商品经济发展所冲击的主要是农村的自然经济，广大农民的经济生活为商品经济所浸润和渗透。商人资本向生产领域转移，不但为数甚少，而且进展十分缓慢。

与前者相适应，在政治方面，官僚地主依恃权势从事商贾，富商大贾步入官场，商官一体，更加深了商品经济对封建势力的依附性，不能产生独立的市民阶级，从而商品货币关系对封建经济和封建政治的冲击力十分薄弱。地主制经济又从适应生产及商品经济发展变成为社会经济发展的桎梏，资本主义经济发展异常缓慢。

当然，地主制经济的长期持续又是同历代封建政权的维护作用分不开的。也就是这个缘故，中国封建社会时期的农民战争常把进攻的矛头指向封建土地关系及封建政权。封建王朝一个个垮台，地主所有制也暂时削弱，但以地主制经济为主导的整个封建体制仍在持续。经过一个时期的发展变化，地权又逐渐集中，削弱的地主所有权又行恢复。这种发展变化体现了地主制经济体制的顽强性。

李先生认为，资本主义萌芽能否产生，要看当时社会经济是否已经具备其产生的条件，即当时的社会生产水平和商品经济发展程度是否已具备萌芽的条件。在这些条件已经具备的情况下，还要看是否在生产中已经出现自由雇工，是否已突破封建行会的束缚。

李先生指出：明代中叶，在不少地区，工农业生产有进一步发展，商品货币经济有进一步增长。对资本主义萌芽来说是具备了一定条件的。关键是是否存在自由雇工，以及自由雇工何时开始和资本发生联系。在中国历史上，雇工和地主经济几乎是同时出现的。至于他和资本的联系，李先生认为，最根本的条件是劳动力变成商品，即货币持有者在流通领域购买到自由劳动力，榨取他们的剩余劳动以实现价值的增殖。所谓资本就是用于剥削雇工而带来剩余价值的价值，它体现着资本家和自由雇工之间的剥削和被剥削的生产关系。因此，自由雇工的出现是一个关键性问题。明代中叶，与工农业生产发展相适应，雇工经营有所发展，雇工队伍进一步扩大，就在这种条件下出现了封建雇佣向自由雇佣的过渡。清代前期雇工律例一再修订，根据乾隆五十一年定例，长工基本解除了法律上的身份义务关系，变成自由雇工了。

此外还有封建行会问题。明清时代的行会主要通行于工商业，农业从不受行会的干扰。据此，李先生认为资本主义萌芽很可能是在农业生产部门首先发生的。这时雇工经营的，有富裕自耕农，有庶民经营地主。在地旷人稀地租偏低的地区，以及经济作物区，还出现富佃经营。在这类地区，除去地租及经营开支之外，还能获取部分利润。应该承认，所有以上各种类型雇工经营，在使用货币购买劳动力榨取自由工人剩余劳动并扩大再生产的条件下，经营者投入的货币已经变成为资本。

李先生还认为，工业资本主义萌芽也有可能是在地主和富裕农民兼营的农产品加工手工业中首先发生的。诸如酿酒，榨油、制糖之类。这类经营遍布广大农村，一开始就摆脱封建行会的束缚。而且这类工业发生较早，他们有就近收购原料的便利，在农村有广阔的销售市场。最后才是商人包买主和独立的工场手工业经营者。工场手工业主虽然和农业部门一样已和自由雇工发生联系，但摆脱封建行会束缚还需要一个历史过程。

他特别指出：商品流通和商业资本积累二者本身并不反映封建或资本主义属性，要看其从属于何者，而关键是生产，要看其是从属于资本主义性质的商品生产，还是旧封建性生产的延续。他并不否认明清时代已出现资本主义萌芽，但从进入流通领域的大量商品看，诸如粮食布匹之类，主要由个体农民所生产，其他经济作物产品也不例外。生产者农民基本仍停留于交换价值形态的自给自足，乃是封建经济的延续。关于商人所拥有的大量商业资本也非建立在资本主义生产基础之上，而是建立在剥削个体小生产基础之上，通过贱买贵卖从中渔利而积累起来的，从而也基本不具备资本主义经济的属性。商人资本对农业及手工业生产的控制，而较少直接向生产领域转移，商人这种活动对资本主义经济发展迟缓产生了严重影响。在资本主义农业经营和独立的资本主义农产加工手工场未普遍出现以前，各种商人通过买卖借贷关系控制生产的活动，也对资本主义经济的发展产生不利影响。尤其严重的是很多富商同封建统治发生直接联系。因此明清时代商品经济的繁荣主要是在地主制经济高度发展制约下出现的封建性的繁荣。

既然是萌芽，雇工队伍的人数多寡不是重要问题，关键问题要看货币是否转化为资本。清时代商品经济的发展，在地主制经济制约下，积累来的大量商业资本，主要倾向也不是向资本主义经济转移，而是同封建经济各种表现形态间的互相渗透，给新生产方式的发展壮大造成极大障碍。

总之，中国资本主义萌芽发生以后，仍带有严重的封建残余。但事物的性质毕竟已经发生变化。资本主义萌芽尽管进展十分缓慢，乃至有的个体经营一再夭折，但就萌芽整体而言，总是日益增大，后来居上。

二

如前所述，李先生数十年的学术业绩是多方面的，其中之一是土地问题和农民战争问题。可以说，李先生毕生的史学研究是从这里开始的。他在大学时代（1934—1936 年）就已写了 5 篇有关唐宋土地问题和农民战争的论文；到中央研究院社会科学研究所后，1940—1943 年间写成著名的《晚明民变》一书。① 也在这一时期，李先生还写了几篇同类的论文。40 年代末他还完成了《清代漕运》书稿。总之，从三十年代直到解放前夕的十多年间，他的研究重点主要是力图通过史学研究去揭露封建社会的黑暗面。

沿着这一思想脉络，李先生在全国解放后继续就中国封建社会的土地关系及阶级关系问题深入研究，又写出了《晚明封建地主掠夺土地的几种方式》等一系列论文。1953 年李先生参加由严中平先生主编的《中国近代经济史统计资料选辑》一书中地租部分的编写工作；1954—1956 年李先生编辑了《中国近代农业史资料》（第一辑）。这两部书出版四十多年来，为史学研究工作者、教学工作者以及许多实际业务部门工作提供了重要的也是最基本的参考资料，从中受益者何止一代学人。

李先生不仅是一位学者，还是一位革命者。他从来不把自己仅仅困囿于书斋，而是紧密关注社会，随时代的脉搏而呼吸。1932 年，他在河北省容城县教育局任督学兼容城师范校长时，在中共地下党的领导下，带头参加代表农民利益的反对官产局征收旗地地价的斗争。斗争取得成功，但他却被当局通缉。此后，他开始关注农民问题的研究。可见，他在学术研究方面所取得的业绩，是和他对农民和农村的深入了解，以及他对农民深切感情分不开的。

---

① 附带提及，关于《晚明民变》一书，解放后史学名家谢国桢先生在其所著《增订晚明史籍考》一书中称之为在当时国内乃系"首创"。这一评价是准确的。不过谢老文中又说：此书"作者盖受郭沫若先生《甲申三百年祭》之影响"，则是个误会。因为《晚明民变》一书虽然出版于 1947 年，但在该书结论中已经说明，这本著作乃定稿于 1944 年秋，盖与郭老大作皆成于甲申，是在同一年。可见书中观点都是作者的独立见解。如果说二书观点有相近之处，也只能说是英雄所见略同吧。

　　李先生在研究实践中很好地贯彻了实事求是，一切从实际出发的原则。他建立了自己的一套关于中国封建社会研究的方法论。他比较彻底地、正确地运用马克思主义关于经济基础和上层建筑、生产力和生产关系的辩证关系的理论，从经济角度考察中国封建社会经济形态的基本内容，对中国封建社会提出一整套精辟的见解。他的论著的特点是立场鲜明、方法科学、资料丰富，其学术贡献是系统而卓越的。因此，他在中国史学和中国经济史学论坛上独树一帜，蜚声国内外。

　　李先生这一系列研究课题中经常涉及的一个重要的理论问题，即如何看阶级斗争的历史作用，和一个重要的研究方法，即如何进行阶级分析。由于众所周知的原因，这两个问题在建国后的三十年间被强调得过头了。李先生向我谈及他从事历史研究的历程时，感慨万分，认为他当时也不能摆脱这种历史局限性，对两方面的理解都不够全面和深刻。但自七十年代末以来，他逐渐形成了自己如下的看法。

　　关于阶级分析法他采取肯定态度，而且认为从事历史科研首先要掌握阶级分析法。因为社会发展的基本矛盾表现为阶级对抗和冲突，如封建社会时期表现为地主与农民两大阶级的对抗；整个封建国家机器都具有强烈的阶级属性，它只能是地主阶级利益的政治代表。所有重大历史事件，只有通过阶级分析才能作出正确的科学论断。但是进行阶级分析需要和当时社会物质生产状况联系起进行考察。根据历史唯物主义基本原则，是社会存在决定社会意识，不是社会意识决定社会存在。人类社会物质生产是一切历史的基本条件；社会生产关系是随生产资料、生产力的变化、发展而变化、发展的。和阶级斗争相比，生产斗争是更根本的条件。就中国地主经济封建社会时期而言，封建依附关系有一个发展、强化、削弱和松解的发展过程，阶级关系的这种发展变化，归根结底乃是由于生产发展的结果。没有农业生产和商品经济的发展，农民和地主之间的相互关系的变化是不可能发生的。进行阶级分析还要和当时历史条件联系起来考察，如评历史人物和历史事件就要将其置于当时社会条件下进行衡量，采取历史唯物主义态度。过去在对历史人物评价中出现的贬低功绩、夸大过错，或者相反、膨胀成就、文过饰非的倾向，除去为了达到某些目的的主观因素而外，从方法论来讲，没有掌握好历史唯物主义阶级分析法是一个重要原因。当然，阶级分析法也有它的局限性。历史研究范围广泛，社会现象分歧复杂而丰富多彩，类似的历史过程在不同时期、不同地区有不同的具体内容，其形成和发展也各有其不同的具体情形，并不能单靠阶级分析一法就能解释一切事物的发展变化过程。

关于阶级斗争的历史作用问题，李先生认为是和阶级分析紧密联系在一起的。他认为阶级斗争对社会历史发展的促进作用应该肯定。但须和生产斗争联系起来考察。一定的阶级斗争是在物质生产一定程度发展的条件下出现的，是物质生产一定程度的发展促进社会生产关系的变化，而这种变化又返转来促进社会生产的发展。从人类社会历史实际考察，由一种生产方式向另一种生产方式过渡，虽然通常要经过阶级斗争，但最终根源是物质生产发展的结果。李先生又指出，考察生产斗争和阶级斗争的相互关系，要采取辩证的观点。生产斗争、阶级斗争和封建社会相始终，何者起主导作用，则因时期不同而各异。以中国地主经济社会而论，在每个封建王朝前期，农民小土地所有制广泛存在乃至占据统治地位，这时阶级矛盾缓和，而以生产斗争为主，物质生产发展比较迅速。每个封建王朝中期，地权逐渐集中，阶级斗争逐渐剧烈，出现阶级斗争与生产斗争两种矛盾并列的形式。封建社会后期，政治腐败，地权高度集中物质生产的发展受到严重压抑，农民生活困难，相继爆发抗租、抗粮斗争乃至武装起义，这时以阶级斗争为主。经过农民大起义，生产关系发生一定程度变化，为工农业生产步发展开辟了道路，只有这时才显示出阶级斗争的动力作用。任何一个封建王朝，其前期都是物质生产发展在推动社会历史向前发展；末期则是农民战争打破束缚生产发展的桎梏，而为物质生产发展准备条件。在任何情况下都用"以阶级斗争为纲"的观点研究历史，显然是无法正确认历史的。

基于以上认识，八十年代以来，李先生发表的有关明清时代的中国农业资本主义萌芽问题、土地关系的变化问题、中国封建社会长期延续问题、农业经营问题、封建土地关系的政策措施等等论著，更多地注意了经济关系的问题。正是在这样的认识基础上，李先生提出了如上节所述的一系列重要论点。

李先生一贯坚持严谨的学风，正视现实，从不掉在故纸堆里只埋头于烦琐考据。他通过长期的科学研究实践，形成了自己一套科学的史学方法论。

李先生认为，历史研究具有一定的社会功能，即具有社会价值。但对"为现实服务"的理解不应是狭义的，而应该是多方面的。古代史和今天距离甚远，直接为现实服务的内容不多，时间越古越是如此。古代历史事件虽然有的可供借鉴，作到"古为今用"，但这只是古史研究的一个方面。历史科研为现实服务，更重要的应该是贯彻马克思主义哲学，通过历史研究成果去宣传、丰富和发展马克思主义，同时批判形形色色的唯心主义。这应该是它的最主要的基本内容。这种要求无论是对近现代史或古代史研究都不例外。各朝历史尽管在时间上有古今的差别，和现实的联系情况或程度不完全相同，但可通过马克思主义哲学把它们和现实斗争紧密联系在一起。

李先生认为，历史科研要实现社会功能，它的论断必须建立在掌握丰富而可靠的资料基础上，要对资料进行考订，去伪存真。从这方面说，继承和进一步发扬严谨学风，在当前有特别重要的意义。为此需要我们掌握历史文献，诸如目录学、版本学、校勘学、训诂学，要掌握史学方法，诸如形式逻辑、数量统计、比较法，以及其他相关的知识和研究手段。他认为，新时代赋予我们的使命是把严谨学风和正确理解、掌握科学理论很好地结合起来，即用马克思主义哲学进行综合，把历史学发展为科学。

李先生指出，中国学者实现历史研究为现实服务，是有有利条件的，比如古人给我们留下的丰富的文献记载和历史文物，这在世界其他国家是很少有的。这笔宝贵的精神财富，使我们建立具有中国特色的马克思主义史学有着足够的资料依据。中国又是一个历史悠久而具有典型性的封建社会，也为建立具有中国特色的历史科学开辟了广阔的场所。李先生指出，中国历史研究的任务，是通过马克思主义哲学，对中国史发展过程进行全面分析，建立具有中国特色的中国史学；通过总结中国历史发展的特点和规律，宣传、丰富乃至发展马克思主义。这样才是实现为现实服务的目的。

李先生通过自己的长期研究实践成为成熟的马克思主义学者。

三

李先生为人正直，疾恶如仇，谈及某些腐败现象，愤懑之情常常溢于言表，使我感到他身上始终迸发着一位正直的共产党员应有的正气。

李先生是一位忠厚长者，生活极为俭朴，洁身自好，处处自律，总为他人着想。他自认为是私人的事、尽管很大，他也不找我们帮忙。事后得知，我作为学生常感惭愧而自责。

但对后学，李先生则谆谆善诱，在学术上提携、关怀无微不至，是难得的良师楷模。对此我的感受极为深刻。每就学术问题向他请教时，即使我只是一点不成熟的想法，只要他认为正确，总是热情鼓励，充分肯定，从资料到观点毫不保留地给以帮助。我有幸师从李先生学习并共同工作达四十五年之久，时常领教，获益良多。五十年代末，当我读到他所编的《中国近代农业史资料》（第一辑）时，曾向他请教其中有关明清"雇工人"资料时，他认为对这个问题应该给以足够的重视，并鼓励我深入跟踪下去。我正是在他的启发之下，1958 年，跟随经济史组各位师友一道，在中央档案馆（现在的第一历史档案馆）的三个月清代档案查阅工作中，找到有关条例修改的资料，开始了这个方面的研究，进而深入到清代等级制度的研究中去的。李先生的亲切教导，我铭心感激，没齿不忘。

最后，再次衷心祝愿李先生身体康健，益寿延年！

（载于《中国经济史研究》1999 年增刊时加副标题——
　"学习李文治先生关于中国封建社会经济史理论。"）

哲人其康

——敬贺吴承明先生、汪敬虞先生九秩华诞

今天欢聚一堂庆祝吴承明先生和汪敬虞先生九十华诞，首先祝愿两位先生身体健康，精神抖擞，顺心如意，寿比南山。

吴老和汪老，是中国经济史界前辈学术群山中的两座高峰，双双享誉国内外经济史学界。他们对中国经济史研究做出了重大的贡献。他们是经济所中国经济史研究集体的两大学术核心和带头人。

两位都是我的老师。我和汪老认识已经 50 多年。我到经济所后初学科研的时候，就有幸受到汪先生的熏陶和指点，受益良多。和吴老相识也已 30 年了，每次聆听他的讲话都会得到感染、联想和启发。在和他们的长期接触中，我感到二位寿星虽然经历不同，但在许多方面却有相似之处。比如：

他们都在 20 世纪 40 年代开始研究中国经济问题，而且最初研究的内容都是中国国民所得问题。①

他们的研究方向主要都在中国近代经济史，而且都取得了突出的成就。吴老主编的《中国资本主义发展史》（三卷本），汪老主编的《中国近代经济史1895—1927》都成为该学科代表一个时代的里程碑。

他们的研究重点各有其突出之处。例如吴老关于中国市场、商业资本和交换理论以及中国经济史学方法论、中国现代化理论、现代经济史和广义政治经济学的研究等。例如汪老关于中国近代对外经济关系、外资在华金融活动、中国近代经济史的中心线索的理论等。但也有共同的方面，诸如中国的官僚资本、外国在华投资、中国民族资本等问题，二位都有大量成果。

---

① 吴老的论文《中国国民所得和资本形成》和汪老参加的《中国国民所得》专著都是1947年发表的。

他们都非常重视学术资料工作，都为中国经济史学科的资料建设做出重要贡献。

他们都在研究工作中极好地做到了理论与史料的结合、经济学与历史学的结合、古代史与近现代史的结合、中国史与外国史的结合。

他们都非常热爱中国经济史专业，对这个学科的建设十分关心，对经济所经济史室的发展深切关注，对某些不利于学科发展的现象深感焦虑。

他们另一共同之处是诲人不倦，对后学谆谆善诱，无私奖掖，以渊博的学识培养了多名后起之秀。汪先生热心帮助家乡贫困子弟接受教育的行动很是感人。

他们两位在品德方面也有共同之处，谦虚谨慎、诚笃宽厚、温文尔雅、淡泊名利。

总之，两位先生的道德文章都是我永远的学习榜样。

最后还发现他们两位的一个共同的特点：七十岁开始进入新的写作高潮，"可持续发展"的势头至今仍劲，故而殷切盼望，2017 年的春天我们再聚一堂庆祝两位先生的生辰，并聆听他们畅谈最新的学术成果。正是：

吴老汪公哲人在，愿君百岁尚康强①！

（2007 年 4 月 15 日，北京）

（载《中国经济史研究》2007 年第 2 期）

---

①　借古人句以祝。

贺《傅衣凌著作集》出版

《傅衣凌著作集》出版了。这是学术界的一件大事。

傅衣凌先生是中国经济史学的奠基者之一，是海内外知名的明清史学大家。他留给我们的众多精品自成一家之言，是中国经济史学术宝库的重要组成部分。他在长期研究中逐步形成的科学方法，则为后学步入中国经济史学术殿堂提供了金钥匙。

傅老研究中国经济史是从土地问题开始的，进而到手工业、商业，市镇、财政、金融，再扩展到家族、乡里、政权直至官僚政治，更探讨了明清社会的阶级结构、阶级斗争及其与经济基础的相互作用。他在对中国晚期封建社会全面探索后，提出对总体的认识：中国封建社会在以政权为代表的"公"和以族权等为代表的"私"（即地主的权力）两个体系的统治下，[①] 成为一个"既早熟又未成熟，既迟滞又有发展的弹性封建社会"。[②] 明清时代"旧的东西老是拖着活的东西"（"死的拖住活的"），所以"资本主义萌芽的历史"，"是沿着萌芽——夭折——继承与发展"的"独特的倾斜型的中国式的道路发展的"。[③] "正当新的因素快要从母体中脱胎出来的时候，却受到外力的干扰，打乱了原来的历史进程，使中国转入一个半殖民地半封建社会。"[④] 这个结论成为新中国学术界中国资本主义萌芽和封建社会长期停滞两

[①] 《关于中国封建社会后期经济发展的若干问题的考察》1963。见《明清社会经济史论文集》中华版第70、77页。

[②] 《中国封建社会综论和治史经验》1983。见《傅衣凌治史五十年文编》中华版第30页。

[③] 《明清社会经济变迁论》1987。见中华版第239、349、381页。

[④] 参见傅衣凌《从农民斗争到资本主义萌芽看中国封建社会的弹性》1983。见《傅衣凌治史五十年文编》中华版第31页。

大长期论争中灿烂夺目的篇章之一。

傅老的研究成果之所以引人入胜，是和他的研究方法分不开的。他的独特见解是以实证研究为基础，结合所熟悉的理论提出来的。他从搜集文献史料开始，并对个别地区社会经济进行调查，发掘了大量翔实的第一手私家资料。他所发掘的大量翔实史料为后来者提供了研究基础。他以大量经过鉴别的史实和认真的个案研究为依托，探求总的发展规律，通过微观和宏观相辅研究得出令人为之击节的结论。简言之，他的研究手段可以归结为两方面：一为"三结合"，即官书正史与民间私档相结合，文献研究与社会调查相结合，局部性问题与全局问题相结合。二为"双视角"，即通过社会的变动考察经济发展，从经济发展审视整个社会的变动；注意经济与社会、基础与上层建筑乃至意识形态之间的互动关系，全面地历史地考察明清封建社会。强调经济史为社会经济史，成为傅老学术思想的突出特征。"三结合"和"双视角"提高了其研究成果的科学性，也大大丰富了中国封建经济史学研究的方法论。

傅老在取得学术成果的同时，对中国经济史学科的建立和发展也做出了重大贡献。他和同时期的老一辈经济史学家共同创立了"中国经济史学会"，为经济史学者建立了长久的切磋交流重要场所。他亲手办起的第一个经济史专业刊物《中国社会经济史》季刊，为经济史学者提供了成果展示和相互交流的学术论坛。更为重要的是，傅老把厦门大学历史系和历史研究所精心建造成中国经济史教学与研究之重镇，使其成为建国以来成绩突出的中国经济史工作者培养基地之一。傅老在此培育的众多桃李遍布全国多所高校，成为经济史教学和研究骨干。他们分别建立了更多的中国经济史教学与研究机构，为这门学科的发展与繁荣准备了良好的基础条件。我们在学习傅老学术思想和敬业精神的同时，还要继承他致力于学科发展所体现的无私奉献精神。

陈支平教授精心校订的《傅衣凌著作集》八编六册，是为鸿篇，其出版既是对傅老最好的纪念，也为后学研究和继承傅老学术思想、研究方法与治学精神提供了极大方便。书此谨表贺忱。

（2008 年 8 月 14 日）

锲而不舍　严谨扎实

——在"汤象龙先生百年追思纪念会"上的发言

汤象龙先生是对中国经济史学的发展做出重要贡献的前辈学者，是中国经济史学的开创人之一。汤先生与中国社会科学院经济研究所有着深远的关系。中央研究院社会科学研究所是经济所的前身，汤先生于上世纪三十年代初就是社会科学研究所的成员。他早期的重要学术活动都是以中研院社科所为依托的；他的部分工作成果至今保留在经济所。

上世纪三十年代，是中国经济史学科创建的年代。这一学科建立之初，汤先生是最早提出要重视经济史资料整理工作，同时身体力行，长期、大量、系统整理资料的学者。1930—1936 年间，中央研究院社会科学研究所曾对清宫题本、黄册及其他各类档案进行全面而系统地查阅，从中选抄了大量有关社会经济史资料，原文抄录者达十余万件之多。并且训练了一批统计人员，把十八世纪六十年代直到清末各地方奏销册里的中文数据，如粮价、关税、雨水收成等，分别时、空，加工成统计表格，以直观、明了的形式呈现给学者。这项工作规模之大在当时是空前的，即使至今，中国近代经济史学界也无出其右者。由于多种原因其中有些原档已难查找，这批早年抄档则成为原档的重要补充，由此更见其史料价值之大。这项巨大工程的组织者就是汤先生，他为此做出了重要贡献。

《中国近代海关税收和分配统计（1861—1910 年）》一书是汤先生多年呕心沥血之作。他把抄档里 1861—1901 长达五十年的清代军机处档、海关监督中摘出的数千件极为枯燥的四柱清册数字进行科学加工，并做实事求是的分析，做出了扎实可靠的研究成果。九十年代初方才出版的这部大作，是汤先生六十年前工作的继续，前后一十八年的辛勤劳动的成果。如此重要的著作，就是源自这批抄档；也仅运用了抄档的百分之五。可见，这批抄档如得充分利用，将为中国经济史做出多大的贡献啊！

这批抄档一直保留在中研院社会科学研究所图书馆，解放后由中科院、社科院经济研究所图书馆继承，成为该图书馆一项重要的"镇馆之宝"。这批宝贵资料的诞生正值日寇侵略之始，其后七十余年的岁月中，它历遇战争凶险，又经多次搬迁。在漫长的岁月中，该馆先后数代工作人员（如宗井滔、张志元、刘厚成、王砚峰等先生，以及早年的看守人王兴保先生等）以高度的敬业精神冒险抢救，妥善保管，使之得以完璧，实非易事。他们功不可没，我们也应向他们致敬。

抄本深藏一隅，其利用率肯定不能与出版物相比。1978 年初在成都召开的西南地区经济科学规划座谈会上，汤先生曾向主持会议的经济所孙冶方所长提出，建议组织人力把这批清代抄档资料整理出版。孙所长命我听取有关经济史学者的意见，带回北京研究。经济所严中平副所长正在领导编写中国近代经济史，他很希望汤先生将这批资料全部整理出来，以补财政史方面之缺。不过当时在人力、办公场所以及经费等各方面条件均难满足要求，这一设想终未实现，是以为憾。所幸的是，三十年后的今天，其中粮价统计资料，业已付梓面世①。汤先生或可聊以为慰，因而含笑。

汤先生是敦厚长者，对后学十分关怀。我拜识汤先生于 1978 年春在西南地区经济科学规划座谈会上。同年秋天，他由夫人刘新渼女士陪伴到经济所补抄海关资料，严中平先生命我负责照顾他们的起居，故而有幸请教。1982 年两位再度来京；1993 年秋我去成都又曾造府拜访。两位老人热情开朗，和蔼可亲，他们的音容笑貌在我的脑海中迄今清晰可现。谈论之间，汤先生对学术研究的认真、执著和严谨深深感染着我。在多次接触中，给我留下极深印象的是，他一再论及对经济史研究工作的长期性和继承性；资料工作的重要性和艰苦性；中央及地方政府档案的不可替代性；企业及私家档案的重要性等等。他所强调的这些，都是我们经济史工作者不可忽视的，使我深受教益。

永远缅怀汤先生，让我们继承他的锲而不舍、严谨扎实的良好学风，为中国经济史学的发展而努力！

（2009 年 3 月 6 日于成都西南财经大学）

---

① 《清代道光至宣统间粮价表》，中国社会科学院经济研究所编，桂林：广西师范大学出版社 2009 年 1 月版。该书获"2010 年中华优秀出版物奖·图书奖"。

校对一条史料

为了学习前辈学者发掘和运用史料的经验，我曾经校对过几篇有关中国资本主义萌芽问题文章中的史料。方法是，按照文章所注明的来源找出原书，进行比较、核对。从这个工作中，我得到很多收获，譬如，增长了关于这一问题的目录学知识，学习了不少前辈学者取舍、剪裁和运用史料的方法，以及熟悉了关于这一问题的争论，等等。同时，通过这个工作，我也意外地发现了一些问题。现在我想谈的是一条在时限判断上有问题的史料。

讨论中国资本主义萌芽问题的文章，凡是涉及明代或者清代江南丝织业的，没有一篇不全文或摘句使用了这样一条史料：

"郡城之东皆习机业。织文曰缎，方空曰纱，工匠各有专能。匠有常主，计日受值。有他故，则唤无主之匠代之，曰唤找。无主者，黎明立桥以待。缎工立花桥；纱工立广化寺桥；以车纺丝者曰车匠，立濂溪坊。什百为群，延颈而望，如流民相聚，粥后散归。若机房工作减，此辈衣食无所矣。每桥有行头分遣；今织造府禁革，以其左右为利也。"

大家对于这条史料所描述的时代有不同的看法；引注的来源也有好几种文献。大致情况有如下表：

论文作者	用以说明的时代	作者引注来源	论文所见书刊	论文发表年月
王仲荦	明代	［？年修］《苏州府志》	《讨论集》，① 第12页	1951年7月

---

① 中国人民大学历史教研室编《中国资本主义萌芽问题讨论集》上、下册，1957年，北京版。下同。

论文作者	用以说明的时代	作者引注来源	论文所见书刊	论文发表年月
傅衣凌	明代	《职方典》①	《讨论集》，第21—22页	1954年1月
李光璧	明代	[？年修]《苏州府志》	《讨论集》，第36页	1954年7月
傅衣凌	明代	[？年修]《苏州府志》	《讨论集》，第54—55页	1954年9月
邓 拓	清代	《考工典》②	《讨论集》，第78—79页	1955年1月
侯外庐	明代后期	《考工典》	《讨论集》，第105—106页	1955年5月
尚 钺	明代	《考工典》	《历史研究》，1955年第3期第88—89页	1955年6月
陈诗启	万历年间		《讨论集》，第460页	1955年6月
钱 宏	清鸦片战争前	（乾隆）《长洲县志》	《讨论集》，第266页	1955年7月
翦伯赞	万历年间	（乾隆）《元和县志》	《讨论集》，第369页	1955年9月
傅筑夫 李竞能	万历年间	《吴县志》	《讨论集》，第319页	1955年11月
韩大成	明代	[？]	《讨论集》，第1000页	1955年12月
刘 炎	明末	《职方典》	《讨论集》，第405—406页	1955年12月
黎 澍	明代	（乾隆）《元和县志》	《讨论集》，第476—477页	1956年2月
尚 钺	明代	《职方典》	《初步研究》③，第6—7页	1956年4月
吴海若	万历年间	《职方典》	《讨论集》，第846页	1956年8月
许大龄	明代及清代	（乾隆）《元和县志》	《讨论集》，第919—920页	1956年8月
孔经纬	万历年间	《考工典》	《讨论集》，第480页	1956年9月

① 《古今图书集成·职方典》，卷676，苏州府部，苏州府，"风俗"。下同。
② 《古今图书集成·考工典》，卷10，织工部，纪事，杂录。下同。
③ 尚钺：《中国资本主义关系发生及演变的初步研究》，1956年北京版。

续表

论文作者	用以说明的时代	作者引注来源	论文所见书刊	论文发表年月
洪焕椿	十六世纪前后	《职方典》	《续编》①，第251—252页	1958年4月
吴大琨	十八世纪前叶	（乾隆重修）《元和县志》	《续编》第276—277页	1959年9月

上列十九位作者中，除去三位以外，其余十六位十七次引用都肯定这条史料讲的是明代，或明代末清初的事情。主张明代说的，占80%以上。

从文章发表的时间顺序看，最早使用这条史料，并判断它说明明代情况的，是王仲荦同志。他之所以这样主张，看来是因为他所引用的这条资料还包括这样几句话："明万历……年……苏民无积聚，多以丝织为生。东北半城皆居机户"，后面才接上"郡城之东"等等。以后，傅衣凌、李光璧两同志也用了这几句话。他们引注的来源是《苏州府志》，但都没有注明是哪一年纂修的《苏州府志》。

用这段史料来说明明代情况的其他同志，都没有引出上述"明万历"字样，他们引注的来源也都不是《苏州府志》。但是，他们也都十分肯定地认为这段史料讲的是明代事情。例如：

侯外庐同志说："《古今图书集成》记载明代苏州城市的发达，当是概括说明后期的情况"②；

傅筑夫、李竞能同志说："万历年间的苏州"，"当时已有大批的雇佣劳动者出现"；

尚钺同志说："到了明代末叶（十七世纪初）苏州丝织业更加发展"；

翦伯赞同志说："资料又证明早在明中叶以来职工和机户主人的关系就是建筑在契约关系之上的雇佣关系，清初更是如此"；

洪焕椿同志说：可以看出，"在十六世纪前后"，"这些自由出卖劳动力的劳动后备军人数之多"，等等。

史料最初出现于哪一本书呢？现在让我们从大家用得最多的《古今图书集成》查起。

---

①　南京大学历史系中国古代史教研室编：《中国资本主义萌芽问题讨论集（续编）》，1960年北京版。下同。

②　资料来源见上表。重点是引者加的。下同。

　　按《古今图书集成》是一部资料汇编性质的"类书",其中所有的记载都是从别的书上摘引下来的。《集成·职方典》第 676 卷苏州府部、"风俗"转录这段史料时,编者注明引自《苏州府志》。

　　大家都知道,府志有时会转引县志资料。这条史料一开头的"郡城"二字告诉我们,事情发生在苏州府城之内,在描述织工待雇的情景时,又出现三个地名:花桥、广化寺桥和濂溪坊,这些也都是苏州府城中的地名。据此可以肯定,这条史料可能在苏州府的旧志中出现,也可能在衙门设在府城之中的县的志书中出现。

　　明清时代的苏州府城,是一个建置复杂的城市;它不是一城一县。朱元璋于吴元年(1367 年)改平江路为苏州府,就在府城之内分设两县:西城为吴县,东城为长洲县。终明之世,苏州府城一直是两县分治。这样的行政区划,被清王朝因袭下来。雍正二年(1724 年),又分出原属长洲县的部分地区,新置元和县。从此,苏州府城东北属长洲,东南属元和,再加上原来的吴县,三县同城鼎足分治。花桥、广化寺桥和濂溪坊都在城的东部,原属长洲,后隶元和。

　　根据这种情况,要想弄清这条史料的最初出处及其变化,就需要查遍明清两代苏州府、吴县、长洲县和元和县所有的方志。这一地区现存的明清方志是很多的:

书　名	卷　数	修　纂　人	刊　年
(洪武)《苏州府志》	50	卢熊	洪武 12 年
(正德)《姑苏志》	60	林世远修,王鏊纂	正德元年
《续吴郡志》	2	李诩	
(康熙)《苏州府志》	82	卢腾龙修,宁云鹏纂	康熙 30 年
(乾隆)《苏州府志》	80	雅尔哈善修,习隽纂	乾隆 13 年
《吴门补乘》	10	钱思元	嘉庆 25 年
(道光)《苏州府志》	150	宋如林修,石韫玉纂	道光 4 年
(同治)《苏州府志》	150	李铭皖修,冯桂芬纂	光绪 9 年
(嘉靖)《吴邑志》	16	苏祐修,杨循吉纂	嘉靖 8 年
(崇祯)《吴县志》	54	牛若麟修,王焕如纂	崇祯 15 年

续表

书　名	卷　数	修纂人	刊　年
（康熙）《吴县志》①	60	汤斌修，孙佩纂	康熙30年
（乾隆）《吴县志》	112	姜顺蛟修，施谦纂	乾隆10年
（嘉靖）《长洲县志》②		张××	嘉靖末年
（万历）《长洲县志》	14	皇甫汸	万历26年修，崇祯补梓
（康熙）《长洲县志》	22	祝圣培修，蔡元炳纂	康熙23年
（康熙）《长州县志摘要（便览）》	不分卷	警庵录	康熙30年摘抄本
（乾隆）《长洲县志》	34	李光祚修，沈德潜、顾诒禄纂	乾隆18年
（乾隆重修）《长洲县志》	34	许治修，顾诒禄纂	乾隆31年
（乾隆）《元和县志》	32	江之炜修，沈德潜纂	乾隆5年
（乾隆重修）《元和县志》③	35	许治修，沈德潜，顾诒禄纂	乾隆26年

查阅这些方志，可以得到如下四点结果：

第一，明清两代苏州府的方志以《苏州府志》为名的共有五部。遍查结果，其中载有这段史料的，仅康熙30年宁云鹏所纂的一部④。而在宁志中，这段史料始自"郡城之东"，并无王仲荦同志所引的"明万历"字样。同时，这段史料又是独立的一段，上下段都是关于其他风俗的记载，与丝职业无涉。

第二，在见到的6部明代方志中，发现记载有关丝织业情况的，仅有两部。嘉靖《吴邑志》中写道："绫锦纡丝纱罗绸绢皆出自郡城关房，产兼两邑，而东城为盛。此屋皆工织作，转贸四方，吴之大资也。"⑤崇祯补梓万历《长洲县志》中写道"以织造为业者，俗曰机房。"⑥一望而知，这两段话甚

---

① 仅见残本，风俗及物产均缺。
② （万历）《长洲县志》序言中提及此志，朱士嘉：《中国地方志综录（增订本）》中未列，可能已失传。
③ 未见原本。下文所引该书资料，转见彭泽益《中国近代手工业史资料》第一卷。
④ 卷21，风俗。
⑤ 卷14，土产物货谷菽蔬果上，物货。
⑥ 卷1，风俗。

至完全没有涉及织工的事。

第三，这条史料首见于康熙 23 年蔡纂《长洲县志》卷 3 "风俗"。全文和本文开头所引的一样。以后的康熙《长洲县志摘要（便览）》①、康熙《苏州府志》②、雍正 4 年刊行的《古今图书集成》中《职方典》③ 和《考工典》④，间或略有出入，但都源出于此。

第四，这段史料本身有变化。乾隆 5 年沈纂《元和县志》的记载，和康熙《长洲县志》的比较起来，在文字上有所修改，在内容上也有补充。全文如下：

"东城之民多习机业。机户名隶官籍。佣工之人计日受制，各有常主。其无常主者，黎明立桥以待唤。缎工立花桥；纱工立广化寺桥；又有以车纺丝者，曰车匠，立濂溪坊。计百为群，粥后始散。向时颇称乐业，今则多失业矣。而机户以织作输官，时或不足，至负官债而补苴无术者，亦往往然也。"⑤

以后的乾隆 18 年《长洲县志》⑥、乾隆 26 年《元和县志》⑦ 和乾隆 31 年《长洲县志》⑧ 中的这段史料，与此间或略有出入。但均源出于此。

如果上述追查结果不错的话，那么可以说：这条史料既不见于明代方志，史料本身也并未说明它讲的是明代的事情。当然，史料所描写的情况，是有可能在明代就已形成的；史料也有可能是从明代方志或其他文献上转录来的。但是，就上述各位引用人所注的史料来源而论，肯定其为明代文献或肯定它讲的是明代的事情，都是没有根据的，就我们现在所能查到而并未为各位所引用的方志来说，这条史料最早出现于康熙 23 年的《长洲县志》。康熙 23 年上距朱明的灭亡已达四十年之久了。

---

① 风俗。除缺"如流民相聚"和最后的一"也"字外，和康熙《长洲县志》该文全同。

② 卷 21，风俗。

③ 卷 676，苏州府部，苏州府，风俗。此处引文不同于康熙《长洲县志》者三点：一、"唤找"误为"唤我"；二、"粥后散归"增作"粥后俱各散归"；三、"每桥"以下未录。

④ 卷 10，织工部，纪事，杂录。引文和康熙《长洲县志》完全相同。

⑤ 卷 10，风俗。重点是引者加的。该志卷 16，物产中还有这样一段："织作。在东城，比户习织，不啻万家。工匠各有专能，计日受制。匠或无主，黎明林立以候相呼，名曰唤找"。

⑥ 卷 11，风俗。和乾隆 5 年《元和县志》该文比较，不同处有二：一、"粥后始散"改为"日高始散"；二、"向时"以下均删去。

⑦ 卷 10，风俗。和乾隆 5 年《元和县志》该文完全相同。

⑧ 卷 10，风俗。和乾隆 18 年《长洲县志》该文完全相同。

　　我在这项工作中一共校对了将近 200 条史料。除去上述这条史料的时代判断问题而外，我还发现摘引下来的文字和史料原书上的文字有出入的，如错字、脱字、衍文、大段删节而不加删节符号，来源注的不准确，年代推算错误等等，情况相当普遍，这些情况的出现次数所占史料引用次数的百分比，有的文章是 30%，有的甚至达到 49%。

　　通过上述工作，我有两点体会：第一是运用史料，不能满足于从别人文章中去间接抄录，而需要查对原书。否则就有前人错引错用，自己也跟着错引错用的可能。第二是要查考史料的最早出处，否则就有时代判断错误的可能。在实际工作中，时间、人力、文献等等条件是否允许对每条史料都这样去做，是一个问题。我说的是，从科学研究的要求而论，不这样做，就不够谨严。

（《历史研究》1962 年第 6 期）

附录

著作目录

专著

明清时代的农业资本主义萌芽问题

        北京：中国社会科学出版社，1883 年 5 月。与李文治、魏金玉合作。收入《中国社会科学院文库·经济研究系列》，北京：中国社会科学出版社，2007 年 2 月版。本书于 1993 年获"中国社会科学院 1977—1991 年优秀科研成果奖"及经济所优秀成果奖

清代社会的贱民等级

        杭州：浙江人民出版社 1993 年 8 月版。北京：中国人民大学出版社，2009 年 11 月再版。

中国经济通史·清代经济卷中册主编

        经济日报出版社，2000 年 2 月初版，2007 年 1 月第 2 版。收入《中国社会科学院文库·经济研究系列》，中国社会科学出版社 2007 年 5 月版。2002 年获第四届中国社会科学院优秀科研成果三等奖、第二届郭沫若中国历史学奖。

严中平文集

        主编。北京：中国社会科学出版社，1996 年 10 月版。《严中平集》（中国社会科学院学者文库）北京：中国社会科学出版社 2011 年版。

论文

社会主义商品生产存在的原因

        《经济研究》1959 年第 3 期。与田光合作。

评尚钺同志对中国资本主义关系史的研究

        《教学与研究》1960 年第 1 期。与彭泽益合作，笔名：霍焯。

明清两代"雇工人"的法律地位问题

《新建设》1961 年第 4 期，笔名欧阳凡修。收入《明清时代的农业资本主义萌芽问题》，北京：中国社会科学出版社 1983 年 5 月，有修改，署名经君健。

明清两代农业雇工法律上人身隶属关系的解放

《经济研究》，1961 年第 6 期，笔名欧阳凡修。收入《明清时代的农业资本主义萌芽问题》北京：中国社会科学出版社 1983 年 5 月，有修改，署名经君健。

评《明清农村社会经济》

《经济研究》1962 年第 5 期

校对一条史料

《历史研究》1962 年第 6 期

试论清代等级制度

提交"明清史国际学术讨论会"，（1980 年天津·南开大学）刊于《中国社会科学》1980 年第 6 期。本文于 1993 年获"中国社会科学院 1977—1991 年优秀科研成果奖"及经济所优秀成果奖。收入中国社会科学院科研局编《中国社会科学院建院三十周年优秀科研成果奖论文集》第一届上册，北京：社会科学文献出版社 2007 年 5 月。收入中国社会科学院经济研究所编《纪念中国社会科学院建院三十周年学术论文集·经济研究所卷》，北京：经济管理出版社 2007 年 1 月。英译本 *Hierarchy in the Qing Dynasty*, *Social Science in China*, No. 1, 1982.

论清代社会等级结构

《中国社会科学院经济研究所集刊》第 3 集，北京：中国社会科学出版社 1981 年 8 月版。

关于中日学者对明清两代雇工人身份地位问题研究的评介

《中国社会科学院经济研究所集刊》第 3 集，署名：裘轼。北京：中国社会科学出版社 1981 年 8 月版。

关于清代奴婢制度的几个问题

《中国社会科学院经济研究所集刊》第 5 集。北京：中国社会科学出版社 1983 年 2 月版。

加强中国经济史研究是发展经济学科的一项重要战略任务

《经济研究》1983 年第 10 期。

试论清代蠲免政策中减租规定的变化——清代民田主佃关系政策的探讨之二

《中国经济史研究》1986 年第 1 期

严中平先生传

《中国当代社会科学家》（传记丛书）《文献》杂志编辑部、《图书馆研究》编辑部编，书目文献出版社 1987 年版

一位严谨的学者——严中平传略

《中国当代经济学家传略》，沈阳：辽宁人民出版社，1987 年版

试论地主制经济与商品经济的本质联系

《中国经济史研究》1987 年第 2 期。本文获 1988 年度第三届"孙冶方经济科学奖"。

清代民田主佃关系政策的历史地位——清代民田主佃关系政策的探村之三

《中国经济史研究》1988 年第 2 期

地主制经济与商品经济论纲

——在国际清代代区域社会经济史暨全国第四次清史学术讨论会闭幕式上的发言提纲　　　　　《广东社会科学》1988 年第 2 期

读《病榻梦痕录》札记——清代民塾师收入状况一瞥

提交"第二届中国社会史学术研讨会"论文，1988 年 10 月，南京。刊于《南京大学学报、社会史专辑》（1989 年 3 月）；《上海社会科学院学术季刊》1989 年第 4 期题为《束修与俸禄——读〈病榻梦痕录〉札记》；均有删节。

明清时期山东生产资料市场初探

《中国经济史研究》1988 年第 4 期。与许檀合作。

试论雍正五年佃户条例——清代民田主佃关系政策的探讨之一

《平准学刊》第 2 集。北京：中国商业出版社 1990 年 3 月版。

清代前期商税问题新探

《中国经济史研究》1990 年第 2 期。与许檀合作。

李文治先生传略

《晋阳学刊》1991 年第 6 期

坚持真理　贡献卓越

《中国经济史研究》1992 年第 2 期，题为《鲜明的立场 卓越的成就》。作为"代前言"收入《严中平文集》。北京：中国社会科学出版社 1996 年 10 月版。

社会科学的大师　　后辈学习的楷模——纪念经济所前副所长严中平研究员

《经济研究》1993 年第 10 期

明清时代山西商人的性质问题

在"晋商国际研讨会"（1993 年 8 月 21 日·太原）上的发言摘要。载《文史研究》（山西）1994 年第 1、2 期（合刊）。

清代关于民间经济的立法

《中国经济史研究》1994 年第 1 期。英译本 *Legislation Related to the Civil Economy in the Qing Dynasty*, in Civil Law in Qing and Republican China., Edited by Kathryn Bernhardt and Philip C. C. Huang, Stanford University Press, 1994, (For the Conference on "Civil Law in Chinese History", UCLA, August 11 – 13, 1991. Translated by Matthew H. Sommer, UCLA)

清代前期民商木竹的采伐和运输

《燕京学报》新 1 期。北京：北京大学出版社 1995 年 8 月版。

《晋商兴衰史》序

张正明著，太原：山西古籍出版社，1995 年 12 月。张正明、张舒著，增订本第三版，太原：山西经济出版社，2010 年 5 月。

严中平先生传

《严中平文集》。北京：中国社会科学出版社 1996 年 10 月版。

《明清时期山东商品经济的发展》序

许檀著。北京：中国社会科学出版社 1998 年 6 月版。

《广州近代经济史》序

丘传英主编。广州：广东人民出版社 1998 年 6 月版。

加强对中国封建经济流通环节的研究——答林甘泉先生 1999 年 6 月 9 日初稿，未刊。

"地主制经济"是研究中国封建社会的"牛鼻子"

《李文治集·序言》。北京：中国社会科学出版社 2000 年 9 月版。

《中国经济史研究》1999 年增刊，增副标题："学习李文治先生关于中国封建社会经济史理论"。

代价沉重的空想社会主义大试验 2004 年 3 月 14 日初稿，未刊。

中国经济史学会 2002 年年会开幕词

2002 年 4 月 20 日，太原。

在"弘扬晋商优秀文化 共同铸造诚信社会"主题座谈会上的发言

    2004 年 3 月 10 日·北京。作为"序言"收入《晋商》，北京三多堂影视广告有限公司著，北京：汉语大辞典出版社，2004 年 4 月版。

在"中国经济发展史上的政府职能与作用"学术讨论会上的发言

    2004 年 7 月 21 日，承德。

晋商成败 值得借鉴

    《山西日报》2004 年 7 月 23 日。

《中国经济史研究丛书·总序》

    厦门大学人文学院历史系编，与郑学檬合作。2004 年 9 月。

《近代化起点论》序

    高淑娟著。北京：中国社会科学出版社 2004 年 10 月版。

《晋商信用制度及其变迁研究》序

    《中国经济史研究》2005 年第 2 期，题为《晋商·晋商学》。刘建生 燕红忠 石涛 丰若非等著。太原：山西经济出版社，2008 年 3 月版。

《关于农村公共食堂的几个问题》的写作经过

    《纵横》2005 年第 5 期。

《明清晋商制度变迁研究》序

    刘建生、刘鹏生、燕红忠等著。太原：山西人民出版社，2005 年 5 月版。

《山西票号经营管理体制研究》序

    张桂萍著。北京：中国经济出版社，2005 年 12 月版。

在"晋商与'西口文化'论坛"上的发言

    2006 年 8 月 8 日，山西右玉。

哲人其康——敬贺吴承明先生、汪敬虞先生九秩华诞

    《中国经济史研究》2007 年第 2 期。

正确的立场 严谨的方法 良好的学风

    《学问人生：中国社会科学院名家谈》，中国社会科学院老专家协会编。北京：高等教育出版社，2007 年 5 月版。

关于明清法典中"雇工人"律例的一些问题——答罗仑先生等

    《中国经济史研究》2007 年第 4 期、2008 年第 1 期。

贺《傅衣凌著作集》出版

    2008 年 8 月 14 日。

《清代社会的贱民等级》一书重印后记

　　《清代社会的贱民等级》。北京：中国人民大学出版社，2009 年 1 月版。

锲而不舍 严谨扎实——在"汤象龙先生百年追思纪念会"上的发言

　　　　　　　　　2009 年 3 月 6 日，成都，西南财经大学。

鲜明的立场 严谨的学风——严中平、李文治先生百年诞辰纪念会上的发言

　　　　　　　　　　　　（《中国经济史研究》2009 年第 4 期。）

　　　　　　　　（摘要《破四"就"与立四"新"——记严中平的治学态度》，

　　　　　　　　载《中国社会科学报》2009 年 11 月 26 日。）

后　记

这本选集包括四个部分：

第一部分，清代等级制度问题。这里收了 12 篇文章。关于清代等级制度问题的研究，我是从考察雇工身份开始的。详细研究了明清两代法典规定"雇工人"与凡人、奴婢罪同而罚异的现象，提出了"雇工人"是明清两朝特定的社会等级的看法。进而对清代有关律例做了比较全面的分析，描绘出清代的等级体制，确认清代是一个等级社会。这个社会的等级状态比地主和农民两个阶级的简化概括要丰富得多，繁杂得多。另外几篇东西，对奴婢、贱民进行了比较细致的分析。讨论清代佃户身份的文章，成稿于 1982 年，后来分成三篇陆续刊出。这三篇文章分别论证了佃户的凡人身份，朝廷、地主和佃户三者之间关系的调整、变化，比较了赵宋以来历代王朝有关佃户诸项政策的发展变化和佃户身份的变化，对清朝佃户政策的历史地位做出评价。从清代等级制度的研究中，可以看到各个等级在相互制约、相互依存、相互斗争中存在；看到其成员在等级间可以上下流动；看到王朝政策的产生有某种自我调节的机制，在相当程度上使其社会制度保持了延续性，使这个王朝生了两百多年。同时也能看到清代社会人与人如何之不平等；看到封建极权体制如何不把人当作人。我们也可以之为镜，看到由于等级制度和等级思想清除不彻底而留下的斑斑印痕，成为平等、自由、博爱、人权等概念难以生根的重要原因。总之，清代社会结构是繁复的，有特色的综合体，其等级制度是值得深入研究的。

答罗仑等先生的文章写的比较晚。这是一个发言稿，主要是重申旧义，把过去所写的东西里没有突出，或虽已突出但未受到重视的资料和观点强调一番，让读者容易看懂。对于这些研究，我至今坚持己见。

有关文章，基本上没有改动。只有一点儿增加。《明清两代农业雇工法律上人身隶属关系的解放》一文之后的"附录"：《有关明清两代农业雇佣劳动者法律身份问题的一些资料》里，增加了一条资料："（五）乾隆二十五年来朝奏请定短雇工人干犯家长治罪由"。①这条资料是近来接触中央档案馆资料时发现的，以前没有见过。此奏要义为"民间雇倩工人大都计月受制者居多，其立契议限者甚少；而同一雇工之人亦有区别。如铺户乏人力作，乡民时值家忙，均须雇倩帮工，但非受制服役，并无上下之分。此等工人有犯家长，自不得谓之干犯。至若计工受制使唤服役者，既有家长之称，则有上下之别，若有干犯，似未便因其与主仆稍异，竟与凡人并论"。"如暂雇工作并非受制服役及虽系受制服役而仅止计日受制者，均以凡论外，其按月受制服役者，……"重罪重罚。这里强调的是无契约的"月工"的身份。来朝是广东按察使，他在奏折中认为，商铺、乡民所雇力作月工，"无上下之别"，同凡；计工受制使唤服役者，"有家长之称"，"有上下之别"，不同凡。以普遍存在的"月工"为分析对象，引入了"使唤服役"、"有家长之称"以及"上下之分（别）"等概念；同时把所有以日计值的短工，包括使唤服役的，统统划入凡人之内。这个奏折，经皇帝朱批"该部议奏，钦此"。我在文章中曾经论及乾隆二十四年永泰建议定例以后，二十五年又增一例："家长杀雇工人，必立有文契、议有年限，方依雇工人定拟；如无，同民论"，还是强调文契和年限的重要性。来朝建议是在十一月十九日，朱批已是十二月二十三日，肯定是在上述定例之后了。同一年内两次出现有关雇工人的文件。可惜没看到六部根据朱批研究结果的奏折。但不论结果如何，这个奏折中引入了"使唤服役"、"有家长之称"以及"上下之分（别）"等概念是很值得注意的，为以后乾隆三十二年律例馆修例，以及乾隆五十一年喀宁阿等议改雇工人条例，起了先导和参考作用。

第二部分，地主制经济和商品经济的关系问题。这里收了5篇文章。

这个问题的提出，是针对上世纪八十年代以前经济史研究中这样一种现象，即绝对化地理解自给自足的自然经济占统治地位是封建社会的基础和特征，很大程度上忽视流通在中国传统社会中的作用。我试图分析欧洲中世纪

---

① 中央档案馆藏录副奏折，档号：03－1197－050，乾隆二十五年十一月十九日广东按察使来朝奏请定短雇工人干犯家长分别议罪之例事。

最典型的领主庄园和中国地主制经济下的最小经济单位的运转过程，探讨流通环节就中所起的作用，看看到底有没有差异。文章是就最一般的现象和情况作理论探讨。对自己所提出的 14 个问题（本书《地主制经济与商品经济论纲》有所概括）试作回答，结果得出了一系列与传统观点全然不同的结论。这些看法得到了支持和鼓励，也受到不少学者的诘难。我理解，大多数反对意见是认为中国封建社会是以自然经济为主的社会。其实我的意见的重点不在于是否"为主"，我提出的和要解决的，不是从特定的时间或地域来看是不是自然经济占多大比例的问题。我想说明，商品经济的发生与发展是中国地主制经济运行的必然，商品经济不是地主制经济外在的、可有可无的现象，而是有其内在的、本质的联系。用自然经济占多大比例来反对我意见，并不针锋相对，因为二者不在一个层面上。林甘泉先生的文章比较有代表性，全面地批评我的观点，我就在纪念李文治先生九十寿辰的学术讨论会上，就他的大作逐一回答。因时间关系，当时会上不可能读完发言稿，后来也没发表，现在就把它放在这里了。这场讨论始于 1986 年；二十五年来，像这种纯理论性的探讨不是很多。但关于中国前资本主义社会的商品经济问题、流通问题的实证性研究早已蓬勃展开；多种专著，大量论文，其内容从时间上说涉及历代，特别是明清两代更多，从地区上说，几遍全国；与当年相比不可同日而语了。

其他几篇，则都是与流通有关的。

第三部分，农村公共食堂问题。这里收了两篇文章。

1958 年 11 月，中国科学院经济研究所派出以董谦、王绍飞二同志为首的十八人调查组，赴河北省昌黎县农村人民公社进行调查。因其任务之一是要对调研工作进行探索性试验，故通称该组为"试验田"。我被派为成员之一。截至 1959 年 5 月的这几个月的时间里，我们在农村人民公社挂职工作，进行了深入的调查。我当时的兼职是一个生产大队副大队长。调查组写的多份调查报告里，两份最为突出：一是王绍飞写的反映人民公社存在问题的信得到毛泽东的肯定，[①] 当时被视为"放了卫星"；另一个就是关于农村公共食堂的调查报告，受到毛泽东公开的严厉批判，成为"右倾机会主义"的代

---

① 《党内通信》（1959 年 5 月 2 日）。载《建国以来毛泽东文稿》第八册，第 241 页。文中所说"附件"，注："即王绍飞的报告"。

表作。收入本集的《中国科学院经济研究所昌黎工作组＜关于农村公共食堂的几个问题＞的写作经过》一文谈了这篇报告产生的原委。

1959 年 7 月毛泽东在庐山会议上信手拈来，把《食堂报告》说成是"攻其一点，不及其余"的"右派"报告，当成打击彭德怀的棍子；1961 年 5 月《食堂报告》得以平反。1978 年 2 月听到传达胡乔木的讲话，我才知道是毛泽东亲自下令平反的；4 月看到王任重在《中国青年》上的文章，更证实了这一点。其过程表明，毛泽东对这个报告的印象相当深刻。在不同时期，对同一个报告会有两个极端的、截然不同的评价，而且主动为其平反，对他来说恐怕是极为少有的事。正因此事与我直接有关，所以，一直想了解毛泽东对农村公共食堂的认识到底是怎么发展的？但是这些内容长期以来属于机密，我不可能知道。此后，陆续读到了《建国以来毛泽东文稿》、《毛泽东文集》、《建国以来重要文献选编》、《农业集体化重要文件汇编》以及杨尚昆著《杨尚昆日记》、李锐著《庐山会议实录》、《公共食堂始末》、逄先知、金冲及主编《毛泽东传（1949－1967）》等。这些公开出版物有的是原始资料，有的是利用外界看不到的第一手资料写成的，都是有据可信的。所以我有了把有关情况汇集起来的可能。不过手头总有其他工作，没有时间去做这件事。直到 2004 年春，抽了三个月时间，以这些资料为基础，写了一个稿子，题为《沉重的回忆》。（现改为《代价沉重的空想社会主义大试验》）这篇文稿不是对当时经济、社会的分析，不是对毛泽东的全面评价，甚至也不是对全国公共食堂情况的详细描述，而是仅就毛泽东与农村公共食堂的关系，即他鼓励、宣传、推动、坚持和最后取消公共食堂的过程加以记述，从中也能看到他为什么对《食堂报告》前后有不同的看法。

在写作过程中，多位研究当代经济史的同事，以及与我同在昌黎调查组的同事们给过我许多鼓励、启发和帮助。成稿后曾四次在大学里报告我的观点，征求意见。（恕我出于某种特殊的考虑，一并致谢，但不一一列名。）

国内外学术界有关"三面红旗"的研究非常多，网上以及平面载体都有大量有关文章。因为新中国经济史不是我的专攻方面，所以并未紧跟，研习不多。专门论述农村公共食堂问题的专著，如罗平汉于 2001 年就已出版的《"大锅饭"公共食堂始末》，还是迟至 2006 年经同志一位同志介绍才拜读的。其后，杨继绳《墓碑：中国六十年代大饥荒纪实》（香港天地出版社，2008 年）、宋永毅、丁抒编《大跃进——大饥荒：历史和比较视野下的史实和思辨》（田园书屋，2009 年）等重要著作，都是晚近时期才看到的。虽然其中有许多史实和观点值得参考，却未能得空对旧稿进行较大的补充修改，甚为遗憾。不过作为《食堂报告》的当事人，小文视角有些特殊，所以将其收入本集。收入前，对旧稿稍有修饰，但未大动。

第四部分主要是对前辈学者的纪念文章，学习他们的学术成果的归纳。这些只是个人的粗浅认识，不敢说学到了他们的精华。放在这里，主要是对他们的纪念吧。

第五部分只有一篇，即《校对一条史料》。

我被分配搞经济史研究工作之初，既缺乏史学知识，更没有经过基本的考证、训诂等基本训练。在这样一个浩瀚的领域中，不知所措。当时是用校对史料的方法开始学习的。由于对前人作品的研习大而画之，以致出现许多误读。又在史料收集不全、分析不细的情况下，批评前人使用资料不当。敢于写《校对一条史料》这样的东西，实是出于无知。许大龄先生的批评使我深受教益。吃堑中长智。这篇东西时刻在提醒我，做学问必须严谨。在后来的工作中倍加小心了。

尽管我努力做好，但仍然出错。例如，收入本集的《清代关于民间经济的立法》一文就有问题。这篇文章对清代律例中有关民间经济的规定进行了比较详细的梳理，其基本立论和观点，我至今认为是能够成立的。但是在第三节讲关于商品交换、市场方面的法律，谈到关于牙行的规定时，讲了这样一句话："唐代没有牙行、埠头等名目，所以在唐律中没有有关的条文。"牙人在唐以前就已出现，随着社会经济的发展，唐代的商品交换中，大到田产、奴婢、牲畜，小到瓜果、时蔬、柴薪的买卖交易，都有牙人身影。牙人作为经济活动的中介已是相当普遍的现象。但唐代是否没有"牙行"呢？张泽咸先生的《唐代工商业》一书引用《册府元龟》（以及《五代会要》、《全唐文》）中的资料说，后周广顺二年（952）十二月，朝廷批转了开封府的一个报告，其中有"如诸色牙行人内有贫穷无信行者"的话。他认为"由于社会上牙郎人数众多，由是出现了牙行组织，'贫穷无信行者'自是牙人中的下层成员。"[1] 如果这个观点成立，"唐代没有牙行"的说法就错了；何况可能还有许多我还不知道的唐代牙行资料。我必须承认，在写这句话的时候

---

[1]　张泽咸《唐代工商业》，中国社会科学出版社，第 345 页。

只凭想当然，并没有认真学习和查阅过有关文献，这不是认真严肃的科学态度。

社会科学研究是创造性劳动，是探索性的工作，出现错误不是稀奇、可怕的事。这种工作，需要一个允许犯错误的环境，也需要科学工作者勇于承认错误，并在此基础上继续前进的态度。我把错误的东西摆在这里，就是想做一个老实的社科工作者。这既可以激勉自己时刻小心翼翼，也可作为年轻的社科工作者吸取教训的一个实例。

这本集子是在高淑娟、冯斌以及"清华大学中国企业发展研究中心"副主任丛福泉先生鼎力相助之下得以出版的，在此谨致衷心的谢意。

作　者
2011 年 6 月